智能战略

SMART BUSINESS

What Alibaba's Success Reveals about the Future of Strategy

曾鸣 著

周大昕 崔传刚 译

中信出版集团 | 北京

图书在版编目（CIP）数据

智能战略 / 曾鸣著；周大昕，崔传刚译 . -- 北京：
中信出版社，2019.10

书名原文：Smart Business：What Alibaba's
Success Reveals about the Future of Strategy

ISBN 978-7-5217-0278-1

Ⅰ . ①智… Ⅱ . ①曾… ②周… ③崔… Ⅲ . ①企业战
略—研究 Ⅳ . ① F272.1

中国版本图书馆 CIP 数据核字（2019）第 051920 号

智能战略

著　　者：曾鸣
译　　者：周大昕　崔传刚
出版发行：中信出版集团股份有限公司
　　　　（北京市朝阳区惠新东街甲 4 号富盛大厦 2 座　邮编　100029）
承 印 者：北京盛通印刷股份有限公司

开　　本：880mm × 1230mm　1/32　　印　　张：10.75　　字　　数：210 千字
版　　次：2019 年 10 月第 1 版　　印　　次：2019 年 10 月第 1 次印刷
京权图字：01–2019–0787　　广告经营许可证：京朝工商广字第 8087 号
书　　号：ISBN 978–7–5217–0278–1
定　　价：68.00 元

服务热线：400–600–8099
投稿邮箱：author@citicpub.com

献给我的太太谭清，我的儿子曾琦峰、曾冠霖，以及我的女儿曾薪嘉，

感恩你们的爱和陪伴。

你们做出了那么多的牺牲，让我有时间专注于工作。

献给所有阿里人，我们共同创造了超乎想象的奇迹。

目　录

作者说明

《智能战略》和《智能商业》是姊妹篇。这两本书都基于过去20年我对互联网的观察、实践和思考，特别是过去5年的系统性研究。2018年出版的《智能商业》是直接面对比较广泛的中国读者的，所以更多的是从商业大变革的宏观角度切入，从不同的侧面阐述智能商业的特征和演化，以及对商业、战略、组织等方方面面的冲击。

《智能战略》是直接用英文写作的，同时也遵循了哈佛商业评论出版社比较聚焦和严谨的写作体例，更接近一本商学院的教科书。这本书最大的价值在于对阿里巴巴集团这个智能商业的创新案例，进行了多方面、深入的分析和讨论，从而对智能战略和智能组织如何落地提供了很多思考的养分。对于创业者和商业人士，这本书应该是《智能商业》的一个很好的补充，特别是在战略和组织方面。

《智能战略》是英文原版的直接翻译，没有按中文的表达习惯全面改写。原因是中英文的差别不仅仅是文字上的，更是思维上的，将文字原本呈现出来，可以让读者对西方式的思维体系有更直观的感受和不同的启发。此外，本书还提供了相当多的关于阿里巴巴集团和中国商业的背景介绍，尤其是在附录中详细梳理了阿里巴巴集团的大事记以及各板块的业务发展，并且结合本书的核心概念框架，系统分析了淘宝智能生态系统的演化，呈现了淘宝在不同阶段的成长路径，相信这些详尽的资料会对大家有所启发。

前　言

为何要了解阿里巴巴

11 月 11 日本是一个平凡的日子，但因为该日期由 4 个“1”组成，所以中国的年轻人幽默地将这一天称为“光棍节”，这一天也由此成为单身人士的节日。2009 年，“光棍节”被重新定义成了“双十一购物狂欢节”，如今“双十一”成为世界上规模最大的购物日。

“双十一”网络购物狂欢这一概念最初是由阿里巴巴旗下的天猫提出的，这个本来普通的日子成了像美国感恩节后的“黑色星期五”和阵亡将士纪念日那样的购物节点。当时天猫团队完全没有料到，这一人造的“节日”竟然会成为人类历史上最大的购物日。

2017 年 11 月 10 日，“双十一”前夜，我在阿里巴巴的指挥中心焦急地等待。在那里，一排电脑屏幕上闪烁着实时的销售数字、按商品分类的趋势线，还有网络速度和响应能力的不断测试。2016 年“双十一”，阿里巴巴各平台当天的销售额达到 1207 亿元（约

150亿美元）[1]，消费群体来自全球200多个国家。① 这一数字让美国的“黑色星期五”和周一网络购物节相形见绌，因为这两个购物节的销售额还不到35亿美元。那么，2017年“双十一”这一天，阿里巴巴的销售额会是多少呢？

虽然中国进入消费品丰沛时代的时间不长，但并不能阻止“双十一”迅速成为全民性购物狂欢节。在“双十一”前几周，消费者就会在网上对比价格，规划支出，或将心仪的商品加入虚拟购物车。但对于阿里巴巴来说，客户的认同仅仅是完成了第一步。在头几年的销售中，瞬间的巨大流量压垮了阿里巴巴的服务器，堵塞了网络支付渠道，甚至引发了全国各地的网络塞车。2012年“双十一”的销售额暴涨三倍，整个购物系统和物流系统几乎陷入瘫痪，发货动辄延迟数周，为此阿里巴巴与物流伙伴一道想办法改善物流系统。在2016年峰值时刻，阿里巴巴平台系统每秒钟要处理17.5万份订单和12万笔支付。2017年，“双十一”的营销活动铺天盖地，还会有全国性的电视直播，销售额势必再创新高。那么所有的广告投放究竟会带来多少新增销售额？ 阿里巴巴的技术是否能应对2017年的购物洪峰？

午夜临近，全国乃至全世界的消费者都开始在手机上疯狂下单，因为目前网络购物主要是通过手机。随着“双十一”倒计时的开始，指挥中心音乐响起——4，3，2，1。让我们见证奇迹的时刻。

---

① 本书所有关于阿里巴巴的描述、数据和图表（除非另有说明）均为本人所负责团队在阿里巴巴内部研究十余年所得。本书所载的阿里巴巴淘宝平台的诸多数据和描述属首次披露。

仅仅在11秒内，阿里巴巴平台的销售额就突破了1亿元（约1500万美元）；17秒后，达到10亿元（约1.5亿美元），其中97%的订单都是通过移动终端完成的。消费者迅速抢下最划算的商品，许多人在等待支付的几秒时间内发现自己在一个月前就选好的商品已被一抢而空。

3分钟后，销售额突破100亿元（约15亿美元），这是2014年“双十一”当日的总销量，现在1个小时就完成了。阿里巴巴的技术平台在峰值时每秒要处理32.5万个订单和25.6万笔支付。

按照线下的说法，那就是圣路易斯或匹兹堡的每个人都要在同一秒钟内完成退房。VISA信用卡拥有世界上第二强大的支付处理系统，截至2017年8月，其处理能力是全球每秒6.5万笔支付，但这一能力仅仅是阿里巴巴的1/4（见图1）。[2]

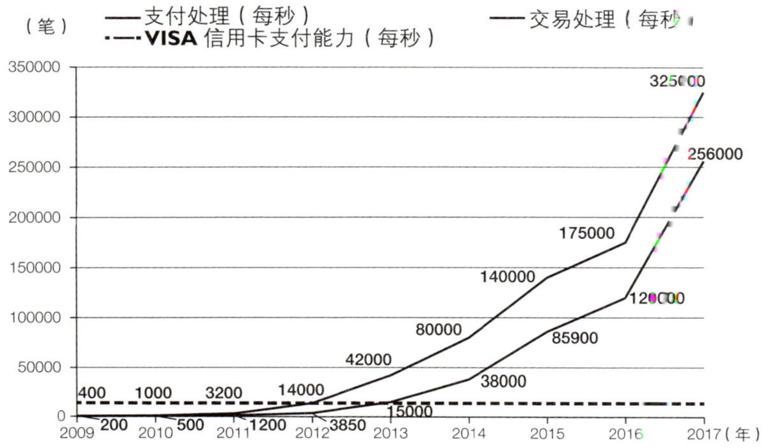

图1　阿里巴巴交易和支付处理速度与VISA信用卡的对比（2009—2017年）

仅仅 7 分 23 秒，阿里巴巴平台交易数量就突破了 1 亿次，这相当于 2012 年“双十一”24 小时的交易量。耐克在天猫的旗舰店在 1 分钟内实现了 10 亿元的销售额。阿迪达斯的旗舰店也毫不逊色，很快就跟耐克打成平手。这两家公司在 2017 年“双十一”首个小时的销售额都超过了 2016 年“双十一”全天的销售额。截至当天结束，两家旗舰店的新客户人数均超过 100 万。仅在阿里巴巴平台销售的网店“韩都衣舍”在当天爆红，只用了 5 分多钟就实现 5000 万元（约 750 万美元）的销售额（有关“韩都衣舍”的更多介绍，请参阅本书第六章）。全国的卖家都在高喊“卖光”“售罄”“断货”！

芝麻开门

午夜开始后 12 分钟，上海的一位买家就收到了“双十一”购物的第一个包裹；3 分钟后，宁波的一位女买家收到了“双十一”第一个海外购物包裹。“双十一”将中国与世界紧密相连，让买家买遍全世界，让卖家卖到全世界。其中许多商品是中国消费者青睐的海外产品类别，截至凌晨 4 点，有 300 万只加拿大虾和 160 万只阿根廷对虾被订购；截至 9 点，卖出了 5000 多吨奶粉和 10 亿片一次性纸尿裤。这样的购物狂欢持续了一整天，到当天下午 1 点，销售额就超过了 2016 年“双十一”的总和。

这一整天的网络购物井喷产生了 8.12 亿个包裹，发往中国各地和世界各国。这里有一些空间类比可以让大家更加直观地体会这一盛况：如果这些包裹连起来，可以绕地球1200圈；这些包裹可以装满8万多架波音747飞机；这些包裹的运送里程合计超过3900亿英里（约6300亿千米），相当于在地球和冥王星之间往返40多次。实际上，这些包裹的投递可能构成了人类历史上最大规模的货物运输。

一切都有条不紊。在上午9点30分之前，已经发运了1亿个包裹。许多中国消费者在下单当天就收到了货，绝大多数“双十一”的网购都在一周之内完成送货。因为阿里巴巴不是零售商，也没有备货，所以全部包裹都来自全国各地（甚至全世界）并发往全国各地（甚至全世界），而阿里巴巴所主导的物流平台菜鸟网络在配送方面厥功至伟。

在“双十一”当天，阿里巴巴共处理了15亿笔交易，总销售额达1682亿元（约250亿美元）（见图2），这差不多是中国整个零售业（包括汽车和房地产等高价商品在内的线下销售）2016年平均日销售额的两倍。当天有167个品牌实现了超过1亿元的销售额。

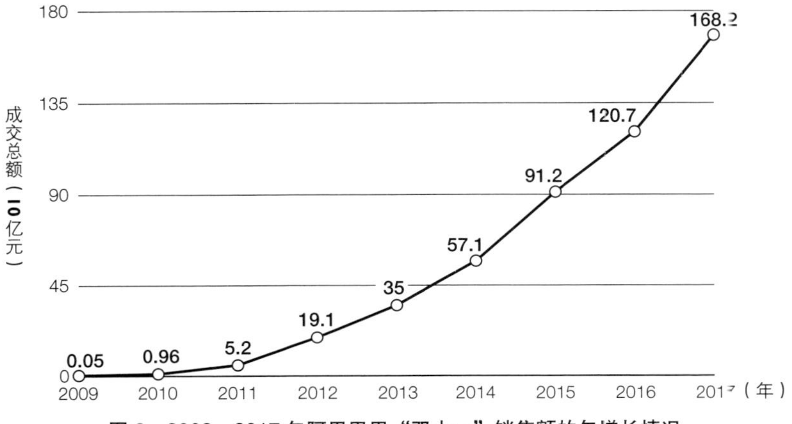

图2　2009—2017年阿里巴巴“双十一”销售额的年增长情况

消费者在天猫网站上购买一切商品：服装鞋帽、家居用品、电子产品、珠宝首饰等，甚至还有消费者在网上购买了售价250万美元的阿斯顿·马丁限量版快艇。

“双十一”不仅是一个营销奇迹，也是一个技术奇迹。阿里巴巴的每位员工都要为这一天努力工作好几个月。为了避免发生系统崩溃的情况，他们要开展数十项压力测试，涉及IT（信息技术）系统、前端网站和物流体系。凭借人工智能技术，整个阿里巴巴网络以及全部的独立商家、支付服务商、仓储和快递商家紧密合作来应对海量需求。此外，这一强大的网络现在正在扩展到新的价值链环节，并开辟出新的领域。

阿里巴巴绝不是中国版亚马逊

2014年9月19日，阿里巴巴进行首次公开募股（IPO），这是世界上最大的一次公开募股，全球瞩目。今天，阿里巴巴的市值与亚马逊和脸书（Facebook）不相上下。阿里巴巴的销售额超越沃尔玛并扩展到世界主要地区。公司创始人马云从一个中国普通男青年和两次高考失利的人，一跃成为全世界家喻户晓的商界领袖。

作为阿里巴巴的高级管理人员，我遇到过很多简单地将阿里巴巴视为全球最大的零售商或中国版亚马逊的人。这种印象极其错误，完全无视阿里巴巴突破性的商业模式，也忽略了阿里巴巴在世界经济形势变化中的标杆意义。与亚马逊不同，阿里巴巴并非传统意义上的零售商。阿里巴巴既没有自己的独立采购或库存，物流服务也是由第三方服务提供商执行；阿里巴巴是将所有的在线零售和服务综合在一起，通过庞大的数据驱动将卖家、营销人员、服务提供商、物流公司和制造商关联在一起的平台。换言之，阿里巴巴是亚马逊、eBay（易贝）、贝宝（PayPal）、谷歌、联邦快递、所有批发商，以及常说的相当一部分美国制造业和部分金融功能整合在一起的平台。但阿里巴巴本身并不实现这些功能。阿里巴巴利用技术来组织和协调数千万家中国企业的作业，由此打造一个全新的互联网商业生态系统（主要是在线运营），并实现比传统商业更快速、更智能、更高效的服务。

阿里巴巴的使命是应用机器学习（计算机科学的一个分支，通常被理解为人工智能领域的一个子集）、移动互联网和云计算等尖端技术来彻底革新商业运行方式，中国为此模式的发展提供了肥沃的土壤。因为中国的传统商业基础设施很薄弱，通过利用互联网新技术，阿里巴巴将中国欠发达的零售业（无论是实体还是在线零售方面，都落后于西方国家）带向了21世纪的商业前沿。阿里巴巴的合作伙伴蚂蚁金服和菜鸟网络也在支付和物流领域做着同样的事情。

互联网尤其是电子商务在中国有着与美国截然不同的发展路径。正如马云经常说的那样，“电子商务在中国是主菜，在美国则是甜点”。在很短的时间内，像阿里巴巴这样的公司就彻底改变了中国零售业，并开始产生世界范围内的影响。实际上，中国的线上与线下销售比例是美国的两倍多。阿里巴巴的做法与亚马逊完全不同。

那西方读者为什么要了解这一点呢？试想一下，如果现在有人要从零开始从事一个行业，无论是食品加工、家具制造还是银行业，他可以充分利用现有的互联网和机器学习技术且没有任何传统经营的负担，那么他的做法会有什么不同于传统方式呢？自然而然的选择就是利用强大且相对便宜的互联网和数据技术来构建新的业务模式。脸书和谷歌就是这样做的，这两家公司创造了以前从未存在的行业。但在中国，我们几乎在重构所有的行业，无论是传统行业还是新兴行业。

在美国，当采用新技术解决新问题时就会产生互联网服务巨头，例如在线广告、在线拍卖或社交网络领域。在我看来，在中国则是用新技术去解决老问题时会有巨大空间，例如在零售、金融和物流领域。本书就是为了向读者呈现后一种情况里的商业战略。每个行业几乎都要采用新技术去解决老问题。到目前为止，美国新技术对传统行业的渗透程度不如中国，因为美国传统行业本身的效率还不错，但变革即将来临。这就是中国“面向未来”的商业模式可以为西方国家提供借鉴的原因，从中可以总结出如何利用新技术在传统产业中竞争并创造出新价值。

中国指向未来

中国对商业未来的看法可以给西方商界领袖提供全新视角。一个不求甚解的观察者对中国的印象可能还停留在 20 年前：世界工厂或山寨产品横行的落后市场。但现在，这种印象是一个危险的错误。尤其是在互联网行业，中国企业正在创造世界级的产品和消费者体验。其他行业也在迅速模仿学习，各行业都在利用互联网技术实现商业模式创新。[3]

事实上，中国已经是全球“无现金”社会的领先者，所有支付几乎都可以通过手机完成。只要有移动互联网，消费者就可以通过手机获得银行和支付服务，尤其是在ATM（自助柜员机）分布不多、银行网点稀少和信用卡普及率不高的地方。在美国，传统的银行和支付行业正面临被苹果、谷歌、亚马逊、贝宝以及其他高科技公司颠覆。然而，美国人仍然习惯携带装满了各种信用卡、现金和支票的钱包，然后还要带上手机。我有一半时间生活在美国，但当我身处美国时，常常会觉得美国的这些金融服务真是落伍。

这一“无现金”现象在中国出现的时间要早于美国，原因正如经济学家约瑟夫·熊彼特所解释的，创新大多发生在传统势力空虚的地方。中国的许多行业缺乏强大的传统设施或主导企业，这就为商业实验和建设提供了开阔地带。升级换代没有传统的掣肘，也没有高昂的转换成本，这种自由正是熊彼特所说的“创造性破坏”的重要组成部分。

在美国，人们很容易获得和享受先进技术，消费者市场成熟，行业结构稳定。在这种情况下，人们很难看到即将到来的变革。当然，美国的各行业也在感受互联网的颠覆，每个行业都有自己的变革特点和主导企业，如今美国越来越多的人和企业开始拥抱变化，变革似乎在不断加速。但在中国，企业家已经在采用新的战略重塑传统产业，并通过全新的大规模协作创造全新的产品和服务。中国不是追赶者，中国的创新与西方国家平行，甚至会在某些领域“跨越”西方国家。

中国企业家的成功经历不仅表明如何用新的商业战略变革传统行业，更为重要的是，中国的做法加速了西方公司的转型，并迫使它们拥抱智能商业。本书所要阐述的商业模型和战略完全可以走出中国国门而放之于四海。阿里巴巴的电子商务模式已经在印度迅速扩张。我们的支付宝正席卷亚洲，并日渐成为移动支付的新标准，甚至已悄悄进入欧洲和北美。在最近一项调查中，阿里巴巴击败亚马逊（排名第二）成为 64 家顶级企业中最值得投资并值得持有 10 年以上的公司之一。[4]

庞大的数字之外，阿里巴巴对未来业务模式的重大贡献是利用高新技术改造企业，并大规模消除传统经济的弊端。通过提供能在新市场或新价值链环节上孵化平台的基础设施和核心机制，阿里巴巴正在支持创业者开展运营和实验。

商业战略规划者需要了解阿里巴巴为何要这样做，因为这解释了价值创造和竞争优势的新动态。通过剖析阿里巴巴，读者可以获得未来商业战略和竞争的密码，而我的毕生事业就是解读这些密码并亲历其崛起。

我的选择

1998 年，我在美国伊利诺伊大学获得国际商务和战略博士学位，之后加入欧洲顶级商学院 INSEAD（欧洲工商管理学院）担任助理教授，教授一门关于亚洲商业的课程。随着互联网的兴起，我觉得有必要教授一个关于中国互联网初创公司的案例。当时大部分公司都是美国商业模式的模仿者，例如模仿雅虎门户模式的搜狐和新浪。但阿里巴巴引起了我的注意，这家公司没有西方先例可循。当时许多人都在热议阿里巴巴是否能成功，这让其成为很好的MBA（工商管理硕士）教学案例。于是我联系了阿里巴巴，公司管理层也同意让我对其开展研究。

2000年4月，我第一次见到马云，同时跟阿里巴巴的管理层谈了三天。那时，阿里巴巴只是一家有一百来人的小型创业公司，刚刚从马云的公寓搬进一栋写字楼。1999年，马云用公司宝贵的一点现金购买了阿里巴巴的域名，因为全世界都知道“阿里巴巴和四十大盗”的故事。虽然当时看上去风险很大，但阿里巴巴的独特文化还是感染了我。阿里巴巴对环境变化的应对不依赖于传统模式或西方模式，换言之，阿里巴巴在创新。

2002年秋，我作为长江商学院的七位创始教授之一回到中国。长江商学院是由李嘉诚基金会创办的中国第一家私立商学院。同时，我也开始为企业提供咨询。在阿里巴巴，我会讲企业战略，并每年主持三场公司战略会议。当时互联网泡沫刚刚破灭，阿里巴巴也处在艰难时期，但跟马云一样，我坚信互联网的未来。毕竟我是伊利诺伊大学的博士，深受校友马克·安德森的影响，这位网页浏览器Mosaic（莫扎克）的发明者是20世纪90年代互联网的风云人物。

2006年1月，我在伦敦完成了第一本英文书的写作，书名是《龙行天下：中国制造未来十年新格局》（哈佛商业评论出版社出版），合著者是剑桥大学贾吉商学院战略学教授彼得·J. 威廉姆斯，这本书总结了我对中国新兴跨国企业的研究。在那年农历春节前一天，我在去机场的路上接到了马云的电话，他邀请我全职加盟阿里巴巴。当飞机在北京落地后，我给他打电话，告诉他我接受邀请。

脚踩两界

自加入阿里巴巴以来，我与数百名企业家和全球各地的领导者进行了交流，他们都想了解如何应对新的商业现实。对此我正好有自己的见解。在阿里巴巴，我很快发现它的成功秘诀无法用我在商学院学到的商业战略理论来解释，全世界的商学院都找不到这样的内容。

马云邀请我加盟阿里巴巴是为了帮助企业驾驭这个全新的战略格局，同时弥合学术理论与行业实践之间的差距。当我进入阿里巴巴时，马云给了我一个超级棒的头衔：总参谋长。这在中国是广为人知的军事头衔，在军队体系中这一职位大概排名第三并负责制定战略，大致类似于一家典型西方公司首席战略官一职。[5]

作为马云的战略顾问，我针对阿里巴巴史无前例的商业模式开发了新的概念框架和实践方法。除了制定这些战略并评估其有效性之外，我要与阿里巴巴平台上的许多伙伴保持紧密合作。我的日常工作就是在高层战略理论与执行细节之间不断修路架桥。

我的另一个优势在于，我是横跨太平洋两岸的研究人员和从业者。我出生在中国，但在美国接受教育，并在全球各地的商学院教过书。除了目前在阿里巴巴的工作，在过去的几年，我都是一半时间在中国，一半时间在美国西海岸，由此可以紧盯中美两国最新的创新做法。当中国企业采用最新技术来解决新出现的业务问题时，中国的商业战略就开始显现出价值。因此，中国继续“跨越”了美国做的很多事情。

我不想增加西方对中国的担忧，因为现在有些焦虑已经过头；相反，我希望能够对外传播中国的做法和经验，而这些做法和经验对西方也大有裨益。正如伟大的中国军事家孙子在其《孙子兵法》中所言，“知彼知己，百战不殆”。[6] 不过我的出发点不是斗争，而是分享知识。我无法拒绝自己作为教育者的本性，我在中国的团队也依然称我为教授。

让我提供一个面向未来的视角。这相比“双十一”的销售规模或许很小，但其重要性却不小，因为它也起源于中国。

网红的崛起

2015 年 4 月 20 日，当时年仅 25 岁的张林超开始创业，并创立了在线服装品牌 LIN EDITION LIMIT（以下简称 LIN），她也担任模特）。张林超在英国当交换生时开始接触服装，她利用假期采购中国的杂牌服装转售。渐渐地，她意识到阿里巴巴的电子商务平台淘宝能将她的业余爱好转变为真正的创业。截至 2017 年，LIN 成为淘宝上著名的网红创立服装品牌之一，这是中国社交媒体上最具影响力的群体。[7] 在美国，社交媒体上的网红会发布图片，然后获得大品牌的赞助或播发小型广告视频业务。但在中国，全新的在线商业环境意味着像张林超这样的创业者能创立自己的品牌、销售自己的商品，并开拓盈利颇丰的业务。现在淘宝上的网红店有成千上万家。

2015年的某个春日，张林超准备发布一批LIN新款服装。下午3点，15款新装在LIN的店面亮相。但当时已经有成千上万的粉丝等候在屏幕前了，他们已经看过微博上发布的款式并知道自己要买什么。LIN预计当天会销售几千件商品，但它只有1000件库存。注意，不是每款有1000件库存，而是总计只有1000件库存。任何常规的线下商店都会惊讶于LIN的低库存。

下午2点58分，运营经理罗凯命令所有员工打开电脑扬声器。2分钟后，实时通信的提醒声立刻组成了一曲交响乐。6万用户正在访问网店。1分钟内，15款新装的存货全部销售一空，LIN已有准备：只需点击几下，新货又开始上线并标注为“预售”；20分钟后，预售批次也被抢空，运营经理重新配置了第三批服装的链接。当他打字时，他也在同步计算需要多少面料和多长的加工时间。他会充分考虑10%~20%的退货率，同时根据过去两周潜在客户所表现出的兴趣来确定到底需要多少预先存货。

张林超几乎把在线服装零售业务变成了按需生产业务，却又能做到批量生产的价格。只有当LIN网店确认订单之后，整条价值链才会转动起来。买家也知道在网上订购的服装还需要7~9天的加工和运输。当天LIN的合作工厂已经开始生产第一批下单的商品。

下午3点17分，张林超在她的微博账号上发了一条消息：“你们太给力了。”在短短几分钟内，这条消息就有了超过500条评论，大部分都是抱怨没有买到自己心仪的款式。截至当天3点45分，销量已超过前几周的销量，但依然有1100名客户在线上等待上新。工厂将加班加点生产来应对客户的订单。当天结束时，LIN创下了销售新纪录：每个款式的销量都突破了1万件，每位顾客平均消费1000元（约150美元）。

张林超本人就是LIN的模特、设计师、营销者和经营者。像她这样的网红都是通过微博吸引客户，后端运行的公司规模往往不大，通常不超过一两百人，却能支持十来个像LIN这样的品牌。他们只在网上销售，几乎没有库存，也没有工厂，然而他们的业务却做得风生水起。在2015年的前4个月，LIN的销售额达到了8000万元（约1100万美元），纯利润率保持在近30%。[8] LIN和其他网红店也在2015年之后迅速崛起，为传统行业提供了全新的运营、营销和数据驱动战略。

一种新的经营范式

“双十一”和张林超的故事是正在席卷中国的全新商业模式中的典型案例，在这种新的模式冲击下，效率不高或不懂变通的企业很快就会被取代。这两个案例在两个截然不同的尺度上展示了买家、卖家和服务提供商如何通过技术介导的实时数据实现紧密协作。阿里巴巴等企业的成功就是将所有这些商业实体都联系组织起来，通过机器学习技术实现规模效益和管理复杂的市场变化。

我将这种采用新技术来组织相关实体和重新设计行业的战略称为“智能商业”。像阿里巴巴这样的智能商业，利用技术来组织协调几乎无限量的经营实体。要实现这样大规模和复杂的整合，公司必须将许多决策和行动自动化。要做到这一点，机器学习必不可少，即计算机通过算法从客户和伙伴的实时数据中“学习”并做出决策，这将在本书第三章中详述。“双十一”购物狂欢是智能商业的典型案例。成千上万的企业无缝对接，瞬时满足数百万消费者的需求。“双十一”的销量似乎没有天花板，这也正是本书要揭示的秘密。当商业变得智能，商业规模就可能变得无限。

阿里巴巴也会有自身的问题，但其商业战略和组织概念已完全不同于传统模式，由此也实现了以前不可想象的增长速度。我写这本书是为了总结阿里巴巴的经验教训，并为全球所有企业在智能商业新战略领域提供指导。

第一部分

阿里巴巴：
智能商业的兴起

“双十一”已经从网络调侃变成了人类历史上最大的购物日，淘宝也从一个小型的在线交易论坛成长为世界上最大的电子商务平台。要想知道阿里巴巴为何会取得如此惊人的成功，我们必须要分析其崛起背后的力量。通过了解阿里巴巴的故事，我们会真正看到中国企业的创新力量；通过了解中国人的创新，我们可以把握未来企业战略的全貌。

本书前三章定义了智能商业的两大核心支柱，即网络协同和数据智能，同时阐释了如何发挥它们的作用。网络协同可实现大规模业务发展，数据智能则可确保高效运营和决策。通过解读阿里巴巴平台上的例子，我将论述数据和网络如何重塑商业战略。每个企业都需要知道这两个新功能如何改变价值创造的动力，以及这些功能将如何影响企业经营。

第一章　价值创造新动能

为了了解智能商业在实践中的意义，我们需要仔细分析阿里巴巴。每天都有数百万企业通过阿里巴巴集团庞大的消费电子商务网络所创设的平台组织和协调起来。该平台由大品牌电商天猫和网店卖场淘宝组成，淘宝上有数量庞大的小型精品品牌、独立卖家和所谓的网红品牌店（详见“阿里巴巴概览”专栏）。这些网络为每位客户都提供了个性化的购物体验，每个购物者都有一个个性化的购物中心。在供给方面，卖家拥有运营在线店面的所有工具，也可以跟制造商和物流企业协调并安排在阿里巴巴自己的平台上完成在线支付。所有这些都是通过数据技术来组织完成的。

阿里巴巴充分体现了智能商业，也绘制了生动的全新商业世界的图景。在这个新的商业世界里，企业使用机器学习从网络参与者中自动收集数据，并对客户的行为和偏好做出自动反应。智能商业通过网络协同和数据智能（定义和论述见下文）重构了整个价值链来实现规模效益和个性定制 。这一双重力量促成了智能商业。

阿里巴巴概览

阿里巴巴成立于 1999 年，由马云和另外 17 位联合创始人共同创立，旨在帮助中国中小企业经营，并使之走向国际市场。[①]

如今，阿里巴巴是全球最大的零售商业公司。阿里巴巴的中国平台上有超过 1000 万家商家和超过 4 亿的活跃买家。阿里巴巴的中国零售市场业务总成交量超过 0.5 万亿美元。

为了践行“让天下没有难做的生意”这一使命，我们帮助企业变革营销、销售乃至运营方式。我们提供了基础设施和营销渠道来帮助商家、品牌和其他企业利用互联网与其用户和客户开展互动。

我们的业务包括商业、云计算、数字娱乐及其他数字媒体、创新行动和其他行业。通过投资菜鸟网络和口碑网，我们也参与物流和本地服务。另外，阿里巴巴还持股蚂蚁金服。蚂蚁金服是中国领

---

① 有关阿里巴巴以及淘宝早期与 eBay 的竞争，请参考波特 · 埃里斯曼的《阿里传：这是阿里巴巴的世界》（其简体中文版已由中信出版社于 2015 年出版），以及邓肯 · 克拉克的《阿里巴巴：马云和他的 102 年梦想》（其简体中文版已由中信出版社于 2015 年出版）。

先的第三方在线支付平台支付宝的运营集团。

2003 年，阿里巴巴推出了网购平台淘宝网，字面意思即为“淘换宝贝”。淘宝最初只是包含产品列表的论坛，但随着时间的推移，淘宝添加了图片及其他功能，最终成为今天的大型电子商务平台。用户依然可在淘宝上免费列出商品，当然现在淘宝主要依托征收广告费的业务模式。

在随后的几年里，阿里巴巴集团孵化了几家专业公司（见表 1–1）：

- 支付宝：2004 年，这个托管账户系统成为独立公司。支付宝大大推动了中国的支付便利化，尤其是在信用卡和远程支付工具的普及率都比较低的中国。
- 天猫：2008 年，天猫与淘宝分家，定位为大品牌和零售商的卖场。天猫卖家通常会支付 0.4% 到 5% 不等的佣金。
- 全球速卖通（AliExpress）：2010 年上线，是一个面向全球市场的在线交易平台，它将中国卖家与世界其他地方联系起来。
- 菜鸟网络：2012 年，阿里巴巴在中国推出了这个智能物流平台。
- 蚂蚁金服：2014 年，阿里巴巴推出了蚂蚁金服。该公司现在向中国的消费者和小企业提供贷款。
- 网红公司：2014 年，首家网红公司成立。

有关阿里巴巴的更多背景和历史，请参阅附录 A。

表 1–1 阿里巴巴一览

中国零售平台	淘宝商城
	天猫
	淘宝农村
跨境和全球零售平台	全球速卖通
	天猫全球
	来赞达（Lazada）
批发	1688.com（国内批发）
	Alibaba.com（国际批发）
数字媒体和娱乐	优酷土豆
	阿里影业
	阿里音乐
	阿里体育
	UC 浏览器
本地消费	高德地图
	口碑
	饿了么
金融	蚂蚁金服
	网商银行 *
物流	菜鸟网络 *
云计算	阿里云 *

* 阿里巴巴集团主要的投资对象和合作伙伴。

智能商业的本质

智能商业可归纳为一个简单的等式：

网络协同 + 数据智能 = 智能商业

这个简单的等式代表了阿里巴巴成功的秘诀，也代表了未来商业的所有密码。正如下文将要详述的，网络协同和数据智能这两个技术创造的新功能对传统商业流程和结构有着巨大的优势。

从最广泛的意义上讲，网络协同就是将复杂的商业活动分解，以便不同企业或人群更有效地完成这些商业活动。[1] 从历史角度说，锁定在垂直整合结构或刚性供应链中的商业功能通过在线协同更容易实现。诺贝尔奖获得者罗纳德·科斯解释说，所有企业的结构都旨在管理高昂的交易成本。[2] 但新技术却在降低这些成本，并使网络化的方法成为可能。通过网络协同，销售、营销以及生产等业务活动可以被转变成去中心化的、灵活的、可规模生产的、可全球优化配置的过程。

由天猫和淘宝实现的“双十一”购物狂欢就是一个很好的网络协同的例子。淘宝本身并没有库存，它是一个由超过千万卖家组成的平台。这些卖家又会与数百万合作伙伴协同，共同完成在线零售、交易处理以及配送货物等复杂任务。凭借人力是无法做到这些的，因此这样高水平的互动就是网络协同的本质：互联网上几乎无限规模和无数伙伴的自主协调。

商业主体开展网络协同的同时，商业也变得越来越智能。因为实时的交互和在线流程会产生持续不断的数据流，然后形成连续反馈循环，使自动生成决策变得越来越“智能”。例如，今天淘宝上向客户推送产品等许多常规工作都是由机器来完成的，传统零售商则需要雇用数千名销售人员、橱窗设计、时尚编辑来实现同等效果。在淘宝上，机器学习是一种工具。在 2017 年的“双十一”，阿里巴巴数据库在高峰期每秒要进行 4200 万次运算。这个数字意味着机器学习算法当天要运行数十亿次，由此按照买家购买或浏览新款手机、巴厘岛机票甚至彩虹睡衣的记录来决定推送哪些产品。数据智能就是我所说的能根据消费者行为和偏好进行个性化产品和服务匹配的能力。[3]这是今天大多数企业决定生产产品和提供服务的全新方法。

数据智能也意味着企业迅速并自动改善机器学习技术的能力。产品推荐引擎就是初级的数据智能应用。这种最基本的数据智能标准业务是任何在线公司都会采用的，但我在此所说的数据智能要复杂得多。如果企业能实现自动化决策，并不断实时运行供应商运输时间、制造商完工通知、物流追踪以及消费者偏好等数据，那么企业就可以开发更高程度的数据智能应用。这种自动化是通过加强协调的机器学习算法实现的，并可优化价值链上的每个环节。随着越来越多的商业活动上线，所有与之相关的决策都可实现自动化并自动完善。这就是我所说的数据智能。

机器学习的进步拓宽了企业运用数据智能的范围和效力，其功能要远远超过过去 10 年。正如机器对围棋和国际象棋规则的把握，算法也可应对长长的计算链或考虑多个场景以快速获得最佳解决方案。随着新结果的出现，算法又会考虑最新的信息而重新校准。算法通过连续更新来学习，其结果也会随着数据数量和多样性的增加而提高。通过机器学习，数据智能也会提升。随着越来越多的业务流程上线以及商业活动日益要求各商业主体相互协同，企业可以通过实现日常决策的自动化，以及借助远超人力的计算机来实现自我革新。这也是智能商业的本质。

智能商业的兴起及其影响

在阿里巴巴，价值链中的每个环节都被模块化，并按照技术优化的网络重新设置，而且大部分商业决策目前都由算法驱动。这种对创新技术的彻底运用改变了一切。数据是主要的资产，也是最关键的生产要素。战略不再意味着分析和规划，而变成了实时实验和客户参与的过程。

正如本书下文所述，在智能商业中，传统的竞争因素正在逐渐消失，取而代之的是企业和无数实体之间的合作。当企业战略的出发点不再是竞争而是协调，创造价值的方式就彻底改变了。当企业不仅将机器学习应用于日常业务流程和消费者互动的自动化，同时也用来不断改善这些方面时，管理在创造价值方面的作用也会发生根本性的改变。企业组织不再是需要管理和控制的静态垂直结构，而是由无数实体组成的动态和灵动的网络，并为使命和机会开展协同。

千万不要认为网络协同和数据智能只是跟所谓的互联网公司或数字化企业相关。我曾研究过中国的家具制造商、服装公司和美容院，这些传统企业也在利用这些新力量重塑业务。事实上，正是对全球企业的观察才让我得出这一新战略理论。网络协同和数据智能是将西方先进技术与东方创新商业模式结合的产物。

中国的企业更善于利用网络协同，即通过互联网将业务实体结合在一起，而不是组建企业构架。因为大多数中国产业都缺乏完善的基础设施，也没有占据主导地位的企业，因此通过互联网来重塑行业的空间很大。美国企业普遍擅长数据智能，即应用最先进的机器学习技术实现知识创造自动化，或用先进技术解决图像识别、语言翻译和基因测序等问题。我对中美两国的企业研究多年，深信无论新老企业，无论企业位于何处，网络协同和数据智能对所有企业都有效果，两者相结合的威力更是强大。

网络或数据都不是新概念，但此前从未被纳入整体理论中，它们是构成新商业 DNA（脱氧核糖核酸）的双螺旋。只有对东西方企业进行观察才可得出全貌；只有当东西交融、阴阳交汇、数据与网络结合，我们才能看清未来；只有这样，我们才能制定好当下的战略。

自 20 世纪 90 年代初以来，商学院中所教授的企业战略都把重点放在通过市场定位或培养核心竞争力来获得竞争优势上。但竞争优势的来源已发生巨大变化，企业需要全新的战略方法来适应网络和数据时代。在新环境中，企业将使用网络协同来实现超越竞争对手的价值和规模，并采用数据智能来让业务更加智能地应对外部环境和消费者观念的变化。不难发现，中美两国最成功的互联网企业都擅长网络和数据，因此，所有能决胜未来的企业也必然如此。

诸多经济学家和企业战略家都在研究如何让波特的经典竞争分析适用于互联网时代，包括迈克尔·波特本人。这些对数字化和平台战略的研究很有启发意义。本书则试图在前人基础上更进一步，形成一个覆盖传统和数字企业的统一、全面的战略框架（书后附录C会有详细论述）。

佛教有云，万法性空，“空”带来万事万物的变化。新观念和新模式的涌现看似令人眼花缭乱，但实际上新秩序正在形成。本书则提供了如何组织企业、创造价值以及在新秩序中制胜的框架。

本书如何展开

我写这本书有两个目的。首先，我想描述技术进步所带来的新力量，并阐释有关价值创造的新“统一理论”；其次，我希望揭示这些新发展对企业战略和组织的影响。

本书主要以阿里巴巴为例，我将解释阿里巴巴的运营、战略制定和实施以及组织定义如何有别于传统企业。我也会谈到阿里巴巴平台上的网红店、蚂蚁金服，以及苹果、谷歌、优步等其他互联网企业的成功案例。

在自我介绍、说明新商业环境和核心战略理论之后，我将在本书第二章和第三章中展开论述网络协同和数据智能这两个核心概念。

本书第二部分“智能商业的竞争：战略原则”将通过三章内容来描述创造实时数据、消费者驱动和战略定位再思考这些核心战略原则。第四章阐述了如何将业务“上网”，并对工作流程进行“软件化”处理以实现自动化决策。一旦做到自动化决策，借助实时数据的机器学习就能创造良性循环，由此不断改善客户体验和业务效率。在第五章中，我将讨论围绕客户建模的战略重要性，我将此称为“C2B（客户对企业）模式”，在中国有许多这样的案例。在第六章中，我将解释智能企业定位战略的变化。企业战略和能力是相互依存的：必须将企业置于网络协同中以最大限度发挥其潜力，并为客户和合作伙伴创造更高的价值。

在本书第三部分“智能商业如何运行：组织的含义”中，第七章介绍了新战略流程，第八章阐述了新管理愿景。网络和数字化操作的散播重塑了企业功能和思维。智能企业可自动化处理大部分日常工作，但反过来也要求更多的测试。企业必须在愿景和行动之间不断检验，采取适应性甚至市场驱动的战略方法。这种新方法搭配愿景和文化来吸引合适的合作者。从企业内部说，由于日常业务活动都实现了自动化且各方都处在网络协同中，因此管理必须超越日常管理或提供激励。管理必须通过建立支持前沿创新的基础设施或打造有利于跨网络协同的机制来推动创新。

今天的企业都是通过创新创造价值，而创新是人的创造力的产物。当创造力取代肌肉力量和知识操纵成为经济生产的关键因素后，我们将见证一场创造力革命，一场超越了管理大师彼得·德鲁克所言的“知识革命”的革命。这样的革命将会改变企业组织形态和人类体验。在第九章中，我将总结本书中的概念并归纳企业要面对的商业变化。

这本书很大程度上借鉴了我在阿里巴巴担任企业战略高管的经验，以及对阿里巴巴业务模式的多年原创性研究。如果读者想要了解阿里巴巴及其商业模式，可参阅附录 A。在本书中也穿插提到了阿里巴巴电商平台淘宝的故事，附录 B 是关于淘宝平台历史和发展的案例。附录 C 则介绍了有关智能商业的概念和理论，供有兴趣的读者深入了解。

第二章　网络协同：互连的实体如何改变商业

10月对中国消费者而言是极其重要的一个月份。每年10月开始的一周是中国的国庆假期，也是中国最长的公共假日之一。当国庆节结束，人们重新回到自己的工作岗位后的一个月，一个更重要的节日即将来到：11月11日，“双十一”购物狂欢节。由于当天会有大量的购物折扣和优惠，因此在这一天之前购物是不明智的。10月最好不要大量购物，因为“双十一”才值得血拼。10月也同样是制订来年旅行计划的好时机，因为“双十一”有最优惠的价格，甚至一些最重要的人生投资也值得等到那一天，例如买房、生娃或结婚。不管如何，人人都应提前列好购物清单，因为“双十一”要到了。

但当“双十一”真正来临，一个令人头疼的问题就会出现——11月第二个星期的物流往往非常慢。在购物狂欢之后，中国的邮政和快递系统会陷入半瘫痪状态，至少这种情况曾出现过。

2012年11月11日，中国网络购物的第四个“双十一”，当时的盛况让全国网民都难以忘记。阿里巴巴在24小时内的零售额接近200亿元（约30亿美元）。无论是大品牌还是小店铺，无论是国产货还是进口货，都卖疯了。在前几年，电子商务似乎还不足以影响到传统商家，但经过这一年的“双十一”，人们心里都清楚：电子商务的时代来了。曾经难以撼动传统商业的电子商务成为新的潮流，人人都想挺立潮头。

但消费者却看到了不同画面，那就是全国物流系统的灾难性失败。因为无法处理创纪录的 7200 万个包裹，仓库里堆放不下，道路上货车拥堵（2010 年和 2011 年“双十一”的包裹数量分别只有 100 万个和 2200 万个）。航空、铁路甚至船运都陷入拥堵。邮政员和快递送货人员加班加点，疲于奔命。那些在“双十一”发出的货物本来在正常情况下只要三五天就能送到，但那一年却足足花费了两个多星期，甚至到了 11 月底，有些包裹还没有送到买家手里。

在看到中国消费者的消费力量，并确定来年的包裹数量至少要再增加 50% 的情况下，阿里巴巴和中国的物流公司开始行动起来。它们开始加大对基础设施的投资，更重要的是，它们开始寻求在新兴物流业中的协同机制和体系。2013 年 11 月 10 日，物流业的高管们都捏了一把汗，不知道以前的物流瘫痪是否还会重演，但令人惊讶的是，这种情况再也没有发生。在 9 天之内，阿里巴巴平台上在“双十一”达成交易的 1.52 亿个包裹中有 2/3 送达了目的地。

效率继续提升。2014 年，在“双十一”交易完成的 2.78 亿个包裹中，有超过 1 亿个包裹在 17 日之前就完成了送货，即“双十一”后的第一周内。到 2016 年的“双十一”，只用了三天半时间就完成了 1 亿个包裹的投递。如今的中国消费物流配送系统可能是全世界最高效的（当然也必须如此，因为从 2009 年至 2017 年，“双十一”当日交易的包裹数量增加了令人瞠目的 3123 倍）。从全国各地发出的包裹一般在一两天内就可送达目的地，而且运费并不高。这与灾难性的 2012 年大相径庭。

中国的物流升级和阿里巴巴的菜鸟网络故事完全可以写成另外一本书（请参阅附录 B 中的简述），但真正推动行业快速发展的关键是网络协同。各类实体借助互联网平台和数据技术学会大规模协同作业。在本章中，我将阐述网络协同及其对阿里巴巴的重大意义，以及网络协同如何融入智能商业战略。

从线条到网络

网络协同是指对商业任务开展多方同步协作的自动化管理。这种协同所产生的结果与价值链直线作业结果大不相同，因为在传统直线作业中，命令是从上至下层层传递的。“双十一”是网络协同的好例子，所有销售商、买家、生产商、供应商和物流公司一起完成任何单一企业都无法完成的任务。这一切虽然是在阿里巴巴平台上完成，但并没有阿里巴巴的强制命令。网络协同让许多人或者企业在线合作解决复杂的商业问题，其效率和效果远远超过垂直整合的架构。这种新的方式就是阿里巴巴电子商务平台的力量所在，同时也为平台上的许多创新型商家创造了独特商机，例如前面提到的网红店铺。

但阿里巴巴最初却不得不依靠网络协同，因为阿里巴巴缺少时间、技能和资源去构建企业内部所需的各项功能。例如卖家在阿里巴巴平台上卖掉了产品，而通过中国的邮政系统送货会非常慢，这时阿里巴巴工程师无法做到马上创建一家快递公司，但他们可以创建标准化的在线工具和其他可以整合阿里巴巴平台上服务的机制。

借助这些工具和机制，工程师可以鼓励其他厂商努力提供卖家所需要的服务。通过这种方式，阿里巴巴把越来越多的服务商汇聚在平台上，由此也让阿里巴巴成了网络协同的平台。附录 B 详细描述了 2003 年淘宝成立之后，这种网络协同的演化和发展。

网络协同将商业活动从传统的线性供应链形式中解放出来。传统的零售商，无论是线上还是线下，所要处理的信息流是线性的，即从供应商到客户，而阿里巴巴是一个在线的市场，要协调几乎无数“玩家”不断扩张的在线网络。在阿里巴巴获得成功的感召下，其他有前瞻性的中国企业也正在利用互联网，将传统行业中的线性结构改造成网状结构。这些企业正在重构从家具制造到在线教育等的各行各业，新的商业模式往往会“跨越”传统模式。事实上，只有去中心化的网络协同才能同时实现当今商业的核心要素：规模、成本、速度和定制。

越来越多的商业功能将会被重构，不仅在中国，在全世界也是如此。在未来几十年，价值创造策略的重要驱动之一就是网络协同。下面我们可以用淘宝上的最新玩家——网红店主的故事，来说明在实践中网络协同如何发挥作用。

本书前言中已经初步介绍了这些网红店主的故事。他们的品牌完全是在线品牌，没有任何线下销售渠道，库存在任何时候都不会超过销量的 10%，制造和运输都是在下单之后的 20 天之内完成。在本书的第二部分，我还会介绍这些网红店主如何创造自己的品牌并实现柔性制造。但首先，我们需要挖掘其商业模式的根本优势——网络协同。

网红背后：网络协同

2014 年下半年开始涌现大量网红，这让淘宝自身也感到惊讶。在没有线下实体店和大量广告投放的情况下，这些网红店铺却拥有超常的用户黏性和客户转化率。其销售周期也显得很奇特：或许平日完全没有业务或只有很少业务，但在某个销售爆发日却可能实现超过 100 万元（约 15 万美元）的销售额。由于这些商家的销售情况与淘宝上的普通电商截然不同，最初淘宝的员工还担心这些商家是否找到了隐秘的作弊方法。

这些网店其实是新生事物。网红最初出现在女装类、热销休闲时尚和轻奢品类，针对的是淘宝网上最年轻的 14~21 岁用户群体。网红店主通常会在自己的淘宝店铺显示自己的新浪微博账号。这些网店的代言人无一例外都是年轻貌美的女性。网店中所有商品都会以网红为模特，但这些照片通常又是以非专业的方式拍摄的（主要是“自拍”）。这些网红并非严格意义上的职业模特或名人，她们销售的产品及其款式也很难归为传统的淘宝女装类别，例如网红店主主打的通常都是“韩范儿”、“欧洲风”或“原宿街头时尚”。

这些网店每隔三四周就会发布一组新款。与传统的淘宝网店常常在虚拟货架上“挂”出几十款甚至几百款产品不同，网红店通常只有二三十款产品，以衣服为主，偶尔也会有鞋或配饰。在新款上架前几天，网红店主会提前宣布即将举行的促销活动并指定开始的时间，例如下午 2 点或晚上 8 点。每次销售前，都会有数以百计甚至成千上万的粉丝等在电脑或手机前准备抢购。在中国，这种销售方式被称为“饥饿营销”，即故意营造限量或缺货的“假象”来推高销售（如果你不买，别人就买走了）。大部分服装款式几乎都是“秒光”。

一旦第一批货物售罄，网店就开始预售相同的款式。一般而言，流行的款式能有两三轮的预售，每轮都有相应的送货时间，例如在下单后 10 天内送到。许多粉丝甚至愿意等待一个月来购买他们最中意的款式，要知道在网购中一个月可是很长的时间（这与美国相比也很先进，美国零售商备货的时间常常会长达几个月）。网红店主和网红销售彻底重构了零售业。与全球大多数零售商不同，当网红店里的销售“完成”时，其卖出的大部分产品还未被生产出来。

在微博上，网红的行为与普通大 V（微博平台上获得个人认证，拥有众多粉丝的微博用户）也有很大不同。微博账户分为个人和企业两类。企业账户通常由机构或企业主导，例如阿里巴巴的官方微博或耐克的微博。显然，微博的大部分广告收入来自企业账户，它们是购买广告和其他服务的主要群体。大多数个人用户不会花钱去交朋友，然而网红虽然也是个人账户，却花费了大量广告费来获得新的粉丝。她们的账户内容看起来跟其他个人账户内容没什么区别：晒她们的生活方式、美图或旅行图片，但这些账户显然被用于商业目的，花费了大量广告费来进行精准广告投放。这种反直觉的行为反映了一个反直觉的事实：网红店铺是企业，尽管它有着“个人化”的面孔。

微　博

新浪微博是新浪网于 2009 年创立的微博网站。（微博从字面理解就是“微小的博客”。最初中国也涌现了多家微博平台，但随着新浪微博一家独大局面的形成，微博也慢慢变成“新浪微博”的代名词。本书也遵循这种普遍用法。）

虽然微博最初只是推特的翻版，但很快就演变成一个热闹非凡的社交平台，看上去更像是脸书、Reddit（社交新闻网站）和推特的组合，甚至还略带视频网站 YouTube 和实时流媒体的特征。因为中文的 140 个字符可以包含比相同拉丁字符更多的内容，所以与推特关注新闻标题相比，微博更适合开展实质性讨论和发表短篇文章。微博上的热门话题通常会引发大量“网民”长时间的热烈讨论。

大多数西方人对中国社交媒体普及程度缺乏概念，实际上中国社交平台的运用比美国更为普遍。虽然近年来腾讯的撒手锏“微信”侵蚀了微博的主导地位，但微博仍然拥有主导地位，且全部内容均对所有用户可见（微信的社交功能看起来更像脸书，只可以看到共同朋友的动态）。在美国，如果你的推特账户被关闭，你还有其他的沟通方式，但在中国大规模社交平台的选项并不多。微博的内容可谓百花齐放，包括八卦新闻、名人逸事、个性化话语以及实时新闻和广告。对于大多数中国人来说，微博是获取突发新闻事件的渠道之一。除了企业外，政府办公室、火车站、学校和媒体等机构也经常通过微博发布信息和官方消息。

2013 年，阿里巴巴收购了新浪微博 18% 的股份。当微博在 2014 年上市时，阿里巴巴行使了增持权利，将其股权比例提高到 32%。自阿里巴巴投资之后，电子商务平台淘宝和社交媒体微博开始深入整合，淘宝卖家可在微博上宣传，将自己的粉丝群变现。截至 2017 年，微博拥有近 4 亿活跃用户。

这些企业运营的根本是粉丝：一个小型的网红店铺需要拥有至少数十万粉丝才能在行业中占据一席之地，大型网红则需要拥有数百万甚至数千万粉丝。更重要的是，这些年轻女性会花费很多时间与粉丝互动、回复评论、回答问题，并发布粉丝要求的内容。这些互动在某种意义上是在为粉丝提供销售服务：解释如何搭配着装、传授化妆技巧，以及对特定款式的缝制或细节进行深入描述。有些时候，网红也会和粉丝分享她们的情感或担忧，甚至抱怨自己的工作或男朋友。这些互动让人感觉真实而自然。

到 2017 年，中国的整个电子商务行业都意识到，网红不是昙花一现的现象。许多网红店铺已进入淘宝服装类别的前十名。每当网红直播开卖时，其销售额必然会夺得当日销量的头把交椅。目前在淘宝平台上有超过 400 家具有相当规模的网红店铺，涉及服装、化妆品、体育用品、食品和快速消费品等不同的产品类别。在女装类别中，几家大型网红店铺每次的销售收入都会超过 100 万美元，年销售总额接近 1 亿美元。该类别下还有数十家二级店铺，它们的年销售额在 1000 万美元至 2000 万美元之间，还有更多的新兴网红店铺在奋起直追。

那么，像张林超这样的年轻网红是怎样驾驭这种模式的呢？她们虽然具有敏锐的审美意识和一定的网络社会影响力，但毕竟缺乏具体的商业经验。在第五章中，我将详细分析网红的商业模式。就目前而言，我们可以说这些品牌创建者和创业者都获得了淘宝网庞大的商业功能和服务网络的支持，由此才能创业成功。由于淘宝平台上的所有企业都是通过技术连接在一起的，因此才能在几乎没有人为干预的情况下迅速组织或整合相关的服务。这样的基础架构可以使小企业利用现有的服务迅速崭露头角。

“协同”15 年：淘宝作为商业网络的经验

淘宝的历史是将越来越复杂的业务功能添加到其网络中，从而支持日益复杂的业务增长。随着网络的扩大，越来越多的企业进入市场，促进更深层次的协同以及创新商业模式的涌现。淘宝网的成长案例完全可以写本书，感兴趣的读者可以参考附录 B 了解淘宝发展简史。在本章中，我将简要介绍淘宝平台的演变，借此让读者更好地了解中国电子商务的发展，以及网络协同和数据智能在其中的作用。

2003 年成立时，淘宝只不过是一个买家和卖家互相交流的论坛。一方面，中国政府鼓励经济发展，这使得中国存在大量的小规模卖家，但他们无法接触到广大的消费者。另一方面，买家也希望能看到并对比来自中国和世界其他地方的大量产品。当时像 eBay 这样的外国公司试图进入这一市场，淘宝的领导层意识到需要创建一个消费者对消费者的网上市场，但不知该如何入手。因此，淘宝平台的发展也是逐步进行的。[1]

最初，淘宝的员工尽其所能地搜罗尽可能多的产品来填充这个市场，逐步地将各种家居日用品信息上传网页。第二年，淘宝的目标变成尽可能多地引进独立网店。最后，随着 2005 年卖家数量激增，淘宝开始做广告，吸引买家加入网站。淘宝将自己描述为一个销售任何你能想象到的商品的平台。

令人惊讶的是，淘宝平台还鼓励卖家加强联系，甚至在平台之外组建联盟。因为中国的电子商务没有先例可循，淘宝作为一个在线市场的价值迅速开始蔓延至线下世界，卖家形成了非正式的网络，并鼓励更多的服务提供商加入这个平台。西方读者可能会习惯性地想象，像阿里巴巴这样的公司应该会完全自己做出所有与自身业务相关的决定，但淘宝发展早期的情况与之恰恰相反。卖家加入淘宝，看到平台提供的工具和机制，然后与其一起经营。[2]

淘宝早期的许多卖家都是个人或一些脚踏实地学习的小团队。虽然在网上开店和开展业务是免费的，但学习使用淘宝提供的一系列工具来管理店面、维护客户关系以及处理交易仍然存在很大障碍（这些将在下文详述）。由于中国的零售和运输基础架构不发达，要想确保平台上的产品质量和有效供货也是个大问题。卖家经常会一起想办法，有时在淘宝官方论坛上，有时在平台之外，卖家相互学习，共同克服这些障碍来做生意。

服务的时候叫“亲”

为了与客户互动，淘宝在 2005 年开通了一项即时通信服务。淘宝上的每个店铺都在官方消息平台上有自己的账户，叫作“旺旺”（有生意兴隆之意）。通过旺旺，消费者可以随时向卖家提出任何问题，甚至可以讨价还价或者只是闲聊。负责店铺旺旺账户的客服代表很快扮演了重要的角色。为了与淘宝早期的“可爱”美学保持一致，客服语言甚至演变成自成一体的甜蜜话语体系，由新的惯用代词“亲”（“亲”既有“亲爱的”简写之意，也有“亲吻”的意味）来取代中文中的“您”。这种富含情感的称呼对于打破网络上陌生人之间互动时的冷漠和猜忌有着重要意义。这样一来，每个旺旺账户背后的人都是温暖的源泉，从而确保良好的消费者体验，并获得更多的客户理解。

对于卖家而言，客服是一个高度专业化的角色，大型网店常常有两组客服员工，一组处理预售查询，另一组处理售后服务，两组客服都会对消费者提出的查询给予实时答复。除了专业服务的标准技术培训外，旺旺客服还必须非常了解网店的产品信息，以及如何处理纠纷和其他问题。这些客服是淘宝创建的许多新职业中最早出现的一种，这为数百万人提供了就业机会，尤其是那些受到地域限制或因身体残障而无法进入传统经济领域谋职的人群。

支持独立服务供应商

到 2006 年，淘宝市场已全面形成，淘宝参与者之间的协同开始走向深入。一些卖家看到了为成长型网店提供支持服务的机会，并开始调整其定位。淘宝进入快速增长阶段，因为第一批独立服务供应商（ISV），即一个全新的至关重要的商业群体诞生了。

例如，淘宝卖家早期主要的挑战之一是如何向客户有效地展示和描述产品。大多数客户至少需要见到产品图片，但在当时，智能手机尚未出现，拥有专业摄影设备和技能的卖家凤毛麟角，但他们愿意分享自己的技能。一开始，这些卖家愿意免费为附近其他卖家的商品拍照片。随着时间的推移，专业摄影团队开始提供服务，并演变成全职的服务提供商。摄影师、设计师和文案写手开始帮助卖家设计店铺。

反过来，淘宝也开始推出新工具，包括系列店面标准模板“旺铺”（位于繁华地段的商店），使卖家能够更好地管理在线业务。旺铺迅速成为一个平台，因为这个平台对其他独立软件开发商开放。很快，许多网站开发人员开始在上面设计定制店面，并为卖家创设更多服务。

其中一个独立服务供应商就是由中国各地的网红构成，她们为淘宝平台上不断增长的服装卖家提供模特拍照服务。慢慢地，商家和顾客都知道哪类模特最适合其服装系列，然后他们就会使用和参照相应的模特。很快淘宝开发了一个连接这些独立服务供应商的平台，帮助他们找到合作商家，实现规模化经营。这些女性被称为“淘宝模特”，其职业生涯也是从淘宝开始的。

公司领导层一直在与卖家讨论如何让经营变得更轻松。杭州的淘宝办公室每周都会有两个下午请五六个淘宝卖家来讨论新工具的使用情况。例如，淘宝网上最早的卖家过去常常要打印出每张订单，因为在线下业务中，要有单据才能开始业务流程。如果每天只有十几个或几十个订单，这样操作肯定没问题；但如果卖家每天要收到数百甚至数千个订单，就会产生一个滑稽但又非常现实的问题：办公室打印机过热，甚至会着火。显然，卖家必须让更多业务实现网络化来简化手续，这样才能更好地优化流程并避免火灾。如果没有这种改善整个流程直至物流的压力，那么在2012年物流崩溃之后诞生的菜鸟网络可能就不会出现。

为网络扩张提供技术支持

在最初几年，许多淘宝卖家都有线下业务和采购渠道，但到了2008年，许多新商家杀入淘宝平台淘金。他们面临着在网上从零创业的挑战。淘宝必须把线下销售的许多功能带到线上，让所有的线上网店都能使用这些功能。随着业务的发展，淘宝甚至开始孵化实体零售业从未尝试过的功能。

淘宝无法自己提供所有实体零售的服务。受到早期旺铺店面平台等成功经验的启发（当时该平台吸引了许多软件服务商入驻），淘宝制定了一项新战略：打造一个开放、协作和繁荣的电子商务生态系统。淘宝将自己定位为一个开发网络基础架构以推动电子商务的平台。由此淘宝进入了一个全新的发展阶段，其平台之上的网络协同业务开始出现爆发式增长。随着系统变得越来越复杂，必须开发数据智能以改善协同，淘宝的智能商业雏形初现。

从2013年开始，淘宝开始将其服务向价值链上游扩展，比如营销和融资等领域。从那时起，公司主要的挑战就变成如何将淘宝平台与微博、蚂蚁金服、物流及供应链等外部平台连接。淘宝不提供这些外部网络提供的服务，但从技术角度看，电子商务平台的发展又需要这些外部平台提供安全可靠的服务。例如，在微博平台上与粉丝积极互动的网红一直都在推动这两个平台的整合，由此实现更顺畅、更直接的转化。数据智能可以协调平台之间的交互，并可改善各方的服务，使客户受益。

鉴于淘宝生态系统的复杂性，我将仅阐述它为用户提供的一些重要业务功能。这些例子说明了淘宝发展的经验，也为淘宝未来的发展提供了指引。（有关详细信息，请参阅附录 B。）

独立服务供应商、淘宝合作伙伴和应用程序接口

在淘宝网的发展过程中，我们经历了一些灵光乍现的时刻，使得我们不断完善战略。[3] 在线市场启动运行后，当简单的商家仍然是平台上唯一的机构类型时，淘宝平台上出现了一个新的关键角色——淘宝合作伙伴（TP）。作为淘宝合作伙伴的个人或企业负责店面运营以及品牌营销。

这些淘宝合作伙伴在生态系统中起着关键作用。他们的专业知识使大型卖家得以进一步扩大销售，同时帮助北京和上海的大商家甚至国外的奢侈品品牌进入平台。如果你是一个没有在线销售经验的线下品牌，淘宝合作伙伴会帮你打理网店的日常运营（第六章将讲述淘宝最成功的淘宝合作伙伴之一：宝尊）。除了淘宝合作伙伴之外，还有大量的第三方服务提供商在淘宝上涌现。要有效运营业务，就需要用到各种软件，从客户关系管理到订单管理，从营销到搜索引擎优化。在单个企业或在合作伙伴之间，这些软件都必须协同工作。

在淘宝生态系统中，将独立服务供应商与买卖双方连接起来的关键是数据。对于淘宝卖家而言，最重要的就是将订单中的数据贯彻到客服、采购、营销和物流环节。提供订单管理软件的第三方开发人员必须能够访问客户的交易数据；反过来，卖家应该能够与合作伙伴共享在淘宝上形成的数据，以有效地开展业务。随着在淘宝上做生意越来越有价值，淘宝吸引了越来越多的外部实体，它们都

有兴趣与淘宝用户合作，并利用这些数据开展商业合作。

2010 年，淘宝推出了一项名为应用程序接口（API）的技术，这是一套让任何程序员都可以借此来创建与系统其他软件兼容的软件工具。[4]应用程序接口是网络协同的技术基础，让独立服务供应商轻松地为卖家提供全面服务。应用程序接口技术对整个生态系统产生了深远的影响。（我将在第四章中对此展开论述。）

对于淘宝和大多数企业而言，未来商业的发展是要将价值链上越来越高的部分实现网络化。广告和零售已成功转移到谷歌和淘宝等网络平台。从本质上讲，网红的出现意味着品牌建设的网络化。本书的第二部分将论述通过社交媒体搭建品牌的在线互动为什么要比传统方法更有效，以及企业该如何将内部核心功能实现数字化。

一旦网络以这种新方式进行协同，各种新的商业模式和价值创造形式都会从新的商业联盟中产生。每当淘宝达到新的网络协同水平时，都会大大提升网络的覆盖范围，并丰富整个在线经济的广度。

网络协同的基石：如何开始

现在可以看到，许多新的商业角色和功能逐渐融入淘宝网络中，但网络协同究竟是如何运作的，我们又该如何进行网络协同呢？商业网络是以目标为导向的：各类企业聚集在一起为客户群解决复杂的商业问题。只有具有共同愿景并能够为解决方案做出贡献的参与者才能在线化，并协同努力来实现这一目标。根据我们在淘宝的经验，打造有效的网络协同有 4 项经营原则（见表 2–1）。

表 2–1　网络协同的基石

步　骤	淘宝示例
直接连接和互动	淘宝创建了旺旺即时通信工具，让买卖双方实现直接沟通，并创建了淘宝网联盟营销平台以连接卖家和小网站
角色演化	经验丰富的卖家成为淘宝大学的讲师；淘宝合作伙伴加入网络并脱颖而出
投资基础架构	支付宝降低了信任障碍；淘宝应用程序接口允许独立服务供应商与商家合作
商业活动在线化	淘宝的产品数据库（见第四章）允许购买或出售任何可以想象的产品；网红店铺对在线营销和线下生产的协同

支持网络结构，鼓励直接沟通和互动

网络化业务优于刚性的直线型组织，因为协作可以让各方直接连接，并迅速找到最合适的伙伴来开展协同，而不用去考虑如何设定角色。

旺旺是淘宝鼓励买卖双方直接沟通的早期例子。相比之下，eBay 隐藏了卖家的信息，卖家只能通过 eBay 联系买家。这一封闭式设置阻断了平台外交易，同时确保 eBay 能够有效地收取佣金。但淘宝认为，买卖双方直接沟通会增加参与度并带来更好的业务。为了鼓励各方在平台上完成交易，淘宝提供了交易保护和担保服务，采取增加价值而不是人为设置连接障碍的方式。关于淘宝网买家和卖家之间的互动有很多感人的故事，对于很多人来说，从经常打交道的客服所在的淘宝网店购买产品，就像从家门口附近的商铺买东西那样放心。这种对各方之间直接沟通的鼓励是淘宝击败 eBay 的一个重要因素，eBay 在 2007 年放弃了中国市场。

从那时起，进入淘宝网络的每个人或每家企业都能够最大限度地直接与其合作者互动。直接连接的主要优点是其具有灵活性。为了避免明显的交易成本，解决方案和机制必须允许全球协同，而不仅仅是本地协同。淘宝确保所有数据和软件在技术上集成，并可在整个平台上使用。淘宝卖家可以与第三方软件开发商合作来改善店面设计或加强营销活动，也可以与他们想要的物流提供商联系，并共享订单跟踪和运送订单信息。

另一种直接沟通机制是淘宝客，这是由淘宝广告部门“阿里妈妈”设立的营销关联计划。淘宝客直接将数百万淘宝卖家与中国数以百万计的小型网站联系起来，以帮助卖家吸引新客户。当网站为淘宝卖家放置广告链接时，如果人们点击广告让卖家接触到新的买家，该网站就可获得固定比率的佣金。随着时间的推移，越来越多的广告链接由淘宝广告引擎推送，而数据智能使整个过程更加智能化。（有关阿里妈妈和淘宝客的更多信息，请参阅附录 A 和附录 B。）

允许角色演化而不要固化

实现灵活性，就无法一板一眼地提前规划网络，网络必须根据进入的参与者及其服务的消费者情况来确定。这意味着在实践中，最初参与者角色的定义是模糊的。这种不固定的状态可能会牺牲一些效率，但也会推动协作创新方式的出现，由此带来新的功能和效率。当角色固化时，平台即可通过提供官方支持或给予其网络内地位来“承认”角色。在实践中，一般当一个参与者允许获得收入时，其角色即在系统中获得了承认。

在淘宝网络中，第一个真正的创新角色是淘宝大学讲师。因为很多卖家都缺乏经验，公司管理层或平台新手经常要向经验丰富的老卖家请教。淘宝领导层意识到需要拓展业务来培训新手并支持淘宝大学的发展。为此淘宝创建了一个框架，让经验丰富的卖家给用户提供教学，学员可以通过淘宝网或淘宝专门为讲师创建的在线教育平台付费听课。

另一个重要的早期角色是第三方软件工程师。随着淘宝的快速发展，淘宝提供的简单标准店面很快就跟不上卖家要求。淘宝最初提供了旺铺，但很快意识到这一平台根本无法满足这么多卖家的庞杂需求。于是淘宝决定向第三方软件开发商开放，而淘宝自身负责构建软件界面工具，并确定调解关系和费用的规则。这样的安排最终取得了良好效果——第三方工程师为卖家开发了大量定制解决方案。消费者也喜欢淘宝上各种风格不一的店铺，从冷静朴素到花团锦簇，应有尽有。更重要的是，这种协作和开放为后来淘宝的增长奠定了基调。平台上的这一新角色以及背后支持它的基础架构，成为日后许多新角色发展的模板。

这些适应性的新角色填补了网络中的空白，也提供了卖家所缺乏的功能。然而，我们发现，一旦空白被填补之后，新的空白和新的角色就会不断出现。[5] 除了淘宝合作伙伴和独立服务供应商这些把线下功能带到线上的角色之外，更令人惊喜的是出现了解决老问题的新机会或新方案。这些机会或方案经常出现在不同网络聚合的情况下，并可创造巨大价值。网红就是其中的典型案例，第五章将对此进行详述。

最近，基于个人计算机互联网和移动互联网的交叉领域就产生了许多新范例。这两个互联网领域通常甚少跟线下角色产生关联，但这一新交叉却产生了诸多新角色。例如，导购，即那些把淘宝产品分享给互联网消费者并赚取佣金的专业买手；直播，即在网上向世界实时宣传产品的推销者；以及撰写描述卖家和产品软文的内容创作者。这些人许多都赚到了丰厚的佣金。附录 B 介绍了这些新角色，而第六章则会描述这些角色在淘宝生态系统中的作用。

从商业角度看，明确定义角色和职责似乎是达到经济高效协作目标的必要之举，但在线上世界里，这样的僵化设置往往会阻碍网络的发展。随着消费者及其需求的演变，企业也要不断发展。单个参与者应该能自主确定其对网络的最佳贡献和功能，网络中所有参与者都必须能不断探索以找到最佳解决方案。在真正把握住新机会后，角色才可以逐渐具体化。

投资基础架构以推动网络效应

在淘宝最初起步时，传统零售商并不相信淘宝的潜力，为此淘宝不得不加倍努力以吸引卖家。淘宝没有向卖家收取开店或日常运营的费用，尤其是在网络发展的早期阶段，这种免费入场的方式大大减少了尝试新平台的成本。就其核心而言，淘宝构建了整个在线市场的基础架构，这种基础架构形成了强大的网络效应。基础架构是指支持业务网络的工具和机制，例如商誉系统、搜索功能以及虚拟计算资源或应用程序接口。因此，基础架构包括了平台工作环境中每个参与者所需的基本服务。由于基础架构往往需要大量投资，其概念类似于经济学术语中的“公共产品”，其供应和维护往往不是任何一家单一机构可以承担的，因此，平台需要为市场创建基础架构，以实现协作并发挥网络效应。

淘宝网不断推出新功能来解决交易过程中的障碍。最重要的早期创新之一是支付宝，其提供的保证服务大大减少了电子商务早期的信任障碍。在接下来的几年里，淘宝开始与新成立的物流公司合作，为卖家提供送货支持。再加上网站的大力推广以及新买家的涌入，淘宝的发展迅速出现良性循环，在线市场的销售不断增长。截至 2006 年年中，淘宝的日常商品销售额突破 1 亿元（超过 1500 万美元），在没有平台不断投入的情况下，网络开始自我增长。那时候，淘宝团队觉得该平台已经渡过了第一道生存难关。

在淘宝发展的每个阶段，该平台都有意专注于投资基本的业务基础架构，从营销（广告、搜索和推荐引擎）到协作（应用程序接口）再到 IT 运营（阿里云的云计算平台），其中许多操作都是由数据智能驱动。在当前的移动互联网领域，淘宝在继续开发工具和资源来帮助卖家取得成功，这部分将在第四章展开论述。通过降低网络准入门槛和减少经营障碍，淘宝的网络效应迅速发挥并实现了业务高速增长。

鼓励各方将信息和业务活动数字化、在线化

下面两章将讨论所谓的商业数据化（将活动或现象编码成计算机可理解的形式）和“软件化”，即使用数字软件重构业务及其决

策过程，以便充分地实现网络协同和数据智能。但需要提醒的是，只有当尽可能多的业务活动上线时，网络协同才能发挥作用。淘宝发现，我们最具创新性的平台用户总是会努力将业务运营的各个方面转变为数字形式并将其上线。生产顶级网红服装的工厂都在使用复杂的设计、裁剪和缝纫软件，这种方法允许制造商在不同商家和生产步骤之间进行无缝协同。当生产信息和指令可以以完美的清晰度和即时性进行数字传输时，整个网络便可顺畅运行。

在此其实已经谈到了第三章要讲述的数据智能优势。数据化的迅速进步推动了网络协同，更多的网络协同又会产生更多数据，这自然会导致数据智能。实际上，我所说的网络协同和数据智能这两项智能商业的核心即代表了未来商业DNA相互交织和相互加强的"双螺旋"。尽管这两种力量在某种程度上都是独立出现的，且读者对单个力量也相对了解，但这两股力量的交互正在使当今商业世界处在变革的临界点。推动这两股力量出现的许多技术和商业进步以及两者相互交织所产生的放大效应，正在创造一个商业新世界，我将在接下来的章节中展开论述。

美国的网络协同

虽然本章重点关注网络协同在中国的发展，但网络协同在美国经济中也发挥着越来越重要的作用。维基百科等新媒体就是明显的例子。虽然维基百科系统的收入模型可能无法复制，但维基百科通过松散网络形式汇聚全世界力量来制作信息更加全面、准确的在线百科全书，这一点充分证明了网络结构的力量。

如果软件开发中没有开源合作，那么就不可能实现网络协同。1991 年，林纳斯 · 托瓦兹（Linus Torvalds）发布了操作系统最基本的代码，即 Linux 操作系统内核的初始版本，这一举动开启了所谓的“开源运动”。当时，可用于计算机用户的唯一操作系统是专有的且成本高昂。这套系统也常常会出现故障并需要定期更新，而且非常难以实现个性化操作。所有这些问题都可通过引入 Linux 来解决，Linux 现在是世界上最常用的操作系统。与维基百科一样，Linux 也在不断地由来自全球各地的程序员进行更新和改进，并且由于源代码对所有人开放，因此操作系统易于定制。托瓦兹的初始动机是高尚的，他认为软件作为计算机语言应该是免费的。但他的创新不是非此即彼的：它既创造了新的道德标准，也催生了更好的软件。

Linux 的开放性和多功能性是无与伦比的，这也成为其他许多软件开发项目的典范。每次修改代码时，系统都会对其进行标记和存储，以便跟踪进度，这样开发出来的软件就会更加可靠和通用。众人拾柴火焰高。多用户开发模式更易发现系统错误并予以修补。此外，开发人员可以使用和重复使用经验证的基本代码，并简单地对其进行修改，从而使软件开发更加高效，而无须动辄推倒重来。

Linux 启动了开源运动，但很快就有其他机构跟上，包括开发了 Spark（一种计算引擎）、Hadoop（分布式系统基础架构）、Databricks（基于 Spark 的云服务）和 MySQL（关系型数据库管理系统）的 Apache 软件基金会（发布 MySQL 的公司现在归甲骨文公司所有）。这些程序对于当今互联网和云计算公司都至关重要。从

1998 年发布其浏览器源代码的网景公司开始，互联网公司在推动开源运动方面不断突破界限。以前固守专有软件的大多数公司也不得不将系统部分开源，例如开放源代码，但依然售卖基于这些代码开发的专有产品。开放应用程序接口正是这一运动的重要组成部分。[6]

加强网络协同：数据智能

在美国，网络协同主要是在以互联网为中心的产业中发挥作用，但在中国，网络协同已经开始深入并重塑中国的产业。中国企业家比美国企业家更善于改造制造业和服务业等传统产业，并创造新型的互联网企业。从商业上讲，网络是动态的商业组织形式，可以为消费者提供他们所需的即时个性化服务。

但要实现网络协同，企业需要的不仅仅是一个网络结构，还需要技术解决方案来协调整个网络的活动。该解决方案就是数据智能，即确保高效网络协同所需的数据、算法和机器学习。数据智能和网络协同互为表里、阴阳互济，产生推动网络增长和演化的无形力量。这也是下一章的主题。

第三章　数据智能：机器学习如何利用数据让商业更智能

淘宝应用程序每个月的浏览量超过 5000 亿人次。这些用户徜徉在世界上最大的虚拟购物中心，在不同商家之间切换，浏览着世界上最令人兴奋的商品和无可比拟的价格。但他们看到的仅仅是阿里巴巴市场的冰山一角。普通消费者很少知道自己所看到的只不过是从阿里巴巴数百万卖家所提供的 15 亿件产品列表中精选出来的若干子集而已（相比之下，2017 年，沃尔玛只有 1700 万件产品，而亚马逊也只有 3.5 亿件产品）。[1]

卖家的体验也是如此。普通卖家只需要知道阿里巴巴的工具和仪表板就行，因为据此就能找到必要的服务来优化业务。在 2017 年“双十一”期间，卖家通过天猫的在线数据分析访问了超过 110 亿次的数据，借此来实时监控销售情况（在这一天的 24 小时里，商家平均花费 93 分 15 秒的时间浏览和分析流量及销售数据）。很少有商家知道，为了确保市场的健康，阿里巴巴的安全算法在全天候不间断工作，梳理垃圾短信和欺诈行为。该算法每天执行 300 亿次保护性扫描，对网络入侵进行微级别检测，并对数万亿个数据点进行防护。

这个庞大的零售网络的表象背后是我们战略秘籍的后半部分，即数据智能，这是数据、算法和机器学习的统称。将买家和卖家服务加总，阿里巴巴平台每天要处理相当于 2000 万部高清电影的数据。我们的技术栈，即处理计算机或平台基础架构的软件集，在峰值时要处理 80 亿个内部数据访问调用。确保这些内部数据顺畅流动本身就是一项工程壮举，这也是阿里巴巴和亚马逊这样的零售公司能成为全球领先的云计算服务提供商的奥秘所在。

我使用“数据智能”这一术语来强调，机器学习算法能通过使用用户交互过程中产生的持续数据流来使商业变得更加智能。谷歌的关键词搜索、淘宝的推荐引擎、优步的打车匹配都是数据智能的实例。这些公司不断运行它们通过算法收集的数据，实时向客户提供优化和高度相关的搜索结果服务。这些公司的大多数运营和客户互动都无须人为操作。没有人给优步司机分配乘客，也没有淘宝业务员推荐礼服，算法在运行一切。虽然创建这些服务需要付出大量的人力和创造力，但一旦这项工作完成，业务实际上就可自行运行。

因此，这样的模型有着惊人的效用和规模。通过零售流程自动化，阿里巴巴约 3 万名员工就可实现与沃尔玛 200 万名员工相同的销售额（阿里巴巴在全球拥有超过 5 万名员工，但并非所有员工都参与核心的电子商务业务）。计算机在阅读地图并找出最佳路线方面要远远超过人类调度员，因此优步在减少等车时间方面具有优势。数据智能正在成为竞争优势的最重要来源。

然而，尽管如今媒体对机器学习技术大事报道，但很少有商家真正了解如何将其运用到经济活动中。现在有充分的理由相信，云计算和移动互联网的结合、数据化的推进，以及人工智能的进步，必将创造新的功能来彻底改变企业运行和竞争的形态。本章将描述使用机器学习技术将数据智能构建到商业活动中，并使其变得智能化的相关商业策略。

机器学习：数据智能中的智能

从技术上讲，机器学习是人工智能领域中的一项技术，但机器学习的快速发展实际上掩盖了许多其他创建人工智能的方法。机器学习使用描述优化参数或预期目标的算法，但并不给出需要遵循的一系列规则。缺乏预设规则使得机器学习不同于许多其他人工智能方法，那些方法大多是自上而下的基于规则的指令，确切地告诉计算机做什么、怎么做。机器学习程序更像是自然选样，什么合适就得到发展，什么不合适就会慢慢消亡。简单来说，想象一下在解决问题的时候有一台类似于配镜验光机的设备，它可以不断测试来找到最合适的眼镜度数。验光师会用不同的镜片进行测试，通过远端墙上的字母确定是更清晰还是更模糊。验光师会不断重复，直到确定最佳的度数。算法的工作方式与此类似。它对需要获取的每一条新数据都会进行询问：这是否会产生更好的结果？

机器学习算法通过验证大量数据来实现自我训练和自我改善。2017 年，AlphaGo（阿尔法围棋）作为机器学习的象征在全球引发热潮，尤其是在中国，因为这套系统竟然击败了中国的围棋世界冠军。围棋的落子组合比国际象棋多出数亿种可能性。工程师通过让 AlphaGo 自己跟自己玩数以百万次的数字围棋游戏来加以“训练”，因此它已模拟了无数的棋局和应对方法。该程序“知道”在各种棋局下如何走出最优的一步，然而计算机对围棋其实一无所知。AlphaGo 的编程设计不是要让计算机学会下围棋，而是分析对手的棋子在棋盘上的位置，然后借助其数百万次运行的经验计算下一步落子的概率，最后选择最佳的方案。

数据科学家不断发现将问题建模或对机器学习算法进行编程的新方法来让算法更加强大。他们还对算法进行分层并让其协同运行。优步的基本算法引擎以最快速度匹配乘客和车辆。优步还开发出能实现动态差异化定价的算法，这样即使在倾盆大雨之夜，只要乘客愿意多付费，也能打到车。谷歌通过其算法中内置的拍卖模式拿下数十亿美元的广告，该模型是通过广告效用，即销售转化或点击次数来设定广告价格。淘宝的推荐引擎则借助个人和集体知识将最有可能对消费者产生吸引力的商品推荐给他们。[2]

大数据的贡献

随着计算能力的不断提高和数据的过剩（包括大型数据集和在线交互所产生的连续数据流），机器学习算法的能力也不断得到提升。AlphaGo 可以通过自我训练来学习，但大多数机器学习算法需要通过处理大量数据来学习——通常只有经过这一阶段才会向公众开放。机器学习的迭代过程需要通过海量数据运算，并对算法不断进行内部校准，由此得到更为准确的结果。一旦运行成功，企业就可将算法用于真实的客户开始实时运行。随着数据流不断涌入，算法也会不断改善，比如 2017 年“双十一”当日，阿里巴巴平台在峰值时每秒要处理 32.5 万笔交易，相当于每分钟约 2000 万笔交易。

云计算的影响

处理像这样规模的数据需要强大的计算能力，如果没有云计算的发展，这一切都是不可能的。在美国，亚马逊是云计算的先驱，此前这一领域被 IBM（国际商业机器公司）和微软等传统 IT 运营商占据。亚马逊最初开发云计算，是用来处理其仓储和物流服务所产生的巨大服务器负载。

云计算允许企业访问大量廉价服务器以获得运算能力、运算速度、可靠结果和成本节约。从商业上来说，云计算允许企业购买部分计算机运算能力，从而将投资内部服务器的高额固定成本转化为可变成本。亚马逊云部门的支出占公司总销售额的 10% 以上。[3] 阿里巴巴最近对云计算的大量投资并非源于对亚马逊的艳羡，而是在 2008 年，公司领导层意识到支付给思科和甲骨文等公司的 IT 费用很快将超过整个集团的收入，而不仅仅是其电子商务的收入。为了避免被高昂的 IT 开支拖垮，阿里巴巴决定投资自己的云计算。但这项大规模投资在公司内部遭到了强烈抵制。工程师被搞得疲惫不堪，一些工程师决定离职。与此同时，运营团队常常抱怨错误和系统故障。

云计算复杂且开发成本极高。如果没有严峻的内部需求，亚马逊和阿里巴巴都无法成为 IT 行业的佼佼者，因为云计算毕竟与其核心业务相关度不高。但今天，阿里云是中国最大的云计算提供商，也是国际奥委会的官方云服务合作伙伴。阿里云还为用户开发了更丰富的数据和算法驱动服务，并培育了一个全国性的开发人员和应用程序社区。最重要的是，云计算的商业化使得任何人都可获得大规模的计算能力，计算机运算成了某种程度的公共设施。自世纪之交以来，存储和计算大量数据的成本急剧下降。对于企业而言，这意味着机器学习的深度和实时运用将不再困难和昂贵。

移动计算的作用

另一方面，移动计算正在创建大量数据并使其可供使用，因为移动计算可以在现实世界中的任何地方记录数据，并通过 Wi-Fi（无线宽带）或其他方式上传至网络，例如智能手机上的诸多功能，包括交互式地图、电话、短信、照片、搜索和视频，就将大量数据上传到网上。新兴的物联网（IoT）甚至更前进一步：物联网将以创新方式对我们所处的世界进行数据化。越来越多的新技术可量化许多令人苦恼的问题和不确定的现象，也为企业提供了利用这些数据获得商机甚至开创新业务的机会。

举一个可以唤起你回忆的小例子。总部位于纽约和以色列的初创公司 Augury 开发了一种类似听诊器的专用设备，这台设备可收听各种商用机器产生的声音。通过云计算中的算法，Augury 能对机器进行"体检"，然后通过手机应用程序把体检结果反馈给技术人员。如果机器"不健康"，Augury 可诊断病情并提出解决方案；如果一切正常，Augury 会将检测结果记录下来以备将来参考。基于此，Augury 不断积累关于机器的趋势和统计数据，然后将这些信息卖给制造商或为客户提供更好的服务。工业物联网市场正在快速增长，预计 2020 年将达到 3200 亿美元规模。凭借数据智能，机械维护等看似平淡的业务正成为一项利润丰厚的智能业务。2017 年 6 月，Augury 完成了 B 轮融资，获得 1700 万美元，并继续将其技术商业化。[4]

当所有这些工具集合在一起后，就可以创建数据智能。在业务过程中生成数据，然后通过机器学习算法处理，最后反馈到业务决策中，由此形成智能反馈循环，为业务决策提供支持。这种良性的数字化循环就是数据智能的本质。企业无时无刻不在学习，产品随着客户需求变化而不断调整，最终获得更令人满意的全新结果。

谷歌地图最初是通过个人计算机上的网页浏览器访问的地图应用程序。当谷歌地图在苹果手机上推出时，它成为世界上最早的成功的移动服务之一。这种组合真正构成了智能商业。在谷歌地图之前，使用 GPS（全球定位系统）的体验非常糟糕——只有一张带着僵化指示的静态地图，从来不会有交通延误或施工绕路的提醒。谷歌地图则使导航变得轻松简单。随着用户使用频率的增加、地图的扩展以及更高效路线的发现，谷歌地图的引擎变得日益强大，导航服务也越发可靠。谷歌地图随时为用户服务，错过转弯路口也完全没问题，因为系统会马上重新规划路线。这款大众导航系统还增添了让个人用户添加实时数据的功能，例如马路上出现的坑洞位置或交警方位。

现在让我们看看阿里巴巴旗下的蚂蚁金融服务公司是如何利用智能数据，并将其发展成为市值超过 600 亿美元（2017 年数据）的超大企业的。

蚂蚁金服和网商银行的数据智能

中国的金融系统并不发达。中国的银行在历史上是一个行政职能部门，专为大型国有企业和个人储蓄者服务。中国的大多数银行机构不知道怎么对中小企业（SME）贷款，而在美国，中小企业是商业融资市场的重要服务对象。后来，随着越来越多股份制银行的出现，中小企业贷款在中国也有了发展。但中国的小企业贷款仍然只意味着每笔100多万美元的贷款，无法真正满足成千上万家实体小企业的需求。

由于中国没有小企业贷款的历史，因此也没有可靠的信用记录。许多小企业都是依靠非正规或个人途径获得资金。更糟糕的是，中国的一般小企业不会充分甚至准确记录其业务活动，这使得贷款申请几乎不可能获批，即便最慷慨的银行机构也很难放款。结果就导致小企业贷款难，这些小企业往往被迫找当地高利贷机构或非正规渠道借钱，承担超额利息。阿里巴巴平台上的大多数企业规模都很小，在获得贷款以扩大经营方面存在很大困难。[5]

2012年，阿里巴巴看到了客户的这种需求，意识到可以推出这种有价值的互补业务服务。随着机器学习的发展和大量相关数据的积累，阿里巴巴具备了提供高效率、规模化和可盈利的中小企业贷款业务的必要条件。这项业务最初名为阿里巴巴小额贷款，成为支付宝的一部分，后来成为蚂蚁金服的一部分。如今这项微金融业务属于网商银行（MYbank，全称为浙江网商银行股份有限公司）。网商银行是2014年成立的在线贷款机构，是中国首批5家真正意义上的私有银行之一。网商银行是一家完全的虚拟银行，没有任何实体网点。（蚂蚁金服持有网商银行 30% 的股权。之所以叫蚂蚁金服，是因为蚂蚁象征着微小但努力的群体，这也是我们想要服务的所有类似于蚂蚁的大量小微企业。除了吸引小企业外，我们希望这个名字可以传达我们的策略：由于每只蚂蚁只吃一点儿，因此我们并不威胁传统的大型贷款业务。）

我们的小额贷款业务是从为淘宝和天猫上数百万卖家提供服务开始的，即提供最高不超过 100 万元（约 16 万美元）和最少数百元（约 50 美元）的贷款，贷款期限最长为 3 个月。截至 2016 年 12 月，网商银行（及其贷款业务的前身阿里巴巴小额贷款）已向全国 32 个省、直辖市、自治区超过 30 万的小微企业和创业者提供超过 870 亿元（约 134 亿美元）的贷款。仅网商银行就为 117 万中国农村用户提供了超过 400 亿元（约 61.5 亿美元）的贷款，其中近 40 亿元贷款发放给了国家级贫困县的 186 万个小企业主。[6] 超过一半的在线银行贷款都发放给了中国三、四、五线城市的企业和个人（51% 的小微企业的所有者年龄在 30 岁以下）。这些用户甚至可以申请 1 元（约 0.15 美元）的贷款，平均每笔贷款申请额只有约 8000 元（约 1231 美元）。[7] 提供一组数字作为参考：当阿里巴巴的小额贷款业务开始经营时，中国的银行机构平均最低贷款额约为 600 万元（略低于 100 万美元）。

网商银行的许多客户都有资质、证照不全的问题。他们无法出具抵押资产，甚至拿不出像样的资产负债表。当这些卖家申请贷款时，他们无须提交任何相关材料，他们的贷款申请在几秒钟内就会被批准或拒绝。他们的贷款能在短短3分钟内存入其支付宝账户。最重要的是，即使规模如此庞大，网商银行的贷款业务也是可持续的：贷款违约率一直保持在1个百分点左右。网商银行的成功要归功于其内置的数据智能，一种基于机器学习的贷款引擎。

在最基本的层面上，贷款机构在面对借款人时只需回答三个问题：我们是否借钱给他们？我们应该借给他们多少钱？利率是多少？任何申请贷款的人都知道，这些问题的答案取决于借款人的信用记录或信誉程度。这种贷款审批的传统方法是查阅和处理大量文书来获得信用信息。

相比之下，网商银行可以轻松查到借款人的信息，因为他们都在阿里巴巴平台上开展业务，或者有支付宝和蚂蚁金融产品的使用记录。在获得授权后，贷款人就可查看交易数据以获得相关问题的答案：卖家的业务好吗？卖家是否有过失信行为？网商银行甚至可以掌握传统银行难以调查的信息：卖家的朋友是否有很高的信用评级？卖家花多少时间在网上开展业务？卖家的产品在市场上是否具有竞争力？这些数据比银行的文书和传统信用评分体系更为丰富和准确。

机器学习：蚂蚁模式

阿里巴巴小额贷款业务成功的关键不仅在于其拥有淘宝卖家的海量数据，还在于其在商业模式中建立的数据智能最有效地利用这些数据。网商银行的数据科学家将“好借款人”（按时还款的人）与

“坏借款人”（不能按时还款的人）群体进行比较，得出两个群体的共性和差别，然后以此为基础来计算所有客户的信用评分。这种数据驱动的信用评分方法可能听起来简单甚至过时，但具有革命性意义的是，这种比较是通过计算机程序或算法自动完成的，实时覆盖所有借款人（而不仅仅只是样本）的数千甚至成千上万项行为特征数据。每笔交易、每次卖家与买家的沟通、网店里的所有商品以及他们在淘宝上使用的所有服务，都可能影响其最终信用得分，即卖家在平台上的每个行动都会被记录下来。

同时，计算信用评分的算法本身也在实时演变，从而提高了决策质量。网商银行的模型建立在概率推理的基础上，而不是静止地确定某些行为能确切区分是“好借款人”还是“坏借款人”。算法通过连续迭代提升了预测能力。如果信用记录差的卖家按时偿还贷款，或者信用记录良好的卖家突然违约，那么算法显然需要调整。算法应该可以数字化检验假设，也可以做出细小而重要的改变。比如，应添加或删除哪些参数？与哪种用户行为相关的哪些参数应该给予更大权重？大多数银行至少需要半年才能校准其模型。

网商银行使用类似的方法来确定借款额和利率。为了算出确切的信用额度，网商银行的数据科学家必须分析更多类型的数据：毛利率、存货周转率，以及像产品生命周期和卖方社会与商业关系质量等这样难以精确的信息。在产品生命周期方面，数据科学家可能会问，其特定产品是否为正在获得市场份额的新产品？产品是否在售？产品是否接近生命周期尾部并开始出现价格下降？在关系质量方面，数据科学家会考虑沟通的频次、长度和类型（即时消息、电子邮件或其他在线沟通方式在中国互联网环境中比在美国更常见）。数据科学家研究和测试哪些数据点提供了所探求的信息，他们会设计算法来完成这些信息的采集。更丰富的数据和更优越的数据模型意味着可以更准确地确定贷款额和利息。借助机器学习，网商银行得以稳步降低风险和成本。最终，借款人的体验变得更好，当他们需要资金时能迅速获得支持，利息也会在其可承受的范围内。

智能商业的三大基石

网商银行的商业模式需要三大基石来实现数据智能：适应性产品、数据化和机器学习（迭代算法）。首先，网商银行的动态流程创造了适应性强的产品，贷款数额、利息和条款都取决于客户的需求。其次，网商银行将借款人业务的所有方面全部在线记录并数据化。最后，公司数据科学家精心设计的机器学习算法来使用这些被记录的数据。[8]

适应性产品

算法无法在没有产品的情况下进行迭代——在线消费者界面直接影响消费者体验，同时收集消费者反馈以调整算法模型。谷歌著名的搜索栏已经成为产品设计的典范（见图 3–1）。用户在一个简单的搜索栏中输入关键词，立即就能看到搜索结果页面，即产品。谷歌为此投入了大量资源，以便用户能够更快更好地搜索到他们想要的内容。

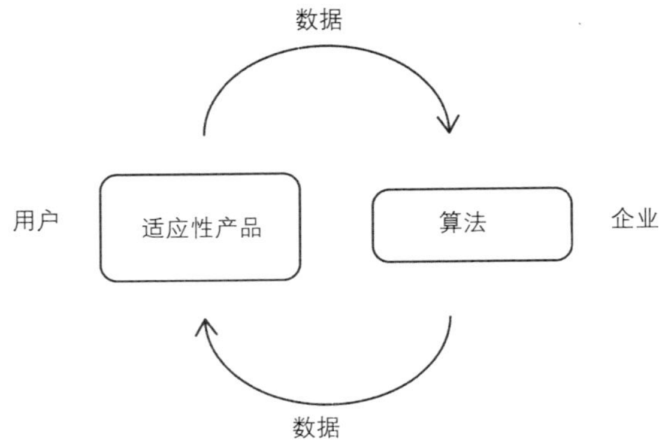

图 3–1　数据智能反馈循环

当阿里巴巴最初开展在线贷款业务时，采用的方式也基本相同。将贷款产品嵌入淘宝卖家的在线操作界面，如果客户需要借款，他只要点击一下，阿里巴巴就会立即提供资金。消费者界面的智能设计对于互联网公司的成功至关重要：脸书的消息和提醒、推特的字符数量限制、Snapchat（色拉布，一款照片分享应用程序）的“阅后即焚”功能都是既诱人又简洁的消费者界面。更重要的是，这些功能与云计算中的数据智能引擎协同工作（消费者不用看到后端计算）。它们提供正确的反馈循环，与机器学习算法配合使用，随后得出的结论又用于改善产品本身来提升用户体验。从这个意义上说，未来的产品能够自己适应用户和环境从而变得“智能”。

这些产品有着相通的设计理念。对于企业而言，在线产品是机器学习技术与业务问题之间的关键接口。在业务方面，产品界面将消费者连接到公司，因此公司得以观察消费者的行为和偏好，由此公司就能专注于需要为客户解决的关键问题。在此交互过程中形成的数据将成为算法处理的原始资料。因此，界面设计的优劣决定了消费者数据的数量、特征和质量。在技术方面，产品是将机器学习的结果传递给消费者的介质。产品设计和实施决定了机器学习技术能在多大程度上实际影响消费者体验。精心设计的产品为机器学习提供了充分的机会来创造实际价值，例如网商银行的灵活贷款。

对于许多传统行业而言，创造适应性强的产品是一项真正的挑战；对于智能商业来说，创造适应性强的产品是其生命线。无论企业生产和销售什么样的实体产品，未来的每个企业可能都将拥有互联网成分的产品，从而与它们的消费者进行直接互动。即使产品不直接面向最终消费者，企业仍可获取信息并与消费者互动。价值链中的数据智能也将推动更广泛的网络协同。

数据化和实时数据

网商银行小额贷款智能系统的起点是将业务问题编码为数字形式。如何将线下业务活动转化为数据？除了简单的操作和销售指标（其中数字更易于数字化）之外，还可以通过使用更多间接数据点来回答其他有价值的问题。例如，为了衡量卖家的诚信和活跃程度，阿里巴巴小额贷款最早的贷款产品就是考察卖家响应消费者问询以及回复消费者对产品和服务的评论所花费的时长。当然这样做的前提是在线记录这些数据的成本可以忽略不计。渐渐地，蚂蚁金服和网商银行开始涉足更复杂的数据，利用它来构建卖家的社交网络或估算其业务的毛利率。

顾名思义，数据化就是要将活动或现象编码为计算机可理解的形式。数据化并不容易实现，实现起来也不便宜，但这是实现数据智能的必要步骤。在这里，我使用“数据化”而不是更常见的“数字化”，是为了强调所记录的数据类型的广度，以及将其用于应用程序和知识创建的意图，数字化则更强调将文本和数字转换成二进制代码。数据化需要人类的聪明才智和努力工作才能实现。谷歌通过其网络抓取工具（在网络上寻找特定信息的简单化、重复性程序）将无尽的网页转换为数据。脸书将社交关系在线化；Fitbit（一家记录器生产公司）和运动程序已开始对人类身体的运动数据化。事实上，日本工业技术高级研究所（Japan’s Advanced Institute of Industrial Technology）的越水重臣教授已开发了人体背部的数字坐标。这不是简单的好玩儿，这项技术可以识别驾驶座上的司机是否是未经授权的用户，或司机是否出现打瞌睡或注意力不集中的问题。[9]

获取业务所需的数据可能是一项艰巨任务。打个比方，现在农村仍然需要电气化。第四章中将讨论数据化的步骤，这些步骤将帮助企业应对这一挑战。如果蚂蚁金服完全需要自己收集模型所需的必要数据，那么阿里巴巴的小额贷款业务可能永远也无法问世。即使是最基础层面的数据，例如店面经营，也是淘宝网 10 年发展的积累。同样，谷歌的广告引擎运作良好，因为其搜索功能已经进行了无数次搜索。智能商业很难单打独斗，因为即使知道要收集哪些数据，也不容易做到。数据化是具有创造性但昂贵的试错过程。然而，随着越来越多的数据上线，例如物联网技术和设备的扩展，数据化的难度将急剧下降。随着越来越多的业务数据源的涌现和交互，企业就可利用其来创造新的价值而几乎不用额外的投资。

机器学习：迭代算法

数据只能通过机器学习引擎处理后才能创建价值。对于企业而言，算法必须将企业正在试图优化的基础产品逻辑或市场动态明确化。除了持续自我完善之外，算法引擎还可测试各种场景以提升业务表现。例如，网商银行的数据科学家在贷款界面中做了一个实验，他们为不同的卖家群体提供不同利率，并查看实时响应率。每当模型给卖家一个给定利率时，平台就会实时记录卖家的反应，包括卖家是否接受贷款、是否按时偿还等；反过来，这些数据又被输入贷款模型中来调整参数，由此整个模型就在不断优化调整中。

在这些实践中，研究人员比较两个变量（A 和 B），以查看哪个变量可以获得更好的结果，这种做法通常被称为 A/B 测试，这在互联网公司中很常见。通过实时在线实验，算法可以从消费者那里获得有关其表现的直接反馈，因此就能不断自我调整。数字响应随后又触发下一次调整，产生另一个消费者响应，触发另一次调整，由此循环往复，成为改善产品和用户体验的“永动机”。

当所有业务运营都在线化时，所有组成部分和流程都会产生大量数据流。企业必须努力吸收、解读和利用这些数据。全球的商业领袖都已意识到，许多商业决策不能再仅仅依靠人的判断，而必须利用数据智能。网络协同将越来越依靠这种智能。未来，自动化的竞标可能会将生产数量分配给竞争工厂或安排必要的采购。这种发展仍处于起步阶段，但潜力巨大。

行动中的数据智能

判断数据智能是否适用于你的企业的最佳标准是，特定业务决策是由机器直接做出还是必须由人在数据分析支持下做出。

阿里巴巴在2016年推出了一款智能会话客服机器人，以帮助处理消费者问询。这个名为“云小蜜”的客服机器人与大多数人熟悉的服务型机器人不同。大部分常见的机器人只是根据程序来匹配他们对所提问题的答案，但云小蜜却依靠淘宝商家那些经验丰富的客服来进行培训。在这些“机器人培训师”的帮助下，每个商家的聊天机器人都对店内所有类别的产品了如指掌。同时，云小蜜也精通阿里巴巴平台的机制，对退货政策、运费、更改订单或投递地址的方法等都很清楚，因此对消费者可能会询问的任何问题都有准备。借助语义理解、情景对话、知识图、数据挖掘和深度学习等各种机器学习技术，云小蜜正在迅速提高其自动判断和解决消费者问题的能力，而不是简单地重复同样的内容，让消费者怒不可遏。云小蜜能与消费者商讨解决方案，并在确定方案后迅速执行。这样一来，阿里巴巴或阿里巴巴电商就能减少人工成本。聊天机器人甚至还能提高卖家的销售业绩。服装品牌森马2016年开始使用云小蜜，后来发现云小蜜卖出了2亿元（约3080万美元）的产品，这是森马顶级销售人员业绩的26倍。

当然，现在可能还是需要有人在阿里旺旺上处理更复杂或更加私人化的问题，但自动处理常规查询的能力在销售火爆期间依然非常有用。在大型销售日，许多大型卖家都需要聘请临时工来处理消费者的问询。那么聊天机器人到底有用吗？在2017年“双十一”当天，云小蜜承担了95%以上的消费者问询，解决了350多万个消费者的疑问和顾虑。（请注意，虽然我们对自己开发的聊天机器人感到非常自豪，但云小蜜并无意成为苹果、谷歌或脸书多年来一直致力打造的通用数字助理。）

未来就是现在

随着淘宝继续将数据智能应用于更多业务问题，其竞争优势也将变得难以超越。以图像识别技术为例，该技术已在平台的许多领域运行。光学字符识别软件能识别隐藏在看似无害产品照片中的恶意广告。淘宝应用程序已开始为用户提供手机拍照搜索产品的功能，用户只要将产品拍照上传，算法就可以识别并确定该产品是否在平台上有售。图片搜索产品的结果越来越精确，也备受消费者欢迎，目前每天拥有超过1000万的独立用户访问量。

数据智能可产生巨大的先行者优势，因为正向回馈可不断改善数据智能。要想获得海量数据并不容易，成本也很高，但数据智能可获得的数据越多，商业的价值就越高。例如高德地图和谷歌地图就是如此，使用这些产品的用户越多，程序算法所依据的数据就越多，结果地图导航就会越来越精确。这样的循环不同于物理产品，因为在这样的循环优化过程中，回报不会递减。因此，一旦当某项智能商业起步之后，后来者就很难再追赶。

第二部分

智能商业的竞争：

战略原则

第一部分描述了网络协同和数据智能主导下的商业图景转变。传统的商业策略被彻底打破，但具体到企业又该如何适应？企业应该在新环境中如何生存发展？

在智能商业中，并不是所有企业都必须成为淘宝、谷歌或脸书。所有企业，无论其规模大小，无论其属于传统大企业还是高科技创业公司，都可在新环境中制胜，但前提是要掌握智能商业的基本逻辑和新商业环境的战略特征。第二部分各章节就讲述了智能商业的基本原则和操作方法。

第四章　自动化决策：如何战略性利用机器学习

网络协同和数据智能在各个层面都颠覆了传统战略思想，在制定商业决策方面这一变化显得更加剧烈。智能商业会尽可能将决策制定自动化。无论是在响应消费者方面还是在有效协同网络方面，数据智能使得这些自动化决策变得越来越睿智。借助数据智能和网络协同，企业可以同时进行规模扩展和提供个性化服务。这是互联网和人工智能带来的终极商业优势。

自动化决策的五步骤

在最基础的层面上，要将任何商业转变为智能商业，商业决策必须由机器（由实时数据驱动）直接进行，而不是传统的商业信息处理方法，即最终是由人通过数据分析支持来做出决策。这就是我们的第一项战略原则：如果不能通过机器学习将几乎所有商业决策实现自动化，那么就无法打造智能商业在市场中的竞争。实现自动化决策需要 5 个步骤（见表 4–1）。

表 4–1　自动化决策的 5 个步骤

步　骤	关键行动
将物质世界数据化	将功能和资产上线
将每项业务软件化	将决策链编码
让数据流动起来	设计应用程序接口，允许数据连接
完整记录实时数据	将全部实时数据都记录下来
应用机器学习算法	协调和优化

自动化第一步：将物质世界数据化

第三章讨论了数据化。成本低廉和广泛存在的计算能力的融合推动了技术爆炸和数据编码机会的激增，这意味着企业将拥有更多的数据。但是，任何企业所需要的数据都将决定于其自身情况。企业可获得公共数据或租用另一个实体的数据，但最有价值的数字信息则是企业自身业务流程所生成的实时数据。

将物理环境全部数据化是项令人生畏的任务，但物联网等新技术的出现使其变得相对容易。只有在企业能够完成这种数据转换之后，企业才能有效地将现实世界里发生的商业活动数据化。数据化含义的本身就包含将业务上线的意思。这为现实世界的商业创建了数字镜像，也是企业实现数据智能的先决条件。

当业务上线后，它可以通过互联网连接并生成实时数据反馈循环，这是机器学习的基础，即连通算法和实时用户反馈。如今的智能互联网公司都建立在此基础上：以低成本的方式实时记录消费者的在线行为。目前，电视台还无法记录观众在电视机前的行为，这就是为何电视台还未实现智能运营。如果消费者看到的内容可以直接被数字化，例如通过 AR（增强现实技术）眼镜，那结果将是革命性的。

许多业务的重要方面目前仍然没有在线记录，需要采取创新手法对物理目标或环境进行数据化。下面是中国蓬勃发展的共享单车的案例。

中国共享单车服务的数据化

到 2016 年年中，中国大多数主要城市的繁华街道都增添了新的街景。共享单车公司选择橙色、蓝色、绿色和黄色为主打色彩，大量色彩明快的共享单车为中国城市出行提供了“彩虹色”的解决方案。为了帮助步行者和解决最后一公里的城市交通瓶颈，十几家公司几乎在一夜之间将大量自行车摆放在了人行道上。摩拜单车、ofo 小黄车、哈啰单车和小蓝单车这样的公司估值骤然飙升，目前最大的共享单车企业估值超过 20 亿美元，并开始向海外扩张。[1]

事实上，有时共享单车看起来更像街头的彩色困扰，大量的劳动力和运输车队忙着将闲置的自行车运送到需求较高的其他地方。出于市场进入门槛低、制造能力充分、风险资本热捧，以及中国大城市的公交服务难以满足出行需求等因素，中国的共享单车掀起热潮。但导致这种狂热现象的一个不太明显但更为关键的原因却是创新和创造性数据化，在短时间内，这一原因使得共享单车铺天盖地。实时数据已深深融入这些共享单车企业的运营模式中。

中国的单车共享服务都要通过手机，这一点类似于优步的共享汽车解决方案。通过打开单车共享应用程序，用户可以看到可用的自行车，并预约附近的一辆。一旦骑车人到达预约自行车所在地，就能使用该应用程序扫描自行车上的 QR 码（一种矩阵二维码）。假设骑车人的账户中有钱且符合租赁标准，则 QR 码会解锁自行车，之后骑车人就可以骑到日落或者一直骑下去。停放好并锁上自行车后就会自动结束服务，租赁费用将从骑车人的账户中自动扣除。整个过程简单、易操作，用时通常只需几秒钟。

在这一相对直接的过程中，数据化已在若干节点发生。

首先，嵌入在移动电话中的 GPS 系统和自行车本身允许实时跟踪自行车位置。就像优步一样，这种实时跟踪只有在地图技术支持的情况下才能实现。地图技术已创造性地对中国城市的位置进行了数据化。

其次，应用程序本身依赖于租赁注册过程的数据化版本，尤其是筛选用户。除了常规的身份验证要求之外，例如上传的骑车人的身份和押金，越来越多的共享单车公司正在与支付宝和芝麻信用（蚂蚁金服推出的消费者信用评级产品）整合。如果用户的芝麻信用评分足够高，那他就可以直接租用自行车而不用上传身份资料。芝麻信用本身是将信用程度数据化的复杂业务，它通过来自蚂蚁金服的支付宝移动钱包和支付服务的财务数据，以及淘宝消费数据等资料来确定消费者的信用度。

最后，QR 码和电子锁的组合巧妙地使结账过程自动化。固定式自行车租赁服务需要物理认证，例如要刷公共交通卡来实现，但新的单车共享模型已将登记和结账流程数字化来实现自动服务。这种自动化水平需要先进的移动通信技术：来自应用程序的信号可即时解锁自行车，并在归还自行车时再次将其锁定。

这第三个领域的创新，即对某种特定活动（自行车租借和归还）的数据化是单车共享场景中的一项新创新，也是推动其发展的重要力量。另外两个领域的创新则利用了为其他应用程序创建的现有数据结构和智能业务基础结构。实时数据使企业能够识别骑车人，跟踪每辆自行车，最重要的是，企业可记录自行车和骑车人之间的每次互动。租用自行车只需要通过手机“扫一扫”。通过将他人所做的数据与自己的创新相结合，共享单车企业开辟了高效而智能的商业领域。正如这里所展示的，任何特定领域的数据通常都可为创建智能商业开辟许多新途径。因为数据记录和数据存储技术的成本越来越低，在现实世界中收集和编码现象的新技术也越来越多，因此智能企业的数量正在不断增长。

淘宝早期的创新数据化

数据化的另一个很好的案例是淘宝网在成长初期的活动，当时淘宝将大量零售活动进行了创造性编码。淘宝由此也逐渐从一个论坛发展成一个电子商务市场，该市场能售卖天下一切能销售的产品，并拥有庞大的数据库，各行各业的数亿产品都可编码成可搜索的产品。当然这一过程既不快也不容易。每个卖家都有自己描述产品的方式。对于非标准化或非常规产品，挑战就变得更加严峻。曾有淘宝卖家以近 1 美元的单价出售死蚊子，这在当时也成为热门新闻。那么，如何将这些产品放入数据库并让消费者轻易地搜索到？这不是一项简单的任务。因此，产品的数据化一直是淘宝的核心并且经历了多次迭代。最近淘宝在尝试使用机器智能的先进技术构建产品的“知识图”。

淘宝不得不以多种方式将零售业数据化，其中一些数据是远离普通用户的。例如，由于庞大的交易量，淘宝目前拥有世界上最大的物理地址存储库之一。如何存储和管理这些遍布全国的地址，对平台来说是一个挑战，也给物流合作伙伴带来了麻烦。例如，“紫禁城”“故宫博物院”“景山前街”“穿过天安门广场”可能指的是北京的同一地点。

在阿里巴巴之前，中国的消费者物流行业并不存在。此前，中国唯一的大型物流服务商是国有的，且效率不高。淘宝电子商务平台帮助启动了在中国运营的十几家物流公司的增长，其中许多公司现在与阿里巴巴菜鸟网络合作。物流行业的每一个标准都必须从零创建，由此才能适应中国复杂的环境（有关淘宝对中国消费者物流行业贡献的信息，请参见附录 B）。现在，菜鸟网络面临的挑战是将数据智能应用于中国快速数据化的物流行业，并在全国乃至全球范围内建立起布局优化且运行高效的运输体系。

自动化第二步：将每项业务软件化

每个决策步骤都必须软件化，即配置到软件中实现在线操作。2011 年，网景创始人马克·安德森写了一篇题为《为何软件正在吞噬世界》的著名文章。[2] 他的观察当时并不完全成熟，但也没有错。要使智能商业能够运行，必须对每项商业活动进行软件化。企业必须将每个商业活动都变成数字形式，而不是仅仅将知识管理和客户关系软件化，由此商业决策才能实现自动化。[3]

软件化的重点是利用软件的某些特性，这些特性对所有行业中的企业都有裨益。非数字行业的业务与使用软件的业务有很大不同。传统型或硬件型企业具有强大的惰性和很高的交易成本，也很难以低成本方式进行监控或根据情况进行临时调整。决策需要时间，特别是当涉及生产制造时，企业的运营缺乏弹性。软件型企业恰恰相反：工程师可以迅速做出改变，进行动态调整和全局优化。虽然这些优势并不能完全移植到硬件行业，但业务软件化的目标是尽可能地植入这些优良特性。在实践中，这意味着计算机需要像人类那样理解业务并操作业务。

软件化不是一个简单的过程。由于机器缺乏天生的智能，我们必须将决策链中的每一步都进行软件化。从本质上讲，我们需要了解人类如何在这些环境中做出决策，然后智能商业才能找到将人类决策自动化的方法。使这种复杂的活动自动化是一项艰巨的任务，因为许多人类的决策建立在常识或很少被完全理解的潜意识活动之上。因此，一些专业领域或行业（如健康和教育）的自动化进程会较慢。在这些领域里，人类的智慧和情感永远是不可缺少的。

软件化并不意味着企业需要购买或开发软件，如企业资源计划（ERP）软件，来管理其业务。实际上，软件化往往是相反的。传统软件往往旨在提升企业内部某项确定的功能的效率。但由于它实际上是巩固了流程和决策过程，传统软件常常会变成束缚创新的紧身衣。相比之下，智能商业的主要特征是按需求采取行动来实时应对市场变化，同时与多个职能领域的合作伙伴和客户进行有效协同。如果企业希望以指数级别的规模发展，那就必须具备这些特征。因此，软件化是通过软件重组业务、人员和资源的过程，由此实现网络协同和数据智能。这样的目标最终要求彻底协同商业活动，并且通常需要企业与其他合作伙伴或平台协同推进。

软件化是确保企业内部资源可以灵活分配的重要步骤。一旦现实世界中的资产或能力通过数据传输上线，就必须利用软件来运用这些资源。使用软件是全球协调和优化运营的先决条件，这一点将在后续三个步骤中阐述。

上文提到的共享单车业务就是软件化的典型案例。自行车租赁完全由在线软件操作，无人为干预。效率的提升是显著的：现在中国用户只要花很少的钱就能租用一辆自行车。

自动化第三步：让数据流动起来

在智能商业中，机器必须能彼此“交谈”。商业决策很少是单独发生的简单操作，尤其是在网络协同环境下。在实践中，这种沟通需要让数据在网络的每个实体间流动，并使机器在线相互协调。

这种协调是通过 TCP/IP（网络通信协议，实现互联网上不同机器之间通信的规则）等通信标准实现的，并通过最近出现的应用程序接口进行创新。应用程序接口是一组工具、协议和例程，任何程序员都可以使用它来创建与系统中其他软件兼容交互的程序。实际上，应用程序接口允许应用程序（其输出通常是某种决定）彼此通信。当应用程序可自动通信时，涉及多方的复杂商业决策最终能由机器有效处理。只有将在线决策自动化之后，企业才能实现数据智能，并从这一核心能力的不断改善中获益。

随着淘宝从买卖论坛发展成为中国主要的电子商务网站，不仅商家的业务在增长，他们对平台支持的需求也在增长。唯一的解决方案是创建更多的基础架构。这种基础架构的关键是翻译其他机器的语言，这样这些机器才能在平台上顺利进行交互。因此，从 2009 年开始，淘宝就开始开发自己的应用程序接口。在淘宝上，普通卖家可能会订阅平台提供的 100 多个软件模块。由于软件通常是由第三方提供商开发的，因此应用程序接口和实时数据服务大大降低了在平台上做生意的成本。

亚马逊历史上的重要时刻之一是 2002 年贝佐斯下了最后通牒，要求公司必须完全建立内部应用程序接口。当某一部门与其他部门共享数据或代码时，必须记录交互结果，这就迫使每个部门都要把数据定义成其他团队或机器可以理解或使用的方式。最终，这些应用程序接口确保了亚马逊能在全球范围实现对业务的优化管理。[4]

自动化第四步：完整记录实时数据

一旦业务流程的每个步骤都实现了数据化、在线化和智能连接，企业就可以开始将机器学习应用于商业问题。但如果没有数据可用，那机器学习就会变成无源之水。这就是为何第四步必须是记录实时数据，我将其定义为在开展业务过程中实时收集和使用数据。

实时数据的概念并不复杂，但将这种理解转化为正确的行动会颠覆商界解决问题的许多传统理念和思路。企业家所熟悉的是数据驱动，即用精心挑选的数据和指标来支持提议或解决方案。但遗憾的是，这种方法与实时数据的运行方式完全相反。智能商业使用实时数据将商业设置的全部运作“复制”为数据语言，而不是挑选或选择性地复制。由于机器没有人的推理能力，只会记录什么才能产生更好的结果，因此目标是要尽可能完整地创建业务的“数字副本”，这样数据智能和机器学习才能开始优化操作。为此，企业必须在商业运营时全面记录数据，不能只收集跟某项决策相关的数据。

在当前的运营环境中，实时数据是一项至关重要的竞争优势，而不仅仅是锦上添花的点缀。与实时数据相对应的是等待“日后分析”的存储静态数据。虽然这种静态数据仍然有用，但过时的数据在快速变化的环境中会很快失去价值。（可以想象一下，如果谷歌地图根据你在 10 天前所处的位置或几个小时前高峰时段的路面情况给你提示。）如果无法获得新鲜而丰富的数据，即使是最前沿的算法对企业也没什么价值。无论是从战略角度还是从战术角度看，实时数据对于改善商业运作都是极其重要的。

使用实时数据要做许多艰苦而复杂的事情。前文已经描述过数据化的挑战，但许多企业在数据化之后往往忽略了有组织地使用数据的复杂技术挑战。实时数据需要有相应的指标体系和基础架构来解释和评估数据，智能商业必须在使用的算法及其数据智能引擎中开发这些指标体系和基础架构。从实时数据中得出的结论最好来自数据本身，通过系列动态测试和调整获得，例如通过第三章中所说的 A/B 测试。

自动化第五步：应用机器学习算法

实时数据会不断变化和更新。随着机器学习算法处理实时数据，数据会得到改进，业务也会越来越有效率。显然，机器学习算法对于商业决策自动化至关重要。

智能商业的核心是算法。优步的算法匹配汽车和打车人，从而最大限度地减少等待时间，同时使优步的位置测算能力远远超过任何人类调度员。为此，优步聘请了数千名数据科学家来不断提升算法。如果业务不是由算法驱动，那么所谓智能商业根本就无从谈起。

淘宝转型成为智能企业的最重要里程碑事件就是将其索引引擎替换为搜索引擎。最初，买家要查看淘宝上的分类才能找到自己想要的产品。但随着产品列表几乎每天都在增加，越来越多的人开始使用搜索栏来查找产品。显然淘宝需要升级搜索体验，这样才能为买卖双方创造更多的价值。

搜索的关键问题在于如何排序。最初，淘宝搜索排序主要是看销售产品的周期。当卖家上传产品时，他们可设置该产品在网站上保留的天数，例如 7 天或 14 天。按周期排序意味着即将从网站撤下的产品将显示在搜索结果的顶部。这样的规则在早期是简单而直接的，当时大多数卖家都是兼职开网店，卖家之间很少直接竞争。但遗憾的是，这种方法只会激励卖家重复发布产品，却没有给买家提供有用的信息。

2006 年，淘宝网将搜索排序方法改为根据受欢迎程度排序。根据交易量和信誉分数等核心指标来显示产品。人气搜索背后的逻辑是，销售良好且用户评价高的产品是高质量的产品，因此理应在搜索结果中出现在更高的位置以作为奖励。同时，这种方法有助于买家找到好的产品，有利于优胜劣汰。事实上，许多淘宝的早期卖家通过人气搜索都实现了巨大的销售增长。

但按人气排序会产生严重的哲学问题。虽然这种搜索方法乍看上去合乎逻辑，但在实践中，对于已经很复杂的市场来说，这种排序方法过于简单化。根据这样的规则，销售好的产品变得更加成功，而新卖家要想出头却很难。为确保平台生态系统健康和平衡发展，大小卖家应在同等条件下发展，因此人气搜索显然存在极大缺陷。所以从 2008 年开始，淘宝不断升级其人气搜索规则。卖家千方百计提高网店声誉来提升在搜索结果中的排名，许多卖家也通过利用搜索流量迅速发展壮大。

但人气搜索不是机器学习驱动的，它只是简单汇总卖方数据，这就变成了比大小的游戏。因此，那些拥有资源迅速做大规模的卖家就能利用这一点在平台上实现更快的发展，而中小卖家则举步维艰。这个问题的核心在于纯粹的规模计算并不智能。它只是解决问题的一种有效的人类战术方法。真正的数据智能需要机器方法，而不是人类大脑逻辑的简单机器升级。

借助机器学习，淘宝在 2010 年推出了第一款真正大规模的搜索产品——阿基米德（Archimede）。从技术角度来看，阿基米德在改善人气搜索方面有了巨大进步。除了传统的转换率、平均客户支出和交易价值等指标，阿基米德还增加了一系列与卖家服务水平相关的指标。淘宝收集了超出纯粹交易之外的大量数据。例如，淘宝会看买方是否退货、是否有需要平台介入的交易纠纷、买家对卖家的投诉，以及卖家是否具有良好的信用评级等。当买家寻找产品时，他们也在寻找值得信赖的卖家和优质服务。因此，将这些先前被忽略的指标纳入考虑范围是合乎逻辑的，但如何确定使用哪些指标来影响搜索结果，以及如何确定这些指标的权重呢?

经过多年搜索功能和搜索技术的改善，阿里巴巴开始实施之前所述的机器学习形式。在强化学习中，机器从最终目标（“找到买家最愿意买的产品”）开始，努力将引导到这一最终目标的各个节点连接起来。数据工程师通过进行无数的在线实验来确定搜索算法，例如之前所说的 A/B 测试，即同时采用不同变量测试并监控反馈以梳理消费者偏好。如果搜索引擎将这样的结果显示给消费者，消费者是否会点击？他们会不会买？最后会有退货吗？最后得到一个非常精巧强大的在线算法体系，这套体系会持续在后台运转并给出越来越适合系统的结果。

在阿基米德推出后的几年里，淘宝的搜索量开始以更合理的方式分配，不仅分配给大型卖家，也让许多拥有优质产品和良好服务的小卖家获得流量，而那些服务差或缺乏诚信的商家的业务会缩小。总体而言，买家会更容易找到优质产品，卖家的业务也得到提升。经过过去几年的发展，搜索结果在网店流量中的比重越来越大，逐渐超越了分类浏览所创造的流量。搜索引擎通过其算法极大地改善了市场的整体结构和动态。但搜索引擎的漫长变革过程也说明了实施自动化决策的不容易。

淘宝的移动推荐：自动化五步骤的实践

2016 年“双十一”是阿里巴巴移动推荐引擎的“诞生纪”。在

24 小时内，平台在消费者和产品之间进行了数万亿次智能匹配，利用机器学习生成近千亿个个性化产品展示。当用户浏览打折和特别优惠信息时，个性化推荐每小时都会更新一次。推荐引擎带火了销售，让消费者看到足够丰富的产品，并有效提升了转化率。最重要的是，它将淘宝员工的直接管理运作降到了最低程度。这是智能商业的胜利，这一场景在 2017 年重现。

淘宝以能够为海量消费者打造个性化商店甚至个性化商城而自豪。但当整个在线商城浓缩到小小的手机屏幕上时，必须要有创意。淘宝移动推荐引擎背后的故事充分展示了企业如何通过对商业经营的清晰、完整和创新思考来实现数据智能。

在互联网行业，我们要以产品视角来谈论用户体验的各个方面。淘宝应用程序有数亿用户，每个用户都是在手机上访问同一个应用程序，但每个用户都会看到不同的产品和内容。从应用程序顶部的横幅广告到行业文章和服务内容，再到用户产品评论、直播频道内容以及算法驱动的产品推荐，淘宝应用程序为每个用户都给出了个性化的界面。

淘宝应用程序的许多功能现在都使用推荐技术，但以前情况并非如此。2013 年底，阿里巴巴彻底重组了针对智能手机的整个电子商务市场。最初，手机内容和结构是从网页电商直接复制过来的。普通消费者进入淘宝网的主要通道是产品分类清单（例如，男士服装、食品和饮料、母婴产品）、搜索条目（例如，明前龙井、黑色紧身裤），以及由淘宝或天猫的团队策划的特别活动和促销。浏览器窗口的充足空间为消费者提供了探索的自由。对于许多中国年轻人来说，在淘宝网上随意浏览（所谓的逛淘宝）成为常见的消遣方式。

然而这种方法在手机世界不再适用。用户在手机上的购物时间不长。手机屏幕较小，显示信息的空间很有限。于是用户开始更多地依赖搜索栏，但即使他们搜索了不常用的关键字，小屏幕上也仅能显示不多的产品列表。卖家接触消费者的空间收窄，可能会对中小卖家的生意造成不利影响。如果设计不当，那么移动购物环境可能会让消费者和商家都受损。我们需要一种新的方法去探索。

但答案并不显而易见。在淘宝的组织架构里，产品推荐由不同的工程团队管理，具体取决于他们在应用程序中的位置。淘宝首页的推荐也是阿里巴巴最昂贵的在线领地，需要由上层管理人员批准才能变更，而单个产品页面的底部推荐或者交易完成页面出现的推荐则是由另外的团队负责。浏览这些不同推荐的消费者可能会看到非常不同的产品。他们对这些推荐产品的反馈（例如，购买或忽略）与管理这些推荐的不同团队基本无关。在桌面情境中，让不同团队管理不同的产品是有道理的，因为每个独立的产品业务设置都需要不同的卖家和消费者支持团队。但在移动世界中，即使客观上离散的业务问题也需要各部门协同才可得出有效的解决方案。

行业外人士习惯将“移动”等同于手机上的应用程序。但实际上，移动是指一系列组织和技术架构，包括收集、使用和评估数据的方式。如果没有智能商业的思维方式以及上面列举的 5 个自动化步骤，企业就无法做到位，也就无从发挥数据智能的力量。

在淘宝，我们迅速采取行动，整合搜索部门下的各个推荐团队，因为搜索部门拥有最好的技术工具和基础架构，因此能做到不同推荐产品之间的协同效应。我们还聘请了一些国际技术人才，因此我们有专门人才在开发算法，研究如何实现将大规模实时计算所需的复杂工程结合在一起。所有数据流及其接口和指标都必须与新算法协调。我们的产品和行业团队必须要根据拓展后的产品推荐重新定义许多规则和机制。当消费者买了一件商品之后，给他的推荐算法要跟其他算法相结合，例如，当消费者下载了新应用程序之后的推荐算法，或在消费者搜索服装但并未最后下单后给出的推荐算法。这样的结合产生了明显的效果。使用推荐产品的用户的销售和交易量开始稳步增长。

这里的关键信息是，运用数据智能不仅仅是增加工程师团队预算的问题。它需要企业使用这 5 个步骤对业务整体进行清晰而全面的思考。我们对移动推荐的变革说明了自动化的每一个步骤。在重新思考何处需要运用推荐解决方案时，我们需要新的数据化方式和软件化；推荐必须能相互影响，因此推荐引擎需要可以相互“交谈”；我们还需要实时数据思维模式，由此所有消费者的所有行为都被记录在同一个地方，最后将其输入相同的机器学习算法。

激活智能商业

在第一部分中，我们介绍了智能商业的概念。从本章开始，读者应认识到，智能商业的复杂协同需要以新的方式思考数据。企业对业务流程活动的理解决定了如何将其变成数据，而数据又决定了可用来解决业务问题的产品和服务。为了使这些有关产品和服务的决策自动化，智能商业应遵循本章所列的 5 个步骤。第一，要以创新数据化的手段来丰富相关数据库，为商业企业奠定数据基础；第二，要将业务软件化，即把工作流程和基本参与者都上线；第三，应用程序接口支持实时协同；第四，完整地记录实时数据；第五，对生成的丰富的实时数据进行机器学习，从而创建数据智能。

前面两章主要关注数据智能及其对商业的意义，以及实现这一新功能的正确策略。读者还应该明白，除了实现数据智能之外，本章所示的 5 个步骤也是网络协同的基础。到目前为止，你应该清楚地看到为什么我将网络协同和数据智能称为智能商业 DNA 的双螺旋。这两者不可分割。在双螺旋框架下，现在是时候讨论网络协同的战略重要性，以及企业应如何与自己的消费者和合作伙伴协同了。

第五章　C2B模式：如何构建反馈闭环

要利用数据智能，构建智能商业，你需要在企业和客户之间建立一个紧密的数字反馈闭环。然而，我和很多中国企业家亲身感受到，而且很多创新企业也已经认识到，一旦将业务聚焦于同客户的直接互动，所有的商业活动就需要进行大规模重整，我将这种变化称为 C2B 模式。C2B 的思维模式从根本上颠覆了传统企业的 B2C 商业理念。[1]

当机器学习通过反馈闭环来驱动商业决策，客户将成为企业行为的最终决定者。“客户至上”不再只是一句口号，而是商业运营的起点。全部的客户企业应当建立在客户需求的基础之上。但是，对于包括产品和服务本身在内的体验而言，要真正做到为客户所支配，企业及其运营所在的网络必须保持灵活，迅速响应。实际上，商业中的每个功能都必须建立在需求之上。

让商业的每一项功能都符合需求绝非易事。你如何为潜在的需求范围做出适当的准备？当一家企业开始某项重构时，它就要在后续对从品牌到产品设计再到制造的所有方面进行变革。只有当流程在功能上独立但又可以自然自动地融为一体时，公司才能按照用户的需求，在交互中制定关键产品和设计的决策，从而创造出相应的产品和服务。在此过程中，整个企业的运营模式都依赖于网络协同和数据智能。

彻底重构自己的整个业务并使所有功能动态协同，对任何一家企业来说都是一项艰巨的任务。那些开始在这条艰难之路上行进的人会发现，他们的成本没有变化，然而效率和反应能力却开始呈现指数级的增长。

我无法给读者一个具体的重构行动指南，因为行业不同、公司不同，变革的整个流程也都不尽相同。不过，我希望通过一个服装行业的拓展案例，让读者了解自己需要做什么，以及正确的 C2B 思维模式是什么样的。我举的是大 E（Big–E）的例子。大 E 是中国最为成功的网红，她利用其平台能力成功地执行了 C2B 战略。大 E 原名张大奕，以前是一位模特，毫无零售经验，但她的线上服装品牌却在 2017 年创造了 10 亿元（超过 1.5 亿美元）的惊人销售业绩。

网络品牌的力量

思考一下社交媒体网红的影响力。在美国，金 · 卡戴珊或基娅拉 · 费拉格尼就是很好的例子。这些网红是否代表了品牌建设和企业家精神的未来？ 在中国，我认为的确如此。

有些人觉得网红很精明，是机会主义创业者，在中国只不过是昙花一现。这样的想法让很多人错过了前所未有的强劲商业模式，而正是这种商业模式，让网红在服装产业中如鱼得水。在 2017 年的“双十一”，大 E 的单日销量就达到了 3500 万美元。大 E 所属的如涵控股拥有数十个网红品牌，但这家公司只雇用了 800 名员工，并且是从 2014 年起才和网红合作（参见“如涵和大 E”专栏）。这么

如涵和大 E

如涵是中国最大的网红孵化器之一，也是阿里巴巴投资的第一家与网红相关的公司。该公司市值超过 30 亿元（近 5 亿美元）。如涵已在中国的电子商务领域运营 10 年，成功地培养出了 100 多位来自中国和亚洲其他地区的关键意见领袖（KOL）。如涵旗下关键意见领袖共拥有 2 亿社交媒体粉丝，其中 90% 是 18~28 岁的年轻女性，且绝大多数来自中国的一、二线城市。公司的孵化服务包括社交媒体营销、内容生产 、电子商务运营（包括数据分析和广告）和端对端制造管理。

张大奕凭借在淘宝及微博上的成功，奠定了无可争议的社交商务女王地位，而这也令网红成为一种席卷全国的风潮。我将这位从模特转型的网红先锋称作大 E，因为这是她众多昵称中最容易翻译成英语的一个。张大奕的英文名字叫 Eve，但她和粉丝都从来不使用这个称呼。相反，她和她的社群喜欢使用一些有趣的名字，例如“大姨妈”等。事实上，张大奕的粉丝喜欢自称“E 罩杯”，这显然是一种夸张，纯属搞笑，然而这些搞笑昵称展示出大 E 和社群粉丝之间的紧密联系。大 E 曾经在大学学习时装专业，后来成为中国顶级时尚杂志《瑞丽》的模特。2014 年，怀揣着更大梦想的她在淘宝上开了自己的服装店，同如涵展开合作。起初她在微博上只有 20 万粉丝，同如涵合作之后，她的粉丝上涨到 500 多万。

2015 年 5 月 20 日，在她的店铺开业一周年之时，大 E 共卖出了价值 1000 多万元（约 150 万美元）的产品。在 2017 年“双十一”期间，她在半小时内的销售额就达到 1 亿元（约 1500 万美元）。据英国广播公司报道，2015 年大 E 的年收入为 3 亿元（约 4600 万美元），高于同期中国女演员范冰冰 2100 万美元的年收入。[①]

① Grace Tsoi, “Wang Hong：China’s Online Stars Making Real Cash,” *BBC News*, July 31, 2016,www.bbc.com /news/world-asia-china- 36802769.

小的公司如何管理如此众多的品牌呢？答案就是C2B。大E的商业模式由按需营销、按需运营和按需生产构建组成，而这一切都由如涵的一款叫作Layercake的自动切图软件来协调。

在微博粉丝的眼里，大E是每个人都梦想变成的年轻女性。她把时间花在周游世界、拍照和买衣服上，她简直就生活在微博里。大E不停地分享她的生活近况，张贴新衣服照片，和粉丝互动。就像本书前言中提到的张林超一样，大E每年通过自拍和上网聊天就能赚取数百万美元。但大E比张林超及几乎所有其他竞争对手都走得更远，这使她的业务从方方面面映射出一种C2B思维，从而解释了为什么她会成为中国最成功的网红。

大E的社交账号给她和粉丝带来了不少乐趣，但乐趣不是唯一的目标。这是一门非常严肃的生意的必要组成部分，而这门生意的核心价值就在于网红和消费者之间的互动。大E每两到三周就会在自己的微博账号上晒出新的衣服款式。这些衣服很快就会在淘宝的限时抢购中被疯狂的粉丝预订一空。这些限时抢购总是会制造出爆品。与此同时，如涵会在销售之前和销售期间就将销售数量通知其生产合作伙伴，后者在接到订单后开始按照需要的数量进行生产。这些衣服几天内就可以发货，而且因为是按需生产，所以很少有多余的库存。大E的C2B品牌灵活、强大且利润丰厚。

按需营销是大E按需模型中的第一步，而这一步会通过社交媒体的预览及相应的限时抢购来实现。微博上的这种活动给消费者带来的是互动体验。当粉丝和网红展开互动，他们的行为就会启动一个反馈闭环，后者则可以据此做出设计和生产决策。

粉丝构建品牌

一个网红的品牌不是推送给消费者静态信息。推送静态信息不过是更传统的 B2C 思维模式的延续，在这种模式下，社交媒体只不过是传播营销文案的扩音器。相反，品牌是网红和铁杆粉丝一起打造的，它是由消费者创建的。

大 E 的营销活动就是社交媒体上那一系列经过精心策划的触动人心的形象。写什么话、晒哪张图、自拍用什么滤镜……这一切都要展露出屏幕后那个真实的人的气息。实际上，成功的名人对此都会亲力亲为。一个名人之所以能成为名人，就是因为他们能够以独特的方式表达自我——从自拍的风格到随意的服装照，再到关于自己的玩笑，莫不如此。这种风格是无法模仿的，即使是最有名气的网红也经常自己动手处理自拍照。

用张大奕品牌经理妮科尔·沈（Nicole Shen）的话说，“当你抬头看名人的时候，你的头会倾斜 60 度，但看网红只需要倾斜 15 度，你可以看到甚至触摸到他们。他们会在社交媒体上和你争论某件服饰是否好看，她是你朋友列表中的人”。[2] 社交媒体对于网络名人来说并不是一个表演的舞台，而是一个开放的互动场所。任何人都可以进入、倾听，参与到交谈中，他们可以询问关于网红的一切。

在一个网红的微博账户里，你会看到源源不断的生活记录更新、游记、服装照以及各种尴尬的自拍。大多数帖子下面会有成百上千的回复，这些回复中既有爱慕和抱怨，也有各种个人问题倾诉。网红会对某些她自己认可的评论做出回复。虽然营销团队有时也会为社交媒体撰写宣传文案，但顶级网红从不会让其他人代替自己回复粉丝。品牌不是通过广告公司会议室里的讨论建立起来的，而是通过这种一来一往的互动建立起来的。

评论和讨论的逐渐汇聚，消费者信念和偏好信息的一步步累积，最终构建了品牌。在此之前，这些有价值的内容只能通过市场调查间接地提供给品牌；现在它实时产生，并被记录在社交平台上。这就是C2B世界的品牌塑造，一个共同创造和共同演化的过程，一个让消费者享受其中的过程。

消费者选择的产品：按需产品开发和按需制造

大E作为企业家可不像她的照片所显示的那样悠闲。她在世界各地的每次街拍，都意味着照片中的服饰需要在一到两周内发货。服装行业的产品开发周期通常为一个月，但网红界的竞争实在太过激烈，这么长的时间显然不行。那么，网红是如何及时将合适的服装推向市场的呢？

消费者互动不仅是网红品牌的命脉，也是产品开发的根基。在社交商业的世界中，消费者的互动创造了内容，而内容创造了品牌，品牌则最终推动了销售。网红模式的天才之处在于，消费者的声音可以早在销售发生之前就得到倾听。在服装现身互联网的那一刻，它们离上市还有数天甚至数周的时间，但这时候，消费者的反应已经开始影响生产决策。即便是在该品牌的限时抢购期间，消费者的行为也会被记录，并通过淘宝的数据统计表以可测量的方式展示出来。对于网红的服装制造流程而言，这些行为至关重要。因此，通过限时抢购，网红的按需营销就可以同按需产品开发和按需制造相互协同。

让网红大获成功的限时抢购营销策略，在中国的零售界占有特殊的地位。除此之外，这种策略也经常与饥饿营销配套使用（关于饥饿营销，参见第二章）。这种中国电子商务中常用手法的技巧在于，企业会通过故意限制库存来制造消费者的购买紧迫感。在中国，饥饿营销是非常有效的。此外，这一手法也会带来额外的好处：商家可以借此检验市场对某种商品的反应，并以此避免库存过剩。

淘宝的限时抢购服务是一项线上基础设施，它能够让卖家轻松筹划特定时间内的销售方案。利用这一服务，商家可以预告下一步的销售计划及产品上线时间。商家通常会事先曝光待销售的产品、价格以及可售数量。这种销售遵循先到先得原则，而为了将饥饿营销的效果最大化，他们会极力限制产品的数量。

网红扩展了前期的产品曝光，将这种基本的营销模式进一步发扬光大。她们通常将预先曝光作为一种探索性策略，借以确定应该销售哪些商品及其相应价格。在销售开始前的一两周，网红就会开始在其微博账号上预告即将到来的销售活动。有时候这些预告看起来都是常规内容，比如一张网红穿着新毛衣吃晚餐的照片；有时候，网红会直接发布一组新产品的图片。这些图片意在测试粉丝的兴趣，一经上线，粉丝就会立刻就不同的风格、颜色以及剪裁展开争论。

如涵的产品、采购和销售团队会对粉丝产生的所有互动内容进行细致的查看。团队关注的指标（主要是社交媒体平台上的分享和评论量）会直接影响产品选择、生产进度，甚至未来的设计过程。例如，如果某一单品的某一种颜色获得远超预期的讨论，网红通常会在首批供货中加大这一颜色产品的数量，或者引入更多的类似产品。如果粉丝对某种单品避而不谈，那么这种产品就可能不会出现在销售列表中，类似的设计也会从未来的开发计划中消失。

只要每隔几周巧妙地进行一次限时抢购，网红就可以增进粉丝的参与度和忠诚度，收集到关于客户的关键洞察，同时还可以动态调整生产计划。即使销售开始，互动也会继续。那些能抢到心仪产品的幸运的粉丝会炫耀自己的收获，而那些没抢到产品的粉丝则会公开抱怨。哪些单品需要补货、补多少，从两类人群的反馈中便可获得必要的相关信息。网红甚至可以挑选 VIP（重要客户）群体进行私人预售。这些销售策略提高了顾客的忠诚度，并提供了关于产品受欢迎程度的宝贵信息。一旦衣服送到粉丝的家门口，这些人就会开始晒她们的新装自拍，尝试各种衣服搭配，向其他人炫耀。在淘宝上，这些照片被称为“买家秀”。一些网红会在自己的微博账户上转发那些最棒的买家秀，以此作为对粉丝的回馈奖励。抓住任何机会促进互动才是好的商业策略。

按需营销创造出随需应变的企业

敏锐的读者会注意到，网红的营销渠道已拓展到传统的服装业务领域之外。这个渠道不仅是一个提供给消费者的单向通道，它还可以促进交互，并能获取有助于跨价值链决策的相关关键信息。按需营销使得按需供应链成为必需，否则结果将是灾难性的，消费者会等待很久才能得到商品，并且会在社交媒体上大声抱怨，令网红的可信度和品牌形象受损。为了避免这种恶性循环，供应链必须满足网红限时抢购的严格要求，即能够在3~7天内以低边际成本小批量生产质地优良的服装。

智能商业聪明且巧妙地将供应链与价值网络的所有其他组成部分，包括营销和设计功能等整合在一起。网络协同和数据智能促成了这样的智能融合。正如咨询公司毕马威（KPMG）的一份报告所言，“今天在全方位商业环境中运营，需要一条与之相适应的供应链。最优结构需要与业务前端全面整合，并且能够对持续变化的客户需求做出灵活敏捷的反应”。[3] 中国的网红已经建立起一种前端和后端业务密切交织的商业模式。

与大多数时尚和零售企业明显不同的是，网红不需要提前数月做出生产规划。即使是快时尚行业的全球巨头，也至少需要2~3个月才能完全生产出一批服装。但网红天性机敏。当她们在巴黎的精品店或东京街头闲逛时，一个能激发灵感的主题或者剪影就足以让她们点击触摸屏，拍下照片，并发布到社交媒体上。设计团队可能只有几周甚至几天的时间来生产用于销售的成品。不用说质量和工艺，单单是时间压力就足以将传统的供应链逼到极限。

传统的服装生产可以分为4个阶段：打版、裁剪、缝制和后整理。对于具有一般复杂性的项目，工厂通常可以在20天内完成低端线的所有4项任务；如果是高端线，则需要60个工作日。在全部的时间中，单是花在打版上的时间就需要两周。如果生产商的客户接受了打版的样品，下一步就可以开始进行大规模的裁剪和缝制，最后进行质量检查、熨烫和包装（后整理）。这条时间线是以有现成的面料库存为前提的，但凡需要购买或生产定制面料，则整个生产时间可能会增加数周甚至数月。这些行业标准的时间框架在很大程度上决定了全球大型品牌的业务周期构建。

大 E 的快速补充库存模型：C2B 的价值

大 E 的品牌形象和赢利能力取决于如涵的快速补充库存。长期以来，传统行业（尤其是服装行业）一直受到两种对抗力量的困扰：若生产太多，就要承担巨大库存带来的成本风险；若生产太少，一旦出现爆品，则会失去大好的销售机会。

如涵的 C2B 模式恰恰在这一方面拥有巨大的优势。对于网红来说，绝大多数的生产都是从下订单时开始的。当第一次销售完成（在限时抢购中，这可能是几秒或几分钟内就出现的情况），快速补充库存就开始了。在对比消费者的反应和预期的销售额（活动预告期间社交媒体活动的估计）后，如涵立即下了第二批订单。如果需求量大，如涵可以多次补货。通常情况下，重新补货的订单比最初的订单要大，这种做法减少了预测的负担和风险。起初，快速补充库存只是被当作一种适应多变需求的方式，而非一种预测策略，但与传统模型相比，这种研究和与消费者的持续互动，让卖家对潜在的消费者需求有了更为精确的把握。[4]

显然，要想快速补充库存，周转时间就必须迅速可靠，加上运输和交付，通常需要 5~7 天。快速的周转也需要与工厂保持紧密的沟通和良好的网络协同。

如涵的网络化生产模式

作为一个提供全方位服务的品牌孵化器，如涵为大 E 等品牌提供后端和某些前端的业务服务，但快速的客户增长（每年增速高达 100%）和网红的多样性令如涵的生产不堪重负，最后这家企业不得不求助于附近产能过剩的工厂。

幸运的是，该公司位于浙江省北部，作为杭州和上海之间的工业走廊，这里集聚了大批服装生产企业。这些企业的规模各异，生产能力也大小不一，其中既有为博柏利（Burberry）和路易·威登（Louis Vuitton）等世界级品牌提供生产服务的大型老牌企业，也有不过几台缝纫机的街边小作坊。在这里，找到过剩产能并非难事，但是要对这些企业的设备和能力做出区分却并不容易。即便在最糟糕的情况下，一个工厂也可以用零碎的方式满足紧张的时间安排，无非是多些折腾，次品率高一点，但这种随意的生产方式既不经济也不能规模化。

为解决产能问题，如涵建立了一种合伙的基本模式。这家企业打算建立一个合作工厂网络，以应对网红商业模式所固有的需求高峰和低谷。首先，如涵将不同阶段的生产委托给不同的工厂，实现了服装生产流程的模块化。它最大的合作伙伴负责打版设计的工作，如果能够统一协调，加上高端的自动化机械，打版可以在几天内完成。一旦如涵的设计团队确认了样品的风格和工艺，如涵的制造软件就会将打版分割成一个个不同的程序，然后将它们通过内部电子网络发送给不同的合作伙伴，合作伙伴和客户都可以随时监控生产过程。通过协作的重新设计和劳动分工，如涵大大降低了生产时间甚至成本。

在尝试网络化生产的过程中，如涵与 100 多家外部工厂一起工作，并在评估它们的能力之后，从中选择出最好的合作伙伴。所有这些合作伙伴都在如涵的 SaaS，也就是软件即服务平台上运营。利用这一平台，如涵允许合作伙伴通过互联网直接远程使用和访问软件。SaaS 解决方案允许用户以最小的成本进行直接沟通和协调。由于有 4 家工厂在规模和质量方面非常突出，如涵开始将打版的主要工作委托给它们。反过来，这些工厂逐渐开始直接协调小工厂和车间的工作，将裁剪的工作集中化，并把缝制的工作分派给了规模较小的合作伙伴。完全缝制好的服装现在被送回较大的工厂进行后整理，然后从如涵的仓库发出。截至 2015 年底，如涵已基本完善了自己的生产模式，成功地将自身的生产能力剥离给外部的独立实体企业。它之前的制造部门演化成了整个生产过程的推动者，而不再是制作服装的实际劳动力。

协同网络

虽然如涵已经不再从事裁剪和缝制的实际工作，但是驱动这样一个复杂的网络也不是一件简单的事情。首先，如涵必须决定初始库存的生产数量。即使面对大规模的销售，如涵也只会保留其预计销售额的 10% 作为库存。（不是每个淘宝上的网红都能有幸与如涵合作。对于那些无法接触到最先进制造能力的网红来说，第一批产品的数量及其生产时间都取决于她们对风险的承受能力。不过，在限时促销开始之前，一个网红很少会生产出超过总销售额 50% 的库存。）

一般的制造过程如下。负责打造网红产品的团队会根据过去的销售指标来决定最初的批量大小。在销售的前一周，社交媒体上的营销预热开始启动，粉丝互动的数据会让团队决定第二批产品的生产规模和时间。正式销售前三天，预售首先在淘宝上线，新的销售和购物车数据则决定了第三批（通常是最后一批）产品的数量和发货时间。如果遇到极度受欢迎的产品，最后一轮生产则可能会在销售后的 3~4 天内进行。由于限时抢购模式简洁且可以频繁使用，大多数单品 80% 的销售额都是在促销当天完成。整个过程通常不超过一个月。

合众平台为一：如涵的 Layercake 软件

为了促进复杂流程的便利化，如涵开发了自己的软件后台。通过这一后台，公司的每一笔订单被分到了哪个工厂、使用了哪条生产线，以及动用了多少工人，都变得有迹可循。产品的组成部分需要什么时候交付、送到哪里，成品何时入库、存储于何地，同样可以被详尽掌握。生产过程中的每一步都由软件程序控制，网络中的每个人都可以查看。

正如我在第四章中指出的，业务软件化（用软件和在线运营配置业务活动）是建立智能商业关键的一步。如涵在中国服装行业的软件化方面投入了巨资。它的内部软件 Layercake 将网红模式所需的一切工作合而为一，从后端制造到社交媒体再到零售和促销，无所不包。这确保了网红能在正确的时间得到她们需要的服务，也最终确保消费者得到她们想要的商品。Layercake 软件虽然还处于相对早期的开发阶段，但它是大 E 实现 C2B 的一项关键创新。

经 Layercake 系统处理的所有工作都可以通过桌面或移动界面查看。因此，当设计团队设计服装时，工厂会立即知道生产这些单品所需的材料；当营销团队需要监督社交媒体内容时，他们能够确切知道有多少库存，以及生产及交付一大批新衣服需要多长时间；工厂经理可以看到与他们相关的工作进度，设计师也可以查看与他们的设计相关的采购和制造进程。只要数据在线，它们就是自动透明的，业务各方都可以访问。多方同时访问信息是网络协同的一个重要特征。Layercake 系统还远未实现实时协同，毕竟人们需要跟踪流程以确保任务完成。但是软件系统是实时更新的，可以支持网红模式所特有的基本反馈闭环。相较于服装业的原始状态，这种程度的改进已经是极大的升级，大 E 的销售额也证明了这一点。

大 E 对自己的业务有着细致入微的掌握。在如涵开发的移动界面上，她可以看到有多少设计正在进行、设计的进度如何、产品放在了哪个仓库，以及它们会以什么价格销售。系统也会显示她的所有营销计划，包括下一个活动什么时候开始、会推出什么产品等。从本质上讲，整个价值网络对她来说是可见的、实时的、细颗粒度的，网络就在她的指尖，她可以在世界的任何地方随时发起操作。

Layercake 的层次

要想实现前端的高效运营，企业需要对整个后端进行大整修。如涵一开始是一家服装制造商，打算主营小批量订单的快速周转业务。但它很快发现自己必须首先成为一家软件公司，去改造服装这个非常传统的行业。目前，Layercake 连接和协同了如涵四大业务的数据：社交网络、贸易、仓储和制造。这四大领域大致对应于微博和淘宝平台，以及工作流管理软件和供应链管理（SCM）软件的结合。

如涵通过微博获取社交媒体数据，这些数据要么来自微博自己的应用程序接口，要么是从社交网络上爬取来的。为了支持大 E 与粉丝的交流，如涵进行了大量的数据分析。如涵的工作流程管理软件会跟踪淘宝等电子商务平台的订单信息和状态，仓储也是直接来自或者整合自淘宝的物流平台服务。

更重要的是，一旦这些交易数据进入 Layercake 系统，就可以和社交网络数据和制造数据相互关联。如涵的 SCM 体系结构非常复杂，在此我们多做一些解释。Layercake 系统内的制造流程从 SCM 模块内的设计开始，之后是采购和制造，最后才会生成订单。这种协同的关键之处在于，如果设计师事先知道他们的设计对面料、版式以及加工的影响，他们就能对自己的设计做出更好的决策。举个例子，如果他们选择的面料不在库存清单上，他们就会知道这将导致整个生产周期延长，还会知道要制造出一个特定的版式需要花费多长时间和多少钱。要想有效地协调生产，在设计阶段获得的这些信息至关重要。另外，这对控制总成本和总生产周期也特别有帮助。

制造软件通过组织生产信息来不断提高系统的效率。这些信息包括标准文档和工艺设计，是生产服装所必需的。除此之外，如涵还输入了自己的信息，例如工艺流程、工作安排、生产能力和物料消耗的顺序（哪些材料至关重要并会影响生产进度，哪些环节可以外包而不会造成瓶颈）。这家公司正尽力实现其工作流程和数据的连接及标准化，以便生产能够在各级规模合作伙伴之间快速轻松地进行。

Layercake 的关键点并非只是以更高效的方式管理生产过程，几十年来，每个 ERP 或 WPS（办公软件套装）系统都在致力于提高操作效率，这种优势本身并不具有突破性，当然也不构成 C2B。Layercake 的创新之处在于，它可以将设计和制造过程中涉及的所有数据与客户的实时需求相协同。正如我在第四章中提到的，ERP 软件专注于提升某项狭窄业务效率，软件化和实时数据的目的则在于确保包括消费者活动在内的整个业务流程（我不能强调“足够”）能够在整个协同网络中自由流动。运用 Layercake 以及第四章提及的自动化决策的 5 个步骤，如涵的所有在线功能都实现了可访问和针对消费者需求的按需部署。

如涵也在扩张自己的协同价值网络。这家公司正在开发一个 B2B（企业对企业）面料供应平台，该平台将直接与它的 SCM 软件相连接。这样的平台需要复杂的数据处理，以便精确地识别服装的颜色、编织、纹理和厚度，最终实现织物选择和订购的自动化。

因此，在公司的整个软件系统中，Layercake 构成了一个首要且宽泛的底层，然后 SCM 在其基础上对整个工作流程进行优化。随着面料选择软件化的不断完善，如涵业务模式中的网络协同水平不断提高，效率也因此得到全面提升。如果如涵能够让这个 B2B 面料供应平台落地，它的 Layercake 系统将把服装业务的所有内容都与一个端到端解决方案相结合，甚至将采购也加入这个协同网络之中。

在将原始工业重新构想为智能商业方面，如涵可谓中国的先驱企业之一。不过在这家公司眼里，复杂设计任务的编程工作不过才刚刚开始。如涵正在开发自己的时尚设计师软件平台 Deep Fashion，该软件可以抓取 Instagram（照片墙，一款社交应用软件）等平台上的数据并分析时尚趋势（该公司已经分析了 Instagram 上经其设计团队标记和整理的照片）。公司的领导希望将机器学习技术应用到 Deep Fashion 上的图片中，这样中国的设计师就可以在快速变化、竞争激烈的市场中迅速收集灵感，轻松设计出新的服装样式。未来，如果如涵能够将 Deep Fashion 的自动理解融入设计和生产模块中，公司的整个生产过程将会更加顺畅，由网红设计和生产的服装也将会更快地推向市场，更好地迎合消费者的口味。

以前的软件解决方案只关注业务某一单独部分的效率提升，例如制造或采购。得益于消费者需求的不断增长，越来越多的中国企业开始运用在线技术整合所有业务，并将消费者活动与后台的运营和决策联系起来。C2B 就是未来，商业将越来越协调、越来越智能。智能商业才刚刚起步。

中国其他的 C2B 模式

与传统模式相比，C2B 已经在越来越多的行业中展现出竞争优势，在中国大多数传统行业不如美国的成熟、效率低下、创新者的进入壁垒较低的情况下尤其如此。中国的整个商业格局正在越来越多地转向如涵这样的 C2B 公司。让我们再来看看另外两家企业的商业模式：红领集团（Red Collar）和尚品宅配（Shangpin）。

红领集团的大规模定制模式

生产定制男装的红领集团已经开发出自己的按需定制生产系统。在为国外知名品牌做了近 20 年的贴牌代工之后，红领集团的创始人张代理决定将公司转型为一家生产定制西装的企业。[5] 在经过 5 年奋斗、投入超过 5000 万美元资金之后，张代理将西装的生产流程软件化为 400 多道标准工序，并设计了一条与戴尔单元生产类似的新生产线。作为一名非常有经验的裁缝，他甚至发明了一种为消费者量体裁衣的新方法，相比于传统方法，这一方法能够节省 90% 的成本。

红领发现，合身与否其实是一种主观感受，而不仅仅是一个可以优化的目标函数。因此，公司目前服务消费者的方式也与网红不同。网店无法进行个性化测量，因此红领的策略是让世界各地成千上万的小商家成为他们的销售代表。商家与消费者讨论他们的衣着喜好，进行测量，然后通过 B2B 平台将制衣订单传送到红领。这样的安排可以让卖家更好地利用直接消费者反馈 C2B 和智能商业模式中至关重要的组成部分，并以批量生产的成本制造出符合消费者品位的定制西装，而这幕后的“功臣”就是一条由在线软件完全掌控的全新生产线。

尚品宅配的家具定制模式

另一家完全基于 C2B 模式的创新企业来自一个令人完全想不到的行业——家具业。作为一家靠客户驱动和网络协同提供服务的中国企业，尚品宅配是这一行业中发展最快的公司之一。1994 年，李连柱以华南理工大学讲师的身份创办了圆方软件，这家公司的主业是为家具制造商提供软件设计。

随着中国的快速城市化和数百万套新公寓的建设，家具销售成为一个快速增长的业务。由于房地产价格高企，民众对提高空间利用率方面需求迫切，与此同时，国内许多不同户型的公寓使用着完全不同的设计和品牌的家具。市场的分化让李连柱看到了为整个公寓定制家具的机会，但他无法说服他的任何客户冒险进入这个行业。经过深思熟虑，他决定自己进军家具制造生意。他在新建成的小区附近开店，派人测量整个公寓，然后用自己的软件设计家具。在客户对设计表示认可之后，CAD（计算机辅助设计）会直接转为制造订单，所有的设计信息也都转到网上。经过数年时间的实验，他找到了一种将家具制造完全数字化的方法。例如，降低条码成本可以有效帮助企业跟踪每一块制造家具所需的木材，而一套家具只不过是公司数据库中成百上千块木板的不同组合。

这家现名为“尚品宅配”的公司从数千个房地产开发项目中收集住宅数据，创建了一个匹配公司产品的“房型库”，消费者可以根据真实的建筑平面图来选择、对比或调整家具设计。当然，几年内建成的数千万套公寓，不可能都追求大师的设计风格，许多人选择的都是相当标准的配置。利用这两个数据库，消费者可以针对不同的家居空间将各种产品进行组合。

尚品宅配在软硬件方面都不惜投入重金，甚至会购置新型的电动精密切割机。对于客户来说，所有的家具都是量身定做的；对于企业来说，每一个订单都是基于不同形状和尺寸的木板组合。因此，该公司能够通过订单的聚合来大幅提高生产效率。自 2007 年以来，尚品宅配的日生产能力增长了 10 倍，原材料利用率从 8% 提高到 90%，制造出错率从 30% 下降到 3%。由于是先下单后生产，尚品宅配几乎没有库存，资金周转率是行业标准的 3 倍。[6]

数据智能的美妙之处逐渐体现出来。随着公司服务的客户越来越多，尚品宅配发现，尽管中国各地地理差异巨大，但住宅设计方案总计也不过 5 万种，而尚品宅配几乎掌握所有这些设计方案的数据。此外，大多数人对家具有相似的品位。随着公司积累的设计方案日益完善，设计阶段也变得越加容易，因为大多数客户只点击尚品宅配数据库中现有的设计方案。公司发现，接受过极少量设计培训的人也可以做好这项工作。

如今的尚品宅配仍在蓬勃发展。2017 年 3 月，该公司在深圳证券交易所上市。2017 年上半年，公司的销售额超过 20 亿元（超过 3 亿美元），比 2016 年上半年增长了 30% 多；2016 年同期，该公司营收达到 6590 万元（约 1050 万美元），同比增长超过 127%。尚品宅配在中国的部分大型火车站投放名人广告，在全国拥有 1000 多家连锁店。预计到 2020 年，公司市值将翻一番，达到 230 亿元（约 36 亿美元）。[7]

C2B 背后的原则

C2B 已经定义了大多数互联网企业的运营模式，这一运营模式将像激光一样聚焦于用户和他们的体验。然而，我们可能会忘记，

C2B 模式最简单、最古老的版本其实是按订单生产。30 多年前，戴尔就在计算机领域做到了这一点。在互联网能够提供合适的基础设施之前，要想将这种模式移植到更多行业是一件非常困难的事情。C2B 预示着未来，即越来越多的产品和服务可以以低廉的成本按需生产。网络协同和数据智能让信息和决策可以同时在整个网络中流动，实现了业务各个方面的实时协同，大大降低了合作和交易的成本。

虽然本章所描述的企业专注于服装和住宅家具，但 C2B 模式的意义远不止销售定制产品。它彻底颠覆了商业本身的概念。尽管传统企业在口号和真诚的努力目标上都崇尚客户至上，但实际上大多数的商业战略设计还是公司至上。一家企业会通过各种消费者和市场调研去试图搞懂消费者需要什么。接下来，这家企业会推出一款产品，继而通过广告和营销让消费者相信这就是他们想要的产品，再通过分销渠道推动商品销售。在这个模式中，消费者是被动的。如今，在新的商业模式下，企业能够而且真正会对消费者做出反馈。

在过去 10 多年里，我发现中国有不少新企业开始在传统行业中践行 C2B 模式。每个行业和企业的 C2B 模式都不尽相同，因为每个企业都需要以不同的功能来满足不同消费者的需求。然而，通过对如涵、红领和尚品宅配等公司的研究，以及对阿里巴巴的 C2B 运营模式的观察，我认为，贯彻 C2B 模式需要遵循四个一般原则。

研发智能网络

只有在粉丝需要时，大 E 才会为她的粉丝制造服装。为此，大 E 和如涵对从销售到产品设计再到制造的业务各方面都进行了改造，实现了在线运营和实时协同。采用 C2B 模式的企业始终使用两种常见的策略：网络协同和数据智能。从这个角度来说，C2B 模式基本等同于智能商业。

在阿里巴巴的战略工作中，我经常会得出一种矛盾而深刻的见解。如果想满足任何一个消费者的所有需求，你就需要具备满足每个消费者需求的能力。今天的消费者在成本、速度、质量和个性化上都有需求，而且这些需求是同步的。在以前的商业策略中，这些目标是对立的，并且常常是相互排斥的。但现在，它们是可调和且不可或缺的。

只有网络才能通过负载能力的全局平衡来动态调整服务供应和质量。线性供应链不能有效地响应需求的高峰和低谷，更不用说对不断变化和复杂的消费者需求做出响应。要想创建一个适应任何消费者的全球性生产能力优化网络，需要网络协同、数据智能和大量实时数据。网络中的每个人都是提供按需服务的合作伙伴，他们通过 SaaS 进行在线连接，并通过便利的应用程序接口来掌握数据流。有需求就会有服务响应，一切不再需要通过预先安排的订单来管理。

智能商业无须长期规划，只需要对消费者的需求做出即时反应。因此，以前的品牌、营销和设计等本地策略问题，如今关系到整个供应链。事实上，整个网络的设计构成了一个全球战略。只有这样的综合战略思维才能应对未来的竞争。

正确设计互联网界面

C2B 遵循的逻辑是拉动，而不是推动。因为商业运营和决策来自与消费者的交互，所以 C2B 企业必须有一个界面，通过这个界面，消费者才可以清楚地表达他们的需求和反馈。互联网原生企业天生理解这一点，它们设计的产品也反映出 C2B 思维。谷歌不会向你推送它的服务，而是在一个极简的搜索框中响应你的查询。正如前面所讨论的那样，可适应性产品是最理想的，因为它们可以生成数据智能所必需的反馈循环。

建立一个互联网界面并不一定需要你推出自己的移动客户端，企业应该根据与客户互动的接触点和使用的设备选择正确的在线界面。正如前面所说的，大 E 会在几个关键的节点去设计营销方案，吸引消费者的反馈。从微博上的预告到限时抢购，再到淘宝上的买家评论和晒图，消费者会不断地给出他们对品牌的反馈。建立一个有效的直接互动媒介至关重要，其作用绝不可低估，对于远离技术的传统行业也同样如此。充分利用互联网能够同时与大众互动的优势，并以非常低的成本获得实时反馈，早已是众人皆知的秘密。

互联网界面为价值链上游的企业带来了经常被忽略却非常重要的益处。制造企业无须同终端用户建立联系，相反，他们只需要为合作伙伴设计接口，以尽可能自动的方式将反馈传送给需要它的人。这些接口必须嵌入所有各方的工作流程中，这样才能做到有效协同。如涵与它的制造伙伴就是这么做的，该公司的目标是进一步向价值链上游转移，通过其在线面料质量控制平台进行采购。

建立 C2B 桥头堡

大多数 C2B 企业会随着时间的推移而演化。好消息是，一旦你构建了第一个模块并创建了一个“桥头堡”，C2B 的比较优势就会推动你引入所有的相关功能。企业将体会到价值链逐级重组所带来的巨大压力。

大 E 先是在微博上建立了自己的网络社区，然后发现淘宝的限时抢购模式非常契合自己。经过数年的努力，她和如涵发展出一个能够执行他们的库存补充模式的灵活的制造合作伙伴网络。仅用相对较短的时间，这个网络就变成了一个营销、产品设计、生产制造和销售的实时协同市场。

C2B 模式是一个复杂的协同网络。建立一个完整网络是大势所趋，一旦你开始直接与消费者在线互动，这个雪球就会一直滚下去，一路上也会获得越来越多的价值网络功能。所以，要么跟上潮流，要么就靠边儿站。

善用平台的能力

我们调查发现，网红会运营三个平台来保持灵活性和资源的轻便性：微博用于社交媒体营销，淘宝是电子商务的基础设施，另外还要建立一个不断发展的服装制造商网络。如前所述，如涵的运营依赖于这些平台，这些平台的使用代表了服装行业创业的一种新模式。同样的策略预示着其他提供产品或服务的企业会如何在未来运营和构建自己。（我在第六章会谈到，在智能商业的世界中，平台和个体运营商遵循着不同的策略。）

如果没有这些平台，大 E 将不得不依靠自己来吸引数以百万的粉丝。她必须自己开发一款移动应用程序，应对限时抢购过程中出现的需求高峰，处理交易、支付，以及应对纠纷。此外，她还需要管理一个大型工厂。如果没有这些平台，大 E 就不可能以灵活多变的方式提供物美价廉的高质量产品。我将在第六章进一步解释这个策略。

C2B 的两个重要含义

像大 E 和如涵这样的早期 C2B 推动者面临相当大的挑战，他们能走多远在中国的也是一个热门话题。然而，他们所代表的趋势即使没有变得更强，也可能持续下去。智能商业的发展会让越来越多的定制功能涌现，而且这一过程中的浪费会更少，额外成本更低甚至为零。当所有的企业功能和消费者活动都整合到一个紧密协同的网络中，未来的商业将可以随时根据需求提供定制服务。

C2B 模式有两个重要的含义。第一是为客户定制产品的能力。在 C2B 模型中，与消费者的每一次活动都是实时的、动态的、流动的、响应性的。在现代的发达世界，几乎所有标准化的产品都供过于求，消费者要的是按需定制的产品和服务。为了持续提高整体消费者体验，你需要关注的不仅仅是实体的产品。从营销信息、产品设计到销售和服务，未来一切都是定制的。这种体验与消费者一起共同实时演化。

第二是决策的自动化。有了 C2B 模式，传统的营销、产品设计和生产制造部门都不再适用。在业务功能的静态线性思维中，这三个功能通常是独立运行的，互不往来。整个流程运行下来要花费大量时间。在新的 C2B 世界中，这些功能能够通过相似的网络界面同时推进，新产品开发、营销活动或销售的服务周期也因此大大减少。许多传统的组织部门，如渠道和产品设计，营销和生产制造等，都已变得不可维系。企业需要建立一种全方位的 C2B 运作模式。

C2B 业务模式源自大型在线业务网络或平台的兴起。谷歌将广告数据化，把线下广告转移到了智能网络市场；亚马逊和淘宝将传统零售业带到了网上；脸书、腾讯、微博和其他社交媒体正在推动营销和品牌推广的在线化；大 E 和其他网红的商业模式依赖于淘宝和微博创建的基础设施。平台的传播速度正在加快，中国各行业的企业都在试图将不同的供应链转移到网上。当越来越多的供应链实现在线化，企业也就更容易转向快速回应消费者需求的智能商业模式。支持创新 C2B 模式的基础设施每天都在不断完善。

现在我们已经讨论了建立智能商业的新力量所带来的两大重要战略影响，即如何实现决策自动化，以及如何协调商业模式，构建以消费者为中心的服务。另一个更深层次的结论是，商业的任何部分都不能单独拿出来讨论。在智能商业中，所有功能都必须在技术协同之下无缝运作。在线运营改变了企业之间的战略关系，因此，我们需要重新审视一个更传统的战略基石——定位。正如我将在第六章详细阐述的，对于智能商业而言，定位至关重要。

第六章　定位：如何在网络中创造价值

大 E、如涵、红领和尚品宅配这些公司的出现并非偶然，也并非孤立事件，它们充分利用了淘宝苦心经营的平台能力及其聚集的资源，也就是我们在第二章提到的众多独立的服务提供商。与此同时，这些企业也促进了淘宝等平台的发展。新参与者总是与平台以及在平台上提供各类功能的合作伙伴一起成长。从本质上讲，品牌、支持功能和平台是一个共同成长的生态系统。

在科技行业，“生态系统”是一个被过度使用，但又让人眼红的词。然而，对于阿里巴巴来说，“生态系统”是一个极其关键的术语，它用于组织内部的战略目标调整，同时也用来检验一家企业是否走在正确的轨道上。在传统的定位概念中，企业在很大程度上独立决定战略，但生态系统的核心思想认为，系统中每一方都需要依赖其他各方来获得成功。它们相互依存。

在本书中，我们将商业生态系统更精确地定义为一个靠不断演化来解决复杂消费者问题的智能网络。（“智能网络”只是“网络协同 + 数据智能”的另一种表达方式。没有这两种功能，就没有生态系统。换句话说，没有网络协同和数据智能，就不存在智能网络。）商业生态系统吸引着各方资源，其基础设施和机制则可以让参与者自由发展演化。我将生态系统进一步分为三个不同的角色：点、线和面。生态系统的力量在于赋能大 E 这样的创新企业，使其能够更好地为消费者提供服务。通过为企业提供卓越的客户价值，加之自身的竞争优势，这些生态系统向传统商业世界发起了挑战。

一个新的框架：点、线和面

我经常问一些领导者或企业家对自己所在行业不断发展的生态系统有何设想。毫无疑问，绝大多数人都有一个平台梦想，他们希望创建兼具高利润和规模化商业模式的大型平台，他们想做决策，发号施令，赚取巨额利润。

然后我问了他们另外一个问题：你真的愿意把企业做成阿里巴巴这样一个市值5000亿美元的公司吗？如果答案是肯定的，就意味着你不仅需要建立一个规模上万人的全球化组织，每天为各种事情操心，还要管理千万数量级的卖家和第三方服务提供者，更不用说还要管理物流、金融以及云计算等各种快速扩张的子平台。或者你更愿意成为另一个大E，无须工厂就可以坐拥品牌的近一半利润，通过全球旅行和在社交媒体上晒晒服装照片就能赚得盆满钵满。再或者，你也可以选择成为一名作家或设计师，抑或建立像Toptal（全球精英自由职业者平台）这样的人才库，通过在各种各样的社交媒体上写作来支持其他企业或有抱负的网红，在收获关注追捧和即时报酬的同时享有工作的灵活性。对比之下，平台梦似乎突然变得不那么吸引人了。

然后我用另一种方式重新定义这个问题：你想在生态系统或网络中扮演什么角色？

你是谁？

传统战略理论的核心是定位，它提出了三个基本问题：谁是你的客户？你的价值主张是什么？你的定位和你的竞争对手有什么不同？针对这些问题，最为经典的战略是迈克尔·波特提出的三种定位战略：总成本领先战略、差异化战略和集中战略。[1]在企业战略制定方面，这个简单的定位框架曾起到非常强大的作用。

然而，随着越来越多的经济活动发生在各种智能网络中，今天的企业必须知道自己在该网络或互联网络中的战略定位。在阿里巴巴内部的战略讨论中，我们使用几何学中的概念——点、线、面来隐喻生态系统中的三种基本战略定位。

点是指那些拥有专业技能但往往不能自己生存的个人或企业，第五章中如涵的工厂合作伙伴就属于这类。点提供功能服务。线是指大 E 和如涵这类，它们充分运用点和面提供的服务，是集生产功能和产品服务创造能力于一身的企业。面是指淘宝和微博这样的平台，它们通过提供基础设施服务和推进点的增长，来培养新的线的形式，帮助线的发展。

每个参与者的关键价值主张、竞争优势和组织能力都是不同的，每项战略定位的策略也都是独一无二的。表 6–1 总结了商业网络中三个核心定位之间的最主要区别。

你愿意像大 E 那样在网络中创建产品或服务吗？如果愿意，那你就是一条线，你的策略就是有效利用协同平台合作伙伴的资源来创建自己的产品。虽然你最关心的是如何服务你的目标客户，但加入哪个平台却是最困难的战略问题之一。举个例子，在中国，一家

表 6-1　商业生态系统中的三种战略定位

特　征	点	线	面
价值主张	出售一种功能或能力	创建一种产品或服务	连接相关各方
竞争优势	技能专长	价值、成本、效率	匹配效率
组织能力	简单，无复杂运营	简化并优化工作流程	设计系统和机制，协调关系
核心战略	进入上升的面，在快速增长的线上找到自己的利基市场	利用强势面的资源，吸纳强大的点	赋能点和线的增长
网红实例	工厂，服装设计师	如涵	淘宝，微博

公司选择淘宝、京东还是腾讯来作为主要运营平台，会给企业未来的发展带来极大的差异。

如果你是淘宝模特这样的网络职业人，或者是为网红或其他服装零售商做服装的设计师与工厂，那么你就是一个点。你的灵活性恰恰来自业务目标的简洁性：将你的技能与发展中心网络相结合，将自己的专业特长充分运用于平台和产品生产。找到自己的利基市场，你就无须操心商业运用的整体复杂性，只管赚钱就好。这些利基位每天都在涌现，你要做的只是抓住机会。

如果你的目标是建立一个类似淘宝的网络平台，那么你就是一个面。你的目标是创建一个连接不同方面的市场，为它们的业务模式提供便利。你将负责制定互动的规则和系统，让市场中的每一家企业都能体验到增长的潜力。如果挺过了漫长而痛苦的市场培育期，你就可以获得令人艳羡的市值，然而你的生活也将因此变成一场持续的战斗，因为你需要在平台和参与方的利益之间不断衡量取舍。

在评估这三种定位时，企业必须理解每种定位路径的核心逻辑以及不同定位之间的相互关系。[2] 企业还必须认识到，每种定位代表的是一种完全不同的竞争力组合。虽然有一些点和线“进展”到更高维度的例子，但想要做到这一点，企业需要对定位和相应能力进行根本性变革。在许多情况下，基础水平上的战略匹配可能比跨入不同的垂直领域或行业更为困难。

这三种定位之间不存在规范性差异，也不是说注定只能是这个而不是其他。处于不同战略位置的企业不会直接相互竞争，但它们可能会争夺每种定位的相对价值份额。我建议管理者和企业家不仅要根据自己所期望的估值来定位，还要根据自己的使命、愿景和能力来定位。

在协同网络中的三种核心定位中，点和面的策略相对简单。但在智能商业的世界里，品牌，也就是“线公司”有着明显不同的策略。而且，人们之前创建和分析的大多数公司都是线公司。因此，我将首先分析这一定位的战略和战术。

线参与者：新品牌

如前所述，网红孵化公司如涵创建了一套 Layercake 软件系统，该系统的核心功能是实现多个互联网平台和生产设施的整合协同。如涵的价值主张是（通过大 E 等网红）快速、高性价比地创造产品和服务，例如女装或大 E 的新化妆品系列等。企业将不同的功能体与业务连接，并将它们整合为一个完整连续的工作流，价值也由此产生。这种运营模式是线公司战略的核心。

在传统的商业文献中，学者习惯分析的公司，以及企业家习惯创建的公司，大部分都基于线定位。像传统的 B2C 公司一样，线公司为客户提供直接服务。直观地说，我们可以把线参与者想象成一个构建了高效规模化商业模式的多点集成。线作为一个组织的核心能力在于，它可以协同不同功能来创建一个有形的产品或服务。

新型线公司与传统线公司不同，前者在获取业务所需服务方面非常依赖平台。例如，网红就是线公司，她们必须依靠淘宝和新浪微博等平台来实现其商业模式中的诸多关键功能。线会利用平台的基础设施和其他资源来获取和协调自身业务上的各个点。与传统的 B2C 模式相比，新型线公司锁定了合作伙伴，拥有固定的供应链，因此能更加高效地运转。在协同网络中，线公司不需要业务人员之间进行协商，只需通过开放的应用程序接口就能够调用任何功能领域的服务。转换服务从此变得异常简单。此外，由于外部服务合作伙伴通常服务于许多消费者，因此同传统公司内部部门相比，他们可以用更低的成本提供更优质的服务。一个典型的淘宝卖家，哪怕再小，也经常需要同数百个功能性合作伙伴（也就是点）建立联系。

线公司必须找到合适的平台或面展开合作。最适合你的面不仅能提供你目前所需要的资源，还会为你提供最好的未来发展机遇。换句话说，新型线公司需要获得而非拥有合适的资源。开放网络为建立商业模式提供了丰富多样的资源。因此，线公司没有垂直一体化公司因资源限制所带来的约束，可以像网红一样快速成长。它们无须费时费力地在内部构建这些能力。

许多西方的中国电子商务观察家把淘宝当成一家线公司，这是错误的。他们把淘宝比作亚马逊以及博柏利、苹果、GNC（健安喜，营养食品连锁店）等在线品牌的网站。实际上，所有这些公司都是淘宝框架中的线。相反，淘宝是一个面。淘宝不创造、不设计产品，做这些事情的是数以百万的淘宝卖家。

淘宝上的商家是自己品牌的所有者，他们像传统的线下品牌一样直接向消费者销售产品。他们是负责消费者体验的综合产品负责人。然而，淘宝卖家非常依赖淘宝平台提供的服务。例如，这些卖家中很少有自己的物流业务或拥有大型的内部软件部门。这些服务都太过昂贵和复杂，只有部分大型商家才有配置的财力。相反，平台将这些点连接到了需要它们的线上。利用平台提供的资源，阿里巴巴电子商务平台上的商家已经成为中国2000—2009年增长最快的商业部门之一。依靠直接触达百万级消费者的便利、廉价的营销资源（尤其是在早期），以及日益强大的数据分析能力，这些新品牌获得了强大的竞争优势。

随着淘宝的发展，在2010年前后，互联网上出现了一大批新品牌。这些卖家似乎是凭空出现的。他们首先出现在淘宝上最大、最强的品类——服装领域，茵曼和韩都衣舍等品牌就是其中的代表。[3]接下来其他类别也开始涌现出新品牌。这些网络品牌的出现让人深受震动，我们将它们称为淘品牌，并开始为它们创建专门的子市场和服务。（淘宝商城，也就是后来天猫的出现，在很大程度上是因为这些淘品牌。）

这些品牌取得了惊人的成绩：2010—2018年，数十个品牌的年销售额达到10亿元（约1.5亿美元），其中许多品牌正在寻求首次公开募股。与此同时，许多知名品牌在网络零售的冲击下步履维艰，更全然无力开拓网络零售市场。2011 年左右，受早期成功的激励以及风险投资家的鼓动，第一批成功的淘宝卖家开始“出淘”，也就是离开淘宝。随着“出淘”浪潮在业内的广泛传播，一个又一个品牌开始建立独立的 B2C 网站，希望以此避免对平台流量的过分依赖。但最终几乎所有品牌都失败了，大多数品牌又回到了阿里巴巴的平台。这些淘品牌意识到，一家小型 B2C 企业根本无法复制面所提供的优势。在实践中，一家企业若想创建一个完全独立的在线品牌门户，就必须从头开始构建所有内容。此外，建立消费者的信任、占领他们的心智也是困难的工作，而利用现有资源要简单得多。

中国市场上的创造性破坏的风暴非常强大。新型线公司的不断涌现，比如网红，就有效运用了不同的平台。大 E 和如涵使用微博进行营销，使用淘宝进行电子商务，并且充分利用了越来越多的分布式柔性生产制造网络。用我们的术语来说，这些平台（微博、淘宝和生产制造网络）都是为网红的业务提供资源和能力的面。通过在这些面上建立业务，网红就可以在保持灵活、轻资产和高度扩展性的同时获取丰厚利润。虽然大多数网红品牌还无法直接与 Zara（飒拉，全球知名服装连锁品牌）这种线下快时尚品牌竞争，但从最早的淘宝卖家到淘品牌再到如今的网红，一代又一代的新型线公司模式正在前赴后继地迅速发展壮大。

我们可以用大 E 的变化做一下对比。在创立自己的品牌之前，大 E 是该行业的领军模特，受雇于一家中国顶级时尚杂志。作为一名顶级模特，在好年景里，她可以赚到近 100 万元（约 15 万美元）。

按照中国的收入标准，这至少相当于中层管理人员的收入水平。

现在，大E处于一个完全不同的阵营中。如今的她是一家线公司背后的创意力量，运营着自己的品牌，每年可以赚到几百万美元。然而，成为一家线公司所必需的组织能力与做一个模特有着天壤之别（在我的框架中，模特是点定位）。对于点参与者来说，要想实现如此的转变是一项艰巨的挑战，因为很多的尝试都以失败告终。

线定位的主要优点是能够利用面的网络效应。线必须确保获得必要的资源网络，但实际上并不需要拥有或控制资源。这与教科书上的商业理论相悖，因为经典理论告诉我们，实现规模经济的最有效方法是进行资源整合和构建内部能力。这些理论忽视了网络效应的重要性和价值，将很快过时。

对于线来说，最重要的战略决策是选择与哪个或者哪些面合作。如果选择正确，你无须掌握竞争优势也会有光明的未来；如果选择不正确，再多的竞争优势也带不来繁荣，因为整个行业是下行的。竞争的冰冷残酷之处在于，个人的命运只是部分取决于个人的努力。线战略暗中告诉我们，个人努力和经营业绩之间的联系并不紧密。这会让你从不同的维度，以系统竞争的视角去认识关联伙伴，对这一问题进行深入的战略性思考。

正是由于互相依赖如此深入，你不仅需要理解面的操作模式，还要懂得面策略的成功其实也有赖于其线伙伴的成功。

面参与者：大市场

自2010年起，世界上最有价值的公司，如阿里巴巴、脸书和谷歌等，纷纷基于平台建设自己的核心产品和服务。今天，大多数企业家渴望获得这种战略地位。我在本书中一直强调，平台的主要责任是推进网络协同和数据智能。因此，平台企业是决定生态系统发展方向的关键。此外，平台企业可以创造丰厚的利润，面战略的确也可以为企业的财报增光添彩。

但面战略也蕴含着巨大风险，它的培育期很长而且成本高昂，平台各方的利益也需要持续平衡。面的潜在经济逻辑和战略动力学非常复杂，且常常被人误解。简单来说，面公司专注于将相关联各方与商业活动相连接。但是面公司真正做的事情是为各个线的成功赋能。这就需要各个点的通力合作，发挥每个参与者的共同优势。

自 20 世纪 80 年代末以来，商业世界逐渐开始将一批又一批的企业视为平台型企业：从英特尔和微软到雅虎和谷歌，从阿里巴巴和 eBay 到脸书、领英、腾讯等。平台现在已经成为一个包罗万象的术语，而在我的语境中，我更愿意用面这个具体的术语来指代这些企业。直观地说，面是一个两维网络，在这个网络中，价值链上的商业活动者可以彼此连接。[4]

面公司的核心业务有一个共同之处，那就是它们不出售传统意义上的产品和服务。它们的核心价值主张是匹配买家和卖家（如阿里巴巴），匹配搜索用户和广告（如谷歌），或者匹配社交网络用户和信息（如脸书），等等。这些企业的竞争优势在于匹配效率，这种效率经常反映在其匹配的准确度和产品广告的回报上。这种匹配的效率加速了平台上各种线公司的增长。在阿里巴巴平台上，这些线公司就是各类卖家；在谷歌或者脸书上，它们就是各种广告主。

像淘宝这种面公司，它们的优势通常在于强大的网络效应所带来的高效、规模化的消费者获取能力，即更多的卖家吸引更多的买家，反之亦然。除此之外，它们还能提供各种先进的数据智能化工具。得益于综合性的匹配基础设施，网红能够从微博和淘宝上获取大量的粉丝（尤其是早期）。高效的客户匹配为线公司带来了更高的客户满意度、更好的推荐以及更高的用户留存度。因此，面公司的收入来自匹配过程的货币化。实际上，匹配的货币化方式包括广告、推荐引擎（连接人或信息的效率）和佣金（可以带来某种确定结果的效率）。

另一个与面有着密切联系的概念是大市场模式。面就是一个把各方参与者连接起来的大市场，市场帮助参与者进行交易。在淘宝上，交易的对象就是实际的产品；在谷歌和脸书上，交易的对象是信息。面公司的这种大市场本质让我们明白为什么这些企业的核心产品并不是一个产品。一个面的“产品”就是一个市场，而这个市场需要有相关制度和系统来创建，并保持市场的健康运行。因此，面公司的日常工作就是市场管理。而所谓市场管理，主要是指通过技术设计来管理不同的用户群，优化系统，以及创建相关的规则和制度。

考虑一下网红和面公司的关系。在微博上，社交媒体的面公司或平台把网红和她的粉丝连接在了一起；淘宝把网红和电子商务服务提供商连接在了一起；新兴的供应链面公司或平台把时尚达人和设计师同工厂连接在了一起。（网红也经常使用淘宝的广告工具来获取客户。）在所有情况下，面的业务都是连接。类似于网红这种新的线型商业，把多数重活、累活交给了面公司，自己只专注于连接各个面上的点。正是面公司的合作创造出了一个强大灵活的商业模式。

利用基础设施服务的规模化以及分布的网络效应，完善的面公司经常可以创造丰厚的利润。以淘宝为例，平台提供的各种功能，比如云计算、SaaS 软件解决方案、支付、金融和物流等，不仅具有成本优势，也具有质量优势。一家中型公司的 IT 部门根本无法在兼顾工程任务的同时提供全面和高质量的软件服务，但现在这一切都可以在基于云计算的市场上实现。

根据我们在阿里巴巴运营市场的多年经验来看，面的主要挑战是需要吸引尽可能多的相关参与者加入网络中，然后通过提供服务和制度支持，为他们的成长和连接赋能。除了支持基本的匹配目标，淘宝还可以承受海量的同时在线交易，更不用说为其他市场提供托管、争议解决以及信用体系等服务。面的核心任务是促进市场内部的合作和协同。这个任务经常既复杂又不可预见。运营一个在线市场不仅需要大量的试错，还需要得到运气的眷顾。

本书没有能力对网络或生态系统的构建方式展开深入讨论。不过，我在本书的第二章、附录 B，以及本章结尾处，都以淘宝为例，对这一方面做了尽可能多的阐释。

对淘宝来说，面这种商业模式所带来的必然结果就是新的点参与者的涌现。这个结果符合经济学常识：面降低了交易成本和进入壁垒，先前只有公司才能立足的地方，如今也有了小型参与者的一席之地。然而，新的点发生的不可预测性既给面战略带来了机会，也增加了它的挑战性。面公司必须关注新的点所带来的机遇，但也必须快速开发服务和基础设施，以便新的点融入，实现与其他参与者的智能协同。

点参与者：服务提供者

淘宝是一个面，但许多观察家不理解为什么它会成为如此强大的一个平台。淘宝的价值远不止是连接买方和卖方。特别是对于网红这种灵活的企业而言，淘宝实现的是商家和各种业务伙伴的连接。从 ERP 等第三方软件供应商到广告优化，正是这些连接让商家可以通过应用程序接口以及其他技术工具，实现在线协同。按照本章的术语，这些合作伙伴就是面上的各个点。淘宝帮助网红这类线公司连接到这些点，将进入门槛几乎降至为零，同时鼓励新人（通常都是没有任何零售经验的人）参与到面，与面进行合作。新的点进入市场并与线公司合作的过程，正是我在之前详细解释过的网络协同。

一个点的核心价值主张在于通过巧妙的方式提供一项很具体的功能或能力。因此，点是质量的竞争。例如在服装行业，点可能是设计师、模特、制模工人，甚至是一个小工厂。在大多数情况下，点不向消费者或者客户提供完整的产品或服务。在关于战略的讨论中，我们通常以两个简单的问题来确定一家企业在我们的定位框架中是否构成一个点：在一个供应链中，它们是否能提供一项以上的功能？它们可以为客户开发一个完整的产品或服务吗？ 如果这两个问题的答案都是否定的，那么这家企业就可能是一个点。我们之所以将这些企业称为点，是因为它们是一个商业网络中的最基本的节点。

传统意义上，为了减少交易成本，点的功能会并入较大的组织结构中。但互联网的兴起极大地降低了交易成本，并为点的技能建立了一个方便的交易市场。因此，自 2010 年左右开始，点开始在中国出现爆发式增长，而这也解放了个体，使他们得以从事各种新型的工作。淘宝鼓励各类软件服务提供商向卖家提供 SaaS 服务，这大大提高了卖方的生产效率。从之前提及的淘宝模特，到金融机构、物流公司、软件开发人员，点公司的类型无所不包，而每个阿里巴巴的关联平台，例如蚂蚁金服、菜鸟网络、阿里巴巴云等，都在努力满足这些点公司的需要。

淘宝的故事说明，在向平台引入新市场的过程中，会有无数的新角色或者点被创造出来。我在第二章中说过，大部分淘宝的早期卖家都不熟悉互联网，因此，教授如何运营在线商店的讲师就受到了热烈的欢迎。他们赚了不少钱，在到访某些城市时甚至还受到英雄般的欢迎。大约在 2007 年，随着互联网运行速度的提升，生动的图片变成了淘宝上的一个重要销售法宝。突然间，对模特、摄影师和工作室的需求以及他们的收入都出现激增，淘宝上很快就出现了一个匹配不同类型模特和数以万计店铺的在线市场。

但互联网不仅只是解放了大型机械上的众多螺丝钉，智能商业也创造了新的点。正如淘宝告诉我们的，每当一个新的面出现，许多新类型的点也会随之涌现。在美国，类似的例子也比比皆是，比如爱彼迎的住房共享者，TaskRabbit（一个跑腿平台）上的跑腿闲人，Instacart（一家新零售的服务型公司）的杂货店配送员，都是新诞生的点。

因为点的价值主张非常简单，所以许多点并无多少进入壁垒。点的定位也非常适合个体企业或小企业。出于同样的原因，点的竞争也很激烈。举例来说，虽然淘宝的模特平台在 2007 年就已经有了，但由于供应紧张，顶级淘宝模特的收入在 2010 年才达到顶峰。不过到 2012 年时，由于新进入者增多和竞争激烈，模特的收入开始大幅下降。无论是对于大企业还是小公司，这种快速的兴衰都已经司空见惯。市场通常会随着时间的流逝而趋向平稳，独特的或特殊的品质会脱颖而出，此外技能和需求也会改变，从而导致新的调整。一些点会不可避免地演变成线。大 E 一开始只是个淘宝模特，但如今已成为一名非常成功的品牌建设者。

在互联网商业出现前的几十年中，点参与者理论上是可以获利的，但在实践中，这种机遇很难出现。如今，淘宝模特、设计师、软件工程师等人，无须付出多少成本，无须过多承担商业运营的挑战，便可以通过互联网探索商业机遇。这些参与者还可以扩大生产规模并迅速赢利。

当我在讲课或者战略讨论中提及点的概念时，大多数商业人士都对点的潜力持怀疑态度或者嗤之以鼻。在这样一个平台横行的世界，谁愿意当一个大市场的小人物，参与一场白热化的竞争呢？然而，这是一种严重的误解。对于那些知道如何创造性地利用点定位的人而言，点的机会非常大。事实上，在一个快速增长的生态系统中，新的机会会不断涌现，其中很多都可以带来丰厚的回报。一个点参与者的核心战略是在正确的时间进入正确的面，然后尽可能长时间地从合伙伙伴那里获取尽可能多的价值。

某些点的机会可能非常大且可持续，特别是平台上出现的对某些基本服务的新需求。一些能力强的点参与者，如第二章提到的独立服务供应商等，可以充分利用巨大的市场机会。点能提供重要的配套服务，在市场扩张时能够迅速增长。例如，中国的一站式电子商务服务提供商宝尊，可以为客户提供包括网上商店开发、促销、IT、物流管理等在内的一整套电子商务相关服务。宝尊电商的创始人仇文彬原来是飞利浦电子的一个分销商。2007 年，他在淘宝上开了一家店。大约在 2010 年时，仇文彬发现大品牌都打算向互联网快速迁移，但又缺乏网络运营经验，于是他调整公司业务，专注于服务天猫上的大品牌。这是一个快速增长的市场，截至目前，宝尊服务的品牌超过 150 个，其中不乏微软、三星和耐克等著名企业。宝尊的业务也扩展到提供全方位的在线业务解决方案。2015 年，宝尊在纳斯达克证券交易所上市，目前市值超过 7 亿美元。[5]

相互依赖关系：重新定义竞争优势

不管你的企业在网络中占据哪个位置，你都必须记住，每个定位策略的成功都依赖于其他人的位置。任何一个企业的策略都是由所有其他企业的活动来定义的。没有哪种定位策略存在于真空中。所有三种定位都依赖于网络在当今经济中的重要性，它们最终都只是对应了相同网络效应中的不同方面。

让我们再次思考如涵和各种网红的案例。他们在最初都利用了淘宝的电子商务基础设施和资源。从最简单的层面上看，他们之所以选择淘宝，是因为这个平台（相对于淘宝商城或其他电子商务平台）不收取交易费用，在线品牌的快速发展也正是得益于此。但更为深层次的原因是，网红做出的其实是一个深思熟虑后的战略选择。大 E 极度依赖微博上的社交媒体营销，而阿里巴巴是微博母公司新浪的投资者。2014 年网红现象刚刚出现时，淘宝的电商基础设施和微博的社交基础设施基本上还处在独立运营的状态。然而，阿里巴巴对这家社交媒体的投资让卖家意识到，这两个平台之间会出现越来越多的协同。

果然，到 2016 年，淘宝和微博完全整合了它们的技术平台，促进了连接、数据共享以及交易的便捷化。网红尤其从这项复杂工程中受益，因为这让她们可以更为高效地推进限时抢购，也可以更好地跨平台分析数据和指标。押注淘宝的未来让她们得到了回报。

卖家选择淘宝、天猫、京东或亚马逊，看的不仅仅是这些平台对消费者的覆盖能力，还必须考虑哪个面公司能提供更低成本的点参与者，如供应商、技术提供商或服务伙伴等。今天，卖家在淘宝上获得的数据分析和第三方软件解决方案远超中国的其他电子商务平台（其中的许多解决方案都是点参与者提供的，后者通过淘宝应用程序接口获取数据）。作为一家线公司，如涵感受到了淘宝在提升服务和解决方案方面的不懈努力。淘宝也明白，它的使命就在于促进大 E 这样的品牌快速发展。

点、线、面相互依存，共同演化。面的职责是不断提升效率，支持更多的线；线的工作是找到最好的点，把它们整合到服务之中，不断降低交易成本，同时实现质量提升和规模经济；点的职责是找到最好的面，然后帮助它们找到最好的线。共同演化是更高维度的商业思维。

战略原则：竞争优势的新来源

在一个智能网络日益成为主导的世界中，三类参与者的首要战略就是要充分利用网络效应。WhatsApp（一款跨平台应用程序）的故事凸显了网络效应的重要性。这家公司大概只有 50 人，却在几乎没有实体资源和金融资源的情况下，构建了一家移动通信公司。2014 年，这家公司以 160 亿美元的估值被脸书收购。

WhatsApp、Instagram、Zynga（一家社交游戏公司）之所以能够如此快速地发展，就是因为它们调动了网络资源，如亚马逊的云计算、脸书的应用程序接口，以及谷歌的搜索和广告等。尽管内部资源有限，但因为这些面的存在，这三家社交网络创业公司仍可以迅速成长。同时，脸书之所以要收购 WhatsApp 和 Instagram，也是因为这两家公司很可能变成和脸书竞争的面。[6]

在智能商业的世界，企业家和战略家需要先对整个网络进行评估，然后再决定如何定位，如何去创造价值。与前面章节谈到的实时数据和 C2B 一样，点、线、面也会因行业甚至市场的不同而不同。在这里我将提供战略定位的 4 个一般原则。

核心战略地位相互依存

尽管有过分强调之虑，但在这里我仍想说，战略和竞争优势已经不再是你自己的企业及其决策的唯一出发点。在智能商业的世界，企业无法自行构建有竞争力的商业模式，它们必须更有效地利用网络资源，否则就会被竞争对手淘汰出局。

在考虑自己的定位时，除了作为一个组织的能力，你还必须考虑哪些参与者能带给你短期的机会和长期的增长潜力。这一点对线公司非常重要，但点参与者更需要重视这个问题，毕竟它们通常只需要连接到正确的面，剩下的交给平台来处理即可。

如前所述，生态系统是一个由点、线、面构建的智能网络，三者都有独特和不可或缺的作用。一定要正确分析你现在和未来的行业定位，然后再确定当下不同战略选择所蕴含的机会和风险。

弄清谁是你的对手，谁不是

企业，尤其是非互联网企业，所犯的最大的战略错误之一是误判了自己与互联网环境中其他企业之间的竞争关系。按照本章的框架，不同维度（点、线或面）的企业并不直接相互竞争。当然，利益确实会发生分歧，摩擦也会出现，特别是在线和面之间。但严格来说，企业只与同一类型的参与者竞争。

阿里巴巴与其他电子商务平台展开竞争，而不是与大 E 这样的品牌竞争，更不会与宝尊或任何单个工厂这样的点竞争。淘宝上的品牌为了赢得消费者的芳心而相互竞争，但它们不和淘宝竞争，因为后者并不创造产品和服务。

虽然这一点看起来很简单，但在实践中却很容易出现“维度滑移”，那些有平台抱负的线企业尤其如此。有许多品牌或内容企业试图创建自己的在线市场或媒体门户。与不同维度的玩家竞争并非不可能，但要做到这一点，企业需要完全掌握并具备运营所需的新维度能力（参见表 6–1）。在实践中，获得这些能力通常需要大量的投资、招聘、组织变革和时间投入。

创造性地建设新线

虽然平台业务很复杂，但平台的孵化策略却相对清晰。同样，点参与者极少需要依赖复杂的战略，对他们来说，及时抓住增长机遇就足够了。相比之下，鉴于未来 20 年内会有持续的商业裂变，线公司的战略和组织形式仍然可以进行讨论和完善。

不过，有两个原则正在变得清晰起来。第一，线具有客户驱动这一核心优势，它们是 C2B 的范例。第二，在客户驱动下，C2B 业务很可能会嵌入一个面，它们借此可以获得大量不同但高效的点参与者，建立一个灵活的协同网络。我们已经看到，新品牌的出现带来了巨大的转型，为了顺应这些变化，线公司只有保持开放和创新才能生存。

面必须成为一个具有卓越价值的生态系统

关于平台型企业（或面）的许多战略细节，都超出了本书的讨论范围，但有一点值得注意：一个面是否拥有真正的竞争优势，关键在于整个生态系统是否优于现有的解决方案，是否能够为客户提供更高的价值。这是一个至关重要的问题，因为许多面不仅仅与其他平台竞争，通常，它们直接与成熟行业竞争。

如果没有引人注目的、革命性的、高度集中的客户价值，一个面就无法在漫长而艰难的培育期中存活下来。如附录 B 所述，淘宝花了整整 5 年时间才真正在这个行业站稳脚跟（许多早期员工直到

2008 年才相信淘宝能作为一家企业生存下去）。对于新的面来说，非凡的客户价值听起来可能要求太高，但我发现这是平台保持长期成功的主要因素。

面的价值在于孵化出比传统同行更有效率的线公司。一般的面（或者严格地说，由点、线和面组成的生态系统）起飞缓慢，因为它需要确保生态系统中多个参与者之间的平稳协作。面商业模式的所有各方都需要学会合作，而这需要耐心，同时伴随大量的协调。新型线公司的赢利需要时间，新点的进入也需要时间，更不用说市场技术和机制的创建也需要时间。一个可行的、连贯的生态系统需要网络协同和数据智能，以及有效的 C2B 思维模式。如果你下定决心要在面的业务上长期坚持，就要把精力集中在打造智能商业的核心能力上。

新定位的启示

一个新的定位框架要求完全不同的战略思维。调动网络可用资源的新战略（而不是拥有它们）具有强大的威力，但只有先分析生态系统，确定自己的定位，并且充分利用这一定位，你才能运用这种战略。如今，所有企业，包括完全在线下运营的企业，都已经进入一个由网络、数据、机器学习以及算法构建的世界。无论你是否已经在一个生态系统中运行，未来都将以超出预期的速度来到你的眼前。

到目前为止，我已经在书中讨论了智能商业给战略带来的诸多变化。但企业需要调整的不仅仅是战略，组织本身也需要转变形态，向智能转变。接下来，我将讨论组织的含义。

第三部分

智能商业如何运行：组织的含义

在本书的前两部分，我讨论了智能商业的出现以及成为智能企业的战略意义。对于智能商业来说，这场竞赛的核心其实是相互关联参与者的协同，而数据智能让所有参与者变得更为智能。在这种战略环境下，传统的定位、决策、计划和满足客户需求的方法都被颠覆了。

在第三部分中，我将讨论新战略环境的组织含义。这部分的内容既来自我和同事在阿里巴巴的亲身经历，也源于同大大小小企业的各路领袖的无数次交谈。它将告诉我们智能商业的运行是一个不同的战略制定和执行的过程，而这些变化又反过来要求企业需要有不同以往的组织形式，其中的流程、制度和管理者的角色都需要发生变化。

第七章　自动调优：如何实现战略流程的智能化

智能商业需要改变的最重要的组织流程之一是如何制定和实现战略。[1]战略不再意味着长期计划，甚至不是短期计划。它就不是计划。

从根本上说，今天的战略制定变成了一个和学习一样的动态过程。对于今天的环境而言，分析、计划和执行这套经典方法太慢、太死板了。战略制定不是正式的计划，而是愿景和行动之间持续而快速的迭代。持续的实验会带来反馈，反馈导致愿景的调整，愿景的调整反过来又推进新的实验。在这个迭代过程中，战略是不断更新的。有了正确的基础设施和领导方法，这一战略实验过程就变成了创新、灵活和智能商业的核心。

在传统的战略规划中，管理是在探索与利用之间进行权衡，因为两者都有必须管理的成本。但在最复杂和动态的环境中，探索和利用必须齐头并进、连续进行，中途不能停下来进行任何评估。通过战略实验，企业必须不断地吸收新的信息，测试新的理念和流程，并在此基础上调整战略，适应新现实，抓住新机遇。幸运的是，新技术和基础设施大大降低了实验的成本。但你必须做好进行大规模组织和战略实验的准备。你的企业必须能够不断地适应新理念和环境变化，而不是简单地按照传统方式应对。

学习和创新一直是企业发展的典范。事实上，“学习型组织”这个术语已经存在了大约 30 年。但是，就像以客户为中心一样，学习型组织更多的是一个例外，而不是一个规则。工业时代模式固有的激励措施和各种限制都不利于学习。传统的层级组织结构聚焦于执行和交易成本的最小化，要想在其中建立学习型组织文化是非常困难的。例如，美国陆军早就认识到这种吸收和践行本地知识的局限性和无力感，并且一直在尝试各种策略，以求解决这些问题。[2]

尽管新技术极大地降低了协同成本，实现了信息的实时传输，并促成了部分测试机制的自动化，但战略规划一直没发生多少变化。战略规划部门提供基于静态分析的战略选择和执行计划，然后将这些战略交由管理层。这个过程已经不适应今天的环境。除了缓慢僵化，传统的战略计划也很少使用业务内外的数据和机器学习资源。这些能力可以加速和放大战略的效果。如果企业能将所有客户交互和合作伙伴的活动数据化，就可以实时观测到诸如 A/B 测试等实验的结果。然后，机器学习算法可以通过自动调整来提高系统的效率，与此同时，一项成功战略的应用效率也将得到提升，甚至能够实现半自动化。

战略规划部门或其继任者现在可以把精力集中在创新产品或过程的原型研发，即开发过程上，而这些产品或过程的原型又可以用于进一步的实验。我把这个实验性的战略循环称为“自动调优”，以作为对第三章中提到的算法设计思维的一种明确呼应。将自动调优思想应用到战略或组织中不是一件容易的事情，本章展示了阿里巴巴是如何实现这一转变的。

动态战略：实时的战略调整

2008 年，阿里巴巴将下一个 10 年的战略确定为“打造开放、协同、繁荣的电子商务生态圈”。但是直到最近几年我们才开始意识到，为了应对外部环境的变化，组织本身必须要不断发展。我们无法掌控未来几年的形势发展。阿里巴巴需要根据环境的变化不断做出实时调整和再调整，我们不能受传统管理方式的束缚。

自动调优意味着学习将成为一个组织的核心。战略制定过程成为发起、协调和改进实验的一部分，这与传统的长期规划截然不同。在目标和执行方面，组织寻求的是一个连贯的未来愿景，战略实施则是基于愿景的商业实验。当愿景和实验相互贯穿，成功也就近在眼前。阿里巴巴在这方面做出了巨大努力，包括研究其他互联网先驱的实践。我们多个业务的成功和持续增长证明了我们的实验取得了初步的成功，当然我们还有很多工作要做。

自动调优学习闭环

机器学习算法堪比一种优秀的自动调优组织，它们本身就是一个促使自我调整的学习闭环。我在第三章指出，数据化、算法迭代和智能产品构建了数据智能的能力。得益于数据智能，网商银行的贷款产品可以学习借款人的行为，而整个业务又会借此不断改进其贷款决策。算法会根据各种反馈数据，如批准的贷款和还款时间等，持续更新它们的贷款评级。随着时间的推移，网商银行的算法会不断改进推荐建议，它们的目标是降低平台的整体违约率。（在计算机科学中，算法的优化目标被称为“目标函数”)。在第三章中，我对网商银行的分析重点在于贷款业务如何提升了数据智能。现在，我将把数据智能背后的基本思维模式融入一个更大的反馈闭环中，作为一个整体的组织可以借助这个闭环来制定战略。

在实验中调整

机器学习算法的目标在于生成、测试和放大有利的结果，它们在一系列可能的选项中做出详尽的筛选。在网商银行的案例中，这些选项包含了所有可能影响借款人还款的变量。所有可能的结果都代表着假设：违约率是否与贷款发放日期有关？某批用户会违约吗？机器学习算法在大量数据集的基础上进行实验，测试新想法并记录结果。随着业务的增长，数据化继续生成更多信息，算法通过这些信息生成更多的选项，进行更多的实验。

实验不是随机发生的。工程师设计算法来经济地测试各种选项，尽量减少搜索时间和计算成本。经济化实验的主要技术之一是放大过去成功的部分，用其他选择取代次优选项。在机器学习引擎通过持续的交互越来越多地了解用户之后，实验水平会降低。网商银行的算法在每次迭代中都会关注借款人的风险容忍度，从而降低了随机生成产品的推荐率。然后，算法将这些信息应用到进一步的实验中，放大那些行之有效的方法。

当实验结果开始聚拢，客户体验也开始随着适应性产品的调整而改善。随着业务规模的扩大，网商银行的贷款服务越来越好，响应也越来越快。可以毫不夸张地说，利用如淘宝应用程序上的推荐引擎这类更为复杂的数据智能产品，算法引擎在某种程度上塑造了用户体验甚至用户行为。大部分用户对推荐引擎的喜爱，源于后者可以让他们寻找到以前找不到的产品和内容。一旦被定向到一个新的类别或产品，用户的兴趣和未来可能的消费行为就会被发现和塑造。

从整体上看，机器学习算法的实验过程可以称为“自动调优”。自我调整的功能融入了算法本身，分析师或程序员不需要单独解释用户反馈、手调探索比率或委托分析，也不需要考虑如何才能最好地让用户采用更优行为。数据智能承担了大部分艰苦的工作，帮助企业独立地适应各种各样的环境，尤其是那些变化剧烈的环境。最发达的数据智能服务能够以快速、海量的并行方式为每个用户做出实验和调整。

将自动调优应用于战略

基于数据智能的产品是自动调优的，它们会在尽量减少人工干预的情况下探索复杂多变的用户欲望和需求。但即使是那些熟悉人工智能的人也常常忽略一点，即这些产品蕴含着另外一种新趋势。如今，全球顶级的互联网公司，如脸书，亚马逊，当然还有阿里巴巴，都力求在数据智能自动调优思维上更进一步——它们正在尝试将自动调优原则应用于整个企业。

要想了解我们是否可以像算法一样运行一家企业，首先要记得机器算法并不会自我编程。人类必须决定它们的目标函数，即算法的总体目标，并调整算法在不同方向的优先级。（例如，脸书新闻流产品的目标函数是广告收入和用户参与度，衡量标准是评论数量。通过改变这两个指标的相对权重，脸书可以在用户体验和收入之间进行有效权衡。我将在下一章继续讨论脸书的目标指标。）

在一个组织中，与目标函数相似的是组织愿景：随着愿景的变化，商业模式也会演化。正如本章所解释的那样，算法的自动调优特性可以帮助我们了解如何在一个日益复杂和快速变化的商业环境中构建和运行整个企业。组织负责共同监控竞争环境、消费者参与和系统范围内的结果，并在必要时介入基础设施、目标和愿景的调整，以构建健康高效的业务体系。这样的组织是为改变而建立的，它强调的不是完成规划，而是进行规划和实验。

起点：未来的愿景

在大多数组织中，愿景和商业模式是整个企业的轴心。它们由创始人制定，一旦被证明是成功的，就很少会改变。组织本质上关注的是通过执行、优化和扩展基本商业模式来实现这种固定愿景。

在传统工业经济中，愿景或使命与商业模式往往是相同的，如制造大众买得起的汽车、通过铁路连通整个国家、提供电力等。当未来更容易预测时，愿景或使命的重要性就会有所下降。但随着整个商业向知识经济转型，以及经济和技术变革加速，企业的愿景逐渐变得越来越重要。高级管理层需要一种指导员工行动、与投资者沟通目标、将学院知识应用于更多市场和产品的方式，所以他们开始制定愿景。后来他们虽然产生了改进当前产品或创造新产品的新想法，但仍停留在现有的商业模式和愿景的框架之中。

然而，在一个客户偏好和产品快速变化的世界中，在一个企业寿命不断缩短，商业模式和战略迅速老化的世界中，这种传统方法具有明显的自我局限性。如今，愿景是企业战略的核心。愿景必须被清楚地理解、清晰地描述，并定期更新，唯有如此企业才能将供应商、生产者、合作伙伴和客户连接成网络。愿景为整个网络的发展指明了方向。就像“客户第一”一样，愿景也从“最好有”变成了“必须有”。它是组织和网络的目标函数。

我将在第八章详细讨论使命和愿景，但在这里，我们需要先解释一下，阿里巴巴眼中的使命和愿景到底有何区别。在最高层次上，愿景是对未来世界图景的理解，它捕捉的是产业将随着社会、经济和技术进步而发展的方向。只有在这种理解的基础上，企业才能在变化的环境中明确它的方向和志向。因此，狭义的愿景描述了企业寻求实现的目标，并确定了探索的范围。它定义了公司未来的发展方向。

另外，企业的使命意味着企业如何改变世界。这是企业存在的原因，也是它吸引人才和资源的号角。使命和愿景（以及价值观，我将在第八章讨论）是紧密相连并互相影响的，你对世界将如何变化的看法必然会影响你如何改变这个世界。对于一些企业来说，使命和愿景是一样的。然而，我主张将两者分离开来，以便在相对固定的存在理由（使命）和可变化、可改进的未来观（愿景）之间取得平衡。实际上，与我在本章中提倡的愿景和行动之间的更迭不同，一个成功的企业一般不会更迭其使命。（正如我将在第八章中描述的那样，在阿里巴巴的整个发展历程中，公司使命基本上保持不变——“让天下没有难做的生意”。）

本章的重点是介绍愿景和通过实验稳步改善愿景的方法。正如我在本书中所描述的那样，今天的组织只是一个在相互连接、智能化且不断发展着的网络中的参与者。对未来有愿景的任何人都会把合作伙伴、供应商和消费者等各类参与者吸引到他们的网络中。愿景所激发的连接越多，具有远见者所能动员的资源就越多。这是塑造未来的唯一途径。

为何怀远见者赢

马云、史蒂夫·乔布斯、埃隆·马斯克和马克·扎克伯格都以有远见卓识著称。他们激励自己的员工、合作伙伴和客户，调动网络资源，实现愿景。与通用电气、丰田和默克等企业的领导人截然不同的是，他们也是直言不讳的传道者。这两个群体行为的差异并非巧合。

传统的企业领袖不会塑造未来，他们只运行一台机器。在阿里巴巴的创业学院授课时，我们会播放 10 位商业领袖的幻灯片，让学员辨别他们的身份。[3]他们可以很容易地认出马云、马斯克和乔布斯。向众人传递愿景会让人获得某种形式的名人效应，而且通常需要高度个性化的价值观和使命。但事实上，没人知道花旗银行、丰田或通用电气的首席执行官是谁。这些公司不需要有远见者，它们需要的是能够管理运营的人。这样的领导人更容易互换。

2015 年，Lyft（来福车）的联合创始人兼首席执行官约翰·齐默告诉我，当他开始运营 Lyft 的共享出行服务时，他很担心公司能否吸引到更多客户。与其他共享出行服务不同的是，Lyft 试图实现乘客拼车共乘，以做到减少汽车使用，增进环保。但是如果没有大量的乘客，早期用户就没法节省路途和费用。齐默对这项服务的迅速发展感到震惊。许多用户都认同他的愿景，并愿意为了这一愿景做出短期的牺牲。随着用户数量的增加，Lyft 的服务以一种经典非零和方式变得更加高效好用。

第二部分中探讨的网红也不仅仅是成功的品牌建设者。这些企业家不断地展示关于她们自己、外表或环境的新愿景。更重要的是，虽然大 E 只是一个人，但其背后有一个庞大的网络在支持她。如涵这样的公司则是一个更广泛网络中的远见卓识者，他们为自己和合作伙伴塑造未来，与此同时，服装行业也围绕着他们获得了重塑。

重新优化愿景

清晰的愿景塑造了未来，并指导着网络的发展，但愿景必须不断吸收反馈并适应更为广阔的环境。企业需要的不是一个静态愿景，而是一个实现愿景的过程。随着时间的推移，愿景必须得到现实的检验，实现更新。

在网络中，内部组织和外部组织之间的界限已经变得非常模糊。更重要的是，正如我在第六章中所讲，不同企业的战略是相互依存的，对于平台而言尤其如此。平台必须吸收来自环境的信息，重新调整其愿景。在这个充满活力的过程中，领导层需要不断调整对未来的理解，如此才能对未来系统的形态施加影响。苹果的产品发布会总是引人注目并充满自我意识，而这正是史蒂夫·乔布斯借以表达其新愿景的方式。这就是为什么它被称为麦克世界

（Macworld）：新品发布会是乔布斯“管理”苹果生态系统的一个必不可少但经常被忽视的方式。

关于愿景的改进，可以看一下阿里巴巴的例子。当阿里巴巴于1999年成立时，中国互联网用户在10亿人口中所占的比例还不到1%。虽然许多观察家预计渗透率会持续增长，但他们无法预测这种增长的确切性质。为了应对这种不确定性，阿里巴巴制定愿景时采用了一种实验性的方法。阿里巴巴没有把愿景规定死，相反，公司总会在对未来做出最佳设想并使用了所有可用信息的基础上提出愿景设想。我们一直坚持这种坦诚的方法。随着市场的发展和新情况的出现，管理层会定期深刻地评估公司愿景，检验其与现实的关系，并酌情对公司的目标做出调整。

用公司的话说，早期的阿里巴巴一直致力于成为“一家服务于中国小型出口企业的电子商务公司”。这一目标促使阿里巴巴最初将重点放在了为中国制造商提供国际销售平台的Alibaba.com网站上。然而，随着市场的不断发展，公司的愿景也在不断演化。随着中国国内消费的爆发式增长，马云认识到，需要将公司业务从中国的出口业务扩展到中国消费者身上，结果就是2003年淘宝网的推出。然而，阿里巴巴很快意识到，中国消费者需要的不仅仅是一个买卖市场，他们需要增强对在线购物的信心，并确保付款安全。当时中国没有信用卡，因此，淘宝在2004年推出了支付宝业务。支付宝取得了巨大成功，大大加快了电子商务在全中国的渗透。

阿里巴巴并不是唯一一家为市场提供便利服务的企业。如第二章所述，其他许多提供服务的企业也进入了这个不断增长的市场，比如，店铺搭建和店铺模型企业。在这种发展的基础上，阿里巴巴在2008年扩大了其愿景："培育开放、协同、繁荣的电子商务生态圈"。公司开始提供更多基础设施服务，如云计算、金融和物流等。随着移动互联网的迅速崛起，阿里巴巴进一步将愿景发展成为现在的版本："我们旨在构建未来的商务生态系统。我们的愿景是让用户相会、工作和生活在阿里巴巴，并持续发展最少102年"。注意，我们在新愿景中以商务替代了过去电子商务的说法，因为按照马云的观点，未来所有商务都会成为电子商务。（有关淘宝历史战略选择的更多细节，请参阅附录A和附录B。）

许多局外人将我们的愿景陈述视为一种公关行为，其目的在于帮助外界了解公司，而并非对我们业务模式的实际描述。这种观点与事实相去甚远。阿里巴巴不断发展的愿景，反映的是公司高层管理人员对商业未来的理解，以及阿里巴巴在构建未来过程中的地位。只有准确阐释当前愿景，整个网络和我们的组织才能启程奔向未来。

动态战略：此规划非彼计划

鉴于愿景已经从一个静态名词变为一个主动动词，战略过程也必须强调动态性。战略关乎动态规划（planning），而不只是制订计划（plan）。

在许多组织中，详细固定的计划构成了战略的核心。在阿里巴巴的案例中，快速的技术变革、消费者预期的转变，以及监管的不确定性使得预测或规划未来非常困难。作为回应，我们不再关注传统的计划，而是将重点转向持续的规划过程。阿里巴巴不需要僵化执行的细致计划；相反，阿里巴巴会在情况发生变化时，以一种非常去中心化的方式持续优化战略。

阿里巴巴内部有一个常规的年度计划，每年第三和第四季度，业务部门负责人和高层管理团队之间会进行轮岗。然而，领导层明白这类指南只是一个起点，随时会发生变化。在我领导战略团队近十年中，我从未为公司编写过一份正式的战略计划。但每年，我们都会用10页演示文稿来总结我们对战略理解的关键点。每当讨论重要的业务问题时，我们都会重新审视并在必要时修改这个演示文稿。

我还记得2012年4月高层管理会议上的一次愉快的讨论。我们就数据在未来的重要性达成了共识，并同意阿里巴巴应该成为数据共享的领先平台。同一天晚些时候，阿里巴巴中层管理人员将举行例会。马云要求我在午饭时对上午的讨论进行总结，然后将其作为我们的新“计划”，并在例会上公之于众。对于习惯花费几个月的时间来制订三年或五年计划的组织，这种做法显然冲击不小；但对我们来说，早已司空见惯。

此外，这种快速的战略迭代发生在组织的每个层面。每当业务领导看到市场中的重要变化或新机会时，他们就可以在内部发起我们称之为“共创”的会议。之所以称之为共创，是因为阿里巴巴的员工，包括高层业务领导和主要执行者，是在与客户共同发展新的方向。

共创会议

阿里巴巴的共创会议通常会从一次全天工作会议开始，它涉及4个步骤。

第一，我们设定“基本事实”，根据市场数据、客户及员工的洞察来识别和确认变化的信号。此外，我们还要确保找到对的参会人员，他们有足够动力共同努力寻求解决方案。

第二，我们尽可能深入地了解用户及其当前情况。在这一步中，参与者要深入理解商家或消费者的观点，以了解用户的需求变化或痛点，并集体探讨潜在的解决方案。例如，在最近一个业务部门的共创会议中，阿里巴巴邀请了 5 名消费者参加会议，把员工也分成小组，并确保每个小组中都有一名消费者。如此一来，每个小组都可以了解消费者的痛点。然后每个小组要做两次集体汇报：第一次汇报是与用户一起，以确保相关用户的问题得到了正确理解；第二次汇报则没有用户，其目的是推动更深层次的分析，寻找解决方案。

第三，我们根据讨论结果制订行动计划。行动计划必须确定一位愿意担当重任的领导者、一支将思想付诸实践的支持团队，以及一个执行工作的机制。该机制至少要包括指导团队统一行动的沟通流程、进度评估指标以及执行时间表。通常，这一步需要花费最多的时间和精力，因为行动计划是想法能否落地的关键。确定谁负责制订行动计划是一个复杂且经常充满挑战的过程，但团队必须为此付出艰苦努力。

第四，即最后一步，就是用户反馈。团队必须将定期反馈纳入他们的开发流程。在阿里巴巴进行月度或双月度考评时，团队要给用户展示改进设计、原型或概念的反馈，以确保执行达到市场预期。

总而言之，共创会议的这 4 个步骤突出了自动调优的迭代性和分布性。在看到相关的市场刺激信号时，业务部门无须任何授权或监督就可以启动共创会议。通过设立与客户和公司内部相关方进行定期交流的平台，阿里巴巴实现了与市场的共同发展，充分实现了对本地知识的运用。实际上，为了使企业能够有机地适应外部环境，高层领导放弃了一定程度的控制权。通过这种方式，自动调优企业让产品甚至商业模式不再受制于自上而下的决策，而是实现了更多的市场导向。由于决策制定及其影响能在整个组织中“向上渗透”，所有这些努力也促进了愿景或战略在最高级别的持续升级。

总之，智能商业的战略制定过程有三个关键点。首先，愿景至关重要；其次，智能商业要不断调整自己的愿景；最后，对于智能商业而言，战略制定是动态的，即它是动态规划，而不是静态计划。智能商业通过实验迭代来取代传统的战略制定方式。

将自动调优应用于商业模式

当愿景和战略规划不再是固定的点，而是动态过程时，商业模式也会随之动态化。事实上，整个商业模式是最重要的实验领域。

商业模式实验

在前几章中，我们用商务平台（淘宝、天猫）、支付和金融（蚂蚁金服）、云计算（阿里云）以及物流（菜鸟网络）等多个案例告诉大家，阿里巴巴的生态系统其实不仅仅是传统意义上的零售。（关于这些业务的详细信息，请参阅附录A。）

为了达到这样的广度和深度，阿里巴巴从一开始就致力于商业模型的实验。2003 年，我们决定在核心 B2B 业务之外创立淘宝，这在公司内部引起了激烈的讨论——当时公司刚刚成立 4 年。强大的竞争对手 eBay 此时已经大张旗鼓地进军中国市场，但在阿里的领导团队看来，这家总部位于美国的公司有不少与中国市场脱节之处。不过阿里巴巴没有因此放弃对 B2B 业务的探索。为了尽量减少不利因素，管理层设立了一家单独融资的新公司（事实上，阿里巴巴和软银各占淘宝股份的 50%）。最初的淘宝团队在远离阿里办公室的一套公寓里办公，他们按照自己的想法展开了实验。马云把新事业和员工单独放在一间楼里，加速度地对淘宝业务进行拓展。

在成长和发展的每一个节点，阿里巴巴都会培育新的商业模式。这些新的业务会作为单独部门运行，尝试各种可能性。最有前景的业务随后都扩大了规模。2006 年，在发现 B2C 和 SaaS 这两个新趋势后，我们成立了两个新的业务部门，在这些领域展开了商业实验。淘宝商城经过几次商业模式的迭代变成了天猫，如今已是集团业务组合中的重要组成部分。而试图赶上 SaaS 浪潮的阿里软件（AliSoft）进入市场的时间太早，一直无法找到有足量用户的杀手级应用，该业务于 2009 年停止运行。

专注于探索

另一个推动阿里巴巴走向成功的因素是其对新商业模式实验的刻意选择。阿里巴巴从不满足于成熟商业模式的利用，它会跟随条件的变化，持续进行商业探索。

例如，淘宝网在推出后的短短 4 年内就占据了中国电子商务市场 80% 以上的份额，并在 2011 年使网络销售成为一种全国性现象。许多企业会将这种领先地位视为成功的市场验证，并将重心转向商业模式的优化和保护。但在阿里巴巴看来，中国互联网人口的持续增长以及消费者和零售商的日益复杂化，是市场更加不确定性的信号，也给我们当前的商业模式带来了风险。这就是需要人做出判断的地方。何时适合继续探索，何时转向纯粹的利用，不同的选择会产生不同的企业文化和成果。

对阿里巴巴而言，领导层倾向于进行更多的实验和更多的冒险。同样，对于选择哪个方向以及建立哪种商业模式，公司内部还有激烈的争论。我们没有做出一个自上而下的简单决定，而是进行了一个大胆的实验：让市场选择未来的赢家。2011 年，阿里巴巴将已取得成功的淘宝拆分为三个独立的竞争业务部门，每个部门押注的都是中国电子商务的不同未来，其中，淘宝将专注于小品牌和 C2C（消费者对消费者）市场；天猫专注于大型品牌和 B2C 市场；一淘是一个专注于产品搜索的新业务部门，负责不同的市场和平台上的信息汇总。

在成功的高峰期增加实验，并不符合传统的管理智慧。但对于阿里巴巴而言，这是一个避免僵化并在快速发展的电子商务市场中持续创造新可能性的必要举措。到 2013 年初，天猫在竞争激烈的 B2C 市场赢得了市场领导地位。这是一次成功的实验。淘宝保持了其在 C2C 市场的主导地位，同时开创了诸如电商网红这种具有创新性的 C2B 业务。这也是一个成功的实验。但同时产品搜索被证明没有未来，一淘变成了一个利基产品。

当然，这种实验有高昂的财务和组织成本。当年将淘宝拆分成三个部门时，我们遇到了巨大压力。对于员工而言，属于同一家公司却需要在市场上相互竞争，这的确是一件很难理解的事情。但实话实说，这种竞争也非常重要。员工需要知道我们在进行一场实验，也需要知道我们要学习什么。要理解每项业务发展的真正驱动因素并非易事。我们花时间建立业务，进行沟通，让内部展开竞争，虽然这些努力可能不会有效果，但这场尝试是值得的。在瞬息万变的环境中正确把握你的未来愿景，并确保你的战略适应不断变化的环境，是最为重要的目标。在实验上投入巨资是非常值得的，这个险一定要冒。对阿里巴巴而言，我们的实验明确了中国电子商务的方向，并为淘宝和天猫的成长提供了持续的资源——“双十一”的成功就是一个例证。

回归愿景

通过商业模式实验，阿里巴巴对经营的动态环境有了更为清晰的愿景；反过来，我们的愿景也深刻地塑造了我们环境的演化。

对于智能商业来说，领导层和整个组织应该因实验而构建，并且要及时汇报实验的结果，包括那些不成功或意外的结果。组织必须与其网络和市场精确协调。作为公司这种算法的目标函数，愿景时常需要重新校准、改进甚至彻底改变。与算法一样，愿景也需要持续人工调查的引导和调整，如此才能确保客户和整体生态系统的健康发展。在第四章我们已经谈到，为了给买家和卖家提供一个平衡健康的市场，阿里巴巴一直在不断调整其搜索算法，而在2013年向移动环境转型后，我们的推荐产品也发生了很多的变化。

对未来认知的变化，让我们的平台重设了中国电子商务领域的方向。天猫原来只是淘宝上的一个高端市场，但现在成了全球品牌通过天猫全球（Tmall Global）进入中国的入口。淘宝最早只是一个网上跳蚤市场，但现在的淘宝不仅让消费者能够购买到任何可以想象到的东西，还培养了网红等高度创新的企业。与此同时，阿里巴巴的蚂蚁金服和菜鸟网络等赋能业务模式，为线上线下的安全和计算带来了新的预期。我们能获得今天这样的主导地位，源于我们对未来愿景的持续改进，也源于我们敢于在此基础上推进我们的各项业务。

拥抱变化的企业文化

市场的波动变化和破坏性经常会重塑景观，因此，一个执行自动调优策略的组织也会把固定的愿景和商业模式抛在一边。相反，组织要通过内部的不断实验，定期重新校准所有组成部门，使之与环境相适应。企业要通过一个行动和重新校准的过程来聚焦愿景，换句话说，这就是自动调优。因此，自动调优意味着组织始终处在学习和创新中。在这种情况下，变化成为一种自然而然的结果，也成为组织的一项基本特征。

从一开始就建立预期

要进行重新校准和实验，我们需要确立一种促进和鼓励变化的基础文化。对变化的反应在很大程度上取决于组织的心态。在阿里巴巴，拥抱变化已经融入了它的DNA。阿里巴巴有六大核心价值观，其中一条正是“拥抱变化”。在这家公司，变化是一种语言设定，也总在预期之内。马云经常在与员工的沟通中强调“变化”这一主题，领导团队的其他成员也同样如此。从新员工加入公司的那一天起，公司的领导层就会对员工坦诚直言——不要惊讶于在各个层面上的变化和调整。

有了对变化的预期，阿里巴巴的员工就会将其视为正常商业的一部分。有一句广泛流传的话说，“如果你在一年中没有换5次老板，那么你还没有看到真正的变化”。“客户第一”是阿里巴巴六大核心价值观中的第一条。由于客户需求是一个不断变化的目标，所以你只有跟着改变才能满足他们的需求，要不然你就会被竞争摧毁。马云总是强调：“为变化做好准备，这就是最好的计划。”无论如何，你都必须跟随外部环境的变化而变化，变化必须植入你的组织文化中。

要建立这种文化，你需要合适的人才。阿里巴巴招聘决策中的一个关键考虑因素就是看候选人对变化的意愿。经验表明，找到合适的人才不能只看技术水平。相反，在评估候选人时，面试官会经常询问候选人所经历的最大变化及其应对策略。通过这种方式，阿里巴巴招到的都是时刻准备改变并且能够做出改变的新员工。我将在第八章详细阐述这一点。

变化的制度化

组织变革必须制度化和规范化。只有一个经常变化的组织才会擅长变化。传统意义上，组织变革是通过不频繁但重大的转型来实现的。但是，如果一个企业能够通过定期的自我调整去适应外部环境，就不需要进行冒险的一次性大修。

2012 年发生过一个极端案例。当时，阿里巴巴对其业务部门的 22 位主要高级管理人员进行了岗位轮换。轮岗以往更多发生在低级别管理人员身上，但这次阿里巴巴却把目标放在了每个业务部门的高级别领导身上（除了最高级别管理者之外，所有领导层都要进行调整）。有人担忧该计划可能会给持续运营带来潜在风险。然而，结果证明该计划非常成功，因为它的目标在于让管理者实现制度化，把知识转移给过渡期同事，从而防止了孤岛思维。该计划不仅进一步增强了顶尖人才的技能，同时也向整个组织展示了领导层对组织灵活性的承诺。阿里巴巴现在每年都会安排部分高级领导轮岗。

阿里巴巴一直致力于促进和维护组织在适应环境方面的灵活性，这对于仍在持续增长的公司来说意义重大。正如马云在内部会议上多次解释的那样："战略和组织要齐头并进。每年我们都会根据战略的变化而改变组织结构。"

我在之前说过，淘宝在 2011 年被拆分为三个业务部门。实际上，整个阿里集团在此次拆分两个月后被分成了 7 个业务部门，而在接下来的 60 天内，又被进一步划分为 25 个部门。这么做的目的是使整个公司尽可能保持灵活，每个业务部门都可以快速行动。值得注意的是，经过三次重大调整后，每个业务部门都在三个月内完成了战略制定、年度规划以及预算编制。在 2013 年底，阿里巴巴宣布实施全面移动化战略，决心成为一家移动优先的公司。除了正常的重组，公司还从所有业务部门抽调 5% 的工程师，并将他们转移到移动战略中（这些人通常都是部门中最优秀的人才）。虽然有成长的痛苦，但大多数员工都明白，这些变化代表了公司正在有意识地去适应环境，为未来做准备。如果不是有一种拥抱变化的企业文化，这一切都是不可想象的。

许多人谈论实验、创新和组织变革，但仅仅是相关成本就已经令人望而却步。而阿里巴巴这样的互联网公司之所以能做到这一点，是因为它们为组织创建了正确的文化和正确的基础设施。我也将在第八章详细阐述其文化和基础设施。

柔性组织

综上所述，透明的变革文化和灵活的组织结构，在员工的组织观念形成方面起着重要的作用。流行的观点认为，组织应该是一个具有清晰汇报线的稳固结构，然而这种观点不过是稳定和可预测环境的产物。面对更加充满活力和不确定的局面，阿里巴巴选择的做法是快速演化，让变化成为员工日常业务的一部分，并通过清晰阐述和基础设施来提供相关支持。

我们的公司逐渐接受了自动调优的理念。我们致力于在公司所有级别应用一种演化的方法。为了适应环境，我们的愿景、商业模式，甚至组织结构都在定期地通过实验重新调整。最根本的是，我们的学习过程不是自上而下的，也无须审议，它们在整个组织中传播且具有自我导向。组织不再是扩展实现领导意图的手段。用户的输入、环境的变化，以及有效或无效的响应，这些信息都可以在组织内自由流动，所有参与者都可以做出响应。作为行动指针的领导者负责阐明愿景，组织则展开有机的行动。

总之，对业务探索、实验和迭代的强调，要求我们必须对组织和管理进行重新概念化。企业成为持续迭代的共同机器，它就像一个庞大的算法，客户的需求则是其目标函数。机器与其环境、伙伴和客户展开互动，获得丰富的反馈，然后用这些反馈来进一步润滑齿轮，实现更为有效的运行。管理不会告诉机器该做什么，它只是确保一切顺利进行。

如果管理人员不再参与指导和控制，而组织也是自动调优，那么管理在智能商业中扮演的角色是什么？企业本身应该是什么样子？管理者应该如何设计他们的组织？我们将在第八章讨论这些主题。

第八章　从管理到赋能：如何重塑组织

当计算机能比人类更高效地完成日常能源密集型知识工作，当网络能对消费者需求做出有效回应时，组织能做什么？当然，作为智能商业，运营、算法和产品仍必须由人类来设计。然而，一旦这些元素准备就绪，机器就可以完成繁重的工作。但是，计算机不能创造新的产品和服务，更无法参与第七章所述的关于愿景的实验。创新和创造是保持组织成长与蓬勃发展的关键人力资源。未来的组织将专注于持续创新，它们将超越计算机计算，用直觉感受消费者需求。作为对新技术的回应，企业中的人负责创造新的原创产品和服务，或者重塑想象现有产品或服务，让它们变得更有用处。

在工业时代，组织旨在提高资源利用效率；在知识时代，组织旨在优化知识的使用和管理；现在，在智能商业的新时代，一个组织的目标是提高基于人类洞察和创造的创新效率。创新本身的成功率是一场新的博弈。

一段时间以来，企业一直在谈论如何才能更具创新性。然而，今天我们正面临着创新的迫切需要，即企业必须能够迅速、持久、始终如一地推出创新举措。为了满足这一要求，企业必须与传统的管理理论和实践分道扬镳。

自从弗雷德里克·温斯洛·泰勒提出科学管理的理念以来，管理就是要准确地知道员工应该做什么。管理者需要找到员工，激励员工，并确保他们尽可能高效地完成工作。管理一直是计划和控制，但现在情况彻底改变了。

2013 年，当阿里巴巴意识到必须把自己转变为一家移动互联网企业时（参见第七章提到的全面转型决策），我们发现这是一个无法被规划或掌控的重大任务。挑战不仅仅在于要针对移动特性重新设计阿里巴巴的软件，更重要的是整个业务都必须彻底改造。在网站上行得通的东西，未必适合移动市场；基于网站的软件显然无法充分利用移动端的新机遇。虽然公司领导者可以看到未来的轮廓，但他们无法准确或轻易地预见未来的细节，也无法规划在未来的发展。他们面临着整体组织移动化这个艰巨但又必须完成的任务，他们必须快速创新，认清市场的需求。

阿里巴巴的领导层没有一张如何在移动端取得成功的路线图。然而，公司创建在线零售业务以及后来在物流业务方面的经验，帮我们找到了一条道路。在过去，我们创建了一个可以构建业务的平台和相关工具。人们运用我们提供的平台和工具开展创新，进行交易。一些人赚到了钱，但也有一些人破产了。现在轮到我们自己采取行动了。当阿里巴巴转向移动端时，为了了解市场的反馈，我们不得不让团队进行快速的创新和实验。我们创建了内部平台、新的工具和方法，以确保市场反应能够立即影响我们的内部活动和资源分配。

这是一个学习的过程，我们并没有行动的捷径。不过，因为拥有机遇、愿景，以及越来越相关的强大框架和工具，我们的移动团队斗志昂扬。一个又一个的团队提出新的广告形式，从横幅广告到直播再到视频无所不包。他们开发新应用程序或功能，帮助用户了解新主题、发现新产品，找到可以互相提建议的志同道合者。团队成员密切关注全球其他移动或社交网络公司的做法，并试图将进一步的创新成果植入淘宝的移动应用程序。有些做法产生了效果，有些没有，但它们都体现出强大的创造力，产生了巨大影响。

典型的员工并不具备这种主动性、独立性和创新性，传统管理方式也无法培养这些品质。很多员工主动或者被动地习惯了上班、执行指令，然后带着薪水回家。他们专注于利用，也就是力求更好地完成他们所做的事情，提升工作效率。他们从不（从内部或外部）寻求新理念或新知识，也不急于尝试。但今天的企业越来越需要将这种主动性、独立性和创新性精确地融入他们的工作中。如今，管理的职责就是让这些品质成为可能。

如何赋能组织

企业的创新路径与企业智能化道路并无多少区别，都需要网络协同，需要充分利用数据智能。在内部，组织将具有不同学科专业知识的员工同相关的客户需求联系起来。与此同时，利用数据智能，组织必须提供能增进工作流程智能化的内部平台和数据资源。例如，企业应该全面组织产品开发，并有意识地建立组织记忆。它必须为员工和产品绩效创建智能指标。在实践中，上述所有操作都要求内部工作流程的在线化、软件化和实时数据化。

如第七章所述，组织不再是从顶层传达命令的容器。如今的组织变成了一个吸收环境信息，产生和协同有效反应的“吸尘器”。领导的工作不是管理实验，而是要让实验成为可能，提高实验的成功率。这些新方法与传统的管理技术和管理哲学形成鲜明对比。在阿里巴巴，我使用“赋能”这个术语来指代对实验进行管理的组织方法。（对“赋能”相关背景感兴趣的读者可以参考附录C。）

在阿里巴巴，赋能涉及技术工作，因此在阿里巴巴赋能这个词是一个技术术语。一个赋能组织要承受创造条件、环境和工具等多项复杂任务，只有如此，组织成员才能够更轻松地实现他们的目标。在赋能机制下，管理层要通过创新为解决业务问题创造必要条件，而不是在执行经过检验的程序。这意味着管理者现在必须把重心放在阐述公司使命，创造环境吸引合作者，提供实验和复制成功理念的工具，以及提供一个检验创新的市场上。管理层不再对企业进行微观管理，而是要为组织创建自我运行的架构。

赋能是一种非常具体的组织方法，而要实践赋能，就需要有具体的价值观和技术基础设施。请注意，赋能并不是对员工的情感化鼓励。赋能非常非常难，而且，各类赋能实践的总体成本也限制了这些技术在组织中的大规模运用。赋能技术与传统上用于艺术、电影制作（好莱坞模式）或新闻业的技术有相似之处。由于技术降低了成本，因此组织可以尝试具有创新导向的新范式。虽然还没有人找到关于赋能的全部正确答案，但智能商业正朝这个方向稳步前进。

本章将研究智能商业管理者在人员、基础设施和内部机制三个维度的不同做法。我将阐释何为赋能，以及如何赋能。如果你是一名管理者，那么你现在最主要的工作就是了解组织需要什么样的人，吸引他们加入，并为各个创意团队及其工作搭建互动架构。一言以蔽之，你要让创新更加高效。

关于人：你需要谁，该怎么做

智能商业需要的人才要有创造力，不仅要适应技术逻辑，还要具备商业头脑。不同的业务和任务有不同的具体要求，但当自动化可以完成大部分日常工作时，员工需要做的是推动整体任务的前进或投资个人技能的提升。他们要善用内部资源和培训，还需要从任何可及之处寻求灵感、想法与支持。员工需要的是建议和意见，而不是指令。当他们拥有了主动性，他们就必须看到自己努力的成果。[1]

管理的首要功能是为其业务开展寻找合适的人才，这需要一套与大多数公司现有系统截然不同的招聘、审核和激励机制。对高绩效员工给予相应的物质奖励是必须的，但这远远不够。成功的必要条件还包括一种具有召唤力的使命、一种授权的环境和一种与众不同的文化。对于组织领导来说，每一项要求都非常高。

始于使命和愿景

在第七章中，我讨论了企业应该如何制定自己的愿景和使命。愿景和使命一旦确定，企业就必须利用它们来激励组织。在中国的商业社会中，阿里巴巴是一家以使命为中心的非寻常企业（参见“阿里巴巴的使命、愿景和价值观”专栏）。几乎从成立的第一天起，阿里巴巴的使命就是“让天下没有难做的生意”。这一使命不仅仅是一句口号。对于创始人来说，这是一种真诚的信念，它深刻地影响了阿里巴巴做出的几乎所有的重要决定。

请思考一下前面陈述使命的措辞。根据定义，只有每个人都可以轻松地做生意，企业的使命才能得以实现，而不能只是让那些最具优势、最容易赚钱的客户容易做生意。在早期的阿里巴巴批发平台，我们的 B2B 业务专注于服务中国的中小企业，这一业务重点使阿里巴巴与竞争对手区别开来。但领导者聚焦中小企业的决定，不是一种为了吸引投资者的精心算计。公司的使命要求他们必须要为大多数客户服务。

要做到这一点，我们需要一种能够迅速扩展，且无论何时何地都可以帮助人们做生意的商业模式。这一使命后来延续到了淘宝时代。淘宝的业务不仅包括零售，还提供数十个相关功能。如果说“让天底下没有难做的生意”，那么根据定义，独立服务供应商、模特和摄影师的生意也必须容易做。回顾过去，我们的使命的确为网络协同奠定了基础：没有大规模的协同，就不可能让天底下没有难做的生意。通过大规模网络协同创建的数据也为数据智能奠定了基础。

我与马云密切合作多年，我想一遍遍重申的是，阿里巴巴的使命和愿景绝不是写给股东看的口号。它们是真正的信仰，影响着公司的整体结构，它们是衡量我们战略决策的标准。从本章的上下文可以看到，正是公司的使命和愿景吸引了那些与我们价值观产生共鸣的人。创造共鸣，是一种真实使命和愿景的主要功能之一。

阿里巴巴的使命、愿景和价值观

我们的使命

“让天下没有难做的生意”。

我们的创始人创办公司是为了维护小企业的利益，他们相信互联网能够创造公平的竞争环境，让小企业通过创新与科技扩展业务，并在参与国内或全球市场竞争时处于更有利的位置。

我们相信，专注于满足客户需求、帮助他们解决问题——不管他们是卖家还是买家，最终才会产生对我们的业务发展最好的结果。根据这个使命，我们在移动和 PC 端建立了庞大的电子商务生态圈，让参与者可以在我们的平台上创造和分享价值。我们的管理团队在为公司做决策时，首先要从履行公司使命出发，而不是为了追求短期的获利机会。

我们的愿景

“我们旨在构建未来的商务生态系统。我们的愿景是让用户相会、工作和生活在阿里巴巴，并持续发展最少 102 年。”

相会在阿里巴巴：

我们赋能数以亿计的用户之间、消费者与商家之间、各企业之间的日常商业和社交互动。

工作在阿里巴巴：

我们向客户提供商业基础设施和新技术，让他们建立业务、创造价值，并与我们的其他生态系统参与者共享成果。

生活在阿里巴巴：

我们致力于拓展产品和服务范围，让阿里巴巴成为我们用户日常生活的重要组成部分。

102 年：

阿里巴巴集团创立于 1999 年，持续发展最少 102 年就意味着我们横跨三个世纪，能够与少数取得如此成就的企业匹敌。我们的文化、商业模式和系统都经得起时间的考验，并让我们得以持续发展。

我们的价值观

阿里巴巴集团的六大核心价值观对于我们如何经营业务、招揽人才、考核员工以及决定员工报酬扮演着重要的角色，该六大核心价值观为：

客户第一：

客户是衣食父母。

团队合作：

共享共担，平凡人做非凡事。

拥抱变化：

迎接变化，勇于创新。

诚信：

诚实正直，言行坦荡。

激情：

乐观向上，永不言弃。

敬业：

专业执着，精益求精。

物质激励并不能完全满足大多数人的需求，他们希望自己的个体激情能够与公司的使命相互联系。对于智能商业想要吸引的人才来说，他们的动机主要来自个人成就和他们创造的社会影响，他们需要自我激励。物质奖励虽然很重要，但在今日的人才争夺战中，仅有物质奖励肯定是不够的，我们必须具备更能激励内在动机的因素。当被问及为何创办 SpaceX（美国太空探索技术公司）时，埃隆·马斯克的回答是，太空旅行这一梦想根植于人类的本性，在他看来，在地球上出生并在火星上死去是个不错的主意。[2]

过去 20 年来，所有重要的商业领袖对使命、愿景和价值观重要性的强调远超以往。例如，在谈到阿里巴巴时，马云总是首先说阿里巴巴是一个由使命、愿景和价值观驱动的公司。

良好的使命和愿景不仅能够增进网络合作伙伴的支持，还有助于建立组织作为雇主的声誉，增进内部支持。阿里巴巴为中国创业公司、中小企业和消费者带来的深刻变革，让阿里员工备感自豪。当我们启动农村淘宝计划时，许多在农村长大的员工都抓住机会，离开舒适的城市职位，加入新的农村业务部门，促进家乡经济发展成了一种驱动员工的强大推动力。同样，谷歌传奇的座右铭“不作恶”和脸书著名的“打破常规”也引发了员工的强烈共鸣。

包括期权在内的物质报酬，强调的是对完成工作的奖励。但是，赋能更强调激发应对恰当挑战的兴趣和激情。只有发自内心的激情才能让人战胜创新所带来的持续挫败感，而上级的指令起不到这种作用。有了激情，创新者就会将创业的不确定性（可能非常大）视为一种优势。因此，组织的核心功能不再是分配工作和监控进度，而是将员工的兴趣和专业知识与客户需求相匹配。企业需要足够灵活地发现客户需求，然后将其匹配给对解决此问题最具激情的员工。对出色表现的奖励固然重要，但与一份简单的高薪相比，这种策略更能激发具有创新性的员工。

谷歌之所以允许工程师可以将 20% 的时间花在任何自主项目上，目的之一就是为了发现员工的兴趣，然后找出哪些可以应用于用户。实际上，谷歌承认这种做法并非一种正式政策，它更像是公司领导层采取的一种激励措施，意在鼓励员工发挥创造力，做他们认为重要的事情。

文化：保证适合

阿里巴巴强大的使命和愿景也催生了一种真正独特的文化，这种文化对潜在员工具有吸引力，在淘宝创立初期尤其如此。淘宝起初就是一个极具想象力的地方，淘宝员工每天都在展望中国在线商务的未来。因此，公司还借鉴了马云小时候最喜欢的书——金庸的武侠小说。[3]

每个员工都以这些小说中人物的名字取了一个昵称，这让他们在淘宝这片神秘的土地上驰骋时，感受到一个超级英雄般的自我（这就好比谷歌的每个员工都从漫威漫画中挑了一个名字，然后所有的正式工作邮件都以“亲爱的金刚狼”等开头）。选择昵称的做法一直持续到今天。所有新员工进入公司后都必须选择一个昵称，大多数内部沟通，甚至包括与人力资源和后勤人员的沟通都使用昵称。许多员工甚至不知道他们最亲密的办公室伙伴的真实姓名。[4]

如今，这种异想天开甚至有点可爱的文化依然存在于淘宝内部。对平等的强烈信念贯穿于整个企业，传统中国企业中许多常见的管理等级术语并未在阿里巴巴出现。例如，在一个典型的中国工作场所，较低级别的员工通常用姓氏加上一个“总”字来称呼副总裁或高级副总裁级别的主管。直呼高管的全名是一种不可想象的失礼，更不用说去掉姓了。但在阿里巴巴，我们只有一个“总”——马总。不过早在过去几年，马云就提醒员工不要使用“总”这个字来称呼他。相反，他更喜欢别人叫他“马老师”——马云以前的职业就是老师。

当然，一种强大的文化并不意味着人人都会欣赏。任何一位人类学家都会告诉你，文化的作用不过是聚集同类，阿里巴巴的文化也不例外。阿里巴巴有一类特殊的人力资源工作人员，这些人会被随机分配，参与到员工候选人的面试当中。他们私下被称作“首席嗅觉官”（又称“闻味官”）。闻味官的工作是“嗅出”候选人与强大企业文化之间的匹配程度。当招聘组对某一候选人有不一致意见时，闻味官的态度会对最终决定产生重大影响。

组织可以通过严格的招聘和审查过程来维护强烈的社群感。一直以来，Zappos（一家美国卖鞋的 B2C 网站）都因其招聘政策而备受关注。如果应聘者在接受了为期两周的有偿培训后仍不适合公司需求，Zappos 会支付 2000 美元让他走人。谷歌评估候选人的流程既冗长又复杂，这不单是为了确保候选人技术过硬，也是为了保证匹配企业文化，能够与团队保持良好互动。在之前的很多年里，谷歌的共同创始人拉里 · 佩奇一直坚持对每一份招聘工作做出最终决定。在阿里巴巴，尽管业务团队给人力资源部门施加了越来越大的压力，希望他们加快招聘速度，“避免不必要的间接费用”，但人力资源部门仍继续坚持他们的“闻味”工作，毕竟招聘是一个公司保持企业文化的最重要举措。

与传统公司相比，如今的企业赋能更依赖文化。但是文化的概念是复杂的。从广义上说，文化是一系列行为和共识，它组建和维系一个群体，为企业的运行奠定基础。过去，企业看待企业文化的态度与他们对“客户第一”这类口号的理解并无二致：这显然是一个伟大的目标，但他们考虑更多的是资产负债表。传统意义上，薪酬显然是最重要的员工激励机制。管理者用组织文化来鼓励或阻止某类行为，或帮助推动内部和外部的市场营销，但对他们来说，文化只是一种二级杠杆。

但在智能商业中，文化是根本。致力于做什么以及如何做才是组织真正的起点。人选择的是与自己相匹配的群体和文化。一个组织的吸引力在很大程度表现在它把人变成企业文化的一部分，让组织成员可以与志同道合的人一起工作。

阿里巴巴非常关注文化。公司发展迅速，需要员工具备情感和社会的成熟度，个人的成功往往取决于其与同事和直属领导直接沟通的能力。有些人会说，要想在阿里巴巴生存下去，你需要学会争辩（幽默感也是一种真正的资产）。对于那些不同于我们员工的人来说，这可不是一件容易的事情。但是，适应这一群体的人会非常喜欢在这样的公司工作。

文化一直是企业之间的竞争优势，需要创造力的工作机构更是如此。创新工作要求高且具有不确定性，但如果拥有正确的文化，创新可以变成一件令人兴奋和有趣的事情。对于想要培养创造力员工的企业来说，内部文化建设所带来的挑战绝不亚于产品开发、销售或市场营销。它们需要明确企业文化，以吸引具有相似愿景的人。如果认识到了文化对于达成目标的重要性，你就会从高效的共同文化得到回报。

实际上，组织本身的氛围可能就是最好的回报。创新型员工更看重企业文化，他们愿意为所信奉的使命、愿景和价值观做出牺牲。

构建有效的基础设施

一个组织的良好氛围不是凭空产生的，而是起源于精心的组织设计。要想从管理转向赋能，组织就不能依赖管理者的计划、指导和资源控制，而是需要构建能够支持创新的有效的基础设施服务。

传统的管理角色或服务，如人力资源、薪资管理、会计服务或物流管理，都需要存在于一个综合组织平台上，这样才能满足整个组织的使用需求。但典型的互联网公司会拥有多层次的横向服务平台，从提升编程和开发效率的可靠工具，到遍及组织的各种人力资源服务，这些都是平台的服务内容。这些服务旨在为组织提供网络协同和数据智能能力。我将这些服务统称为“基础设施”。在阿里巴巴的经历告诉我们，组织必须根据员工需求提供基础设施服务。[5]

有创造力的人想看到他们的想法变成现实。任何能促成这类转变，或能让人们免受干扰的东西都是有价值的。让每个人都能享受到这样的基础设施服务，与让员工享受到食品和洗衣服务并无二致——许多互联网公司以提供此类福利闻名。

人力资源、会计、物流等只是管理的冰山一角。许多传统的垂直管理工作也正在转变为内部服务，这些服务很容易从组织内部网络上获得。构建基础设施不仅仅是少跑一趟人力资源部门，自行下载和打印新员工表格，实际上还包含资源分配和评估等众多管理活动。我将在后面有关指标的部分讨论这些内容。

共同的技术基础设施

在阿里巴巴，我们从经验中认识到了共同的技术基础设施的重要性。相比于淘宝，阿里巴巴集团的第一个 B2B 子公司以更传统的文化和更少的创新而闻名。该公司的商业模式从一开始就被固定了下来，即打造一个数字黄页，付费企业可以出现在黄页的名单上。然而，基于这一模式打造新业务或收入来源的所有努力都失败了。2012 年，当公司高层轮换时，淘宝网负责产品和工程的副总裁张建锋被调去领导这个旧的 B2B 业务部门。[6]

几乎在一瞬间，张建锋就意识到 B2B 部门的技术基础设施完全不同于淘宝，而更像一个传统的工业企业。它是垂直整合的，产品或团队之间很少共享或交叉。部门内部有支持黄页列表的技术，有新业务的技术，还有处理采购支持的技术，但没有一个各部门运作的统一平台。组织障碍让许多技术团队无法创建能够相互交互或通信的产品。

更糟糕的是，每当 B2B 业务部门有人想尝试一个新想法时，这个人就不得不从头开始。他根本无法在现有技术上进行创新。尝试任何新事物都需要大量的时间和资源，因此需要高层的批准。高昂的实验成本（同时也是失败成本）令人望而却步。

张建锋决定拆除整个业务的技术基础设施，将其改造成一个横向平台。这种变化造成了严重的破坏和损失，但是，正确的结构和技术平台改变了一切。人们可以利用现有知识、工具和代码，轻松地开始尝试新的想法。没过多久，更多的创新开始涌现。

打造一个通用的技术平台和基础设施是至关重要的第一步，有了这样的平台，学习和实验就可以在整个系统中进行尝试、应用和调整。共同的技术平台已经成为阿里巴巴的重要组织原则。在过去的几年里，通过一轮又一轮的努力，阿里巴巴已将其所有业务的计算工作都转移到了同一个云计算基础设施上。这项成就不仅可以为公司每年节省数百万美元，也让新业务启动支持变得更加容易。系统、软件和业务知识，现在都可以很容易地得到共享。最近的另一个主要项目是将跨部门及已获得业务的所有编码和开发工作整合到同一平台上。这个名为 Aone 的平台将在本章后面进行探讨。

合并代码只是开始。雄心勃勃的组织可以直接将传统管理的许多职责嵌入基础设施中。人力资源管理、资源配置、项目协调、预算编制以及其他财务管理问题都可以转为平台服务。个人和部门都可以在没有直接监督的情况下接触到这些服务。在所有服务中，最重要的是资源配置——一旦有了正确的规则，资源配置几乎可以自动实现。预算更不是问题。当一个产品原型在市场上获得认可并需要更多资源来扩大规模时，所有的资源，包括人和钱，大多可以自动提供。当企业构建了基础设施，知识通过应用程序接口和其他共享工具变得更触手可及之后，企业内部网络的贡献者会发现，他们需要为自己的想法从内外两个市场上争夺资源。

统一的指标

从组织的角度来看，如上所述，基础设施的关键部分是一个智能版本的关键绩效指标（KPI）体系。关键绩效指标是传统管理中最重要的方法之一。一项关键绩效指标由管理层确定，并通过层次结构执行来对预期和奖励进行描述。与传统的关键绩效指标系统相比，许多科技公司已经发展出更符合个体实际的实时、在线、以用户为中心的客观评估体系。整个行业中有很多这样的体系版本，但为简单起见，我将其统称为"指标评估系统"。

指标评估系统定量地测量、监控和评估一项产品或预期结果。评估就是持续地与明确价值和优化目标进行对比。价值和目标虽然由管理层确定，但是也会根据市场表现进行透明评估。该系统通常有三个主要组成部分：指标研究、在线监控系统，以及 A/B 测试的设计和运行系统。

从事指标研究的人员会尽力确保不同团队的战略目标与组织的最终使命保持一致，并以数学方式确定这些目标。随后，这些目标，例如转换率或用户参与度等，会被转换为可计算的测量指标。

监控系统通常以记分卡或仪表盘的形式显示产品在不同维度上的状态和实时变化。在领先的互联网公司中，产品既可以指整个业务，也可以指某些移动应用程序或算法的特性。随着产品的改进，监控结果会引发即时参数调整、设计变更以及其他决策。例如，通过监控淘宝移动端某个按钮的流量，我们可以清晰地了解用户通过此按钮访问某一品类或单品的情况。

工程师使用 A/B 测试系统设计科学实验，以测试和评估不同产品版本或功能的不同“特性”。只有当科学测试确认产品针对用户的性能得到优化，某项产品或功能才会投放市场。A/B 测试使产品的开发更迅速也更客观。在用户群较大或交互频繁的情况下，此类实验仅需几分钟就可以根据统计识别出谁是优胜者。除此之外，很多测试也可以同步进行。对于整个行业来说，A/B 测试是一种使实验变得简单、快速和连续的革命性方法。我现在仍然记得，当我在 2006 年第一次了解到谷歌持续测试其搜索结果的方法时，我完全震惊了。

依据指标，组织的监控、评估和治理可以以一种透明、客观的方式实时半自动完成。清晰公正的评估同样也是自动调优组织的基础原则。例如，脸书的新闻流使用用户参与度和广告收入这两个主要目标指标来与超过 10 亿的全球活跃用户互动。平台把新闻流和成千上万的相关数据收集点联系在一起，这两个指标则影响着平台的方方面面。每个数据点都可以捕获相关运营、设计或算法团队做出的决策。团队成员会将他们自己的行为（以数据化的方式捕获）与实时的总体指标进行比较。一旦团队成员发现他们没有达到目标或者某项指标不对时，他们会修改设计或算法。由此可见，在巨大的组织目标之下，所有公司和员工行为的细微关联也变得越发清晰。

举个例子，如果淘宝团队希望改善用户体验，那么相关的评估指标可能会与提高广告匹配的准确性、减少广告曝光或改善交互过程有关。团队可以对所有维度同时发起实验，以确定哪个维度的表现最好。天猫的个性化推荐软件为大规模的实验提供了类似的基础设施。在“双十一”期间，为了确保全天的最优匹配，交互优化系统一直在不断迭代。为了实现最佳的总体经营业绩，优化目标指标也会在一天的不同时间中发生多次变化。

指标评估系统从根本上改进了传统组织所实行的管理和绩效评估。一个产品的每一次改进，一个团队的每一次贡献、每一次创新尝试，都可以即时而透明地得到科学测试和精确测量。它们是智能化的关键绩效指标，显示着可访问的资源和你的工作成果。指标评估系统为首席执行官提供了一个新的仪表板，他可以借此了解每个团队的贡献，并在必要时更改参数以优化整个系统。职责变得一目了然。

指标的使用也解释了谷歌和脸书等企业等级结构和管理系统的弱化原因。指标评价系统能够全面、快速地计算出一项小创新对整个系统及其组成部分的影响，以便于在相似或复杂的创新之间协调资源并实现全局优化。企业可以基于证据做出决策，并在不同的演化路径中做出选择。

当量化指标不能说明全部情况时，由经验丰富和中立的同事组成的委员会可以进行同行评审，为绩效评估提供补充信息。有时，自动定量系统不能有效地评估贡献，例如，有些小团队与用户的交互就很难量化。对于某些创新来说情况也是如此，有些创新的价值分布在整个平台或组织中，有些创新的价值则在于其重大的长期影响上，如基础技术的基础设施。

在某些方面，指标让管理变得更容易——这样的系统鼓励实验，可以整合全系统效果，还能实时提供结果和反馈。当然，所有这一切的前提是我们正确设定了指标评估系统。但是，正确设定指标是一件非常具有挑战性的事情，这也是指标研究如此重要的原因。随着整个系统开始越来越精细地反映业务，管理也变得越来越注重架构构建，而不再是单独任务的实际管理。

整合技术基础设施和指标评估系统

在阿里巴巴的经验中，与传统的管理实践相比，开发通用技术基础设施所带来的生产力提升是巨大的。但如果创新是目标，企业必须改变它们的构建方式。如上所述，企业的架构必须依据智能化的关键绩效指标进行调整，并采用技术基础设施来获取组织知识，为进一步的学习和创新提供工具。这两个要素，即指标评估系统和技术基础设施，必须结合在一起。

例如，作为一家数据驱动型公司，阿里巴巴拥有多层次的基础设施，其中就包括由阿里云提供支持的数据存储和数据处理平台。阿里云的人工智能和机器学习平台包括含有代码、算法和模型的协作平台 PAI，含有项目和流程管理软件的 Aone，还有更多专门针对不同业务部门，提供业务分析、用户研究和设计功能的平台和工具。阿里巴巴的基础设施还包含用于协同连接和外部共享的标准、协议及规范系统。

全面的基础设施可以最大限度地降低创新的成本和时间，并可以有效地扩展创新。每天在谷歌、脸书或阿里巴巴，改进一个小的算法就可带来数百万甚至数十亿美元的收入。通过使用良好的基础架构来配置并聚合现有软件组件，开发人员可以像玩乐高积木一样，测试并快速部署某个创新的想法。

因此，未来赋能组织的创新平台不是由第三方构建和维护的独立平台，而是由所有参与者构建和充实的共同平台。与第七章中描述的组织模型一样，该平台是自动调优的，它会随时间的推移向前发展。

建设赋能网络创新的内部机制

网络理论和社会学的最新进展强调了网络在支持创新方面的重要性。网络可以有效地培养创意，允许广泛共享并产生持久的反馈。希望鼓励创新的企业需要将其等级驱动的结构转变为网络结构。因此，增加协同的最佳方式是设计一个扁平化网络组织。在这样的构架下，每个人都可以公平而富有成效地展开互动。

在过去几年的快速发展过程中，阿里巴巴对协同机制有着尤为突出的需求。淘宝的应用程序接口扩展以及“双十一”等大型营销活动的展开，让阿里巴巴的业务有了更多团队和外部参与者。例如，为了准备 2016 年的“双十一”，菜鸟网络的技术团队必须和 200 多个项目进行协调。由于项目众多，管理人员不得不将工作分成 5 个层级。这些项目涉及数百名员工和无数外部合作伙伴。

无论阿里巴巴的业务是否横跨异常多样化的行业和部门，快速响应软件和互联网产品的创建都是一项繁重的技术挑战。为了解决复杂的协调问题，阿里巴巴创建了一个名为 Aone 的内部编程和项目管理平台。Aone 提供一整套用以支持整个工程流程和产品生命周期的工具，覆盖从项目管理到代码构建，从质量控制到软件发布等多个领域。在 Aone 稳定透明的编码环境中，参与项目的所有同事都可以监控其进度，确保不会遗漏任何细节。

在 Aone 之前，测试代码查找错误是一件非常令人头疼的工作。质量控制团队必须手工确认大量细节，并反复与工程师核实，以保证代码已经达到可发布水平。现在，有了 Aone，所有编程和测试都在云端进行，代码会不断得到更新并与所有相关员工共享。员工可以轻松访问过去的代码和过去的项目，并与当前项目进行比较。通过一个开放、便捷和可协作的平台来管理代码更改，消除了团队间的沟通障碍，并大大减少了程序构建的时间和成本。

Aone 平台不但提高了编程效率，还能够对员工的活动、会议和工作产品进行综合记录，这些记录会被储存，并且向整个组织开放。每天，全世界有超过 2 万名员工使用 Aone；在几十个业务部门中，每天至少有一半的员工访问该平台。每周有 150 万行以上的代码在平台上被扫描，大约 100 种新的产品和功能进行缺陷和完整性测试。借助这种基础设施，具有不同专业知识的人能够高效地进行协作，并且专注于他们最重要的任务——创造力。

随着时间的推移，公司的整体知识库，也就是集体思维，也将被植入这个内部平台和数据库中。如果员工想知道 5 年前某个产品的具体设计理由，他就可以在平台上找到历史记录，阅读过去的讨论，并查看编码更改。如果员工遇到一些问题或需要进行编程，他们可以搜索数据库，并且极有可能找到一段修改后即可使用的代码。在这里，知识、能力、历史变化和其他资源都可以得到无休止的循环、重新利用和扩展。整个组织的人员可以看到其他人正在做的事情，并挖掘出建立在他人工作基础上的机会。内部组织不再是一个矩阵，各项功能或业务也不再孤立。现在，公司员工和各部门的经验及其他工具，变成了一种共享资源。

基于网络的互动

像 Aone 这样的平台，既可用于构建软件，也能以数据或直接反馈的形式整合用户响应。在编程和项目管理期间，将这些信息保存在一个可访问的位置，可以大大减少产品功能改进和迭代所需的时间和精力。这种沟通和反馈很容易扩展到组织之外。

阿里巴巴的高德数字地图业务是外部共享的一个很好的例子（有关高德的更多信息，请参见附录 A）。高德是中国最大的数字地图和导航服务提供商之一。除了以消费者为中心的移动应用程序，它还把地图功能整合到了中国及汽车制造商的各类应用程序中。地图软件所涉及的协同有时候非常复杂，为了确保其技术能成功嵌入车辆硬件，高德需要与汽车制造商密切沟通。

与大多数公司一样，高德最初使用的是一套独立的工程解决方案和环境。这种状况降低了团队的效率。当高德与不同的汽车制造商展开合作时，这些汽车厂商使用的都是他们自己的工程解决方案，结果，整个工程周期中反复的手动检查大大减缓了工作流程进度。此外，高德还得收集错误报告（通常以 Excel 文档的形式发送，但其格式经常各不相同）和编程日志（通过电子邮件或拇指驱动器提供），这些数据往往来自汽车制造商、系统集成商和嵌入式语音识别软件提供商等各种不同类型的合作伙伴。于是，高德团队必须定期重新格式化，收集所有信息，并在软件开发时手动将其上传到Aone系统。更糟糕的是，团队必须将其工作成果单独传达给每个合作伙伴。这种情况令团队难以维系。

Aone的解决方案是为合作伙伴创建一个能够直接上传错误报告和编程日志的公用通道。Aone平台通过单一接口统一了数据格式，并能够自动将错误报告发送至相关工程流程。如此一来，所有合作伙伴都知道了如何构建和上传他们的数据，信息流动变得顺畅起来。高德团队可以继续在Aone内部工作，团队需要的所有数据都会自动更新，无须人工支持。通过为外部合作伙伴创建接口，Aone极大地降低了沟通和工程成本，为网络协同奠定了基础。它的方法反映了我在第四章中讨论的软件化原则。关键是精简反馈，并确保所有操作和响应都在网上得到了连续的记录。

即使在公司内部，阿里巴巴也不再使用传统的ERP管理软件，而是开发自己的网络工具，让人们可以轻松地进行在线互动和提供反馈。例如，在人力资源绩效评价方面，传统管理中的360度反馈是一个非常耗时耗力的流程。但如果具备内部的网络工具，你就可以更轻松地提供反馈。通过移动设备，你可以即时分享与组织为任何人的互动感受。

要想变得智能，组织必须用类似于Linux这种开源环境的、基于网络的开放基础设施来替换其IT结构。基础设施必须具有通用标准——应用程序接口和可搜索的信息存储库。如前所述，应用程序接口至关重要，因为作为接口，它允许一种即插即用的形式，这确保了任何新的或更新过的代码都可以与平台上的其他所有代码兼容。

组织所需的所有工具都必须让全公司保持开放和透明。软件或代码修改的标记方式，要与编辑文档上的注释和修订方式保持一致。成功、错误和失败都必须是可见的。横跨整个企业甚至整个生态系统的共同平台，是集体知识和能力的记录者。

透明度

正如第七章所讨论的，阿里巴巴通过不断的实验来运行。这种实验需要对透明度做出承诺，而这一承诺与本章讨论的基础设施解决方案相辅相成。要想做出符合大背景和公司愿景的良好决策，组织中的每个人都必须具备所需的信息，如此方能与市场共进，并做出相应的反应。

一个组织必须在所有层级保持透明度，这样才能更好地促成思想的交流。更重要的是，所有层级和业务领域都可以提出他们对环境变化的见解。如果信息或结果被隐藏或积压，组织可能会错过市场的微妙变化，无法做出相应的调整。

整个组织的透明也非常有助于整个网络的协同。当基本软件代码向所有用户开放，并且能与企业中的所有其他软件兼容时，人们就可以得到他们想要的信息，进行有目的地修改，并将其应用于潜在的客户。他们知道软件会与技术基础设施实现顺畅的交互。当工作流程实现了在线化，人们对贡献的评估也会掺杂更少的权谋。

由于人们可以在透明的环境中轻松共享数据、代码和元数据，工作和创新也就会变得更为便利。当每个人的贡献都可见时，他们的工作可以被认可和尊重，整个环境也会促进健康的竞争。开放平台是组织内部协作文化的组成部分。只有这样的平台才能始终如一地公平反映每个人的贡献，增进学习和协同。

早期的拉里·佩奇经常在谷歌举行全体会议，他会对正在进行的每个项目做出评估，并对其重要性进行排序。这种做法让每个谷歌人都掌握了工作的进展，也鼓励大家对最具潜力的公司项目的参与和竞争。我们在第七章也介绍了淘宝网的共创会议。在密集的共创流程中，公司团队与用户聚在一起设计产品原型并评估用户反应。

但透明度具有超出我们日常体验的积极意义。在阿里巴巴推出内部在线论坛之后，我们被论坛上的各种负面情绪震惊了。大家突然让我们知道了他们在想什么，我们干了什么蠢事，谁被高估了，哪些领导理念毫无用处。有一次，当马云宣布一位新首席技术官（某位力排众议启动阿里巴巴云项目的人）的任命决定时，一连串的公众批评蜂拥而至。马云写了一封长信来回复这些抱怨，然而就连那封信也收到了许多负面评论。从表面上看，这些开放性的尝试可能只是让整个“房间”变得臭气熏天，但实际上，我们发现这种对重要问题的公开沟通确实使员工对公司及其决策产生了信任。

大多数具有创造力的工作者都喜欢智力辩论或对某些问题拥有强烈的看法。领导者必须克服困难，学会处理不同意见，并确保大家可以畅所欲言。随着时间的推移，我们已经学会了如何判断哪些问题是重大问题而非一般性的抱怨。论坛里提到的问题并不都是真正的问题，但回顾过去，公司历史上出现的几乎所有重大问题都曾出现在我们在线论坛的某个角落。挑战不仅仅在于如何发现噪声中的信号，重点是保持开放和谦逊，以便在出现严重问题时做到真正的倾听和反思。

尽管在任何特定组织中人们都会有不同意见，但交流和消极情绪的透明化彰显出一种与传统等级制度的截然不同。如何创建一种抑制破坏性谈话和鼓励健康讨论的机制，这是一个值得思考的问题。我们的在线论坛有一个“芝麻”制度（毕竟我们是阿里巴巴），我们用芝麻值来奖励有意义的帖子并鼓励真正的社会化。阿里巴巴的人力资源和管理者已经学会了行事不要官僚化：如果对公司内部的高关注度问题做出没有人情味的回应，那么可能会让这些愤怒的员工减少数以百计的芝麻值。[7]

总而言之，透明度的好处超过了所有令人感到不安的风险。在最基本的层面上，透明度鼓励合作创新和继承性发展。每一条新信息，无论事关成功还是失败，都可以在平台上通过迭代加以积累和丰富。这种累积的知识定义了组织，也为竞争对手设置了障碍。

组织的未来

如果智能商业是一种自动调优组织，需要的管理者很少，而且管理者也没有指导权或控制权，那么问题来了：组织的未来是什么？

在创新时代，以管理为基础的传统企业将让位于未来的组织——以赋能创造力工作者为核心价值的组织（见表 8–1）。赋能原则将重新定义组织及其运作。管理者的职责是提供基础设施、机制和适合情境的文化，以协同网络化的创造力工作者。这些工作者将更有效地对客户服务展开创新，并以此实现他们的梦想和价值。作为商业生态系统的管理者，赋能型组织能够激发和加速创新，甚至包括公司外部的创新。

表 8–1　管理中心化的传统组织和赋能组织的对比

	传统组织（专注于管理）	智能组织（专注于赋能）
结构	树形或层级	平台，网络化
信息活动（内部）	自下而上收集，自上而下扩散	完全实时化连接、同步和协同
信息活动（外部）	单一专用的沟通渠道	完全实时化连接、同步和协同
决策流程	中心化，自上而下执行	全球指标评估系统集中协同，局部自适应
资源占用	中心化，按层级分解分配	地方自给自足，具有弹性，基于外部环境，由公司基础设施提供
协同机制	特定岗位，跨部门协作困难，信息共享低效	基于一个平台的自组织协同网络，透明开放，协作竞争，全球跨网络优化，迭代优化
价值导向	利润驱动	创新驱动，关注增长
风险感知	专注风险最小化，避免错误，信息和数据受到严格控制，不开放	专注透明度、效率和创新自由度，善于试错，无法创新是最大的风险

智能组织的主要功能不再是内化资源和利用资源，甚至也不是优化管理效率，智能组织通过促进内部和外部协同来提高创新效率。虽然这种未来组织的形式仍处于孕育期，但表 8–1 总结了它们

的一些新生特征。至少，所有这些组织变革的一个显而易见的事实是，创新和实验将成为任何企业生存的考验。在一个奖励创新的世界中，人类的创造力和数据将成为未来生产的关键因素。

前两章描述了智能商业的两大关键要素，即网络协同和数据智能在企业内部的应用。从某种角度来看，通过数据智能进行自动调优会增加资源利用率，在让好想法实现规模化的同时释放出宝贵的探索资源。基于网络协同的赋能扩展了实验的范围，为有效的创造力工作提供了条件。从不同的角度来看，网络协同和数据智能可以通过指标评估系统实现组织的数据化，让组织的所有部分都可以以数字化的方式实时连接、记录和优化。正如我们在本书中一再看到的，智能商业的“阴”和“阳”共同改变了商业实践和组织整体。

行文至此，我们已经从战略、运营和组织等方面分析了智能商业的含义。在第九章中，我将总结阿里巴巴的众多经验教训，并讨论智能商业对于个人的意义。

第九章　智能商业的未来：智能商业对个人的意义

阿里巴巴的商业路径似乎违反直觉，但只要理解了它，你就会对战略的未来有更为深刻的洞察。通过阅读本书，我希望你已经了解了阿里巴巴的独特之处，以及为什么我们的业务会对未来有明确的指导意义。在本章中，我将对前面各章的所有概念进行总结和综合，并帮助你分析作为企业领导或者单纯个体的你，应当如何在一个变化的世界中运用我们的理念。

本书的每一章都介绍并讨论了未来商业战略的可操作概念。在第一部分中，我提出商业的核心逻辑正在发生改变，网络协调和数据智能变成了价值创造的两个新驱动因素。在第二部分中，我详细介绍了在这两个因素驱动下的企业在战略思考和运营方面做出的深刻变革。我们讨论了自动化决策和 C2B 重组，以及商业生态系统的定位。在第三部分中，我进一步阐述了智能商业转变所需的战略规划和组织。具体而言，智能战略是实验性的、自动调优的，智能商业包含赋能的组织结构。智能商业的每一个新特性都是同一重大变革不同及相关方面的反映。

商业世界正处于一个非常有趣的过渡时期。一方面，数字革命已经持续了很长时间，但用一句硅谷名言来说，“视界是清晰的，但距离仍然未知”。另一方面，大家对未来的认知程度也极度不均衡，大多数人还没有看到未来。在本书中，我不是在预测未来，而只是告诉你互联网公司的最前沿和中国这个世界上最具创新之地正在发生着什么。我将这些变化视为开始的终结。

为了总结这些变化，我将首先回到双螺旋结构的比喻，审视网络和数据合二为一所带来的价值。其次我会回顾本书的内容，除了会把众多概念融为一个连贯的整体，还会对本书中关键战略主题提供宏观观察。最后，我将告诉读者应该如何抓住这样一个激动人心时代的美好前景。

阴阳：网络协同和数据智能的合力

尽管阿里巴巴走的是一条独特的演化之路，但现在我们可以清楚地看到，我们创造的新商业模式已经具有广泛的全球影响。套用熊彼特的话说，革命往往来自边缘地区，它不受切换成本或遗留负担的拖累，也不在当下发电厂的照明灯下。[1] 中国的确是后来居上，阿里巴巴集团也走在了前列。全球商业领导者已经通过这些战略取得了成功，未来的领导者也开始拿起了智能商业的工具箱。

网络协同和数据智能是塑造企业未来的基本经济力量，企业可以也应该将这些机制和策略作为产品、服务和组织竞争优势的来源。在本书的大部分内容中，我已经单独地阐述了这两种力量。但是，虽然立足两者其一就足以造就一个强大甚至非常有价值的公司，但最具竞争优势的公司会同时部署网络协同和数据智能这两种力量。

如前所述，网络和数据处于阴阳两极。这两种力量相互联系、相互依存。由于网络和数据相互推动着对方的增长，因此两者共同创造的价值循环提供了越来越大的竞争优势。只要具备网络或数据其一，你就可以胜过竞争对手；如果同时拥有这两者，你不仅会比别人更有竞争力，你的竞争优势也会持续自我生长。正是网络和数据的协同作用，让智能商业变得如此强大，也让竞争在很多方面变得异常危险。

结合智能商业的阴阳两面，我们可以为未来的价值创造和价值获取创造一个新框架。由于这些基本力量不会消失，由网络协同和数据智能所引发的技术、战略和组织形式也会继续存在。最具洞察力的战略专家将很快掌握潜在的逻辑，并将其应用到他们的业务中。各种新型创新，从人工智能的进步到区块链等协同技术的创新，很可能进一步扩散和强化本书提出的原则。

我来自东方，可以看清阴阳全貌。中国视角部分超越了西方，清晰描绘了新的商业前沿，然而，未来的新规则仍在不断出现。这些基本原理已经嵌入领先互联网公司的遗传密码中：网络协同和数据智能的双 DNA 链，即智能商业的双螺旋结构。广泛运用网络协同的中国企业正在和发展数据智能的西方企业在世界各地展开竞争与合作。伴随着领导者的互相学习，东方和西方会共同定义商业的未来。

智能商业的反馈闭环

阴阳，双螺旋。智能商业通过反馈闭环的循环增强自身，实现更大的竞争优势。现在让我们将本书的所有概念汇总到一个自我强化的价值创造循环中。

从网商银行的智能金融到淘宝应用程序的自动决策，从大 E 的活动预告和限时抢购到阿里巴巴的组织动态和战略，反馈闭环在本书中总是以不同的形式出现。反馈是学习的先决条件，快速反馈循环可以加快学习速度。数据智能中所运用的自动实时反馈闭环将放大学习的力量，并创造前所未有的优势。算法和数据智能越来越反映业务及其运营。更广泛地说，在智能商业的世界中，反馈闭环通过数据智能和实时数据贯穿于网络中的每个关系和动作之中。你在商业中越多利用反馈闭环，你的商业就会越智能。

反馈闭环的概念带有一系列规范性的含义。当网络协同和数据智能开始影响业务运营方式时，某些事情就会发生变化。正如我们在第五章中看到的那样，促进与用户的直接联系要求产品和服务的创建成为同一反馈闭环的一部分，这是 C2B 的精髓。但是，一旦企业的某个部分开始使用 C2B 思维模式运作，企业的所有其他功能也必须以 C2B 和按需方式进行运转。反馈闭环需要连接用户（或至少是为用户设计的产品和服务）与业务的所有其他功能，否则，企业就无法保持敏捷度和适应性。缺乏敏捷度和舒适性的企业，将无法有效地为用户提供服务，并且可能会被能更好地运用网络协同、数据智能和反馈闭环的企业超越。

然而，对于网络协同而言，企业的运营和资源不仅限于企业本身。如第六章所述，智能商业公司存在于网络中，并且必须确定其相对于其他参与者的定位及其未来增长的潜力。通过应用程序接口等技术，企业之间的反馈闭环可以放大网络中的相互依赖性。这些反馈闭环证明了为何生态系统隐喻如此重要。个体企业内反馈闭环的设计和结构取决于企业与合作伙伴和平台的关系。如第五章所述，如涵的 Layercake 软件协调来自社交媒体平台、生产制造伙伴和电子商务分析的反馈，以确保快速准确地设计和生产服装。如涵通过更多反馈闭环之上的反馈闭环来实现运转。

在整个生态系统中无所不在的反馈闭环，对组织有着更深刻的影响。正如我在第八章中所述，通过创建内部平台和基础设施来共享知识和能力，组织可以扩大创新的范围，增加成功率。内部指标评估系统通过实时提供的结果和反馈来促进实验。组织的作用不再是管理它的员工，而是创造工具和条件，使员工能够快速地连接实验产品和服务，测试市场，将能引发用户积极反馈的想法加速落地。所有这些组织改进都加强了用户响应企业决策和行为这一核心反馈闭环。

从不同的角度来看，组织的创新优化方法与企业智能化没有什么不同。组织旨在促进不同职能和团队员工之间的内部网络协同，并围绕用户问题调动各项能力及人员。与此同时，它应该利用数据智能，通过创建一个可访问的组织记忆数据库和开发智能指标来优化工作流程。在实践中，这种可访问性要求内部工作流程实现在线化、软件化，并依赖实时数据。组织必须实现我在本书中所说的这种智能化，不能走样。

除了赋能创新，领导者还必须不断地通过实验来调整自己的愿景（见第七章），创造另一个反馈闭环。此外，通过点、线和面的框架（见第六章），领导者必须清楚地了解组织能力和价值主张是否符合企业愿景。如果一个企业的员工头脑中有清晰的愿景，那么他就能理解企业创造未来过程中所扮演的角色。智能商业的技术、思维模式和战略将为企业赢得越来越多的成功，但想要了解如何在不同情况下更好地利用网络和数据的核心功能，企业还需要进行大量的实验和其他工作。

生态系统及其战略

阿里巴巴的经验显示，网络化的运营模式和组织结构给传统的商业经营理念带来了许多微妙且非直观的变化。其中，同时影响企业和个人的最大变化之一就是生态系统思维。

在第六章中，我将生态系统定义为一个通过点、线和面三类企业的角色组合来解决复杂用户问题的智能网络。虽然生态系统这个词在过去几十年里已经被过度使用，但是从战略角度来看，这个生态系统的隐喻仍然非常有用，因为它强调了平台和个人的战略是反应性的而不是计划性的，是相互联系的而不是孤立的。它整合了网络协同和数据智能，在点、线和面企业的相互作用下演化。

淘宝的历史清楚地展示了什么是我所说的演化，以及生态系统隐喻的恰当性。淘宝在一开始并没有打算创建一个融合了零售行业所有参与者的在线经济，它当时没有这个愿景。相反，是一系列为他人提供支持的小型决策逐渐演化成了一项生态系统战略。平台企业必须致力于为生态系统中其他企业的成功构建基础设施。更重要的是，它们必须愿意进行实验、迭代，此外，正如我在第二章所解释的那样，它们不能急于成长的体系化，而应该持续支持各类角色的发展和演化。[2]

虽然商业生态系统仍是新鲜事物，但它们将迅速扩散，成为新经济中最重要的部分，并影响到本书的几乎所有读者。如同淘宝在一个缺乏全国性零售业的国家创建了一种全方位的在线经济，未来最具创新性的企业将采用新的生态系统来应对以前无法解决的业务挑战。通过联合网络内不同类型的参与者，创新者可以在智能数据引擎的驱动下创建新形式的、高效且广泛的协同，并以此为基础构建新的生态系统。这些创新者和网络中的所有参与者将成为新经济的推动力。

你能做什么

对你来说，所有这些重大的变化意味着什么？即使你不是一个雄心勃勃的企业家或一个大公司的首席执行官，但为了发展甚至生存，你和其他人也需要调整自己在组织和社会中的角色。多年来我一直在试图弄清科技带来的变化，以及个人应当如何适应这样一个崭新甚至时常让人困惑的时代。在这里，我要送给读者三条智慧箴言：

- 今天的决策是否正确，取决于你对未来的看法。
- 创造力将成为价值创造的唯一来源。
- 今天的个人比以往任何时候都更强大。

有对未来的愿景，才能有今日的有效行动

我们生活在一个快速且广泛变化的世界。传统智慧告诉我们，

事物变化越快，未来就越难预测。但我的经验告诉我，剧烈变革的时期其实更需要个人对未来进行清晰的思考。对未来的看法越清晰，你就越可能做出正确的选择并成为潜在的大赢家，而没有愿景的人则肯定要走错路。今日的变化如此之快，人一步走错就很难赶上明天的步伐。

因为今天的成功需要未来的愿景，所以你必须尽你所能去看清你所在行业 5~10 年后的样貌。我对未来的观点就是我在本书中倡导的网络协同和数据智能。但你需要思考的是，这些新的力量将如何影响你的业务及其所处的生态系统。要完成这项艰难的任务，你必须付出很多努力，同时要保持对环境的关注，但最为重要的是要找到你在未来的位置。

我认为，愿景或者愿景的构建依靠技能而非与生俱来的天赋。想要提升自己，你需要站在行业和科学的前沿，不断整合新信息当然最重要的是要不停地去尝试。在最后两章中，我讨论了愿景和行动相互迭代的重要性。用行动来测试你的愿景，这是审视和改进愿景的最佳方式。如果你能持续提升自己对未来的洞察力，你就会很快超越别人。

拥有愿景并不意味着你必须和乔布斯、埃隆·马斯克或马云一样成为一个具有远见卓识的人。无论处于哪个行业，每个人都能学会感知未来。一旦有了未来的愿景，你将能够想象到自己在未来的位置。如此，你就可以决定今天应该采取何种行动，以及如何吸收相关反馈，督促自我调整。

有创造力，才能创造价值

1969 年，无与伦比的彼得 · 德鲁克创造了“知识型员工”这一术语，他预测，管理者的工作将变为评价和规划，企业需要管理知识来发展劳动力的技术和能力。在现代科学的推动下，知识从私人物品变成了公共物品。在德鲁克的术语中，企业正在经历一场知识革命，这是 19 世纪工业革命和 20 世纪初管理革命之后的第三次革命。个体劳动者在企业内创造价值的关键（生产）要素是运用个人的知识来工作。

在阿里巴巴，我们看到第四次革命正在酝酿，即创造力革命。[3] 在这场革命中，创新和人类的创造力将成为未来经济中价值创造的关键能力。我在第八章中已经清楚地阐述了这一点。人工智能对劳动力和就业的影响已经引发了工业界和政策界的激烈争论。这些争论显示出日常工作，甚至信息处理和计算的价值在未来都会下降。但那些不可重复的、需要复杂的知识和推理的，以及创造全新事物的创造力工作，将具有越来越大的价值。

在一个由网络和数据决定竞争优势的世界中，人类创造价值的途径将发生变化。没有创造力，人们就无法设计出基于协同合作新机制的新商业模式。数据智能也需要大量的人类创造力，这不仅体现在算法和智能产品的设计中，也体现在机器学习技术应用于复杂的商业问题，以及这些技术在内外网互联的大规模实施方面。在一个智能商业和 C2B 驱动的世界中，对已验证方法的纯粹执行将越来越难以创造价值。所以，一定要有创造力。

在网络化的未来，强大而智能的在线市场构建了经济活动，任何具有独特价值的人都会找到一种方法将价值应用于自我和他人的服务中。更重要的是，现在可以通过数据技术在网络中快速放大创造力的影响。这个观察结果让我得到了最后一条建议。

个人比以往任何时候都更强大

在传统的工业经济中，组织的运作就像运行良好的机器，个人作为机器上的一个齿轮，其地位基本是固定的。随着工作场所中流水线的激增，个人在社会中的地位也每况愈下。个人几乎没有发展或改变的空间，创造力只发生在狭窄的地方层面。

互联网等网络技术改变了这一切。本书观点表明，大型平台之所以能繁荣发展，是因为它们能更好地让点或个人获得成长并取得成功。同时，只要资产在网络中可用且得到平台授权，个人可以越来越多地访问和使用他们自己没有的能力以及其他资产。网红大E就是一个典型案例。在不到10年的时间里，她先是从一个没有自由、赚钱能力一般的大型杂志常规模特变成了一个淘宝公开市场上身价最高的自由模特，后来又以网红的身份成为一个赚大钱的品牌所有者。在没有平台、生态系统和智能商业的时代，这种转变是不可能发生的。

如第六章所述，个人潜力最大化的关键是正确的定位。无论你决定成为一个点、一条线还是一个面，你都可以利用网络能力和网络效应，以自己无法想象的速度成长。总的来说，智能商业的原则适用于企业，也适用于个人，要保持灵活性。仔细思考你在任何组织或任何网络中的定位，并利用数据技术实现个人贡献的最大化。选择能让你发挥最大影响力，并能带来最大潜力的角色和合作伙伴。

这是一个令人兴奋的时代。与人们的直觉相反的是，个体在今天比历史上任何时候都更有潜力。先进的技术似乎正在接管世界，这些技术正汇聚在一起，将个人创造力从静态组织的桎梏中解放出来。不要害怕当今时代的技术。它们不需要吞掉个人，相反，它们可以把你推向更高的高度。

未来更值得期待

1970 年，我出生在中国的一个三线城市。当时中国还处在“文化大革命”中期，食物非常匮乏。对于我们这一代人而言幸运的是，1978 年中国开始了改革开放。1991 年，依靠纽约州立大学宾汉姆顿分校提供的奖学金，我得以来到美国攻读博士学位。我还清楚地记得，当我第一次走进宾汉姆顿一家超市时的震惊模样：那里简直是人间天堂。

当时我根本不知道自己会在若干年后加入阿里巴巴，参与一场改变全球零售行业的旅程。在 2000 年时，中国还只有很少的大型百货公司，消费者物流根本不存在。人们以现金支付一切，即便是购买看得见、摸得着的产品，他们也会充满怀疑。得益于阿里巴巴和中国的其他互联网公司，这种情况在不到 20 年的时间里就完全改变了。如今，移动购物、当日送达、陌生人之间的信任已成为中国新一代年轻人的常态。这种变化的速度之快至今都让我赞叹。

短短 20 年里发生了如此多的变化，但未来的变化还会更多。谷歌、脸书、亚马逊、阿里巴巴和腾讯都是几十年前创立的公司，现在它们的市值都进入了全球前十，我也经常和同事们猜测哪家企业率先成为万亿美元市值企业。

我们生活在一个指数级变化的时代，我在本书中所描述的一切将很快成为传统知识。改变将是破坏性的，但它也将带来巨大的机遇。

我真诚地希望本书中的框架能帮助你取得巨大的成功。正如谚语所说，预测未来的最好方法就是创造未来。我很期待一个由明天的商业领袖创造的未来。

结　语①

智能战略的六大超越

智能商业的概念已经被广泛接受，可是，绝大部分人依然没有意识到智能商业所带来的变化是全面和根本性的。战略和组织都必须建构在新的原则上，才能迎接这样的商业大变革。

那么，智能战略到底和传统的战略有哪些不同？通过对阿里巴巴集团发展历史的深入研究，以及对众多创新企业的对比研究，本书提出了智能战略对于传统战略在6个方面的超越。

- 运营模式的重构：从人工决策到机器决策。
- 商业模式的重构：从B2C到C2B。
- 竞争优势的升级：从网络效应到协同效应。
- 战略定位的重构：从市场定位到点、线、面、体的网络定位。
- 战略体系的重构：从长期规划到vision（远见）和action（行

① 本部分专为《智能战略》中文版而写。通过对全书的系统性梳理，旨在让广大读者提纲挈领地理解智能战略的总体原则和全书框架。

动）之间的持续迭代和优化。

• 组织原则的重构：从管理到赋能。

运营模式的重构

从人工决策到机器决策：自动化、智能化

任何商业要转变为智能商业，一个根本的变化是，运营决策必须由机器取代人直接进行，才能有效率地飞速提升。这就是智能战略的第一项原则：利用机器学习和数据智能，将尽可能多的运营决策自动化、智能化（参见第四章）。

要实现运营智能化，就需要通过 5 个步骤对企业的整个运营模式进行全面重构。第一，尽可能地把物理世界数字化，这往往需要通过创新的物联网产品实现。例如，智能锁使得单车的远程租赁成为可能，才有共享单车服务的创新。第二，要将业务软件化，即把核心业务流程软件化、在线化。例如，淘宝把零售在线化，滴滴出行把打车在线化。这其实是很关键，也很有挑战性的一步。它往往需要深入理解人下意识就能完成的行为，然后用软件的形式实现这些行为。如果没有智能手机、GPS、在线地图，App（应用程序）技术等，打车这个看起来非常简单的行为是无法通过软件实现的。第三，尽可能让数据在机器间自动交互，而不通过人的干预，即利用应用程序接口支持机器间的实时协同。例如，淘宝平台上海量商家的协同，物流信息的流转，都不是通过人，而是通过调用应用程序接口实现的。机器协同的效率往往比人的协同效率可以有极大的

提升。第四，完整实时地记录活数据。例如，今日头条对于读者所有浏览数据的记录。第五，通过机器学习对所生成的丰富的实时数据进行处理，从而创建数据智能，完成机器的自动化，进行智能决策。这是所有成功的互联网公司的基础，也将成为智能商业时代所有公司运营的基础。

商业模式的重构

从 B2C 到 C2B

由于互联网技术的大发展，企业终于可以用较低的成本建立起和海量客户的持续互动，获取客户反馈，并在此基础上，通过不断的运营来优化、迭代对客户的服务。没有这样一个和客户直接互动的界面，就没有实时的客户反馈，所谓的数据智能就无法运转起来，也就不可能建立智能商业。运营的智能化就是建立在这样一个反馈闭环上。我把这种以客户为中心的商业模式称为 C2B（参见第五章）。

作为智能商业代表的互联网企业早已采用 C2B 的模式了，我想强调的是，随着互联网技术的进一步普及，C2B 将逐渐成为所有行业的主导模式。C2B 和传统的 B2C 模式并不仅仅是字母顺序的颠倒，它蕴含着对整个商业逻辑的根本性颠覆，也是商业合作从传统的封闭供应链管理走向开放的网络协同的发展。客户第一是工业时代的最高追求，是大家努力的方向。但是在智能商业的时代，以客户为中心是运营的起点，是任何企业的立身之本，是生死存亡的分水岭。C2B 模式的核心价值是提供以客户为中心的个性化服务。个性化需要越高，网络化协同程度越高。C2B 是互联网时代的商业范式革命。当然，C2B 是整体的原则，它在实践中是逐步实现的；同时，也会由于场景的不同呈现出不同的变化，例如 S2b2c（大供货商对企业对消费者）或者 c2S2b（客户对大供货商对企业）等创新模式。

竞争优势的升级

从网络效应到协同效应

过去 200 年的工业时代，企业竞争优势的来源是规模效应；过去 20 年的互联网时代，竞争优势的来源是网络效应；而未来的智能商业时代，竞争优势的来源是协同效应。

人类社会的发展，就是合作网络不断扩张的过程。虽然人类的大脑是自然界已知生物中演化最快的，但人类文明的演化，更多的是源于群体合作的快速发展所创造的巨大价值，而不是个体的演化。从二三十个原始人的自然群落，到部落、氏族、联盟、城市、国家，再到今天诸如脸书几十亿人的社交网络，以及淘宝上千万级的商家网络……合作越宽广深入，创造的经济和社会价值就越高。

相对于工业时代封闭的线性供应链管理体系，网络化协同是互联网时代的创新合作机制，可以做到实时、动态的全局优化，可以实现个性化、低成本、高速等多维度的全新价值组合。这种协同机制所创造的新型竞争优势，我定义为“协同效应”。“生态”是智能商业的核心概念，但生态到底是什么？我认为，一个商业生态就是一个协同网络，是多元角色的复杂在线协同对于传统供应链管理的超越，是平台和多元物种的组合。生态强大的竞争优势正是来源于协同效应。而大家所熟悉的网络效应，只是最简单的二维协同效应。滴滴出行由于只协同了乘客和司机这两个角色，只有网络效应；而淘宝由于协同了卖家、买家、物流商、供货商和各种外包服务商的多元角色，所以创造了强大的协同效应。

网络协同是这本书最重要的概念之一。但在这本书完成后的继续研究中，我们意识到“协同效应”是和大家所熟悉的两个基础概念——“规模效应”和“网络效应”——同样重要的基础概念，可以帮助大家更好地理解智能商业时代的竞争优势，也有很大的启发意义，故特意在此强调。

战略定位的重构

从市场定位到点、线、面、体的网络定位

定位是战略最核心的概念，但由于网络协同对于供应链管理的超越，所以这个概念也需要进行全面重构。相对于传统理论中产品在市场中的定位，一个更重要的定位需要认真考虑，这就是企业在协同网络中的定位。我把它具象地称为在点、线、面中的新定位选择。这个定位选择之所以重要，是因为整个经济正在快速向智能生态的方向演化，而一个企业在这样的生态系统中的定位，直接决定了它的发展轨迹（参见第六章）。

在新型的智能生态中，有点、线、面三种核心角色，从而有三种战略定位可选。

“面”是平台。平台通过广泛连接不同的角色，使之合作协同，同时建立各种机制，促使全局利益优化。“面”的工作是帮助平台上的玩家广泛连接，享受网络效应和协同效应的好处。“面”通过匹配效率的大幅提升创造价值，这是一种全新的商业模式。淘宝是典型的“面”。“面”的立身之本并非单一产品或服务的研发能力，也不是市面上的稀缺资源，其核心价值是协同效应。

“线”是平台上的众多商家。对消费者来说，“面”是各种服务和产品的聚合者。在“面”搭建的平台上，真正提供服务的是“线”，是海量的卖家。“线”需要一整套全新的打法。一条“线”的战略，就是利用“面”的各种基础服务和能力，以较轻资产的方式快速发展。也就是说，一是充分利用“面”的网络效应；二是尽量利用“面”上的资源和能力，而不是自己花费巨大精力和成本重复建设；三是要善于整合“点”带来的机会。

“点”是各种多元服务的参与者。“面”的崛起，必然催生新的“点”，例如淘宝这个“面”上不断涌出的新角色，从在线客服，到淘宝讲师、平面模特，再到店面装修工具商和现在的各种数据服务商，这些“点”利用了“面”提供的巨大规模和网络优势，可以快速成长，但他们同时也帮助了“线”的快速扩张。

点、线、面每一个定位的背后，都有着不同的逻辑，不同的运营原则和资源调配方法，甚至竞争壁垒和最后可能的发展路径都大不相同。所以，明确自己在未来网络化世界的定位，是智能战略的核心。

战略体系的重构

从长期规划到远见和行动之间的持续迭代和优化

在智能商业时代，战略制定和执行的体系也需要重构。由于环境变化太快，传统的 5 年、10 年的详细战略规划不再有效。但越是快速多变的环境，针对未来的长期思考反而变得越重要了。基于这种长期思考形成的对未来变化的某种判断，就是我们常说的远见。远见显示了你对未来最有可能发生的产业终局的一种判断。这个判断是你的一个假设，这个假设要不断地被实践验证和挑战，然后不断地纠正。这个实践就是快速的行动。但这种行动不是盲目的行动，它们是有纪律的实验（disciplined experiments）。也就是说，这是在远见指导下的尝试，目的是看这个行动是否是正确的方向。如果是，就要加大投入的力度；如果不是，就要调整或放弃。这是一个持续实验的过程，远见越来越清晰，行动的方向越来越清楚，战略也越来越明确，资源投入也就越来越多。传统战略制定的过程变成了远见和行动之间的快速迭代，这是一个动态调整的过程（参见第七章）。

这种新战略核心的难点在于两个方面。一方面，远见一定要快速找到落地点，不能大而空，不然只是空想，没法落地。另一方面，不能盲目跟风，要能不断地总结思考，形成自己对未来的独特判断。这种虚实结合是很难的一种技能，需要长期的训练，也需要团队的配合。

组织原则的重构

从管理到赋能

随着机器对人获取和使用结构化知识能力的替代越来越广泛，人的价值也越来越依靠创造力的发挥。我们正在从知识经济的时代跨向创造力的时代。未来的组织必然向着以创新为目标、实时感应客户、通过聚合和激发创造者、追寻创新效率最大化的协同生态体方向演进。组织的原则也将演化成赋能，从而超越传统的管理或激励（参加第八章）。

管理的目的是让员工按公司要求工作。但在创造力革命的时代，员工最主要的驱动力来自创造带来的成就感和社会价值，自我激励是他们的典型特征。他们最需要的不是来自外部的物质和精神激励，而是赋能，也就是为他们提供能更高效创造的环境和工具。这与传统的体力劳动者，甚至与一般的知识劳动者都有着根本区别。以科层制为特征、以管理为核心职能的传统组织面临着前所未有的挑战。未来组织最重要的职能应是提高整体创造力的成功概率，而赋能创造者是实现这一目标的唯一路径。赋能通过提供平台，让一群创造者更好地连接和协同，从而发挥更大的价值。我用“赋能”这个词，就是希望强调这是组织原则的一个跨时代的变化。

赋能比激励更依赖于企业文化，只有企业文化才能让志同道合的人走到一起。组织再也不能用传统的方法去考核与激励创造者，公司的文化氛围对他们而言就是一种无形的奖励——和志同道合的人一起共同创造出足以改变世界的产品，想想都是一件令人无比兴奋的事情。一种和他们的价值观、使命感吻合的文化才能让创造者们慕名而来，奋发进取，因而组织的核心职能将演变成文化和价值观的营造。在工业革命时代，共同的使命、愿景和价值观只是最优秀企业的奢侈追求；而在创造力革命时代，志同道合是对赋能型企业的基本要求。

赋能型组织还在非常早期的发展阶段。我总结了赋能的三个行动原则供大家参考：让创造者的兴趣、动力，与合适的挑战相匹配；打造合适的环境和氛围，方便组织成员一起创造；通过组织设计，刺激人和人之间的有效互动。

智能战略的时代刚刚开始，本书提供了一些前瞻性的思考，希望能够对正在探索未来的你们有所帮助。

附录A　阿里巴巴及其附属企业

阿里巴巴的成立

2014 年，在马云成立公司的十多年之后，阿里巴巴通过一场盛大的首次公开募股进入了世界舞台（有关阿里巴巴的历史请参阅表 A–1）。如今的中国已经是世界第二大经济体，观察者可能已经很难回想起自 20 世纪 70 年代经济改革以来中国的发展深度和速度。在改革之前，中国政府实行中央集权式的社会主义经济，在中国广大的乡村地区建立了数百万个人民公社。伴随着邓小平的市场化改革，中国开始改变方向，开始热情地接纳资本市场和自由企业。然而直到 20 世纪 90 年代，私营企业才真正开始成为社会的推动力量，那些习惯了工作分配和社会主义福利的劳动者也开始被私营企业吸引。仅在 1992 年，就有 12 万名公务员放弃了他们轻松的政府铁饭碗，一头扎进了自由市场的创业大海。

当时，美国正在经历互联网繁荣的第一波热潮：Mosaic 浏览器于 1993 年推出，而杨致远和费罗的网站则在 1994 年更名为雅虎。

1994 年时，从家乡杭州一所大学毕业的马云还是一名英语教师。杭州曾经是宋朝的首都，但在 1994 年却只是一个拥有 250 万人口的小城市［如今杭州的人口已经超过 900 万（2017 年），是长江三角洲经济区的第二大城市，仅次于上海］。那一年，马云在以翻

表 A-1 阿里巴巴大事年表

年 份	里程碑	中国互联网用户数量（百万）
1999	阿里巴巴创建	9
2003	淘宝上线	80
2004	旺旺和阿里支付上线	94
2007	阿里妈妈上线，阿里巴巴在中国香港上市	210
2008	淘宝商城上线（后改名为天猫）	298
2009	阿里云创建	384
2010	全球速卖通上线	457
2013	菜鸟网络和小微金服（后改名为蚂蚁金服）设立	618
2014	阿里巴巴在美国上市	649

译身份访问美国时，第一次接触到互联网。马云回忆说，当他试着在互联网上搜索“啤酒”时，他找到了美国啤酒、日本啤酒和德国啤酒，但唯独没有找到关于中国啤酒的结果，这让他隐约发现了一个巨大商机。

回到中国后，马云在杭州创办了自己的第一家公司——中国黄页，但后来他不得不把公司卖给中国电信。随着对互联网有了更多的了解，马云意识到，这种新的技术可以通过将中国引入信息高速公路来打开和扩展中国的对外贸易。然而总体来说，当时的中国对此不是很感兴趣。尽管马云帮助创建了中国对外贸易经济合作部的门户网站，但他的想法却遭到了很多人的冷遇。

1999 年，马云回到杭州，带着十几个朋友成立了一个新的电子商务网站，而目标客户是中小型企业出口商。他根据《天方夜谭》中的故事将网站命名为“阿里巴巴”。当时，中国的贸易确实在蓬勃发展，但大部分出口商品都必须通过广交会（全称为中国进出口商品交易会）这种官方渠道。广交会每年举办两次，是由商务部和广东省人民政府联合主办的中国规模最大、运营时间最长的贸易博览会。对于那些能够进入广交会的企业来说，它们的业务非常好。当全国各地的众多中小企业蜂拥而至，企图叩开广交会的大门时，马云也看到了一个巨大的机遇：他想要把阿里巴巴变成中小企业的“开门咒语”。

和当时的许多企业家一样，马云也梦想着自己的企业成为另一个雅虎或者其他新兴的硅谷网络公司，但他并没有支撑这种梦想的资源。在遭到 37 位风险投资家的拒绝后，马云遇到了当时在一家瑞典投资公司工作的出生于台湾的加拿大人蔡崇信。马云让蔡崇信相信了阿里巴巴的潜力。在蔡崇信的帮助下，阿里巴巴于 1999 年 10 月获得了由高盛领投的一轮 500 万美元投资。2000 年初，日本软银追加投资 2000 万美元。蔡崇信加入了阿里巴巴，成为阿里巴巴的首批员工之一。

但在 18 个月内，网络泡沫破灭了。在烧光了大部分现金后，阿里巴巴放弃了所有无关紧要的业务项目，转而专注于其核心产品，即让中小企业出口商为其在 B2B 市场上的推广付费。这种被称作“黄金供应商”的产品，加上一支发展了数以千计客户的不知疲倦的直销团队，让阿里巴巴得以继续运营。2002 年，公司开始走上正轨，但阿里巴巴真正的革命故事才刚刚开始（关于阿里巴巴的里程碑总结，参见表 A–1）。

中国的零售机遇

2003 年，马云启动了一个被称为淘宝的秘密项目。淘宝是一个针对国内消费者的网站。当时，中国几乎还没有零售业，[1] 淘宝的挑战就是从零开始构建整个零售业。

许多读者对淘宝网在中国战胜 eBay 的故事耳熟能详：在淘宝网成立后不到两年的时间里，这家年轻公司的市场份额就从 8% 飙升至 59%，而 eBay 的市场份额则从 79% 下降到 36%。到 2006 年，投入巨资的 eBay 宣布退出中国市场。从那时起，淘宝就一直保持着中国最大的电子商务平台的地位。淘宝让中国人在钱的问题上信任了“陌生人”，在世界商业史上书写了自己的篇章。但许多观察家都错过了淘宝故事的关键点。在从无到有的崛起之中，淘宝平台重新创建了当代商业在线环境中的每一层——从销售到营销，从运营到物流，后来甚至还包括供应链。

从商业房地产的低渗透率可以看出，中国零售基础设施的薄弱状况。中国商业房地产的人均零售面积一直落后于大多数发达国家。截至 2011 年，美国人均零售面积为 45.2 平方英尺（约 4.2 平方米），澳大利亚为 22.6 平方英尺（约 2.1 平方米），而日本也早已经达到 16.4 平方英尺（约 1.5 平方米）。中国的人均面积仅为 12.9 平方英尺（约 1.2 平方米），而且其中“很大一部分即将被淘汰”。[2] 由于中国社会和地理的极端多样性，房地产等基础设施在全国范围内分布不均，因此宏观层面的统计只能说明部分情况。但中国并不缺乏对零售的需求，可面临的却是交通、通信以及金融等各种基础设施的不足。

在现代历史的大部分时期，中国都没有一个传统意义上的全国市场。由于消费品生产商无法进入全国市场，大多数品牌都止步于满足当地需求，而这通常意味着它们只在一个省或几个邻省内销售（无须轻视省内市场，因为许多中国省份的人口和实体面积比很多欧洲国家还要大）。同样，中国的多样性也经常被低估。从北到南，从东到西，风俗和气候差别都很大。中国有 8 个主要区域、56 个民族，其中许多民族都有自己的语言。除了地理情况千差万别，中国还存在巨大的城乡差距。像麦当劳、耐克和宝洁这样的消费企业或者它们中国同行的业务蒸蒸日上，但它们的品牌并没有像在很多多元化程度较低的国家那样实现同质化影响。几十年来，中国大多数消费者一直得不到充分的服务。

这种自然差异的存在，为电子商务介入传统商业提供了机会。中国电子商务的增长速度远远快于零售业务。淘宝上出现了拓展上述空间的新的淘品牌。在没有全国性广告媒体的地方，电子商务扎了根；在没有全国性分销网络的地方，电子商务异军突起；在中国没有全国性消费物流服务的地方，电子商务成为物流网络的培育者。目前，中小金融和生产制造企业也在经历着同样的过程。

如果仅从表面上看，阿里巴巴的故事就是对中国低效零售业的彻底改造。但它并没有像亚马逊一样，成为一个巨大的零售商，建立一只物流舰队，在全国范围内排挤小企业。相反，阿里巴巴从一开始就肩负着通过互联网技术实现“让天下没有难做的生意”的使命。阿里巴巴的核心业务是让其他人能够做生意，从一开始就有平台思维。如今，阿里巴巴平台上有大量的第三方服务提供商。它们提供从软件解决方案到店铺运营、物流、营销、广告和支付等各种资源和功能。阿里巴巴的战略愿景需要大规模的合作，同时需要构建和运营庞大的、相互关联的业务系统。

下面，我将从阿里巴巴的核心市场开始总结阿里巴巴的各项主要业务。我们的核心商业业务包括4个领域的平台：国内零售商业、国内批发商业、跨境和全球零售商业、跨境和全球批发商业（除非另有说明，本附录中的信息和统计数据均来自阿里巴巴向美国证监会披露的文件）。

国内零售商业：淘宝、天猫和聚划算

在本书中，我用淘宝来概指阿里巴巴的零售平台。我们的国内零售商业已经成为中国在线消费者日常生活的重要组成部分。截至2016年12月31日，我们在12个月内的活跃买家用户数为4.43亿（中国网上购物的互联网用户总数为4.67亿），此外我们还拥有1000万年活跃卖家，以及超过150个种类的10亿多项产品及服务。这些都证明了淘宝业务的高渗透率。

尽管这些零售平台拥有基本相同的技术基础设施，但它们被分成了几个相关的零售业务：淘宝集市、天猫（包括聚划算）和农村淘宝。

淘宝集市

淘宝于2003年5月上线。通过网站 www.taobao.com 和淘宝手机应用，消费者可以访问淘宝集市这个以商业为导向的社交平台。在这里可以享受到经大数据优化的充满乐趣的个性化购物体验。通过高度相关、趣味十足的内容和商家的实时更新，消费者可以了解产品和新趋势。此外，消费者还可以在淘宝上彼此以及与他们最喜欢的商家和品牌进行互动。

淘宝上的商家主要是个人卖家和小商户。他们可以在淘宝上免费创建店面和商品目录。对于买家来说，淘宝提供了广泛的选择、价值和便利。淘宝网的电子商务产品可以说是世界上最多样化的，从世界各地的品牌和非品牌主流产品，到中国的精品和手工品牌、快速消费品、定制产品、生鲜食品、本地服务和教育课程，不一而足。为了迎合中国成熟消费者的多样化需求，该平台设有家居装修、时尚前沿、拍卖、众筹和二手交易等多个频道。

按月活跃用户数量计算，淘宝是 2015 年中国最大的移动商务目的地，日均访问量超过 1.5 亿人次。年轻人是它的核心用户，大约 70% 的买家出生于 20 世纪 80 年代至 90 年代，超过 1/3 的淘宝卖家是 90 后。除了交易价值，它的社会活动也非常深入，每天这里会产生大约 1000 万个产品分享实例和 2000 万条评论。

天猫

天猫于 2008 年 4 月上线，并于 2011 年 6 月分拆成独立平台。截至 2016 年，按照商品交易成交总额（GMV）计算，天猫已成为中国最大的 B2C 平台（根据艾瑞咨询）。天猫迎合了寻求品牌产品和超级购物体验的消费者。众多国际和中国品牌及其零售商已在天猫建立了店面。天猫被定位为一个消费者购买本土和国际品牌产品以及非传统零售产品的可靠平台。截至 2017 年 3 月，入驻该平台的品牌超过 10 万家。

农村淘宝

根据中国国家统计局的数据，到 2016 年底，中国约有 5.9 亿人居住在农村地区。地域分散和基础设施不足导致物流成本过高，农村的消费因此受到严重限制。我们的目标是通过农村淘宝项目提高中国农村的消费和商业水平。到 2017 年 3 月，我们已经在大约 26500 个地方建立了服务中心。这些服务中心让农村居民有更多机会去购买产品和服务，同时更便于向城市出售他们生产的产品。

村民在服务中心下单后，商品（如消费品、电器、农用用品）会首先送到县级站点，之后由当地的快递员分派至村内的服务中心。在菜鸟网络的协同下，几乎所有从县城到乡村的包裹都可以实现隔日送达。

跨境和全球零售商业：全球速卖通、天猫国际和来赞达

全球速卖通

全球速卖通是一个面向全球消费者的全球市场。利用全球速卖通，外国消费者可以直接从中国的制造商和分销商那里购买商品。除了全球英语网站，全球速卖通还运营着 16 个当地语言网站，包括

俄语、西班牙语和法语等。消费者可以通过全球速卖通网站及其应用程序访问该市场。最受欢迎的全球速卖通消费者市场是俄罗斯、美国、巴西、西班牙、法国和英国。截至 2017 年 3 月的前 12 个月，全球速卖通大约有 6000 万年活跃买家，产生了 101 亿美元的成交总额。

全球速卖通的商户需要支付佣金，通常是交易额的 5%~8%。我们还可以从参与第三方营销计划和购买绩效付费营销服务的全球速卖通商家那里获得收入。截至 2017 年 3 月的前 12 个月，全球速卖通的交易额达到了 72 亿美元。

天猫国际

2014 年 2 月，天猫将其平台扩展至国际市场。取名为“天猫国际”的这一平台旨在满足中国消费者对国际产品和品牌日益增长的需求。天猫国际是海外品牌和零售商接触中国消费者，建立品牌知名度，获得有价值消费者洞察的首要平台。利用这一平台，他们无须在中国进行实体经营也可以构建关于中国市场的总体战略。例如，好市多（Costco）、梅西百货（Macy’s）、CW 药房（Chemist Warehouse）、维多利亚的秘密（Victoria’s Secret）、LG 生活健康（LG Household & Health Care）和松本清（Matsumoto Kiyoshi）都在天猫国际开设了店面。

来赞达

2016 年 4 月，我们通过收购控股了东南亚电子商务平台的主要运营商来赞达。来赞达在印度尼西亚、马来西亚、菲律宾、新加坡、泰国和越南运营电子商务平台，并且在每个市场都有当地语言网站和移动应用。该公司向这6个国家的第三方品牌及商户提供市场解决方案，统一的零售渠道和快速可靠的配送服务可以让它们直接方便地寻找到消费者。该公司还销售其零售业务所拥有的产品。截至2017年3月的前12个月，来赞达约有2300万年活跃买家。

国内和全球的批发商业：1688.com和Alibaba.com

我们运营的1688.com是一个中国批发市场，它把一般商业用品，如服装、电子、原材料、工业部件、农业和化工产品等领域的批发买家和卖家连接在了一起。中国国内零售市场上的大批零售商都在1688.com上寻找货源。

我们还运营着英文的Alibaba.com，一个成立于1999年的全球批发市场。根据艾瑞咨询的数据，该网站上的产品覆盖40多个行业的数千个类别。按2016年营收计算，它是中国最大的全球在线批发市场。截至2017年3月，阿里巴巴的买家遍布全球200多个国家和地区。

Alibaba.com提供一系列工具和服务，可以让来自世界各地的各种不同规模的批发买家和供应商（通常是从事进出口业务的中小企业）相互联系并开展业务。这些服务包括供应商会员层级体系、卖方和买方验证、贸易保证、检验服务和物流解决方案等，所有这些都建立在全面的支付和金融服务基础之上。买家和卖家享受着越来越流畅和安全的跨境网上服务。

金融：蚂蚁金服和支付宝

蚂蚁金服为中国和世界各地的消费者和中小企业提供数字支付服务和其他金融增值服务。这些服务包括支付、财富管理、贷款、保险和信用体系。蚂蚁金服利用其技术和客户洞察，帮助平台上的金融机构、独立服务供应商和其他合作伙伴提升用户体验，提高风险管理能力。截至 2017 年 3 月的前 12 个月，蚂蚁金服与 Paytm（一家印度电子支付公司，蚂蚁金服占有其 40% 股权）和 Ascend Money（蚂蚁金服在泰国投资的电子商务公司）一起，为全球 6.3 亿年活跃用户提供了服务。

支付宝是蚂蚁金服的全资子公司，为淘宝、天猫、1688.com、全球速卖通等平台的交易提供支付和托管服务。支付宝是消费者在阿里国内零售业务市场上的主要购物支付方式。除了信用卡等信用产品支付交易，阿里巴巴集团和支付宝不向平台上的商户收取任何支付费用。相反，集团根据与蚂蚁金服和支付宝达成的一项商业协议，向支付宝提供相关的支付和托管服务费用。

蚂蚁金服与全球 200 多家金融机构达成了合作。蚂蚁金服及其合作伙伴还为阿里巴巴生态系统中的商户和消费者提供财富管理、贷款、保险、信用体系等服务。这些服务包括面向中小企业的运营资金贷款、消费贷款和退货物流成本保险。目前，超过 80 万家餐馆、5 万家超市、300 家医院和 100 万辆出租车接受支付宝支付。截至 2015 年，全球 70 个国家和地区的 7 万多个零售商店已接受了阿里巴巴的二维码 POS（销售终端）支付解决方案，24 个国家支持以支付宝方式退税。

2014 年 9 月 29 日，蚂蚁金服获得中国银行业监督管理委员会批准，与复星国际旗下的上海复星工业技术发展有限公司、宁波市金润资产经营有限公司等共同成立了民营银行网商银行。网商银行旨在充分依托网络和大数据分析，服务于小微企业和个人消费者的金融需求。该银行于 2015 年 6 月开业。截至 2016 年底，该银行管理的资产额达到 615 亿元（约 94.6 亿美元），贷款余额 329 亿元（约 50 亿美元）。截至 2016 年 12 月，这家网上银行已经为近 300 万家小企业提供了服务，提供了超过 870 亿元（约 134 亿美元）的贷款。网商银行的借贷成本和大多数中国银行相同，但其 3%~5% 的净营业利润率高于一般银行，亏损率则只有 1%，低于平均水平。[3]

物流：菜鸟网络

菜鸟网络是阿里巴巴与其他从事物流、零售和房地产的股东于 2013 年 5 月组建的合资企业。这些股东包括中国四大速递公司。菜鸟网络本身并不运输包裹。它运营着一个物流数据平台，该平台可以利用物流合作伙伴的潜能，完成商家和消费者之间的大规模交易。

菜鸟网络通过平台化的方式整合物流服务提供商的资源，构建物流生态系统。菜鸟网络与 90 个国内和国际伙伴建立了合作，其中包括 15 个战略伙伴。据菜鸟网络提供的数据显示，截至 2017 年 3 月，菜鸟网络的 15 个战略合作伙伴在中国 31 个省份的 600 多个城市拥有超过 180 万名快递人员，他们共同运营着超过 18 万个集散站和分拣站。

菜鸟网络利用技术和对数据的洞察来提高物流价值链的效率。专有的数据平台提供的实时数据访问，可以让商家更好地管理库存和仓储，让消费者追踪他们的订单。此外，该数据平台还有助于物流服务提供商提高服务质量。例如，这些供应商可以利用数据来优化快递公司使用的递送路线。

云计算：阿里云

成立于 2009 年的阿里云，旨在利用阿里巴巴集团自身云计算需求所催生的技术，帮助第三方客户掌控核心商业业务的大规模化和复杂性。2016 年，我们将云计算服务扩展到日本、韩国、德国、中东和澳大利亚，让全球客户有了更多访问我们多样化产品的途径。截至 2017 年 3 月，阿里云拥有约 874000 名付费客户。根据全球市场信息公司 IDC 的数据，按照 2016 年收入计，阿里云是中国最大的公共云服务提供商。

阿里云提供一整套云服务，包括弹性计算、数据存储、内容分发网络、大型计算、安全、管理和应用服务，以及大数据分析和机器学习平台等。将阿里云与国内同行区分开来的产品包括专有安全和中间件产品，以及大数据平台提供的大规模计算服务和分析功能。这些产品使客户能够在线快速构建 IT 基础架构。在 2017 年“双十一”购物节期间，阿里云成功处理了每秒 325000 笔的峰值交易。

更广泛的生态系统

围绕我们核心电子商务市场和主要业务（如蚂蚁金服、菜鸟网络和阿里云）的是几个新的举措和业务。我们的核心平台和这些新业务之间强大的网络效应和协同将推动阿里巴巴在线经济在未来的增长，使我们越来越接近实现我们的使命——让天下没有难做的生意。我们来看看其中一些新业务。

数字媒体和娱乐：优酷土豆和UC浏览器

为了满足消费者的更广泛兴趣，我们依靠对消费者的深入洞察，通过两种路径发展新兴的数字媒体和娱乐业务。首先，我们开发了两个关键的内容分发平台——优酷土豆和UC浏览器。其次，我们创建了多样化的内容平台，为消费者提供电视剧、综艺节目、新闻提要、电影、音乐、体育和直播活动等。

优酷土豆是中国领先的多屏幕娱乐和媒体公司，是中国最知名的在线视频品牌之一。根据StatCounter（美国一家网站通信流量监测机构）的数据，UC浏览器是全球三大移动浏览器之一；按照页面访问量份额计算，截至2017年5月，UC浏览器是印度和印度尼西亚排名第一的移动浏览器。2017年3月，我们的数字媒体和娱乐业务拥有超过5亿移动月活跃用户（含海外用户）。

地图和导航：高德

高德是中国数字地图、导航和实时交通信息的领先服务公司。

除了直接向终端用户提供这些服务外，高德还在中国拥有一个领先的开放平台，为不同行业（如食品配送、出行服务、出租车叫车和基于位置的社交网络等）的移动应用程序提供支持。该公司向阿里巴巴生态系统中的主要平台提供基础服务，包括我们中国零售市场的菜鸟网络和支付宝。

本地服务：口碑和饿了么

2015 年，阿里巴巴和蚂蚁金服合资成立了口碑，这是一家中国领先的本地生活服务企业。口碑通过与支付宝合作的 O2O（线上到线下）服务，为本地餐馆、超市、便利店和其他生活方式机构创造商业需求。从移动端查看信息到寻找实体店铺，从折扣获取到在线支付，口碑为消费者提供了一种闭环体验。截至 2017 年 3 月 31 日的前三个月，口碑通过支付宝与商家结算的商品交易成交总额达到了 747 亿元（约 109 亿美元）。

2016 年 3 月，阿里巴巴与蚂蚁金服共同投资了中国领先的食品配送公司饿了么。使用该公司食品递送应用程序的消费者可以通过移动设备预订正餐、小吃和饮料。截至 2017 年 3 月，饿了么通过一个由雇员和外包人员构建的快递网络，实现了中国 1500 多个区县的服务覆盖。根据合作协议，饿了么要完成由淘宝和支付宝应用程序生成的食品订单。

附录B　淘宝智能生态系统的演化

阿里巴巴的零售平台可谓商业史上一个前所未有的奇迹。仅用不到10年的时间，一种包含多种功能及相关独立参与方的完备零售经济形态在网络上异军突起。本书的核心论点和案例研究都源自阿里巴巴和淘宝的历史。然而，对宏观市场战略演化感兴趣的读者可能希望以时间发展的角度来研究这个平台。

附录B将追踪阿里巴巴电子商务市场的发展历史（我会主要以阿里巴巴是第一个也是迄今最大的一个市场为例，后续我也会将大品牌市场天猫和面向国际市场的全球速卖通等零售平台包含进来）。我在本书正文中已经多次谈到淘宝的运营。在附录B中，我将按时间顺序重新整理这些材料并且查漏补缺。我希望这些对淘宝发展历史的描述可以帮助读者更好地理解本书的概念框架以及智能商业网络的演化历程。（为了避免重复，当讨论涉及书中正文内容时，我会让读者参考相关章节。）

淘宝智能网络的4个发展阶段

本书的核心分析框架，即网络协同与数据智能的结合，源于多年来我对淘宝平台发展过程的观察。淘宝并不是按照核心办公室的计划一步一步成长起来的，相反，淘宝领导层总是受到用户创新的驱动。正是按照这样的方式，淘宝逐渐从一个基本市场有机发展成为一个极度复杂的生态系统。

淘宝是我眼中的生态系统典范，它是一个由不同业务参与者构建的智能网络，通过演化来解决复杂的客户问题。它的成长经历了4个阶段：建立在线市场、建立协同网络、智能商业的崛起和智能商业的指数增长。

淘宝和阿里巴巴的零售生态系统仍在演化。它的未来是一个被马云称之为"阿里巴巴经济"的智能全球协作网络。让我们以时间为单位，回顾一下这一系列的发展阶段。

建立在线市场（2003—2005）

正如第二章和附录A所述，淘宝是在技术和服务的相对真空中出现的，而正是技术和服务使在线零售成为可能。淘宝的早期任务非常简单——让更多的人在网上购物。因此，淘宝最初专注于将市场的核心要素转移到网上，比如产品、交易以及商家与消费者的互动。经过努力，淘宝成为一个功能性的在线市场。但此时它还只是网络协同的一个非常简单的早期版本。淘宝把市场的所有基本组成部分都放到了网上，并让它们在平台上实现了互动。尽管最基础的在线产品数据库和最基本的产品类别为后来的数据化以及买卖撮合机制奠定了基础，但在这个阶段，淘宝还没有实现数据智能。

从一开始，淘宝就有一个明确的目标：让市场活跃起来，以及建立便于用户直接连接和互动的机制。最初，淘宝网基本上是一个网上公告栏，所有用户都有类似特征：每个人都以某种方式做生意，要么批发，要么零售，要么销售自己家里的东西，要么展示自己创造的商品。但慢慢地，卖家开始专业化，并扩展到多个产品类别。

在最初的三年里，我们的内部关键绩效指标是建立三个关键群体：产品、卖家和买家。我们还努力强化市场各组成部分之间的联系。淘宝论坛允许买家和卖家建立联系，讨论他们面临的共同的困难问题。这样的社区特别有助于传播知识和帮助新手学习在线销售的基础知识。旺旺即时通信应用程序连接了买家和卖家，使他们可以就产品或交易进行交流。卖家的信用评级大大消除了网上的信任缺失问题。

基础设施

在早期阶段，公司花费大量精力用于网站基本功能的搭建，如显示产品信息、允许核心通信、优化在线交易流程，特别是转账功能。这个阶段创建的最重要的基础设施功能是通信和支付。

- 即时通信：即时通信程序旺旺把消费者和商家联机在一起（见第二章）。
- 支付：支付宝和托管交易增进了系统信任和流动性，而后两者正是市场的必备组成部分（见第二章）。

建立协同网络（2006—2008）

随着基本发展条件的就位，淘宝市场开始关注网站上日益复杂的交易所带来的诸多挑战。它需要具备更多的功能，而且其中的大部分都无法依靠平台单独实现。只要有需求出现，新加入的或现有的平台参与者就会想尽办法去满足。个体参与者变身服务供应商，开始走向技能的专业化和充分开发。

用经济学的术语来说，随着越来越多的参与者加入网络，随着产品和类别的激增，各种功能和类别的增长会加速网络外部性的自我强化。它们在市场的各个角落生根发芽，为市场的发展提供了无穷动力。这一阶段的淘宝表现出指数级的扩张潜力，其间，商品交易成交总额从 100 亿元增长到 1000 亿元（约从 15.4 亿美元增长到 154 亿美元），增长了 10 倍。

网络协同

以淘宝论坛和旺旺这两大基础设施为跳板，淘宝的许多商户开始出现让平台也倍感意外的快速增长。外部合作伙伴迁移到平台，新的支持功能涌现，其他业务角色逐渐形式化。通过向外部软件开发者开放店面，淘宝开第三方进一步介入平台、战略孵化新角色和子市场之先河。以下网络协同要素开始推动市场加速前行：

- 早期组织：线上和线下卖家之间的新连接开始通过知识外溢创造市场的最初外部性。
- 早期支持功能：包括淘宝大学讲师、分享经验和最佳实践的卖家，以及最早的独立服务供应商。个人商店的特定功能逐渐形式化，比如旺旺的客服代表（见第二章）。
- 早期的子网络：独立服务供应商和淘宝模特现身平台，之后更是在大淘宝生态系统中培育出独立市场。物流能力的飞速增长推动了全国基础设施的增长和投资（见第二章）。

基础设施

随着平台核心交互的建立和运营，淘宝开始将精力集中在基础设施建设上，以支持下一阶段的网络大扩张。这一阶段建立的最重要的关键机制是对物流的支持。由于市场需求的增长，物流供应商已经开始崭露头角。为了方便这些供应商能够高效地开展业务，并通过网络建立联系，淘宝开始把建设相关基础设施放在了首要位置。

随着产品种类的激增，淘宝开始搭建技术脚手架，以方便下一阶段的灵活增长。相关支持包括以下工具和机制：

- 物流：订单和运输跟踪系统改善了客户体验，商家操作也更为简便（见第二章）。
- 信誉体系：为确保交易各方的互信，平台推出买卖双方交易和信用评价产品机制。
- 品类拓展和数据化：实现飞机票、彩票等新产品的数据化，这些产品在淘宝的上线，进一步推动了平台的发展（见第四章）。

智能商业的崛起（2009—2012）

2005 年，阿里巴巴集团按照与其最大股东雅虎达成的协议，收购了雅虎中国业务。随着时间的推移，来自雅虎中国的团队和技术逐渐融入淘宝平台。2009 年是淘宝市场开启智能商业的元年。雅虎的搜索团队将数据智能技术引入，使本已复杂的淘宝网络进一步得到强化。在该平台成长的这一关键年份，网络协同与数据智能两股力量开始相互依存。

网络的广度和深度此时都在扩大。淘宝出现了品类的惊人增长和新市场的扩张。与此同时，网络融合了更多的参与者和业务功能。更多的专业商家，包括线下品牌的卖家，开始在这个平台上运营，促成了淘宝商城的成立，而后最终发展为天猫。在搜索和广告技术的推动下，生态系统孕育出了淘品牌等全新的机体。这些不依赖线下实体的品牌完全由平台上的创业者创建，其中很多已经成为全国知名品牌。

淘宝网的年成交总额从2000亿元暴增至1万亿元（约从310亿美元增至1540亿美元）。智能商业的双螺旋结构已经成型，并成为一个极其强大的增长引擎。

网络协同

广告技术的引入成为网络成长的强大的新催化剂。淘宝网不断壮大的广告网络，将外部大量不同规模网站的流量导入淘宝生态系统，巩固了该平台在中国市场的主导地位。淘宝的主导地位不断上升的原因有三个：

- 网络扩张：依靠营销广告平台联盟淘宝客，阿里巴巴在产品搜索的掌控方面打败了搜索巨头百度（见第二章）。随着无数小网站开始依靠淘宝客获取收入，它们的流量涌入淘宝，推动了淘宝网络的迅速增长，卖家的需求得到了满足。
- 专业的第三方：这些功能包括通过淘宝客组织的外部网站营销联盟，通过平台产品策划获得销售提成的产品推荐人（导购），还有客户关系管理软件供应商，物流管理，搜索优化，呼叫中心外包，等等（见第二章和第六章）。
- 新物种：包括淘品牌（创业者白手起家创建的在线品牌）和淘宝合作伙伴（负责店面运营的一类特殊独立服务供应商）（见第六章）。

数据智能

搜索和广告技术是淘宝系统中第一个真正的数据智能引擎。随着搜索产品和指标的稳步提高，广告帮助卖家实现了赢利，并吸引了新客户。淘宝应用程序接口的发展也推动了无数服务供应商的成长。通过效率提升，并与市场建立新联系，以下的新技术形成了双螺旋结构的第二个 DNA 链，开创了淘宝智能商业的第一个正式阶段：

- 广告技术：雅虎中国的并入将搜索和广告技术引入了淘宝市场。依靠平台资源的有效分配，广告技术让生态系统发生了革命性的变化，变得更智能、更全局、更具赢利性（见第四章）。
- 搜索的演化：平台改进了包括客户满意度在内的卖家考核和激励指标，整个平台变得更加高效和可扩展，消费者体验也得到增强（见第四章）。

基础设施

如前所述，对广告和搜索技术的整合和投资为生态系统提供了至关重要的基础设施。但除了这些数据智能基础设施，网络的增长以及数据智能的技术不足也让淘宝和阿里巴巴的其他部门感受到了运营的痛苦。在这一阶段，各个层次的技术基础设施都得到了持续的投资，其中淘宝智能基础设施的发展主要得益于以下几项创新：

- 云计算：计算负载的不断增加给阿里巴巴带来了难以承受的压力，内部的云计算资源最初就是为了缓解这些压力而开发的，后来它们发展为中国最大的云计算服务提供商阿里云。将淘宝的各种业务迁移到云提高了技术的效率、协同和安全（见第三章）。

- 应用程序接口技术：淘宝的应用程序接口使各方能够使用实时数据进行协同。许多外部开发人员开始为商家提供软件和数据驱动服务。合作伙伴可以通过在线协议轻松、自动地进行合作，大大降低了协同成本。同时，应用程序接口实现了网络数据的自由流动，完成了实时数据的反馈闭环。应用程序接口促进了网络协同和数据智能，对淘宝的发展起到了至关重要的作用（见第四章）。
- 聚石塔：随着卖家开始与越来越多的外部合作伙伴合作，数据安全变成一个对客户和整个平台都非常重要的问题。为了保护商家和消费者的隐私及利益，阿里巴巴投资建立了一个封闭的数据共享和处理环境，并将其命名为“聚石塔”。商家和独立服务供应商可以在聚石塔云环境中安全部署数据驱动软件和应用程序。

智能商业的指数增长（2013—2017）

从淘宝手机应用程序上丰富的产品展示就可以看出，在移动时代，阿里巴巴的生态系统变得越来越强大。协同网络不断扩大，通过社交商业创造出内容创造者等新的关键角色。与此同时，数据智能已经扩散到网络的每一个角落，越来越强大，越来越有效。整个平台从搜索到推荐的转变，以及欺诈检测、客户服务，越来越自动化设计等人工智能技术的升级应用，都是这种增长的证明。

这两种力量的结合使淘宝应用程序更加灵活、智能和强大。不断涌现的新参与者和新商业模式，尤其是网红的崛起，证明了阿里巴巴生态系统的健康和活力，以及淘宝在网络协同和数据智能方面的持续实力。随着零售、金融和物流网络变得更加智能和协同，整个生态系统呈现出崭新的繁荣景象。

网络协同

自 2013 年以后，生态系统的边界迅速超越了淘宝平台本身，并蔓延至中国的互联网、社交媒体、最偏远的农村地区，甚至更广阔的世界。“双十一”等电商购物节的成功，让中国和海外的制造商和品牌纷纷融入平台，线下商家也开始与在线平台和移动支付建立合作。在中国，这种网络增加商店和餐馆等实体店购买量的协同，被称作 O2O 模式。以下几个方面的发展进一步推动了淘宝的发展：

- 外部营销网络：阿里妈妈的广告交换和广告网络已经成长为一个新的移动营销生态系统，几乎覆盖了中国网民所了解的所有渠道和网站。
- 社交媒体：社交媒体的兴起推动了社交商业的扩张，微博等社交平台为品牌建设提供了前所未有的机会（见第五章）。
- 复杂的新角色：由阿里巴巴云计算和数据资源驱动的第二波独立服务供应商进入平台。淘工厂等制造解决方案开始将商家与中国尚未开发的生产资源连接起来。除了网红，通过与商家合作赢利的直播明星和内容创造者等新角色也在淘宝上蓬勃发展（见第五章）。
- 在农村和全世界的扩张：农村淘宝和天猫的快速扩张加速了

中国和世界各地合作伙伴的融合。这两家公司为淘宝的智能生态系统带来了大量的合作伙伴，其中包括农业经销商、地方和城市物流企业、中国农村的村级运营商、国际航运公司、保税仓库以及其他来自全世界的重点合作伙伴。

数据智能

机器学习、大型计算和数据智能在整个网络中的持续运用大大提高了消费者体验、生产效率和商业利润。更重要的是，数据智能正在从阿里巴巴的核心电子商务业务扩展到金融和物流等联合平台。这些平台的不断智能化和协同优化也让淘宝从中受益。得益于数据智能以下几个方面的改进，双螺旋继续向前和向上旋转：

- 综合人工智能技术：一系列人工智能技术促进了个性化搜索和推荐、安全和欺诈保护、客户服务、业务协同等多方面的改进（见第三章）。
- 金融：蚂蚁金服的智能小额贷款业务、综合信用评分以及其他金融基础设施，让数据智能驱动的金融技术在阿里巴巴生态系统和整个国家中都取得了爆发式增长（见第三章）。
- 物流：阿里巴巴旗下的数据驱动物流平台菜鸟网络提升了合作伙伴的运营智能化和效率水平。

基础设施

这一阶段最重要的基础设施突破是阿里巴巴对移动业务的持续关注。为适应移动化，淘宝从 2013 年底开始彻底重构自己的各个市场。这一阶段淘宝的基础设施改进情况总结如下：

- 移动化：进入移动世界的淘宝为移动交易和运营建立了一个

全新的、强大的基础设施。这些对移动技术的投资在整个网络中产生了巨大的外部效应，并将整个行业推入了一个激烈竞争的新时代（见第四章）。

- 综合人工智能技术：阿里巴巴的技术栈（用于协同网络运营的各种应用程序）能够为搜索、推荐和安全等基础市场功能提供超大规模的实时数据处理。
- 云计算：现在，阿里云及其为开发者提供的小型生态系统能够为网络合作伙伴以及越来越多的电子商务以外的行业提供强大的数据存储和数据处理。

淘宝的成长

现在让我们按时间顺序来看看淘宝是如何从一个业余用户的小论坛成长为如今庞大的在线零售平台的。

第一阶段（2003—2005）

淘宝的诞生

2003 年，马云召集了 8 名员工，开始了一个秘密的新项目。阿里巴巴此时已经运营了 4 年。B2B 平台已经赢利，而且发展迅速，但马云对中国市场有着更大的构想——他想重建中国陈旧落后的零售业。

同年 5 月，淘宝诞生。它最初是一个小巧、可爱、低调的出售商品的论坛。为了增加人气和活跃度，马云和他的同事在他自己的公寓上传了尽可能多的商品。他们当时并不知道这个小论坛将成为世界上最大的在线市场。

在短短几年的时间里，淘宝成功击退了全球最大的电子商务公司 eBay 对中国市场的进军。其他很多书都讨论过淘宝打败 eBay 的策略，在这里，我想讨论的是淘宝发展强大而灵活的商业网络这个更大的战略。事后看来，这种策略在很大程度上是众多微小决策的累积结果，在当时，许多的决定不过是为了适应阿里巴巴对电子商务未来的价值观和信念。

淘宝首先利用了 eBay 最大的弱点。eBay 的在线市场是经过严格设计的。该公司通过平台使用费和佣金赚钱：如果买家和卖家通过该平台联系，但最终没有进行交易，eBay 就赚不到钱。因此，eBay 市场背后的核心逻辑是调解用户之间的大部分互动，防止买家和卖家建立私下联系。交易必须受到僵化的控制，卖家首先要与 eBay 打交道。eBay 市场实际上是一个商品和闲置物品的交易中心，它无法支持更复杂的商业活动。

eBay 的刻板结构是无法满足中国买家和卖家需求的。中国诞生了大量的小卖家，他们没有业务，也无法接触到消费者。买家不想只对少数独特的产品出价，他们希望能接触到来自全国各地的大量产品。而卖家也希望能够接触到众多卖家，获得在产品和服务上展开竞争的机会。更重要的是，中国的零售业非常不发达。随着市场的发展，卖家也需要找到业务改进的解决办法。

淘宝的战略是建立一个同时迎合买家和卖家繁荣的双边市场。在 2003 年，员工尽其所能地把尽可能多的产品放入市场。第二年，淘宝的目标是吸引尽可能多的卖家。等有了大量卖家之后，淘宝从

2005 年开始吸引买家入场。淘宝对外宣称，自己的网站售卖所有你能想象到的东西。现在回头看来，这种转型是通过网络外部性构建平台，然后让市场买卖双方相互成就的经典实践。更多的卖家带来更多的买家，而好卖家又带来好买家。

寻找可销售的产品常常是一种单调乏味的工作，因为员工必须想尽办法将中国现有的众多产品进行分类。淘宝永远免费的政策吸引了大量卖家。在淘宝开一个店是免费的，陈列产品也是免费的。对于卖家而言，除了需要花时间和精力学习如何使用网站，再无其他任何障碍。因此，大量卖家开始涌入这个市场；当买家意识到淘宝上应有尽有时，他们也蜂拥而至。

持续的活动催生出一个充满密集互动的市场。当越来越多的参与者进入平台，相互联系，一起做生意，平台的技术和系统协同也就变得越发复杂，而这种协同能力的增强又进一步支持了商业模式的演化。

从温暖到信任

淘宝虽然越来越受欢迎，但它依然不只是一个论坛。它是一个市场，而市场不仅需要依靠社交互动维持，还需要交换手段和其他工具及结构来验证、保护和促进健康的交易，并建立信用。从以货易货到用信用卡购买世界另一端生产的产品，线下市场经济的发展用了数千年时间。淘宝也面临着同样的挑战，但它的战场是在线上。

淘宝的两大技术核心是阿里巴巴的安全托管支付平台支付宝和淘宝聊天功能旺旺。支付宝为淘宝交易的顺利进行提供了信任基础，让消费者不再担心网上购物的安全性。旺旺则使卖家能够与买家建立丰富的互动关系，并提供差异化的服务。一些卖家甚至因为与消费者的幽默交流而出了名。

如果没有提到支付宝和托管支付，那么关于淘宝早期的任何讨论都是不完整的。2003 年，中国在很多层面上都缺乏信任机制。当时没有支票账户，信用卡的用户基数非常小，也不存在可信赖的后端结算协议。淘宝上的早期交易规模较小，且大多是同城线下交易。在网上联系后，买家和卖家会见面，一手交钱一手交货，交易缓慢而成本昂贵。更重要的是，这种方式也会导致欺骗和欺诈的发生。早期的淘宝经常有这种故事：卖家带着商品到达约定地点，这时候买家会骑着自行车冲过来抢走他手上的产品然后开溜，等到卖家反应过来，买家早已消失得无影无踪。显然，商品和货币的直接实物交换不安全，而且只限于本地，充满摩擦，根本无法实现爆发式增长。

托管方案解决了这些问题。买家首先会把钱委托给支付宝（早期是把钱汇到阿里支付的银行账户）。然后，支付宝会把付款存在一个安全账户中，直到买家收到购买的商品并确认其质量后，才会把这笔钱转给卖家。对于不熟悉电子商务或对电子商务持怀疑态度的买家来说，托管服务可以让他们安心拿着自己辛苦赚来的现金与陌生人进行交易，而且无须关心他们是谁、住在哪里。对于卖家来说，支付宝大大扩大了他们的客户群。现在，卖家不再只是把产品卖给同一城市的千量级买家，而是有了一个亿万级的全国潜在客户群。人们建立了对市场的信任，市场的基础也进一步巩固。支付宝从一个很低的起点出发，建成了一个与中国所有网上银行服务相连接的在线支付网络，变成了中国主要的在线支付通道。

你的信用，我的信用

在托管支付之后，淘宝的下一步是建立信用评级，使信誉数字化，从而改进服务并提升业绩表现。在网络环境中，声誉也是一种资产，并且具有无形、难转移的特性。淘宝当然不是第一个使用这种评级系统来量化声誉的电子商务平台，eBay 较早之前就推出了网上信用评级，其标准化的信誉评分系统适用于所有用户。但淘宝的员工很快意识到，由 eBay 开创的这种声誉系统有缺陷。

核心问题在于用户同时从事买卖行为。在淘宝的早期，所有的对话和交易都是在一个中心论坛进行的。想购买商品的用户可以在论坛里找到商品也可以联系其他用户。基本上，任何用户都可以按照自己的意愿买卖。当交易完成时，用户的信用评分会提高。然而，这种设计意味着，一个购买了大量商品但没有销售经验的用户，即使不比一个有经验的卖家更可信，也会和他一样可信。欺诈的空间是存在的：市场内部的声誉信号是无效的。

淘宝要成为一个主要的零售平台，业余卖家也需要开始像专业卖家一样运作。淘宝决定将信誉评分分为买家评分和卖家评分。除非同样购买了很多商品，否则一个已经销售了很多商品的卖家不会有很高的购买分数，反之亦然。此外，买家和卖家会在交易完成后互相评价。在中国的电子商务中，交易只有在买家收到商品时才会确认完成。[1]买家确认收货后，第三方支付系统会将资金发送给卖家，同时买家和卖家也可以开始相互评分。

通过信用分类，淘宝也实现了制度和技术上的买卖角色划分。对于任何销售活动来说，信用评分是对提供优质产品和优质服务的一种具体激励，因为得分越高的卖家会吸引越多的买家。好的买家得分也会促进生态系统的健康发展，因为更多优质买家会吸引更多卖家的加入。这些信用评分只是市场进一步深化和扩大差异化的第一步——这是平台参与者越来越多，从而形成越来越复杂的生态系统的前奏。

虚拟市场中的居民

起初，这个新市场的新居民都是一样的。淘宝早期的员工每天都在淘宝论坛上与卖家交谈，促进交易转化。卖家即买家，买家即卖家。在最初的几年里，当消费者还不习惯于网上购物时，许多卖家之间也互相做生意。淘宝的办公室接待了一批批的本地商户，他们在这里讨论平台设计和营销策略，提出规则和其他功能建议，批评和抱怨各种不足和不完善的用户体验。

但没用多久，淘宝就经历了现实中可能需要几十年时间才能完成的市场自然演化，角色开始分离，形成新的合作和竞争形式。就像细胞分裂一样，市场也变得更加复杂。我刚才描述了信用评分是如何建立了两种具有非常不同行为的角色。然而，淘宝的领导层很快意识到，单靠买家和卖家是不足以维持一个正常运转的市场的。卖家需要更多的支持才能有效地从事复杂的商业活动。

最早出现的新角色是客户服务代表。中西电子商务最大的区别之一是内部客户服务的作用。亚马逊和 eBay 这样的网站只有官方的客服热线，但淘宝上的每一个店都有自己的旺旺账号。这个账号让每家店都有了人情味：消费者可以在这个平台咨询商品、讨价还价；如果愿意，他们甚至可以谈论其他事情。正如前文所描述的那样，旺旺的客服使用了一种不同寻常的非正式语气，甚至称消费者为“亲”，这让没有人情味的交易有了一丝温暖。

如第二章所述，除了传统的购前和购后的客套和帮助外，淘宝客服角色的不同之处在于消费者能感受到一种随叫随到的服务。淘宝的客户服务为数千万中国人提供了就业机会，其中包括学生、低收入者、教育程度低的人以及身体有残疾的人。这些人在传统经济中都很难找到合适的工作。

共织一张网

早期淘宝的大多数卖家都很年轻，对零售业缺乏经验，对他们来说，经营网店是一项艰难的任务。早期的卖家通常是个人或顶多是个小团队，一切都要自食其力。他们很少生产（更不用说设计）自己的产品，经常是从批发市场或全国各地的工厂采购商品。在中国经济仍不发达的情况下，这本身就是一项具有挑战性的任务。虽然在淘宝上做生意、通过支付宝处理交易是免费的，但卖家必须学会使用淘宝提供的越来越多的工具来管理店面，与消费者建立联系。因此，一些卖家看到了为快速成长的商家提供配套服务的机会。

随着越来越多的卖家和买家涌入，这个生态系统开始变得越来越复杂。但是，与 eBay 形成鲜明对比的是，淘宝从一开始就表现出在业务范围外建立联系甚至组织的惊人能力。因为中国的电子商务是在没有模式或先例的情况下诞生的，而 eBay 则是在美国发达的零售环境中出现的，所以淘宝作为一个市场的价值很快开始外溢。在巨大的潜在商业价值的驱动下，越来越多的服务提供商进入这个平台，一个卖家的非正式网络也开始成型。

其实在最初的几年里，卖家就开始公开组织当地的俱乐部和其他协会，组建商业论坛和商会。这些早期的空间是在线市场的配套附件，它们帮助卖家建立连接、分享知识，在向线上销售转型等方面展开互助。一些论坛是本地化的，因此一个城市或省份的卖家可以定期会面。来自不同产品类别和行业的各个年龄层和背景的卖家聚在一起寻找商机，业绩也因此得到提升。

慢慢地，专门面向卖家的网络论坛也开始出现，其中最著名的要属伟雅和派代。与此同时，一批新的卖家开始将自己与其他同代人区分开来。无论是与生俱来的天赋还是纯粹的偶然，这些卖家很快就找到了走出早期混沌取得成功的心态和策略。然而，这些卖家并没有隐藏自己的知识，也没有私藏成功的果实，相反，他们从分享他们的经验中找到了意义，甚至还获得了物质上的回报。比如，他们举办线上和线下讲座，分享客户服务及纠纷处理等在线营销技巧，还与工厂合作改善供应链管理。正如人们预期的那样，许多其他卖家愿意为资深同行提供的有价值的、值得信赖的信息付费。

淘宝很快意识到这些讲师为卖家提供了一项重要的服务，于是创立了淘宝大学。淘宝大学是淘宝内部用于认证和支持淘宝大学讲师的部门。淘宝的目标不是管理和规范一个快速增长的教育市场。通过鼓励卖家自我组织和合作，淘宝为最活跃的指导者提供一个发展平台。淘宝大学讲师很快就赢得了声誉和认可，而在淘宝的支持下，他们靠讲课赚钱的机会也大大增加。在接下来的 10 年里，讲师们在整个市场中发挥了一种常常被忽视却又极为重要的作用。一个又一个讲座传播了知识，帮助了卖家，尤其是那些规模最小、经验最少的卖家，这些知识让他们可以在崭新且陌生的环境中表现得更好。

第二阶段（2006—2008）

类目裂变

到 2005 年，越来越多的卖家加入淘宝平台，带来了更多可供销售的商品，也吸引了大量买家，平台呈现爆发式增长。随着这种爆发式增长，淘宝开始从一个简单的在线市场转变为一个零售平台。从 2006 年起，淘宝开始建立核心资源和机制，以支撑日后在网络协同和数据智能的增长。

起初，淘宝的飞速发展带来了切实的设计挑战。随着越来越多的买家、卖家和产品的出现，这个平台应该如何让这些不同的群体实现互动？连接买家和卖家的网络应该如何发展？

我已经讨论了淘宝从论坛转变成完全成熟市场的过程，但到目前为止，我对网站及市场的设计和基础设施一直着墨不多。淘宝最初看起来的确像一个论坛，但实际上它是一个非常灵活的产品信息数据库。该数据库的核心功能是将产品的特性编码为数据，从而让买家在淘宝上浏览、发现和购买商品。因此，该数据库使淘宝得以不辜负其早期的声誉：你可以在上面找到你能想象到的任何东西。

这个产品数据库的本质是创建一系列的“盒子”，卖家可以把自己的商品，无论是服装、食品还是电子产品，都放入其中。这个数据库的作用类似于一个图书馆索引，它列出了每个产品的大小、材质和品牌等预先设定的特性。从理论上讲，这个平台可以创建无限数量的盒子，每个盒子上附加无限数量的特性。由于产品类别的增长必然意味着卖家的增长，因此产品数据库的扩张势必推动网络的扩张。一个新盒子的出现意味着一群新的卖家涌入平台，而这些卖家又会吸引一大批新的买家。

在市场发展的早期，为了促进增长，淘宝员工经常要对产品进行“分类”。例如，在女装类目中，员工会注意到某种特别受欢迎的产品，例如连衣裙。通过创建一个类似“迷你裙”的子类目，员工可以让买卖双方更容易地找到对方。浏览效率提高了，销量自然也会提升。与此同时，卖家可以进一步细化他们的产品说明，获得更好的精确类目通道，从而提高转化率和最终业绩。从平台的角度来看，更多的类目意味着有越来越多行业的交易开始上线。因此，淘宝通过数据化扩展自身的业务边界。

对于类目经理来说，只要网站还在发展，拆分类目就是一种促进业务增长简单有效的方式。用淘宝一位早期品类经理的话来说，“拆分类目，商品交易成交总额就会飙升”。拆分类目确实起到了这样的效果，因为早在 2005 年，买家的增长就远远超过卖家的增长。在前几年，消费者购买产品的主要渠道是类目列表。买家只要发现了新的类目，就会疯狂地去购买。对于卖家来说，每一个新类目都意味着进一步的专业化。

与此同时，拆分类目也为未来平台的数据智能奠定了基础。作为拆分类目的一种副产品，数据变得越来越丰富和深入，而类目管理人员则可以看到对某些特定类目的需求何时会快速增长。但这一类目体系存在着一个大问题：产品间日益细微的区分最终并没有提高效率。显而易见的是，随着淘宝的扩张，现有类目已经远远不能跟上令人眼花缭乱的新产品和消费者的新需求。

从根本上说，类目管理人员的决策是不完美的人为决策。当市场发展到包括数以百万计的买家时，就连类目管理人员也不得不承认，他们的工作几乎是不可能完成的。让一两个员工负责类目多达数十万的店面，他们可能有效地进行分类吗？除此之外，没有约束或原则的拆分类目将最终导致效率损失，甚至可能损害市场。网络已经成长，它需要更强大的数据智能工具来保持其效率。

物流

随着电子商务行业开始崛起，淘宝的消费者、商家和员工很快就不得不应对一个紧迫的社会问题：物流的糟糕表现。中国经济在 20 世纪八九十年代开始走向开放和现代化，工业也经历了从无到有，但支撑商业基础设施建设的发展往往滞后。物流，尤其是快递服务也是如此。虽然中国的邮政服务覆盖了全国，但即便是在今天，其过慢的服务也难以有效满足商业需求。联邦快递和 DHL 等国际快递公司都在中国经营出入境的相关业务，但在国内的派送能力不高。在过去 20 年的大部分时间里，企业在针对消费者商品的运送方面几乎没有选择的空间（21 世纪以前，中国企业没有构建出全国性的公司和业务，其中一个主要原因就是物流基础设施缺乏）。

从 20 世纪 90 年代末开始，几个来自浙江省杭州市西南桐庐县的企业家开始在上海三角洲的商业走廊为公司和个人提供快递服务。顺应人们对快速、实惠的快递服务的新需求，这些公司很快开始在全国范围内扩张。但更重要的是，这些公司在世纪之交后的蓬勃发展中迅速扩张，也赶上了电子商务的浪潮。

当淘宝于 2003 年成立时，它无意中涉足了一个复杂的、不断变化的快递服务商领域。来自浙江同一县的所谓桐庐帮，创建了中国的四大快递公司。顺丰速递主要面向高端市场，最初主要经营广东省和香港之间的快递业务，后来开始迅速扩张，进入了中国其他地区的高端市场。另外还有大约 12 家规模较小的公司在全国各地开展业务，它们在不同地区有不同份额，但都梦想着主导全国市场。一个不断增长的电子商务市场是如何决定要同这么多规模和专业水平迥异的公司展开合作的？

2006 年，淘宝市场的基本结构已经成型，公司领导层很快发现，物流行业的复杂状况给买家和卖家都带来了巨大的麻烦。由于中国各地的地域差异和物流行业复杂的特许经营体系，不同地区的快递定价和服务质量差异巨大。即使在同一个地区，不同的物流公司也可以为相同的服务提供非常不同的报价。在淘宝上运营的卖家不得不与这些独立于淘宝网运营的物流企业签订合作协议。

对消费者来说，这是一场小小的噩梦。即使卖家已经给出了运费和时间，消费者也不得不使用物流公司自己的网站来获取相关订单的跟踪数据，而这些网站不但设计糟糕，运行也非常不稳定。这种听起来无关紧要的安排可能会产生真正危险的问题。首先，物流公司的 IT 能力不强，一旦淘宝消费者检查配送状况的流量迅速增加，这些公司网站的服务器很容易崩溃。其次，也更危险的是，物流公司网页的安全漏洞往往被黑客利用，他们窃取用户信息，参与网络钓鱼，甚至用木马病毒感染消费者的电脑。

淘宝需要在物流上提供更好的消费者体验，但该怎么办呢？它可以效仿亚马逊，建立自己的企业内部物流体系。但在淘宝平台模式呈指数级增长的情况下，运营一支物流舰队的成本和难度不可小觑。2006年，支付宝试行了一项可选服务：卖家可以让物流公司提供报价。这么做是希望物流的价格更加透明和标准化（支付宝的另一个打算是，如果物流公司没有达到承诺的服务标准以及送达时间，支付宝将对物流公司征收罚款），然而这项服务并未获得成功。只有两家主要供应商和一家位于上海的小公司愿意与淘宝合作，而这一失败的最可能原因是，它意味着将大量控制权交给了外部企业。卖家几乎没有动机使用这种可选的、非常有限的服务，而买家在使用这种服务时也感觉不到什么影响。

作为回应，淘宝采取了不同的方式：它将物流包含到了平台的核心交易流程，将第三方物流公司引入一个更大的生态系统。

要理解这种新方法的意义，不妨考虑一下支付宝的托管系统。在中国的电子商务中，一旦消费者完成购买并结账，其支付的钱就会保存在支付宝的系统中，直至交易完成。等到消费者确认已经收到了相关商品，交易就算完成。一旦支付宝收到消费者的确认，而且只有当它收到确认后，商家才能收到付款。物流过程与托管系统紧密相连。许多情况下，消费者不满意并拒绝完成交易，并非是卖方问题而是快递问题，例如，包裹从未送达或在运输过程中损坏。

淘宝重塑交易流程，把物流运送嵌入托管流程之中。2006年，淘宝将交易软件和产品（包括部分支付宝交易）整合到一个团队中，并要求卖家在发货后必须在淘宝系统中输入包裹跟踪号。没有跟踪号码，消费者就无法完成交易。通过包裹跟踪号的整合，淘宝从物流公司提取到了跟踪信息，消费者和商家也因此可以在运输途中追踪包裹。这一变化对平台、消费者和物流公司有着深远的影响。

起初，绝大多数物流公司都不愿意与淘宝分享核心运营数据。但在 2007 年，在首批公司成功地将其物流平台与淘宝整合的 6 个月后，这些公司的运单量出现飙升。其他公司注意到了这个结果，并开始拥抱这一做法。到 2008 年底，中国所有大型物流公司都与淘宝展开了合作。尽管卖家仍必须自己与物流公司签约，但过程变得更加标准化，消费者投诉也减少了。更重要的是，从平台的角度来看，物流公司已经融入淘宝的核心机制中，生态系统扩大了。当淘宝开始呈现指数级增长时，连接到平台上的物流公司也迎来了同样的增长浪潮。

从雅虎中国到阿里妈妈

利用雅虎中国的技术，淘宝在 2007 年创立了营销技术平台阿里妈妈。该平台第一次将广告引入了淘宝生态系统。阿里妈妈的广告有三种形式：第一，嵌入淘宝搜索页面关键词广告让卖家可以在淘宝市场上发布广告；第二，阿里妈妈创建了一个广告交换平台，借助这个平台，卖家可以将广告发布到外部网站；第三，淘宝客平台为第三方网站的营销联盟、广告量化和广告付费创造了一个市场，吸引了来自网络各个角落的流量（详见本附录中关于淘宝客的讨论）。

与线下广告的不同之处在于，线上广告的精准以及对行为和反应的量化能力。如果一个用户通过百度看到了你发布的广告，百度就会记录下来。如果用户点击淘宝上的广告并最终完成交易，阿里巴巴的广告引擎会提醒你。更先进的广告技术还可以让广告买家清楚地了解他们的受众是谁，有什么喜好和兴趣，可能对哪些产品种类感兴趣。在线下，要衡量广告费用的确切影响和带来的回报几乎是不可能的。相比之下，在线广告可以直接衡量和追踪卖家和买家之间的联系。

雅虎中国给淘宝生态系统带来重大影响的另一项重要技术是搜索。不出所料，淘宝在2008年开始不断升级其热度搜索规则。例如，升级后的搜索为销售额、图片点击率和转化率赋予了更大的权重。淘宝通过搜索算法的设计鼓励某些卖家的行为，使卖家健康成长。

第三阶段（2009—2012）

新的融合：搜索和广告

与广告结合在一起的搜索成为平台的“内燃机”。到2009年，许多卖家已经开始使用阿里妈妈的关键词广告产品直通车。对搜索关键词的竞价意味着与买家的接触，而接触又意味着更多的销售和改进的指标，改进的指标意味着更好的搜索排名，并且又可以通过搜索接触到更多的买家。搜索和广告产品的这种结合，让有进取心的卖家获得了爆发式成长。

要了解“内燃机”的工作原理，不妨看一下淘宝上零售产品的定位。为了避免蚕食线下销售，甚至损害品牌，一般的中国公司不会在线上和线下销售完全相同的商品。每个零售渠道都需要一个专门的产品策略，以便为客户提供独特的体验，也就是为每个渠道提供定制的体验。在淘宝的普通店面中，卖家通常至少会提供三个层次的不同利润率的产品：爆款产品、利润驱动产品和橱窗产品（例如，在女性配饰方面，爆款丝袜的定价可能是成本的1.6倍，而利润驱动产品和橱窗产品的定价可能分别为成本的1.8倍和2.1倍）。

除了有不同的盈亏线，店铺中的每一层产品都有其特殊的平台功能。以利润为导向的产品很容易理解，这些是每个零售商都想要出售的高利润商品。橱窗产品通常放在商店里，用于塑造一般的品牌形象和定位，对于很多卖家来说，这类产品的存货量都很低。

这些类目中最有趣的是爆款层级。爆款这个术语出现在平台形成初期的淘宝，后来很快发展成为相关类别单品的基本运营策略。爆款很便宜，但其质量超过价格。事实上，对卖方来说，爆款的定价水平一般是不可持续的。爆款对价格高度敏感的买家的吸引力显而易见，但其本身并不是为了利用规模经济，它们是为了给店铺建立声誉，并在搜索算法中获得更高的权重。

在电子商务中，位置和流量主要是靠信誉决定的，而信誉是由历史销售量和产品评分来量化的。快速积累声誉的最好方法是以低质量的价格提供高质量的产品，从而吸引大量的买家及其积极的反应。随后的信誉数据反过来会推高店铺的推荐位置，增加店铺的曝光，如此就可以让越来越多的买家访问店铺。在此之后，卖家的工作就变成了如何实现从流量到高利润项目的转化。

在中国的电子商务中，正是因为这种声誉形成技术机制以及对运营策略的影响，才有了产品三层次的划分。在一个线下的购物中心里，商店完全有权利在橱窗里陈列物美价廉的商品。这可能会吸引消费者的注意，但对于品牌的长期回报而言，其影响可能相当有限。但在线上，一家店铺在网上商城的位置与它的声誉和业绩表现密切相关。这就好比前面提到的线下商店，在销售了大量的商品后，它就可以更靠近自动扶梯。

许多卖家很快意识到，他们可以利用广告和搜索来快速提升自己的品牌。首先，他们会投资于广告，引导人流进入店铺购买爆款产品。促销活动能提高店铺的指标，赢得更好的搜索位置，从而带来更多的流量和销售额。了解该系统的卖家可以迅速利用该平台的数据智能资源推动业务发展。

随着时间的推移，这种“内燃机”也开始损害生态系统的长期增长，因为大型卖家会越来越大，最终导致平台的失衡。因此，为了让整个平台上的卖家能更加平衡地发展，阿里巴巴在后来几年中增加了对推荐技术的投入。

淘宝客：增长的网络

从很多方面看，广告技术的发展开启了淘宝最重要的爆发式增长期，也正是广告技术的发展，让淘宝生态系统的影响力开始向平台外扩散。除了通过阿里妈妈换取的外部广告外，淘宝的另一个营销联盟网络——淘宝客，也在网络拓展方面做了大量的工作。

淘宝客源于一个非常简单的想法。如果我买了一件衣服或一件家居用品，我可以向我的朋友推荐这个产品。如果朋友买了它，我可以从卖家那里得到一小笔佣金，作为一种帮他获取了新客户的酬谢。2008 年，当淘宝客的产品上线时，这种营销联盟的逻辑已经在日本和美国等市场建立起来了，其中最典型的例子就是谷歌的 AdSense（一种互联网广告服务）。这个平台允许网站在网页上嵌入广告，并将广告的内容转化为赢利。如果该网站的访问者点击了谷歌的广告，该网站就可以获得一小笔佣金。对于许多缺乏广告资源和销售团队的小网站来说，AdSense 提供了一份重要的终身租约。

淘宝客与 AdSense 的一个根本区别在于：中国的佣金是基于销售额，而不是点击量［在技术术语中，这是 CPC（每次点击付费广告）和 CPS（以实际销售产品数量来计算广告费用）的区别］。如果一个用户访问了一家小型媒体门户，看到一篇“如何喝粥才能减肥养颜”的文章，那么这个用户可能会同时看到一个出售木耳的淘宝链接。如果用户点击链接并查看页面，但最终没有购买产品，那么该网站将一无所获。

这种机制设计彻底改变了外部网站的激励机制。确保一个广告得到大量点击只是开始，用户只有进入淘宝并购买产品才能赚取佣金。在实际中，最实用的办法是引导尽可能多的人进入淘宝客平台，然后期待有一部分人最终会完成购买。因此，淘宝客鼓励懂行的网站管理员把流量引入淘宝。

所以，当淘宝客被引入淘宝生态系统时，它给卖家带来的不仅仅是额外的业务，还扩大了整个网络的边界，并向互联网上无数的外部网站开放了淘宝。随着规模较小的网站开始依赖淘宝客获取更多收入，它们的流量也涌入淘宝，急速地扩大了网络，满足了卖家的需求。这些新的流量来源意味着有越来越多的商家参与到淘宝客的项目中来。随着越来越多的买家进入淘宝生态系统，他们变得更具黏性，从越来越多的卖家手中购买商品。随着边界的扩大，这个网络也变得越来越浓厚，越来越密集。

淘品牌：物种的起源

仅用了短短几年，淘宝就经历了线下需要几十年才能完成的市场自然演化。各种角色开始分化，形成新的合作和竞争形式。就像细胞分裂一样，市场也变得更加复杂。其中最有趣、最令人兴奋的例子之一就是完全在网上孵化和成长的淘品牌（请参阅“御泥坊”专栏）。

御泥坊

淘品牌御泥坊展示了淘宝品牌的惊人增长潜力。短短 10 年，它从一家小网店成长为全球最大的面膜美容产品上市公司。与美国不同，美容面膜是亚洲化妆品圈的主力产品。预计到 2019 年，面膜在中国的市场规模将达到 130 亿美元。对这一核心产品的需求给御泥坊带来了巨大的成长机会。2007 年，该品牌仅是由两名兼职员工经营的淘宝小店面，年收入不到 10 万美元。10 年后，这个品牌的雇员超过 1100 名，打造了多条自主美容产品生产线，创造了超过 3 亿美元的收入。

2008 年，也就是御泥坊开创其面膜产品的第二年，淘宝市场进入了第一个指数级增长期。淘宝成熟的市场机制、技术基础设施和在线商家的持续发展推动了这一波指数级的增长，而这种增长也激励了各行各业的企业家，他们纷纷转向挖掘互联网的潜力，力图打造新的创新品牌。如今，这些新的消费品牌中有许多已经开始了长期业务，并成为上市企业。作为一个品牌和一个企业，御泥坊的成功故事在其中非常具有代表性。

生存第一（2007—2011）

中国民间有一个流行的传说，在古代，皇家将珍稀的泥浆一直视为珍贵的化妆品。这些物质的价值非常高，因此很多向皇帝呈献的贡品中也会包括某些可以造福后宫佳丽的土壤提取物。2007 年，御泥坊开始从中国湖南省开采的一种独特的云母泥浆中提取精华成分。为了精确地从混合物中分离出矿物质，公司使用了传统的中药研磨工艺来制备某些药物成分。（在研磨过程中，不溶性物质在潮湿的条件下被磨成精细的粉末。由于细颗粒会悬浮在水中，而较重的颗粒会下沉，故重复的湿磨可以有效地从黏液或泥浆中提取出最精细的颗粒。）

御泥坊最初致力于开发一系列可清洗的泥浆面膜。随着消费阶层的兴起，一群年轻、受过良好教育和富裕的新消费者开始要求更多样化的深层清洁产品。但当时，在中国唯一推出深层清洁解决方案的美容品牌是进口的意大利品牌贝佳斯（Borghese，而且，贝佳斯的产品只在一些特定的线下渠道销售）。虽然泥浆面膜是化妆品行业的利基产品，但市场时机已经成熟。御泥坊的泥浆面膜系列很快赢得了淘宝最年轻、最时尚用户的信赖。早些时候，该品牌 17% 的消费者来自中国最时尚、最西化的城市——上海。在两年的时间里，该品牌建立了强大的用户基础。

2010 年 4 月，淘宝与中国最热门的电视脱口秀节目之一《天天向上》合作，展示了几款只在线上销售的产品。御泥坊的创始人之一戴跃锋是电视节目的嘉宾，他将御泥坊定义为一种非常适合中国新时尚消费者的天然本土化妆品品牌。节目播出后，该品牌的销售额激增。2011 年，御泥坊将其在线业务的重点从淘宝转移到阿里巴巴面向知名品牌的电子商务平台天猫。在阿里巴巴旗下限时抢购平台聚划算上的成功跨品类营销活动，更将该品牌推向了新高度。当年御泥坊的销售额突破了 1 亿美元。

从初创企业到成熟品牌再到上市公司（2012—2017）

从 2012 年开始，御泥坊利用阿里巴巴的分析产品和大数据店铺来关注市场趋势，以确定哪一种产品更受消费者欢迎。该公司与一些中国最受欢迎的动画片（如《阿狸》）和电视剧（如《小爸爸》）合作设计推出了一系列一次性面膜。这个新产品系列使该品牌在年轻人的消费市场上占据了不同的市场份额。从天猫到聚划算再到阿里妈妈，御泥坊通过阿里巴巴各个平台上的成功营销实现了新的增长浪潮。2012 年“双十一”，御泥坊旗舰店在美容类产品销售中排名第一。

到 2013 年，该品牌的商业成功促使公司提升了内部组织的能力。御泥坊的母公司御家汇完成了由深创投（中国最大的人民币基金）、顺为基金（小米创始人雷军主导的基金，雷军后来也成为御家汇的董事）和前海基金牵头的三轮融资。御家汇从宝洁、联合利华和上海家化等化妆品巨头以及从阿里巴巴和腾讯等互联网巨头那里引入了多名中高级管理人员。

凭借雄厚的人才和资金实力，该公司创建了一系列面向中国市场不同领域的化妆品品牌。御泥坊还在研发和品牌发展方面投下重金。此外公司还果断采取行动，与强生、城野医生（Dr. Ci: Labo，日本第一大药妆品牌）和丽得姿（Leaders，韩国唯一一家上市化妆品公司）等海外化妆品品牌建立了深度合作关系。御泥坊帮助它们通过电子商务进入中国市场，还收购了台湾护肤品牌薇风（Wellfon）。

2014—2016 年，御家汇的营收同比增长超过 50%。2016 年，公司实现了超过 10 亿美元的销售收入。2017 年，公司售出了 4 亿多张面膜；自 2013 年以来，公司已售出逾 10 亿件单件产品，大约有 2000 万用户购买了该公司的产品。

2017 年 11 月，御家汇获得中国证监会批准在深圳证券交易所上市。该公司于 2018 年 2 月上市，成为中国第一家在电子商务领域进行首次公开募股的公司，也是中国化妆品行业的第二家上市企业。

“双十一”的诞生

2009 年末，新拆分出来的天猫员工坐在一起进行头脑风暴，他们讨论的问题是如何将天猫这个新市场变为主流市场。天猫被定位为阿里巴巴旗下一个大型知名品牌的平台，然而，有很多大品牌还没有看到加入这个市场的必要性。天猫觉得，一场促销或许能够吸引这些品牌加入这个平台。

中国传统的零售周期主要集中在 1 月或 2 月的春节以及全国各地的换季时刻。经过大量的研究，大家认为，无论是从产品类别还是从区域差异来看，11 月都是一个连接秋冬的理想时间点。这是搞一个超级大促销，制造中国“黑色星期五”的好机会。但有一个问题是，从 10 月 1 日的国庆节到 12 月下旬（当时大家很少庆祝圣诞节，因此圣诞节很难被当作销售的借口），中国没有像美国感恩节那样的一个重要节日。

找来找去，一直都没找到，这时候有人建议说，不如选择 11 月 11 日这一天。“双十一”被年轻人戏称为“光棍节”，是那些单身人的节日。之所以把“双十一”这一天叫作“光棍节”，是因为阿拉伯数字 11 形象地表现了单身人士的压抑和孤独感。

于是，“双十一”就这样诞生了。第一个“双十一”，在几乎没有任何准备和只有 27 个卖家参与的情况下，淘宝卖出了价值 5200 万元（约 800 万美元）的商品，这让所有参与者都惊呆了。很明显，他们开始心动了：2010 年“双十一”的销售额持续飙升，达到了 9.36 亿元（约 1.44 亿美元），超过了香港一天的总销售量。

尽管淘宝和天猫的增长速度令人眼花缭乱，但电子商务仍未进入普通零售商的视野。虽然有越来越多的线下品牌入驻天猫，但电子商务只是其运营的一小部分，在线营销人员的配备更是少之又少。在 2010 年的“双十一”，当市场需求远远超过卖家提前准备的商品数量时，许多公司不得不从其他渠道调货。然而，尽管“双十一”创造了巨大的销售额，实体零售商和购物中心仍然没有将电子商务纳入视野。

但到了 2011 年，电子商务的浪潮显然已经到来。中国本土的各线品牌甚至外国品牌，都开始在天猫上开设店铺。为了避免与它们的线下销售渠道发生冲突，这些品牌会拿出专供网上销售的产品，或者为网上消费者提供特殊的包装和花色。淘品牌（如御泥坊）也在那个时候开始成熟。当年的“双十一”交易额达到 33.6 亿元（约 5.17 亿美元），其中某个品牌的日销售额更是突破了 1000 万元（近 200 万美元）的大关。（实际上，GXG 这个男装品牌当日销售额达到了 4400 万元，约 700 万美元。）

就像沿海居民知道近海地震预示着海啸一样，每个人都看到了正在发生的事情。2012 年的“双十一”，淘宝的交易额达到近 200 亿元，这让很多人坐不住了。的确，第二天我就接到一个传统零售商的电话，他几乎一字一顿地问我：“再告诉我一遍，我怎么才能开始网上销售？”电子商务的巨变已经到来，在 2012 年时，每个人都可以看到，那些还没有在船上找到位置的人，以后只能和鱼睡在一起了。

第四阶段（2013—2016）

商城进化：新移动世界

2013 年秋，阿里巴巴管理层开始产生一种危机感。移动市场的渗透率飞速上升，腾讯的撒手锏应用微信在中国的智能手机领域所向披靡。然而，综观阿里巴巴，几乎所有产品、平台和政策都是为桌面电脑世界而设计的。无论是公司内部还是外部，人们都在将其与诺基亚和摩托罗拉等公司进行对比。诺基亚和摩托罗拉对市场变化的迟钝，导致自己失去了市场领导地位并迅速落伍。

当年 10 月底，阿里巴巴的业务部门进行了重组，资源从个人计算机时代的产品线转移。管理层开始为移动环境重新设计市场和产品线。淘宝的技术和产品团队开始着手应对巨大的技术和基础设施挑战：他们必须将一个基于个人计算机的平台转换成一个移动应用程序，而且要保证其在中国各个地区的各种设备上都能同样出色地运行。这些改革在当时挑战重重，但最终为市场带来了新一轮的增长。如今，绝大多数淘宝用户已经完全适应了移动购物和支付，这从 2017 年“双十一”第一个小时的移动设备交易额（超过 90%）就可见一斑。

对于个人计算机用户来说，淘宝的客户体验主要就是搜索、静态类目列表和偶尔的策划推广页面。同时，淘宝的应用程序则是由多种多样的横幅广告、直播、限时抢购、高级用户推荐、图文内容（淘宝头条）、社交网络、众筹、众包等组成。在这个应用程序中，用户可以找到丰富的产品渠道，从全球品牌到深度折扣，从新鲜食品到奢侈品，应有尽有。在应用程序的不同部分，卖家、产品甚至商业模式都有很大的不同。

最重要的是，数据智能在背后主导了这个应用程序的运行及其结构的不断演化。淘宝的应用如同整个生态系统，一直在不断变化，并且越来越智能。它就像一个虚拟的商场，商场中的每个店面都是为顾客定制，甚至连商场本身的布局都可以重新安排。例如，限时抢购频道能够根据用户的要求对其产品进行动态排名，甚至在消费者开始浏览某一特定频道之前，数据智能就已经在幕后工作，将消费者引导至自己想要购买的产品页面。再比如，许多用户看到的引导他们进入某品类或某专业频道的图片已经高度个性化，而进入同一频道的不同用户会看到不同的图片。

更深层次的网络协同和更强大的数据智能推动了商品交易成交总额的增长，同时也在移动生态系统中孕育更多的新功能。在个人计算机时代，淘宝从一个买卖双方的论坛发展成为一个拥有各种商家支持功能的市场。独立服务供应商、市场机制以及底层技术基础设施，都随着市场的发展而有机演化。2013 年淘宝向移动端转型后，市场同样在继续发展，更多的角色和商业模式涌入了这个平台。淘宝为新一代的独立服务供应商创建了另一系列的机制和基础设施。

移动市场的第一批新参与者由联盟营销人员和产品推荐人员演化而来，他们在这个平台上经营了多年。这些新玩家靠帮卖家整理推荐产品和赚取佣金生存（他们类似于线下的时尚买手）。在移动时代，越来越多的整合者开始利用社交媒体平台来发现和传播他们的产品列表。推荐者和通常被称为意见领袖的用户群体之间的区别开始变得模糊，很快，社交媒体影响者和网站开始通过淘宝佣金赚钱。淘宝爱逛街和有好货提供专门的虚拟“货架”，供这些人展示他们的商品。

在众多联盟营销渠道的背后，一个共同的支付结算基础设施支持着创业者的返佣赢利模式。当第三方作者（一种新型独立服务供应商）创作营销文案时，他们不可避免地会在文章中嵌入淘宝产品的链接。这些链接产生的转化率会以 CPS 方式计算佣金，其中 20% 归作者，10% 归平台。对于许多卖家来说，佣金是一笔可以接受的营销支出，尤其是考虑到如今以数据智能为基础的流量，要比其他传统搜索和广告渠道更精确。

精明的读者可能会注意到，这种支付基础设施类似于之前描述的淘宝客（淘宝客让联盟营销人员从传播链接所产生的销售收入中赚取佣金）。事实上，淘宝客与这些联盟营销平台之间的基础设施是一样的：CPS 佣金模式向新型内容的扩散，是淘宝在移动世界发展的一个标志。和至今仍在淘宝上为网络协同提供便利的应用程序接口一样，淘宝客基础设施的新用途也显示出，核心平台基础设施可以在新的情况下得到继续扩展和重复利用，并造福于不同的用户。

从搜索到推荐

平台某些部分展示的完全是基于推荐的产品内容，这些部分是对数据智能利用的进一步深化。

以前限时抢购频道由淘宝员工负责运营，他们在频道的策划内容要么来自与商家谈判，要么直接选自标准产品池。然而，随着淘宝移动技术的进步，淘宝应用程序开始专注于纯粹的算法频道。在这些频道中，向消费者展示的产品完全是由数据智能选择，包括针对高消费用户的专门推荐区域，以及显示在淘宝应用主屏幕最下方的单品。(这个被称为“猜你喜欢”的项目推荐区域不容小觑，应用程序内的位置可谓寸土寸金，但“猜你喜欢”可以轻易为愿意继续滚动屏幕的用户显示100多个精确相关的产品。)

在淘宝应用程序中，推荐可谓无处不在。当消费者进入某个店铺或浏览商品时，系统还会推荐同一商店的其他商品。在用户购物车的底部，淘宝会向你展示购买同款商品消费者所购买的其他商品。在结账之后，用户将看到其他可能引起购买兴趣的商品推荐。当用户打开最近的订单检查配送状态，如果他感到无聊并向下滚动订单信息，就会看到更多数据智能带来的产品推荐。在搜索等互联网产品中，广告是干扰性的，甚至会伤害用户体验。然而，由于淘宝应用程序本身就专注于购物，放在相对不显眼位置的产品建议也不会对用户造成干扰（毕竟用户的浏览目的是为了购买）。淘宝应用程序努力将应用程序的每一个角落和缝隙变成智能产品，帮助商家创造尽可能多的销售机会。通过这些商家策略，消费者正在以越来越智能的方式接触到他们最感兴趣的商品。

淘宝应用程序背后处处都有数据智能的影子，而且往往是用户完全想不到的领域。例如，横幅广告是电子商务网站的主要营销手段之一。在过去，广告文案和视觉广告是行业内设计师的专利。一些设计师受雇于商家，但许多独立公司为电子商务运营商提供专门服务。一年到头，这些公司都在忙于设计工作，但当遇到大规模促销活动（尤其是“双十一”）时，许多设计师会发现自己完全无法满足蜂拥而来的产品需求。这时候你可以试着用一下“鲁班”——一款由阿里巴巴推出、以中国古代最著名工匠命名的人工智能横幅广告设计软件。在2017年“双十一”期间，“鲁班”制作了4亿条横幅广告，即每秒制造8000条。加上淘宝应用程序的个人化广告引擎，“鲁班”几乎让每个消费者都能看到不同的广告——即使这些广告指向的是同一种产品。

从零售到内容

从2014年起，淘宝开始进一步进军内容领域，同作家、在线内容生产商、知名媒体和出版商进行接触。除了狭义的零售产品，淘宝还创造了一个用户可以消费与零售相关内容的环境。移动淘宝上的产品和商业模式与之前的个人计算机版截然不同，后者更侧重于偏狭义的商业。

出现在淘宝应用程序上的第一类内容是一系列赞助文章，这些内容被集中放置于一个叫作“淘宝头条”的醒目位置中。这些特稿长度的文章都出自第三方营销者，其内容多与某些行业或产品品类相关。例如，“适合矮个子女孩的长款冬装”“谁赢了化妆水大战：中国还是法国”，这些作者的文笔可能算不上优秀，但淘宝头条本身并不是为了推销经典好文章。这些文章其实是一种间接的广告文案，是商家有效的营销手段（正如上面提到的那样，这些作者可以通过淘宝客获取销售佣金）。

和淘宝应用程序的其他专门部分一样，淘宝头条也将数据智能融入其渠道构建中。甚至在用户进入该渠道之前，数据智能就开始发挥作用。淘宝应用程序首屏的头条入口是一个精选内容标题的跑马灯。哪些文章能显示在首屏轮播中，完全基于用户以前的购买历史和浏览行为。当用户进入频道，他看到的内容也和搜索结果一样，是个性化的。当然，由于淘宝头条是将用户与内容（而非产品信息）进行匹配，因此其算法会从更多层面考量用户，以有效地将用户与文章匹配。更复杂的算法和数据技术能够将匹配效率最大化，推动销售，为越来越多的内容提供商创造佣金收入。这样做的结果是淘宝头条本身变成了一种智能产品，其价值也在随着用户行为和反馈的不断变化而演化。

在 2014 年和 2015 年的图文内容取得成功后，淘宝于 2016 年开始进军视频内容领域，并开始全面提升各部分的视频技术。在中国，在线视频技术于 2015 年左右开始蓬勃发展，此后流媒体直播很快席卷淘宝平台。通过手机应用，用户可以观看社交媒体意见领袖、网红、行业专家以及品牌和商家代表的直播。这些直播流可能会带着用户参观中国的工厂和仓库，可能会向观众展示世界各地的买家在折扣店买什么，也可能是唱歌和跳舞——天马行空，无奇不有。对于中国网民而言，这些流媒体直播的最大吸引力在于能让他们有机会直接咨询产品，抢到只针对直播用户的产品或促销，甚至还能与主播交流谈笑。对于商家来说，直播支持了品牌营销，增加了用户参与度。

视频现在已经登录淘宝的所有应用程序。以前产品细节介绍通常是静态的文本和图像，但现在都是品牌方制作的短视频。特别是对于服装和化妆品等感观和体验都很重要的品类而言，视频内容大大提升了用户体验。买家甚至可以上传一些简短的视频（通常只有几秒钟）作为对自己购买产品的评论，比如，展示一下笔好不好用，或者衣架好不好组装。对于社交媒体来说，视频并不是一项新技术，但当平台拥有数亿活跃买家时，允许用户大规模上传自制内容也是一项重大的技术挑战。（如今，为平台卖家提供专业视频制作的独立服务供应商正在茁壮成长。这毫不奇怪，在移动世界里，新的创新比比皆是。）

淘宝甚至与中国各地的知名导演和制作公司合作，以原创短视频的形式推动销售。2016 年，淘宝悄然于应用程序内推出了一款名为“淘宝二楼”的“秘密”区域，用户每天晚上 10 点后可以在主屏幕上向下滑动进入。这款应用程序的“二楼”最初是专门为淘宝制作的在线视频系列《一千零一夜》，这个视频的每一集都会讲述一个不同的人，在一个奇妙餐厅享受不同午夜小吃和重温过去的故事。在每个奇幻视频的结尾，观众可以从平台上的商家那里购买到特色美食。

这部短视频大获成功，成为中国营销界的经典案例。更重要的是，它还销售了大量的食品。视频的第一集讲述了一位青岛女孩在远离家乡的上海打工的故事。在一个没有打到车的雨夜，她偶然发现了一家神奇的餐厅。走进餐厅，她发现里面别有洞天，厨师给她端上了家乡的鲅鱼饺子，还叫出了她的名字，祝她生日快乐。身在他乡的人很难吃到用青岛本地鲅鱼制作的饺子，家乡的味道让人回忆起家中的饭菜和美好的童年。

视频直播结束两小时后，消费者购买了 20 万只饺子。在这个 16 集系列视频的播出过程中，用户一次又一次地对故事中的美味表现出意想不到的狂热。进口伊比利亚火腿是一种价格昂贵且极具利基市场的产品，然而当这种商品出现在某一集节目后，没出午夜，出售该商品的店铺就卖掉了全部现有库存。（得知这个消息后，西班牙驻华大使馆的官员直接打电话给淘宝的营销团队，想要了解关于这个视频系列的更多信息。可以理解，这个电话让年轻、毫无准备的淘宝员工一时间不知所措。）

这一系列视频的意义不仅在于为部分商家带来了巨大的销量，它还提醒用户，淘宝提供的不仅仅是商业或产品，它让用户回想起淘宝的初心：它是一个论坛。在这里，一个人可以买到任何人在任何地方出售的任何东西。“深夜”系列试图把用户带回一个他们只剩下隐约印象的淘宝，一个十几年前远离了我们的淘宝，一个不太“专业”但更真实的商人、每个产品背后都有一个真实故事的淘宝，一个可以在办公室的下午间歇和陌生人网上闲扯的淘宝。它把我们带回了当年那个小而温暖的网上家园，那时候，新事物正在发生，而虚拟的空气中飘荡的全是关于未来的气息。

淘宝网在继续发展，唯一限制这个平台发展的是技术和我们的想象力。

附录C　概念基础

统一的战略理论

我的战略观包括传统的战略观念和未来的创新理念。传统的战略观念是以规模经济为基础的。线形或链状的公司结构旨在控制投入，实现效率的最大化，从而降低产出成本并提高自身价值。生产要素是资本、机械、原材料、劳动力和运行这一切的管理。由于这些因素昂贵且难以组合，它们赋予了一个企业重要的竞争优势。以往，长期的规划、良好的战略和有效的组织能够使竞争优势最大化。一家企业的成功需要时间的累积，其产品的生产也是如此。同样，商业失败或企业产品的衰亡也发生得很慢。因此，经济更加稳定，企业的未来也更加可以预测。战略思维和其他工具，比如迈克尔·波特的“五力”分析和SWOT（优势和劣势、机会和威胁）分析，就是用来帮助商业领袖在这样的环境中前行。

随着一些传统产业的过度拥挤和技术手段的改变，商业领袖和学者们发展出新的战略观念和其他工具。彼得·德鲁克对知识革命的精彩描述解释了计算机和其他先进技术的出现所带来的变化。克莱顿·克里斯坦森关于颠覆性创新的观点，为企业如何理解变革、如何应对新技术或方法的颠覆提供了一个模板。荷兰皇家壳牌的情景规划能够帮助企业在一个难以预测的环境中进行战略规划。

W. 钱 · 金（W. Chan Kim）和莫博涅（Mauborgne）的蓝海战略帮助企业和企业家一起开发新市场，而不是进入或加剧现有领域的竞争。

最近，波特就科技如何在其连续的浪潮中重塑传统竞争和战略做出了敏锐的描述。[1]第一波自动化的商业活动和标准化的商业流程，造就了知识革命。第二波浪潮让企业得以协同和整合全球供应链，提高了生产率。第三次浪潮正在进行中，它改变了产品本身。波特做出了许多有价值的贡献，但他认为竞争和竞争优势的规则和原则是持久的。

随着不同技术和市场的发展，战略思想家和战略顾问们修订了他们的理论，以帮助管理人员能够适应不断变化的新技术环境。虽然不断更新，但这些分析工具并没有抛弃工业经济的核心特征——线性的、计划的、内部的优化和外部的竞争。要不然他们就为传统商业和数字商业发展出不同的战略框架，例如，平台战略大力吸收了网络效应理论，倡导了一些类似于我们在阿里巴巴使用的原则。但是平台策略的讨论并没有扩展对一般商业实践的影响。此外，平台策略的文献侧重于策略的内容，而对策略的过程了解甚少。

今天的商业战略家很少预见到，整个商业景观，无论是传统的还是数字的，都将被重建为一个网络。网络不再是线性的、可规划和可控制的，它具有非常不同的特性。分析所必需的工具和提高业绩表现所需的工具是非常不同的，我稍后将描述这一点。战略思想家很少考虑这些变化将如何改变竞争的本质。在新的范式中，未来的生产要素是对每个人开放的——任何人都可以在线协同，并且数据、算法和计算能力是能够从云端以可变成本获得的。变化发生得越来越快，社区聚集和分裂得越来越快，个性化越来越受重视。在这种环境下，许多传统的战略工具将变得无关紧要。

这本书提供了一个可以同时覆盖互联网公司和所有其他企业的统一理论。新的力量正在推动企业不断发展演化，每一个企业的未来都将变得智能化，即利用数据智能和网络协同，动态地满足客户的需求。

信息和网络经济学

书中我对众多经济学概念的引用，体现了我本人的策略研究路径。这一路径是由我所兼具的产业和学术背景决定的，它强调的是智能商业应如何使用不同的方法来应对基本的经济动态。在深层次上，智能商业的战略涉及协调经济关系（网络协同）和设计定量优化这些关系的机制（数据智能）。虽然大多数商业人士都已经了解到，计算机科学对于企业家创新是至关重要性的，但很少有人认识到，对于技术驱动的商业而言，熟悉经济理论和概念也正在变得越来越重要。换句话说，所有商业都应该关注经济理论。

在本书中，我从直观的角度解释了为什么数据和网络相互依存，并创造了一个相互强化的价值闭环。你的网络越宽广，产生的实时数据越多，数据智能在整个网络中的作用就越大，所有参与者协同效率也就越高。我用双螺旋结构的比喻说明了智能商业为何在实践中如此具有竞争力。然而，我可以更进一步，利用经济理论来讨论智能商业为何重要的背后逻辑。

智能商业始于网络上的信息共享。与物理产品完全不同，信息和数据网络的巨大价值建立在信息独特的经济属性之上。与物理产品的边际生产成本不同，复制信息的成本接近于零。你可以重复、低成本地发送信息而不会产生信息损耗。当信息在整个网络中得到共享时，信息不对称——市场失灵和崩溃的根本原因——就会显著降低。作为一个去中心化的、分布式的和点对点的网络，互联网非常适合处理信息。

此外，实物商品的消费消耗价值，但信息的消费创造价值。如果觉得这种对比不直观，你可以再想想本书前面提到的网商银行的例子。进行贷款并披露风险偏好的卖家越多，风险算法就能越准确地为这些卖家计算出最优贷款产品。换句话说，出借方的运行数据得到越多的使用，它就会对卖家和平台产生越高的价值。这种积极的反馈闭环正是我一直强调网络丰富互动重要性的原因。正如托马斯·杰斐逊那句名言："传播思想，无损于思想的传播者；同样，点燃蜡烛照亮他人者，也不会给自己带来黑暗。"[2] 反馈创造更多信息，也可以说，它让知识浮出了水面。

最后，信息的价值是难以预测的，对于不同的人而言，信息的价值也不尽相同。正如第五章所述，每当大E提供一批新服装的预览时，她都无法知道谁会喜欢哪件裙子或上衣，所以她的目标是通过最大的网络分享它们。如果能够通过各种不同渠道满足尽可能多的人，信息的价值也就能够实现最大化。这个想法与集体智慧的概念相似。通过扩展网络共享信息可以创造最大的价值和最大的潜在收益。信息的这种特性以及信息流量的业务模式，是智能商业拥有内部网络效应和强大信息驱动优势的关键原因。我们同样可以预测，如果商业活动能够以互联网为基础构建网络结构，则其所具备的经济优势将为全社会创造巨大的经济收益。

机制设计

正如第八章所述，组织必须创建既能提升软件开发效率，又能激励公司内部行为的机制。这种组织工程的方法及其相关学科被称为机制设计。

机制设计的概念来源于经济学和博弈论，用以描述工程策略或经济互动的原则。当一个互动被概念化为一个博弈时，可以通过设计博弈规则以实现预期结果，例如公平、最优价格或最有效分配等。从本质上讲，机制设计描述的是比赛场地、规则和团队位置如何影响了“运动”（行业或企业）中的博弈及博弈结果。

随着互联网的普及，学者们已经成功地将机制设计应用到了在线社交网络，且逐步应用于人类情境之中。在《智慧社会》（*Social Physics*）一书中，麻省理工学院信息技术教授阿莱克斯·彭特兰（Alex Pentland）描述了他和同事如何使用技术来科学地测试不同的员工安排。[3] 为了找出更有创造性、更有效率和更智慧的做法，彭特兰和他的同事研究了员工的物理位置，他们如何错开休息时间，以及他们如何进行在线互动。在他的实验中，为了抑制冲动和从众反应，线上股票交易员可能需要更少的实时交流和更少的信息更新。

但在其他大多数情况下，协作团队希望建立一个系统，以便让所有团队成员有平等的时间讨论和表达所有想法和关注点。回头看来，这种机制设计的结果似乎显而易见。但是，研究人员在相关领域花费了数十年的心血，才证明设计业务机制对于获得最佳结果的重要性。例如，计算机科学家研究了屏幕显示的更改或电子邮件系统中内置的交互规则会如何影响结果或使用情况。

从物理体系结构到技术基础结构再到激励结构，组织可以通过多种方式将机制设计巧妙地整合到各个层次的运营中。一个相对简单的结构调整是设置更多有助于互动的会议区域，甚至还可以重新设定通道、办公室或者聚会地点，以便能够聚拢那些通常分散于各处的优秀人士。例如，谷歌旗下自动广告服务 AdWords 的排名方法就源自一次轻松的桌球游戏。游戏期间，来自不同部门的 5 名员工开始讨论拉里 · 佩奇对 AdWords 的抱怨。他们决定接受挑战，并在那个周末就研究出来新的竞价排名的基本模型。[4]

这种智慧的碰撞看似偶然却并非偶然。自由讨论之所以会自行发生，皆是因为有巨大的投入（谷歌的食堂曾经安排一名产品经理来优化用餐这个“游戏”）。谷歌的大多数免费优惠不仅节省时间，还有助于促进互动。桌球和乒乓球在硅谷很受欢迎，因为即使大家互不了解，也可以轻松进行此类游戏对垒。谷歌、脸书、阿里巴巴等公司的设施之所以被称为校园，绝对是有充分理由的。

微软提供了另一个更复杂机制的早期案例。这家软件巨头通过巧妙的员工绩效指标设计来直接激励共享和协作。微软的内部数据库可以跟踪代码和软件的编辑，因此能够记录和评估个体工程师的业务贡献。然而，公司不会因为工程师编写了更多的代码而奖励他们；相反，它会奖励那些代码被更多员工复用的工程师。这个机制设计的案例对组织有根本性意义。由于有良好的激励机制，工程师本能地想要写出对更多人有用的代码，冗余工作和内部竞争都减少了，而这仅仅是因为对评估机制的合理设计。

大多数互联网公司都采取与微软类似的方式来鼓励全局最优行为。例如在谷歌，代码未得到任何其他团队复用的工程师可能会得到差评。如果你的工作成果很棒，为什么其他人不用呢？在公司内部进行更有效的交互和协作，要比简单地激励个体更能有效也提升组织效率。在需要创新的地方，例如在知识密集和高水平的智力环境中，机制设计的成果会更为突出。

机制设计几乎可以在任何环境下促进创新和协作，但对阿里巴巴来说，我们面临的挑战不在于建立鼓励分享的聪明规则，而在于创建高效的协作平台。正如第八章中的 Aone 一例所示，如果你的代码没有在云端创建和更新，其他人就无法跟踪谁在创建和共享什么内容。要通过机制设计来制定激励措施，首先需要一个技术基础设施来实现这些机制。有了 Aone 平台，阿里巴巴现在可以在众多业务的越来越多的领域尝试机制设计。当工作性质完全不同的员工也开始互动时，一种令人兴奋的新的协同也就变成一件可期之事。

阿里巴巴还仅处于将网络理论、社会物理学和复杂系统等思想应用于实际的早期阶段。然而在学术界，这种听起来很深奥的物理学、经济学、生物学和社会学的学科交叉实际上已经相当成熟。

分析智能商业

在讨论商业模式和进行公司分析时，我经常使用图 C–1 来解释和量化数据和网络这两大力量。通过商业模型中网络协同和数据智能的标绘，我们可以确定任何企业的战略位置，并对其优势、劣势、模式及产品做出评估。

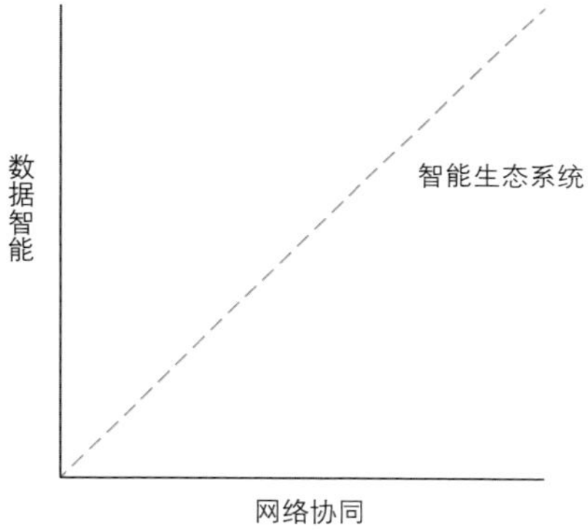

图 C–1　企业的战略定位

最大和最有前途的公司集中在图 C–1 的右上角，而更传统的企业位于左下角。原点处有许多所谓的传统公司，它们的运营完全不依赖于复杂的协同或数据驱动的优化。在右上角的是一些颠覆性的公司，它们重新定义一个又一个的行业。全球互联网公司正沿着图 C–1 上的虚线大步前进，在网络协同和数据智能方面齐头并进。目前全球市值最大的前 10 家公司中有 6 家是互联网公司。

我们能从图 C-1 中学到什么？那就是：赢是网络和数据合力的函数。

在商业模式中，同时使用网络和数据可以获得额外的优势，因为每一种力量产生的优势通常是建立在彼此之上的。这种双重优势是贯穿本书的主题，尤其在阿里巴巴的众多案例中都有最突出的体现。例如，依靠来自庞大卖家网络的实时数据，网商银行的小额贷款业务能够持续确定最优的信用评级和利率，淘宝的搜索和推荐产品也同样实现了买家和卖家的高效连接。即使你的公司不像阿里巴巴如此庞大，也可以朝着这个方向前行。例如，如涵的 Layercake 基础设施就是为了协同来自零售平台、社交媒体和制造网络的数据和流程。

在实践中，网络协同和数据智能有着类似的基础要求，例如需要将所有活动软件化，将业务流程在线，确保应用程序接口间的数据流动。此外，这两种力量会相互作用。确切地说，网络的发展需要数据智能。如果一个由众多参与者组成的网络没有得到数据智能的协同，它将很快陷入无效的泥沼。想想 2016 年“双十一”期间高达千亿元的产品推荐，这就是一个支撑产品、卖家和用户庞大网络所需要的智能。网络依赖数据智能，如果没有计算能力和机器学习方面的突破，涉及如此规模和如此复杂网络的商业模式和组织形式根本无从实现。近 43% 的中国人以不同方式参与了“双十一”的促销活动，这种复杂的协同只能通过数据智能自动完成。

与此同时，如果没有大量多样的数据，数据智能往往也没有什么价值。蚂蚁金服需要依靠来自不同数据的三角分析才能得出经验上可靠的信贷衡量指标。在许多应用程序中，带来价值的不是数据本身的大小，而是其丰富性和新鲜度。正是因为如此，我们强调的是实时数据。当实时数据来自不同但同样新鲜的来源时，其价值就会飙升。淘宝上的手机推荐比个人计算机环境下的推荐要有效得多，其原因在于移动环境下的用户活动更深入、更有活力。潜在消费者正在使用的时间、地点、设备和其他应用程序构成了不同的数据流。现在，设想将同样的原则应用于业务流程本身。如果如涵能够将自己的设计选择建立在淘宝等平台的实时数据流基础之上，服装消费者的偏好会发生何种变化？如果建立在 Instagram 之类的社交媒体上的更广泛的产业趋势，或者建立在整个供应链的现有能力上呢？如果真能如此，那么不但整个设计过程和现在完全不同，其效率恐怕也会大大提升。

正如搜索网络需要数据智能一样，将数据智能添加到有关用户及其活动的信息网络中，会使网络更强大、更有价值。推荐引擎通过更广泛的网络输入产生更好的结果，而网络反过来推动推荐变得更聪明、更智能。在本书中，为了帮助企业能够更有效地展开运用，我们对网络和数据这两种力量进行了分别讨论。但实际上这两股力量之间强大而相互加强的关系打造了一个良性闭环，这个闭环展现了智能商业的精髓。

赋能：网络商业的逻辑

平台（或面，如第六章中所述）和网络中其他参与者之间的关系需要仔细审视。谁在平台上做业务决策？是平台本身以某种计划经济的形式在做决定吗？所谓点和线的行动都是完全独立自主的吗？自由放任还是命令控制，这是每个生态系统和业务平台需要权衡的问题。在阿里巴巴，经过多年的运营甚至哲学斗争之后，我们得出了一个简单的指导原则：平台的作用是给平台上的参与者赋能，而不是管理他们的行动。

在有关工业经济的经济学文献中，市场和层级之间存在明显的分裂。它们是连续统一体的两端。市场依靠分散的、基于信息的机制（如拍卖）来做出决策，而层级则依赖于集中的决策，即命令和控制的管理模式。层级内化了许多本可以市场运作的职能（两个或两个以上伙伴的互动和交易构成了市场），以减少协调或交易的成本，实现规模经济。网络作为市场和层级的混合体，曾经被认为是传统组织经济学中的一个特例。因为很难找到实例和最佳实践，所以组织网络一直难以被定义。

随着互联网的渗透，像淘宝这样的协同网络正变得越来越普遍，而且将成为未来的常态。随着基础设施的建立，更多的知识可以通过应用程序接口和其他共享手段广泛获取，内部网络的参与者也开始参与注意力和资源的竞争。正如前面提到的，如果没有人重用他们的代码，一些公司会给软件工程师某种形式的差评。换句话说，基础设施在许多方面构建了一个内部市场，并对外部市场自动响应。如果一个产品的销量在增长，需要更多的工程或其他投入，它就会得到资源分配。系统建成后，那些在绩效排名中名列前茅的项目或产品就可以陆续得到资金支持，直到资源耗尽为止。为了创造系统范围内的最好结果，人类设计改进了这个系统并对其进行持续调整，这非常类似于我们在第四章中提到的——为了努力服务好生态系统，淘宝持续地调整其搜索方法。如此一来，随着市场接受度的增长，资源协调也变成了一种自动现象。从本质上讲，企业不再是一种将价值链的某个部分进行分层管理的手段，它本身正变得越来越像一个市场。

未来的企业将使用数据智能和网络协同来模拟市场机制。此外，随着网络的扩展超越了组织的边界，它会推动越来越多的类似市场的互动。公司连同其伙伴公司，正变得越来越像一个开源社区。网络商业不同于传统商业，网络运行也是一个不同于传统管理的过程。运行一个网络，需要的是给参与者赋能，而不是管理他们。

与拥有特许经营权或分支机构的传统零售商或品牌所有者不同，淘宝平台不管理其网站上数以百万计的独立品牌。除了对某些交易收取佣金外，它与企业本身没有直接的财务关系。总体而言，该平台看起来像是一个具有分散组织功能和一定控制手段的服务提供者。

淘宝的历史是新兴独立服务供应商崛起的历史，也是这些供应商逐步引入业务所需工具和基础设施的一个过程。通过这种稳步的转型，该平台从一系列垂直应用中脱颖而出；生态系统则伴随着新角色和新进入者之间的相互作用逐步演化。然而，多年来阿里巴巴一直没能找到处理这些关系的既定模型，更谈不上为这些关系的组织建立框架。作为内部的知识分子，我也在这个难题上花费了大量的精力。

平台可以理解为网络的中心枢纽，但是平台和平台上卖家的确切关系是什么呢？平台应该做什么？如第六章所述，平台（面）不能没有销售者（线参与者），然而，这个面并不能像传统意义上的“管理”那样管理线参与者。

将卖家视为平台服务的客户也无法解决问题。卖家是平台的客户，但他们也为平台的其他客户，即买家提供服务。卖家也不是平台的子公司。在零售环境中，平台看起来像是一个虚拟购物中心，但它通过创建激励机制和绩效指标来确定哪些卖家可以参与促销，获得平台的推广和赞誉，从而对其“租户”具有显著的控制权（这些是我在前面提到的机制设计的例子）。

现有的模型无法帮助我们理解平台和商家之间的关系，但这种关系却是我们商业模式的基础。在2012年，经过数月的讨论和反思之后，我们的战略团队终于找到一个似乎抓住了平台和商家之间联系本质的词——赋能（这个词最初直接用英语enable表达，后来被团队翻译成了中文，字面意思是“赋予能力”）。我在第八章关于组织的讨论中描述了这一术语。综上所述，赋能工作包括提供基础设施和解决方案来降低商业成本；更为至关重要的是，这些解决方案中的大多数都是基于数据运行的软件即服务产品。

赋能明确了平台和卖家之间的界限和分工，确立了生态系统的治理理念。在一种赋能关系中，淘宝和商家是真正意义上的合作伙伴，两者通力合作，为买家提供产品和服务。这些产品本身是由商家创造的，但是淘宝的应用界面（比如移动淘宝或者“双十一”的销售）深刻地影响了买家的体验。平台与卖家共同为买家提供服务。

在实践中，淘宝作为一个平台站在商家的身后，支持他们的销售和品牌建设，为他们的成功创造基础架构。在任何生态系统中，平台企业主要负责提供基础设施，以支持商家的运营。基础结构包含为商业赋能的两个关键要素：工具和规则。工具是能够实现连接和协作的产品和功能，比如应用程序接口技术或淘宝网客的营销联盟平台。规则是促进健康合作和竞争的机制，比如淘宝的声誉系统或搜索算法。规则非常重要，因为它们直接影响市场的运行方式。基础设施协调平台上的关系，为生态系统成员提供所需的资源和适当的激励。从严格意义上说，整个生态系统的基础设施服务是一种公共产品，它们能够创造外部性和网络效应，使生态系统中的商业更具效率。这些服务包括提供网络协同或数据智能的功能，这就是我们所说的“赋予能力”。

赋能是对商业网络中各种关系进行概念化的最佳方法。由于网络处于市场和层级结构之间，所以它的逻辑不同于传统理论中的市场构建或层级结构组织管理。该平台本身并不管理卖家，但其决策和策略与卖家的业务息息相关。卖家并不像传统市场所描述的那样“保持一定距离”。卖家离不开平台，平台也离不开卖家。如果卖家没有成功，该平台就有被竞争对手或新进入者超越的风险。赋能行为的规则是新的，旧的定义不再完全适用。

随着网络遍布商业世界，企业和市场之间的界限也越来越模糊。个别企业（例如融资平台）之外的外部市场正变得越来越像网络。在许多组织内部，严格的等级结构正在让渡给更富流动性的网络，而内部网络和外部网络之间的流动也变得越来越顺畅。

总体来说，赋能的逻辑广泛适用于从行业（第六章）到公司内部（第八章）的所有商业网络。我在第二章和附录 B 中对网络协同的讨论本身就解释了赋能的工作原理；在第四章，我又针对技术层面的网络各方赋能提出了自己的见解。

网络协同和数据智能是最高形式的终极赋能。无论是平台还是企业，所有的组织都必须加快这两种基本力量的成长和扩散。

注　释

前　言

1. 在本书中，人民币兑换美元的汇率统一设置为 6.5 元兑换 1 美元。
2. "Inside VISA," https://usa.visa.com/dam/VCOM/download/corporate/media/visanet-technology/aboutvisafactsheet.pdf, accessed March 24, 2018.
3. 从 2016 年开始，主流的商业媒体似乎集体觉醒，开始意识到中国的科技行业实际上也能创新（但可能已经晚了 5 年）。关于这方面的部分文章，参见 Paul Mozer, "China,Not Silicon Valley, Is Cutting Edge in Mobile Tech," *New York Times*, August 2,2016; Jonathan Woetzel et al., "China's Digital Economy: A Leading Global Force,"*McKinsey Global Institute*, August 2017; Louise Lucas, "China vs. US: Who Is Copying Whom?" *Financial Times*, September 17, 2017; and Christina Larson, "From Imitation to Innovation: How China Became a Tech Superpower," *Wired*, February 13, 2018.
4. 在 64 家公司之中，阿里巴巴被投资工具和研究网站 CB Insight 的投资者和关注者评为"买入并持有"10 年的首选企业。阿里巴巴获得了 63% 的支持率，击败了排名第二的亚马逊。CB Insights, “What Is the Best Company to Invest In and Hold for Ten Years?” *CB Insights*, n.d., accessed March 10, 2018,www.cbinsights.com/research-company-investment-bracket.

5. 在阿里巴巴内部，马云在起名上的创造力是我们公司文化的重要组成部分。“总参谋长”事实上来自五角大楼“参谋长联席会议”的中文翻译。马云没有直接称我为“首席战略官”，是因为在他看来，首席执行官才应该是公司的首席战略官。
6. Sun Tzu, *The Art of War, trans*. Lionel Giles（Blacksburg, VA: Thrifty Books,2007）.
7. 在中文中，“网红”是网络红人的缩写，字面意思是“互联网名人”，在西方科技媒体中时常被对应翻译成“internet celebrity”，本书英文版则更为简洁的将其称为“web celeb”。网红这个词可以追溯到 2013 年，当时在微博和其他中国社交媒体网站上出现了首批社交媒体意见领袖。此后，网红便成为某类特定年轻女性的常见绰号：在整形手术和照片编辑软件的帮助下，她们以刻板的女性美在互联网上寻求名气与财富。毋庸讳言，在一般的语境下，网红这个词通常带有一点贬义。本书中的“网红”是一个中性词，对其讨论仅限于中国的电子商务领域，并且主要关注其商业模式创新。
8. 淘宝和 LIN 这样的企业无竞争关系，后者通常在淘宝上运营，而不是在天猫上。淘宝的收入建立在广告模式的基础之上，企业在这种模式下为竞价排名和高质量流量付费。

天猫是阿里巴巴为品牌商家提供的市场，以佣金为收入来源。根据行业和产品类别的不同，天猫收取的交易佣金为 0.4%~5.0%。通过天猫全球运营的外国商户还需要为支付宝的外汇交易处理支付 1% 的交易费。有关阿里巴巴不同平台和业务的更多信息，参见附录 A。

第一章

1. “网络协同” 这个词是我在 2007 年 6 月针对阿里巴巴内部战略而创造的一个术语。这一概念借鉴了产业组织等经济学学科的经典理论以及网络科学等较新的跨学科理论。想了解更多关于基于网络的商业模式，参见 David Easley and Jon Kleinberg, *Networks, Crowds, and Markets: Reasoning About a Highly Connected World*（Cambridge: Cambridge University Press, 2010）.
2. 关于企业结构的这篇重要论文是科斯的《企业的本质》，参见 Ronald H. Coase,“The Nature of the Firm,” *Economica New Series*, 4, no. 16（1937）: 386–405（Blackwell Publishing）。随后，他发表了另一篇非常有影响力的文章《社会成本问题》，参见 Ronald H. Coase, “The Problem of Social Cost,” *Journal of Law and Economics* 3（October 1960）: 1–44。在组织经济学领域，包括诺贝尔奖得主奥利弗 · 威廉姆森在内的许多经济学家也都做出了大量的贡献。
3. “数据智能” 这个词是我在 2014 年针对阿里巴巴内部战略创造的一个中文词汇。它描述了一种应用机器学习技术的策略方法。正如我在第三章中解释的，与机器智能、数据科学和大数据等相关术语不同，数据智能更多地关注数据和算法的实际使用及其所产生的相应商业结果。有关机器学习和数据科学的更翔实内容，参见 Pedro Domingos, *The Master Algorithm: How the Quest for the Ultimate Learning Machine Will Remake Our World*（New York: Basic Books，2015）。

第二章

1. 有关 2003 年中国经济和电子商务崛起的更多背景资料，参见 Porter Erisman, *Alibaba's World*: *How a Remarkable Chinese Company Is Changing the Face of Global Business*（New York: St. Martin's Press, 2015）。
2. 淘宝的发展是一个通过网络外部性构建平台来服务互相依存的买家和卖家的经典实践。更多的卖家带来更多的买家，更大的卖家需要更多的服务。在经济学中，行为的外溢效应被称为“外部性”。外部性与行动的目标无关或间接相关，它可以是正面的，也可以是负面的。阿里巴巴的经验告诉我们，培育和利用外部性是平台业务的关键工作。更多细节详见附录 C。以淘宝的孵化为例，外部性的积极波动成功孵化了平台。这些外部性甚至溢出了平台：卖家创建了非正式线下组织，致力于改善淘宝的商业环境。
3. 经济学和管理学对平台战略的最新关注展现出了对网络环境下战略的重新思考。阿里巴巴走在了这些学科的前沿，而本书，尤其是第六章，体现了阿里巴巴内部所诞生的诸多新观点。关于这个话题，参见 Geoffrey G. Parker, Marshall W. Van Alstyne, and Sangeet Paul Choudary, *Platform Revolution: How Networked Markets Are Transforming the Economy and How to Make Them Work for You*（New York: W. W. Norton & Company，2016）。

4. 关于应用程序接口的起源有很多故事，但计算机科学家罗伊·菲尔丁（Roy Fielding）的重要贡献不可忽略。参见 "Architectural Styles and the Design of Network-Based Software Architectures,"（PhD diss., University of California, Irvine, 2000）。

5. 在社会学领域，这些空白被称为"结构性漏洞"。罗纳德·S. 伯特（Ronald S. Burt）在其著作《结构洞：竞争的社会结构》中分析了这些漏洞在竞争网络中的重要性，并分析了占据这些漏洞以创造新形式价值的企业家的策略。我们发现，在淘宝，网络的演化相当于一个新的结构性漏洞不断出现的循环，在此之后，平台帮助创业者有效地"堵"住这些漏洞。

6. 维基媒体基金会（www.wikimediafoundation.org）有关于维基百科的大量信息，包括它的历史和运营。Linux 基金会（www.linuxfoundation.org）维护开源 Linux 环境，记录 Linux 的历史，解释操作系统如何工作，并提供培训。网景在 1999 年被卖给了美国在线。网景的浏览器和其他开源工具后来在 1998 年被拆分成一个独立的公司，即 Mozilla 组织。2003 年该组织更名为 Mozilla 基金会，并与美国在线脱钩。该基金会有一个全资子公司，即 Mozilla 公司。有关基金会及其其他工具的信息可以在 www.mozillafoundation.org 上找到。

第三章

1. 数据挖掘初创公司 Scrapehero 表示，亚马逊和沃尔玛分别提供了 5 亿多件产品和近 1700 万件产品。作为非正式的统计，这些应该被理解为下界。参见 “Number of Products sold on Amazon vs. Walmart—January 2017,” January 26, 2017, https://www.scrapehero.com/ number-of-products-sold-on-amazon-vs-walmart-january-2017/; and “How Many Products Does Amazon Sell?—January 2018,” January 11, 2018, https://www.scrapehero.com/many-products-amazon-sell-january-2018/。
2. 相比于计算机科学，机器学习在商业上的应用涉及更多的技术和专业知识。机器学习依赖于通过对大数据的统计分析来识别隐藏的模式，而这并不总是一种解决业务问题的划算方法。大多数寻找模式的现代机器学习方法理应只存在有限的条件约束，因为约束条件的缺失使得计算机能够找到人类专家看不到的深层隐藏模式。但由于缺乏约束，算法的搜索空间大大增加，寻找模式的计算和数据成本也因此非常大。鉴于此，包括本章提到的许多科技行业最尖端的数据智能应用，并不仅仅使用机器学习。它们是计算机科学与其他两个学科——经济学和最优化的结合。经济学提供了人类行为的基本数学模型，极大地限制了隐藏模式的搜索空间。之后，可以使用机器学习方法来获取和清理相关数据，并针对所涉及的业务问题计算出模型的正确参数。最优化方法（也称为数学规划）可用于确保模型和计算方法在给定的时间和有效预算约束内的效率。企业家必须记住，尽管机器学习的概率方法代表了战术决策的革命性变化，但机器学习本身并不是一颗“黄金子弹”。

3. 可以从亚马逊提交给美国证券交易委员会的文件中获得相关数据，参见 http://phx.corporate-ir.net/phoenix.zhtml?c=97664&p=irol-sec&control_selectgroup=Annual%20Filings。

4. 有关 Augury，参见 Klint Finley, “Augury’s Gadget Lets Machines Hear When They’re About to Die,” *Wired*, November 4, 2015, www.wired.com/2015/11/augury-lets-machines-hear-when-theyre-about-to-break-down; and Ethan Parker,“Augury Secures $17 Million Series B Funding Round to Power the Future of IIoT,”*Business Wire*, June 19, 2017, www.businesswire.com/news/home/20170619005161/en/Augury-Secures-17-Million-Series-Funding-Power。

5. 有关中国民营企业（非上市、非国家）的融资状况，参见 Franklin Allen, Jun Qian, and Meijun Qian, “Law, Finance,and Economic Growth in China,” *Journal of Financial Economics* 77（2005）: 57–116;and Meghana Ayyagari, Asli Demirgüç-Kunt, and Vojislav Maksimovic, “Formal versus Informal Finance: Evidence from China,” *Review of Financial Studies* 23, no.8（2010）: 3,048–3,097。这些论文表明，银行以外的融资方式可能占企业融资的 80%，其中很大一部分来自非正规渠道或地下渠道。阿亚加瑞（Ayyagari）等人特别指出，中国最小的公司几乎完全不依赖银行融资。感谢北京大学金融学助理教授唐涯、博士生李慧轩（Li Huixuan，音译）就中国中小企业融资提供的意见和信息。

6. 根据国务院扶贫开发领导小组办公室，中国的“扶贫开发重点县”

（在此之前称作“国家级贫困县”）的选择是基于贫困人口数量、农民收入水平、基本生产生活条件和扶贫开发工作情况，适当兼顾人均国内生产总值和人均财政收入等综合指标。重点贫困县每10年重新评估一次：在2001—2010年和2011—2020年，全国共有（近3000个县级行政单位的）592个县获得了扶贫重点县资格。参见《国家扶贫开发工作重点县管理办法》，http://www.cpad.gov.cn/art/2010/2/23/art_46_72441. html，2010年2月23日。

7. 关于网商银行的信息来源于其网站mybank.cn，以及《网商银行2016年经营报表（中文）：网商银行2016年年度报告》，https://gw.alipayobjects.com/os/rmsportal/fzrfoibdovsaemuzewn.pdf，2017年5月。

8. 数据、算法和适应性产品源于我自己的公式。有关机器学习和算法的更多背景知识，参见Pedro Domingos, *The Master Algorithm: How the Quest for the Ultimate Learning Machine Will Remake Our World*（New York: Basic Books, 2015）；以及John MacCormick, *Nine Algorithms That Changed the Future: The Ingenious Ideas That Drive Today's Computers*（Princeton, NJ: Princeton University Press, 2011）。

9. 我是在维克托·迈尔–舍恩伯格和肯尼思·库克耶所著的《大数据时代》一书中第一次了解到越水重臣，参见Victor Mayer-Schönberger and Kenneth Cukier, *Big Data: A Revolution That Will Transform How We Live, Work, and Think*（Boston: Houghton Miffl in Harcourt, 2013）。更多信息可在工业技术高级研究所网站（www.aait.ac.jp）获得。

第四章

1. 更多关于中国共享单车热潮历史的背景资料，参见“Chinese Startups Saddle Up for Bike-Sharing Battle,” *Wall Street Journal*, October 25, 2016,www.wsj.com/articles/ chinese-startups-saddle-up-for-bike-sharing-battle-1477392508;Didi Kirsten Tatlow, “In Beijing, Two Wheels Are Only a Smartphone Away,”*New York Times*, March 19, 2017, www.nytimes.com/2017/03/19/world/asia/beijingbike-sharing.html; and John Lipton, “Bike-Sharing Boom in China Pedals to New Heights,” *CNBC,* July 18, 2017, www.cnbc.com/2017/07/18/bike-sharing-boom-inchina-pedals-to-new-heights.html。
2. Mark Andreessen, “Why Software Is Eating the World,” *Wall Street Journal*, August 20, 2011, www.wsj.com/articles/SB10001424053111903480904576512250915629460.
3. 本章关于软件化和应用程序接口的讨论省去了大量的技术细节。构建支持按需操作的技术栈（实现公司的核心流程模块化，并确保通过网络调用而非本地调用来协调信息流动），是一个相当大的技术挑战。我不是一名工程师，这本书也非为技术读者而写，但对软件业务技术感兴趣的读者可以查阅有关微服务和服务导向体系建构的大量文献。
4. 杰夫·贝佐斯强制内部使用应用程序接口的故事并未被正式公开，不过在布拉德·斯通的《一网打尽：贝佐斯与亚马逊时代》一书中对此有隐晦的提及，参见 Brad Stone, *The Everything Store: Jeff Bezos and the Age of Amazon*（New York: Little, Brown and Company

2013）, 209–210。相关描述来自亚马逊前雇员史蒂夫·叶格对新雇主谷歌的一篇咆哮文，叶格在 Google+（谷歌的社交网站）上帖子的评论后来被删除（存档版本参见 October 12, 2011, https://plus.google.com/+RipRowan/posts/eVeouesvaVX）。相关摘录参见 Staci D. Kramer, "The Biggest Thing Amazon Got Right: The Platform," *GigaOm*, October 12, 2011, https://gigaom.com/2011/10/12/419-the-biggest-thing-amazon-got-right-the-platform。

第五章

1. C2B 代表客户对企业，而不是消费者对企业。由于阿里巴巴在零售行业的背景，我经常在这一章和其他章节中使用"消费者"这个词，但读者应该明白，无论是否面对消费者，C2B 思维模式都同样适用。任何以服务客户而创造价值的商业（也就是所有的商业）都将受益于 C2B 理论。事实上，这就是为什么互联网公司更喜欢中性的术语"用户"，因为这个词涵盖了公司服务的所有可能的受益者。不太熟悉科技行业术语的读者可以将"顾客""用户""客户"视为同义词。
2. 来自妮科尔·沈与作者团队在中国杭州的会面，2016 年 7 月 14 日。
3. KPMG, "Seeking Customer Centricity: The Omni Business Model," KPMG International, June 2016, https://home.kpmg.com/be/en/home/insights/2016/06/seeking-customer-centricity-the-omni-business-model.html.
4. 大 E 的战略是建立多个接触点来衡量消费者需求，并以迭代的方式微调生产计划，这是体现博弈论框架对业务运营贡献的一个很好的例子。从数学上看，通过将“单次博弈”（对消费者需求的一次性推测）转为“重复博弈”（一系列的渐进决策），供应商的生产选择更有可能向消费者需求收敛。博弈论告诉我们，当存在不完全或隐藏的信息（例如，消费者需求），重复博弈更有可能为所有参与者带来最优的结果。

5. 关于该公司的一篇英文文章，参见 Jane Ho, “China’s Suit Maker Red Collar Blazes Trail for Mass Made-to-Measure,” *Forbes*, August 15, 2016,www.forbes.com/sites/janeho/2016/08/15/ chinas-suit-maker-redcollar-blazes-trail-formass-made-to-measure/#2e87a4fb5470。
6. 关于尚品宅配的信息来源于曾鸣、宋斐的《C2B：互联网时代的新商业模式》一文，《哈佛商业评论》，2012 年 2 月。
7. 数据来自“尚品宅配 2017 上半年营收超 20 亿，净利润 5587.01 万元”，baijiahao.baidu.com/s?id=1577030207271487167，亿欧网，2017 年 8 月 29 日；定制家具 C2B 样本，尚品宅配 2020 年估值翻一番，爱分析，ifenxi.com/archives/1745。

第六章

1. M. E. Porter, *Competitive Strategy: Techniques for Analyzing Industries and Competitors*（New York: Free Press, 1980）.
2. 在这个关于点、线、面战略的讨论中，我经常把“企业”作为一个基本的分析单位，意指每个企业都需要选择一个单一的战略位置。对于较小的企业来说，这是一个合理的假设，但更严格和准确的说法是这些策略适用于单个产品或服务。对于一家企业来说，同时从事面和线两种业务是完全合理的（一个简单的例子是亚马逊，该公司采购和销售的产品反映了一种线战略，而第三方的亚马逊商城则展示了一种面战略）。阿里巴巴是一个罕见的例子，我们的大部分产品和服务从一开始就定位为面。

3. 茵曼是 2007 年在淘宝上创立的休闲女装品牌。该品牌的天然色彩和棉布、亚麻布等面料使其很快在年轻的都市女性中赢得了大批追随者。2008 年，创始人方建华成为第一批在天猫开设旗舰店的商家，自此茵曼成为天猫上最受欢迎的女装品牌之一——以商品交易成交总额衡量，该品牌曾多年进入“双十一”的前 10 名。在 2017 年“双十一”，茵曼的母公司汇美集团实现了 2.1 亿元（约 3300 万美元）的 GMV。截至 2017 年 11 月，该公司已开始从线上拓展到线下零售，在中国 150 多个城市开设了 400 多家实体零售店，并计划继续扩张。

韩都衣舍是一个快时尚的在线品牌，成立于 2006 年，由韩都衣舍集团运营。韩都衣舍最初是韩国女装的在线买家，2008 年孵化了韩都衣舍品牌。随后，韩都衣舍发展成为一个在线品牌运营商，孵化和管理着包括女装、男装、童装和运动装在内的 70 多个服装品牌。韩都衣舍是阿里巴巴平台上最大的女装品牌之一。2012 年至 2017 年的“双十一”，韩都衣舍集团在女装分类中分别排名第 3、2、1、2、4、5 位。在 2017 年的“双十一”，该集团所有品牌的累计商品交易总额达到 5.16 亿元。2018 年 2 月，韩都衣舍集团计划在上海证交所上市。

4. 在过去的几年里，主流商业文献对平台策略的兴趣激增。参见 Ming Zeng, “Three Paradoxes of Building Platforms,” *Communications of the ACM 58*, no. 2（2015）: *27–29*。有关更多细节请参见 Geoffrey G. Parker, Marshall W. Van Alstyne, and Sangeet Paul Choudary, *Platform Revolution: How Networked Markets Are Transforming the Economy and How to Make Them Work for You*（New York: W. W. Norton & Company, 2016）; David S. Evans and Richard Schmalensee, Matchmakers: *The New Economics of Multisided Platforms*（Boston: Harvard Business Review Press, 2016）; Andrew McAfee and Erik Brynjolfsson, *Machine, Platform, Crowd: Harnessing Our Digital Future*（New York: W. W. Norton & Company, 2017）。

5. 在宝尊首次公开募股上市之后几年中，该公司股票一直在小市值板块中表现抢眼。相关英文报道参见 Aparna Narayanan, “Small E-Commerce Firm Sizzles As It Brings Western Brands to China,” *Investor's Business Daily*, July 2, 2017, https://www.investors.com/research/ the-new-america/this-small-e-commerce-gem-sizzles-as-it-brings-big-western-brands-to-china/。

6. 关于收购WhatsApp的细节，参见Reed Albergotti, Douglas MacMillan, and Evelyn M. Rusli, “Facebook to Pay $19 Billion for WhatsApp,” *Wall Street Journal*, February 19, 2014, www.wsj.com/articles/facebook-to-buywhatsapp-for-16-billion-1392847766。

第七章

1. 关于本章大量引用的概念和框架，参见：Martin Reeves, Ming Zeng, and Amin Venjara, "The Self-Tuning Enterprise," *HarvardBusiness Review*, June 2015。感谢里夫斯在撰写这篇文章过程中的主导作用，他帮助我反思和提炼了我在阿里巴巴的经验。
2. 不同于军事和政治战略，直到 20 世纪弗雷德里克·温斯洛·泰勒和管理学出现，商业战略的概念才算真正浮出水面。大多数 MBA 项目在这一阶段启动，管理层开始成为一种需要培训并走向职业化的角色。此后不久，企业高管就将战略视为他们的专业领域。通用汽车首席执行官艾尔弗雷德·P. 斯隆和他的经典著作《斯隆自传：我在通用汽车的岁月》（*My Years with General Motors*, New York: Doubleday, 1963；reprint Currency, 1990）就证明了这一点。后来，作为一门学科的商业战略逐渐成形，各种新的洞察及分析工具也层出不穷，例如波士顿咨询集团创始人布鲁斯·亨德森首创的经验曲线效应和增长份额矩阵，以及迈克尔·波特的五力分析，参见 *Competitive Advantage: Creating and Sustaining Superior Performance*（New York: Free Press, 1985）。从那时起，对战略的细化开始变得越来越多、越来越强大。有关相关技术方面的发展，参见 Andrew S. Grove, *High Output Management*（New York: Random House, 1993）; Clayton Christensen, *The Innovator's Dilemma: When New Technologies Cause Great Firms Fail*（Boston: Harvard Business School Press, 1997）。
3. 2015 年，马云和其他 8 位中国著名企业家和学者创办了湖畔大学。

他们创建湖畔大学的目标是借鉴阿里巴巴在创新商业模式和组织战略方面的经验，识别和培养在未来塑造中国经济，甚至在全球商业舞台上扮演关键角色的企业家。作为校长的马云和教育长的我负责课程和教学。

第八章

1. 埃里克·施密特和乔纳森·罗森伯格在《重新定义公司》一书中称这种员工是“智能的创造力”，并详细描述了这种人的必备条件和思维方式。虽然我没有在本章中明确使用施密特和罗森伯格的术语，但谷歌关于人才和招聘的总结与我在阿里巴巴的经验非常一致。
2. 来自卡拉·斯威舍（Kara Swisher）和沃尔特·莫斯伯格（Walt Mossberg）2016年6月2日在Recode（一家科技新闻网站）大会上对埃隆·马斯克的访谈。
3. 2018年初，金庸的《射雕英雄传》已经由郝玉青（Anna Holmwood）翻译成英文出版。这部标志性作品被称为中国版《指环王》，根据其改编的电视剧和电影种类几乎无穷无尽，至今仍受到数亿中国各年龄段读者和观众的喜爱。参见：Jin Yong and Anna Holmwood, *A Hero Born: Volume I of The Legend of the Condor Heroes*（London: Quercus Publishing, 2018）。
4. 阿里巴巴的花名（字面意思是“花的名字”）是中国文化中独特而持久的元素。尽管这种做法一开始是一种意在激发淘宝早期员工想象力的幼稚习俗，但时至今日，这种武侠昵称有助于培育一种平等文化，因此也使阿里与大多数中国企业明显不同。像大多数亚洲语言一样，汉语会对陌生人和同事使用一种经过精心设计的非正式术语体系。这些术语会根据说者和听者的年龄、性别和关系的不同而变化。阿里巴巴摒弃了这些根深蒂固的文化习惯，给每一位员工——从普通员工到高级副总裁——起了一个独特的、没有包袱的绰号，并鼓励所有同事都直接使用。当然，这些昵称可能导致出现一些搞笑的状况。例如，在给同事预订酒店时，很多阿里巴巴员工都不小心使用了花名，结果导致无法办理入住。如果某员工同时使用英文和中文昵称，那么同事们就可能需要记住他至少 4 个名字。

5. 在阿里巴巴的战略讨论中，基础设施是另一个容易被忽视但必不可少的流行词。我在这一章中对“基础设施”的定义似乎与书中其他地方，特别是第二章略有不同。在第二章中，它指的是支撑商业网络的工具和机制。当然，这些工具和机制也是基本的服务。技术基础设施的目标仅仅是提供跨平台的公共功能（“基础设施”服务）。因此，虽然同一术语在平台和组织语境中有着不同的使用，但体现了相同的核心思想。
6. 张建锋后来担任淘宝 CEO，现在是阿里巴巴集团的首席技术官。
7. 阿里巴巴在线论坛“阿里味儿”的所有用户都会积累“芝麻”以作为活动奖励。用户通过在论坛上与同事交流获得芝麻，用户每次发布帖子、发表评论，论坛都会实时地显示其所得的芝麻数。包括管理层在内的任何员工发布的任何帖子，都可以根据其在论坛（而非公司）中的排名获得芝麻奖励。更有趣的是，用户还可以沉掉他们不喜欢的帖子，扣减帖主的芝麻并分享他们不喜欢的原因。因此，论坛里经常出现芝麻分为负的用户，而这通常是公开辩论的结果。有关这些机制的更多例子，参见 Zappos 首席执行官谢家华的畅销书《回头客战略》(文汇出版社，2017 年 5 月；英文版参见 *Delivering Happiness: A Path to Profi ts, Passion, and Purpose*, New York: Grand Central Publishing, 2010)。

第九章

1. 约瑟夫 · 熊彼特在其知名著作《资本主义、社会主义和民主》中全面阐述了他的创造性破坏理论，参见 *Capitalism, Socialism and Democracy* (London: Routledge，1942)。
2. 市场上有很多关于生态系统的书，但正确谈论策略的少之又少。尽管风格冗长，但迄今为止，在引领 (而非规划) 商业生态发展的战略思维方面，凯文 · 凯利的《失控》仍然是最具深度的思考之一。
3. 我用 “创造力革命” 这个词来指代彼得 · 德鲁克和他的杰作《21 世纪的管理挑战》。德鲁克在《已经发生的未来》中首次阐述了知识工作者的概念。

附录 A

1. 有关 2003 年中国经济和电子商务崛起的更多背景资料，参见：Porter Erisman, *Alibaba's World: How a Remarkable Chinese Company Is Changing the Face of Global Business* (New York: St. Martin's Press, 2015)。

2. Henry Chin and Alan Chow, "The Case for China Retail: Issues and Opportunities," *Prudential Real Estate Investors*, March 2012. http://dragonreport.com。读者应当知道，由于 2003 年淘宝进入市场，2011 年的数字肯定会出现大幅增长。到本书（英文版）出版时，中国的基础设施已经大大改善，但许多方面的人均数据仍然落后于发达国家。
3. 关于网商银行的信息来自阿里巴巴 2014 年 10 月 16 日的新闻稿《蚂蚁金融服务集团正式成立，拓展金融新生态》；网商银行的网站来自 mybank.cn；《网商银行 2016 年经营报表（中文）：网商银行 2016 年年度报告》，https://gw.alipayobjects. com/os/rmsportal/FzRFwOIBDOvSAeMuZewN.pdf，2017 年 5 月；Shu Zang and Ryan Woo, " Alibaba-backed Online Lendor MYbank Owes Cost-Saving to Home-Made Tech," *Reuters*, January 31, 2018, https://www.reuters.com/article/ us-china-bankingmybank/alibaba-backed-online-lender-mybank-owes-cost-savings-to-home-made-tech-idUSKBN1FL3S6。

附录 B

1. 淘宝上以及所有中国电子商务平台都要求买家通过平台明确确认对实物的接收。这样，淘宝上的交易就不同于美国电子商务平台上的交易。在买方确认他们已经收到购买的商品（并且产品符合卖方的原始描述）之前，订单处于未完成状态。此时不仅交易付款还处于托管状态，而且从平台的角度来看，商家还没有完成一笔销售（只有当消费者声明收到商品、金钱易手、交易完成后，销售才会计入商家的销售历史）。这种逻辑上的微小变化从诸多复杂的角度影响到淘宝运营和平台规则，且其中大部分的复杂性超出了本书的讨论范围。举个例子，在淘宝的仲裁部门，在付款后且买方确认之前的有争议订单（销售中）、未付款的订单（销售前）和买方已确认收到的订单（销售后）有着不同的处理方式。这三种类型的仲裁各自遵循一套完全不同的规则。

附录 C

1. Michael E. Porter and James E. Heppelmann, "How Smart Connected Products Are Transforming Competition," *Harvard Business Review*, November 2014.
2. Thomas Jefferson to Isaac McPherson, August 13, 1813, in *The Founders' Constitution*, ed. Philip B. Kurland and Ralph Lerner（Chicago: University of Chicago Press, 1987）, writings 13:333–35, available at http://presspubs.uchicago.edu/founders/documents/a1_8_8s12.html.
3. Alex Pentland, *Social Physics: How Social Networks Can Make Us Smarter*（New York: Penguin, 2014）.
4. Eric Schmidt and Jonathan Rosenburg, *Google: How Google Works*（New York:Grand Central Publishing, 2014）.

延伸阅读

阿里巴巴

Clark, Duncan. *Alibaba: The House That Jack Ma Built*. New York: Ecco, 2016.

权威外部人士眼中的阿里巴巴。

Erisman, Porter. *Alibaba's World: How a Remarkable Chinese Company Is Changing the Face of Global Business*. New York: St. Martin's Press, 2015.

阿里巴巴最早的外籍副总裁之一讲述阿里巴巴和淘宝的创业故事。

Tse, Edward. *China's Disruptors: How Alibaba, Xiaomi, Tencent, and Other Companies Are Changing the Rules of Business*. New York: Portfolio, 2015.

这是一本罕见的正确描写中国商业的书籍。该书作者曾任波士顿咨询集团和博思艾伦咨询公司的中国业务主管。

网络协同

Barabasi, Albert-Laszlo. *Linked: The New Science of Networks*. New York: Basic Books, 2014.

复杂网络领域的顶级学者对网络科学理论通俗而全面的介绍。

Easley, David, and Jon Kleinberg. *Networks, Crowds, and Markets: Reasoning about a Highly Connected World.* Cambridge: Cambridge University Press, 2010.

一本将网络协同的复杂概念和理论简洁化、直观化，并将其应用于真实世界的本科教科书。

Shirky, Clay. *Here Comes Everybody: The Power of Organizing without Organizations.* New York: Penguin Books, 2008.

这本书是关于无等级或无中央管理条件下行为及工作方式的经典思考。

数据智能

Domingos, Pedro. *The Master Algorithm: How the Quest for the Ultimate Learning Machine Will Remake Our World.* New York: Basic Books, 2015.

对非技术读者而言，这本书是关于机器学习和算法的最佳入门书籍之一。

MacCormick, John. 9 *Algorithms That Changed the Future*. Princeton, NJ: Princeton University Press, 2011.
最重要的算法是如何用于整个社会的数据智能的，这本书给出了深入浅出的介绍。

Mayer-Schönberger, Victor, and Kenneth Cukier. *Big Data: A Revolution That Will Transform How We Live, Work, and Think*. Boston: Houghton Miffl in Harcourt, 2013.
新的大规模收集和处理数据技术给社会和商业带来了何种变化？针对这个问题，这本让大数据家喻户晓的著作值得一读。

O'Neil, Cathy. *Weapons of Math Destruction: How Big Data Increases Inequality and Threatens Democracy*. New York: Broadway Books, 2016.
虽然语气有些危言耸听，但这本书呈现了大数据未来的另外一面，它告诉我们一个设计糟糕的反馈闭环可以错到何种地步，以及应当如何有效地设计闭环。

平台战略

Evans, David S., and Richard Schmalensee. *Matchmakers: The New Economics of Multisided Platforms*. Boston: Harvard Business Review Press, 2016.
这本书是对多方市场（我在第六章称其为“面”）经济原则及其挑

战的综合观察。

Kelly, Kevin. *Out of Control*. New York: Basic Books, 2009.
尽管冗长，但这本书仍是对引领（而非规划）商业生态系统发展所需战略思维的最深入研究之一。

Mitchell, Melanie. *Complexity: A Guided Tour*. Oxford: Oxford University Press, 2009.
这本书对复杂系统科学做了清晰易懂的介绍。

Parker, Geoffrey G., Marshall W. Van Alstyne, and Sangeet Paul Choudary. *Platform Revolution: How Networked Markets Are Transforming the Economy and How to Make Them Work for You*. New York: W. W. Norton & Company, 2016.
这本书对平台业务模式、核心组成以及如何启动特定策略和战略进行了极度实用和接地气的分析。

信息经济学及其应用

Anderson, Chris. *The Long Tail: Why the Future of Business Is Selling Less of More*. New York: Hachette Books, 2006.
互联网技术如何影响了商业模式、战略及其运营，这本书是对此进行最早和最为清晰阐述的书籍之一。

Chandler, Alfred D., and James W. Cortada. *A Nation Transformed by Information: How Information Has Shaped the United States from Colonial Times to the Present.* Oxford: Oxford University Press, 2003.
尽管这本书的名气不如钱德勒的《规模与范围》，但通过对技术如何改变商业和社会的论述，这本书仍呈现出了卓越商业历史学家钱德勒最为精彩的一面。

Shapiro, Carl, and Hal R. Varian. *Information Rules: A Strategic Guide to the Network Economy.* Boston: Harvard Business School Review Press, 1998.
从某种角度说，每一个智能商业都是信息商品的经营者。即便已经过去了 20 多年，这本信息经济学的经典之作仍然是了解信息价值创造及转移的反直觉原则的必读书。

面向未来

Drucker, Peter. *Management Challenges for the 21st Century.* London: Routledge, 2015.
技术变化导致了管理及组织的全面变革，这本书是德鲁克在此方面最为经典的著作之一。

Kelly, Kevin. *The Inevitable: Understanding the 12 Technological Forces That Will Shape Our Future* . New York: Penguin Books, 2016.

这本书以简明扼要、通俗易懂的方式，向所有读者介绍了一批最为重要的未来技术趋势。

Tegmark, Max. *Life 3.0: Being Human in the Age of Artifi cial Intelligence* . New York: Knopf, 2017.

一本如何与人工智能共同工作和生活的指南，当然也不仅仅是与人工智能。

致　谢

我要感谢的第一个人当然是马云。感谢他邀请我加入阿里巴巴，感谢他在过去 18 年里的指导和支持。他深刻影响了我关于未来和战略的思考。本书提出的许多概念，如 C2B 和网络协同，无不诞生自我们无休止的讨论之中。

从雅虎中国到电子商务，从云到金融，与众多同事的交流让我受益匪浅。我对互联网的所有理解都源于他们。我在此无法一一列举这些同事的名字，但会永远感激他们的深邃视野和无尽能量。

过去 4 年我一直在写这本书。在我们为此而工作的这段时间中，我的战略团队一直是我的核心协同者。我的副手余力给了我莫大的帮助。李俊凌、张笑凡、杨仁斌也提出了许多独到的见解。

尼克·罗森鲍姆（Nick Rosenbaum）在过去三年一直担任我的助手，他是本书写作中一个不可或缺的角色。他参与了这本书的每一个阶段。他的能力和意志总是超出我的预期。丽塔·科塞尔卡（Rita Koselka）为这本书的编辑做出了诸多贡献，是她把最终的草稿汇总成了这本书。梅林达·美利诺（Melinda Merino）是我在哈佛商业评论出版社的编辑，她在看到本书的草稿时就抓住了我想表达的重点。在她的帮助下，本书有了一个重点更加突出的简明框架。没有她和哈佛商业评论出版社每个人的幕后辛勤工作，尤其是文字编辑帕蒂·博伊德的字斟句酌，本书绝不会这么快和读者见面，更不会如现在这般易读。

他们说一个村子养活了一个娃，于我而言，是一个生态系统孕育了这本书。没有数以千万白手起家的中国电子商务产业建设者，这本书就不可能存在。多年来，我有幸与无数的卖家、讲师、淘宝合作伙伴、快递员、网红以及独立服务供应商等进行交流。这些人所做的不只是丰富了我的理解，他们是荒野中的开拓者。依靠着坚韧、勤奋和乐观，他们在贫瘠的土地上创造了一片生机勃勃的绿洲。我们从边缘发起的革命取得了成功。

在过去的 20 年中，我很幸运能够与众多的中外商业冒险家一起工作，共同交流。这些人创办过大大小小的企业，经历过诸多挫折甚至失败。他们用商业来改善周围世界的努力，让我感受到鼓舞和挑战。我希望这本书会对他们和你都有所帮助。

最后我要说，发现、分析和帮助创造未来的企业家和思想家，正是我的工作和使命。面对未来，你可能会遭遇艰苦和孤独的处境。但无论你在世界的哪个角落，如果这本书及其理念与你本人及你未来的商业梦想产生了共鸣，请继续与我进行对话。我的邮箱是 zengming@aliyun.com，我期待着与你的交流。

能源资源系统工程
理论方法及应用

於世为　李龙锡　孙亚方　周双双　编著

科学出版社

北京

内 容 简 介

本书以系统论思想为基础，从能源资源潜力评估、开发/转换、运输、存储、利用全过程管理视角出发，融合系统工程前沿理论方法，评估能源资源开发利用潜力，考虑“供—输—储—用”子系统以及政策间关联关系，提出能源资源的开发布局、传输和存储决策方法，分析能源利用的驱动因素。进而，研究能源资源系统对经济环境的影响、可再生能源开发利用绩效、能源政策的实施和改革效果。本书有助于完善能源资源全过程管理的模型与方法体系，促进能源资源的合理开发利用，有助于“双碳”目标下我国新型能源体系的构建。本书采用“理论方法+应用案例”架构，融合管理科学、工程、经济、系统工程等多学科领域前沿方法，融入团队的最新研究成果，对能源资源管理具有重要的学术和应用价值。

本书可以为能源资源管理领域研究者、政策制定者和从业人员提供有关该领域的理论方法和案例支撑，也可供管理科学与工程、能源资源管理领域的研究生教学使用。

审图号：GS 京（2025）0302 号

图书在版编目（CIP）数据

能源资源系统工程理论方法及应用 / 於世为等编著. --北京 ：科学出版社, 2025. 3. -- ISBN 978-7-03-081503-3

Ⅰ. TK01

中国国家版本馆 CIP 数据核字第 2025CR8041 号

责任编辑：邓 娴 / 责任校对：贾娜娜
责任印制：张 伟 / 封面设计：有道文化

科学出版社出版
北京东黄城根北街 16 号
邮政编码：100717
http://www.sciencep.com
北京厚诚则铭印刷科技有限公司印刷
科学出版社发行 各地新华书店经销
*
2025 年 3 月第 一 版 开本：720×1000 B5
2025 年 3 月第一次印刷 印张：18 1/2 插页：2
字数：378 000

定价：228.00 元

（如有印装质量问题，我社负责调换）

前　言

在全球能源转型与气候变化的双重挑战下，构建清洁低碳、安全高效的能源体系已成为世界各国的共同追求。我国作为世界第一大能源生产和消费国，正处于能源革命的关键时期。党的二十大报告明确提出“积极稳妥推进碳达峰碳中和”，强调“加快规划建设新型能源体系”的战略目标①。这一重大部署不仅是推动能源结构优化升级的重要路径，更是保障国家能源安全、促进经济社会高质量发展的必然要求。

在此背景下，能源资源系统工程作为系统工程与能源科技深度融合的交叉学科，以其系统性思维和科学性方法，正在成为破解能源发展难题、推动能源体系创新的关键理论工具。能源资源系统工程基于系统工程的基本理论，融合了管理科学、经济学、系统工程等多领域知识，致力于解决从能源资源勘探开发到终端利用的全过程优化与管理问题，探究能源资源利用对经济、社会和环境的影响。

本书立足学科前沿，面向国家重大需求，系统性地阐述了能源资源系统工程的基础理论、关键方法与典型应用。第2～6章聚焦能源资源系统的全过程管理，构建了包含能源资源潜力评估、开发/转换、运输、存储、利用的完整管理体系；第7章研究能源资源系统的环境影响；第8章评价能源资源系统的开发利用绩效；第9～10章研究能源资源政策。

在编写过程中，我们特别注重以下三方面：一是立足我国能源领域的实际需求，解决新型能源系统发展过程中存在的关键问题；二是吸收能源领域研究的最新成果，结合多学科理论与前沿方法指导实践；三是面向学生与实践者，注重内容的系统性和启发性，为未来研究与实践培养高素质人才。希望本书为“双碳”目标下新型能源体系的构建提供理论支撑和决策参考。

本书在出版过程中，得到了中国地质大学（武汉）经济管理学院张俊杰、何晨琛、龚承柱、游丽敏、郑雅丽、廖泳、吴羽纯、陈楠、王志远等老师和学生的大力帮助，他们在章节撰写和校对的过程中，做了很多细致的工作。另外，本书得到了国家社会科学基金重大项目（23&ZD094）的资助，也得到科学出版社编

---

① 《习近平：高举中国特色社会主义伟大旗帜 为全面建设社会主义现代化国家而团结奋斗——在中国共产党第二十次全国代表大会上的报告》，https://www.gov.cn/xinwen/2022-10/25/content_5721685.htm，2022年10月25日。

辑的大力帮助，在此一并表示感谢。

由于编者水平有限，疏漏及不足之处在所难免，敬请专家、学者及读者批评指正。

於世为

2024年11月

目　录

第1章　绪　　论

1.1　系　　统

1.1.1　系统的概念

系统工程的研究对象是组织化的大规模复杂系统。系统作为系统理论、系统工程和整个系统科学的基本研究对象，需要被正确理解和深刻认识。系统是由两个及以上有机联系、相互作用的要素所组成的，具有特定功能、结构和环境的整体。该定义有以下四个要点（汪应洛，2016）。

（1）系统及其要素。系统是由两个及以上要素组成的整体，构成这个整体的各个要素可以是单个事物（元素），也可以是一群事物组成的分系统、子系统等。系统与其构成要素是一组相对的概念，取决于所研究的具体对象及其范围。

（2）系统和环境。任一系统又是它所从属的一个更大系统（环境或超系统）的组成部分，并与其相互作用，保持较为密切的输入输出关系。系统连同其环境超系统一起形成系统总体。系统与环境也是两个相对的概念。

（3）系统的结构。构成系统的诸要素之间存在着一定的有机联系，这样在系统的内部就形成一定的结构和秩序。结构即组成系统的诸要素之间相互关联的方式。

（4）系统的功能。任何系统都应有其存在的作用与价值，有其运作的具体目的，即都有其特定的功能。系统功能的实现受到其环境和结构的影响。

1.1.2　系统的一般属性

（1）整体性。整体性是系统最基本、最核心的特性，是系统性最集中的体现，具有相对独立功能的系统要素以及要素间的相互关联，根据系统功能依存性和逻辑统一性的要求，协调存在于系统整体之中。系统的构成要素和要素的机能、要素的相互联系和作用要服从系统整体的目的与功能，在整体功能的基础上展开各要素及相互之间的活动，这种活动的总和形成了系统整体的有机行为。在一个系统整体中，即使每个要素并不是完善的，但它们也可以协调、综合成为具有良好功能的系统；反之，即使每个要素都是良好的，但作为整体却不具备某种良好的功能，也就不能称之为完善的系统。任何一个要素不能离开整体去研究，要素间的联系和作用也不能脱离整体的协调去考虑。

（2）关联性。构成系统的要素是相互联系、相互作用的。同时，所有要素均隶属于系统整体，并具有互动关系。关联性表明了这些联系或关系的特性，并且形成了系统结构问题的基础。

（3）环境适应性。系统的开放性及环境影响的重要性是当今系统问题的新特征，且日益引起人们的关注。任何一个系统都存在于一定的环境之中，并与环境产生物质、能量和信息的交流。环境的变化必然会引起系统功能及结构的变化。系统必须首先适应环境的变化，并在此基础上使环境得到持续改善。管理系统的环境适应性要求更高，通常应区分不同的环境类型（技术环境、经济环境、社会环境等）和不同的环境域（外部环境、内部环境等）。

除以上三个基本属性之外（汪应洛，2016），很多系统还具有目的性、层次性等特征。根据系统的属性，可以归纳出若干系统的思想或观点。比如，结合系统的整体性和目的性，可以归纳出整体最优的思想。

1.1.3 系统的类型

了解各类系统的性质，对于深入探索和分析实际工作中的系统工程项目至关重要。下面将简单介绍自然系统和人造系统、实体系统和概念系统、动态系统和静态系统以及封闭系统和开放系统，旨在提供一种全面的视角以理解系统的复杂性和多样性。

自然系统和人造系统代表了两种根本不同的系统类别。自然系统，如海洋和矿藏系统，由自然界的元素如动植物、矿物和水资源等自然形成。相反，人造系统，如生产和管理系统，是出于特定目标而通过人类的努力构建的。实践中，大多数系统呈现为自然系统和人造系统的混合，体现了系统工程从自然系统的角度探索和研究人造系统的趋势。

实体系统和概念系统的区分基于系统的构成要素。实体系统由物理实体，如矿物、生物、机械和人群组成，而概念系统则包含了理论、原则、方法和程序等非物质概念性要素。这两类系统在现实生活中常常交织在一起，实体系统为概念系统提供物质基础，而概念系统则指导或服务于实体系统。系统工程主要研究的是这两类系统的综合体。

系统可根据其状态随时间的变化性质划分为动态系统和静态系统。动态系统的状态随时间变化，而静态系统则不涉及时间变量，可视为动态系统的一种特例，即处于稳定状态的系统。虽然大多数系统本质上是动态的，但由于动态系统内部参数间相互作用极其复杂，有时为了简化分析，会将系统视为静态或近似稳态。

根据系统与其环境之间交换物质、能量和信息的能力，系统可以分为封闭系统和开放系统。封闭系统与外界环境隔绝，不发生任何形式的交换。相对地，开放系统通过与环境的交互来适应环境变化，保持其相对稳定并追求发展，通常具备自适应和自调节的特性。系统工程关注的是具有特定输入和输出的、相对独立的系统。

1.2　系统工程的概念与特点

1.2.1　系统工程的概念

钱学森、许国志、王寿云于 1978 年 9 月 27 日在《文汇报》发表的文章《组织管理的技术——系统工程》标志着系统工程在中国的正式落地和发展起步，因此，1978 年被誉为“中国系统工程元年”。这篇文章决定了系统工程在中国的定位与格局，文章的题目就可以作为系统工程的定义。定义一：组织管理的技术——系统工程。这个定义足够简练。比较详细的定义可以采用这篇文章中的一段话，将其作为定义一。定义二：系统工程是组织管理系统的规划、研究设计、制造、试验和使用的科学方法，是一种对所有系统都具有普遍意义的科学方法。两个定义既是一致的，也是有区别的。定义一说的是“技术”，定义二说的是“具有普遍意义的科学方法”。两个定义共同的关键词是“组织管理”，这一点十分重要且具有中国特色，明显区别于此前美国和其他国家学术界对系统工程的定义。

《美国科学技术辞典》（1975 年）：系统工程是研究由许多密切联系的要素组成的复杂系统的设计科学。《日本工业标准》（1967 年）：系统工程是为了更好地达到系统目标而对系统的组成要素、组织结构、信息流动和控制机理等进行分析与设计的技术。《不列颠百科全书》（1974 年）：系统工程是一门把已有学科分支中的知识有效地组合起来用以解决综合性的工程问题的技术。《苏联大百科全书》（1976 年）：系统工程是一门研究复杂系统的设计、建立、试验和运行的科学技术。

钱学森等提出的定义与国际上的系统工程定义有所不同。国际定义通常集中于工程和科学方法的应用，而中国的定义则强调了组织管理的特色，显示了中国系统工程定义的独特性和针对性。这种差异体现了中国系统工程重视管理学原理，特别是在计划、组织、指挥、协调、控制、决策等方面的应用，凸显了系统工程在中国发展的独特路径。

钱学森等的文章还强调了系统工程的广泛适用性，认为各行各业都可以成为系统工程的应用领域。这种观点与中国的文化背景和社会实践紧密相连，体现了“人人都是管理者”的理念，即每个人都在其领域内进行某种形式的系统管理，无论是家庭主妇管理家庭，还是幼儿园的孩子管理玩具。这种普及性的观念促进了系统工程作为一种重要科学方法论在中国的普及和应用。

系统工程在中国的发展，得到了党和国家最高领导人、从中央到地方的各级领导干部的支持与推动。他们把改革开放和社会主义市场经济建设中的许多重大课题和难题都归为系统工程问题，并寄希望于系统工程来帮助解决，因此经常说“××问题是一个系统工程问题”。这种现象可以表述为下面的命题：系统工程是一种具有普遍意义的科学方法论，即用系统的观点来考虑问题（尤其是复杂系统的组织管理问题），用工程的方法来研究和求解问题。

综上所述，系统工程在中国，不仅是技术、方法，也是一种具有普遍意义的科学方法论。系统工程不同于其他传统的工程技术，它是一大类新的工程技术，是定性研究与定量研究相结合（尤其强调从定性到定量综合集成）、注重整体优化的研究问题和解决问题的科学方法。因而，它与机械工程、电子工程、水利工程等其他工程学科的性质不尽相同。其他工程学科都有其特定的工程物质对象（实体系统），系统工程则不然，任何一种实体系统和概念系统的组织管理问题都能成为它的研究对象，包括社会经济系统、科学研究系统、军事指挥系统等（孙东川等，2019）。

1.2.2 系统工程的特点

系统工程，作为一种先进的工程技术学科，区别于传统的机械工程、电子工程、水利工程等领域，拥有其独特的研究对象和方法论。它不仅涵盖了物质系统的研究，还广泛应用于自然系统、社会经济系统、经营管理系统、军事指挥系统等非物质系统的研究。系统工程的主要任务是处理信息，为决策提供科学依据，因此，被许多学者认为属于软科学领域。它在自然科学和社会科学之间搭建了一座桥梁，利用现代数学方法和计算机技术为社会科学的量化、模型构建、模拟和优化提供了强有力的工具，同时也促进了自然科学和社会科学研究人员之间的合作。

钱学森提出的现代科学技术体系结构，将系统工程定位为基础科学和工程技术之间的桥梁，并将其进一步细化为系统科学，包含了系统工程技术和理论方法，如运筹学和大系统理论等。系统工程作为一门跨学科领域，依托运筹学、系统理论、管理科学等学科的基础，专注于解决大规模复杂系统问题。其理论基础融合了一般系统论、大系统理论、经济控制论等领域的知识，形成了一个具有广泛理论和方法论基础的学科，同时注重实际应用。

在应用系统工程方法分析和解决实际问题时，需要采取系统的观点，追求总体最优和平衡协调，综合运用各种方法和技术，以及强调问题导向和反馈控制。这些原则不仅体现了系统工程方法的科学性，还要求其具备艺术性，强调跨领域、跨学科的理论和技术集成，以及定性和定量分析的有机结合。

系统工程作为开发、改造和管理大规模复杂系统的一般方法，与各类专门的工程学（如机械工程、电气工程等）相比，有许多明显的差异，显示出相应的特征，主要有：①系统工程一般采用先决定整体框架，后进入内部详细设计的程序；

② 系统工程试图通过将构成事物的要素加以适当配置来提高整体功能；③系统工程属于软科学。

总体来看，系统工程方法具有如下比较明显的特点及相应的要求：科学性与艺术性兼容，这与系统工程主要作为组织管理的方法论和基本方法，在逻辑上是一致的；多领域、多学科的理论、方法与技术的集成；定性分析与定量分析有机结合；需要各有关方面（人员、组织等）的协作。

1.3　能源资源系统工程

1.3.1　能源资源系统

关于能源，不同的工具书对此有不同的定义。例如，《不列颠百科全书》定义为“能源是一个包括着所有燃料、流水、阳光和风的术语，人类用适当的转换手段便可让它为自己提供所需的能量”。《中国大百科全书（机械工程卷）》将能源定义为“能源亦称能量资源或能源资源，是国民经济的重要物质基础，未来国家命运取决于能源的掌控。能源的开发和有效利用程度以及人均消费量是生产技术和生活水平的重要标志”。《科学技术百科全书》将其定义为“能源是可以从其获得热、光和动力之类能量的资源”。从这些不同定义中可以发现，能源是一种多形式、可相互转换的能量的源泉，是存在于自然界中，能为人类提供某种形式能量的物质资源。这种能源资源既包括已采出来、可供使用的自然资源，也包括经过加工或转换后的能量来源。尚未开采出的能量资源只称为资源，不列入能源范畴。

一次能源与二次能源：自然界现成存在、可直接取得而又不改变其基本形态的能源称为一次能源，或称初级能源；由一次能源经过加工转换成另一种形态的能源产品为二次能源，也称为次级能源。

常规能源与新能源：在一定历史时期和科学技术水平下，已经被人们广泛应用的能源，称为常规能源；常规能源之外的，采用新技术加以开发利用的能源称为新能源。

可再生能源与非再生能源：在自然界中可以不断再生并有规律地得到补充的能源，称为可再生能源；经过亿万年形成的、短期内无法恢复的能源，称为非再生能源，随着大规模开采，其储量越来越少，总有枯竭之时。

能源资源系统是指人类生产生活过程中包括能源开发、能源加工、能源转换等各个环节的大系统，如图 1-1 所示。能源相关战略、规划、法律法规的制定，都离不开对能源资源系统的分析研究。能源资源系统各环节（勘探、开发、生产、加工、转换、运输、分配、储备、使用以及环境保护）均由国民经济的若干部门组成，这些环节彼此制约和相互影响而形成一个复杂的整体，起着为国民经济发展和人民生活需要提供能量及原料等物质基础的作用（於世为等，2014）。

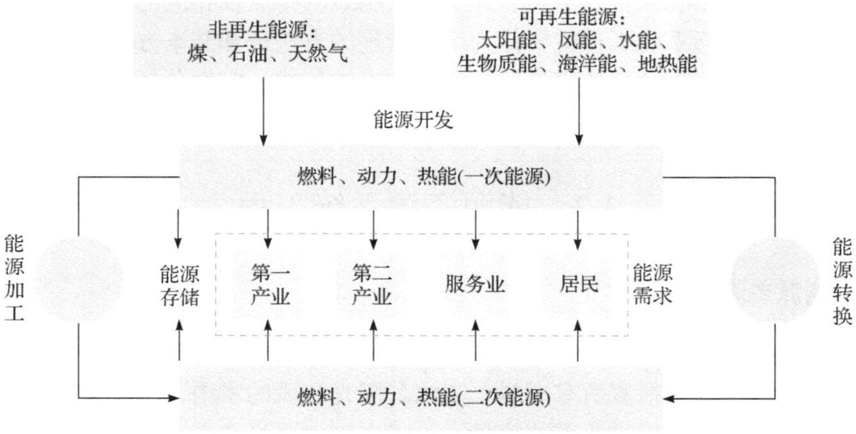

图 1-1　能源资源系统构成

直观地讲，能源资源系统包括如下层面。

（1）能源资源层面：国家、地区、部门或企业的能源资源系统中各类能源从能源资源的开采（或收集调入），经运输、加工、转换（包括二次能源的转换）、分配到最终使用的实际途径和各个环节上能源转化、损耗和使用的情况。

（2）环境层面：包括化石能源、水资源、可再生能源等在内的各种能源和资源及在能源资源系统中各环节释放出的污染物。

（3）经济层面：在宏观层面上，经济包括能源相关行业、产业的生产、运输、销售等各种企业和家庭。能源层面的能载体和能源技术分别对应企业和消费者所需要的能源产品、能源生产工艺、消费手段等。

（4）政治层面：国家级、省级、市县级行政区域，各级政府及其制定的相关能源政策、政策的执行情况和结果等。

能源资源系统具有下述特点。

（1）能源系统与非能源系统存在着极其密切的联系。能源系统是一个通过人加工和改造的自然能量系统的人为系统。该系统的活动向非能源系统提供所需能源，同时提出对非能源产品的需求，非能源系统依靠自身的运行为能源系统提供所需产品，同时向能源系统提出能源需求。因此，能源系统是一个开放系统，不能离开国民经济大系统去孤立地进行能源系统分析。

（2）能源系统是一个具有惯量的系统。能源工业资金密集、建设工期长，关系国计民生，是一个大惯量系统。在该系统中，某一决策一经实施，改造起来非常困难。因此，对能源系统的分析应立足于长远性和战略性。

（3）能源系统分析对象具有可变性。由于技术、资金等方面因素的制约，常规能源系统在一段时间内是能源系统分析的主要对象，但随着资源的耗竭和人类对环境质量要求的提高，新能源系统取代常规能源系统是必然的。

（4）能源系统具有全局性。各种能源之间的可替代性的特点决定了在进行能源系统分析时，必须着眼于在宏观能源系统下各子系统之间的比较和优化，避免把各种形式的能源子系统当成封闭系统去分析。

1.3.2 能源资源系统工程的概念

能源资源系统工程是系统工程的一个分支，是关于能源资源预测、规划、优化和管理决策的理论与方法。能源资源系统是涉及能源资源潜力评估、开发/转换、运输、存储、利用等环节的大系统，能源资源系统与社会经济、环境、交通运输、科技发展等方面相互影响。能源资源系统工程依靠运筹学、控制论、博弈论、经济学以及相关专业学科，以定量或定性与定量相结合的方法，研究世界、国家、地区、部门和企业等不同层次的能源需求、供应、转换、节约和新技术开发以及能源政策。能源问题在时间上存在着长周期特性，在空间上与周围环境有密切的关联，能源资源系统工程是解决能源问题的重要方法。能源资源系统工程的主要研究手段是能源模型，利用能源模型对能源资源系统进行定量研究，进一步对系统进行优化。

能源资源系统工程针对现有能源资源系统展开构成要素和结构分析，研究它与社会、经济和环境的联系，查找存在的问题，剖析产生问题的原因，进而实行最优设计、最优规划、最优控制和最优管理，来创建满足经济发展和提高生活水平所需要的能源资源系统，着重于能源资源系统的组织建立和运行管理。能源资源系统工程针对拟构建的能源系统，通过分析能源系统的需求环境、运行环境和构建结构，吸取现有能源系统的建设和运行经验，对拟建能源系统的构成、结构和运行可能结果进行测算分析，利用系统理论和最优化技术，对拟建能源系统进行优化和选择，以更好地满足未来社会经济发展和人民生活水平提高的能源需求。能源系统属于社会–经济–环境系统的一部分，能源资源系统工程是社会–经济–环境系统工程的一个分支，是解决能源系统问题的系统工程方法。具体地说，就是运用系统工程方法研究分析能源资源系统问题，经过分析、推理、判断、综合后，建立起能源系统模型，进而用最优化方法，求得能源系统最优化结果，在许多可行的解决方案中优选若干方案，提供给决策者最后优选采用。或在许多设定的前提下，找出各种对应的后果，帮助决策者作决策分析。

中国能源系统工程研究始于 20 世纪 80 年代初期，以天津大学刘豹、西安交通大学汪应洛为代表的一批学者着手研究我国能源供应系统的规划、预测与决策模型。刘豹等 1991 年编写的《能源系统工程》集中反映了这些研究成果。其他研究人员先后采用了宏观经济模型、投入产出模型、计量经济模型、数学规划模型、投资分析模型、效应分析模型，以及由其中若干模型联合组成的能源系统模型，对中国未来能源形势和政策进行预测与分析评价。系统工程理论和方法与能源领域科学相互渗透和融合，发展成为系统工程学的一个重要分支理论——能源系统工程学，在国家能源政策、能源开发和应用、能源系统建设等领域得到了广泛的应用和发展。

1.3.3 能源资源系统全过程管理

科学技术的不断进步、经济社会的迅速发展以及“双碳”目标的要求，使国民经济各部门间的联系日趋复杂和紧密。对于能源资源系统而言，不仅规模不断扩大，而且内部联系及制约关系也越来越复杂，随着社会生产力的发展，国民经济各部门的能源需求的数量和质量都在发生变化。新能源使用范围的扩展，常规能源开发和利用技术的进步，使各种能源在使用上的替代性不断增强。人们生活质量的提高和世界范围内的气候变化，又从反面对能源资源系统提出新的要求。所有这些发展和变化，都在一定程度上对能源资源系统的管理提出越来越高的要求。

能源资源系统全过程管理包括能源资源潜力评估、开发/转换、运输、存储、利用多个环节，每个环节又是由国民经济的若干部门（如能源运输环节涉及铁路、公路、水运等交通运输部门，电力输送部门等）组成的，与社会经济、环境、交通运输、资源、科技发展等方面都有关联。而且各个环节彼此制约、互相影响，形成一个复杂的整体，起着为国民经济发展和人民生活需要提供能量与原料等物质基础的作用。

从系统论的角度来看，能源资源潜力评估、开发/转换、运输、存储、利用是一个相互关联的能源资源系统全过程，对环境、经济系统有重要影响，如图 1-2 所示。

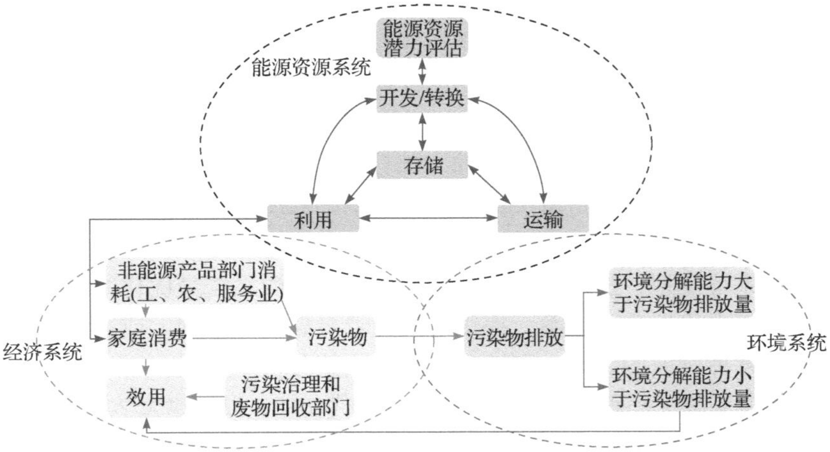

图 1-2 能源资源系统管理子过程及其与经济环境系统相互关系

1. 能源资源系统管理全过程

能源资源潜力评估、开发/转换、运输、存储、利用之间存在着相互作用关系。

1）能源资源潜力评估

能源资源潜力评估是研究某一地区具有的能源资源量和可利用程度的过程。它考虑了可再生能源（如太阳能、风能、水能等）和非可再生能源（如化石燃料）的潜力。能源资源潜力评估可以为能源开发提供基础数据、方向和目标，同时能源开发的规模和方式也会影响潜力评估的结果。

2）开发/转换

开发/转换是将能源资源转化为可用的能源形式。这包括开采和提取化石燃料、建设可再生能源设施（如太阳能电池板、风力涡轮机等），以及转换能源形式（如发电厂将化石燃料燃烧产生电能）。根据各区域、各阶段的能源需求，考虑能源输配设施建设，可以对能源开发/转换方式进行优化设计。

3）运输

能源运输是将能源从生产地点输送到消费地点的过程。它涉及石油管道、天然气管道、电力输电线路、液化天然气船舶和煤炭运输等。能源运输的效率和可靠性直接影响能源供应的稳定性与成本。

4）存储

能源存储可以在多种形式中发生，如电池储能技术、抽水蓄能、热储能和氢能储存等。能源存储的发展可以提高能源系统的灵活性，平衡供需差异，并促进可再生能源的更广泛应用。能源存储可以平衡能源供需差异，提高能源利用效率，减少能源输配线路建设，并促进可再生能源的大规模开发和利用。

5）利用

能源利用是指在各个领域使用能源以满足能源需求。这包括工业部门、交通运输、建筑业和居民部门等。不同行业和领域的能源需求的数量与类型各不相同，因此能源利用的模式和技术也会有所差异。能源利用的模式和技术会影响能源消费，从而对能源开发、转换、运输提出需求。

总之，能源资源潜力评估、开发/转换、运输、存储和利用之间存在着密切的相互作用关系。采用系统工程的理论和方法，综合考虑这些方面的相互关系，可以制定科学的能源政策和战略、促进能源高质量发展。

2. 能源资源系统与经济环境系统关系

能源资源系统作为整个国民经济系统的一个子系统，并不是孤立的，它与经济、环境紧密地联系在一起，三者相互支撑、相互制约。能源资源系统是依赖于自然环境和社会环境而发展的，用以满足自然环境和经济社会的需要。根据研究需要，可以把能源和经济、环境综合起来，形成能源–经济–环境系统。能源资源系统也可以根据能源品种分成若干子系统进行研究，如煤炭系统、石油系统、电力系统、热力系统等。能源资源系统也可根据研究的地域大小和范围分为世界能源系统、国家能源系统、城市能源系统、农村能源系统及企业能源系统等。

能源、与能源消费相关的环境、经济组成一个相对独立的、开放的能源–环境–经济复合系统（energy-environment-economy compound system，以下简称 3E 复杂系统）。3E 复杂系统是一个多要素和多层次的系统，与外界环境不断进行资源、资金、人员和技术等要素的交换。这种交换对于降低系统的内部增熵和提高系统的有序度产生重要影响，是系统维持耗散结构状态，形成有序自组织的基础和前提。而且 3E 复杂系统的子系统之间、子系统与外部环境、系统与外部环境之间存在非线性和不可逆的联系，这是系统有序的根本原因，正是它们的“协同作用”，推动整个系统朝着持久、有序、稳定和协调的方向发展。

能源经济与环境系统是典型的非线性复杂系统，其运动规律涵盖了数学、经济、环境及社会等系统。具体来讲，能源经济与环境系统的非线性特征主要体现在以下几个方面。

（1）维数高。对于能源经济与环境系统来说，从驱动其运动的独立变量数及影响其变化的因素种类来看，具有维数高的特性。这种维数高的特性是能源系统产生和发展非线性、复杂性的直接机制之一。

（2）开放程度高。能源经济与环境系统是由众多构成要素组成的，它与社会自然环境之间存在着多层次、多角度、多渠道的相互关系。因此，社会系统中某方面的变化，如环保要求、战争爆发、利率变化、人口变迁、产业结构调整等都会对能源系统产生或大或小的冲击；同时，能源系统运行的波动，也会对社会环境的各方面产生影响。因此，能源系统与其环境之间存在着全方位、跨时空的开放，充分体现为具有非线性的相互作用特性。

（3）自组织性。能源资源系统亦属于复杂系统演化的范畴，有其特殊发展方式，即在一定的范围内，以某种形式发展的系统，能够保持原来发展的态势，应对环境与经济条件的变化，开拓更大的发展空间可能性。能源系统与一般其他系统相比，其特殊性在于着眼点是与经济、社会、人口、科技、环境、资源紧密相关，但又不能简单地把它与经济系统中某一个子系统等同起来。要想深入研究这个复杂系统，就应研究适应能源发展的各种因素，把握新形势下的能源发展的规律性和内部机制，分析这个复杂系统中的其他子系统与能源之间的协调关系，从复杂系统的演化机理出发，探讨可持续发展能源系统的这一复杂系统演化规律。

从理论上讲，能源资源、经济和环境三者之间存在着复杂的相互影响机理。首先，能源资源是经济发展的重要动力保障，经济的持续快速发展都必须有长期稳定的能源供给作为保证。其次，在经济发展过程中，要求扩大生产规模以及提高人民福利等，这些不断增加了对土地、矿产、水资源、生物资源和能源的需求。为了满足这些需求，就必须加大对能源资源的开采，而能源消费的增加必然伴随着污染物排放数量的增加，由此给环境带来了不容忽视的压力，一旦污染物的排放超出环境自身承受能力的临界点，环境质量就会恶化。最后，环境质量的恶化反过来必然影响能源资源、劳动力等基础生产要素的质量，并最终对经济造成一定的负面影响。

1.3.4　能源资源系统工程研究方法

1. 研究方法论

研究、分析和处理问题的思想、程序与基本原则称为方法论，它告诉人们针对复杂问题如何去分析、组织、计划、设计和实施研究，但不能详细告诉人们如何进行一项具体的、个别的研究，因为每一项具体研究都具有特殊性。具体问题的研究需要将方法论和具体问题相结合，采用具体的分析方法进行分解分析，了解问题的本质和运行机理。在此将系统工程方法归纳为方法论层次上的方法和技术层次上的方法。方法论层次上的方法指人们研究、分析、处理某类系统工程问题运用的程序和基本原则，如针对硬系统的霍尔三维结构模型，针对软系统的切克兰德的调查学习模式。技术层次上的方法是指处理复杂系统问题的具体分析方法，如系统分析方法、系统评价方法、系统仿真方法、系统预测方法和决策方法及数学模型方法。系统工程方法论是能源资源系统工程研究方法发展的基础，最具代表性的系统工程方法论有霍尔三维结构方法论、并行工程、综合集成方法、切克兰德学习调查法、物理–事理–人理方法（薛惠锋等，2007）。

1）霍尔三维结构方法论

霍尔三维结构方法论提出了一个以时间、逻辑和知识为维度的框架，强调目标明确、最优化的重要性，并将现实问题视为可通过定量分析解决的工程系统问题。这一方法论突出了系统工程方法的整体性、综合性、科学性和问题导向性。

2）并行工程

并行工程，作为一种系统化方法，强调产品及其相关过程的并行和一体化设计，以全生命周期为视角，从一开始便考虑所有相关因素，包括质量、成本、进度和用户需求，推动产品设计、制造和保障过程的系统整合。

3）综合集成方法

综合集成方法，由钱学森等提出，旨在从系统整体出发解决复杂问题，通过定性与定量研究方法的结合，解决开放的复杂大系统问题，体现在专家数据、信息与计算机仿真的有机结合以及理论与人类经验知识的综合。

4）切克兰德学习调查法

切克兰德学习调查法，适用于研究涉及人、环境、信息和社会等复杂因素的社会经济发展战略与组织管理问题，核心在于通过“调查、比较”或“学习”来改善现有系统。

5）物理–事理–人理方法

物理–事理–人理方法，融合了物质运动的机理、做事的道理和做人的原则，体现了东方文化的系统方法论，强调参与、综合集成、人机结合、以人为本的原则。

2. 具体研究方法

能源资源系统工程的研究方法具有系统工程学共同的基础理论（系统学、运筹学和控制论），共同的技术工具（计算机科学），除此之外，能源资源系统工程还必须以管理学、能源技术科学、经济数学方法、环境学作为其特有的理论和技术。能源资源系统工程在解决能源规划与管理方面的具体问题时，常常以上述理论和技术为手段，通过调查研究确定要解决问题的范围和目标、收集数据、建立数学模型、利用模型作系统分析，并按一定最优指标做出决策，提出合理方案，然后实现方案。最后还应当根据实践结果修正模型和方案，需多次反复，是一个理论—实践—理论的螺旋式的循环上升发展过程。能源资源系统工程具体研究方法可基本归为七大类：仿真方法、优化方法、评价方法、博弈论方法、分解分析方法、投入产出方法、机器学习方法。

1）仿真方法

仿真方法是利用各种数学公式（函数式、微分方程、矩阵等）或图形客观地描述能源系统各要素的活动以及各要素之间的相互关系，建立相应的数学模型，并通过计算机进行数值计算。仿真方法可以用于研究在各种可能出现的条件或者人们期望的情况下，系统发展变化的趋势和后果。因而仿真方法可以取代或者减少那些费用昂贵的试验，提供预测和分析的手段。

2）优化方法

优化方法是能源系统工程研究中建立能源系统设计优化、运行优化和管理决策的基本方法，包括线性规划方法、非线性规划方法、随机规划、多目标优化、双层规划等。优化方法不仅仅是对能源系统的客观描述和分析，它寻求的是最佳方案，即以仿真模型或初期计划为基础，建立优化分析的数学模型，以达到能源系统整体目标的最优或最令人满意的方案。优化方法及其计算结果比人们以常规经验做出的决策要好得多。

3）评价方法

评价方法通常用于对各种拟订方案进行测算，对优化的测算结果进行分析和对比，判定并研究方案的不同特点、优势和劣势，能否获得预期的效果，通过综合分析确定方案的可行性和选择次序，为能源决策和政策制定提供支持与依据。

4）博弈论方法

博弈论通过分析多方参与的冲突或合作情境中的决策结果，提供一套框架和方法来理解与解决决策制定和策略选择的问题。在博弈论中，参与者可以选择不同的策略，而这些策略的选择将直接影响结果和收益。博弈论方法在能源政策、市场设计、资源分配等方面有广泛的应用。它能够帮助决策者理解不同冲突和合作情境下的决策行为，分析参与者的利益和策略选择，并提供合理的决策建议。

5）分解分析方法

分解分析主要包含指数分解分析和结构分解分析，被广泛用于量化分析能源–经济–环境系统中某一因素总量变化和强度变化的关键驱动因素，适用于经济体、区域、终端消费、经济部门和传输层级等层面的相关研究，是剖析生产端和消费端能源利用等指标变化本质的重要工具，可为政策制定者精准施策提供理论支撑。

6）投入产出方法

投入产出方法是研究国民经济各部门间平衡关系所使用的方法。该方法从一般均衡的假定出发，把各部门的产品量的依存关系表现为方程组。再依据统计材料，制成一种矩阵形或棋盘形的平衡表，表现国民经济各部门产品的供给和需求相平衡的全貌；并由此求得每一部门的产品总量与它生产这个总量所需其他部门的产品量的比例（称为技术系数），从而确定上述方程组中的有关参数值。从含有这些参数值的方程组，推断某一部门产销情况的变化对其他部门的影响，计算为满足社会上一定的“最终消费”（即个人及政府消费、投资和输出）所需生产的各种产品总量，并预测国民经济发展的前景。

7）机器学习方法

机器学习是一门多领域交叉学科，涵盖概率论、统计学、逼近论、凸分析、算法复杂度理论等多门学科，广泛应用于模式识别、预测分析、优化控制和决策支持等领域。其研究重点在于探索计算机如何模拟和实现人类的学习行为，获取新知识或技能，并通过重组已有的知识结构，不断提升系统的智能化水平和运行效率。例如，随机森林算法作为机器学习重要算法之一，通过结合多个决策树分类器进行分类和预测，提高了模型的准确性和稳定性。此外，深度学习、支持向量机和神经网络等算法也被广泛应用于能源需求预测、能效优化和故障诊断等问题，显著提升能源系统的性能和可靠性。

1.4　本书研究内容与特色

1.4.1　主要研究内容

本书主要采用系统工程的研究方法，对能源资源的潜力评估、开发/转换、运输管理、存储管理和利用管理进行建模，结合资源潜力、供、输、储、需关联关系，形成能源资源系统全过程管理研究方法体系。进而，探讨能源资源利用的经济环境影响、开发利用绩效、政策分析等相关问题。研究内容如图 1-3 所示。

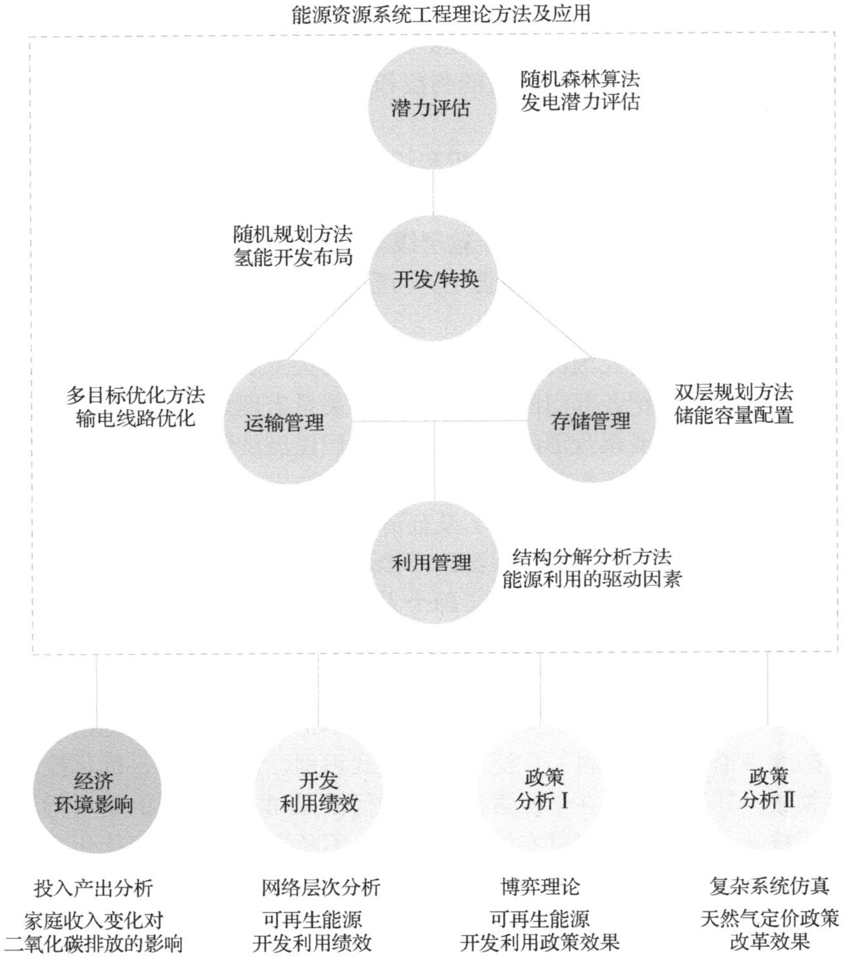

图 1-3　本书研究内容

本书主要包括以下内容。

第 2 章至第 6 章聚焦能源资源系统全过程管理。分别提出能源资源潜力评估、开发/转换、运输、存储、利用管理方法。资源潜力评估章节采用机器学习方法评估光伏发电潜力，提出整合集中式大型光伏发电和分布式小型光伏系统发电的潜力评估框架。进而，采用随机森林算法、多目标优化方法、双层规划方法、结构分解分析方法对氢能布局、输电线路布局、储能容量配置、能源利用总量与强度变化的关键驱动因素进行研究，为解决我国中长期氢能规划、输电线路中长期规划、最优储能容量规划和选址布局等问题、提升能源的有效利用提供模型和方法支撑。

第 7 章研究能源资源系统对环境的影响。首先介绍投入产出模型的一些基本概念和基本模型。然后，进一步介绍环境投入产出模型的历史发展，以及环境投入产出模型中涉及的基本概念和应用环境投入产出模型的分析方法。最后，以环境投入产出模型为例，分析我国 2007 年和 2012 年家庭收入变化对碳排放的影响。

第 8 章评价能源资源系统开发利用绩效。基于网络层次分析法，从能源、经济、技术、环境与社会的视角，提出可再生能源开发利用的绩效评价模型，利用网络层次分析法对我国 30 个省区市的可再生能源开发利用综合绩效进行定量测度，并分析其时空演变特征差异，揭示可再生能源区域绩效的关键影响因素。

第 9 章和第 10 章研究能源资源政策。分别采用博弈论和复杂系统仿真方法对能源资源政策效果进行研究。其中，第 9 章介绍非合作博弈、合作博弈以及演化博弈的基本理论和模型。进而，以演化博弈为例，探究可再生能源配额制实施背景下绿证交易各市场参与主体的行为策略及相互影响，分析各利益相关者之间的行为策略及其演化过程。第 10 章在阐述系统仿真概念及分类、步骤、意义及技术发展的基础上，对复杂系统的仿真方法进行分析，主要包括多智能体系统仿真及系统动力学仿真。进而，采用多智能体仿真方法对中国天然气居民用气阶梯定价政策改革效果进行评估。

1.4.2　本书特色

（1）党的二十大报告指出，“加快规划建设新型能源体系”①，本书从能源资源潜力评估、开发/转换、运输、存储和利用全过程管理视角出发，将能源资源复杂系统视为由相互关联部分组成的整体，评估能源资源开发利用潜力，考虑“供—输—储—用”子系统的关联关系分别优化能源的开发布局、传输、存储，分析能源资源利用的驱动因素。进而，研究能源资源系统对经济环境的影响、可再生能源开发利用绩效、能源政策实施效果、政策改革效果。本书内容有助于完善能源资源全过程管理的方法体系，有助于促进能源资源的合理开发利用，有助于构建“双碳”目标下的新型能源体系。

（2）本书采用“理论方法+应用案例”架构，融合管理科学、工程、经济、系统工程等多学科领域前沿方法，详细阐述了评价、优化（随机优化、多目标优化、双层优化）、分解分析、投入产出方法、评价、博弈（合作博弈、非合作博弈、演化博弈）、仿真（多智能体仿真、系统动力学）、机器学习（随机森林）等

① 《习近平：高举中国特色社会主义伟大旗帜 为全面建设社会主义现代化国家而团结奋斗——在中国共产党第二十次全国代表大会上的报告》，https://www.gov.cn/xinwen/2022-10/25/content_5721685.htm，2022 年 10 月 25 日。

前沿方法，并结合团队的研究成果给出上述方法在能源资源管理领域的应用案例。

参 考 文 献

孙东川, 孙凯, 钟拥军. 2019. 系统工程引论[M]. 4 版. 北京: 清华大学出版社.
汪应洛. 2016. 系统工程[M]. 5 版. 北京: 机械工业出版社.
薛惠锋, 陶建格, 卢亚丽. 2007. 资源系统工程[M]. 北京: 国防工业出版社.
於世为, 魏一鸣, 孙涵. 2014. 能源经济与环境系统建模: 软计算方法及应用[M]. 武汉: 中国地质大学出版社.

第 2 章　随机森林算法与光伏发电潜力评估

2.1　随机森林算法

随机森林（random forest）算法最早由 Breiman（2001）提出，通过应用引导聚集算法的思想对大量的随机决策树模型进行集成，能够在一定程度上解决单棵决策树导致的过拟合以及处理较高维度数据时分类效果较差等问题，做到平衡误差，从而保证较高的预测准确率以及分类的精度（刘浩男等，2020）。且随机森林中各决策树之间相互独立，可以并行化训练，算法的时间效率得以提升。随机森林算法能够用于解决分类和回归两类问题，以分类算法应用居多。

随机森林使用不同类型的决策树，包括迭代二分法（iterative dichotomiser 3，ID3）、C4.5 和分类与回归树（classification and regression tree，CART）。这些决策树构建过程都采用贪心算法，从根节点开始逐级向下构建树结构。它们之间的主要区别在于如何选择要分裂的特征属性（Singh and Giri，2014）。ID3 算法的核心思想是基于信息增益最大化原则选择要分裂的属性，它更倾向于选择具有更多分支的属性值（Rajeshkanna and Arunesh，2020）。需要注意的是，ID3 和 C4.5 只适用于分类任务，而 CART 既可以解决分类问题，也可以解决回归问题。在随机森林中，通常使用 CART 决策树作为基本的决策树类型。

随机森林算法利用多个决策树组合来预测结果，如图 2-1 所示，对于决策树的每个节点，若该节点全部属性个数为 d，首先从全部的 d 个属性特征中随机选取出包含 k 个属性特征的一个子集，再在这个子集中进行优劣比较从而得到最优划分属性。在训练了 m 次之后可以得到 m 个分类模型 $\{h_1(x), h_2(x), \cdots, h_m(x)\}$，最终随机森林分类器输出的结果 $H(x)$ 是在这 m 个分类模型输出的结果中投票产生的（方匡南等，2011）。

$$H(x) = \arg\max_{Y} \sum_{i=1}^{m} I(h_i(x) = Y) \tag{2-1}$$

其中，$H(x)$ 表示随机森林最后生成的分类器；Y 表示输出变量。

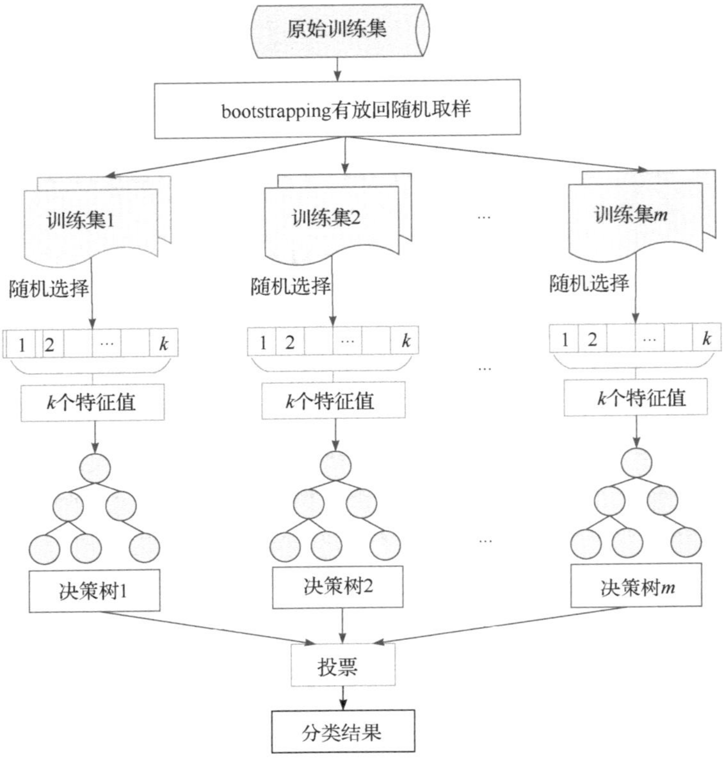

图 2-1　随机森林分类算法示意图

2.2　中国地级市光伏发电潜力评估

随着煤炭、石油等化石燃料直接燃烧引起的大气污染、温室效应等环境问题加剧，可再生能源成为人们关注的焦点。太阳能储量丰富、分布广泛且发展潜力巨大，其开发利用被认为是解决全球能源危机与气候问题的有效途径之一（胡亚男等，2019）。光伏发电潜力评估是指考虑到太阳能资源的长期能源可用性、地形和土地利用限制、系统配置、遮阴和污染等，在现有技术条件下能够实现开发利用的太阳能光伏规模（ESMAP，2020）。现有研究从全球、区域和国家层面根据不同的准则，对光伏发电潜力进行了大量的评估。但由于数据采集困难、过程复杂，往往将研究区域局限于某一面积有限的地区。且国内的数据库并不健全，这进一步限制了学者采用统一尺度实现对全国范围内分布式光伏发电潜力的测算（张华等，2015）。

为此，本章以随机森林算法为基础，利用多源遥感数据，将研究视角聚焦于各地级行政区，综合考虑地表起伏、气候环境、地理位置以及建筑物形态在太阳能开发利用时产生的影响，提出整合集中式大型光伏发电站和分布式小型光伏系统发电潜力的评估框架，实现对中国地级市的集中式和分布式光伏发电潜力的测算，帮助各行政区根据自身特定地理环境、资源经济等条件有针对性地制定光伏产业发展政策。

2.2.1　光伏发电潜力评估模型

随机森林算法能够广泛用于解决分类和回归两类问题，以随机森林算法为基础，本章提出一种基于地理信息系统（geographical information system，GIS）空间分析功能和谷歌地球引擎（Google Earth Engine，GEE）平台测算地区太阳能光伏发电潜力的模型（图 2-2）。模型主要分为两部分。首先，应用随机森林算法识别区域建设用地中分布式光伏屋顶可用面积，为确定可用于光伏装机的集中区域、建筑立面和屋顶区域提供精准的数据支持。其中，综合不同方法评估中国地级行政区可用于大型集中式光伏电站和分布式小型光伏发电适宜区域，即地理潜力。然后，利用 PVsyst 软件模拟仿真，确定大型光伏电站以及分布式光伏系统中平屋顶在安装光伏组件时所需的最佳安装倾角和最佳间距，以准确评估该地区光伏发电技术潜力。通过随机森林算法的应用，该模型能够更准确、高效地评估地区光伏发电潜力，为可再生能源规划和建设提供重要的决策支持。

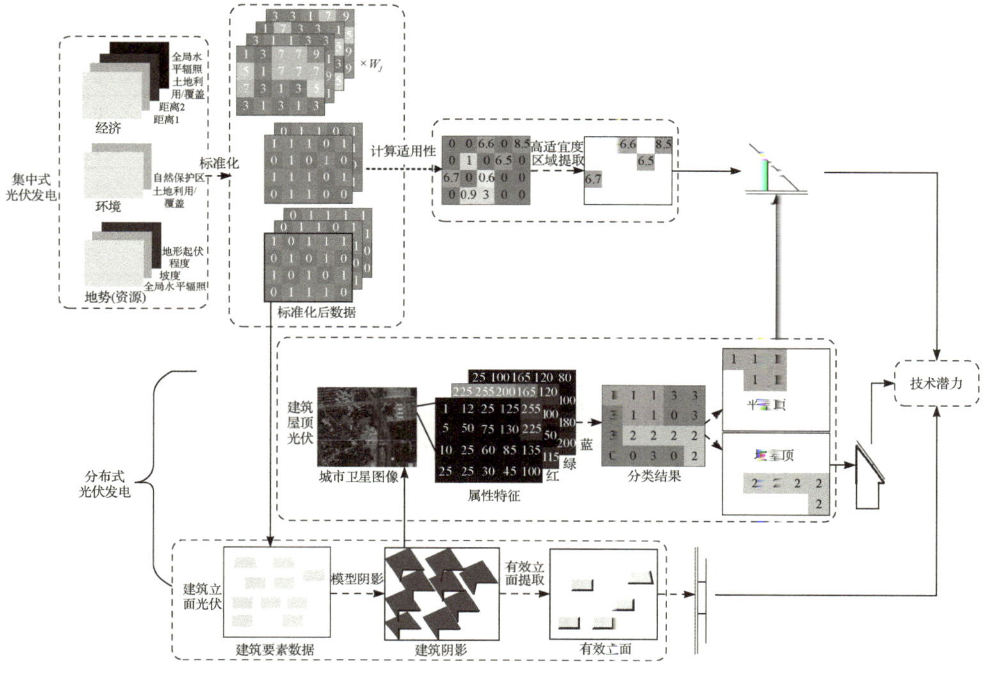

图 2-2　光伏发电技术潜力评估流程

2.2.2　地理潜力

1. 集中式光伏电站可用面积评估

利用 ArcGIS 软件（V10.6）中 Map Algebra（Raster Calculator）对地势（资源）、环境和经济因素中各项准则进行标准化。对标准化后的各因素层采取线性加权，计算得到各网格适宜度，筛选出适宜于光伏组件安装的区域。

（1）地势（资源）和环境因素标准化。采用二元法对地势（资源）和环境方面各因素的原始数据进行重分类，将符合条件的网格设为 1，反之则设为 0。地势（资源）因素包括全局水平辐照量、坡度、坡向和地形起伏程度四种。环境因素包括对土地利用/覆盖的分类以及对环境保护区的排除。其中，根据《太阳能资源评估方法》（GB/T 37526—2019）（中国气象局公共气象服务中心等，2019）分别对全局水平辐照量、坡度、坡向、地形起伏程度、土地利用/覆盖、环境保护区进行分类评估，具体标准如表 2-1 所示。

表 2-1　地势（资源）和环境因素评估量表

因素	参数	属性值	得分
地势（资源）	全局水平辐照量/（千瓦时/米²）	≥1050	1
		<1050	0
	坡向	0°（平）	1
		（0°，22.5°]（北）	0
		（22.5°，67.5°]（东北）	0
		（67.5°，112.5°]（东）	1
		（112.5°，157.5°]（东南）	1
		（157.5°，202.5°]（南）	1
		（202.5°，247.5°]（西南）	1
		（247.5°，292.5°]（西）	1
		（292.5°，337.5°]（西北）	0
		（337.5°，360°]（西北）	0
	坡度	< 5°	1
		≥5°	0
	地形起伏程度/米	< 200	1
		≥200	0
环境	土地利用/覆盖	沙裸地	1
		灌木/草地	1
		林地/湿地	0
		耕地	0
		水域	0
		建设用地	0
	环境保护区	自然保护区	0

（2）经济因素标准化。经济因素考虑大型光伏电站建设所需的最低成本，包括全局水平辐照量、地理位置和土地利用类型。在对经济因素的处理中，引入萨蒂（Saaty）九级标度法对各项准则进行标准化（Saaty，1988）。根据太阳能资源评估方法按太阳能资源丰富程度依次赋值（中国气象局公共气象服务中心等，2019）。此外，与已建成电站的距离及与公路距离的长短将直接影响光伏电站建设期间原材料的运输成本、电站维护成本以及后期电力传输成本等，因此根据以往研究与中国实际国土面积（Saraswat et al.，2021；Gorsevski et al.，2013；Uyan，2013；Uyan，2017），将各距离标准化（表 2-2）。根据 Effat 和 el-Zeiny（2017），各因素优先级依次为全局水平辐量 > 土地利用类型>与电站的距离>与公路的距离，则各因素权重可根据式（2-2）（Malczewski，1999）得到。

$$W_j = \frac{n - r_j + 1}{\sum_{k=1}^{j}(n - r_k + 1)} \tag{2-2}$$

其中，W_j 表示第 j 个准则标准化后的权重；n 表示准则数量；r_j 表示第 j 个准则的优先级。在权重分配之后，根据式（2-3）计算各网格区域光伏电站建设适宜度。首先，基于 GIS 的空间分析功能将地势（资源）和环境中各因素重分类后的网格值叠加，删除其中所有 0 值，即光伏电站建设限制区域，从而初步生成满足电站建设所需地理环境的区域地图；其次，根据各自的权重，对经济因素中各标准进行加权线性组合；最后，合并所有图层，得到各网格区域的适宜度 S。

$$S = \sum W_j X_j \times \prod C_i \tag{2-3}$$

其中，X_j 表示经济因素中各标准的得分；C_i 表示地势（资源）和环境中各因素重分类后的网格值。

表 2-2　经济因素评估量表

因素	参数	属性值	得分
太阳辐射	太阳辐射强度/（千瓦时/米 ²）	≥1 750	9
		[1 400，1 750）	5
		[1 050，1 400）	3
		＜1 050	1
地理位置	与电站的距离/米	[0，11 841）	9
		[11 841，23 682）	8
		[23 682，35 524）	7
		[35 524，47 365）	6
		[47 365，59 206）	5

续表

因素	参数	属性值	得分
地理位置	与电站的距离/米	[59 206，71 047）	4
		[71 047，82 888）	3
		[82 888，94 730）	2
		≥94 730	1
	与主要公路的距离/米	[0，1 899）	9
		[1 899，4 315）	8
		[4 315，7 421）	7
		[7 421，11 909）	6
		[11 909，17 259）	5
		[17 259，22 610）	4
		[22 610，28 132）	3
		[28 132，34 346）	2
		[34 346，43 838）	1
		≥43 838	0
土地覆盖	土地覆盖类型	沙裸地	9
		灌木/草地	5
		林地/湿地	3
		耕地	1
		建设用地	1

2. 分布式光伏建筑立面面积估算

在选择可用于光伏发电的建筑时，应确保其满足国家规定的最低太阳辐射要求。因此，依据前面全局水平辐照量标准化后的数据，将水平面太阳总辐射低于1050千瓦时/米^{2}的地区删除。此外，《民用建筑太阳能光伏系统应用技术规范》指出，建筑物在满足冬至日全天有3小时以上日照时数的要求下，可用于光伏组件安装（中国建筑设计研究院等，2010）。由于中国地处北半球，建筑物按照不同位置排列时，位置较南的建筑会对其北部建筑造成不同程度的阴影遮挡，因此在光伏装机前，必须对建筑的可用性加以评估。

利用百度地图提供的建筑物位置、高度数据，以及当地不同时刻太阳高度角，模拟建筑物在冬至日正午前后3小时内的光照情况。若在此期间建筑物均未出现被遮挡情况，则作为分布式光伏适宜建筑物。首先，使用 ArcGIS 提取对应时刻的建筑背光面，背光面根据太阳方位角确定。其次，利用山体阴影工具进行阴影建模，根据当地时间对应时刻太阳方位角 β 和高度角 h，以及背光面的高度计算建筑物形成的阴影。最后，通过分析阴影与建筑物的空间叠加关系排除不符合要求的建筑，进而获得最终可用于安装光伏组件的建筑立面总面积。其中太阳方位角 β 和高度角 h 可根据式（2-4）～式（2-7）（贺晓雷等，2008）得到：

$$\beta = \arccos\left(\frac{\sin\delta - \sin h \sin\Phi}{\cos h \cos\Phi}\right) \tag{2-4}$$

$$h = \arcsin\left(\sin\Phi \sin\delta + \cos\Phi \cos\delta \cos\omega\right) \tag{2-5}$$

$$\omega = 15\times\left(H_{\mathrm{s}} - 12\right) \tag{2-6}$$

$$H_{\mathrm{s}} = H_{\mathrm{ls}} + \frac{L_{\mathrm{lso}} - L_{\mathrm{sm}}}{15} \tag{2-7}$$

其中，δ 表示太阳赤纬角，冬至日太阳赤纬角为–23.45°；Φ 表示当地纬度；ω 表示太阳时角；H_{s} 表示太阳时；H_{ls} 表示时间为北京时间；L_{lso} 表示所在地的地理经度；L_{sm} 表示制定标准时间地区的地理经度，即中国为东经 120°。

3. 分布式光伏建筑屋面面积估算

不同的建筑物屋顶类型会对太阳能设备安装方式、安装面积、成本及效益产生影响，因此在评估城市区域建筑物屋顶太阳能利用潜力之前，需根据太阳能设备安装的特性对城市建筑屋顶进行分类识别，分别测算不同类型屋顶的面积。我国建筑中以坡屋顶和平屋顶分布最为广泛，因此研究中将所有存在高度差、屋面不平整的屋顶均视为坡屋顶，与平屋顶共同作为屋顶的两种类型进行分类以识别确定各自的可用面积。

利用随机森林算法对城市卫星图像屋顶类型进行监督分类。随机森林算法通过对大量的随机决策树模型进行集成，能够在一定程度上解决单棵决策树导致的过拟合以及处理较高维度数据时分类效果较差等问题，预测准确率以及分类的精度较高（刘浩男等，2020）。

基于前面得到的数据对城市卫星图像中的有效建筑初步提取后引入随机森林算法对图像进行监督分类。类别属性及属性值见表 2-3，其中非建筑地区表示无建筑的建设用地区域；带坡屋顶、曲面屋顶、折板屋顶等归类为坡屋顶类别；障碍物表示建筑屋面上方存在电梯井、楼梯间等影响光伏组件安装障碍物区域。

表 2-3　随机森林分类类别

类别属性	属性值	类别属性	属性值
非建筑地区	0	平屋顶	1
坡屋顶	2	障碍物	3

对于上传至 GEE 的城市卫星图像［图 2-3（a）］，通过目视解译标记要素集，赋予要素集类别和取值，并以卫星图像红、绿、蓝三个波段“band1”“band2”“band3”为输入属性特征，即 $d=3$ 。标记的要素集中 90%作为训练样本，10%留作精度验证。初始算法中，将决策树数量设定为 10 个，并基于 GEE 平台对随机森林分类器进行训练。将训练后的分类器用于卫星图像分类，并输出分类后的影像［图 2-3（b）］和精度。

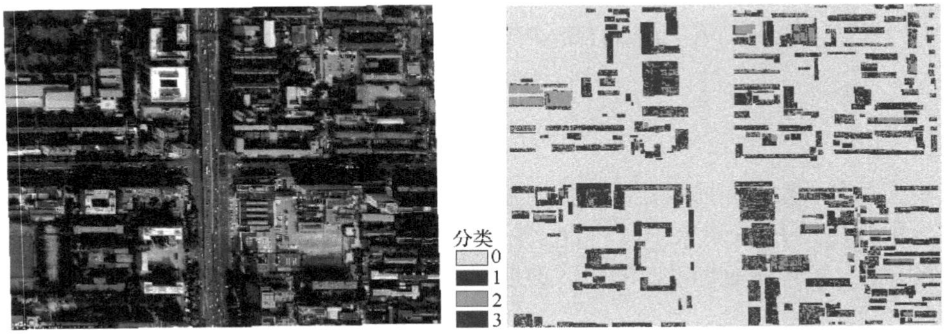

(a) 原始卫星图像　(b) 分类结果

图 2-3　随机森林分类前后对比图（见彩图）

根据随机森林算法分类结果可直接得到平屋顶面积，即输出分类后影像中值为 1 的网格面积。但由于输出图像为二维平面图像，其中坡屋顶所占面积应为该坡屋顶底面面积，故坡屋顶真实屋顶面积需进一步计算。建筑功能不同、所处地理位置不同决定了坡屋顶的不同坡度，因此必须对坡屋顶的坡度角做出一些假设。为简化计算，Kamp（2013）假设所有坡屋顶均有一个理想的形状，并将其平均坡度角假设为 30°（尹晶等，2015），则坡屋顶的屋顶面积根据公式（2-8）计算得到。

$$A_{\text{roof}}=2\cdot r\cdot q=2\cdot\frac{p}{\cos\alpha^{\text{roof}}}\cdot q=\frac{A_{\text{base}}}{\cos\alpha^{\text{roof}}} \tag{2-8}$$

其中，A_{roof} 表示屋顶面积；A_{base} 表示基底面积；α^{roof} 表示坡角，设为 30°；r、p、q 分别表示屋脊、反梁、吊梁的长度。

由于研究区域过于庞大，采用抽样法对各行政区域分布式光伏装机有效面积（平屋顶总面积及坡屋顶总底面面积）进行估算，即在各研究区域随机抽取多个固定面积的区域作为样本，通过计算样本中的有效面积占样本城市建设用地面积的比例，进而估算该行政区域城市建设用地中可用于光伏装机的总有效面积。计算有效利用率 U_{so} 需排除研究区域的城市建设用地中的非建筑区域，以及受阴影和障碍等因素影响而无法有效利用的部分，可根据式（2-9）进行计算：

$$U_{so} = \frac{\sum_{j=1}^{n}\left(A_{flat}^{j} + A_{base}^{j}\right)}{\sum_{j=1}^{n} A^{j}} \tag{2-9}$$

其中，A^j 表示该地级行政区第 j 个抽取区域的城市建设用地面积；A_{flat}^{j} 表示第 j 个抽取区域的平屋顶可用屋面面积；A_{base}^{j} 表示第 j 个抽取区域坡屋顶可用底面面积；n 表示该行政区随机抽取区域总数。

各地级行政区分布式光伏系统建设可用平屋顶总面积 A_{flat}，斜屋顶总面积 A_{roof} 分别为

$$A_{flat} = \frac{A \cdot U_{so} \cdot \sum_{j=1}^{n} A_{flat}^{j}}{\sum_{j=1}^{n}\left(A_{flat}^{j} + A_{base}^{j}\right)} = \frac{A \cdot \sum_{j=1}^{n} A_{flat}^{j}}{\sum_{j=1}^{n} A^{j}} \tag{2-10}$$

$$A_{roof} = \frac{A \cdot U_{so} \cdot \sum_{j=1}^{n} A_{base}^{j}}{\cos\alpha^{roof} \cdot \sum_{j=1}^{n}\left(A_{flat}^{j} + A_{base}^{j}\right)} = \frac{A \cdot \sum_{j=1}^{n} A_{base}^{j}}{\cos\alpha^{roof} \cdot \sum_{j=1}^{n} A^{j}} \tag{2-11}$$

其中，A 表示该地级行政区城市建设用地总面积。

2.2.3　技术潜力

在确定各种光伏发电可用的有效面积后，需要对形态特征各异的可用面积采取不同的光伏组件安装方式，在有限可用面积的前提下，评估最大光伏装机容量。坡屋顶在安装太阳能光伏系统时，应保证光伏组件安装角度与坡屋顶的坡度相同（Mainzer et al.，2014）。由于中国地处北半球，朝北的屋顶几乎没有太阳辐射，因此斜屋顶的光伏组件安装方式参考 Ban 等（2017），即南向屋顶光伏组件与屋顶平行，北向屋顶光伏组件另附支架支撑，保持与南向屋顶组件方向相同。

集中式大型光伏电站和平屋顶在安装光伏组件时应按照研究区域选取最佳安装角度。对于朝南安装的光伏组件，除第一排外，其他所有排都会受到前一排光伏组件遮阳效应的影响。为将不同排间的互遮阳效应降到最低，保证最小的光伏发电损失，需要确定光伏组件安装的最佳间距。研究以最佳倾角为光伏系统安装角度，以满足冬至日当地时间 9～15 时组件无相互遮挡为条件确定最佳间距（上海电力设计院有限公司等，2012）。

为确定光伏最优安装方式，利用 PVsyst 分别对 367 个地级市进行建模分析，模拟得出最佳倾角及在此倾角上的太阳辐射强度，进而光伏组件前后排最佳间距 D 及每块光伏组件的占地面积 A_z 可根据式（2-12）和式（2-13）（Yang et al.，2020）计算得到：

$$D = \left(L \cdot \cos\varphi\right) + \frac{L \cdot \sin\varphi \cdot \cos\beta}{\tan h} \tag{2-12}$$

$$A_z = L \cdot D \tag{2-13}$$

其中，L 表示光伏组件长度；φ 表示光伏组件的最佳倾角。

对于建筑立面而言，由于多用于建筑内部采光，且考虑到建筑设计的美观性，采用“U”形发电玻璃，并保持玻璃与墙面平行的安装方式，从而在不影响建筑功能的前提下，实现建筑墙面的有效利用。在确定光伏组件安装方式后，结合 2.2.2 节中测算得到的各类型屋顶有效面积，依据不同安装地点的适用光伏组件的参数，从而得到各地级行政区光伏发电的技术潜力及发电量 E [式（2-14）]（Peng and Lu，2013）。

$$E = A_{\text{act.}} \cdot G \cdot \eta \cdot \lambda \tag{2-14}$$

其中，E 表示研究区域光伏系统每年的潜在发电量；$A_{\text{act.}}$ 表示光伏组件安装面积；G 表示以最佳倾斜角度安装的光伏组件每年接收的太阳总辐射；η 表示光伏组件的能量转换效率；λ 表示光伏（photovoltaic，PV）系统的性能比（Ramachandra et al.，2011）。它考虑损耗对系统输出的总体影响，其中，损耗造成的原因包括：逆变器效率低下、直流（direct current，DC）到交流（alternating current，AC）转换、脏污或积雪以及反射系统未充分利用辐照度。多数可用的光伏系统的 λ 在 0.66 和 0.85 之间（Anderson et al.，2004）。集中式光伏电站、分布式屋顶光伏系统及分布式立面光伏系统的光伏组件参数见表 2-4。

表 2-4　光伏组件参数

类别	集中式光伏电站	分布式屋顶光伏系统	分布式立面光伏系统
光伏模块型号	LONGi，Hi-MO 4m LR4-72HPH 445M	LONGi，Hi-MO 4m LR4-60HPH 370M	XIANG JIE，UBIPV-110P24
STC 功率/瓦	445	370	110
尺寸/毫米	2094×1038	1755×1038	1980×345
电池数量/片	144	120	24
最大功率的电压/伏特	41.3	34.4	12
最大功率的电流/安	10.78	10.76	9.17
模块效率	20.5%	20.3%	20.0%

注：STC 表示 standard test conditions（标准测试条件）

2.2.4　数据说明

主要数据来自相关的遥感数据和统计数据，具体如下。

（1）水平面太阳辐射强度。太阳辐射数据来源于美国国家航空航天局（National Aeronautics and Space Administration，NASA）资助的地球科学应用科学项目：全球能源资源预测（Prediction of Worldwide Energy Resources，POWER）（POWER，2020）。该数据集覆盖长达 30 年的太阳辐射各月、年均值。原始数据分辨率为 0.5°。

（2）数字高程模型（digital elevation model，DEM）。坡向、坡度及地面起伏程度等地理数据基于 DEM 获得，该数据来源于中国科学院资源环境科学数据中心（RESDC，CAS），其通过对美国奋进号航天飞机的雷达地形测绘（Shuttle Radar Topography Mission，SRTM）数据进行处理，制成精度 30 米的 DEM（资源环境科学数据中心，2020）。

（3）土地利用/覆盖数据。土地利用/覆盖数据由环境系统研究所（Environmental Systems Research Institute，Esri Inc.）根据 Sentinel-2 的 6 个波段数据制作生成，涵盖土地覆盖 8 个有效分类，分辨率高达 10 米（Karra et al.，2021）。

（4）建筑信息数据。建筑信息数据及城市卫星图像不同于以往研究中偏好的高精度 LiDAR 数据，本节研究创新性地使用来源免费且易于获取的百度地图建筑数据。与 LiDAR 数据相比，百度地图数据覆盖全国，且其栅格数据民用可下载最高级别为 19 级，分辨率高达 0.5 米，在保证识别精度的情况下可用于本节中的建筑分类。

各遥感数据原始精度不一，为提高研究一致性，在集中式光伏发电可用面积测算时，使用 ArcMap 软件的 Data Management Tools 中的重采样工具将分辨率统一为 100 米。

（5）全球电厂数据。电厂数据来源于世界资源研究所（World Resources Institute，WRI）提供的一个全面的全球性开源电厂数据库，该数据库涵盖了 167 个国家约 35 000 个发电厂，包括热电厂（如煤炭、天然气、石油、核能、生物质、地热等）和可再生能源电厂（如水力、风能、太阳能等），每条发电厂数据均包含地理位置、装机容量、发电量、所有者、燃料类型等信息（Global Energy Observatory，2018）。各数据具体信息见表 2-5。

表 2-5　数据来源

数据	来源	网址
水平面太阳辐射强度	NASA POWER	https://power.larc.nasa.gov
DEM	RESDC, CAS	https://www.resdc.cn/data.aspx?DATAID=123
土地利用/覆盖	Esri Inc.	https://www.arcgis.com/home/item.html?id=d6642f8a4f6d4685a24ae2dc0c73d4ac
建筑信息数据	百度地图	https://map.baidu.com
全球电厂数据	WRI	http://resourcewatch.org https://earthengine.google.com

2.2.5　结果分析讨论

1. 中国集中式光伏发电潜力

（1）中国集中式光伏可开发区域高达 497 323 平方千米，占全国总面积的 5.2%，技术潜力约 42.8 太瓦，年发电量约 65 509.7 太瓦时。由图 2-4 可知，技术潜力较高的地市集中在西部地区。其中，技术潜力高于 500 吉瓦的地级行政区共 16 个，分布在新疆、内蒙古、西藏、青海和甘肃等省（自治区）。在所有地市中西藏的那曲市，技术潜力约为 7292.6 吉瓦，年发电量约为 12 359.6 太瓦时。其次是阿里地区、和田地区和巴音郭楞地区，装机潜力分别为 5447.4 吉瓦、3279.1 吉瓦和 2124.3 吉瓦。值得注意的是克拉玛依市、银川市、金昌市、乌鲁木齐市和吴忠市，在有限的市总面积下，仍然存在大面积适宜开发区域，尤其是克拉玛依市，其集中式光伏发电可开发面积占市总面积的 48.9%，技术潜力约 183.8 吉瓦，年发电量约为 260.4 太瓦时。

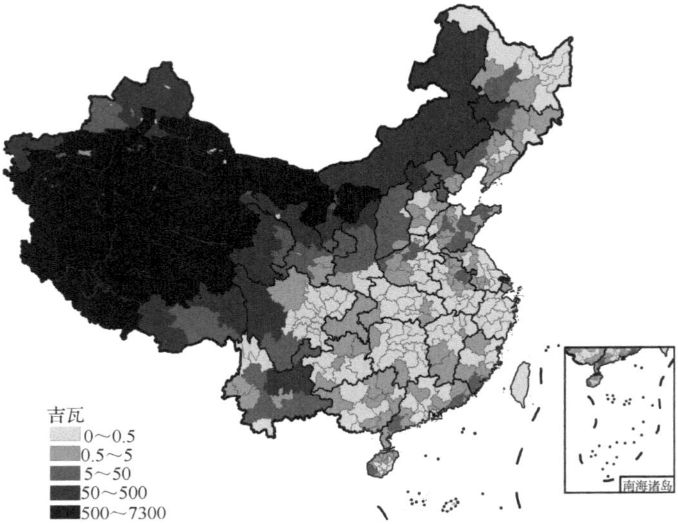

图 2-4　地级市集中式光伏发电潜力评估（见彩图）

（2）全国共 250 个地级行政区技术潜力在 0～5 吉瓦，集中分布在东部地区，并在西部零星分布。地处西部的地区，如石河子等市由于市总面积较小，即使太阳能资源丰富，装机潜力仍仅为 323.2 兆瓦，年发电量约为 372.0 吉瓦时。影响东部各城市潜在安装容量的主要原因是土地利用类型的限制，由于中国城市化进程加快，以繁荣的经济和工业闻名的东部各地市不断扩大城市建设用地面积，使得可供大型集中式光伏电站建设的面积逐步缩小，代表性地市有南通和嘉兴等市，在全市区域内均不存在适宜开发的地区。此外，太阳辐射强度过低也限制了部分地区建设光伏电站的可行性。

2. 中国分布式光伏发电潜力

由图 2-5 可知，中国分布式太阳能光伏系统适宜安装面积约为 85 735 平方千米，总技术潜力估计为 12.26 太瓦，年发电量为 11.29 太瓦时。与集中式光伏电站适宜区域不同，三类分布式光伏系统建设均集中在东部地区。这主要是由于东部地区人口众多，建筑物密集，适合安装分布式光伏系统的屋顶面积较多，且东部地区经济发达，建筑物楼层较高，可用立面面积随之增加。

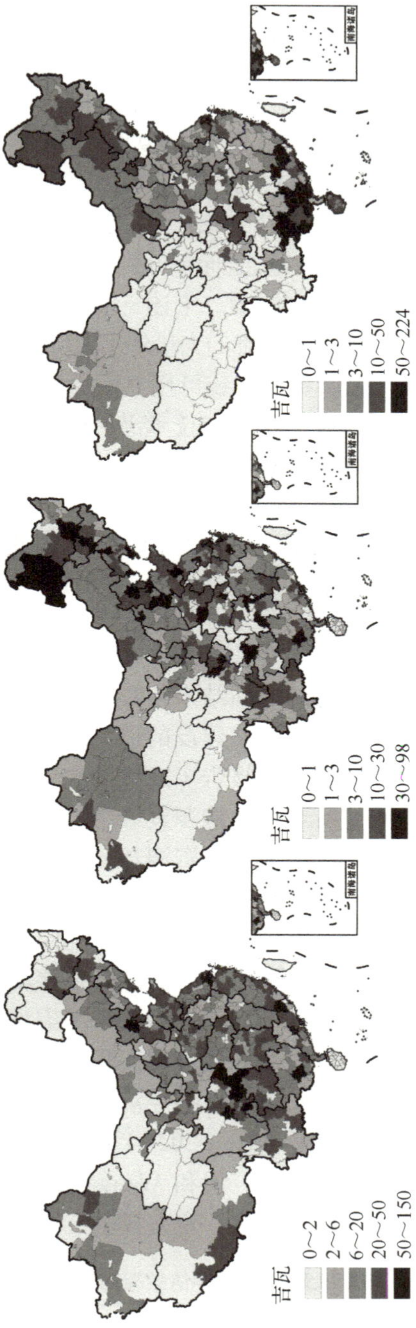

(a) 平屋顶　(b) 坡屋顶　(c) 建筑立面

图 2-5　分布式光伏装机潜力评估（见彩图）

（1）平屋顶分布式：依据式（2-8）～式（2-11），识别得到全国可用平屋顶面积 44 394 平方千米，技术潜力约为 4.9 太瓦。其中潜力最大的城市依次为广东的汕头和佛山以及江苏的苏州，技术潜力分别为 91.0 吉瓦、87.9 吉瓦和 74.9 吉瓦，年发电量分别约为 96.0 太瓦时、75.9 太瓦时和 69.9 太瓦时。

（2）坡屋顶分布式：全国坡屋顶分布式适宜安装面积约为 17 029 平方千米，适宜面积最大的是唐山，全市约有 572.0 平方千米的坡屋顶面积可用于安装 116.2 吉瓦的光伏组件，其次是沧州和邯郸等地市，适宜面积分别为 479.1 平方千米和 322.0 平方千米，技术潜力分别为 97.3 吉瓦和 65.4 吉瓦。上述三市均隶属河北省，坡屋顶技术潜力较高可能与河北省环绕北京，承载了首都的大量外来人口压力，建筑密集有关。

（3）建筑立面分布式：全国光伏系统安装可用立面面积 24 312 平方千米，技术潜力约 3.9 太瓦。与屋顶分布式光伏相比，技术潜力较高的地区多集中在南部低纬度地区，如广西的玉林、贵港和广东的茂名，装机容量分别为 223.7 吉瓦、178.9 吉瓦和 173.1 吉瓦。上述三地由于地处低纬度热带地区，一年四季正午太阳高度均处于全国最高点，平均可用立面占比高达 50.9%，因此分布式建筑立面光伏系统潜在安装容量领先于全国其他城市。

3. 光伏发电潜力评估结果比较

表 2-6 展示了对于光伏发电潜力的评估结果与其他研究的对比。多个研究由于单纯考虑开发总面积中的一部分，而忽略建设的适宜性，导致评估结果准确性不足。例如，《中国可再生能源产业发展报告（2018）》（国家可再生能源中心和国家发展和改革委员会能源研究所可再生能源发展中心，2018）评估集中式大型光伏电站发电潜力时，在未考虑其他地理、资源环境等条件的情况下，仅测算开发戈壁一种土地利用类型中 5%的面积。同样地，清华大学能源互联网创新研究院（2017）在测算建筑立面光伏发电潜力时，仅根据建筑总面积的百分比直接确定立面潜力，而未考虑建筑安装光伏系统的适宜性等条件。Chen 等（2019）和 Yang 等（2019）在选择光伏面板适宜安装区域时，并未考虑坡向等地理因素和与已建电站、公路的距离等经济因素，因而导致可用面积大大增加。上述几种因素与光伏组件安装后的发电量与光伏电站建成后的经济回报周期密切相关，因此有必要将上述因素考虑在内。此外，Hu 和 Cao（2020）在测算分布式光伏技术潜力时额外考虑了铁路高速公路类分布式光伏，但和 Wang 等（2016）一样忽略了建筑立面分布式光伏，因此评估结果和本节有一定差异。

表 2-6　与前人研究潜力评估结果对比

参考文献	年份	集中式光伏技术潜力	分布式光伏技术潜力
本节研究		42.8 太瓦	12.3 太瓦
Wang 等（2016）	2016	26 太瓦	9.5 太瓦

续表

参考文献	年份	集中式光伏技术潜力	分布式光伏技术潜力
清华大学能源互联网创新研究院（2017）	2017	—	13.3 太瓦
国家可再生能源中心和国家发展和改革委员会能源研究所可再生能源发展中心（2018）	2018	15 太瓦	—
Chen 等（2019）	2019	58.9 太瓦	—
Yang 等（2019）	2019	141 太瓦	—
Hu 和 Cao（2020）	2020	—	14.9 太瓦

2.3 本章小结

本章深入探讨了随机森林算法的原理及应用，阐明如何构建和使用随机森林模型来解决实际问题。随机森林算法在许多领域都有广泛的应用，是一种强大且灵活的机器学习方法，具有高准确性、抗过拟合能力强、能处理大量特征数据、易于解释等特点，适用于各种分类和回归问题。进而，利用随机森林算法来解决实际应用问题，提出了一种基于 GIS 空间分析功能和 GEE 平台测算地级行政区域光伏发电潜力的模型。该模型采用随机森林算法和多准则决策方法，综合考虑多个因素对光伏系统适宜安装面积的影响，提高了模型的预测精度和鲁棒性，能够更细致、准确地评估光伏发电技术潜力。

根据模型测算结果，全国光伏发电潜力约为 55.1 太瓦，可用于安装太阳能电池板的区域约为 58.3 万平方千米。这意味着若全面开发这些区域，光伏发电潜力足以满足全国用电需求。各地级市不同类型光伏技术发电潜力的具体值见附表，其中集中式大型光伏电站技术潜力约为 42.8 太瓦，而分布式小型光伏系统技术潜力约为 12.3 太瓦。两者适宜安装区域有所不同，但均展现出可观的发展前景。且西藏的那曲和阿里、青海的海西、新疆的和田和巴音郭楞等被确定为光伏发电潜力较高的地区，具有较大的发展潜力。

本章突出介绍了随机森林算法在光伏发电潜力评估中的作用。通过综合考虑各项因素，结合机器学习和多源遥感数据，成功构建了评估模型。该模型适用于对地级行政区域的光伏发电潜力进行测算和评估，为相关政策制定和规划提供参考依据，为光伏发电潜力的准确评估提供了重要支持。

参考文献

方匡南，吴见彬，朱建平，等. 2011. 随机森林方法研究综述[J]. 统计与信息论坛, 26(3): 32-38.
国家可再生能源中心，国家发展和改革委员会能源研究所可再生能源发展中心. 2018. 中国可再生能源产业发展报告 2018[M]. 北京. 中国经济出版社.
贺晓雷，于贺军，李建英，等. 2008. 太阳方位角的公式求解及其应用[J]. 太阳能学报，(1):

69-73.

胡超. 2017. 京沪汉地区光伏资源分析建模与评估[D]. 上海: 上海电力学院.

胡静, 黄碧斌. 2020. 我国分布式光伏发电发展潜力分析[EB/OL]. [2020-06-09]. https://guangfu.bjx.com. cn/news/20200609/1079726.shtml.

胡亚男, 李兴华, 郝玉珠, 2019. 内蒙古太阳能资源时空分布特征与评估研究[J]. 干旱区资源与环境, 33(12): 132-138.

刘浩男, 文晓涛, 何健, 等. 2020. 基于随机森林算法的 AVO 类型判别[J]. 中国海上油气, 32(5): 73-81.

清华大学能源互联网创新研究院. 2017. 2035 全民光伏发展研究报告[R]. 北京.

上海电力设计院有限公司, 中国电力企业联合会, 中国电子工程设计院, 等. 2012. 光伏发电站设计规范[M]. 北京: 中国计划出版社.

尹晶, 高苏, 王亮. 2015. 土木建筑工程概论[M]. 成都: 西南交通大学出版社.

张华, 王立雄, 李卓. 2015. 城市建筑光伏利用潜力评估[J]. 建筑节能, 43(11): 27-32.

中国建筑设计研究院, 中国可再生能源学会太阳能建筑专业委员会, 中国标准化研究院, 等. 2010. 民用建筑太阳能光伏系统应用技术规范[M]. 北京: 中国建筑工业出版社.

中国气象局公共气象服务中心, 中国气象局风能太阳能资源中心, 江西省气候中心. 2019. 太阳能资源评估方法[M]. 北京: 国家市场监督管理总局, 中国国家标准化管理委员会: 24.

资源环境科学数据中心. 2020. 全国 DEM 1km、500m 和 250m 数据(SRTM 90m)[EB/OL]. [2024-08-27]. https://www.resdc.cn/data.aspx?DATAID=123.

Anderson D, Coelho S T, Doucet G. 2004. World Energy Assessment Overview: 2004 Update[M]. New York: United Nations Development Programme.

Ban C, Hong T, Jeong K, et al. 2017. A simplified estimation model for determining the optimal rooftop photovoltaic system for gable roofs[J]. Energy and Buildings, 151: 320-331.

Breiman L. 2001. Random forests[J]. Machine Learning, 45: 5-32.

Chen S, Lu X, Miao Y F, et al. 2019. The potential of photovoltaics to power the Belt and Road initiative[J]. Joule, 3(8): 1895-1912.

Effat H A, el-Zeiny A. 2017. Modeling potential zones for solar energy in Fayoum, Egypt, using satellite and spatial data[J]. Modeling Earth Systems and Environment, 3: 1529-1542.

ESMAP. 2020. Global Photovoltaic Power Potential by Country[R]. Washington D C: World Bank.

Global Energy Observatory G. 2018. KTH Royal Institute of Technology in Stockholm, Enipedia, World Resources Institute. Global Power Plant Database[EB/OL]. [2024-08-27]. http://resourcewatch.org.

Gorsevski P V, Cathcart S C, Mirzaei G, et al. 2013. A group-based spatial decision support system for wind farm site selection in Northwest Ohio[J]. Energy Policy, 55: 374-385.

Hu J, Cao B. 2020. Analysis on potential of distributed photovoltaic power generation in China[EB/OL]. [2024-08-27]. https://guangfu.bjx.com.cn/news/20200609/1079726.shtml.

IRENA. 2021. Renewable Capacity Statistics 2021[R]. Abu Dhabi: The International Renewable Energy Agency.

Kamp S. 2013. The electrical potential for roof mounted solar panels in Sweden: theoretical, technical and economical analysis[R]. Uppsala University.

Karra K, Kontgis C, Statman-Weil Z, et al. 2021. Global land use/land cover with Sentinel 2 and deep learning[C]//2021 IEEE International Geoscience and Remote Sensing Symposium IGARSS. Brussels: IEEE: 4704-4707.

Mainzer K, Fath K, McKenna R, et al. 2014. A high-resolution determination of the technical potential for residential-roof-mounted photovoltaic systems in Germany[J]. Solar Energy, 105: 715-731.

Malczewski J. 1999. GIS and Multicriteria Decision Analysis[M]. New York: John Wiley and Sons.

Peng J Q, Lu L. 2013. Investigation on the development potential of rooftop PV system in Hong Kong and its environmental benefits[J]. Renewable and Sustainable Energy Reviews, 27: 149-162.

POWER N. 2020. Additional solar parameter monthly & annual climatologies[EB/OL]. [2024-08-27]. https://power.larc.nasa.gov.

Rajeshkanna A, Arunesh K. 2020. ID3 decision tree classification: an algorithmic perspective based on error rate[C]//2020 International Conference on Electronics and Sustainable Communication Systems (ICESC). Coimbatore: IEEE: 787-790.

Ramachandra T V, Jain R, Krishnadas G. 2011. Hotspots of solar potential in India[J]. Renewable and Sustainable Energy Reviews, 15(6): 3178-3186.

Saaty T L. 1988. What is the analytic hierarchy process?[M]//Mitra G, Greenberg H J, Lootsma F A, et al. Mathematical Models for Decision Support. Berlin: Springer: 109-121.

Saraswat S K, Digalwar A K, Yadav S S, et al. 2021. MCDM and GIS based modelling technique for assessment of solar and wind farm locations in India[J]. Renewable Energy, 169: 865-884.

Singh S, Giri M. 2014. Comparative study ID3, cart and C4.5 decision tree algorithm: a survey[J]. International Journal of Advanced Information Science and Technology, 3(7): 47-52.

Uyan M. 2013. GIS-based solar farms site selection using analytic hierarchy process (AHP) in Karapinar region, Konya/Turkey[J]. Renewable and Sustainable Energy Reviews, 28: 11-17.

Uyan M. 2017. Optimal site selection for solar power plants using multi-criteria evaluation: a case study from the Ayranci region in Karaman, Turkey[J]. Clean Technologies and Environmental Policy, 19: 2231-2244.

Wang Z Y, Shan G R, Sandholt K. 2016. China Renewable Energy Outlook 2016[M]. Beijing: Science Press.

Yang Q, Huang T Y, Wang S G, et al. 2019. A GIS-based high spatial resolution assessment of large-scale PV generation potential in China[J]. Applied Energy, 247: 254-263.

Yang Y, Campana P E, Stridh B, et al. 2020. Potential analysis of roof-mounted solar photovoltaics in Sweden[J]. Applied Energy, 279: 115786.

第 3 章　随机规划模型与氢能布局优化

3.1　随机规划简介

随机规划（stochastic programming）为线性规划的推广，用于研究带有随机变量的优化问题。许多决策问题，可以通过建立线性规划来解决，得到满足约束条件的决策变量的解集，达到组合最优。然而，在现实生活中，决策中出现不确定现象是普遍存在的。世界形势充满了种种不确定性因素，如战争、自然灾害、政策、疫情等，这些不确定性因素会对社会发展、经济和环境等方面产生深刻的影响（Jin，2023）。反映在模型中为：在不同的条件下，变量或参数可能呈现不同的数值，具有不确定性和随机性，但其取值在一定的范围内，且保持一定的概率。

随机规划问题形式定义如式（3-1）所示：

$$
\begin{aligned}
&\min / \max f_m(x,\xi),\ \ m=1,2,\cdots,M \\
\text{s.t.}\quad &g_i(x,\xi)=0,\ \ i=1,2,\cdots,I \\
&h_j(x,\xi)=0,\ \ j=1,2,\cdots,J \\
&x_n^{\text{lowerbound}} \leqslant x_n \leqslant x_n^{\text{uperbound}}
\end{aligned}
\tag{3-1}
$$

随机规划最早在研究预期需求分布的航空航线的最优分配问题中被提出，Dantzig（1955）考虑到客流量是随机变量，同时提出了两阶段补偿随机规划。现行的随机规划分为以下三种分支：第一种随机规划也称为期望值模型，由美国经济学家 G. 丹齐克（G. Dantzig）于 1955 年首次提出，后列奥尼德 · 康托罗维奇将其应用于制订最优计划。在期望约束下，使目标函数的期望值达到最优的数学规划，称为期望值模型。第二种随机规划为机会约束规划（Charnes and Cooper，1959），是在一定的概率下达到最优的理论。第三种随机规划为相关机会规划（刘宝碇和赵瑞清，1998），是一种使事件的机会函数在随机环境下达到最优的理论。

在随机规划应用以及随机决策系统建模方面，从最开始的航空领域逐渐扩大到工业（张可村和李换琴，2007）、经济（Barro et al.，2022）等领域。航空领域用以确定飞行航线、机型、航程时间等问题（Santos et al.，2023）。工业领域涉及工厂的原材料供给和生产产品的销路等问题（Moayedi and Sadeghian，2023）。在经济领域，随机规划可用以解决金融领域投资组合以及风险规避问题等（da Costa and Leclère，2023）。在可再生能源发电方面，由于可再生能源的自然特性，往往考虑其出力的不确定性。Gbadamosi 等（2018）提出了一个关于发电和输电扩展规划的多目标优化模型，考虑了不稳定性和间歇性的海上风力发电与上网电价。Wang 等（2023）建立了可再生能源输电扩容规划的两阶段随机优化模型，通过一系列情景，考虑与需求增长和可再生能源生产水平相关的不确定性，以获得可再生能源发电机组的最优尺寸和场地，以及输电线路和天然气管道相关的投资决策。Sun 等（2022）通过情景决策树考虑可再生能源的间歇性，提出了可再生能源整合下电力供应链的优化随机规划模型。

以往对随机规划的算法研究主要集中在将随机参数处理成常见的具有概率分布的随机变量，以此将不确定的随机规划转化为确定的非线性优化问题（王金德，1986）。近些年来，随着随机规划的应用更广泛、规模更大，改进以往的算法与模型是非常有必要和具有研究价值的（骆雲鹏，2021）。刘存哲（2017）利用序列二次规划法求解了两类随机非线性规划，主要用于求解补偿型随机非线性规划和线性部分信息随机非线性规划。元启发式算法也越来越多地与随机进行结合。Goshu 和 Kassa（2020）基于实现随机空间、系统抽样技术达到斯塔克尔伯格均衡，提出一种新的元启发式算法来解决确定性和随机性双层问题。Eftimov 和 Korošec（2021）利用多目标深度统计比较方法对元启发式随机多目标优化算法进行统计比较，用以确定新提出算法的优缺点。Lv 等（2022）开发了基于 Copula 的随机多级规划方法，并指出该方法能够处理具有柔性边际分布的独立随机变量，且该方法已广泛应用于能源系统规划和经济波动分析。

3.2 基本模型

$$\begin{aligned} &\min f(x,\xi) \\ &\text{s.t.} \quad g(x,\xi) \leqslant 0 \end{aligned} \tag{3-2}$$

其中，x 表示一个 n 维决策变量；ξ 表示一个 t 维随机向量。

对于每一样本点 ξ_i，都有一个与此相对应的线性规划问题。贺冲（2012）将此类问题称为分布问题，其主要目的是求出它们的极小值的概率统计性质。若在建立规划问题的过程中，不考虑随机向量 ξ 的实现，并且求解出决策变量 x，可能导致的结果是，选择的决策变量对于某些或者全部样本点都不满足约束条件。而约束条件不被满足又可能产生两种效应：招致惩罚或不招致惩罚。由此产生如下三类随机规划模型。

3.2.1　期望值模型

在随机规划中，对随机变量进行描述，分析其概率分布，取随机变量所对应的函数的数学期望，从而把随机变量转为一个确定的数学规划，得到一个用期望值表示的期望效用函数，最后使得目标函数的概率期望达到最优的随机规划被称为期望值随机规划（Dantzig，2004）。

期望值模型的一般形式可以表示为

$$\begin{aligned} &\min E\left[f(x,\xi)\right] \\ &\text{s.t.}\quad E_i\left[g(x,\xi)\right]\leqslant 0\quad ,\ i=1,2,\cdots,I \end{aligned} \tag{3-3}$$

其中，$f(x,\xi)$ 表示目标函数；$g(x,\xi)$ 表示随机约束函数；E 表示期望值算子；$i=1,2,\cdots,I$ 表示不确定约束函数。

3.2.2　机会约束规划模型

机会约束规划（chance constrained programming）是采用置信水平描述目标函数或约束条件满足要求的概率，在给定置信水平下解决含有不确定因素的随机优化问题（Charnes and Cooper，1959）。当前情况下做出的决策可能是不利的，即可能不满足约束条件，而采用一种原则：允许所做决策在一定程度上不满足约束条件，但该决策使约束条件成立的概率不小于某一个足够小的置信水平 α 。

机会约束规划模型的一般形式可以表示为

$$\begin{aligned} &\min f(x) \\ &\text{s.t.}\ \Pr\left\{g_j(x,\xi)\leqslant 0\right\}\geqslant\alpha\quad ,\quad j=1,2,\cdots,J \end{aligned} \tag{3-4}$$

其中，$0<\alpha<1$；$\Pr\{\cdot\}$ 表示 $\{\cdot\}$ 中事件成立的概率；α 表示约束条件实现约定的置信水平。该模型表达式表示 x 是可行的，且事件 $\left\{g_j(x,\xi)\leqslant 0\right\}$ 违反约束条件的概率小于 $1-\alpha$ 。

3.2.3　相关机会规划模型

相关机会规划是使得事件的机会函数（实现的概率）在不确定环境中，达到最大值的优化问题（刘宝碇和赵瑞清，1998）。在确定性规划以及前两种随机模型中，对实际问题建模以后，可行集已经确定；反之，相关机会规划并不假定可行集是确定的。相关机会规划模型的一般形式可以表示为

$$\begin{aligned} &\max f(x) \\ &\text{s.t.}\quad g(x,\xi)\leqslant 0 \end{aligned} \tag{3-5}$$

其中，$f(x)$不再表示确定性的目标函数，而是与ξ相关的机会函数；其概率函数为$\mu(x)=\Pr\{g(x,\xi)\leqslant 0\}$，意思是$x$可行的概率为$\mu(x)$。

在随机规划模型中，重要的数学定义包含以下几项。

随机变量：式（3-5）中加入变量ξ的值无法预先确定，但以一定的概率进行取值。如果ξ只取得有限个值或无穷，能按一定次序一一列出，其值域为一个或若干个有限或无限区间，则称其为离散型随机变量。如果ξ可以在某个区间内取任一实数，即变量的取值可以是连续的，则称其为连续型随机变量。

概率密度函数：若ξ是一个连续型随机变量，则概率密度函数为$\varphi(\xi)$，概率密度函数$\varphi(\xi)$是一个描述ξ的输出值在某个确定的取值点附近的可能性的函数。若ξ是一个离散型随机变量，则概率密度函数定义为$\Pr(\xi=\xi_i)=\theta_i, i\in I$，其中$I$是序号集，它描述了$\xi$取每个可能值的概率。

累计分布函数：$\Phi(\xi)$用于描述随机变量ξ小于或等于某个特定值α的概率。对于离散型随机变量ξ，$\Phi(\xi)$是概率密度函数的累加和。对于连续型随机变量ξ，$\Phi(\xi)$是概率密度函数的积分。

期望值：对于离散型随机变量ξ而言，数学期望类似加权平均，即ξ_i的一切可能的取值$f(x,\xi)$与其对应的概率θ_i的乘积之和，定义为$E[f(x,\xi)]=\sum_{i\in I}\theta_i\cdot f(x,\xi)$，代表变量$\xi$输出值的平均数，反映随机变量平均取值的大小。对于连续型随机变量ξ而言，随机变量ξ的取值落在某个区域之内的概率则为概率密度函数在这个区域上的积分$\int_{R^t}\varphi(\xi)\mathrm{d}\xi$。若积分绝对收敛，则称积分的值为随机变量的数学期望，定义为$E[f(x,\xi)]=\int_{R^t}f(x,\xi)\cdot\varphi(\xi)\mathrm{d}\xi$。

3.3 模型的改进

3.3.1 两阶段及多阶段随机规划

对一些随机决策问题，在随机变量实现之前便作决策。一般是先制定一个初始决策x，使目标函数$f(x)$极小化。待随机变量ξ实现后，才有机会采取应急策略y，这就导致出现一个额外费用$Q(x,\xi)$，通常称其为补偿函数（崔迪，2005）。这样的模型称为带有补偿函数的随机规划，这是一个特殊的期望值模型，两阶段带补偿随机规划问题的第一阶段数学模型为

$$\begin{aligned}&\min E[f(x,\xi)+Q(x,\xi)]\\&\text{s.t.}\quad g(x)\leqslant 0\end{aligned}\tag{3-6}$$

第二阶段数学模型为

$$\begin{aligned} Q(x,\xi) = \min\{q(y \mid x,\xi)\} \\ \text{s.t.}\ \ g(y \mid x,\xi) \leqslant 0 \end{aligned} \tag{3-7}$$

其中，$q(y \mid x,\xi)$ 表示将 x 和 ξ 视为已知参数关于 y 的费用函数；$g(y \mid x,\xi)$ 表示给定决策 x 和参数 ξ 后关于应急策略 y 的约束函数。

其中，需要特别指出的是，二阶段带补偿问题有以下三种特殊形式（张伟，2006）：具有固定补偿矩阵（fixed recourse matrix）、具有完备补偿矩阵（complete recourse matrix）、具有简单补偿矩阵（simplex recourse matrix）。

3.3.2　随机多目标规划

Stancu-Minasian（1990）详细讨论了随机多目标规划，并给出了一些求解方法（郑明发，2010）。与单目标规划问题类似，多目标规划问题中，若目标函数或约束条件的系数中出现随机变量，该问题即为随机多目标规划问题，其一般形式为

$$\begin{aligned} \min\left(f_1(x,\xi),\cdots,f_m(x,\xi)\right),\ \ m=1,2,\cdots,M \\ \text{s.t.}\ \ g_i(x,\xi) \leqslant 0,\ \ i=1,2,\cdots,I \end{aligned} \tag{3-8}$$

其中，$f_1(x,\xi),\cdots,f_m(x,\xi)$ 表示含有随机变量的多目标函数 $f_m(x)$。和确定性规划一样，式（3-8）的每一个目标函数同时达到最优解较难实现，因此可以寻找该问题的非劣解，此处与多目标寻找最优解类似。求解随机多目标规划的常用思路和方法有两种，一是利用问题中随机变量的某种（或几种）概率特性将随机多目标规划问题转化为确定性多目标规划问题，二是将随机多目标规划问题转化为随机单目标规划问题，利用随机单目标规划问题的求解方法进行求解（卢志义，2005）。

3.4　随机模型求解方法

现有解决随机模型的方法主要分为两大类：转化法和逼近法。

转化法是将含有随机变量的约束直接转化为它们各自的确定性等价类，使确定性的最优化技术得以应用（陈高波和刘海燕，2004）。即对于离散分布的随机规划或部分特殊连续分布的随机规划，利用各自的累计分布函数的反函数，将其转化成各自的确定性等价类，然后利用已有的确定性规划的求解方法求解。

在特殊情况下，可以将部分机会约束规划转化为它们各自的等价类，此时的 ξ 的累计分布函数较为常见，包括部分离散型分布函数（0-1 分布、几何分布、二

项分布等）和连续型分布函数（正态分布、泊松分布、指数分布等）。若函数为 $g(x,\xi)=h(x)-\xi$，其中 $h(x)$ 是决策向量 x 的线性或非线性函数，ξ 的累计分布函数是 $\Phi\{\cdot\}$，则机会约束可以表示为

$$\Pr\{h(x)\leqslant\xi\}\geqslant\alpha \tag{3-9}$$

显然对于一个给定的置信水平 α，必存在某个数 K_α 使得

$$\Pr\{K_\alpha\leqslant\xi\}=\alpha \tag{3-10}$$

同时，等式 $\Pr\{K_\alpha\leqslant\xi\}=1-\Phi(K_\alpha)$ 是成立的，由式（3-9）可得

$$K_\alpha=\Phi^{-1}(1-\alpha) \tag{3-11}$$

由此可得式（3-9）的等价类，其形式为

$$h(x)\leqslant K_\alpha \tag{3-12}$$

例如，考虑机会约束为

$$\begin{cases}\Pr\{2x_1+3x_3+x_4\leqslant\xi_1\}\geqslant0.8\\ \Pr\{x_1^2-x_2^2+3x_3\leqslant\xi_2\}\geqslant0.9\end{cases} \tag{3-13}$$

其中，ξ_1 表示指数分布 $\exp(2)$，其累计分布函数记为 Φ_1；ξ_2 表示正态分布 $N(2,1)$，其累计分布函数记为 Φ_2。则由式（3-12）可知式（3-13）等价于

$$\begin{cases}2x_1+3x_3+x_4\leqslant\Phi_1^{-1}(1-0.8)=0.446\\ x_1^2-x_2^2+3x_3\leqslant\xi_2\leqslant\Phi_2^{-1}(1-0.9)=0.719\end{cases} \tag{3-14}$$

该求解方法的优点是存在某些特殊随机变量的随机规划模型，可以直接转化为确定性模型，方法原理简单。在一些特殊情况下，机会约束规划问题确实可以转化为各自的等价类，但对于较复杂的机会约束规划问题，往往较难实现确定性转化。并且机会约束优化通过置信区间约束来解决不确定性，很难考虑极端场景。

转化法仅适用于随机变量概率分布已知的情况，且在一些情况下，随机变量很难从约束中抽离出来，因此逼近的思想逐渐受到人们的重视，对于连续分布的随机规划，刘敬生（2009）提出了常见方法，如离散化（如场景分析法，即采用合适的离散分布代替连续型随机变量的整体分布）、蒙特卡罗（Monte Carlo）模拟（利用独立同分布随机变量的平均值逼近数学期望）、拟蒙特卡罗（quasic-Monte Carlo）模拟（将随机变量的分布域划分成合适的区域，在每个区域上产生条件分布的观察点，然后取平均值）。随机模拟主要依据概率分布对随机变量进行抽样，

常使用随机模拟求解含有随机变量的函数 $f(x,\xi)$ 的数学期望 $E\left[f(x,\xi)\right]$。

3.4.1 基于情景树的方法

美国兰德（RAND）公司研究员赫尔曼·卡恩（Herman Kahn）早在 20 世纪 50 年代即提出了场景分析在核武器场景的应用（胡锦兴，2018），后续又进一步在其使用方法方面展开了许多研究，将场景预测的应用逐步扩展到社会和公共政策领域。

设计的情景还原技术为了减少计算时间，根据假设的分布信息，生成若干个具有代表性的场景，每一个场景对应一组参数、一个模型，并且这个场景有其对应的概率，使用不同的情景代替随机变量，将问题转化为线性问题。即考虑所有可能的情景，然后求解一个使得所有情景可行的期望最优解，并满足给定的可实施条件。

假设有 I 个场景，此时的随机变量 ξ 可以罗列为 $\xi_1,\xi_2,\cdots,\xi_i(i=1,2,\cdots,I)$，对应的概率为 $p_1,p_2,\cdots,p_i$，则用模型（3-3）计算的期望值为

$$E\left[g(x,\xi)\right]=\sum_{i=1}^{I}p_i\cdot g(x_i,\xi_i) \tag{3-15}$$

随机情景优化通过一系列随机情景来表征不确定性。这些方案在很大程度上描述了时间维度中的不确定性特征，具有很强的普适性和灵活性，对于较小规模的问题，求解较便捷且求解速度快，思虑清晰。但是，场景生成过程可能会消除极端不确定性场景，从而导致极端场景的优化系统配置不可用（Yan et al., 2022）。

3.4.2 蒙特卡罗模拟

蒙特卡罗法以随机模拟和统计试验为手段，是一种从随机变量的概率分布中，通过随机选择数字的方法，产生一种符合该随机变量概率分布特性的随机数值序列，作为输入变量序列进行特定的模拟试验、求解的方法（张建中，1974）。蒙特卡罗法的基本步骤如下。

步骤一：建立概率模型，即对所研究的问题构造一个符合其特点的概率模型（随机事件、随机变量等），使所求的解恰好是所求问题的概率分布或数学期望。对确定性问题，须把具体问题变为概率问题，建立概率模型。

步骤二：产生随机数序列，作为系统的抽样输入，进行大量的数字模拟试验，得到大量的模拟试验值，即进行随机抽样。

步骤三：对模拟试验结果进行统计处理（计算频率、均值等特征值），给出所求问题的解和解的精度的估计。

若通过分析已求得随机变量 $\xi_1,\xi_2,\cdots,\xi_i(i=1,2,\cdots,I)$ 各变量的概率密度函数，

当这些随机变量不是互相独立时，要设法求得它们的联合分布。如果 $\xi_1,\xi_2,\cdots,\xi_i(i=1,2,\cdots,I)$ 的分布形式比较复杂但相互独立，或随机变量的个数 I 较多，或函数 $f(x,\xi)$ 的形式较复杂时，求多重积分很困难，采用数值计算工作量也很大，可采用蒙特卡罗法按以下步骤求解（黎锁平，2001）。

步骤一：据已求得的 $\xi_1,\xi_2,\cdots,\xi_i(i=1,2,\cdots,I)$ 的概率密度函数 $\varphi_1(\xi_1)$, $\varphi_2(\xi_2),\cdots,\varphi_i(\xi_i)$ 在计算机上分别产生符合这些分布的随机数序列 $\left\{\xi_1^j,\xi_2^j,\cdots,\xi_i^j\right\}$，$j=1,2,\cdots,J$。

步骤二：将上述随机抽样得到的 j 组随机数代入 $f(x,\xi)$，可计算得到函数值的 j 个随机数，体现在式（3-8）中的目标函数即为 $\begin{cases} f_1(x,\xi_1^1,\xi_2^1,\cdots,\xi_i^1) \\ f_2(x,\xi_1^2,\xi_2^2,\cdots,\xi_i^2) \\ \vdots \\ f_n(x,\xi_1^n,\xi_2^n,\cdots,\xi_i^n) \end{cases}$。

步骤三：当 n 较大时，即可利用求得的 $f_1,f_2,\cdots,f_n$ 作为随机抽样的样本进行统计分析，计算出该风险后果的统计特征量（均值、方差和其概率分布）。

蒙特卡罗法可以直接解决具有统计性质的问题，且对于连续性的问题不必进行离散化处理，同时能保证方法的误差与问题的维数无关。但对于确定性问题，蒙特卡罗法需要将其转化成随机性问题，通常也需要较多的计算步数，也不是完全没有误差，误差为概率误差（徐钟济，1985）。

3.4.3　样本均值近似方法

Mulvey 和 Ruszczyński（1995）运用一种新的样本脚本分解的方法，即样本均值近似（sample average approximation，SAA）方法来解决大规模的随机优化问题。SAA 方法的大致含义是用抽样的方法将随机变量用样本表示，从而将随机规划问题转化为确定性问题。

对于模型（3-2）而言，假设随机变量 ξ 的样本分别为 $\xi_1,\xi_2,\cdots,\xi_i(i=1,2,\cdots,I)$，则原问题转化为

$$\begin{aligned} &\min \frac{1}{I}\sum_{i\in I} f(x,\xi_i) \\ &\text{s.t.}\ \ \frac{1}{I}\sum_{i\in I} g(x,\xi_i) \leqslant 0 \end{aligned} \tag{3-16}$$

使用 SAA 方法需要满足以下三个前提假设。

（1）期望函数没有闭合表达式，并且其数值不容易计算。

（2）函数 $f(x,\xi)$ 对于给定的 x 和 ξ 是容易计算的。

（3）可行解集虽是有限的，但也是数量足够大的，不能使用穷举方法。

SAA 方法是一种比较通用的方法。即使优化目标是非凸的，甚至是离散的，依然能够使用该方法，要求随机变量具有确定概率分布即可，且使用 SAA 方法其求解复杂度较低，结果可以接受。但在实际操作中，选择一个合适的采样规模 N 是比较困难的。使用较大的 I 可以提高准确度，但同时也会增加计算量。

3.4.4 分解算法

在将随机规划问题转化为确定性规划问题的过程中，会出现所得规划模型的目标函数形式复杂，或者随机规划的规模变得庞大等情况，这就给规划问题的求解带来很大的难度。分解算法可以通过缩小问题的规模来降低求解难度，通过对一系列小规模子问题的求解来获得原问题的解（刘敬生，2009）。目前针对这类问题主要有两种经典算法，一种是对偶分解算法（Dantzig et al.，1956），另一种是本德斯（Benders）分解算法（Benders，1962）。分解算法的产生和迅速发展使得大规模带有离散随机变量的两阶段随机规划模型的求解取得重大突破。van Slyke 和 Wets（1969）提出求解两阶段随机规划的 L 算法。Birge 和 Louveaux（2011）将 L 算法推广为多切割算法。郑海艳（2015）基于 Benders 分解和切割算法解决混合整数非线性规划的机组组合模型。Yan 等（2022）应用在随机池化和存储设计中，为过程优化中的两阶段机会约束程序开发改进的 Benders 分解算法。

Benders 分解算法是 J. F. Benders 在 1962 年首先提出的，用来求解混合整数规划问题。在混合整数规划中引入复杂变量，先把复杂变量/整数变量的值固定，使问题成为一般的线性规划问题，该线性规划问题是以复杂变量为参数的，用割平面的方法分解出主问题与子问题，通过迭代的方法求解出最优值（Benders，1962）。理论上来说，Benders 分解算法能解决大部分的整数规划问题。在实际运用中，它主要是从求解的运算次数和运算时间上来使求解问题得到优化。

首先，在模型（3-2）的基础上给出整数规划原问题的矩阵表述形式：

$$\begin{aligned}&\min f^{\mathrm{T}}x+g^{\mathrm{T}}\xi\\&\text{s.t.}\quad Ax+B\xi\leqslant b\end{aligned}\tag{3-17}$$

其中，x 和 ξ 分别表示 p 和 q 维向量（列）；A、B 分别表示对应维度的矩阵；b、f、g 表示对应维度的向量。这里把 ξ 当成复杂变量，当 ξ 值固定时，原问题就变成了普通的线性规划问题。基于此，将问题分解为

$$\text{主问题}\quad \min\ g^{\mathrm{T}}(\xi)+q \tag{3-18}$$

$$\text{子问题}\quad \begin{aligned}&\min f^{\mathrm{T}}(x)\\ &\text{s.t.}\quad Ax\leqslant b-B\xi\end{aligned} \tag{3-19}$$

其中，q表示子问题的最优目标函数值。对于任意给定的ξ，子问题是一个线性规划问题。如果子问题无界，那么主问题也必定无界，则原问题无最优解；在子问题有界的情况下，我们可以通过求解子问题的对偶问题来计算q。

因此，对子问题引入对偶变量α，那么子问题的对偶问题为

$$\begin{aligned}&\max\quad \alpha^{\mathrm{T}}(b-B\xi)\\ &\text{s.t.}\quad A^{\mathrm{T}}\alpha\leqslant c\end{aligned} \tag{3-20}$$

可以发现，对偶问题的可行域并不依赖于ξ，ξ只影响目标函数值。因此，对于给定的ξ，如果对偶问题可行域为空，那么原问题无界或可行域为空（此时任意ξ原问题都为空）。假设对偶问题可行域不为空，可以枚举可行域所有的极点$(\alpha_p^1,\cdots,\alpha_p^I)$以及极射线$(\alpha_r^1,\cdots,\alpha_r^J)$，其中$I$和$J$分别表示极点和极射线的数量。

然后，对于一个给定的向量$\hat{\xi}$，要求解对偶问题，可以检测$\alpha_r^j(b-B\hat{\xi})>0$是否成立，如果成立，则对偶问题无界且原问题无解；检测是否存在一个极点使对偶问题的目标函数值$\alpha_p^i(b-B\hat{\xi})>0$最大，若存在，则原问题和对偶问题都有有限的最优解。可以用q来替代主问题（3-18），这样就可以得到只有q和变量ξ的形式：

$$\min\quad g^{\mathrm{T}}(\xi)+q\quad (c) \tag{3-21a}$$

$$\text{s.t.}\begin{cases}\alpha_r^j(b-B\xi)\leqslant 0,\quad \forall j=1,\cdots,J & \text{(3-21b)}\\ \alpha_p^i(b-B\hat{\xi})\leqslant q,\quad \forall i=1,\cdots,I & \text{(3-21c)}\end{cases}$$

从求解松弛主问题开始，初始松弛主问题中无约束，在 Benders 分解算法求解过程中不断向松弛主问题中加入式（3-18）中约束条件中的其中一个，即加入有效的切平面（cut）。通过求解松弛主问题，可以得到一个候选最优解(y^*,q^*)，然后将y^*代入对偶子问题［式（3-20）］中求解计算$q(y^*)$值，如果子问题的最优解$q(y^*)=q^*$，则算法停止。如果对偶问题无解，则在松弛主问题中加入约束（3-21b），然后求解新的松弛主问题。如果对偶子问题存在最优解，则在松弛主问题中引入约束（3-21c），然后求解新的松弛主问题。在每次迭代过程中都可以生成某一类型的约束，由于I和J是有限的，故可以保证在有限次迭代过程后得到最优解（张霞，2008）。

3.4.5 智能算法

要求解模型（3-3）～模型（3-5），通常需要将目标函数和约束条件函数转化成普通函数。对于模型（3-3），根据概率论中随机变量函数期望值的计算公式，其目标函数和约束条件函数可通过求解定积分或多重积分获得。但对于复杂或大规模问题，其积分是很难求得或求出的表达式较为复杂，无法应用。由数值分析中函数逼近的方法可知，当已知函数的部分函数值和函数类型时，就可得到该函数的近似表达式。因此可以使用逼近算法来求出不确定函数的部分值，得到不确定的目标函数和约束函数的近似函数，再用传统的优化方法计算。传统的优化方法有时会导致局部收敛，计算的值不准确。因此可以通过智能算法，如模拟退火、遗传算法、禁忌搜索来求出其优化值。以遗传算法为例的随机模拟的突出优点就是能够很好地得到全局最优解，从而能够处理更一般的随机规划模型（艾宁宁，2012）。

要使用混合智能算法求期望值模型和随机机会约束规划，首先要为不确定函数产生输入、输出数据，这就需要计算随机变量的期望值、概率、乐观值、悲观值，这些值的精确值都是在模拟次数趋于无穷大时求得的。通过神经网络得到目标函数和约束函数的近似函数，从而对优化问题求得的解就是期望值模型和机会约束规划的优化解。

对于期望值模型（3-3），首先要为不确定函数 $f(x,\xi)$ 产生输入、输出数据，根据前面得知，当 I 充分大时，能求出其期望值 $E\left[f(x,\xi)\right]$，所以当模拟次数极大时，可以把得到的期望值当作比较精确的期望值。对于机会约束规划模型（3-4），先利用智能算法求得 $\Pr\left\{g(x,\xi)\leqslant 0\right\}\geqslant\alpha$ 的概率值，此时约束条件转化为确定性的约束条件，再利用确定性规划的方法进行计算。

3.5 不确定性需求下氢能布局的随机优化

氢能凭借其高利用率、低排放、运输方便等优势（Aziz et al.，2023），成为用能终端实现绿色低碳转型的重要载体之一。我国尤其是“三北”地区均面临着本地消纳空间较小、电力系统调峰能力不足、局部地区电网网架受限（曾鸣，2018）、跨省区外送电能力有待提升、促进新能源消纳的市场机制仍不完善等问题（王士博等，2023）。制氢可以利用多余的电力，在可再生能源发电不足时满足电力需求，使可再生能源能够跨季节大规模储存（Durakovic et al.，2023）。同时由于可再生能源的不稳定性，氢将平衡电网的负载压力，并最终取代化石燃料成为调峰电源（Yang et al.，2021）。现有的研究愈发考虑电氢耦合系统中的不确定性因素（Eghbali et al.，2022）。若采用确定性方法对模型进行求解，造成的结果可能是不能满足系统的负荷要求（何思敏等，2023）。在不确定的环境中，与发电端的需求响应计划类似（Cai et al.，2022），氢能需求对于系统在不确定参数下的运行状况存在一定的影响，因此我国可再生能源的氢能布局优化问题是一个需要考虑随机性的复杂问题。

3.5.1　模型构建

氢能是构建新型电力系统的重要载体之一，目前，部分学者及科技工作者在氢储能装备、电–氢协同规划设计、电–氢耦合系统控制等方面均已开展了相关的初步探索（许传博和刘建国，2022）。本节构建了随机优化模型，以解决中国中长期氢能“制—输—储—用”的规划问题。并应用 3.4 节中的转化法对随机模型进行确定性处理。该模型旨在以不同途径实现可再生能源消纳的最大化，消纳途径包括区域外输电、本地储电以及在用户端制氢和省级行政区域间输氢等方式，将氢需求考虑为随机变量。同时也能进一步为解决输电瓶颈问题提供新的思路，以氢能互补或代替的方式推进各类电源与电网协同发展。

1. 模型假设

本章提出的氢能布局优化模型，基于以下几点假设。

（1）考虑到国内实际情况，模型假设在发电端制氢，即在发电厂发电后就近制氢，制得的氢气再以运输的方式运往用户端供氢。同时，当可再生能源发电无法用外输和储能的方式消纳电力时，采用制氢方式消纳多余的电量，即余电制氢。

（2）假设制氢和储能这两种用电途径只消纳可再生能源电力，即绿电制氢和储能；输电以及本地电力需求这两种消纳方式既可以利用化石能源的发电量，也可以利用可再生能源发电量。

（3）制氢方式为电解水制氢，现阶段全球主要使用碱性电解、质子交换膜电解和固体氧化物电解等三种电解水制氢技术。阴离子交换膜电解由于仍在实验室研发阶段，不作为研究对象，暂未考虑。

（4）国内 2021 年的制氢装机容量不到 1 吉瓦，且电解槽寿命为 20 年及以上（霍禄平，2022），因此，电解槽的装机退役在模型中不予考虑。

2. 目标函数

该模型的目标函数是实现制氢可再生能源电力消纳最大化，即以四种途径进行能源消纳，分别为外输消纳、储电消纳、制氢消纳及本地净消纳，促进资源丰富地区的可再生能源消费，实现负荷地区的清洁能源消费结构。

$$\mathrm{Max}\ f_1=\sum_{p\in R}\sum_{g\in G}\mathrm{HE}_{p,g,t}\mathrm{he}+\sum_{i,j\in R}^{i\neq j}\sum_{l\in L}\mathrm{ET}_{i,j,l,t}+\sum_{p\in R}\sum_{w\in W}\mathrm{ES}_{p,w,t}\mathrm{hs}+\sum_{p\in R}\mathrm{DE}_{p,t} \quad (3\text{-}22)$$

其中，$\sum_{p\in R}\sum_{g\in G}\mathrm{HE}_{p,g,t}\mathrm{he}$ 表示用于制氢消耗的可再生能源发电量；$\sum_{p\in R}\sum_{w\in W}\mathrm{ES}_{p,w,t}\mathrm{hs}$ 表示储能消纳的可再生能源发电量；$\sum_{i,j\in R}^{i\neq j}\sum_{l\in L}\mathrm{ET}_{i,j,l,t}=\sum_{i,j\in R}^{i\neq j}\left(\sum_{l\in L}\mathrm{EQ}_{i,j,l,t}\mathrm{ht}+\mathrm{ET}_{i,j,l,t_0}\right)$ 表示输电量。

3. 约束条件

1）氢能供需约束

余电制得的氢能优先满足本地氢能需求，多余的氢能可以进行储存，也可以通过外输满足其他省区市的可再生能源氢需求。氢能需求在研究中往往作情景假设（Jordehi et al.，2024）或以预测值（Li et al.，2019）作为参数进行考虑，这样会导致一定的不确定性和预测误差。随机优化中的机会约束优化是处理不确定变量随机性的典型技术，对氢能供需约束进行不确定性建模，以充分考虑预测氢能系统对于电力系统的消纳效果。

$$\left\{\sum_{p\in R}\sum_{g\in G}\mathrm{HG}_{p,g,t}+\sum_{u,v\in R}^{v\neq u}\sum_{n\in N}\left(\mathrm{HQ}_{v,u,n,t}-\mathrm{HQ}_{u,v,n,t}\right)+\sum_{p\in R}\mathrm{HP}_{p,t}\geqslant\sum_{p\in R}\mathrm{DN}_{p,\xi,t}\right\}\geqslant P_\xi \quad (3\text{-}23)$$

其中，$\mathrm{HP}_{p,t}=\sum_{g\in G}\mathrm{HG}_{p,g,t-1}+\sum_{u,v\in R}^{v\neq u}\sum_{n\in N}\left(\mathrm{HQ}_{v,u,n,t-1}-\mathrm{HQ}_{u,v,n,t-1}\right)-\mathrm{DN}_{p,\xi,t-1}$ 表示储氢量；$\mathrm{HQ}_{v,u,n,t}-\mathrm{HQ}_{u,v,n,t}$ 表示区域净传输氢量。

2）氢产量约束

自国家《氢能产业发展中长期规划（2021—2035 年）》发布以来，以内蒙古为代表的部分省区市，对关键节点年份的可再生能源制氢量颁布了政策目标。

$$\sum_{g\in G}\mathrm{HG}_{p,g,t}\geqslant\mathrm{DH}_{p,t} \quad (3\text{-}24)$$

3）区域水资源限制

电解槽制氢的过程中有水资源的消耗，有必要对各省区市的水资源压力进行缓解。根据各省区市《实行最严格水资源管理制度》《节水行动实施方案》《“十四五”节水型社会建设规划》等政策文件对于节点年份的规定，得到各省区市的水资源红线，再根据历史的工业用水占全国的用水比例，相乘得到各省区市的工业用水上限。

$$\sum_{g \in G} \mathrm{HG}_{p,g,t} \beta_g \leqslant Z_{p,t} \tag{3-25}$$

其中，$\mathrm{HG}_{p,g,t}\beta_g$ 表示制氢过程电解的耗水量。

4）氢流量传输限制

我国氢气的生产和消费存在空间错配问题，绿氢的潜在产地主要分布在“三北”地区，但氢气的负荷中心主要位于东部和东南沿海。考虑到国内的绿氢相关的基础设施建设仍处于起步阶段，且以中石化的“西氢东送”纯氢管道示范工程为代表，国内跨省输氢项目大部分仍处于审批、规划和建设阶段。为达到经济效益最大化和考虑现实因素，因此各省区市应优先使用本地制氢量满足本地氢需求，输出氢量不应超出自身所能供应的氢产量。

$$\sum_{n \in N} \mathrm{HQ}_{u,v,n,t} \leqslant \sum_{n \in N} \sum_{g \in G} \mathrm{HG}_{u,g,t} \chi_n \tag{3-26}$$

其中，$\mathrm{HG}_{u,g,t}\chi_n$ 表示考虑损耗后能提供给不同输氢技术的制氢量。

5）输氢方向限制

当输氢方向确定后，另一个方向不应该存在氢气流动，如内蒙古—北京方向已经有一定的输氢量，那么与之对应的反方向则不应该有氢气的流动。

$$\mathrm{HQ}_{u,v,n,t} \cdot \mathrm{HQ}_{v,u,n,t} = 0 \tag{3-27}$$

6）电力供需限制

经济发展是我国的重要目标，因而必须满足我国经济社会发展的电力需求。因此，每年各区域的发电量与净调入电量之和应满足该区域的电力需求、储能损失电量以及制氢过程中消耗的电量。

$$\begin{aligned} &\sum_{p \in I} \sum_{k \in K} \mathrm{EM}_{p,k,t} h_{p,k,t} + \sum_{i,j \in R}^{j \neq i} \sum_{l \in L} \left(\mathrm{ET}_{j,i,l,t} (1-\alpha_l) - \mathrm{ET}_{i,j,l,t} \right) \\ &\geqslant \sum_{p \in I} \mathrm{DE}_{p,t} + \sum_{p \in I} \sum_{g \in G} \mathrm{HE}_{p,g,t} h_g \eta_{g,t} + \sum_{p \in I} \sum_{w \in W} \mathrm{ES}_{p,w,t} \phi_w h_s \end{aligned} \tag{3-28}$$

其中，$\mathrm{ET}_{j,i,l,t}(1-\alpha_l)-\mathrm{ET}_{i,j,l,t}$ 表示区域净传输电量。

7）峰值负荷限制

峰值负荷反映了电力系统在最大负荷时所需的输出功率。装机容量、传输容量加上储电量以满足电网的最大负荷后，进入电解槽制氢。

$$\begin{aligned} &\sum_{p \in I} \sum_{k \in K} \mathrm{EM}_{p,k,t} + \sum_{i,j \in R}^{j \neq i} \left(\mathrm{EV}_{j,i,l,t} (1-\alpha_l) - \mathrm{EV}_{i,j,l,t} \right) + \sum_{p \in I} \sum_{w \in W} \mathrm{ES}_{p,w,t} \\ &\geqslant (1+\mu) \mathrm{PL}_t + \sum_{p \in I} \sum_{g \in G} \mathrm{HE}_{p,g,t} \end{aligned} \tag{3-29}$$

其中，$\mathrm{EV}_{i,j,l,t}=\mathrm{EQ}_{i,j,l,t}+\mathrm{EV}_{i,j,l,t-1}$表示累积传输能力。

8）储能和制氢的消纳可再生能源电力上限

模型假设各省区市使用可再生能源制氢和储能，故制氢和储能消耗的电量不能超过该省区市的可再生能源发电量。

$$\sum_{p\in P}\sum_{k\in K}\mathrm{EM}_{p,k,t}h_{p,k,t}\geqslant\sum_{p\in P}\sum_{g\in G}\mathrm{HE}_{p,g,t}\mathrm{he}+\sum_{p\in P}\sum_{w\in W}\mathrm{ES}_{p,w,t}\mathrm{hs},\quad k=3,4,5,6 \tag{3-30}$$

9）储能配比限制

储能技术与可再生电力结合是未来实现可再生电力大规模利用的重要手段，我国已有 20 多个省区市出台了新能源配储相关政策文件，对新建新能源项目的配储比例做出要求。因此有必要对储能容量进行限制。

$$\sum_{w\in W}\mathrm{ES}_{r,p,w,t}\geqslant\omega_L\left(\mathrm{EM}_{r,p,2,t}-\mathrm{EM}_{r,p,2,t-1}+\mathrm{EM}_{r,p,3,t}-\mathrm{EM}_{r,p,3,t-1}\right) \tag{3-31}$$

$$\sum_{w\in W}\mathrm{ES}_{r,p,w,t}\leqslant\omega_H\left(\mathrm{EM}_{r,p,2,t}-\mathrm{EM}_{r,p,2,t-1}+\mathrm{EM}_{r,p,3,t}-\mathrm{EM}_{r,p,3,t-1}\right) \tag{3-32}$$

10）电力传输限制

从一个地区传输到另一个地区的电力来自该地区产生的电力或从其他地区接收的电力。因此，从每个地区传输的电力不应大于当地发电加上传输的电力。

$$\sum_{i,j\in R}^{j\neq i}\sum_{l\in L}\mathrm{ET}_{i,j,l,t}\leqslant\sum_{p\in I}\sum_{k\in K}\mathrm{EM}_{r,p,k,t}h_{p,k,t}+\sum_{i,j\in R}^{j\neq i}\sum_{l\in L}\mathrm{ET}_{j,i,l,t}\left(1-\alpha_l\right) \tag{3-33}$$

11）电力传输容量限制

我国能源资源与负荷中心呈逆向分布，三北地区可再生能源丰富，而我国用电量和用电负荷主要集中在东南部地区。然而，大规模输电受到电网输送容量的限制，因此各区域电力调入调出量均不能超过其跨区域输电能力。

$$\sum_{i,j\in R}^{j\neq i}\sum_{l\in L}\mathrm{ET}_{i,j,l,t}\leqslant\sum_{i,j\in R}^{j\neq i}\sum_{l\in L}\mathrm{EV}_{i,j,l,t}\mathrm{ht} \tag{3-34}$$

12）输电方向限制

考虑到我国各区域在能源资源分布和经济发展水平方面的差异，当电力传输方向确定后，不应有电力的回流，因此有必要对输电方向进行限制。

$$\mathrm{EQ}_{i,j,l,t}\cdot\mathrm{EQ}_{j,i,l,t}=0 \tag{3-35}$$

13）发电累计装机容量约束

受技术和投资成本等因素的限制，各发电源累计装机容量的年度增长应在一定范围内。

$$(1+q_{1,p,k})\cdot \mathrm{EM}_{r,p,k,t-1} \leqslant \mathrm{EM}_{r,p,k,t} \leqslant (1+q_{2,p,k})\cdot \mathrm{EM}_{r,p,k,t-1} \tag{3-36}$$

14）可再生能源装机限制

可再生能源受气候、地理和技术条件的限制，因此每个省区市的可再生能源装机容量需在开发潜力的范围内，不能无限制地增长。

$$\mathrm{EM}_{r,p,k,t} \leqslant \mathrm{PO}_{p,k} \tag{3-37}$$

15）决策变量

$$\mathrm{HE}_{p,g,t},\mathrm{EM}_{p,k,t},\mathrm{EQ}_{i,j,l,t},\mathrm{HQ}_{u,v,n,t},\mathrm{ES}_{p,w,t} \geqslant 0 \tag{3-38}$$

3.5.2　参数设置

氢能需求分为工业、交通和建筑三个部门并参考钟财富（2021）、Boretti（2013）、Huang 等（2022）、Ran 等（2022）的数据分别进行预测，根据已拟合的正态分布函数预测出在 99%置信水平下的各省区市氢能需求。

具体的制氢技术的参数见表 3-1 和表 3-2，包括平准化制氢成本、成本下降率、运行时长、耗水率、耗电率、转化效率等。输氢的数据如表 3-3 所示。储氢的投资和运维成本分别为 65 000 元/千克 H_2 和 650 元/千克 H_2，成本下降率为 2.1%，数据来自 Shi 等（2022）。氢燃料电池和氢能内燃机的运行时长分别为 16 小时/天和 12 小时/天、建设成本分别为 7000 元/千瓦和 2445.0048 元/千瓦。氢燃料电池的转化效率为 0.56 标准立方米 H_2/千瓦时，成本下降率为 1.48%。由于国内很少使用氢能内燃机，本书暂不考虑其技术进步带来的成本下降率，其转换效率固定为 40%。氢燃料电池的数据来自 Watabe 和 Leaver（2021）、Jiang 等（2019）、倪永涛（2021），氢内燃机的数据来自 Menon 和 Chan（2022）。

表 3-1　制氢参数相关数据

类别	碱性	质子交换膜	固态氧化物
运行时长/小时	7600[a]	7600[a]	5000[b]
耗水率/（升/标准立方米）	2.0[c]	0.9[c]	1.9[d]
成本下降率[e]	3.3%	4.1%	6.4%
平准化制氢成本/（美元 $_{2022}$/千克）[f]	7.599	8.55	10.156

a 数据来自霍禄平（2022），b 数据来自 Huang 等（2023），c 数据来自 Bhandari 和 Shah（2021），d 数据来自 Kumar 和 Lim（2022），e 数据来自 Zhao 等（2021），f 数据来自 Jang 等（2022）

表 3-2　制氢参数转换效率数据

年份	转化效率			耗电率/（千瓦时/千克）		
	碱性	质子交换膜	固态氧化物	碱性	质子交换膜	固态氧化物 [b]
2021	60.0% [a]	58.0% [c]	75.0% [a]	51.0 [d]	58.0 [d]	54.3
2025	63.0% [b]	60.0% [b]	77.5% [c]	48.0 [e]	48.0 [e]	53.0
2030	65.0% [b]	63.0% [b]	80.5% [d]	44.0 [e]	42.0 [e]	51.4
2040	71.0% [b]	68.0% [b]	83.6% [c]	—	—	—

a 数据来自 Huang 等（2023），b 数据来自中国氢能联盟（2021），c 数据来自 IEA（2019），d 数据来自 Fan 等（2022），e 数据来自 Zhao 等（2021）

表 3-3　输氢参数相关数据

类别	运维率 [a]	ζ_n [b]	ψ_n [b]	κ_n [b]	成本下降率 [c]
长管拖车（20 兆帕）	2%	0.0321	4.792	0.50%	2.2%
纯氢管道	4%	0.0045	0.749	0.20%	6.4%
液氢罐车	12%	0.0011	13.557	1.65%	6.5%

a 数据来自霍禄平（2022），b 数据来自 Wu 等（2022），c 数据来自 Zhao 等（2021）

各省区市的发电、电力需求和电力负荷数据来自 Yu 等（2023）。各储能技术的平准化度电成本以及成本下降率参考 Shi 等（2023），其他数据参考 Yu 等（2023）。

3.5.3　结果分析

1. 制氢量以及技术选择分析

中国的电解槽容量规模将从2022年的1.01吉瓦增加到2040年的146.71吉瓦。制氢量将由 2022 年的 24.05 万吨增至 2040 年的 1548.41 万吨，如图 3-1 所示。制氢量于 2023～2030 年保持着较快的增长速度，2030 年之后增长速度趋于平缓。2022～2024 年，碱性电解槽由于低廉的建设成本以及高效的运行时长，成为主流技术。然而，随着其他制氢技术成本以及电解槽单位耗电率的降低，各制氢技术的市场占比逐步增加。其中，质子交换膜电解槽增长速度最快，占比预计由 2022 年的 0.35%增至 2040 年的 84.32%。与固态氧化物电解槽技术相比，质子交换膜电解槽平准化度电成本较低，耗电率更低且其运行时间更长，能够消纳更多的电力。

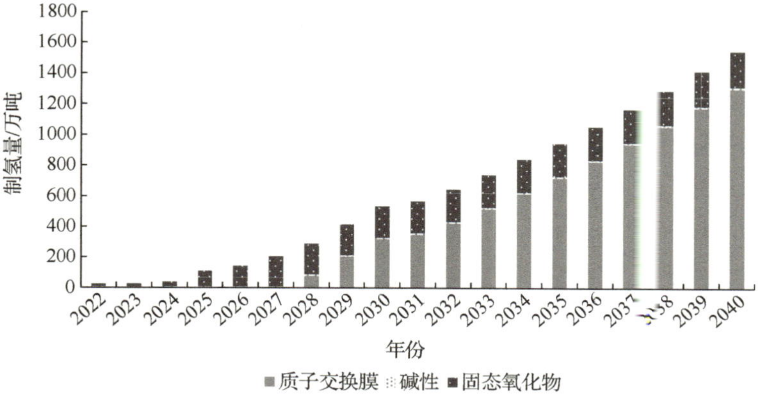

图 3-1　2022～2040 年全国各制氢技术的制氢量

如图 3-2 所示，到 2040 年，制氢量最大的省级行政区域为内蒙古，可达 212.16 万吨，其次为吉林，制氢量达到 208.52 万吨。预计 2040 年，质子交换膜电解槽为主要制氢技术，占比可达 84.32%。制氢量较大的省份主要集中在华北和西北地区，如河北、山东、青海等省份。这是因为，一方面，国家将绿氢产业集中部署于风光资源较为发达的三北地区；另一方面，这些省份也具有丰富的可再生能源，具有较大的发电潜力。相反，天津、北京、安徽、广西和西藏等地的制氢量都较小，这与这些省区市的可再生能源资源限制、市场需求的缺乏等因素有关。

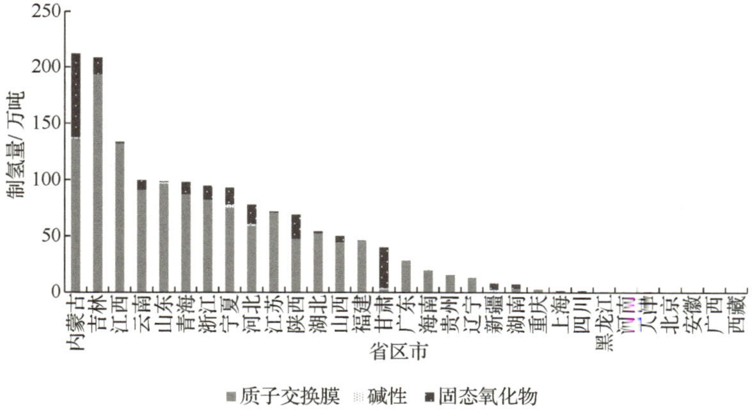

图 3-2　2040 年各省区市各制氢技术的制氢量

2. 输氢量以及技术选择分析

如图 3-3 所示，2022～2040 年，中国的输氢量总体呈现上升趋势，于 2026 年开始，呈现较快的增长趋势，2040 年输氢量达到 579.06 万吨。三种输氢方式主要以长管拖车为主，其在短距离邻近省区市的运输中更有优势。但随着氢基础设施的完善，纯氢管道和液氢罐车的总体应用占比在2036年超过长管拖车，在2040年占比达到62.67%。由此可见，随着输氢省区市间距离的增加，纯氢管道和液氢罐车的成本与大容量优势逐渐体现。因此随着氢网络的建设，适应长距离运输的氢管道和罐车的使用更具有优势。

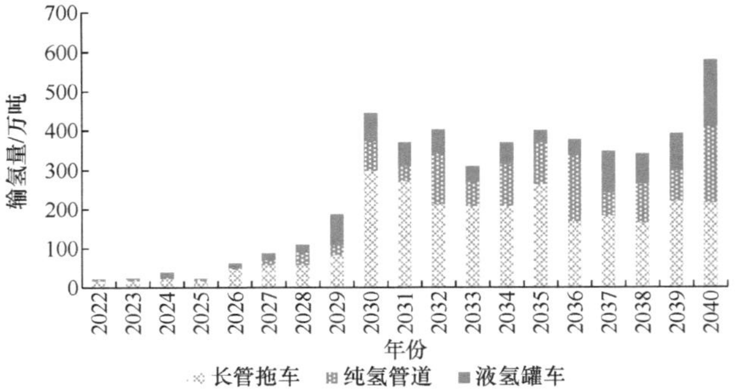

图 3-3　2022～2040 年各输氢技术的输氢量

3. 储能累计装机容量分析

如图3-4所示，中国的储能累计装机容量将从2021年的46.58吉瓦增加到2040年的164.56吉瓦，年平均增速为6.87%。抽水蓄能2030年前占据较大比例，这是因为抽水蓄能现有的技术较为成熟，具有显著较低的投资和运维成本，且运行时长超过其他的储能技术。但随着时间的增长，抽水蓄能的占比由2021年的87.72%降低至2040年的27.41%。锂电池由2021年的10.74%增至2040年的46.82%，预计2037年后锂电池储能将超越抽水蓄能成为国内主要的储能技术。由于其储能技术投资成本有所降低，并具备更低的充放电损失率这一优势，因此，在整个规划期内锂电池的增长率都要高于抽水蓄能。超级电容器虽然成本下降率远高于其他几种储能技术，但其由于充放电损耗较大，增长受到了限制。

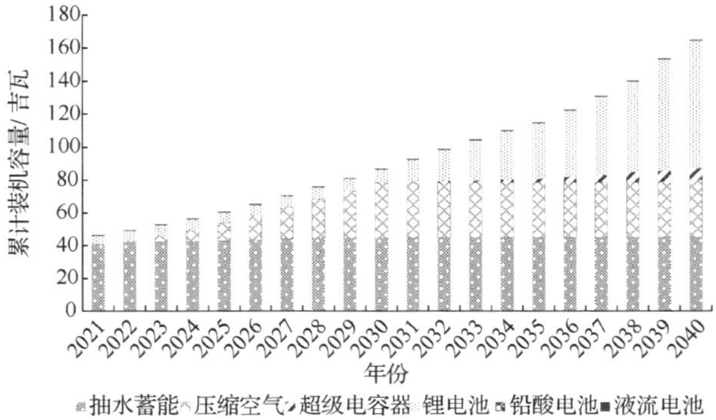

图 3-4　2021～2040 年全国各储能技术的累计装机容量

如图 3-5 所示，2040 年储能累计装机容量最大的省级行政区域为内蒙古，可达 2340.88 万千瓦。北京、西藏、上海和重庆等的储能累计装机容量仅占总装机容量的 0.91%。陕西、云南和河北等为抽水蓄能装机容量较大的省份，这些省份拥有丰富的山地资源，适合建设抽水蓄能电站。内蒙古、河北、青海、山东、河南等省区为锂电池装机容量较大的省区，浙江、广东和江苏等省份为压缩空气储能装机容量较大的省份。这些省份同时拥有较为完善的新型储能产业链，同时工业和交通领域对电池产品需求量较大。

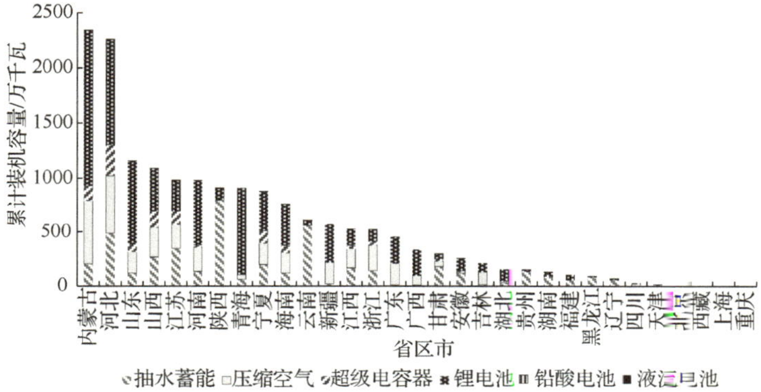

图 3-5　2040 年各省区市各储能技术的累计装机容量

4. 累计发电装机容量情况分析

中国累计装机容量将从 2022 年的 2621.73 吉瓦增长到 2040 年的 8505.56 吉瓦。如图 3-6 所示，火电装机容量占比逐渐下降，从 2022 年的 52.24%下降到 2040 年的 27.82%。由于光伏发电和风电的潜力巨大，逐步成为中国可再生能源的主力军。光伏发电累计装机容量增长率最大可达 21.5%，在 2040 年占比为 40.56%，将取代火电成为中国主要的可再生能源。生物质发电装机容量也在逐步提升，由 2022 年的 46.51 吉瓦增至 2040 年的 170 吉瓦。

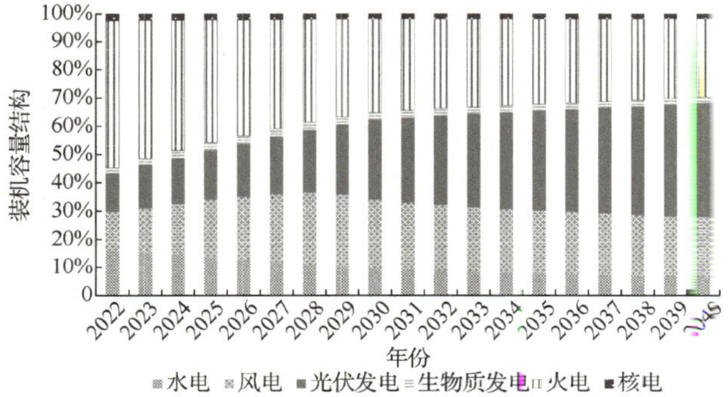

图 3-6　2022～2040 年全国的发电技术结构

2040 年各省区市可再生能源发电累计装机容量见图 3-7。2040 年可再生能源累计装机容量排名前三的省区为内蒙古、河北和江苏，装机容量分别达到 444.82 吉瓦、429.31 吉瓦和 420.60 吉瓦。三个省区均有着丰富的光伏和风力资源，因此三个省区的可再生能源装机容量中光伏发电和风电占比较大。受可再生能源技术发展潜力的限制，北京、天津、重庆和上海等市的可再生能源装机容量较小。水电装机容量较大的为四川、云南、湖北等水资源较为丰富的省份。内蒙古、河北和山东等省区光伏发电装机容量较多，而风电装机容量较多的省份为河南、江苏、河北和吉林等，因为基期已建成风电基础设施较为领先且不断增长。在大多数省区市中，光伏发电和风电的装机容量占比较大，这是由于我国大部分省区市均有着丰富的光伏资源和风力资源。

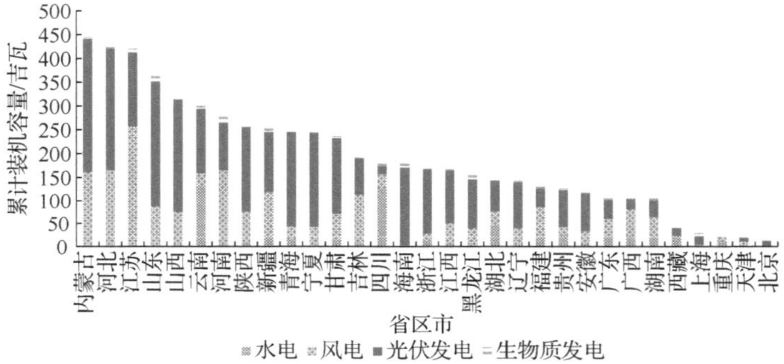

图 3-7　2040 年各省区市可再生能源发电的累计装机容量

3.6　本章小结

随机规划通过引入随机变量和概率分布，在解决具有随机性的问题时具有独特的优势，逐渐成为优化领域中的一个重要分支。本章依次介绍了随机优化的基本模型、模型的改进以及常用求解方法。期望值模型、机会约束规划和相关机会规划是三种常见的随机规划方法，在能源环境领域中具有重要的应用。同时，通过不断优化和改进模型，能够提高决策的准确性和效果。例如，多阶段随机规划考虑决策过程中的多个时间阶段的不确定性因素来达到最终的目标。随机多目标规划则是考虑多个决策目标或相关利益者的需求，在不确定性条件下进行决策。这些方法在能源环境领域中的应用，可以帮助决策者更好地应对复杂的不确定性条件，使决策方案更加灵活和适应不确定性环境。

本章将随机机会约束规划引入优化中国氢能布局这一实际问题中。模型将绿氢需求作为连续性随机变量，建立氢能供需的机会约束限制条件，利用转化法将约束进行确定性等价转化，再利用多目标确定性规划的方式求解。模型结果表明，

2040 年中国的绿氢产量将达 1548.41 万吨，其中质子交换膜电解槽将替代碱性电解槽成为最主要的制氢技术；输氢量达到 579.06 万吨，长管拖车仍为主流的输氢技术。内蒙古成为制氢量和发电累计装机容量最大的省级行政区域，而受可再生能源技术发展潜力和氢能市场需求缺乏的限制，天津、北京等地的制氢量及发电量都较小。建立的随机优化模型不仅得到了各省区市的最优氢能制输储布局，也为促进可再生电力多元化的消纳提供了新的思路，有助于提高能源利用效率。

参 考 文 献

艾宁宁. 2012. 基于混合智能算法求解随机期望值模型和机会约束规划[D]. 西安: 长安大学.

陈高波, 刘海燕. 2004. 基于遗传算法的机会约束规划的区间估计[J]. 西南交通大学学报, (5): 687-690.

崔迪. 2005. 随机规划若干问题的研究[D]. 青岛: 山东科技大学.

何思敏, 李伟, 刘立, 等. 2023. 基于随机规划的风光柴储容量配比优化方法[J]. 水电与新能源, 37(2): 74-78.

贺冲. 2012. 一类随机规划的算法及其收敛性分析[D]. 重庆: 重庆大学.

胡锦兴. 2018. 基于场景分析的多随机变量规划方法的研究[D]. 沈阳: 东北大学.

霍禄平. 2022. 大规模绿色氢能生产及供应的技术经济评价[D]. 济南: 山东大学.

黎锁平. 2001. 运用蒙特卡罗方法求解随机性问题[J]. 甘肃工业大学学报, (2): 95-97.

刘宝碇, 赵瑞清. 1998. 随机规划与模糊规划[M]. 北京: 清华大学出版社: 180-255.

刘存哲. 2017. 基于 SQP 的两阶段随机规划的算法研究[D]. 北京: 华北电力大学.

刘敬生. 2009. 两阶段随机规划的若干算法及应用研究[D]. 青岛: 山东科技大学.

卢志义. 2005. 随机多目标规划有效解理论的研究[D]. 西安: 西安建筑科技大学.

骆雲鹏. 2021. 一类不确定概率分布下的随机规划算法及应用研究[D]. 北京: 华北电力大学.

倪永涛. 2021. 多形式储能促进新能源消纳路径的技术经济性研究[D]. 秦皇岛: 燕山大学.

王金德. 1986. 一类数学规划问题的最优性充分条件及其在随机规划中的应用[J]. 应用数学学报, (2): 138-145.

王士博, 孔令国, 蔡国伟, 等. 2023. 电力系统氢储能关键应用技术现状、挑战及展望[J]. 中国电机工程学报, 43(17): 6660-6681.

徐钟济. 1985. 蒙特卡罗方法[M]. 上海: 上海科学技术出版社.

许传博, 刘建国. 2022. 氢储能在我国新型电力系统中的应用价值、挑战及展望[J]. 中国工程科学, 24(3): 89-99.

曾鸣. 2018. “三北”弃风依然严峻,研究报告建议严控煤电、风电新增规模[J]. 新能源经贸观察, (4): 52.

张建中. 1974. 蒙特卡洛方法(Ⅰ)[J]. 数学的实践与认识, (1): 28-40.

张可村, 李换琴. 2007. 工程优化方法及其应用[M]. 西安: 西安交通大学出版社.

张伟. 2006. 随机规划的若干方法及其应用研究[D]. 青岛: 山东科技大学.

张霞. 2008. 随机规划分解算法研究及其应用[D]. 青岛: 山东科技大学.

郑海艳. 2015. 机组组合基于 Benders 分解与割平面的方法及约束优化 SQP 算法研究[D]. 南宁: 广西大学.

郑明发. 2010. 模糊随机多目标规划的期望值模型性质及一种解法[C]//中国运筹学会不确定系统分会. 第八届中国不确定系统年会论文集. 西安: 中国运筹学会不确定系统分会: 126-132.
钟财富. 2021. 氢能产业有序发展路径和机制[M]. 北京: 中国经济出版社.
中国氢能联盟. 2021. 中国氢能源及燃料电池产业白皮书[M]. 北京: 中国氢能联盟.
Aziz G, Sarwar S, Waheed R, et al. 2023. Significance of hydrogen energy to control the environmental gasses in light of COP26: a case of European countries[J]. Resources Policy, 80: 103240.
Barro D, Consigli G, Varun V. 2022. A stochastic programming model for dynamic portfolio management with financial derivatives[J]. Journal of Banking & Finance, 140: 106445.
Benders J F. 1962. Partitioning procedures for solving mixed-variables programming problems[J]. Numerische Mathematik, 4: 238-252.
Bhandari R, Shah R R. 2021. Hydrogen as energy carrier: techno-economic assessment of decentralized hydrogen production in Germany[J]. Renewable Energy, 177: 915-931.
Birge J R, Louveaux F. 2011. Introduction to Stochastic Programming[M]. New York: Springer.
Boretti A. 2013. Renewable hydrogen to recycle CO_2 to methanol[J]. International Journal of Hydrogen Energy, 38(4): 1806-1812.
Cai T T, Dong M Y, Liu H N, et al. 2022. Integration of hydrogen storage system and wind generation in power systems under demand response program: a novel p-robust stochastic programming[J]. International Journal of Hydrogen Energy, 47(1): 443-458.
Charnes A, Cooper W W. 1959. Chance-constrained programming[J]. Management Science, 6(1): 73-79.
da Costa B F P, Leclère V. 2023. Dual SDDP for risk-averse multistage stochastic programs[J]. Operations Research Letters, 51(3): 332-337.
Dantzig G B. 1955. Linear programming under uncertainty[J]. Management Science, 1(3/4): 197-206.
Dantzig G B, Ford L R, Fulkerson D R. 1956. A Primal-Dual Algorithm[M]. Santa Monica: California Rand Corporation.
Dantzig G B. 2004. Linear programming under uncertainty[J]. Management Science, 50: 1764-1769.
Durakovic G, del Granado P C, Tomasgard A. 2023. Powering Europe with North Sea offshore wind: the impact of hydrogen investments on grid infrastructure and power prices[J]. Energy, 263: 125654.
Eftimov T, Korošec P. 2021. Deep statistical comparison for multi-objective stochastic optimization algorithms[J]. Swarm and Evolutionary Computation, 61: 100837.
Eghbali N, Hakimi S M, Hasankhani A, et al. 2022. Stochastic energy management for a renewable energy based microgrid considering battery, hydrogen storage, and demand response[J]. Sustainable Energy, Grids and Networks, 30: 100652.
Fan J L, Yu P W, Li K, et al. 2022. A levelized cost of hydrogen (LCOH) comparison of coal-to-hydrogen with CCS and water electrolysis powered by renewable energy in China[J]. Energy, 242: 123003.
Gbadamosi S L, Nwulu N I, Sun Y X. 2018. Multi-objective optimisation for composite generation and transmission expansion planning considering offshore wind power and feed-in tariffs[J]. IET

Renewable Power Generation, 12(14): 1687-1697.

Goshu N N, Kassa S M. 2020. A systematic sampling evolutionary (SSE) method for stochastic bilevel programming problems[J]. Computers & Operations Research, 120: 104942.

Huang J B, Balcombe P, Feng Z X. 2023. Technical and economic analysis of different colours of producing hydrogen in China[J]. Fuel, 337: 127227.

Huang J S, Li W, Wu X Y. 2022. Forecasting the hydrogen demand in China: a system dynamics approach[J]. Mathematics, 10(2): 205.

IEA. 2019. The Future of Hydrogen[R]. Paris: International Energy Agency.

Jang D, Kim J, Kim D, et al. 2022. Techno-economic analysis and Monte Carlo simulation of green hydrogen production technology through various water electrolysis technologies[J]. Energy Conversion and Management, 258: 115499.

Jiang Y W, Deng Z H, You S. 2019. Size optimization and economic analysis of a coupled wind-hydrogen system with curtailment decisions[J]. International Journal of Hydrogen Energy, 44(36): 19658-19666.

Jin L S. 2023. Uncertain probability, regular probability interval and relative proximity[J]. Fuzzy Sets and Systems, 467: 108579.

Jordehi A R, Mansouri S A, Tostado-Véliz M, et al. 2024. A risk-averse two-stage stochastic model for optimal participation of hydrogen fuel stations in electricity markets[J]. International Journal of Hydrogen Energy, 49: 188-201.

Kumar S S, Lim H. 2022. An overview of water electrolysis technologies for green hydrogen production[J]. Energy Reports, 8: 13793-13813.

Li L, Manier H, Manier M A. 2019. Hydrogen supply chain network design: an optimization-oriented review[J]. Renewable and Sustainable Energy Reviews, 103: 342-360.

Lv J, Li Y P, Huang G H, et al. 2022. Planning energy economy and eco-environment nexus system under uncertainty: a *Copula*-based stochastic multi-level programming method[J]. Applied Energy, 312: 118736.

Menon N V, Chan S H. 2022. Technoeconomic and environmental assessment of HyForce, a hydrogen-fuelled harbour tug[J]. International Journal of Hydrogen Energy, 47(10): 6924-6935.

Moayedi M, Sadeghian R. 2023. A multi-objective stochastic programming approach with untrusted suppliers for green supply chain design by uncertain demand, shortage, and transportation costs[J]. Journal of Cleaner Production, 408: 137007.

Mulvey J M, Ruszczyński A. 1995. A new scenario decomposition method for large-scale stochastic optimization[J]. Operations Research, 43(3): 477-490.

Ran L, Mao Y L, Yuan T J, et al. 2022. Low-carbon transition pathway planning of regional power systems with electricity-hydrogen synergy[J]. Energies, 15: 8764.

Santos A M P, Fagerholt K, Soares C G. 2023. A stochastic optimization algorithm for the supply vessel planning problem under uncertain demand and uncertain weather conditions[J]. Ocean Engineering, 278: 114428.

Shi M S, Huang Y S, Lin H Y. 2023. Research on power to hydrogen optimization and profit distribution of microgrid cluster considering shared hydrogen storage[J]. Energy, 264: 126113.

Shi M S, Wang W Y, Han Y X, et al. 2022. Research on comprehensive benefit of hydrogen storage in microgrid system[J]. Renewable Energy, 194: 621-635.

Stancu-Minasian I M. 1990. Overview of different approaches for solving stochastic programming problems with multiple objective functions[J]. Stochastic Versus Fuzzy Approaches to Multiobjective Mathematical Programming under Uncertainty, 6: 71-101.

Sun J, Ozawa M, Zhang W C, et al. 2022. Electricity supply chain management considering environmental evaluation: a multi-period optimization stochastic programming model[J]. Cleaner and Responsible Consumption, 7: 100086.

van Slyke R M, Wets R. 1969. L-shaped linear programs with applications to optimal control and stochastic programming[J]. SIAM Journal on Applied Mathematics, 17(4): 638-663.

Wang J P, Zeng P L, Fan J X, et al. 2023. Stochastic expansion planning of integrated energy system: a benders-based decomposition approach[J]. Energy Reports, 9: 794-804.

Watabe A, Leaver J. 2021. Comparative economic and environmental benefits of ownership of both new and used light duty hydrogen fuel cell vehicles in Japan[J]. International Journal of Hydrogen Energy, 46(52): 26582-26593.

Wu W P, Wu K X, Zeng W K, et al. 2022. Optimization of long-distance and large-scale transmission of renewable hydrogen in China: pipelines vs. UHV[J]. International Journal of Hydrogen Energy, 47(58): 24635-24650.

Yan R J, Wang J J, Wang J H, et al. 2022. A two-stage stochastic-robust optimization for a hybrid renewable energy CCHP system considering multiple scenario-interval uncertainties[J]. Energy, 247: 123498.

Yang Y, Ma C, Lian C, et al. 2021. Optimal power reallocation of large-scale grid-connected photovoltaic power station integrated with hydrogen production[J]. Journal of Cleaner Production, 298: 126830.

Yu S W, Gui H Z, Yang J. 2023. China’s provincial wind power potential assessment and its potential contributions to the “dual carbon” targets[J]. Environmental Science and Pollution Research, 30(5): 13094-13117.

Yu S W, Zhou S S, Dai Y, et al. 2023. Impacts of RPS and FIT on inter-regional power transmission line layout in China: considerations of high renewable energy penetration[J]. Energy Policy, 178: 113615.

Zhao H X, Kamp L M, Lukszo Z. 2021. Exploring supply chain design and expansion planning of China’s green ammonia production with an optimization-based simulation approach[J]. International Journal of Hydrogen Energy, 46(64): 32331-32349.

第 4 章　多目标优化模型与输电线路布局优化

4.1　多目标优化模型简介

多目标优化（multi-objective optimization，MOO）是多准则决策的一个领域，它是涉及多个目标函数同时优化的数学问题（Stadler，1979）。多目标优化已经应用于工程、经济和物流等诸多领域，是在两个或多个相互冲突的目标之间进行权衡的情况下做出最优决策（Deb，2014）。涉及多目标优化问题的典型例子有：在购买汽车时降低成本，同时使舒适性最大化；在使车辆的燃料消耗和污染物排放最小化的同时将性能最大化。

单目标优化由于只有一个目标，任何两个解都可以依据单一目标比较其好坏，得出最优解（Segura et al.，2016）。然而，多目标优化存在目标间的内在冲突，一个目标的优化是以其他目标劣化为代价，因此很难出现唯一最优解，取而代之的是在目标间做出协调和折中处理，使总体目标尽可能达到最优（Deb，2014）。

如果存在若干相互冲突的目标并需要同时处理，即为多目标优化问题（multi-objective optimization problem，MOP）（Tamaki et al.，1996）。对于一个可行解而言，如果不存在其他可行解（假设最小化问题），使一个目标降低的同时，不会导致另一个目标升高，便称之为帕累托（Pareto）最优解（Stadler，1979）。对于多目标优化问题，不存在一个解使得所有的目标同时达到最优状态，只能得到一组均衡解，称之为 Pareto 最优集。

表 4-1 是将 Pareto 最优理论引入多目标优化理论与方法过程中的主要事件。

表 4-1　将 Pareto 最优理论引入多目标优化理论与方法过程中的主要事件

年份	事件	相关文献
1906	Pareto 提出核心思想	Pareto（1906）
1979	斯塔德勒（Stadler）对 Pareto 最优进行进一步回顾	Stadler（1979）
2008	米耶蒂宁（Miettinen）等提出一种混合方法解决多目标问题	Miettinen 等（2008）
2014	德布（Deb）对多目标优化进行回顾	Deb（2014）
2018	塞纳（Sener）和科尔图恩（Koltun）提出多任务学习来作为多目标优化的策略	Sener 和 Koltun（2018）

4.2 基本模型

$$\begin{aligned}
&\min y = f(x) = [f_1(x), f_2(x), \cdots, f_m(x)]^{\mathrm{T}} \\
&\text{s.t. } g_j(x) \leqslant 0 \quad, j = 1,2,\cdots,p \\
&\quad h_k(x) = 0 \quad, k = 1,2,\cdots,q \\
&\quad x_i^{\min} \leqslant x_i \leqslant x_i^{\max} \quad, i = 1,2,\cdots,n \\
&\quad x = [x_1, x_2, \cdots, x_n]^{\mathrm{T}} \in \Theta \\
&\quad y = [y_1, y_2, \cdots, y_m]^{\mathrm{T}} \in \psi
\end{aligned} \tag{4-1}$$

其中，m 表示优化目标函数的数量；Θ 表示 n 维搜索空间；$x_i^{\max} = [x_1^{\max}, x_2^{\max}, \cdots, x_n^{\max}]^{\mathrm{T}}$ 和 $x_i^{\min} = [x_1^{\min}, x_2^{\min}, \cdots, x_n^{\min}]^{\mathrm{T}}$ 分别表示决策变量 $x_i (i = 1,2,\cdots,n)$ 的上界和下界；ψ 表示目标函数的 m 维向量空间，由 Θ 和目标函数 $f(x)$ 确定；方程 $g_j(x) \leqslant 0 (j = 1,2,\cdots,p)$ 和 $h_k(x) = 0 (k = 1,2,\cdots,q)$ 分别表示 p 个不等式约束和 q 个等式约束，特别地，如果 $p = q = 0$，则问题被简化为无约束的多目标优化问题。

在多目标优化模型中，重要的数学定义包含以下几项。

（1）可行解。对于一个解向量 $x \in \Theta$，如果它同时满足所有 $j = 1,2,\cdots,p$ 和 $k = 1,2,\cdots,q$ 的不等式约束和等式约束，则定义为可行解，否则为不可行解。

所有可行解都构造一个名为可行域 Ω 的集合。所有不可行的解决方案都构造了名为不可行域 Ω^- 的集合。显然，$\Omega^- + \Omega = \Theta$，其中 $\Omega \in \Theta$ 和 $\Omega^- \in \Theta$。

（2）决策变量支配。对于决策变量空间中的两个向量 $a = [a_1, a_2, \cdots, a_n]^{\mathrm{T}}$ 和 $b = [b_1, b_2, \cdots, b_n]^{\mathrm{T}}$，如果 $\forall i \in \{1,2,\cdots,m\}$，$f_i(a) \leqslant f_i(b)$，且 $\exists j \in \{1,2,\cdots,m\}$，$f_j(a) < f_j(b)$，则称 b 受 a 支配，表示为 $b \prec a$。

（3）目标函数支配。对于目标函数空间中的两个向量 $g = [g_1, g_2, \cdots, g_m]^{\mathrm{T}}$ 和 $h = [h_1, h_2, \cdots, h_m]^{\mathrm{T}}$，如果 $\forall i \in \{1,2,\cdots,m\}$，$g_i \leqslant h_i$，且 $\exists j \in \{1,2,\cdots,m\}$，$g_j < h_j$，则称 h 受 g 支配，表示为 $h \prec g$。

（4）Pareto 最优解。若向量 $x^* = [x_1^*, x_2^*, \cdots, x_n^*]$ 满足条件：不存在 $x \in \Theta$，$x \succ x^*$，则称 x^* 为全局 Pareto 最优解或非支配解。所有全局 Pareto 最优解构成一个全局 Pareto 最优集，表示为 PS^*。

（5）Pareto 最优前沿。目标函数空间中呈现的 Pareto 最优集称为 Pareto 最优前沿，其表示方式如下：$\mathrm{PF}^* = \{f(x^*) \mid x^* \in \mathrm{PS}^*\}$。

通俗来看，Pareto 最优是指资源分配的一种理想状态。给定固有的一群人和可分配的资源，如果从一种分配状态到另一种状态的变化中，在没有使任何人境况变坏的前提下，使得至少一个人变得更好，这就是 Pareto 改善。Pareto 最优的状态就是不可能再有更多的 Pareto 改善的状态；换句话说，不可能在不使任何其他人受损的情况下再改善某些人的境况。

4.3　模型的改进

多目标模型存在多种模型变体，如模糊多目标和随机多目标等，可以加强针对不确定性进行建模的能力，以及加速求解（Stancu-Minasian，1984）。

多目标优化中引入模糊理论，进一步表达决策环境的不确定性和决策者的偏好信息（Mardani et al.，2017）。模糊描述需要用模糊隶属度函数进行映射，以获得清晰的数学表达式用于多目标优化计算，形成模糊多目标优化（fuzzy multi-objective，FMO）模型，更准确地处理建模过程中的不确定性。FMO 模型通过采用隶属函数，在满足约束的前提下，制定满足多个最大化（或最小化）目标隶属度的最优决策方案（Yu et al.，2019）。将目标函数转化为 0～1 的值，用隶属函数表示目标满意度。例如，式（4-2）是最大目标函数的半梯形隶属函数的表达式：

$$\mu_{f_g}(x)=\begin{cases}1, & f_g(x)>f_{g,\max} \\ \dfrac{f_g(x)-f_{g,\min}}{f_{g,\max}-f_{g,\min}}, & f_{g,\min}\leqslant f_g(x)\leqslant f_{g,\max} \\ 0, & f_g(x)<f_{g,\min}\end{cases} \tag{4-2}$$

其中，$f_{g,\max}$ 和 $f_{g,\min}$ 分别表示第 g 个目标函数的最大值和最小值；$\mu_{f_g}(x)$ 表示第 g 个目标函数的隶属度函数，$\mu_{f_g}(x)\in(0,1)$。

随机多目标优化是一种不确定的多目标优化问题，它的某些或者全部参数是随机的而不是确定的（Stancu-Minasian，1984）。根据随机变量出现在目标函数中还是约束中，将随机模型分为两种类型。目标函数中含有随机变量的模型又分为概率值（probability，P）模型和期望值（expectation，E）模型（江亮亮，2015）。前者是基于机会约束，指定目标函数值小于等于某向量值的概率极小。后者是基于期望值模型，使目标函数的概率期望达到最优。随机多目标优化模型的一般形式为

$$
\begin{aligned}
&\min \quad C(\omega)x \\
&\text{s.t.} \quad Ax = b \\
&C(\omega)=\begin{pmatrix} c_{11}(\omega)\cdots c_{1n}(\omega) \\ \vdots \\ c_{m1}(\omega)\cdots c_{mn}(\omega) \end{pmatrix}, A=\begin{pmatrix} a_{11}\cdots a_{1n} \\ \vdots \\ a_{p1}\cdots a_{pn} \end{pmatrix} \\
&b=[b_1,b_2,\cdots,b_p]^{\mathrm{T}} \\
&x=[x_1,x_2,\cdots,x_n]^{\mathrm{T}} \\
&\omega\in\Omega
\end{aligned}
\tag{4-3}
$$

随机多目标优化在实际应用中得到了广泛的使用，Stancu-Minasian（1984）详细讨论了随机多目标优化问题及其解法，为随机多目标优化的发展奠定了基础。求解随机多目标优化的一般方法和思路有两种（高英，2010）：一是将随机多目标优化问题转化为随机单目标优化问题，利用随机单目标优化问题的求解方法进行求解（张伟，2006）；二是利用随机多目标优化问题中随机向量（随机变量）的概率特性将随机多目标优化问题转化为确定性的多目标优化问题（Stancu-Minasian，1984）。

4.4　多目标模型求解方法

现有解决多目标优化模型的方法主要分为两类：传统优化算法和智能优化算法。传统优化算法包括加权法、约束法和线性规划法等，实质上就是将多目标函数转化为单目标函数，再采用单目标优化的方法进行求解（Marler and Arora，2010）。转化后依照模型特征，可以选择牛顿迭代法、单纯形法、共轭方向法等进行求解。例如，对于转化后为线性规划问题的，采用单纯形法求解。通过设置不同的基向量，经过矩阵的线性变换，求得基可行解（可行域顶点），并判断该解是否最优，否则循环迭代直到找到最优解（Evans and Steuer，1973）。牛顿迭代法通常从给定的初始点开始，根据梯度等递减信息计算下一个迭代点，具有搜索效率高、收敛速度快的特点（Mondal et al.，2013）。

传统优化算法可分为三类：事前宣布类/先验法、交互式方法、事后宣布类/Pareto支配法，如表 4-2 所示。事前宣布类/先验法是在优化前决策者已提供了足够的偏好信息，一次优化获得的解即为入选方案。在交互式方法中，不先求出很多的非劣解，而是决策者多次提供自己的局部偏好信息，如逐步约束法，首先需要求出原多目标问题的一组理想解，以理想解为标准估量有效解，通过决策者偏好修改目标值，再将降低要求的目标作为新的约束条件进行求解（Ridha et al.，2021）。事后宣布类/Pareto 支配法则适用于决策者很难明确表示出偏好函数的情况。此时，通过改变权重以重复求解加权效用函数，可能无法提供均匀分布的点，难以准确地表示完全 Pareto 最优集。基于以上考虑，可以允许决策者从解决方案中进行选择。为此，需要首先使用一些算法来确定 Pareto 最优集的表示形式。

表 4-2　多目标传统优化方法分类

分类	方法
事前宣布类/先验法	效用函数法
	加权和法
	约束法
	目标规划法
	字典排序法
	层次分析法
	…
交互式方法	逐步约束法
	…
事后宣布类/Pareto 支配法	标准边界交叉法
	标准约束法
	…

传统优化算法一般是针对结构化问题的确定性算法（Bakhtavar et al.，2020）。在传统算法基础上，针对缺乏结构信息的多目标优化模型，或者多极值的问题，常引入启发式算法等智能优化算法，其灵感来自自然界的行为、反应和交流机制，通过利用随机特性来进行搜索和优化，尽可能达到全局最优（Srinivas and Deb，1994）。因此，开发的优化算法大致分为四类：生物学启发算法、物理学启发算法、地理学启发算法和社会文化启发算法（Cui et al.，2017）。优化算法包括进化算法（evolutionary algorithm，EA）、粒子群优化（particle swarm optimization，PSO）算法等。比如，遗传算法的改进算法——带精英策略的非支配排序遗传算法（non-dominated sorting genetic algorithm Ⅱ，NSGA-Ⅱ），作为目前运用最广泛和稳定的方法之一，是非支配排序遗传算法（non-dominated sorting genetic algorithm，NSGA）的改进版本，基于精英选择策略，使非劣前沿向 Pareto 前沿靠近，同时采用拥挤度以保持解集的多样性。

4.4.1　传统优化算法

传统优化算法包括加权法、约束法等，将多目标函数转化为单目标函数，通过采用单目标优化的方法达到对多目标函数的求解。下面重点介绍线性加权法、ε 约束法、目标规划法。线性加权直接对目标进行处理，将多目标整合为单目标。ε 约束法将目标转化为约束，最终也将模型变换为单目标进行求解。目标规划法则通过将多个目标的偏差最小化来实现多目标优化。

1. 线性加权法

线性加权法是多目标优化中使用比较广泛的方法，其特点是根据目标的重要程度，设定权重进行线性加权（Marler and Arora，2010），从而转换为单目标的线性规划问题。

$$\begin{aligned} &\min F(x)=\sum_{m=1}^{M} w_m f_m(x) \\ &\text{s.t.}\ \ g_j(x)\geqslant 0,\ \ j=1,2,\cdots,J \\ &\qquad h_k(x)=0,\ \ k=1,2,\cdots,K \\ &\qquad x_i^{\text{lowerbound}}\leqslant x_i\leqslant x_i^{\text{upperbound}}, i=1,2,\cdots,n \end{aligned} \tag{4-4}$$

其中，权重 w_m 表示每个目标函数的重要程度。

具体步骤如下。

（1）求解单目标下的最优极值，以两目标为例，分别求解单目标优化模型得到 $f_m(x)_{\min}$ 和 $f_m(x)_{\max}$。

（2）通过 max-min 极差标准化去除量纲，采用式（4-5）和式（4-6）实现归一化处理：

$$f'(x)=[f(x)-f(x)_{\min}]/[f(x)_{\max}-f(x)_{\min}] \tag{4-5}$$

$$f'(x)=[f(x)_{\max}-f(x)]/[f(x)_{\max}-f(x)_{\min}] \tag{4-6}$$

如果目标为 min，使用式（4-5）；如果目标为 max，使用式（4-6）。

（3）改写成加权效用函数形式。均匀改变不同组权重，进行单目标求解。

该方法简单易操作，但难点在于设定一个权重向量去获得 Pareto 最优解，并且在一些非凸情况不能够保证获得 Pareto 最优解。

除线性加权外，还有一些简单且通用的权值选择方法：首先是排序法（Paul and Ching-Lai，1995），将不同目标函数按照重要性进行排序。具体地，最不重要的目标函数的权重为 1，而较重要的目标函数则被分配具有一致增量的整数权重。其次是分类方法，不同的目标首先被分为宽泛的类别，如高度重要的和中等重要的，然后借助排序法，决策者为每个目标函数分配相对重要的独立值；此外，比率提问或配对比较方法提供了更加系统（全局）的手段，通过每一次对比两个目标来评价目标函数的重要程度。

与线性加权法关系密切，加权目标标准法将所有目标函数组合成一个函数，以解决多目标优化问题（Noorossana and Ardakani，2009）。虽然目标标准可能是一个与偏好无关的数学函数，但加权目标标准是一种对偏好建模的效用函数。最普遍的效用函数表示为最简单的加权指数和形式，即

$$\begin{aligned} &\min l_p(x)=\left(\sum_{m=1}^{M} w_m \left|f_m(x)-z_m^*\right|\right)^{1/p} \\ &\text{s.t.}\ \ g_j(x)\leqslant 0, j=1,2,\cdots,J \\ &\qquad h_k(x)=0, k=1,2,\cdots,K \\ &\qquad x_i^{\text{lowerbound}}\leqslant x_i\leqslant x_i^{\text{upperbound}},\ \ i=1,2,\cdots,n \end{aligned} \tag{4-7}$$

其中，w表示决策者设置的权值向量，且元素$\sum_{i=1}^{K} w_i = 1$，$w_i > 0$。与大多数涉及目标函数权重的方法一样，将一个或多个权重设置为零会导致弱 Pareto 最优。一般来说，权重的相对值反映了目标函数的相对重要性。

当p为 1 时，即得到转换多目标优化问题最常见的线性加权和法，其效用函数为$F(x)$。如果$p=2$，该方法能够处理解决方案空间中不断增加的非凸性，因为它能够计算问题的 Pareto 最优前沿。这可以增加到点$p=\infty$，称为加权切比雪夫问题。

在式（4-7）中，可以看到将目标函数已转化为最小化标准空间中的解和理想点之间的距离。因此，目标标准方法通常称为理想点方法或折中规划方法，因为决策者通常不得不在解点和理想点间进行折中。

该方法能够保证获得所有 Pareto 最优解，但是需要有每个函数最大值和最小值的先验知识，每个目标函数的z^*能够独立找到。并且，对于较小的p值，不一定保证能够获得所有 Pareto 最优解，而随着p增加，问题可能会变得不可求导，因此建议在多数问题中使用$p=1$或$p=2$。

2. ε约束法

ε约束法的多目标优化模型由海姆斯（Haimes）等于 1971 年提出，它从k个目标中选择一个作为优化目标，剩余的k–1 个目标则通过加界限的方式转化为约束条件（Mavrotas，2009）。对于最小化的目标，加入上界作为限制条件；对于最大化的目标则加入下界作为限制条件。只保留一个目标函数，其他的目标函数被设定的值约束。

原多目标优化问题如式（4-1）所示，使用ε-约束法将其转化为式（4-8）：

$$\begin{aligned} &\min y = f_1(x) \\ &\text{s.t. } f_2(x) \leqslant \varepsilon_2, \cdots, f_n(x) \leqslant \varepsilon_n \\ &g_j(x) \leqslant 0, \ j = 1,2,\cdots,p \\ &h_k(x) = 0, \ k = 1,2,\cdots,q \end{aligned} \tag{4-8}$$

每个子问题都通过求解对应的ε值和目标函数的优化问题得到一个解，然后将这个解加入 Pareto 最优集中。最终，从 Pareto 最优集中选取一个最优解作为最终的优化解。参数$\varepsilon_2,\cdots,\varepsilon_n$通过计算支付矩阵得到。其步骤如下。

步骤一：收益表（payoff table）的计算。

（1）求解出第i个目标函数的最优值$f_i(x_i^*)$，得到其最优解x_i^*。

（2）将其代入其他目标函数得到$\{f_1(x_i^*), f_2(x_i^*), \cdots, f_n(x_i^*)\}$。

（3）对全部目标函数按照上述流程求解，得到 payoff table 矩阵如下：

$$\begin{pmatrix} f_1(x_1^*)\cdots f_i(x_1^*)\cdots f_n(x_1^*) \\ \vdots \\ f_1(x_i^*)\cdots f_i(x_i^*)\cdots f_n(x_i^*) \\ \vdots \\ f_1(x_n^*)\cdots f_i(x_n^*)\cdots f_n(x_n^*) \end{pmatrix}$$

步骤二：此时可从 payoff table 矩阵中对每个目标函数得到最优解（U）和最劣解（SN）（Mcintyre et al.，2009），$f_i^U = f_i(x_i^*)$，$f_i^{\mathrm{SN}} = f_i(x_j^*)$。

步骤三：根据决策者的偏好，选取一个主目标函数 $f_k(x)$。

步骤四：对于主目标函数外的目标函数 $f_i(x)$，设置一个网格划分数 $q_{i,j} \in \{1,2,\cdots,q_{i,\max}\}$，与网格搜索法本质相同。

步骤五：由此计算除了主目标函数外的其余目标函数的 ε-约束如下：

$$\varepsilon_{i,j} = f_i^{\mathrm{SN}} - \left(\frac{f_i^{\mathrm{SN}} - f_i^U}{q_{i,j}}\right)\cdot j\text{，}\quad j = 1,2,\cdots,q_{i,\max}$$

因此每个目标函数 $f_i(x)$ 会存在 $q_{i,\max}$ 个约束，由此得到优化子问题共计 $\prod_{i=0,i\neq k}^{n} q_{i,\max}$ 个。

步骤六：得到每个优化子问题：

$$\min f_k(x)$$
$$\text{s.t.} f_1(x) \leqslant \varepsilon_{1j}, f_2(x) \leqslant \varepsilon_{1l}, \cdots, f_n(x) \leqslant \varepsilon_{1m}$$
$$g(x) \leqslant 0$$
$$h(x) = 0$$

其中，$j = 1,2,\cdots,q_{1,\max}$，$l = 1,2,\cdots,q_{2,\max},\cdots$，$m = 1,2,\cdots,q_{n,\max}$。

步骤七：每次求出一个最优解，若在可行域内，则加入 Pareto 解集；若不在可行域内，则丢弃。

在理想情况下，ε-约束法可以通过适当地将值分配给 $q_{i,j}$ 来控制有效集的表示密度。网格点的数量越高，有效集的表示越密集，但相应的计算时间也越长。因此，需要在有效集的密度和计算时间之间进行权衡。该方法适用于凸函数和非凸函数的优化问题，但需要精心选择目标函数，以确保 ε 值在独立目标函数的最小值或最大值之内（Deb，2014）。

3. 目标规划法

目标规划法也可用于解决多目标优化问题。该方法为每个目标函数 $f(x)$ 定义

目标 b_j，然后最小化偏差 $\sum_{j=1}^{K}\left|d_j\right|$，这里的 d_j 表示第 j 个目标函数相对目标 b_j 的偏差（Bakhtavar et al.，2020）。

为了建模绝对值 $\sum_{j=1}^{K}\left|d_j\right|$，$d_j$ 被分为正负两部分，因此 $d_j = d_j^+ + d_j^-$，且 $d_j^+ \geqslant 0$，$d_j^- \geqslant 0$，$d_j^+ d_j^- = 0$，$\left|d_j\right| = d_j^+ + d_j^-$。从数学意义上说，$d_j^+$ 和 d_j^- 分别表示超出目标和未达到目标的偏差，分别称为正偏差变量和负偏差变量。有的地方也将 d_j^+ 和 d_j^- 分别称为高预期成就和低预期成就，这里的成就即为目标。

根据定义，当实际值超过目标值时，有 $d_j^- = 0$，$d_j^+ > 0$；当实际值未达到目标值时，有 $d_j^- > 0$，$d_j^+ = 0$。当实际值与目标值一致时，有 $d_j^+ = 0$，$d_j^- = 0$。

基于以上定义，目标规划问题建模为

$$
\begin{aligned}
&\underset{x\in X, d^-, d^+}{\text{minimize}} \sum_{i=1}^{K}(d_i^+ + d_i^-) \\
&\text{s.t.}\ F_j(x) + d_j^+ - d_j^- = b_j,\ j = 1,2,\cdots,K \\
&d_j^+, d_j^- \geqslant 0,\ j = 1,2,\cdots,K \\
&d_j^+ d_j^- = 0,\ j = 1,2,\cdots,K
\end{aligned} \tag{4-9}
$$

在缺少其他信息的情况下，$b_j = f_j^{\text{o}}$，即目标为理想点。尽管目标规划的使用范围很广，但并不能保证其能够获得一个 Pareto 最优解。此外，目标规划引入了额外的变量和非线性等式约束，在问题规模较大时计算将更加复杂。

在这个基础上，后来出现了一些改进方法，如加权目标规划法、词典序目标规划法等。

在具有偏好先验信息的求解方法中，还有边界目标函数法以及物理规划等方法。

4.4.2　智能优化算法

传统优化方法在不能解决梯度信息或需要太多计算的问题方面存在困难，容易陷入局部最优解（Li，2003）。此外，在每个迭代步骤中只能找到一个单一的解决方案，并且解决方案的准确性主要取决于初始值的设置。智能优化算法不局限于问题的结构信息，可针对普通问题进行数值求解得到 Pareto 前沿（Konak et al.，2006）。本节重点介绍 NSGA，NSGA-Ⅱ以及多目标粒子群优化（multi-objective particle swarm optimization，MOPSO）算法，它们分别在遗传算法和粒子群优化算法的基础上进行不断改进而来。

1. NSGA、NSGA-Ⅱ

NSGA 是 Srinivas 和 Deb（1994）在“Muiltiobjective optimization using nondominated sorting in genetic algorithms”一文中提出的多目标算法。该算法在快速找到 Pareto 前沿和保持种群多样性方面有很好的效果。

NSGA 的主要思想是基于遗传算法，模拟达尔文进化论的自然选择和遗传学原理的生物进化构成计算模型，通过不断选择优良个体实现进化。其主要过程包括染色体的选择、交叉、变异。

在选择操作执行之前，种群根据个体之间的支配与非支配关系进行排序。

首先，找出该种群中的所有非支配个体，并赋予它们一个共享的虚拟适应度值。得到第一个非支配最优层。

其次，忽略这组已分层的个体，对种群中的其他个体继续按照支配与非支配关系进行分层，并赋予它们一个新的虚拟适应度值，该值要小于上一层的值，对剩下的个体继续进行上述操作，直到种群中的所有个体都被分层。

假定寻找最大化目标函数为 $F(x)=(F_1(x),F_2(x),\cdots,F_m(x))$，种群规模为 N。NSGA 的步骤如下。

步骤一：设 $i=1$。

步骤二：对于所有的 $j=1,2,\cdots,N$ 且 $j\neq i$，按照以上定义比较个体 x_i 和个体 x_j 之间的支配与非支配关系。

步骤三：如果不存在任何一个个体 x_j 优于 x_i，则将 x_i 标记为非支配个体。

步骤四：令 $i=i+1$，转到步骤二，直至找到所有的非支配个体。

通过上述步骤得到的非支配个体集是种群的第一级非支配层，然后，忽略这些已经标记的非支配个体（即这些个体不再进行下一轮比较），再遵循步骤一至步骤四，就会得到第二级非支配层。以此类推，直到整个种群被分层。

但 NSGA 在应用中出现以下问题。

（1）非支配排序的时间复杂度较高，为 $O(M\times N^3)$，其中 M 为目标函数的数量，N 为种群数量。

（2）缺少精英机制。

（3）需要自己指定共享参数。该参数将对种群的多样性产生很大的影响。

针对 NSGA 的缺陷，NSGA-Ⅱ算法在快速非支配排序、保留多样性等方面进行了改进，加入了精英策略（Deb et al.，2002）。

其主要步骤如下。

首先，随机产生规模为 N 的初始种群，非支配排序后通过遗传算法的选择、交叉、变异三个基本操作得到第一代子代种群。

其次，从第二代开始，将父代种群与子代种群合并，进行快速非支配排序，同时对每个非支配层中的个体进行拥挤度计算，根据非支配关系以及个体的拥挤度选取合适的个体组成新的父代种群。

最后，通过遗传算法的基本操作产生新的子代种群，以此类推，直到满足程序结束的条件。具体流程如图 4-1 所示。

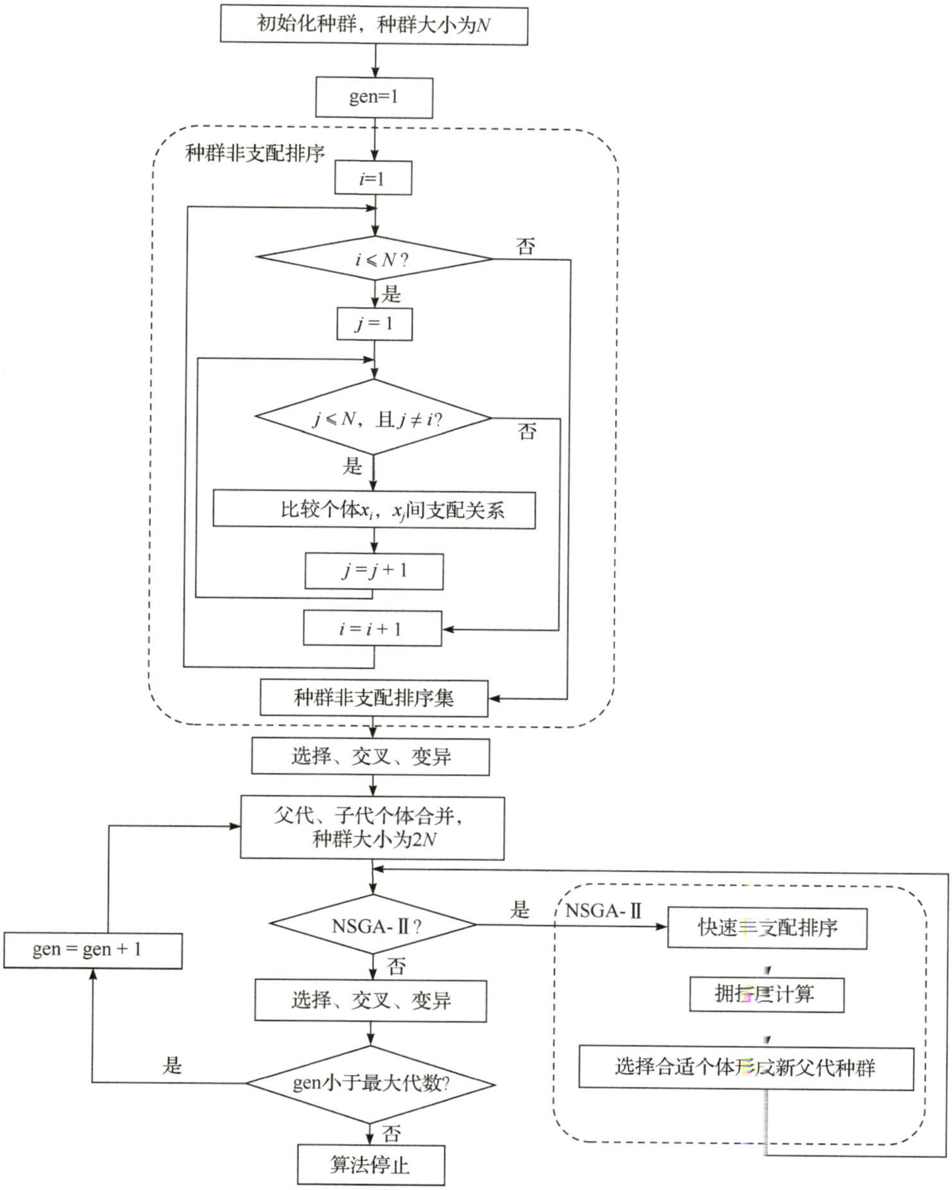

图 4-1　NSGA 与 NSGA-Ⅱ流程图

在 NSGA-Ⅱ的基础上，NSGA-Ⅲ引入参考点机制，对于那些非支配并且接近参考点的种群个体进行保留（Deb and Jain，2014）。NSGA-Ⅱ主要靠拥挤度进行排序，其在高维目标空间显然作用不太明显，而 NSGA-Ⅲ对拥挤度排序进行了大刀阔斧的改编，通过引入广泛分布参考点来维持种群的多样性。

2. 多目标粒子群优化算法

粒子群优化算法是通过模拟鸟群觅食行为而发展起来的一种基于群体协作的随机搜索算法（Marini and Walczak，2015）。通常认为它是群体智能的一种。一群鸟随机搜索食物，在这个区域中只有一块食物，所有的鸟都不知道食物具体在哪里，但它们知道当前的位置离食物还有多远，那么最简单有效的搜寻策略就是搜寻离食物最近的鸟的周围区域。多目标粒子群优化算法是由 Coello 等（2004）提出来的，目的是将原来只能用在单目标上的粒子群优化算法应用于多目标上。

假设在一个 D 维的搜索空间中，由 N 个粒子组成的种群 $X=(X_1,X_2,\cdots,X_n)$，其中第 i 个粒子表示一个 D 维的向量 $X_i=(x_{i1},x_{i2},\cdots,x_{in})^{\mathrm{T}}$，代表第 i 个粒子在 D 维搜索空间中的位置，亦代表问题的一个潜在解。根据目标函数即可计算出每个粒子位置对应的适应度值。粒子群优化算法在迭代中的速度更新方程和位置更新方程为

$$
\begin{aligned}
V_{\mathrm{id}}(t+1)=wV_{\mathrm{id}}+c_1\times\mathrm{rand}_1()(\mathrm{Pbest}_{\mathrm{id}}(t)-X_{\mathrm{id}}(t))\\
+c_2\times\mathrm{rand}_2()(\mathrm{Gbest}_{\mathrm{id}}(t)-X_{\mathrm{id}}(t))
\end{aligned}
\tag{4-10}
$$

$$
X_{\mathrm{id}}(t+1)=X_{\mathrm{id}}(t)+V_{\mathrm{id}}(t+1) \tag{4-11}
$$

其中，w 表示惯性权重；V 表示粒子速度；Pbest 表示个体极值；Gbest 表示种群极值；c_1 和 c_2 表示非负常数，称为加速度因子；rand 表示分布于[0,1]区间的随机数。与粒子群优化算法的框架一致，多目标粒子群优化算法只是根据多目标问题改进了粒子群优化算法中的个体最优（Pbest）和全局最优（Gbest）的选取方法。

（1）如何选择 Pbest。对于单目标优化来说，选择 Pbest，只需要对比一下就可以选择出哪个较优。但是对于多目标来说，两个粒子的对比，并不能对比出哪个好一些。如果粒子的每个目标都要好的话，则该粒子更优。若有些更好，有些更差的话，就无法严格地说哪个好一些、哪个差一些。

（2）如何选择 Gbest。对于单目标在种群中只有一个最优的个体，对于多目标来说，最优的个体有很多个。在粒子群优化算法中，每个粒子只能选择一个 Gbest。该如何选择呢?

多目标粒子群优化算法对于第一个问题的做法是，在不能严格对比出哪个好一些时随机选择其中一个作为历史最优。对于第二个问题，多目标粒子群优化算法则在最优集中（存档中）根据拥挤程度选择一个全局最优。尽量选择的是不那么密集位置的粒子，多目标粒子群优化算法在选择 Gbest 和对存档（Pareto 临时

最优断面）进行更新的时候应用了自适应网格法。

即多目标粒子群优化算法使用 Pareto 支配的概念来确定粒子的飞行方向，通过比较粒子间的支配关系，确定非支配个体并将其存入全局精英库中，再依据密度自适应网格估计法从全局精英库中选出全局最优解个体 Gbest 。同时，通过比较新旧代的种群个体间的支配关系，选出个体历史最优解 Pbest ，再通过式（4-10）和式（4-11）来不断更新粒子群的速度与位置。最终，多目标粒子群优化算法用尽可能少的计算资源，得到覆盖整个搜索空间、分布均匀且靠近真 Pareto 前沿的非劣解集。

3. 非支配排序粒子群优化算法

非支配排序粒子群优化（nondominated sorting particle swarm optimization，NSPSO）算法是一种流行的基于进化论的智能优化算法，通过引入精英策略的非支配排序概念扩展了粒子群优化算法的初级形式，在解决多目标问题方面表现出优异的性能（Li，2003）。非支配排序粒子群优化算法将传统粒子群优化算法融入进化算法中，利用全局优化和个体优化的思想快速搜索可行的 Pareto 解。与粒子群优化算法不同，非支配排序粒子群优化算法不对某个粒子的个体最好成绩和它的后代进行单一比较，而是比较所有粒子的个体最好成绩和它们在整个种群中的后代。通过非支配排序将整个种群划分为不同的等级，发现额外的非支配关系，以推动群体种群向 Pareto 最优前沿发展。

非支配排序粒子群优化算法采用了 NSGA-Ⅱ（Deb，2011）中使用的非支配排序概念，其中整个种群被分类到各种非支配级别，方便在更好的前沿选择个体。为了保持种群多样性，非支配排序粒子群优化算法使用了应用广泛的生态位法（Horn et al.，1994），以及 NSGA-Ⅱ（Deb et al.，2000）采用的拥挤距离分配。

非支配排序粒子群优化算法可以概括为以下步骤。

步骤一：初始化种群并将种群存储在列表 PSOList 中，种群大小为 numParticles，最大进化代数为 maxIteration。

（1）第 i 个粒子的当前位置 X_i 及其当前速度 V_i，在指定的决策变量范围内用随机实数初始化；V_i 在不同方向的概率为 0.5；个体最佳位置 P_i 取粒子当前位置 X_i。

（2）评估种群中的每个粒子；迭代计数器 $t=1$，开始迭代后 $t=t+1$。

步骤二：识别在种群中给出非支配解的粒子，并将它们存储在列表 nonDomPSOList 中。

步骤三：计算生态位计数，或每个粒子的拥挤距离值，对 nonDomPSOList 进行排序。

步骤四：For($i=0$; $i<$ numParticles; $i=i+1$)。

（1）从已排序的 nonDomPSOList 的指定顶部（如前 5%）为第 i 个粒子随机选择一个全局最佳 P_{g}。

（2）根据式（4-10）计算新的速度 V_i，根据式（4-11）计算新的位置 X_i。

（3）将第 i 个粒子的 P_i 和新的 X_i 添加到临时种群 nextPopList 中。P_i 和 X_i 共存。另请注意，nextPopList 现在的大小为 $2N$。

（4）转到（1）如果 $i <$ numParticles。

步骤五：从 nextPopList 中识别给出非支配解的粒子，并将它们存储在 nonDomPSOList 中。来自 nextPopList 的非支配粒子以外的粒子存储在列表 nextPopListRest 中。

步骤六：为下一个迭代步骤清空 PSOList。

步骤七：随机选择 nonDomPSOList 的成员并将它们添加到 PSOList（不超过 numParticles）。

步骤八：如果 PSOList 的粒子数量 PSOListSize < numParticles，则循环。

（1）从 nextPopListRest 中识别出非支配粒子，并且将它们存储在 nextNonDomList 中。

（2）如果这时仍然 PSOListSize < numParticles，将 nextNonDomList 的粒子添加到 PSOList。并且，将 nextPopListRest 中的粒子复制到 nextPopListRestCopy，再清空 nextPopListRest。

（3）将 nextPopListRestCopy 中非支配粒子外的剩余粒子分配给空的 nextPopListRest。

（4）回到（1），如果仍然是 PSOListSize < numParticles。

步骤九：如果 $t <$ maxIterations，转到步骤二。

步骤十：从最终种群中获取 Q，并计算性能指标值。

具体流程如图 4-2 所示。

人工智能发展迅猛，智能算法也快速更迭，求解效率和准确性进一步提高。算法的发展体现为出现新的或混合的多目标优化算法，或对智能优化算法进行策略改进。多目标灰狼算法（multi-objective grey wolf optimizer）由米尔贾利利（Mirjalili）于 2016 年提出来模拟自然界中灰狼的搜索和狩猎行为（Mirjalili et al.，2016）。类似的还有多目标海洋捕食者算法（multi-objective marine predator algorithm）（Abdel-Basset et al.，2021）等。动态多目标进化算法（dynamic multi-objective optimization evolutionary algorithm）必须及时跟踪环境变化（马永杰等，2020），以提供多样性的解集来获取最新随时间变化的近似 Pareto 最优前沿。Zheng 等（2023）提出了一种基于调整参考向量预测种群的动态多目标进化算法。此外，应用强化学习等智能优化算法求解多目标问题是最新的算法之一，如多目标近

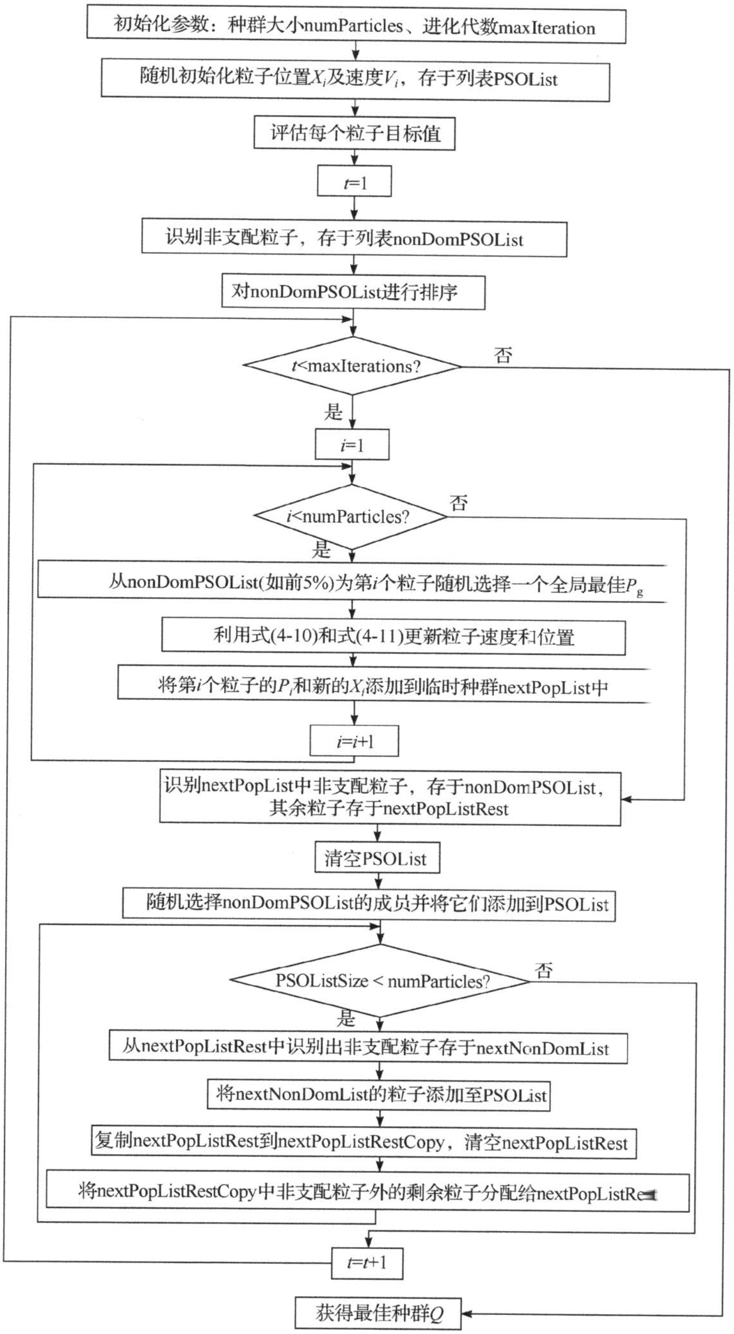

图 4-2　非支配排序粒子群优化算法流程图

端策略优化（multi-objective proximal policy optimization，MO-PPO）算法（Chen et al.，2022）等。尽管机器学习通常需要大量的数据和长时间的参数训练，但它可以显著提升解决方案的性能，为复杂决策问题提供更高效和灵活的解决方案。

4.4.3　求解平台及求解器

基于多目标传统优化和智能优化算法思想，研究者使用 MATLAB、广义代数建模系统（General Algebraic Modeling Systems，GAMS）、Python 软件和语言编写程序或调用工具箱求解多目标问题。在 MATLAB 优化工具箱中，支持直接调用求解多目标优化问题的内置函数有 fgoalattain、fminimax 等，以及内部封装了 NSGA-Ⅱ算法的 galmultiobj 函数等。目前大多数的数学规划求解器都提供 MATLAB 等软件接口。通过 Yalmip 建模工具可在 MATLAB 中调用支持多目标优化的 Gurobi 等求解器进行求解，具有语法简单、方便易用的特点，无须学习求解器的应用程序编程接口（application programming interface，API）文档，切换不同的求解器仅需配置一个参数，同时发挥 MATLAB 等软件或语言在科学计算领域的优势。同样，Python 也有很多支持多目标求解的函数包和模块，如支持多目标遗传算法的工具箱 geatpy 等。

除了直接调用求解外，在实际求解中使用加权法等传统优化算法将多目标转化为单目标后，可使用 MATLAB 中的 linprog、fminbnd 等函数求解单目标线性规划等问题。或选择使用 GAMS 调用内部的高级求解器，如非线性求解器 CONOPT 等。GAMS 是一种用于数学规划和优化的高级建模系统，是世界银行与美国 GAMS 公司在 20 世纪 90 年代初开发的一种旨在建立和求解大型复杂数学规划问题的高级计算机软件。它由语言编译器和稳定的集成高性能求解器组成，专门用于建模线性、非线性和混合整数优化问题。

近年，PlatEMO 等优化算法平台兴起。PlatEMO 是安徽大学生物智能与知识发现研究所开发的基于 MATLAB 的多目标优化平台，完全由 MATLAB 开发，不需要任何其他库；包括现有的大量流行的开源多目标进化算法，如遗传算法、差分进化、粒子群优化算法、模因算法、分布估计算法和基于代理模型的算法等。其中大多数是 2010 年以后在顶级期刊上发表的代表性算法。此外，PlatEMO 有强大的图形用户界面，不用编辑任何代码即可显示各种图形，包括优化结果的 Pareto 前沿等，也可以直接生成 Excel 或者 LaTex。

4.5　中国输电线路布局多目标优化

输电是连接能源开发和最终利用的中间环节，可以连接各类电源和用户，实现各类能源的集约开发和高效利用。我国能源资源和用电负荷呈现反向分布，存在东西部能源供需严重失衡问题（Li et al.，2020）。利用电网进行能源传输是解决这种问题的有效手段。若各区域输电线路建设不足、风电等新能源的消纳跟不上，将造成风电等资源的浪费，无法实现安全、优质、可靠供电，地区经济发展和开发建设受到制约。若输电线路过度建设，将增加投资成本和建造成本，并可能导致输电损失。同时，过多的输电线路也会给周围环境带来影响，如土地资源的浪费等。输电主干线路规划可以在获得电力系统可行、可靠、经济运行的条件下，以最小成本来选择跨区域电力系统的新建输电线路的容量、位置和时机（Guerra et al.，2016）。考虑到电力传输的稳定性、输电线路运行的安全性以及可再生能源整合增加的发电侧和电网侧的不确定性，可再生能源并网的输电线路布局优化问题是一个具有多因素的复杂问题,需要在多个目标之间进行权衡并做出最优决策。

4.5.1　模型构建

考虑到可再生能源发展对输电网络布局及稳定性的影响，本节构建了多目标优化模型，以解决中国中长期输电主干网络规划问题。并应用 4.1.1 节中的加权法将所提出的模型转化为混合整数非线性单目标模型进行求解。充分考虑了输电主干网 11 种输电技术在成本、经济传输距离上的差异，并基于停电事故与事故发生频率间符合自组织临界理论的关系，刻画了元器件故障、极端天气和自然灾害等事故对电力输送造成的损失，克服了无法从宏观层面对输电网安全性因素建模的困难。此外，还考虑了可再生电力大规模并网过程对电网的冲击，提供了多种储能、需求响应的组合方案下的主干输电线路布局方案。

1. 模型假设

本章提出的输电主干线路布局优化模型，基于以下几点假设。

（1）根据中国六大电网公司覆盖区域，将全国划分为六大区域，分别为华北（N，North）、华东（E，East）、华中（C，Central）、东北（NE，Northeast）、西北（NW，Northwest）、华南（S，South）。

（2）根据历史数据可知，中国已建成投运的跨区域输电主干线路平均建设周期为 3 年，因此模型的规划期以 3 年为 1 期。

（3）模型重在讨论跨区域的主干线路建设，因此，同一区域内省际电力传输暂不考虑。

2. 目标函数

1）可再生电力上网电量最大

中国可再生资源禀赋和负荷中心呈现显著的逆向分布，特高压输电网作为区域间大规模可再生电力的唯一可行载体，是解决能源资源和负荷分布不均衡的根本之策。因此，区域间主干线路建设的重要目标就是最大化可再生能源上网电量，以促进资源丰富区可再生能源的消纳以及实现电力负荷区的清洁消费结构。

$$\max f_1=\sum_{t\in T}\sum_{k\in K}\sum_{i\in k}\sum_{j\in J_{\mathrm{re}}}(1-\partial_{k,i,j,t})M_{k,i,j,t}h_{k,i,j,t} \tag{4-12}$$

其中，$1-\partial_{k,i,j,t}$ 表示 k 区域 i 省 j 发电电源第 t 年上网率；$M_{k,i,j,t}h_{k,i,j,t}$ 表示 k 区域 i 省 j 发电电源第 t 年的总发电量。

累计装机容量 $M_{k,i,j,t}$ 考虑各发电电源装机设备的退役，火电按照固定年退役率 κ 退役，其余发电电源基于寿命期确定各年退役量，计算公式为

$$M_{k,i,j,t}=\begin{cases}M_{k,i,j,t-1}(1-\kappa)+X_{k,i,j,t},\ j=1\\ M_{k,i,j,t-1}+X_{k,i,j,t}-y_{k,i,j,t},\ \ j=2,3,4,5,6\end{cases} \tag{4-13}$$

其中，$X_{k,i,j,t}$ 表示 k 区域 i 省 j 发电电源第 t 年新增装机容量，是模型的决策变量。

2）总成本最小

总成本最小是投资活动首要考虑的目标。模型确定最优的电力生产、输电线路布局、需求响应容量以及储能容量，总成本由发电成本、输电主干线路建设投资成本和运行维护成本、需求响应成本、储能成本和环境成本构成。

$$\min f_2=\sum_{t\in T}\left(\mathrm{GC}_t+\mathrm{IC}_t+\mathrm{MC}_t+\mathrm{DC}_t+\mathrm{SC}_t+\mathrm{EC}_t\right)/(1+\mathrm{nr})^{3t} \tag{4-14}$$

其中，nr 表示无风险利率。

（1）发电成本。各发电电源的平准化电力成本 $a_{j,t}$ 用以表征其生命周期内单位电量上的所有成本，结合发电量得到考虑资金时间价值与固定资产折旧的总发电成本。

$$\mathrm{GC}_t=\sum_{k\in K}\sum_{i\in k}\sum_{j\in J}M_{k,i,j,t}h_{k,i,j,t}a_{j,t} \tag{4-15}$$

其中，$a_{j,t}$ 表示 j 发电电源第 t 年的平准化电力成本，现有研究表明，发电技术的发展过程符合学习曲线的规律，即随着技术的逐渐成熟，相关成本将逐渐降低（Handayani et al.，2019）。因此，各发电技术的电力成本均假设遵循式（4-16）所示的学习曲线，以体现技术发展的学习效应（Yi et al.，2016）。

$$a_{j,t}=a_{j,t_0}\left(\sum_{k\in K}\sum_{i\in k}M_{k,i,j,t}\Big/\sum_{k\in K}\sum_{i\in k}M_{k,i,j,t_0}\right)^{-b_j} \tag{4-16}$$

$$\mathrm{Lr}_j=1-2^{-b_j} \tag{4-17}$$

其中，Lr_j 表示发电电源 j 的度电成本学习率；b_j 表示进步率。

（2）输电主干线路建设投资成本和运行维护成本。输电主干线路建设投资成本分为两部分，分别是换流站建设导致的固定投资成本和与输电距离（$d_{k,k'}$）、输送容量（v_l）相关的变动投资成本。运行维护成本则包括运行时的线损成本、电晕功率损耗成本以及人工费用等，按总投资成本的比例 λ 核算计入总成本中。

$$\mathrm{IC}_t = \sum_{t'=t+1-\mathrm{TR}}^{t} \sum_{k\in K} \sum_{k'\in K} \sum_{l\in L} \left[\left(c_{l,t} + e_{l,t} d_{k,k'} v_l\right) Z_{k,k',l,t}\right] \left[r(1-r)^{\mathrm{TR}} / \left((1+r)^{\mathrm{TR}} - 1\right)\right] \tag{4-18}$$

$$\mathrm{MC}_t = \lambda \cdot \mathrm{IC}_t \tag{4-19}$$

其中，$Z_{k,k',l,t}$ 表示 k 区域和 k' 区域间 l 输电技术的第 t 年线路建设条数，由实际传输容量除以额定容量再向上取整得到，即 $Z_{k,k',l,t} = \left\lceil V_{k,k',l,t} / v_l \right\rceil$，其中 $V_{k,k',l,t}$ 为模型的决策变量，表示 k' 区域到 k 区域采用 l 输电技术的第 t 年实际传输容量。TR 为输电线路的使用寿命。

同样地，输电主干线路的单位固定建设投资成本 $c_{l,t}$ 和单位距离投资成本 $e_{l,t}$ 遵循与发电装机投资成本类似的学习曲线规律。

$$c_{l,t} = c_{l,t_0} \left(\sum_{k\in K} \sum_{k'\in K} N_{k,k',l,t} / \sum_{k\in K} \sum_{k'\in K} N_{k,k',l,t_0} \right)^{-b_l} \tag{4-20}$$

$$e_{l,t} = e_{l,t_0} \left(\sum_{k\in K} \sum_{k'\in K} N_{k,k',l,t} / \sum_{k\in K} \sum_{k'\in K} N_{k,k',l,t_0} \right)^{-b_l} \tag{4-21}$$

$$N_{k,k',l,t} = N_{k,k',l,t-1} + v_l \cdot Z_{k,k',l,t} \tag{4-22}$$

$$\mathrm{Lr}_l = 1 - 2^{-b_l} \tag{4-23}$$

其中，$N_{k,k',l,t}$ 表示 l 输电技术的累计传输容量；N_{k,k',l,t_0} 表示基期的累计传输容量。

（3）需求响应成本。需求侧响应是指通过减少或者延迟需求侧的电力负荷来实现供需平衡。这不仅能够降低电力系统的峰值负荷，而且能够提高系统的调节能力，促进可再生能源发电并网（Zhang et al.，2016）。因此，模型考虑需求响应的实施，相应的建设成本为

$$\mathrm{DC}_t = \sum_{k\in K} O_{k,t} \tau + \sum_{k\in K} \delta \cdot O_{k,t}\, \mathrm{HD} \tag{4-24}$$

其中，$O_{k,t}$ 表示 k 区域第 t 年的需求响应容量，为模型决策变量；$O_{k,t}\tau$ 表示 k 区域第 t 年的容量成本；$\delta \cdot O_{k,t}\,\mathrm{HD}$ 表示 k 区域的需求响应电量成本；HD 表示需求响应的年运行时间。

（4）储能成本。储能设备可以有效平衡可再生能源的波动性，确保供电可靠性和电力系统灵活性（Li et al.，2020），因此，储能技术与可再生能源发电的结合，是实现未来可再生能源大规模应用的重要手段。模型考虑的储能技术应用的建设和运行成本为

$$\mathrm{SC}_t = \sum_{k\in K} \sum_{i\in k} f_t \cdot G_{k,i,t}\, \mathrm{HS} \tag{4-25}$$

其中，$\sum_{k\in K} \sum_{i\in k} f_t \cdot G_{k,i,t}\,\mathrm{HS}$ 表示第 t 年电力部门总的储能损失电量成本；f_t 表示第 t 年储能单位损失电量的成本；$G_{k,i,t}$ 表示 k 区域 i 省第 t 年储能容量，为模型决策变

量；HS 表示储能年运行小时数。

（5）环境成本。为全面反映电力部门的环境成本，模型既考虑了碳排放成本，又考虑了各发电电源的非碳外部成本。

$$\mathrm{EC}_t=\sum_{k\in K}\sum_{i\in k}M_{k,i,j,t}h_{k,i,j,t}\,\mathrm{ex}_j+\sum_{k\in K}\sum_{i\in k}\sum_{j=1}\left(M_{k,i,j,t}h_{k,i,j,t}\eta-M_{k,i,j,t-1}h_{k,i,j,t-1}\gamma\right)\cdot\mathrm{ec}_t \quad (4\text{-}26)$$

其中，$\sum_{k\in K}\sum_{i\in k}M_{k,i,j,t}h_{k,i,j,t}\,\mathrm{ex}_j$ 表示第 t 年电力部门总的非碳外部成本；$\sum_{k\in K}\sum_{i\in k}\sum_{j=1}\left(M_{k,i,j,t}h_{k,i,j,t}\eta-M_{k,i,j,t-1}h_{k,i,j,t-1}\gamma\right)\cdot\mathrm{ec}_t$ 表示第 t 年电力部门超过免费碳配额部分所要支付的碳排放成本；γ 表示电力部门免费碳配额的配额系数，该系数表达了免费配额的比例，由发电量比例与供电基准值和机组冷却方式修正系数的乘积得到。

3. 约束条件

1）电力供需约束

提供安全稳定的电力供应，切实保障电力需求是主干输电线路建设的重要目标。在主干输电线路布局优化中，各区域可供消费电量不能小于其所需电量，实际所需电量为电力需求 $\sum_{i\in k}\mathrm{ed}_{k,i,t}$ 加上储能损失电量 $\sum_{i\in k}G_{k,i,t}\,\mathrm{HS}\cdot(1-\phi)$ 减去需求响应导致的削减电量 $O_{k,t}\,\mathrm{HD}$，而可供消费电量则由其自发电量 $\sum_{i\in k}\sum_{j\in J}M_{k,i,j,t}h_{k,i,j,t}$ 加上考虑了停电事故损失和传输线损的区域传入电量 $\sum_{k'\in K}^{k'\neq k}\sum_{l\in L}\mathrm{PT}_{k',k,l,t}(1-w_{k',k})(1-\alpha_l d_{k,k'})$ 再减去传出电量 $\sum_{k'\in K}^{k'\neq k}\sum_{l\in L}\mathrm{PT}_{k',k,l,t}$ 得到。

$$\begin{aligned}&\sum_{i\in k}\sum_{j\in J}M_{k,i,j,t}h_{k,i,j,t}+\sum_{k'\in K}^{k'\neq k}\sum_{l\in L}(\mathrm{PT}_{k',k,l,t}(1-w_{k',k})(1-\alpha_l d_{k,k'})-\mathrm{PT}_{k,k',l,t})\\&\geqslant\sum_{i\in k}(\mathrm{ed}_{k,i,t}+G_{k,i,t}\,\mathrm{HS}\cdot(1-\phi)-O_{k,t}\,\mathrm{HD})\end{aligned} \quad (4\text{-}27)$$

其中，区域 k 与区域 k' 间的传输电量 $\mathrm{PT}_{k,k',l,t}=\sum_{t=1}^{t}(V_{k,k',l,t})\cdot\mathrm{HT}+\mathrm{PT}_{k,k',l,t_0}$；$\mathrm{ed}_{k,i,t}$ 表示 k 区域 i 省第 t 年的电力需求。

2）峰值负荷约束

峰值负荷体现了电力系统用电负载最大时所需的功率输出，备用容量用以平衡电力生产和用电负荷的不均衡性来提供可靠的电力供应。因此，区域可用的总装机容量 $\sum_{i\in k}M_{k,i,j,t}$ 加上区域间调入容量 $\sum_{k'\in K}^{k'\neq k}\sum_{l\in L}\mathrm{VT}_{k',k,l,t}(1-w_{k',k})(1-\alpha_l d_{k,k'})$ 减去

调出容量 $\sum_{k'\in K}^{k'\neq k}\sum_{l\in L}\mathrm{VT}_{k,k',l,t}$ 加上储能容量 $\sum_{i\in k}G_{k,i,t}$ 不应小于需求响应削减后的负荷与必要的备用容量之和 $(1+\sigma)(pl_{k,t}-O_{k,t})$。

$$\begin{aligned}&\sum_{i\in k}M_{k,i,j,t}+\sum_{k'\in K}^{k'\neq k}\sum_{l\in L}(\mathrm{VT}_{k',k,l,t}(1-w_{k',k})(1-\alpha_l d_{k,k'})\\&-\mathrm{VT}_{k,k',l,t})+\sum_{i\in k}G_{k,i,t}\geqslant(1+\sigma)(pl_{k,t}-O_{k,t})\end{aligned}\tag{4-28}$$

其中，区域 k 与区域 k' 间的传输容量 $\mathrm{VT}_{k,k',l,t}=\sum_{t=1}^{t}(V_{k,k',l,t})+\mathrm{VT}_{k,k',l,t_0}$。

3）电网稳定性约束

输电网系统发生故障会导致部分电力无法传输，因此电力传输的损失量体现了输电网和输电技术的可靠性，本模型基于自组织临界理论，将停电事故对电力系统造成的电量损失作为可靠性指标考虑进模型中，为了保证电网稳定性，以基期停电事故造成的输电损失电量占全国电力需求的占比为损失电量占比下限，假设未来全国停电事故造成的电力损失电量占比不高于该占比。

$$\sum_{k'\in K}^{k'\neq k}\sum_{l\in L}\mathrm{PT}_{k',k,l,t}(1-w_{k',k})\Big/\sum_{k\in K}\sum_{i\in k}\mathrm{ed}_{k,i,t}\leqslant\theta\tag{4-29}$$

4）输送容量利用率约束

由于负荷预测偏高、市场供需变化较大、工程建设与电源发展不协调等问题，输电线路投运后最大输电功率通常无法额定容量（国家能源局，2018），因此实际应用中输送容量利用率会小于 100%。为了推动主干线路建设利用并促进配套可再生电源发展，同时输送容量利用率需大于下限值 β。

$$\beta\leqslant V_{k',k,l,t}\big/Z_{k,k',l,t}v_l\leqslant 1\tag{4-30}$$

其中，$V_{k',k,l,t}\big/Z_{k,k',l,t}v_l$ 表示传输容量利用率，即主干输电线路的年度总输送容量与线路额定输送容量的比值。

5）输电技术选择的距离约束

各电压等级的直流输电技术均有其适用的输电距离范围，当输电距离在经济范围以内，线损率均在合理水平以内，如在相距 2500 千米以上（如西北—华东）的区域间建设 ±500 千伏的输电线路工程，线损率会达到特高压 800 千伏直流技术的两倍以上，超高的电力损失使得经济性会大打折扣。因此，根据已建成线路工程和相关资料，将各输电技术的输电距离限制在一定范围内。

$$V_{k',k,l,t}d_l^{\min}\leqslant V_{k',k,l,t}d_{k,k'}\leqslant V_{k',k,l,t}d_l^{\max}\tag{4-31}$$

其中，$d_l^{\min}$、$d_l^{\max}$ 分别表示输电技术 l 的经济距离下限、上限。

6）电力输送方向约束

考虑到我国各区域在能源资源分布和经济发展水平的差异，认为当电力传输方向确定后，不应有电力的回流。例如，当建成一条由西北将电力传输至华东的输电线路工程后，不应出现电力从华东区域反向传输给西北区域的现象，如此亦不符合实际。因此，设立电力传输方向约束。

$$V_{k',k,l,t}V_{k,k',l,t}=0 \tag{4-32}$$

7）传入电力占比约束

主干输电线路的建设将促进区域间的电力传输，尤其是能帮助高电力需求区域更多地使用资源丰富地区传来的电力，因此假定各区域从其他区域传入电力在总电力需求中的占比不低于基期的比例，体现区域间日益丰富的电力交流。

$$\sum_{k\in K}\sum_{k'\in K}\sum_{l\in L}\mathrm{PT}_{k',k,l,t}(1-w_{k',k})(1-\alpha_l d_{k,k'})/\sum_{i\in k}\mathrm{ed}_{k,i,t}\geqslant\rho_k \tag{4-33}$$

8）区域发电资源潜力约束

煤电和天然气电由于其燃料易于存储和运输，发电厂的选址不受资源限制。而可再生能源因其原始状态不能存储和运输，必须转化为电力。可再生能源虽然是可持续和能再生的，但受制于气候、地理以及技术等条件，其开发潜力仍是有限的。因此，可再生能源累计在役装机容量应小于其可开发的资源潜力上限。

$$M_{k,i,j,t}\leqslant U_{k,i,j,t}\quad ,\quad j=2,3,4,5,6 \tag{4-34}$$

其中，$U_{k,i,j,t}$ 表示 k 区域 i 省 j 发电电源第 t 年的最大可开发装机容量。其数值应用技术扩散模型确定。

此外，核电站的选址受到地理位置、人口密度、水资源量的限制。中国现有核电站分布在辽宁、山东、江苏、浙江、福建、广东、广西、海南八个省区，根据《我国核电发展规划研究》，部分内陆省份已有明确的核电开发规划，即具备核电开发潜力，但“十四五”期间沿海地区仍作为核电重点区域优先布局，且核电厂建设周期平均为 6.88 年（WNA，2017），基于此假设在 2030 年后吉林、安徽、江西、河南、湖南、湖北、重庆、四川、青海等地核电具备建成投产的能力。

9）火电装机增速约束

为了实现电力部门低碳转型，火电累计装机容量增速逐步放缓，受严控煤电发展规模等政策影响，设置火电累计装机容量增速小于上限值 $q_{k,i}$。

$$M_{k,i,1,t}\leqslant q_{k,i}M_{k,i,1,t-1} \tag{4-35}$$

10）非化石能源发电量占比约束

由化石能源发电主导转为清洁的可再生能源发电主导是未来发电结构优化的方向。未来主干输电线路将传输更多非化石电力，其优化布局也需要考虑发电量结构的变化。因此，根据非化石能源发电量最低比例（国家发展改革委和国家能源局，2016），设置占比下限约束：

$$\left(\sum_{j=2}^{6} M_{k,i,j,t} h_{k,i,j,t}\right) \Big/ \left(\sum_{j \in J} M_{k,i,j,t} h_{k,i,j,t}\right) \geqslant \mu_t \tag{4-36}$$

11）储能约束

由于可再生能源的波动性，电力系统需要配备储能来保证电力系统供应可靠性和灵活性（Li et al.，2020），而在风光储联合发电站规划中已经提出了储能系统配置比例下限（中华人民共和国住房和城乡建设部，2021）。因此对储能容量的占比下限进行设置，同时当储能装机过多会导致边际效益递减，故对储能配比上下限进行设置。

$$G_{k,i,t} \geqslant \varphi_{\mathrm{L}} \left(M_{k,i,4,t} + M_{k,i,5,t}\right) \tag{4-37}$$

$$G_{k,i,t} \leqslant \varphi_{\mathrm{H}} \left(M_{k,i,4,t} + M_{k,i,5,t}\right) \tag{4-38}$$

其中，φ_{L}、φ_{H} 分别表示储能技术占比的下限、上限。

12）需求响应容量约束

受到智能电网、政策规划、市场环境等因素的影响，需求响应的能力不应大于某一上限值，否则不仅不符合实际发展速度，反而还会对电网造成可靠性风险，故对需求响应能力设置上限和下限约束。

$$\sum_{k \in K} O_{k,t} \geqslant \varepsilon_{\mathrm{L}}\, \mathrm{PL}_{k,t} \tag{4-39}$$

$$\sum_{k \in K} O_{k,t} \leqslant \varepsilon_{\mathrm{H}}\, \mathrm{PL}_{k,t} \tag{4-40}$$

其中，ε_{L}、ε_{H} 分别表示需求响应的调峰比例的下限、上限。

13）传输电量约束

传输电量都来自各区域的自发电量，因此每个区域向外传出的电量不能大于本地的发电量。

$$\sum_{k' \in K} V_{k,k',l,t}\, \mathrm{HT} \leqslant \sum_{i \in k} \sum_{j \in J} M_{k,i,j,t} h_{k,i,j,t} \tag{4-41}$$

14）决策变量非负约束

$$\begin{gathered} M_{k,i,j,t}, V_{k',k,l,t}, N_{k,k',l,t}, Z_{k,k',l,t}, G_{k,i,t}, O_{k,i,t}, \mathrm{VT}_{k',k,l,t}, \mathrm{PT}_{k,k',l,t} \geqslant 0 \\ k \in K, i \in I, j \in J, t \in T \end{gathered} \tag{4-42}$$

4.5.2　参数设置及情景设置

1. 参数设置

具体的输电技术的参数，包括输电投资成本、线损率、输送容量和学习率等，等效输电小时数参考 Guo 等（2016），利用效率不超过 60%现象普遍存在，因此将输送容量利用率中的下限设置为 70%。输电运维成本按照投资成本比例计算，具体数值参考 Yi 等（2016）。具体的发电电源的参数包括发电度电成本（LCOE）、寿命期、学习率等，具体参考 Yu 等（2022）。

模型基期为 2018 年，规划期为 2018～2039 年，每 3 年为一个规划期，采用 5%的贴现率和 2%的无风险利率（Yi et al.，2016）。《能源生产和消费革命战略（2016—2030）》中设定 2030 年非化石能源发电量力争 50%，根据该目标，中间年份按照比例法和插值法确定，未来的碳价根据 Slater 等（2018）采取插值法和拟合的方式得到，规划期内储能的单位成本由 He 等（2019）中的基期值和 Li 等（2020）中的未来削减率计算得出。电力需求和电力负荷参考 Yu 等（2022），其他具体参数值设置和提出模型的依据或来源均参考 Yu 等（2022）。

2. 情景设置

主干输电线路布局优化首要目标是能满足区域电力需求。为了进一步探讨电力需求、储能和需求侧响应对主干输电线路布局优化的影响，模型针对这三个因素分别设置了三个情景。区域地区生产总值增长速度是影响其电力需求的重要因素（von Hirschhausen and Andres，2000），基于各省区市地区生产总值增速设置形成高、中、低三个电力需求情景，具体设置见 Yu 等（2022）。《电力需求侧管理办法（修订版）》中提到，“逐步形成占年度最大用电负荷 3%左右的需求侧机动调峰能力”，在此基础上进一步设置占比 1%和 5%的不同需求侧响应容量情景。《风光储联合发电站设计规范（征求意见稿）》提出“储能系统配置的额定功率不宜小于风力发电、光伏发电安装总功率的 10%”，此基础上进一步设置配比 5%和 15%的不同储能容量情景。因此，在全排列组合下总共形成 27 个情景，最终选取 7 个代表性情景进行分析，具体见表 4-3。

表 4-3 情景设置

情景	地区生产总值增速	需求响应与峰值负荷最小比值	储能容量与风、光发电容量的最小比值
BAU	中	3%	10%
H-TB	高	5%	15%
H-TS	高	5%	5%
H-LB	高	1%	15%
L-LS	低	1%	5%
L-TS	低	5%	5%
L-LB	低	1%	15%

注：BAU（Business as usual，一切照旧）；其余情景的 3 个字母中，第一个 H 和 L 分别代表 high GDP growth rate（高地区生产总值增速）和 low GDP growth rate（低地区生产总值增速）；第二个 T 和 L 分别代表 tall peak load adjustment ratio of demand response（高需求响应与峰值负荷最小比值）和 low peak load adjustment ratio of demand response（低需求响应与峰值负荷最小比值）；第三个 B 和 S 分别代表 big share of energy storage capacity in total capacity of wind and solar power（高储能容量与风、光容量的最小比值）和 small share of energy storage capacity in total capacity of wind and solar power（低储能容量与风、光容量的最小比值）

4.6　结果和分析

4.6.1　模型求解

模型所有的计算均基于 GAMS 25.1 平台，通过加权求和法将所提出的模型转化为混合整数非线性单目标模型。此外，使用了归一化处理消除两个目标的量纲影响。离散连续优化器（discrete continuous optimiser，DICOPT）被选择用于解决转换后的混合整数非线性规划（mixed integer nonlinear programming，MINLP）问题，在指定求解类型后，CPLEX 和 CONOPT 分别用来解决混合整数规划（mixed integer programming，MIP）和非线性规划（nonlinear programming，NLP）子问题，CONOPT 是解决大型非线性问题快速有效的算法（Yi et al.，2016），而 CPLEX 则能够有效地解决混合整数规划问题（Chen et al.，2020）。

对两个目标分别赋予权重 ω_1 和 ω_2，考虑 0 和 1 之间的取值，步长为 0.025，得到 41 组权重组合和对应的 41 组解。相应目标值如图 4-3 所示。每个权重组合下得到的解都是最优解，形成的 Pareto 曲线表明两个目标间展现出显著的矛盾性。

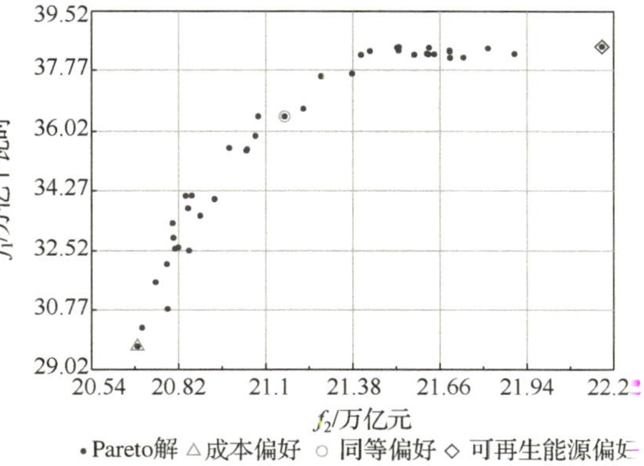

图 4-3　不同权重组合下的对应解

f_1 和 f_2 分别表示可再生上网电量最大和总成本最小两个优化目标

4.6.2　输电线路优化布局

选取 BAU 情景下的中国输电主干线路布局优化结果作进一步分析。优化后，2018～2039 年，中国输电主干线路共新建 27 条，如图 4-4 所示。线路建设集中在 2036～2039 年，新建线路数量最多为 6 条，占规划期内总新建条数的 22%。规划期内新增 800 千伏（10 兆瓦）的输电线路条数最多为 8 条，自 2033

年开始，西北成为主要的电力外输区域，NW→E 和 NW→N 的输电容量分别增长 265%和 209%。华中地区则作为重要的电力枢纽，接收华北、西北等区域的电力，并外传至高负荷的华东，N→C 和 C→E 的输电容量分别增长 160%和 200%。

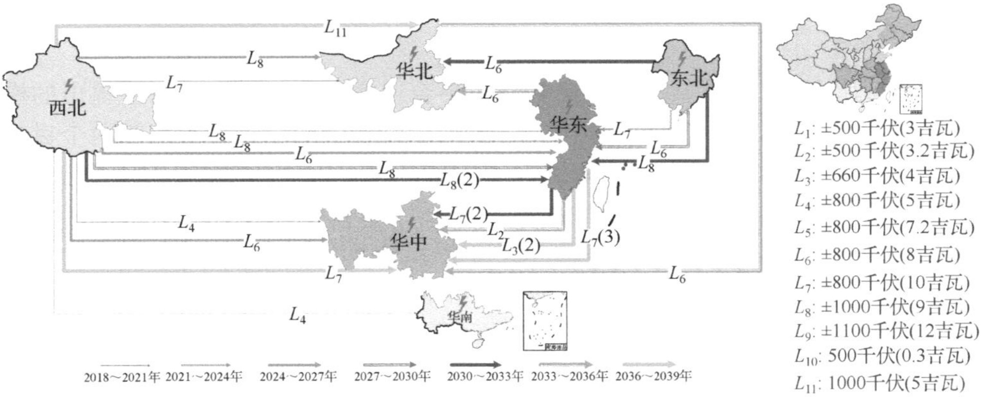

图 4-4　2018～2039 年新建输电线路（BAU）（见彩图）

香港、澳门、台湾资料暂缺，数字下标表示不同输电技术类别，括号中数字表示线路条数

4.6.3　新建线路数量及容量

如图 4-5（a）所示。在 H-LB 情景下，电力需求高、储能容量配比高，而需求响应配比低，使得发电或中转区域必须加强输电线路建设，提高传输能力。在

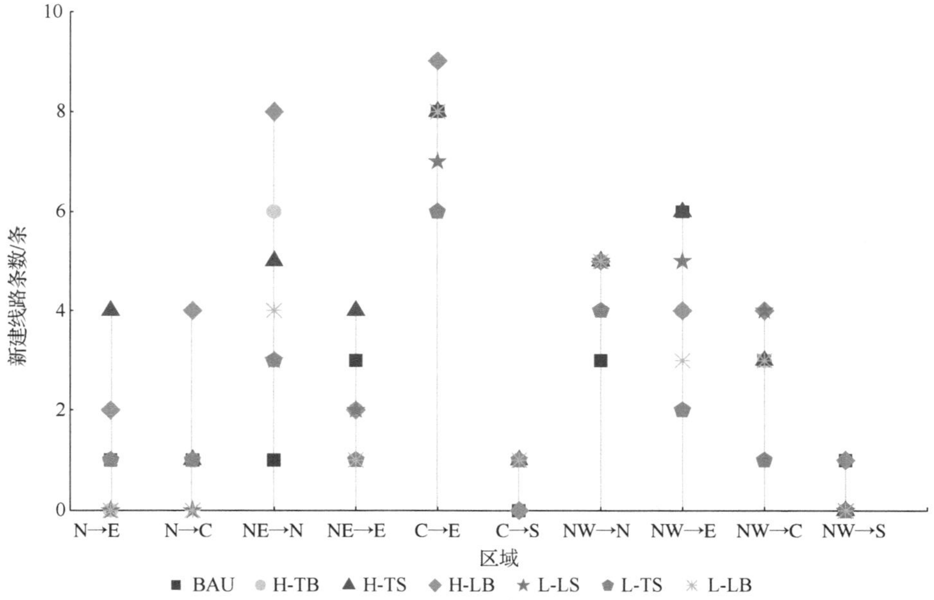

(a)

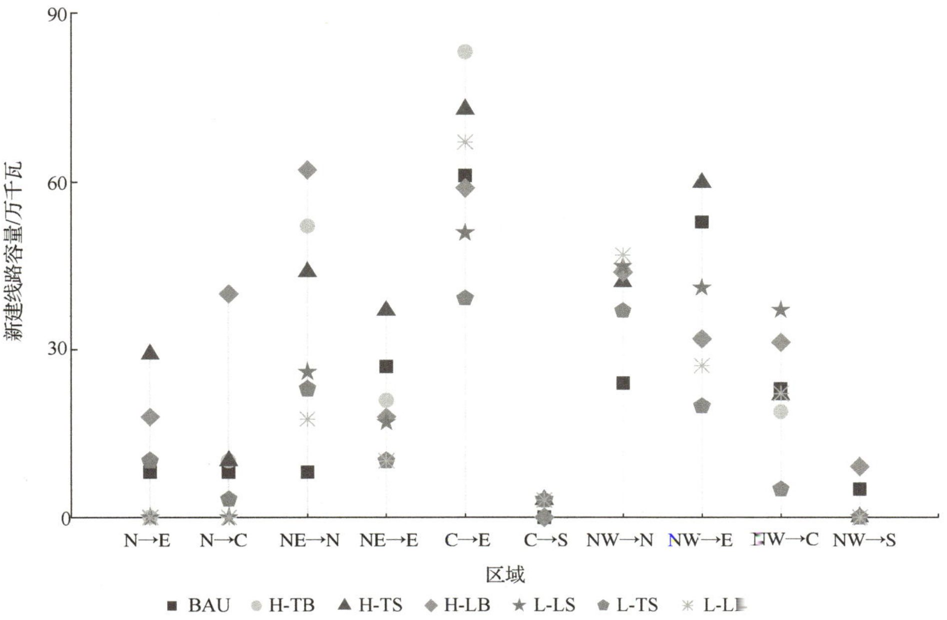

(b)

图 4-5　2018～2039 年新增输电线路条数及容量

L-TS、L-LS 情景下，N→E、N→C 和 NW→S 之间不需要新增线路，因为低电力需求使得电力缺口小且低储能配比下的储能损失电量少，从而自发电量和已有传输线路能满足需要。从新增传输容量上看，除 C→E 外，其他传至华东的线路，如 N→E、NE→E 和 NW→E 在 H-TS 情景下新增传输容量明显多于其他 6 个情景，如图 4-5（b）所示，这是因为该情景下电力需求高且华东电力缺口最大，达 920 太瓦时（比 BAU 情景高 16.5%），故新增传输最大。

4.6.4　发电装机容量

如图 4-6 所示，中国 2039 年华北和西北电力累计装机容量将超过 1300 吉瓦；全国非化石能源占比将达到 81.3%（BAU），其中风光装机容量占比将超过 68.6%（BAU），而“三北”地区占比总风光装机将超过 67%。在 2030 年中国非化石能源发电量占比力争达到 50%的规划下（国家发展改革委和国家能源局，2016），火电装机加速退出，为了满足不断增长的电力需求，在 7 种情景下风电和光伏装机为主的可再生能源在各区域均呈现了较高的装机容量占比，特别是“三北”地区。

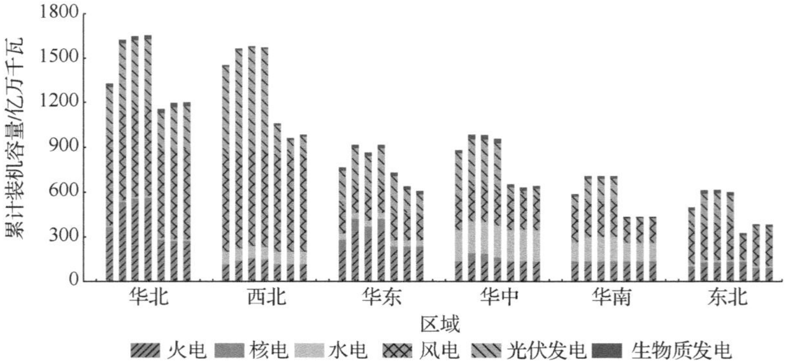

图 4-6 2039 年 6 个地区累计装机容量

从左至右分别表示 BAU、H-TB、H-TS、H-LB、L-LS、L-TS、L-LB 情景

在三北地区集中式风光装机稳步发展的同时，中东南部的分布式风光装机也得到快速开发，如图 4-7（a）所示，从 2024 年起以华南和华中为代表的中东南部区域风光装机容量占比快速增长，相对于基期风光装机容量占比只有 10%左右，到 2039 年风光装机容量占比高达基期占比的 5～6 倍，装机容量占比的年均增长率达到 6.7%～8.6%；从图 4-7（b）能够看出在 7 种情景下中东南区域风光装机容量占比相对于 2018 年均实现了增长，除低地区生产总值增速情景外，其他情景风光装机容量占比均达到基期占比的近 6 倍，这也使得华南区域能更多地靠自发满足自身电力需求，同样华中区域和华东区域风光也同样得到了快速开发，装机容量占比同比基期增幅均高于三北区域。

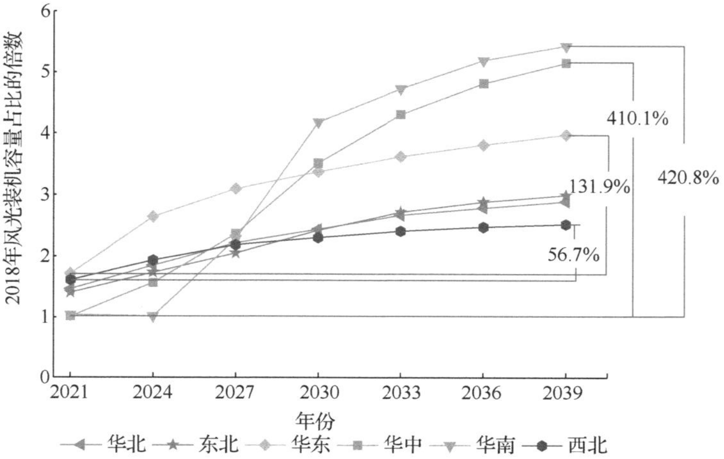

(a)

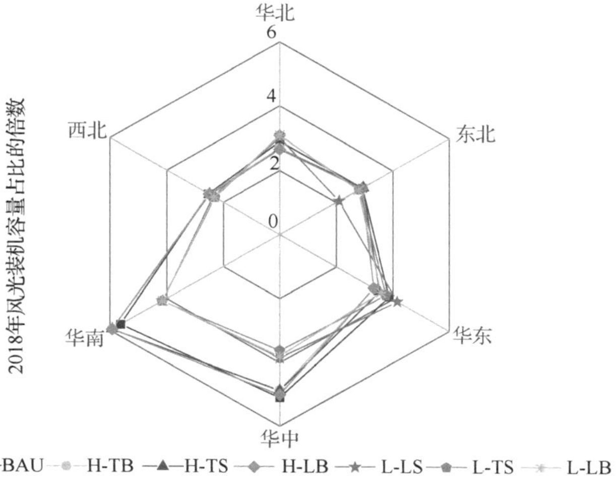

(b)

图 4-7　与 2018 年相比，风能和太阳能的份额增长（BAU）

4.6.5　敏感性分析

为探究参数对最优解的影响，以 BAU 情景下的参数设置为基准，进行敏感性分析。线路输送容量利用率低会导致需要额外建设大量线路以满足输电需要，而传输线路容量规划需要考虑多种因素，极易受到需求、价格等的影响。非化石能源发电量占比影响各区域发电结构，进而影响区域传输线路的建设布局，而未来非化石能源的发展水平受到政策、市场等影响具有不确定性。输电技术投资成本会直接影响对输电技术的选择，学习率反映了输电技术投资成本随经验积累的变化，而技术发展水平无法准确预测。因此，选取上述三个对输电线路布局具有重要影响且未来取值具有不确定性的参数进行敏感性分析，参数分别增加或减少 10%来探究对区域间传输线路容量和条数的影响。

输电主干线路的条数和容量对线路利用率与非化石能源发电量占比的变化敏感。10 组线路走向中，线路利用率增加 10%时，线路容量和条数有 5 组（N→E、C→E、NE→E、NW→E、NW→C）走向的变化率均超过 30%，其中 N→E 输电线路条数和容量对输电线路利用率变化最为敏感，见图 4-8（a）和图 4-8（b）。非化石能源发电量占比增加 10%时，输电线路容量和条数分别有 6 组走向的变化率超过 30%，其中 NE→N 间输电线路条数和容量对非化石能源发电量变化最为敏感，见图 4-8（c）和图 4-8（d）。输电主干线路的条数和容量对输电技术的投资成本学习率变化敏感，当学习率增减 10%时，区域间线路走向中超过半数的总建设线路条数和最大传输能力变化率均超过 30%，见图 4-9。

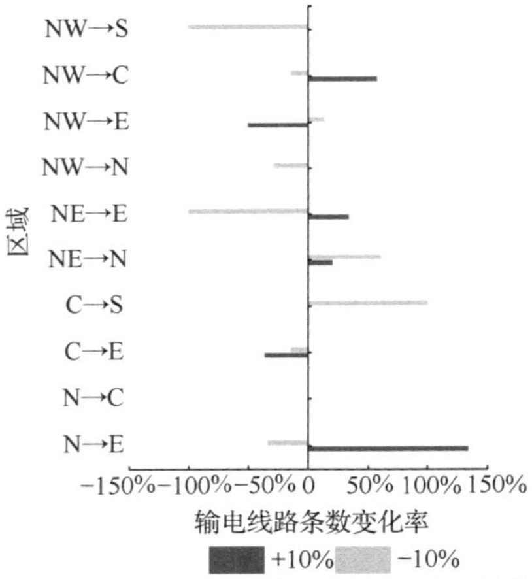

(a) 输电线路条数变化对输电线路利用率的敏感性分析

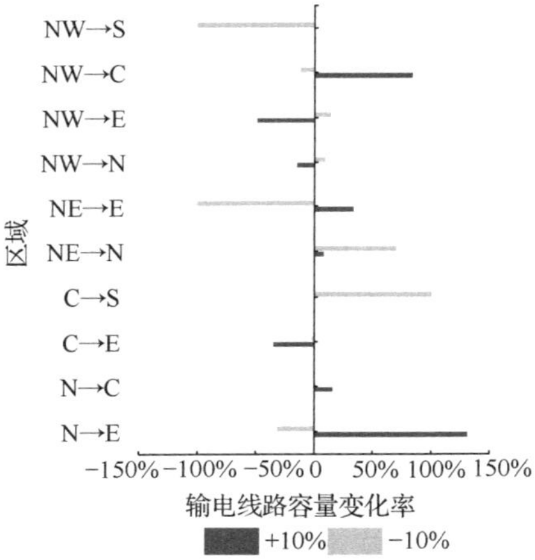

(b) 输电线路容量变化对输电线路利用率的敏感性分析

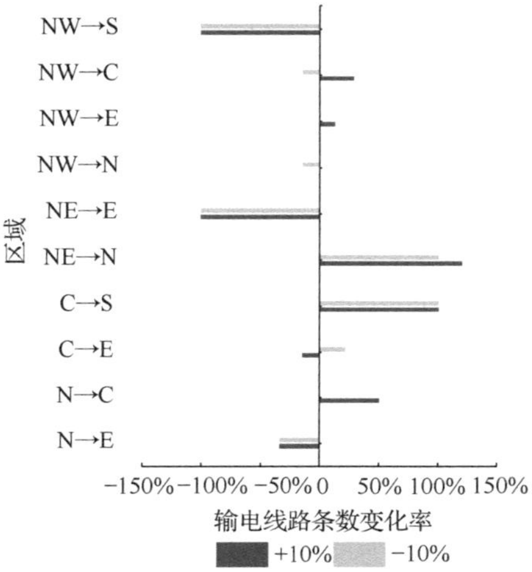

(c) 输电线路条数变化对非化石能源发电量占比的敏感性分析

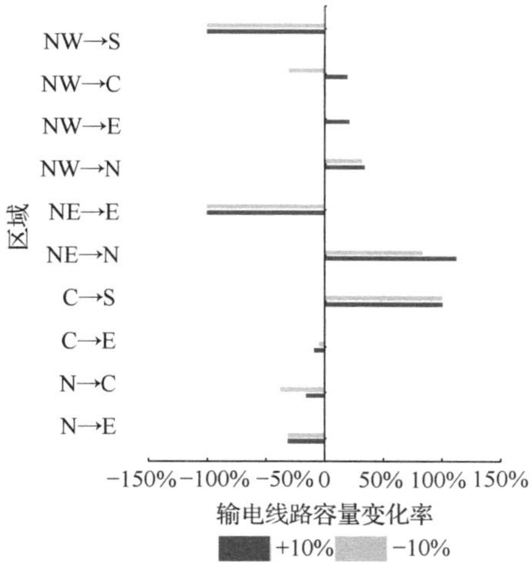

(d) 输电线路容量变化对非化石能源发电量占比的敏感性分析

图 4-8 输电线路利用率、非化石能源发电量占比的敏感性分析

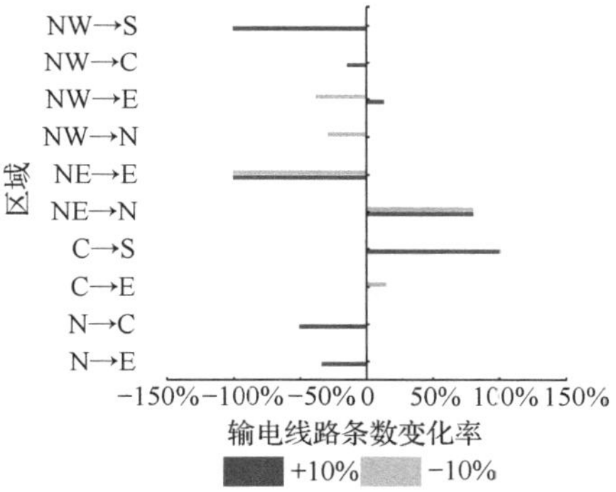

(a) ±500千伏(条数)

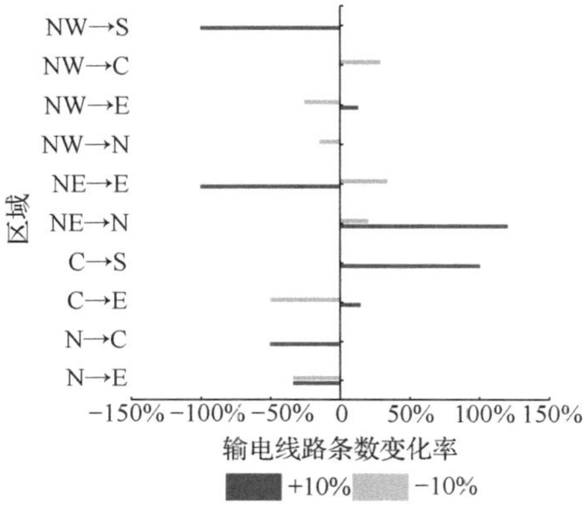

(b) ±800千伏(条数)

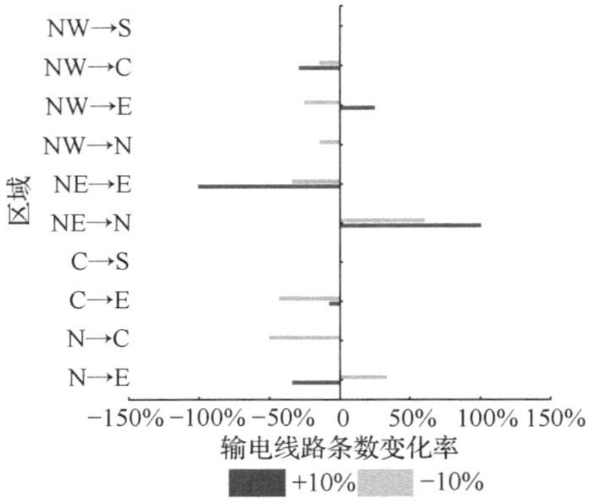

(c) ±1000千伏(条数)

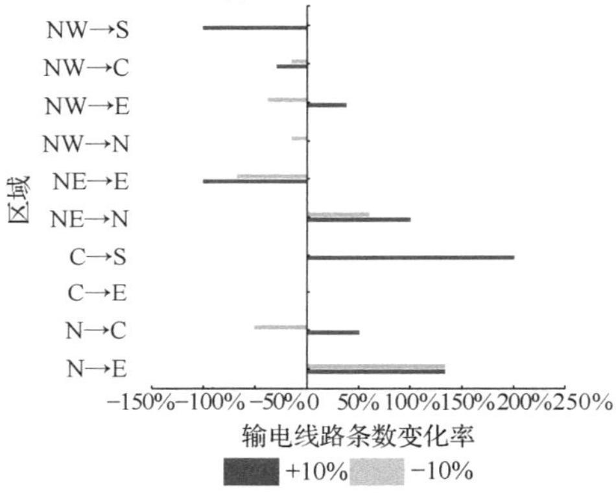

(d) ±1100千伏(条数)

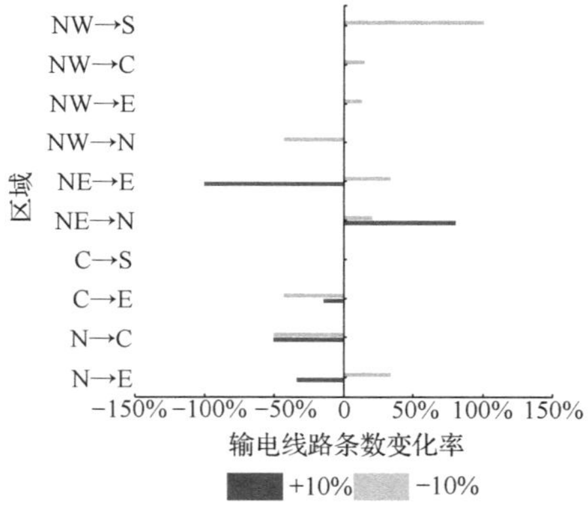

(e) 1000千伏(条数)

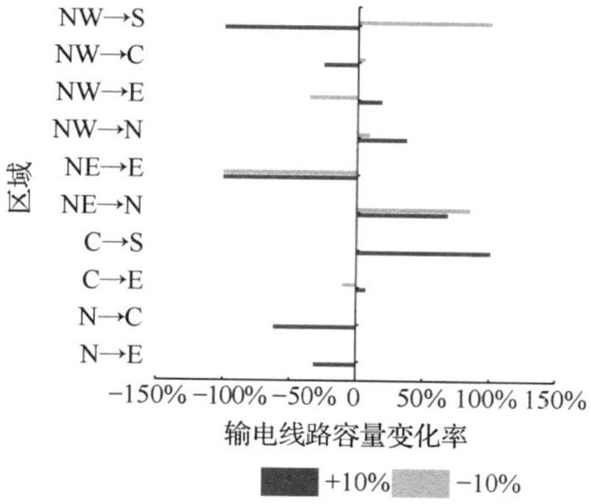

(f) ±500千伏(容量)

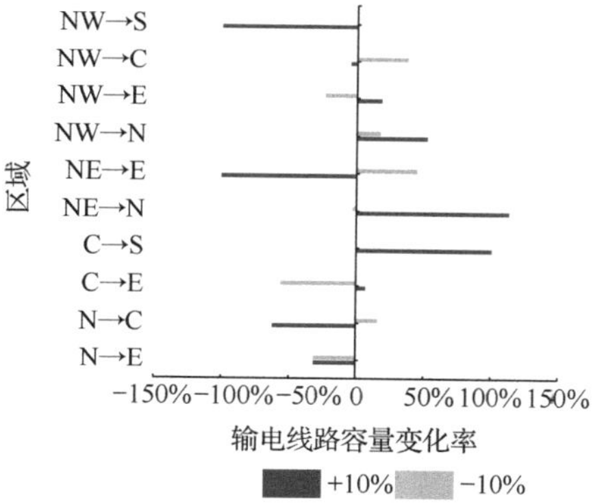

(g) ±800千伏(容量)

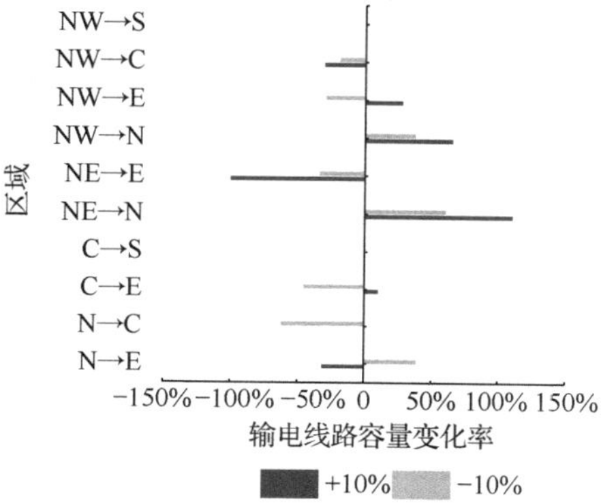

(h) ±1000千伏(容量)

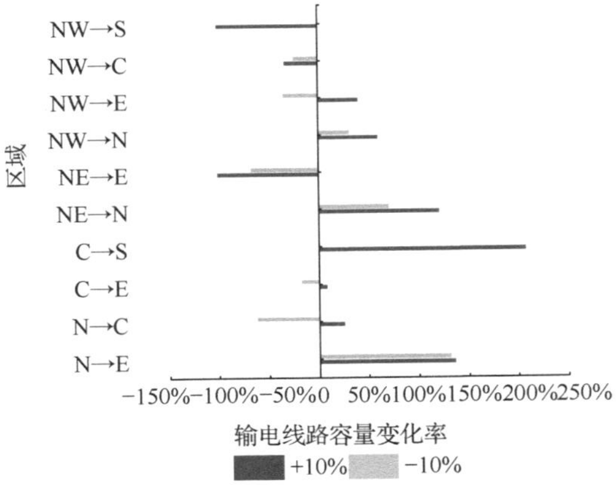

(i)±1100千伏(容量)

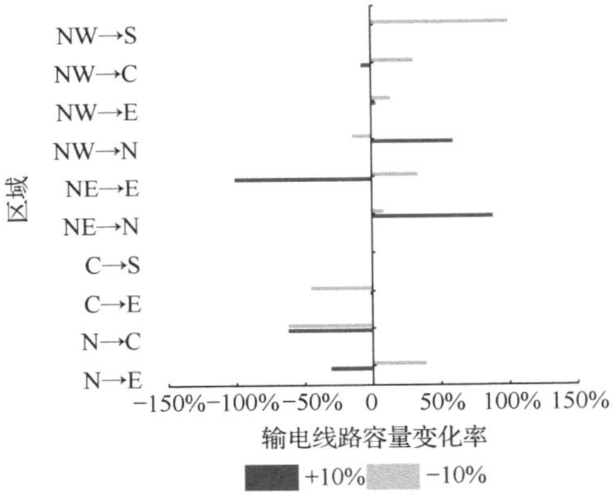

(j)1000千伏(容量)

图 4-9　输电技术投资成本学习率的敏感性分析

（a）图表示的是输电线路条数变化对±500 千伏输电技术投资成本学习率的敏感性分析，其余分图以此类推

4.7　本 章 小 结

本章系统地介绍了多目标优化模型，涵盖了基础概念、基本模型、模型改进以及多种求解方法的探讨。在此基础上，以我国输电主干线路布局优化为例，展示多目标优化模型在能源资源系统管理过程中（能源运输环节）的成熟应用。

多目标优化模型的基本形式和概念中，“折中”和“支配”分别是目标和解的关键词，体现了多目标优化在两个或多个相互冲突的目标间进行权衡和折中，进而使总体目标尽可能地达到最优的核心思想。多目标优化得到一组互不支配的 Pareto 解，其中每个解都无法在所有目标上被其他解支配，体现了在多目标冲突中的最优平衡。因此，多目标优化为决策者提供了在不同目标之间进行选择的决策空间。随着应用场景的复杂多样化，多目标模型产生模糊多目标、随机多目标等多种变体，加强了针对不确定性进行建模的能力。对于不同类型的多目标模型，求解方法主要包括：加权法、约束法等将多目标函数转化为单目标函数的传统优化算法；同时考虑多个矛盾冲突的目标，模拟自然过程的进化迭代，得到 Pareto 前沿的智能优化算法；基于多目标传统优化和智能优化算法思想构建的求解平台及多目标求解器。

结合多目标优化模型，本章优化了我国多区域输电主干线路布局，详细地考虑了包括超高压和特高压在内的 11 种直流和交流输电技术，并进一步针对不同的储能和需求响应配比组合下的输电主干线路建设进行了优化，对其中具有代表性的 7 种情景进行了详细分析，在得到最优输电线路布局的同时得到了各情景下各省区市最优发电装机容量。优化结果表明：我国西电东输、北电南输格局进一步拓展。与 2018 年相比，到 2039 年，西北至东、西北至北、北部至东、北部至中部的输电容量分别增长 265%、209%、160%和 200%。从 2023 年开始，800 千伏（10 兆瓦）将成为主要的输电技术。我国中东南部的风能和太阳能光伏发电增长最快，其装机容量占比的年平均增长率达到 6.7%～8.6%。分布式光伏和分布式风电因其灵活性和占地面积小，可成为未来可再生能源增长的主力军。

参 考 文 献

高英. 2010. 多目标优化的若干问题研究[D]. 呼和浩特: 内蒙古大学.

国家发展改革委, 国家能源局. 2016. 能源生产和消费革命战略(2016—2030)[EB/OL]. [2017-04-25]. https://www.ndrc.gov.cn/fggz/zcssfz/zcgh/201704/t20170425_1145761.html.

国家能源局. 2018. 浙福特高压交流等十项典型电网工程投资成效监管报告[R]. 北京: 国家能源局.

江亮亮. 2015. 随机多目标优化的若干问题研究[D]. 长春: 长春工业大学.

马永杰, 陈敏, 龚影, 等. 2020. 动态多目标优化进化算法研究进展[J]. 自动化学报, 46(11): 2302-2318.

张伟. 2006. 随机规划的若干方法及其应用研究[D]. 青岛: 山东科技大学.

中华人民共和国住房和城乡建设部. 2021. 风光储联合发电站设计标准[M]. 北京: 中华人民共和国住房和城乡建设部.

Slater H, de Boer D, 王庶, 等. 2018. 2018 年中国碳价调查[R]. 北京: 中国碳论坛.

Abdel-Basset M, Mohamed R, Mirjalili S, et al. 2021. An efficient marine predators algorithm for solving multi-objective optimization problems: analysis and validations[J]. IEEE Access, 9: 42817-42844.

Bakhtavar E, Prabatha T, Karunathilake H, et al. 2020. Assessment of renewable energy-based strategies for net-zero energy communities: a planning model using multi-objective goal programming[J]. Journal of Cleaner Production, 272: 122886.

Chen S Y, Liu P, Li Z. 2020. Low carbon transition pathway of power sector with high penetration of renewable energy[J]. Renewable and Sustainable Energy Reviews, 130: 109985.

Chen Z Y, Yin B S, Zhu H Y, et al. 2022. Mobile communications, computing, and caching resources allocation for diverse services via multi-objective proximal policy optimization[J]. IEEE Transactions on Communications, 70(7): 4498-4512.

Coello C A C, Pulido G T, Lechuga M S. 2004. Handling multiple objectives with particle swarm optimization[J]. IEEE Transactions on Evolutionary Computation, 8(3): 256-279.

Cui Y F, Geng Z Q, Zhu Q X, et al. 2017. Review: multi-objective optimization methods and application in energy saving[J]. Energy, 125: 681-704.

Deb K. 2011. Multi-objective optimisation using evolutionary algorithms: an introduction[M]. New York: Springer.

Deb K. 2014. Multi-objective optimization[M]//Burke E, Kendall G. Search Methodologies. Boston: Springer: 403-449.

Deb K, Agrawal S, Pratap A, et al. 2000. A fast elitist non-dominated sorting genetic algorithm for multi-objective optimization: NSGA-Ⅱ[M]//Schoenauer M, Deb K, Rudolph G, et al. Parallel Problem Solving from Nature PPSN Ⅵ. Berlin: Springer: 849-858.

Deb K, Jain H. 2014. An evolutionary many-objective optimization algorithm using reference-point-based nondominated sorting approach, part Ⅰ: solving problems with box constraints[J]. IEEE Transactions on Evolutionary Computation, 18(4): 577-601.

Deb K, Pratap A, Agarwal S, et al. 2002. A fast and elitist multiobjective genetic algorithm: NSGA-Ⅱ[J]. IEEE Transactions on Evolutionary Computation, 6(2): 182-197.

Edgeworth F Y, Mirowski P. 1994. Edgeworth on Chance, Economic Hazard, and Statistics[M]. Washington D C: Rowman & Littlefield Publishers.

Evans J P, Steuer R E. 1973. A revised simplex method for linear multiple objective programs[J]. Mathematical Programming, 5: 54-72.

Guerra O J, Tejada D A, Reklaitis G V. 2016. An optimization framework for the integrated planning of generation and transmission expansion in interconnected power systems[J]. Applied Energy, 170: 1-21.

Guo Z, Ma L W, Liu P, et al. 2016. A multi-regional modelling and optimization approach to China's power generation and transmission planning[J]. Energy, 116: 1348-1359.

Handayani K, Krozer Y, Filatova T. 2019. From fossil fuels to renewables: an analysis of long-term scenarios considering technological learning[J]. Energy Policy, 127: 134-146.

He Y Y, Chen Y C, Liu Y, et al. 2019. Analysis of cost per kilowatt-hour and cost per mileage for energy storage technologies[J]. Advanced Technology of Electrical Engineering and Energy, 38(9): 1-10.

Horn J, Nafpliotis N, Goldberg D E. 1994. A niched Pareto genetic algorithm for multiobjective optimization[C]. Proceedings of the First IEEE Conference on Evolutionary Computation. Orlando: IEEE World Congress on Computational Intelligence.

Konak A, Coit D W, Smith A E. 2006. Multi-objective optimization using genetic algorithms: a tutorial[J]. Reliability Engineering & System Safety, 91(9): 992-1007.

Li T X, Li Z, Li W Q. 2020. Scenarios analysis on the cross-region integrating of renewable power based on a long-period cost-optimization power planning model[J]. Renewable Energy, 156: 851-863.

Li X. 2003. A non-dominated sorting particle swarm optimizer for multiobjective optimization[M]//Cantú-Paz E, Foste J A, Deb K, et al. Genetic and Evolutionary Computation: GECCO 2003. Berlin : Springer: 37-48.

Mardani A, Zavadskas E K, Khalifah Z, et al. 2017. A review of multi-criteria decision-making applications to solve energy management problems: two decades from 1995 to 2015[J]. Renewable and Sustainable Energy Reviews, 71: 216-256.

Marini F, Walczak B. 2015. Particle swarm optimization (PSO). a tutorial[J]. Chemometrics and Intelligent Laboratory Systems, 149: 153-165.

Marler R T, Arora J S. 2010. The weighted sum method for multi-objective optimization: new insights[J]. Structural and Multidisciplinary Optimization, 41: 853-862.

Mavrotas G. 2009. Effective implementation of the ε-constraint method in multi-objective mathematical programming problems[J]. Applied Mathematics and Computation, 213(2): 455-465.

Mcintyre T J, Kirby B J, Kisner R A, et al. 2009. Real power regulation for the utility power grid via responsive loads[P]. U.S, 7536240.

Miettinen K, Ruiz F, Wierzbicki A P. 2008. Introduction to multiobjective optimization: interactive approaches[M]//Branke J, Deb K, Miettinen K, et al. Multiobjective Optimization. Berlin: Springer: 27-57.

Mirjalili S, Saremi S, Mirjalili S M, et al. 2016. Multi-objective grey wolf optimizer: a novel algorithm for multi-criterion optimization[J]. Expert Systems with Applications, 47: 106-119.

Mondal S, Bhattacharya A, nee Dey S H. 2013. Multi-objective economic emission load dispatch solution using gravitational search algorithm and considering wind power penetration[J]. International Journal of Electrical Power & Energy Systems, 44(1): 282-292.

Noorossana R, Ardakani M K. 2009. A weighted metric method to optimize multi-response robust problems[J]. Journal of Industrial Engineering International, 5(8): 10-19.

Pareto V. 1906. Manuale di Economia Politica; con una Introduzione alla Scienza Sociale[M]. Milan: Societa Editrice Libraria.

Paul Y K, Ching-Lai H. 1995. Multiple Attribute Decision Making: an Introduction[M]. London: Sage Publications.

Ridha H M, Gomes C, Hizam H, et al. 2021. Multi-objective optimization and multi-criteria decision-making methods for optimal design of standalone photovoltaic system: a comprehensive review[J]. Renewable and Sustainable Energy Reviews, 135: 110202.

Segura C, Coello C A C, Miranda G, et al. 2016. Using multi-objective evolutionary algorithms for single-objective constrained and unconstrained optimization[J]. Annals of Operations Research, 240: 217-250.

Sener O, Koltun V. 2018. Multi-task learning as multi-objective optimization[C]//NeurIPS. Advances in neural information processing systems 31. Montréal: NeurIPS: 525-536.

Srinivas N, Deb K. 1994. Muiltiobjective optimization using nondominated sorting in genetic algorithms[J]. Evolutionary Computation, 2(3): 221-248.

Stadler W. 1979. A survey of multicriteria optimization or the vector maximum problem, part I: 1776–1960[J]. Journal of Optimization Theory and Applications, 29: 1-52.

Stancu-Minasian I M. 1984. Stochastic Programming with Multiple Objective Functions[M]. Dordrecht: Springer.

Tamaki H, Kita H, Kobayashi S. 1996. Multi-objective optimization by genetic algorithms: a review[C]. Proceedings of IEEE International Conference on Evolutionary Computation. Nagoya.

von Hirschhausen C, Andres M. 2000. Long-term electricity demand in China: from quantitative to qualitative growth?[J]. Energy Policy, 28(4): 231-241.

WNA. 2017. World nuclear performance report[R]. London: WNA.

Yi B W, Xu J H, Fan Y. 2016. Inter-regional power grid planning up to 2030 in China considering renewable energy development and regional pollutant control: a multi-region bottom-up optimization model[J]. Applied Energy, 184: 641-658.

Yu S W, Zhou S S, Qin J P. 2022. Layout optimization of China's power transmission lines for renewable power integration considering flexible resources and grid stability[J]. International Journal of Electrical Power & Energy Systems, 135: 107507.

Yu S W, Zhou S S, Zheng S H, et al. 2019. Developing an optimal renewable electricity generation mix for China using a fuzzy multi-objective approach[J]. Renewable Energy, 139: 1086-1098.

Zhang N, Hu Z G, Shen B, et al. 2016. A source-grid-load coordinated power planning model considering the integration of wind power generation[J]. Applied Energy, 168: 13-24.

Zheng J H, Wu Q S, Zou J, et al. 2023. A dynamic multi-objective evolutionary algorithm using adaptive reference vector and linear prediction[J]. Swarm and Evolutionary Computation, 78: 101281.

第 5 章　双层规划模型与储能容量配置优化

5.1　双层规划简介

20 世纪 70 年代以来，人们在解决实际问题的过程中逐渐形成了多层规划的概念和方法。Candler 和 Norton（1977）在奶制品工业模型与墨西哥农业模型的研究报告中首次提出了多层规划。在过去的几十年，多层规划的理论、方法和应用均有了很大的发展，并且已经成为规划论的一个重要分支。其中，双层规划是一个重要的研究对象。双层规划是在研究非平衡经济市场竞争时首次提出的，在 Bracken 和 McGill（1973）的文章中出现了双层规划的数学模型。而 Candler 和 Norton（1977）的科学报告中正式出现了双层规划与多层规划的名词。20 世纪 80 年代初专业期刊上开始发表相关重要论文，由此真正对双层规划这一领域展开系统研究。20 世纪 90 年代以后，双层规划相关研究逐渐成为运筹学的热点研究领域之一。我国对双层规划的研究始于 20 世纪 80 年代，主要集中于一些特殊的双层规划问题（bilevel programming problem，BLPP），如线性双层规划、整数双层规划和线性约束的二次双层规划问题等（胡长英，2012）。

双层规划问题是一种具有双层递阶结构的系统优化问题，上下层问题都有各自的决策变量、目标函数和约束条件（李青，2021）。上层的目标函数和约束条件与下层的决策变量相关，下层的目标函数和约束条件也受上层决策变量的影响。上层决策者优先做出决策，下层决策者在上层决策信息下按照自己的利益做出反应（彭重秀，2022）。一方的行为影响另一方的选择行为和目标的实现，并且任何一方又不能完全控制另一方的选择行为。综上可知，双层规划的上下层之间彼此制约，相互影响，需要同时优化实现整体最优。

人们采用双层规划研究了稀有资源在各部门之间的分配、国家政策制定的问题，如交通问题（LeBlanc and Boyce，1986）、生产资源分配问题（Bard et al.，2000）、价格问题（杨华和王庆，1998）、生产计划（Nicholls，1995）、工程设计和供应链管理等（李桂玲，2005）。

5.2　基 本 模 型

双层规划模型考虑了决策过程中不同决策者的作用与表现（高自友等，2004），一般双层规划模型的形式如式（5-1）所示：

$$\begin{aligned}&\min_{x} F(x, y)\\&\text{s.t.}\, G(x, y) \leqslant 0\end{aligned} \tag{5-1}$$

其中，x 表示上层决策者的决策变量；$F(x,y)$ 表示上层决策者的目标函数，$G(x,y) \leqslant 0$ 表示决策过程中受到的约束条件；y 表示在上层决策变量 x 给定的条件下，下层规划的最优解（林殿盛，2021）。$y = y(x)$ 可以由下层规划模型求解得到：

$$\begin{aligned}&\min_{y} f(x, y)\\&\text{s.t.}\ g(x, y) \leqslant 0\end{aligned} \tag{5-2}$$

其中，$f(x,y)$ 表示下层决策者的目标函数；$g(x,y) \leqslant 0$ 表示决策过程中的约束条件。$y = y(x)$ 可视为连接上下层模型的共同约束条件，称为反应函数。

双层规划的相关概念如下。

（1）定义 $S = \{(x,y) \mid G(x,y) \leqslant 0, g(x,y) \leqslant 0\}$ 为双层规划的约束域。

（2）定义 $S(x) = \{y \mid g(x,y) \leqslant 0\}$ 为下层问题对于任意给定上层变量 x 的约束域。

（3）定义 $S(X) = \{x \mid \exists y \in Y, \text{s.t.}\ G(x,y) \leqslant 0, g(x,y) \leqslant 0\}$ 为上层变量的决策空间。

（4）定义 $P(x) = \left\{y \mid y \in \arg\min\left\{f\left(x,y\right), y \in S(x)\right\}\right\}$ 为下层问题对于给定的上层变量 x 的合理反应集。

（5）定义 $\mathrm{IR} = \{(x,y) \mid (x,y) \in S, y \in P(x)\}$ 为线性双层规划问题的诱导域。诱导域为双层规划问题的可行解集。下面给出双层规划问题的可行解和最优解的定义（王广民等，2007）。

定义 1：如果 $(x,y) \in \mathrm{IR}$，则称点 (x,y) 为双层规划问题的可行解。

定义 2：如果 $(x^*, y^*) \in \mathrm{IR}$ 且 $F(x^*, y^*) \leqslant F(x, y), \forall (x, y) \in \mathrm{IR}$，则称点 (x^*, y^*) 为双层规划问题的最优解。

5.3　模型的改进

线性双层规划是双层规划的一个特例，其上、下层目标函数和约束条件都是线性的，是双层规划中最为常见且形式最为简单的一种情况，在实际中应用十分广泛，主要涉及管理决策、交通网络布局、工程设计等诸多方面（张志江，2008）。如果上、下层目标函数或约束条件至少有一个是非线性的，称之为非线性双层规划（李和成，2009）。凸双层规划通常研究的是上层目标函数或者下层模型是凸函数，约束条件为线性/非线性的一类非线性双层规划模型。此外，如果上、下层变量再增加整数约束，称之为整数双层规划。相应的还有整数线性双层规划、整数非线性双层规划等（林殿盛，2021）。

针对双层规划问题，因为下层规划问题作为上层规划问题的约束函数，即使最简单的线性双层规划问题，它也是一个非凸问题。通常来说，双层规划约束的嵌套性使其可行域不再具备凸性和闭性。如果上层约束含有下层决策变量，则双层规划问题的诱导域可能不连通，有时是空的。双层规划问题因其自身特点及复杂性，这类问题的求解通常是非常困难的。Jeroslow（1985）首先讨论了双层规划的计算复杂性问题，并利用计算科学中常见的可满足性论证方法证明了线性双层规划问题是 NP 难问题（NP-hard problem）。即使是寻找线性双层规划问题的局部最优解也是一个 NP 难问题（Vicente et al.，1994）。

近几十年来，随着双层规划横向和纵向的拓广，各种类型的双层规划问题应运而生。国内外专家根据不同类型的双层规划问题，发展了各种多样有效的算法，总的来说，已有的算法可以分为两大类，即针对线性双层规划问题和非线性双层规划问题的算法。针对线性双层规划问题的算法（吴军，2020）包括：K 次最好（K^{th}-best）法，充分利用约束域的极点进行求解（Bialas and Karwan，1984）；分支定界法（Bard and Moore，1990），它的计算工作量较大，但一般可以得到线性双层规划问题的全局最优解；卡鲁什–库恩–塔克（Karush-Kuhn-Tucker，KKT）法（Fortuny-Amat and McCarl，1981），它的适用面比较窄，只适用于线性约束的上层以及凸二次规划的下层这种特殊情况；模糊数学法（刘新旺和达庆利，2000），它是将线性双层规划问题转化为单层线性规划问题来求解。由于双层规划问题结构的嵌套性使得该类问题是非凸的且处处不可微的，如何设计出效率高且切合实际应用的新算法仍然是当前学者迫切需要解决的问题之一。非线性双层规划问题和线性双层规划问题相比，结构更加复杂，求解更加困难。目前对于非线性双层规划问题的研究主要集中在一些函数性质良好或结构特殊的问题，因此所提出的求解方法通常不能被用来求解一般非线性双层规划问题。针对非线性双层规划问题的求解算法有：下降方向法（吴军，2020），该方法一般只能求解得到非线性双层规划问题的局部最优解（Colson et al.，2007）；罚函数法，它是一种将有约束的最优化问题转为无约束最优化问题的方法（Anandalingam and White，1990）；遗传算法、模拟退火算法等智能算法（向丽和顾培亮，1999）。

目前，对确定性双层规划问题特别是非线性双层规划问题的研究，尽管已提出了大量的有效算法，但还存在着一些挑战。针对线性双层规划问题设计的算法往往难以实现或效率太低，不适合求解大规模的问题。针对非线性双层规划问题提出的传统算法往往找不到问题的全局最优解，尽管智能算法可以克服这个缺点，然而这些算法大部分并没有结合问题的特点进行设计，而且对非线性程度较高的大规模问题，求解效率不高。如何设计出效率高且切合实际应用的新算法是当前研究双层规划问题的一个重要课题（任爱红，2014）。

5.4 双层规划求解方法

双层规划是具有上下两层结构的优化问题,其特点是在两个层次上进行决策,上层决策者做出决策以使下层决策者做出最优决策，下层决策者做出的决策也会对上层决策者的决策产生影响。这种上下两层的互动关系使得双层规划模型求解变得较为复杂。其主要原因有两个方面：第一，双层规划问题是一个 NP 难问题，杰罗斯洛（Jeroslow）第一个证明了线性双层规划是 NP 难问题，巴德（Bard）用另一种方法证明了这个结论，最严格的证明是汉森（Hansen）等提出的，后来学者证明了寻找双层规划的局部最优解，也是一个 NP 难问题。第二，双层规划问题具有非凸性，即使最简单的线性双层规划问题，一般来说它也是一个非凸优化问题，即使能找到问题的解，通常也只能是一个局部最优解而非全局最优解（李桂玲，2005）。

求解双层规划的方法主要有极点搜索法、分支定界法、罚函数法、互补旋转算法和非数值优化算法。

5.4.1 极点搜索法

Candler 和 Townsley（1982）在研究上层无约束、下层有唯一解的双层规划问题时得到了一个性质：如果线性双层规划最优解的个数有限，那么在约束集的极点处，至少存在一个极点是最优解。之后，Bard（1984），Bialas 和 Karwan（1984）在约束集有界的假设下，证明了这是双层规划的一个共性。基于此，极点搜索法被提出，其中较为著名的有 K 次最好法（王广民等，2007）。

Bialas 和 Karwan（1982）于 1982 年最早提出了 K 次最好法，其基本思想是：首先在二层规划问题的约束域上求解上层问题的最优解，得到第一个最优解，如果该解不可行，或者无法使下层达到最优，那么就在该解的相邻顶点组成的待检验顶点集合中寻找下一个最优解，使上层规划达到最优，同时检验该顶点是否是下层规划的最优解，重复这样的过程直到找到双层规划的最优解。所以，若线性双层规划问题有解，该算法必产生全局最优解，因此许多算法都用它来检验解的全局性（王广民等，2007）。

下面以区间线性双层规划模型为例论述 K 次最好法的求解步骤（王建忠和杜纲，2009），其矩阵–向量形式可表示为

$$\min_{x} F(x,y)=c_1x+d_1y \tag{5-3}$$

$$\min_{y} f(x,y)=c_2x+d_2y$$

$$\text{s.t.} Ax+By\geqslant h \tag{5-4}$$

$$x\geqslant 0, y\geqslant 0$$

式（5-3）中的 y 是规划（5-4）的解。其中，行向量 $c_1=(c_{11},\cdots,c_{1m})\in\left[\underline{c_1},\overline{c_1}\right]$，$c_2=(c_{21},\cdots,c_{2m})\in\left[\underline{c_2},\overline{c_2}\right]$，$d_1=(d_{11},\cdots,d_{1n})\in\left[\underline{d_1},\overline{d_1}\right]$，$d_2=(d_{21},\cdots,d_{2n})\in\left[\underline{d_2},\overline{d_2}\right]$，矩阵 $A=\left(a_{k,i}\right)_{p\times m}\in\left[\underline{A},\overline{A}\right]$，$B=\left(b_{k,i}\right)_{p\times m}\in\left[\underline{B},\overline{B}\right]$，列向量 $h=\left(h_1,\cdots,h_p\right)^{\mathrm{T}}\in\left[\underline{h},\overline{h}\right]$，$x=\left(x_1,\cdots,x_m\right)^{\mathrm{T}}$，$y=\left(y_1,\cdots,y_n\right)^{\mathrm{T}}$，基于以上内容，可以将区间线性双层规划的约束域记为 $S(A,B,h)=\{(x,y),x\geqslant 0,y\geqslant 0,Ax+By\geqslant h\}$。

K 次最好法的具体步骤如下。

步骤 1：设置 q=1，应用单纯形法求解线性规划问题——$\min\limits_{x} F(x,y)=c_1x+d_1y$，$Ax+By\geqslant h$，得到最优解 $\left(x^{[1]},y^{[1]}\right)$。令 $W=\left(x^{[1]},y^{[1]}\right)$，$T=K_1^{[1]}=K_2^{[1]}=\not\subset$。

步骤 2：依次检查约束条件，如果约束条件满足 $\sum\limits_{i=1}^{m}\overline{a_{ki}}x_i^{[q]}+\sum\limits_{j=1}^{n}\overline{b_{kj}}y_j^{[q]}\neq h_k$，则令 $\gamma_k=0$ 且 $K_1^{[q]}=K_2^{[q]}\cup\{k\}$。

步骤 3：为保证约束条件梯度线性无关，依次检查约束条件，若 $\sum\limits_{i=1}^{m}\overline{a_{ki}}x_i^{[q]}+\sum\limits_{j=1}^{n}\overline{b_{kj}}y_j^{[q]}\geqslant h_k$ 是 $\left(x^{[q]},\overline{A},\overline{B},\underline{h}\right)$ 下的非有效约束，令 $\gamma_k=0$，$K_1^{[q]}=K_2^{[q]}\cup\{k\}$，$K_3^{[q]}=\{1,\cdots,p\}-K_1^{[q]}-K_2^{[q]}$；如果第 k_1 个约束和第 k_2 个约束可以构成一个等式约束，即 $\overline{b_{k_1j}}/\overline{b_{k_2j}}=(\underline{h}_{k_1}-\overline{a}_{k_1i}x_i^{[q]})/(\underline{h}_{k_2}-\overline{a}_{k_2i}x_i^{[q]})=e<0$ 成立，令 $K_1^{[q]}=K_1^{[q]}\cup\{k_1\}$，$K_2^{[q]}=K_2^{[q]}\cup\{k_2\}$，$K_3^{[q]}=\{1,\cdots,p\}-K_1^{[q]}-K_2^{[q]}$，$\gamma_{k_1}=0$，$\gamma_{k_2}$ 为无约束变量。

步骤 4：若凸集 $N^{[q]}=\left\{\gamma,d_2\leqslant\gamma^{\mathrm{T}}\overline{B}\leqslant\underline{d}_2,\gamma_{k_1}=0,\gamma_{k_3}>0,k_1\in K_1^{[q]},k_3\in K_3^{[q]}\right\}$ 非空，停止，令 $K=q$，$\left(x^{[K]},y^{[K]}\right)$ 即为最好最优解，$c_1x^{[K]}+d_1y^{[K]}$ 为最优值，相应的系数集为 $\left\{(c_1,c_2,d_1,d_2,A,B,h)c_1=\underline{c}_1,c_2\in[\underline{c}_2,\overline{c}_2],d_1=\underline{d}_1,A=\overline{A},B=\overline{B},d_2=\gamma^{\mathrm{T}}\overline{B},\gamma\in N^{[K]},h=\underline{h}\right\}$；否则转向步骤 5。

步骤 5：令 $W^{[q]}$ 为由 $\left(x^{[q]},y^{[q]}\right)$ 的相邻顶点构成的集合，这些顶点 $(x,y)\in W^{[q]}$ 均满足 $c_1x+d_1y\geqslant\underline{c_1}x^{[q]}+\overline{d_1}y^{[q]}$。设置 $T=T\cup\left\{x^{[q]},y^{[q]}\right\}$，$W=\left\{W\cup W^{[q]}\right\}/T$。

步骤 6：设置 $q=q+1$，选择 $\left(x^{[q]},y^{[q]}\right)$，且 $c_1x^{[q]}+d_1y^{[q]}=\min\{c_1x+d_1y\in W\}$，设置 $K_1^{[q]}=K_2^{[q]}=\not\subset$，转向步骤 2。

具体流程如图 5-1 所示。

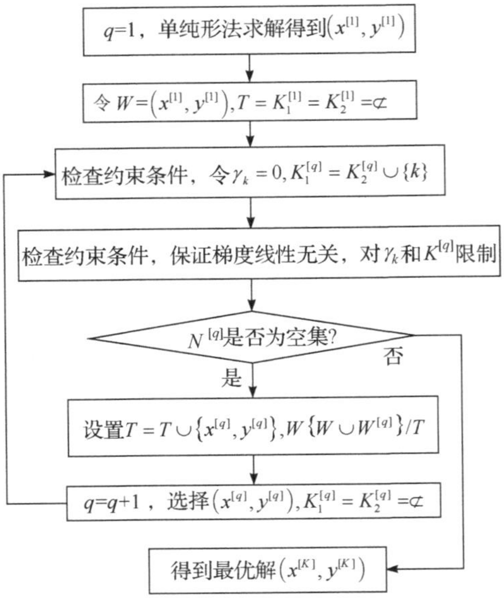

图 5-1　K 次最好法流程图

需要注意的是，K 次最好法的时间复杂度随着 K 的增加而增加，同时在实际应用中需要根据具体问题进行合理选择，以保证算法效率和准确性的平衡。

5.4.2　分支定界法

分支定界法是 20 世纪 60 年代初由 Dakin（1965）等提出的，后被广泛应用于求解双层规划问题，尽管该方法计算量很大，但是它一般可以得到全局最优解。分支定界法求解双层规划问题的基本思想是将双层规划的下层问题用它的 KKT 条件代替，构造与原双层规划等价的 KKT 模型，然后用分支定界技术处理 KKT 模型中的互补项，求解一个更易于求解的标准数学规划问题（李桂玲，2005）。

以双层规划问题的基本模型（5-1）为例进行研究，双层规划的基本模型可以等价地转化为单层规划问题（5-5）（高莹莹，2014）：

$$
\min_{x,y,u} \ F(x,y)
$$
$$
\text{s.t.}\begin{cases} G(x,y) \leqslant 0 \\ \nabla_y L(x,y,u) = 0 \\ ug(x,y) = 0 \\ g(x,y) \leqslant 0 \\ u \geqslant 0 \end{cases} \tag{5-5}
$$

其中，拉格朗日函数 $L(x,y,u) = f(x,y) + ug(x,y)$； u 表示拉格朗日乘子。

符号说明如下。

W：$W=\{1,2,\cdots,q\}$ 标记下层问题约束域的指标集。

P_k：搜索树上连接起点到第 k 次迭代点的道路. 在每个道路 P_k 上，不断分配 $u_i=0$ 或者 $g_i(x,y)=0,i\in W_k\subseteq W$，使得道路延伸下去。

S_k^+：$S_k^+=\{i\in W_k \mid g_i(x,y)=0\}$。

S_k^-：$S_k^-=\{i\in W_k \mid u_i=0\}$。

S_k^0：$S_k^0=\{i\notin W_k \mid W/W_k\}$。

J_k^-：$J_k^-=\{i\in S_k^+ \mid g_i(x,y)=0,S_k^0=\varnothing\}$。

$\overline{F}$：表示 F 的上界。

$\underline{F}$：表示 F 的下界。

$2^{q+1}-1$：表示整个搜索树上包括 $2^{q+1}-1$ 个节点。

利用分支定界法求解双层规划问题的具体步骤如下。

步骤 1（初始化）：求解问题（5-5）中去掉 $ug(x,y)=0$ 后的规划问题，得到解 (x^0,y^0,u^0)，另 $\underline{F}=F(x^0,y^0),\overline{F}=\infty,k=1$。

步骤 2（获得可行解）：固定上层变量 $x=x^0$，求解下层问题

$$\begin{aligned}&\min_y f\left(x^0,y\right)\\ &\text{s.t. } g_i\left(x^0,y\right)\leqslant 0,\ i=1,2,\cdots,q\end{aligned}\tag{5-6}$$

得到解 $(x^0,\hat{y}^0)\in \mathrm{IR}$，如果 $\underline{F}=F(x^0,\hat{y}^0)$，算法终止。否则，在点 $(x^0,\hat{y}^0)$ 处分配 $u_i=0$ 或者 $g_i(x,y)=0,i=W_k\subseteq W$，确定搜索路径 P_k，固定 S_k^+,S_k^-

步骤 3（定界）：求解问题

$$\begin{aligned}&\min_x F(x,y)\\ &\text{s.t.}\begin{cases}G(x,y)\leqslant 0\\ \nabla_y f(x,y)+\sum\limits_{i=1} u_i g_i(x,y)=0\\ g_i(x,y)=0,i\in S_k^+\\ u_i=0,i\in S_k^-\end{cases}\end{aligned}\tag{5-7}$$

获得 $\left(x^k,y^k\right)$，令 $\bar{F}=\min\left\{\bar{F},F\left(x^k,y^k\right)\right\}$，如果 $\underline{F}=\overline{F}$，或没有最优解存在，则算法停止，否则，确定 J_k^-，转到步骤 4。

步骤 4（分支）：选取 $i_1 \in J_k^-$，如果路径 P_k 上没有节点满足 $g_{i_1}=0$，则转到步骤 3。如果绑定的约束集个数小于 $n+m$，则令 $S_k^+=S_k^+\setminus\{i_1\}$，$S_k^-=S_k^-\cup\{i_1\}$，$J_k^-=J_k^-\setminus\{i_1\}$，$k=k+1$。转到步骤 5。否则，选取 $i_2 \in S_k^+$，且 $S_k^+=S_k^+\cup\{i_1\}\setminus\{i_2\}$，$S_k^-=S_k^-\cup\{i_2\}\setminus\{i_1\}$，$J_k^-=J_k^-\setminus\{i_2\}$，$k=k+1$，转到步骤 3。

步骤 5（后退）：选择 $i_1 \in J_t^-, t=1,2,\cdots,k-1$，如果路径 P_t 上没有节点满足 $g_{i_1}=0$，则转到步骤 7。否则，选取 $i_2 \in S_k^+$，且 $S_k^+=S_k^+\cup\{i_1\}\setminus\{i_2\}$，$S_k^-=S_k^-\cup\{i_2\}\setminus\{i_1\}$，$J_k^-=J_k^-\setminus\{i_2\}$，$k=k+1$，转到步骤 3。

步骤 6（分支）：在任意路径上选取一个没有求解的节点 $i_3 \in S_k^+$，$g_{i_3}\neq 0$，如果不存在这样的点，转到步骤 8，否则转到步骤 7。

步骤 7：求解问题

$$\min_x F(x,y)$$
$$\text{s.t.}\begin{cases} G(x,y)\leqslant 0 \\ \nabla_y f(x,y)+\sum_{i\in S_k^-} u_i g_i(x,y)=0 \\ g_{i_3}(x,y)=0 \end{cases} \tag{5-8}$$

则得到解 $(x^k,y^k)\in \mathrm{IR}$。如果 $F(x^k,y^k)\geqslant \bar{F}$，探索这个路径上的所有使得 $g_{i_3}(x,y)=0$ 的点转到步骤 5。否则，令 $k=k+1$，转到步骤 2。

步骤 8：求解问题

$$\min_x F(x,y)$$
$$\text{s.t.}\begin{cases} G(x,y)\leqslant 0 \\ \nabla_y f(x,y)=0 \\ g_i(x,y)\leqslant 0,\ i=1,2,\cdots,q \\ u_i=0,\forall i \end{cases} \tag{5-9}$$

得到解 $(x^k,y^k)\in \mathrm{IR}$。如果满足条件则终止规则，算法停止，$(x^k,y^k)\in \mathrm{IR}$ 为最优解。否则更新各指标集及上界，转到步骤 2。具体算法流程图如图 5-2。

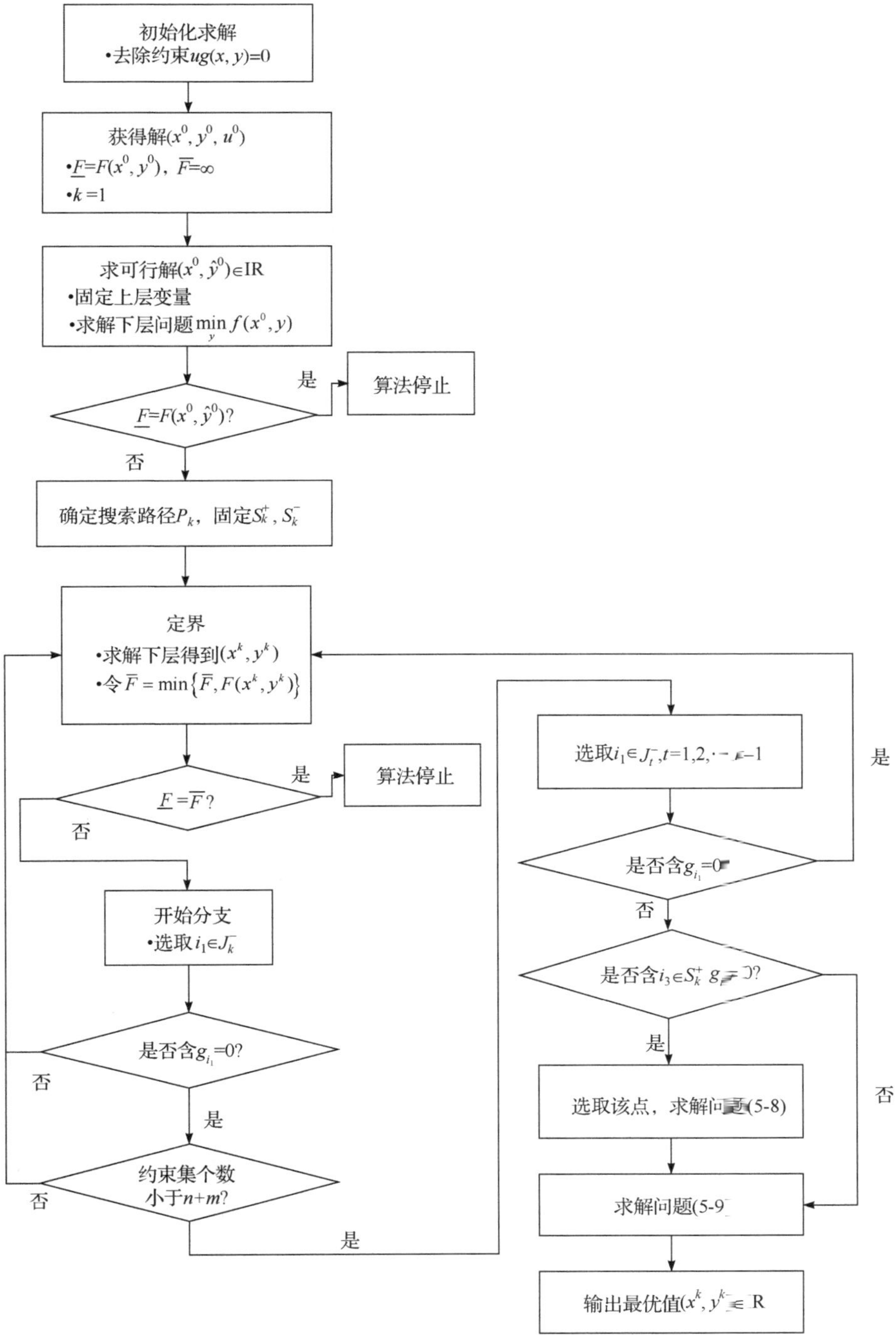

图 5-2　分支定界法流程图

分支定界法的求解效率高度依赖于问题的特性和实现的算法。不同的问题需要采用不同的求解策略和启发式算法。

5.4.3　罚函数法

罚函数法主要应用非线性规划理论中的罚函数原理利用不同形式的惩罚项把下层问题转化为一个无约束数学规划问题，然后把惩罚项加到上层目标函数中，将问题转化为一个带惩罚参数的单层问题，再通过求解一系列非线性规划来获得问题的全局最优解（李桂玲，2005）。

许多学者做了采用罚函数法求解双层规划问题的相关研究。Marcotte 和 Zhu（1996）提出用精确与不精确罚函数求解广义双层规划问题。Liu 等（2001）研究了凸双层规划问题的精确罚函数法。

上层为单目标、下层为线性多目标的一类双层多目标规划问题称为半向量双层规划问题，其数学模型可以描述为

$$\begin{aligned}&\min_{x} F(x,y)\\ &\text{s.t. } x\in X\subseteq R^{n}, y\in M(x)\end{aligned}\tag{5-10}$$

其中，给定 $x\in X, M(x)$ 表示下列线性多目标规划问题的弱有效集。

$$\begin{aligned}&\min_{y} Cy+Dx\\ &\text{s.t. } Ax+By\leqslant b, y\geqslant 0\end{aligned}\tag{5-11}$$

其中，$x\in R^{n}, y\in R^{m}, C\in R^{p\times m}, D\in R^{p\times n}, A\in R^{q\times n}, B\in R^{q\times m}, b\in R^{q}$，$F: R^{n}\times R^{m}\to R$。

以上述模型为例给出用罚函数法求解双层规划问题的具体步骤。

步骤 1：令 i=0,ε>0，选择初始罚因子 $\rho>0$ 和步长 $\Delta\rho>0$。

步骤 2：求解问题 $\min\limits_{x,y,\lambda,u} F(x,y)+\rho\pi(x,y,\lambda,u)$，s.t. $x\in X, y\in Y(x), (\lambda,u)\in D$，（$\pi(x,y,\lambda,u)=(\lambda^{\mathrm{T}}Cy+(b-Ax)^{\mathrm{T}}u)$）记最优解为 $(x_{\rho}^{i}, y_{\rho}^{i}, \lambda_{\rho}^{i}, u_{\rho}^{i})$。

步骤 3：计算 $\pi(x_{\rho}^{i}, y_{\rho}^{i}, \lambda_{\rho}^{i}, u_{\rho}^{i})=((\lambda_{\rho}^{i})^{\mathrm{T}}Cy_{\rho}^{i}+(b-Ax_{\rho}^{i})^{\mathrm{T}}u_{\rho}^{i})$。

步骤 4：①若 $\pi(x_{\rho}^{i}, y_{\rho}^{i}, \lambda_{\rho}^{i}, u_{\rho}^{i})<\varepsilon$，则 $(x_{\rho}^{i}, y_{\rho}^{i}, \lambda_{\rho}^{i}, u_{\rho}^{i})$ 为最优解，停止；②若 $\pi(x_{\rho}^{i}, y_{\rho}^{i}, \lambda_{\rho}^{i}, u_{\rho}^{i})\geqslant\varepsilon$，令 ρ=ρ+$\Delta\rho, i=i+1$，转到第一步。

罚函数法的优点是求解过程相对简单。但是，罚函数的选择对问题的求解效果有很大的影响，如果罚函数选取不合适，可能会导致求解结果不稳定或收敛缓慢。因此，本方法需要选择合适的罚函数，并对罚项的权重进行合理设定。

5.4.4 互补旋转算法

Bialas 等（1980）首次提出使用互补旋转算法来求解线性双层规划问题，该算法可以看作下层最优基的隐迭代，并且算法的所有计算可以在类似单纯形表的框架中进行，其中单纯形表的规模与原来问题的规模相当。由于使用了外生参数，该类求解方法也称为参数互补枢轴（parametric complementary pivot，PCP）算法。PCP 算法克服了相邻极点遍历和多次使用线性规划的缺点，是研究线性双层规划算法效率的重要标杆（杨静蕾等，2021）。

互补旋转算法的基本思路是通过旋转互补条件使目标函数的下降方向与约束条件不相交，从而得到极小值点。具体步骤如下。

步骤 1（选择初始点）：选择一个可行解作为初始点。

步骤 2（设定下层最优解）：根据互补条件，设定下层问题的最优解为 $g(x)$ 。

步骤 3（求解下层问题）：在当前上层问题的解 x 下，解下层问题 $g(x)$ ，得到 y 。

步骤 4（判断互补条件是否满足）：如果互补条件不满足，则进行互补旋转。

步骤 5（更新步长）：使用阿米乔（Armijo）准则或戈德斯坦（Goldstein）准则计算新的步长。

步骤 6（更新 x ）：更新 x 到新的点。

步骤 7（判断停止条件）：是否达到最大迭代次数，或者目标函数的变化小于预设的阈值。

步骤 8（输出）：输出最优解。

需要注意的是，互补旋转算法的性能很大程度上取决于互补条件的设定。因此，选择适当的互补条件对算法的收敛速度和稳定性非常重要。

5.4.5 非数值优化算法

非数值优化算法主要包括遗传算法和模拟退火算法等，这种非数值优化方法目前主要用于工程问题，且收敛性一般难以保证。

1. 遗传算法

遗传算法是一种通过模拟自然界进化过程的求解双层规划模型的方法。本节介绍了一种嵌套遗传算法（吴军，2020），通过嵌入的方式求解下层的优化问题，以评估上层优化问题产生的决策方案，并将求解得到的优化结果反馈到上层优化问题中。算法流程具体步骤如下。

步骤 1（参数设置）：设置产品族设计中的参数，包括产品族中的产品变体的数量 J 和复合模块的数量 R ；设置上下层遗传算法的种群规模 N 和 M ，最大迭代次数 GN 和 GM 。

步骤 2（上层的种群初始化）：基于上层优化问题的决策变量，随机产生一个种群规模数量为 N（假设为 100 个）的初始种群 X，并通过整数编码策略，对上层的决策变量进行相应的编码处理。

步骤 3（判断是否满足上层约束条件）：对上层的初始种群判断其是否满足上层优化问题的约束条件，如果满足约束条件，则执行下一步的操作，把上层的初始种群传递到下层的优化模型中；否则，需要把上层初始种群的适应度值设置为 0，再跳转到步骤 7。

步骤 4（下层的种群初始化）：针对上层优化问题中的可行解，在下层优化问题中再结合自身决策变量的约束条件，随机产生一个种群规模数量为 M 的初始种群 Y。

步骤 5（评估下层的子代）：判断下层初始种群是否满足它的约束条件，如果满足约束条件，将下层优化问题的目标函数作为下层的适应度函数，并评价种群个体的适应度值；否则，将其初始种群的适应度值设置为 0，再进行后续操作。

步骤 6（下层终止条件判断）：判断下层当前的迭代次数是否已经达到之前设定的最大迭代次数 GM，如果达到最大迭代次数，则停止运算，此时得到的可行解和目标函数是最优的，记录下层最优解与相应的目标函数值，并将二者反馈到上层的遗传算法中；若还未达到最大的迭代次数，则需要对上层的种群个数进行选择、交叉、变异操作，并跳转回步骤 5。

步骤 7（上层终止条件判断）：判断上层迭代次数是否已经达到预先设定的最大迭代次数 GN，如果达到，则停止运算，此时得到的可行解和目标函数值都是最优的，记录上层最优解和相应的最优值；否则需要对上层种群个体进行选择、交叉、变异处理操作，产生新的种群个体，并跳转到步骤 3，并一直持续到达到最大迭代次数为止。具体流程参见图 5-3。

2. 模拟退火算法

模拟退火算法的出发点是将双层规划问题与统计力学的热平衡作类比，把优化的目标函数视作能量函数，模仿物理学中固体物质的退火处理，这种算法能够跳出局部极值点，但此方法搜索过程缓慢，以很长的计算时间来换取全局最优解（张相宇，2022）。模拟退火算法是一种基于蒙特卡罗迭代求解策略的启发式随机搜索算法。固体内部粒子在温度 T 时趋于平衡的概率是 $e(-\Delta E/(kT))$，其中 E 为温度 T 时的内能，ΔE 为内能变化量，k 为玻尔兹曼（Boltzmann）常数。将内能 E 模拟为目标函数 f，温度 T 变成控制参数 t，即以固体退火过程模拟组合优化问题。其退火过程由冷却进度表控制，包括控制参数的初值 t 及其温度衰减因子 Δt、在每个 t 值状态下的迭代次数 L、降温系数 a。模拟退火算法具体步骤（张相宇，2022）如图 5-4 所示。

步骤 1（初始化）：初始温度 T（充分大），温度下限 T_{min}（充分小），初始解状态 x（算法迭代起点），每个 T 值的迭代次数 L。

步骤 2：对 $l=1,2,\cdots,L$ 进行步骤 4～步骤 7。

步骤 3：产生新解 x_{new}。$x_{new}=x+\Delta x$，Δx 为 $[d_{min},d_{max}]$ 之间的随机数。

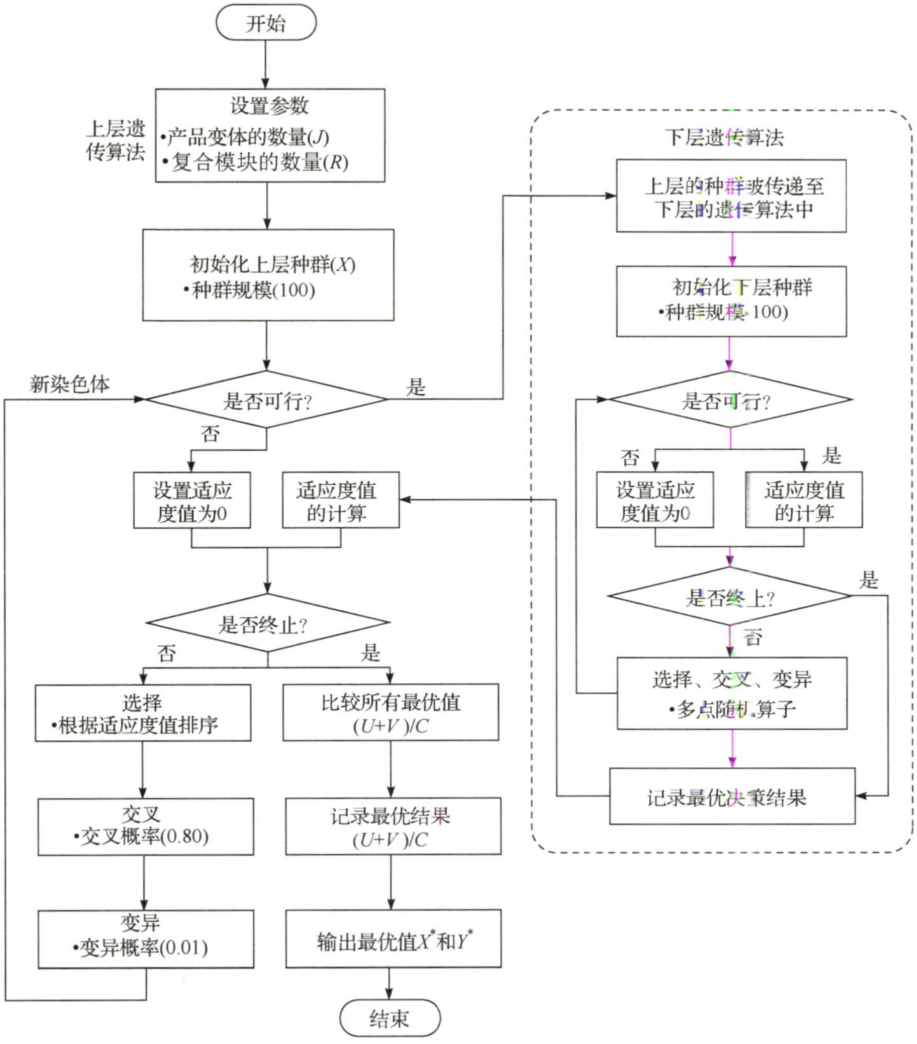

图 5-3　遗传算法流程图

步骤 4：计算增量 Δf，$\Delta f=f(x_{new})-f(x)$，其中 $f(x)$ 为目标函数。

步骤 5：若 $\Delta f<0$（若寻找最大值，$\Delta f>0$）则接受 x_{new} 作为新的当前解，否则以概率 $e(-\Delta f/(kT))$ 接受 x_{new} 作为新的当前解。

步骤 6：如果满足终止条件则输出当前解作为最优解，结束程序。通常在连续若干个新解都没有被接受时终止算法。

步骤 7：逐渐降低，且 $T < T_{\min}$，然后转步骤 3。

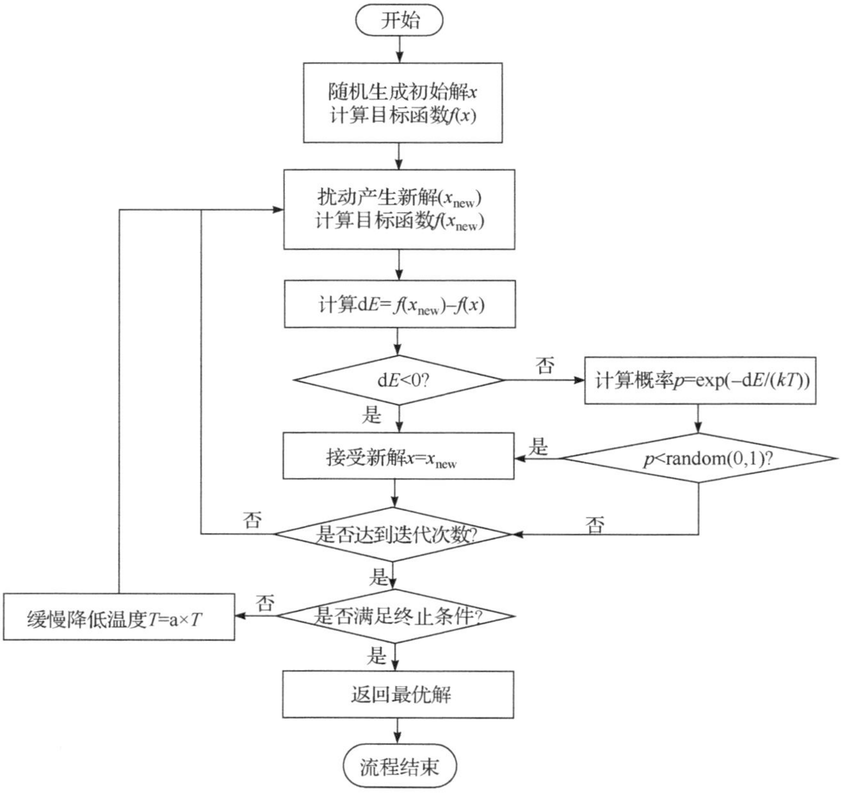

图 5-4　模拟退火算法流程图

5.5　中国储能容量配置双层规划

发展可再生能源是应对全球气候变化和实现能源清洁低碳转型的关键路径之一。然而，可再生能源的波动性、间歇性和反负荷性是制约其高比例大规模发展的重要瓶颈。储能作为性能优异的灵活调节资源，是突破这一瓶颈的关键技术。作为全球可再生能源装机规模最大的国家，2021 年中国储能装机容量仅为 46.1 吉瓦（Huang et al.，2022）。储能设施的不足已经成为制约光伏、风能进一步发展的重要原因（Li et al.，2022，Kyriakopoulos and Arabatzis，2016）。为了提高可再生能源的利用率、减少弃风弃光的发生，中国出台了一系列储能政策推动储能高质量规模化发展，如《“十四五”新型储能发展实施方案》《发展改革委 能源局关于加快推动新型储能发展的指导意见》等。显然，为了将这些政策落地，我国需要有步骤分区域确定合理的储能配置容量，从而实现高比例可再生能源渗透，保障电力系统稳定供应。由于可再生能源发电具有随机性、间接性和波动性，其大规模接入电网会降低电力系统的稳定性。因此，为实现电力系统中储能的合理规划并优化其运行策略，达到兼顾可靠性和经济性的目的，本节采用双层规划模型进行研究。

5.5.1　模型构建

为探究储能容量的合理配置这一问题，本节建立了考虑综合考虑规划和运行的双层规划模型。电力系统的长期规划决定着短期运行，短期运行又会对长期规划造成一定程度的影响，而双层规划模型正适用于解决此类问题。因此，本节以“发—输—储”总成本为上层目标，以储能削峰填谷后负荷峰谷差为下层目标建立双层规划模型，考虑抽水蓄能、压缩空气储能、锂离子电池和铅酸蓄电池四种储能技术，获得最优储能容量规划。

1. 模型假设

（1）优化期内储能装机容量不考虑退役。中国现有储能装机 89.3%为抽水蓄能，且其寿命最长可达 100 年（Wu et al.，2021），而其他储能技术的寿命也都长于 15 年的规划期。本节优化期间为 2020～2035 年，故不考虑储能装机容量的退役。

（2）由于缺乏各储能技术装机容量的区域数据，假设各区域各储能技术装机占比与全国占比相同。

2. 上层规划模型

1）上层目标：“发—输—储”总成本最小化

成本是经济活动需要考虑的重要目标之一。但合适的储能规模与发电规模和传输能力密切相关。因此，本节以电力的“发—输—储”总成本最小为目标。总成本包括储能成本（ C_1 ）、发电成本（ C_2 ）和输电成本（ C_3 ）。

$$\min f_1 = C_1 + C_2 + C_3 \tag{5-12}$$

（1）储能成本。储能成本由投资成本和运维成本构成，其中投资成本分为能量容量成本 $\mathrm{EC}_{k,t}\, P_{i,k,t} h_k$ 和功率容量成本 $\mathrm{PC}_{k,t}\, P_{i,k,t}$ 。

$$C_1 = \sum_{t\in T}\left(\sum_{i\in I}\sum_{k\in K}\left(\left(\mathrm{EC}_{k,t}\, P_{i,k,t} h_k + \mathrm{PC}_{k,t}\, P_{i,k,t}\right) + \mathrm{AP}_{i,k,t}\, e_{k,t}\right)\right) \Big/ (1+\gamma)^t \tag{5-13}$$

其中， $\mathrm{EC}_{k,t}$ 表示储能技术 k 在 t 年的单位能量容量成本； $\mathrm{PC}_{k,t}$ 表示储能技术 k 在 t 年的单位功率容量成本； $P_{i,k,t}$ 表示区域 i 储能技术 k 在第 t 年新增的额定功率容量；h_k 表示储能技术 k 在额定状态下的持续放电时间；$\mathrm{AP}_{i,k,t}=\mathrm{AP}_{i,k,t_0}+\sum_{t_1=1}^{t}P_{i,k,t_1}$ 表示区域 i 储能技术 k 第 t 年的累计额定功率容量；$e_{k,t}$ 表示储能技术 k 在第 t 年的单位运维成本；γ 表示贴现率。

（2）发电成本。平准化度电成本（$a_{n,t}$）被用于计算各发电电源生命周期内的总发电成本。

$$C_2=\sum_{t\in T}\left(\sum_{i\in I}\sum_{n\in N}M_{i,n,t}h_{i,n}a_{n,t}\right)\Big/(1+\gamma)^t \tag{5-14}$$

其中，$h_{i,n}$ 表示区域 i 发电源 n 的利用小时数；$M_{i,n,t}$ 表示考虑机组退役后的累计发电装机容量。特别地，火电按照固定退役率 κ 退役，其余发电电源基于其寿命期确定各年退役量。

$$M_{i,n,t}=\begin{cases}M_{i,n,t-1}(1-\kappa)+\mathrm{NG}_{i,n,t}, & n=1\\ M_{i,n,t-1}+\mathrm{NG}_{i,n,t}-y_{i,n,t}, & n=2,3,4,5,6\end{cases} \tag{5-15}$$

其中，$\mathrm{NG}_{i,n,t}$ 表示区域 i 发电源 n 在第 t 年的新增装机容量；$y_{i,n,t}$ 表示区域 i 发电源 n 在第 t 年的退役容量。

（3）输电成本。输电成本为输电量 $\mathrm{TI}_{i,t}$ 与单位输电成本 $\mu_{i,t}$ 的乘积。

$$C_3=\sum_{t\in T}\left(\sum_{j\in J}\mathrm{TI}_{i,t}\,\mu_{i,t}\right)\Big/(1+\gamma)^t \tag{5-16}$$

其中，$\mathrm{TI}_{i,t}$ 表示区域 i 在第 t 年的调入电量；$\mu_{i,t}$ 表示第 t 年区域 i 的单位输电成本。

2）上层约束

（1）区域电力供需约束。保障经济社会发展的用电需求是电力规划的基本要求，各区域发电量与净调入量之和应不小于该区域的电力需求以及储能设备的自放电损失。

$$\sum_{n\in N}M_{i,n,t}h_{i,n}+\mathrm{TI}_{i,t}-\mathrm{TO}_{i,t}\geqslant D_{i,t}+365\sum_{k\in K}\left(\mathrm{AP}_{i,k,t}\,h_k r_k\right) \tag{5-17}$$

其中，$\mathrm{TO}_{i,t}$ 表示区域 i 在第 t 年的调出电量；r_k 表示储能技术 k 每日自放电率。

（2）储能配比约束。发展储能产业是促进可再生能源高质量发展的必然要求。截止到 2022 年，中国半数以上省区市均发布了新能源配储政策。对新增风光装机设置储能配比上、下限约束，以在不浪费资源过度装机的同时，保障电力的稳定供应。

$$\mathrm{SL}\left(\mathrm{NG}_{i,4,t}+\mathrm{NG}_{i,5,t}\right)\leqslant\sum_{k\in K}P_{i,k,t}\leqslant\mathrm{SU}\left(\mathrm{NG}_{i,4,t}+\mathrm{NG}_{i,5,t}\right) \tag{5-18}$$

其中，SL 表示储能配比的下限；SU 表示储能配比上限。

（3）抽水蓄能装机约束。抽水蓄能是利用水作为储能介质，通过电能与势能相互转化，实现电能的储存与管理。受水资源状况的限制，各区域抽水蓄能功率容量应小于各区域的水电最大技术可开发潜力。

$$AP_{i,1,t} \leqslant s_{i,3} \tag{5-19}$$

（4）可再生能源开发潜力约束。受气候、地理和技术条件的限制，可再生能源装机容量的扩张必须在其技术可开发潜力范围内。

$$M_{i,n,t} \leqslant s_{i,n}\ ,\quad n=3,4,5,6 \tag{5-20}$$

其中，$s_{i,n}$ 表示区域 i 发电技术 n 的最大技术可开发装机容量。

（5）可再生能源装机占比约束。由化石能源转向可再生能源是电力结构发展的方向。中国提出了一系列政策以提高非化石能源发电装机容量占比，促进能源结构转型。例如，《电力发展“十三五”规划（2016—2020 年）》中制定了 2020 年非化石能源装机占比 39%的目标。因此，对可再生能源装机占比下限进行约束，以满足中国提出的一系列可再生能源发展规划需要。

$$\frac{\sum_{i\in I}\sum_{n\in\{3,4,\cdots,6\}} M_{i,n,t}}{\sum_{i\in I}\sum_{n\in N} M_{i,n,t}} \geqslant \varepsilon_t\ ,\ i\in T \tag{5-21}$$

其中，ε_t 表示第 t 年可再生能源装机占比下限。

（6）发电累计装机容量约束。受技术和投资成本等因素的限制，各发电源累计装机容量的年度增长应在一定范围内。

$$(1+q_{1,i,n})\cdot M_{i,n,t-1} \leqslant M_{i,n,t} \leqslant (1+q_{2,i,n})\cdot M_{i,n,t-1} \tag{5-22}$$

其中，$q_{1,i,n}$ 和 $q_{2,i,n}$ 分别表示区域 i 发电技术 n 累计装机容量的增速下限和上限。

（7）决策变量非负约束。

$$P_{i,k,t}, M_{i,n,t} \geqslant 0 \tag{5-23}$$

3. 下层规划模型

1）下层目标：储能削峰填谷后负荷峰谷差最小化

电力系统负荷峰谷差是指电力系统某一时间周期内最大负荷与最小负荷之差（霍成军，2007）。电力系统需时刻保持供需瞬间平衡，随着经济发展和电力需求的多样性，负荷峰谷差会越来越大。负荷峰谷差过大会影响电能的质量、产量、安全以及经济运行，对电力企业和用户具有危害性。因此，以储能削峰填谷后负荷峰谷差最小化为目标，平滑负荷曲线，实现电网的稳定运行。该目标可以表示为

$$\min f_2=\sum_{t\in T}\sum_{i\in I}(\mathrm{Max}(L_{i,t,1},L_{i,t,2},\cdots,L_{i,t,S})-\mathrm{Min}(L_{i,t,1},L_{i,t,2},\cdots,L_{i,t,S})) \tag{5-24}$$

其中，$L_{i,t,s}=\mathrm{LO}_{i,t,s}+\sum\limits_{k\in K}\mathrm{CH}_{i,k,t,s}-\sum\limits_{k\in K}\mathrm{DS}_{i,k,t,s}$ 表示储能削峰填谷后区域 i 在第 t 年时间片 s 时的负荷，$\mathrm{LO}_{i,t,s}$ 表示区域 i 在第 t 年时间片 s 时的负荷，$\mathrm{CH}_{i,k,t,s}$ 表示区域 i 储能技术 k 在第 t 年时间片 s 时的充电功率，$\mathrm{DS}_{i,k,t,s}$ 表示区域 i 储能技术 k 在第 t 年时间片 s 时的放电功率。

2）下层约束

（1）区域电力负荷约束。电力负荷，指电能用户的用电设备在某一时刻向电力系统取用电功率的总和（Gustafsson，1998）。为保证电力系统的稳定性，任意时刻各发电电源输出功率、输电线路传输功率及储能充放电功率必须共同满足电力负荷。

$$\sum_{n\in N}M_{i,n,t}+\mathrm{PI}_{i,t,s}-\mathrm{PO}_{i,t,s}\geqslant \mathrm{LO}_{i,t,s}+\sum_{k\in K}\mathrm{CH}_{i,k,t,s}-\sum_{k\in K}\mathrm{DS}_{i,k,t,s} \tag{5-25}$$

其中，$\mathrm{PI}_{i,t,s}$ 表示区域 i 在第 t 年时间片 s 时的传入功率；$\mathrm{PO}_{i,t,s}$ 表示区域 i 在第 t 年时间片 s 时的传出功率。

（2）存储量约束。荷电状态是储能使用一段时间或者长期搁置后的剩余容量与额定容量的比值（Chang，2013）。作为重要的性能指标，荷电状态反映储能设备的实际可用电量。各储能设备任意时刻的储电量需在由荷电状态决定的储能容量范围内。

$$\mathrm{AP}_{i,k,t}\,h_k\,\mathrm{CL}_k\leqslant E_{i,k,t,s}\leqslant \mathrm{AP}_{i,k,t}\,h_k\,\mathrm{CU}_k \tag{5-26}$$

其中，CL_k 和 CU_k 分别表示储能技术 k 的荷电状态下限和上限。各区域的各储能技术在每个时间片内的存储电量 $E_{i,k,t,s}$ 由前一个时间片的存储电量 $E_{i,k,t,s-1}$ 以及当前时间片的充电量 $\mathrm{CH}_{i,k,t,s}\cdot\chi\cdot\eta_{1,k}$ 和放电量 $\mathrm{DS}_{i,k,t,s}\cdot\chi/\tau_k$ 共同决定。

$$E_{i,k,t,s}=E_{i,k,t,s-1}+\chi\cdot\left(\eta_k\,\mathrm{CH}_{i,k,t,s}-\frac{\mathrm{DS}_{i,k,t,s}}{\tau_k}\right) \tag{5-27}$$

为描述电力负荷的波动特征，在每个规划年内选取典型的工作日和节假日各一天来代表一年的负荷情况。考虑优化周期内储能系统起止状态的一致性，各储能每天结束时处于最小荷电状态，以保证计算结果在时间上的连续性。

$$E_{i,k,t,s}=\mathrm{AP}_{i,k,t}\cdot h_k\cdot \mathrm{CL}_k\,,\quad s=24,48 \tag{5-28}$$

（3）储能充放电约束。过载运行会影响储能系统的性能、缩短储能系统的运行寿命（Liu et al.，2022）。因此，各区域各储能技术在每个时间片上实际运行的功率应不大于各储能技术当年的累计装机容量。

$$\begin{aligned}\mathrm{CH}_{i,k,t,s}&\leqslant \mathrm{AP}_{i,k,t}\\ \mathrm{DS}_{i,k,t,s}&\leqslant \mathrm{AP}_{i,k,t}\end{aligned} \tag{5-29}$$

（4）调入调出功率约束。受输电通道传输能力的限制，区域传入传出功率不能超过其传输通道的最大容量。

$$\begin{aligned} \mathrm{PI}_{i,t,s} &\leqslant \upsilon_{i,t} \\ \mathrm{PO}_{i,t,s} &\leqslant \omega_{i,t} \end{aligned} \tag{5-30}$$

其中，$\upsilon_{i,t}$ 表示区域 i 在第 t 年的最大传入容量；$\omega_{i,t}$ 表示区域 i 在第 t 年的最大传出容量。

（5）调入调出功率与调入调出量之间的平衡关系。每年的调入量应等于工作日和非工作日调入量之和。其中工作日有 250 天，而非工作日有 115 天。具体而言，每天的调入、调出量等于各时间片相应功率与时间间隔乘积之和。

$$\begin{aligned} (250\sum_{s=1}^{24}\mathrm{PI}_{i,t,s}+115\sum_{s=25}^{48}\mathrm{PI}_{i,t,s})\cdot\chi &= \mathrm{TI}_{i,t} \\ (250\sum_{s=1}^{24}\mathrm{PO}_{i,t,s}+115\sum_{s=25}^{48}\mathrm{PO}_{i,t,s})\cdot\chi &= \mathrm{TO}_{i,t} \end{aligned} \tag{5-31}$$

（6）调入调出功率之间的关系。稳定的电力系统中功率是瞬时平衡的，因此每个时刻总调入功率和调出功率应保持一致。

$$\sum_{i\in I}\mathrm{PI}_{i,t,s}-\sum_{i\in I}\mathrm{PO}_{i,t,s}=0 \tag{5-32}$$

（7）决策变量非负约束。

$$\mathrm{CH}_{i,k,t,s},\mathrm{DS}_{i,k,t,s},\mathrm{PI}_{i,t,s},\mathrm{PO}_{i,t,s}\geqslant 0 \tag{5-33}$$

5.5.2　参数设置

1. 储能相关参数

本节以华北地区为例进行研究。抽水蓄能的基期装机容量数据来自中国储能网。根据中关村储能产业技术联盟（China Energy Storage Alliance，CNESA）全球储能项目库的数据，截止到 2020 年底，抽水蓄能累计装机占比为 89.3%，其他储能技术装机容量占比较小，且数据难以获得，对优化结果的影响相对较小。因此，研究假设各省区市的各储能技术装机占比与全国占比相同，根据抽水蓄能数据和各省区市储能数据计算各省区市其他储能技术的基期装机容量。各储能技术的能量容量成本、功率容量成本和运维成本数据参考 Rahman 等（2020），如表 5-1 所示。考虑到抽水蓄能技术已经十分成熟，故文章假设抽水蓄能的成本不变。压缩空气储能、锂离子电池和铅酸蓄电池的投资成本下降率分别为 3.75%、10% 和 3.33%，数据来源为碳索储能网、北极星输配电网和国际可再生能源机构（International Renewable Energy Agency，IRENA）。各储能技术在额定状态下持续放电时间最小值和最大值参考 Behabtu 等（2020）、Rahman 等（2020）、王婷婷和曹飞（2014），中值取两者均值。各储能技术每日自放电率参考 Wu 等（2021）。各储能技术充放电效率参考 Zhang 等（2021）。各储能技术荷电状态下限和荷电状态上限参考杨天蒙等（2021）、Jiang 等（2019），其他数据参考 Wang 等（2020），如表 5-2 所示。根据各省区市发布的风光配储政策，储能配比上下限分别设置为 30%和 5%。

表 5-1　各储能技术成本相关数据

储能技术	能量容量成本 /（元/千瓦时）	功率容量成本 /（元/千瓦）	运维成本 /[元/（千瓦时・年）]
抽水蓄能	36.25	2943.50	14.50
压缩空气储能	344.38	4734.25	14.50
锂离子电池	2044.50	1167.25	14.50
铅酸蓄电池	957.00	1863.25	21.75

表 5-2　各储能技术参数

储能技术	放电时间最小值/小时	放电时间最大值/小时	每日自放电率	充放电效率	荷电状态下限	荷电状态上限
抽水蓄能	4	10	0.01%	0.85%	0.1	0.81
压缩空气储能	1	20	0.5%	0.7%	0.1	0.7
锂离子电池	1	4	0.225%	0.97%	0.05	0.95
铅酸蓄电池	0.017	3	0.205%	0.85%	0.4	0.9

2. 发电相关参数

以 2020 年为基期，各个省区市的六种发电源（火电、核电、水电、风电、光伏发电和生物质发电）基期装机容量来自《电力工业统计资料汇编》。各发电技术的度电成本和水电的成本下降率参考 Yu 等（2022），火电成本下降率来自北极星储能网，核电的成本下降率为 2017～2020 年的年均下降率，其他发电技术的成本下降率为 2020～2019 年的年均下降率，数据来自国际可再生能源机构，见表 5-3。各省区市生物质发电利用小时数来源于 Yu 等（2022），其余发电技术利用小时数取 2016～2020 年的平均值，数据来自《中国电力年鉴》和《电力工业统计资料汇编》。各省区市的可再生能源最大技术可开发潜力参考 Yu 等（2022，2023a，2023b）、He 等（2018）。不同发电技术的寿命不同，发电装机超过寿命后须退役。由于水电的寿命期为 50 年，核电的寿命期为 30～40 年，寿命期较长，且 1970 年前的水电新增装机、1980 年前核电新增装机以及 2000 年前的生物质新增装机数据难以获得。因此，不考虑水电、核电和生物质发电的退役。

表 5-3　发电技术成本相关参数

发电源	度电成本/（元/兆瓦时）	成本下降率
火电	290	0.20%
核电	310	1.54%
水电	250	0.00%
风电	380	3.20%
光伏发电	650	6.55%
生物质发电	390	1.32%

由于风电和光伏发电的寿命期为 20 年（Yu et al.，2022），风电和光伏发电在规划期的退役容量为 20 年前的新增装机容量。火电每年退役装机的影响因素较多，参考《中国电力年鉴》中的历史平均火电退役及关停率，用每年 0.1%的退役率处理火电退役量（毛泳，2019）。无论退役情况如何，可再生能源发电技术的装机容量下限为 1，累计装机容量将逐年增加（Yu et al.，2019）。装机容量上限则基于历史数据，设置为过去五年的年均增长率。可再生能源装机占比下限参考 Zhou 等（2022）。

3. 其他参数

电力需求和电力负荷、区域划分参考 Yu 等（2022）。各省区市单位传输成本参考 Zhou 等（2022）。各区域电力最大传入和传出能力根据 2016～2020 年数据趋势外推和参考 Yu 等（2022）共同得到。历史数据来自《中国电力行业年度发展报告》。折现率参考 Yu 等（2022）取 2%。

5.6　结果与分析

5.6.1　储能累计装机容量分析

华北地区储能累计装机容量由 2020 年的 602.97 万千瓦增加到了 2030 年的 1948.75 万千瓦，年均增速为 12.45%，如图 5-5 所示。其中，铅酸蓄电池累计装机容量由 2020 年的 5.75 万千瓦增加到了 2030 年的 203.44 万千瓦，增长速度最快。由于铅酸蓄电池基期累计装机容量较小，年均增速高达 42.85%。另外，压缩空气储能累计装机容量在 2020～2030 年未有增长。抽水蓄能是我国目前累计装机容量最大的储能技术，它是以水为介质，通过势能和电能的相互转换来进行存储的一种储能技术。受水资源状况的限制，抽水蓄能 2020～2030 年累计装机容量年均增速仅为 6.25%。抽水蓄能 2020 年累计装机容量占比约为 90%，处于绝对领先地位，而到了 2030 年占比下降至 51.46%。由于技术进步，锂离子电池逐渐具有成本优势，在 2026 年后累计装机容量快速增长，在 2030 年时高达 742.26 万千瓦。

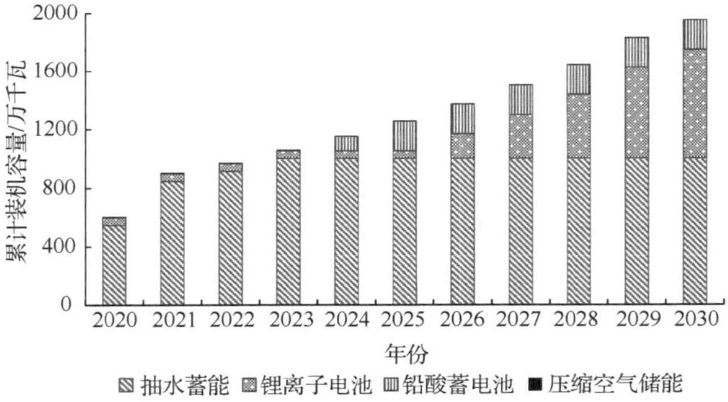

图 5-5　2020～2030 年华北地区储能累计装机容量

5.6.2　累计发电装机容量情况分析

根据图 5-6 结果可知，2020～2030 年华北地区累计发电装机容量呈逐年增长趋势。华北地区累计发电装机容量从 2020 年的 545.03 吉瓦增长至 2030 年的 840.91 吉瓦，

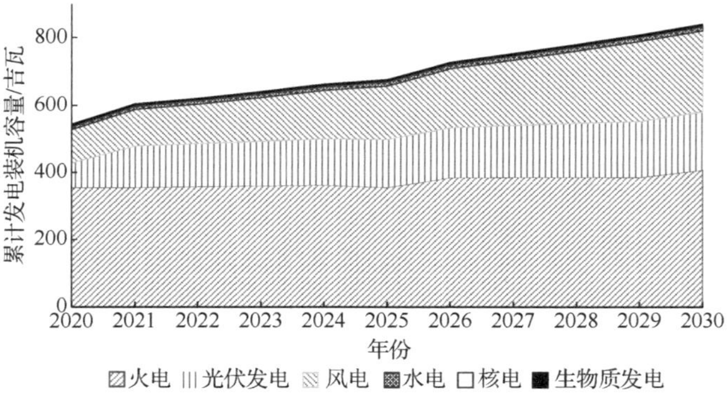

图 5-6　2020～2030 年华北地区累计发电装机容量

年均增长率为 4.43%。华北地区火电累计发电装机容量增长速度缓慢，由 2020 年的 355.82 吉瓦增加到 2030 年的 407.12 吉瓦，年均增速仅为 1.36%。可再生能源累计发电装机容量快速增长。2030 年，可再生能源累计发电装机容量超过煤电，

成为主要的电力供应来源，占比为 51.29%。其中，风电和光伏发电累计发电装机容量增长速度最快，分别由 2020 年的 99.33 吉瓦和 72.34 吉瓦增长到 2030 年的 241.49 吉瓦和 171.78 吉瓦，年均增速分别为 9.3%和 9.03%。2030 年，风电和光伏发电累计装机占比高达 28.72%和 20.43%。另外，生物质发电累计发电装机容量增长速度较为缓慢，年均增速仅为 0.17%。

5.6.3 敏感性分析

储能容量优化配置研究涉及多个不确定因素，确定较为关键的敏感性因素，能够为决策者提供更好的决策支持。电力需求是影响各省区市发电装机容量和储能装机容量的直接因素，满足各省区市的电力需求是发电装机容量布局优化和储能容量配置优化的首要条件。因此，选取电力需求作敏感性分析，然后，可再生能源占比直接影响未来电力结构，从而直接关系储能设施的建设。电力负荷是决定可再生能源和储能装机容量的关键因素，并且未来的取值具有很大的不确定性。总结上述分析，本节对上述储能容量优化布局中关系最密切的三个因素进行敏感性分析，分别为电力需求、可再生能源占比和电力负荷。通过将上述参数增加或减少 10%，来评估电力需求、可再生能源占比和电力负荷对原最优解（四种储能技术新增装机容量）的影响，结果如图 5-7 所示。

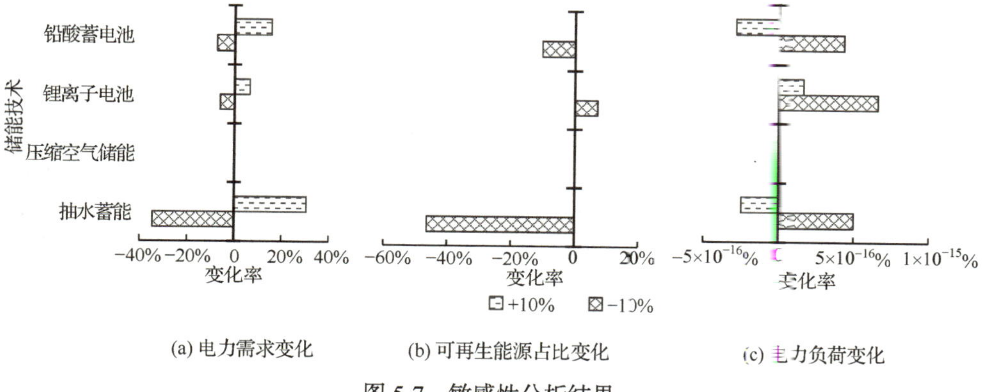

图 5-7　敏感性分析结果

（1）抽水蓄能新增装机容量对电力需求变化十分敏感，当电力需求增加或减少 10%时，抽水蓄能新增装机容量变化率均大于 30%。铅酸蓄电池新增装机容量对电力需求变化较为敏感，当电力需求增加 10%时，铅酸蓄电池新增装机容量变化率为 15.46%。而另外两种储能技术新增装机容量对电力需求变化较不敏感，新增装机容量变化率均小于 10%。

（2）抽水蓄能新增装机容量对可再生能源占比变化敏感，当可再生能源占比减小 10%时，抽水蓄能新增装机容量变化率高达 46.41%。另外，剩余三种储能技术对可再生能源占比变化均不敏感。

（3）四种储能技术新增装机容量对电力负荷变化均不敏感，当电力负荷变化10%时，各储能技术新增装机容量变化率均不足1%。

5.7 本章小结

本章首先对双层规划基本模型、改进和求解方法进行介绍，其上、下层问题都有各自的决策变量、目标函数和约束条件。上层的目标函数和约束条件与下层的决策变量相关，下层的目标函数和约束条件也受上层决策变量的影响。学者逐渐对线性双层规划问题和非线性双层规划问题进行深入研究，在应用中改进模型和算法。现在常使用极点搜索法、分支定界法、罚函数法等求解双层规划问题，也常与非数值优化算法结合，为多类决策者的共同决策提供支持。本章将其应用在能源存储系统优化中，并与发电系统进行协同规划。

本章对储能容量优化配置问题进行了研究，应对电力负荷峰谷差大，以及可再生能源大规模并网导致的电力系统不稳定。由于储能容量和选址会影响到电力系统运行策略的优化，且电力系统的合理运行也有助于电力系统的稳定性，提高规划的合理性和经济性。因此，建立了将长期规划和短期运行协同考虑的双层规划模型，优化得到我国华北地区现有装机规模最大的四种储能技术（抽水蓄能、压缩空气储能、锂离子电池及铅酸蓄电池）的最优装机规划。上层以“发—输—储”总成本最小化为目标，下层以储能削峰填谷后负荷峰谷差最小化为目标，同时考虑了电力供需约束、储能相关约束、发电相关约束以及传输相关约束。

模型求解结果表明：华北地区抽水蓄能累计装机容量占比由2020年约90%的绝对主导地位，到2030年占比下降至51.46%。由于技术进步，锂离子电池逐渐具有成本优势在2030年时高达742.26万千瓦。该地区2030年可再生能源累计发电装机容量超过煤电，占比为51.29%，其中风电和光伏发电累计装机占比高达28.72%和20.43%。最后，电力需求是影响各省区市发电装机容量和储能装机容量的直接因素，储能容量布局尤其是抽水蓄能，对电力需求变化十分敏感。

参考文献

高莹莹. 2014. 二次双层规划问题全局最优解的有效算法研究[D]. 长春：长春工业大学.

高自友，张好智，孙会君. 2004. 城市交通网络设计问题中双层规划模型、方法及应用[J]. 交通运输系统工程与信息, (1): 35-44.

胡长英. 2012. 双层规划理论及其在管理中的应用[M]. 北京：知识产权出版社.

霍成军. 2007. 电力系统负荷特性分析研究[D]. 天津：天津大学.

李桂玲. 2005. 双层规划中几个问题的研究[D]. 青岛：山东科技大学.

李和成. 2009. 非线性双层规划问题的遗传算法研究[D]. 西安：西安电子科技大学.

李青. 2021. 求解双层规划和约束优化问题的填充函数法[D]. 武汉：武汉科技大学.
林殿盛. 2021. 生鲜农产品低碳冷链物流网络优化研究[D]. 广州：华南理工大学.
刘新旺，达庆利. 2000. 一种多人递阶资源分配问题的模糊满意解[J]. 系统工程理论与实践，(1): 52-57.
毛泳. 2019. 我国输电主干线路布局优化：考虑可再生能源发展和输电技术选择[D]. 武汉：中国地质大学.
彭重秀. 2022. 基于双层规划的海上应急物资配送选址–路径问题研究[D]. 大连：大连海事大学.
任爱红. 2014. 几类复杂双层规划问题的算法研究及应用[D]. 西安：西安电子科技大学.
王广民. 万仲平，王先甲. 2007. 二(双)层规划综述[J]. 数学进展，(5): 513-529.
王建忠，杜纲. 2009. 区间线性双层规划的最好最优解[J]. 系统工程，27(4): 100-103.
王婷婷，曹飞. 2014. 从电力系统储能技术谈抽水蓄能电站的建设必要性[C]//中国水力发电工程学会电网调峰与抽水蓄能专业委员会. 抽水蓄能电站工程建设文集 2014. 北京：中国电建集团北京勘测设计研究院有限公司，5: 16-20.
吴军. 2020. 开放制造环境下动态延迟设计的主从关联优化问题研究[D]. 天津：天津大学.
向丽，顾培亮. 1999. 一种基于遗传算法的双层非线性多目标决策方法[J]. 系统工程理论方法应用，(3): 16-21.
杨华，王庆. 1998. 钢铁企业价格与产品结构综合决策问题研究[J]. 运筹与管理，(3): 53-58.
杨静蕾，罗梅丰，袁帅石. 2021. 线性双层规划的改进 PCP 全局求解算法[J]. 运筹与管理，30(1): 23-28.
杨天蒙，韩震焘，史喆，等. 2021. 能源互联网系统中复合储能协调优化配置方法研究[J]. 电测与仪表，58(5): 8-13.
张相宇. 2022. 无人驾驶汽车连通专用道网络设计问题研究[D]. 大连：大连海事大学.
张志江. 2008. 线性双层规划的性质和算法研究[D]. 青岛：山东科技大学.
Anandalingam G, White D J. 1990. A solution method for the linear static Stackelberg problem using penalty functions[J]. IEEE Transactions on Automatic Control, 35(10): 1170-1173.
Bard J F. 1984. An investigation of the linear three level programming problem[J]. IEEE Transactions on Systems, Man, and Cybernetics, 14(5): 711-717.
Bard J F, Moore J T. 1990. A branch and bound algorithm for the bilevel programming problem[J]. SIAM Journal on Scientific and Statistical Computing, 11(2): 281-292.
Bard J F, Plummer J, Sourie J C. 2000. A bilevel programming approach to determining tax credits for biofuel production[J]. European Journal of Operational Research, 120(1): 30-46.
Behabtu H A, Messagie M, Coosemans T, et al. 2020. A review of energy storage technologies' application potentials in renewable energy sources grid integration[J]. Sustainability, 12(24): 10511.
Bialas W, Karwan M. 1982. On two-level optimization[J]. IEEE Transactions on Automatic Control, 27(1): 211-214.
Bialas W, Karwan M, Shaw J. 1980. A parametric complementary pivot approach for two-level linear programming[D]. Buffalo: University at Buffalo, the State University of New York.
Bialas W F, Karwan M H. 1984. Two-level linear programming[J]. Management Science, 30(8):

1004-1020.
Bracken J, McGill J T. 1973. Mathematical programs with optimization problems in the constraints[J]. Operations Research, 21(1): 37-44.
Candler W, Norton R. 1977. Multilevel programming[R]. Washington D C: World Bank Group.
Candler W, Townsley R. 1982. A linear two-level programming problem[J]. Computers & Operations Research, 9(1): 59-76.
Chang W Y. 2013. The state of charge estimating methods for battery: a review[J]. International Scholarly Research Notices, (1): 953792.
Colson B, Marcotte P, Savard G. 2007. An overview of bilevel optimization[J]. Annals of Operations Research, 153: 235-256.
Dakin R J. 1965. A tree-search algorithm for mixed integer programming problems[J]. The Computer Journal, 8(3): 250-255.
Fortuny-Amat J, McCarl B. 1981. A representation and economic interpretation of a two-level programming problem[J]. Journal of the Operational Research Society, 32: 783-792.
Gustafsson S I. 1998. Carpentry factory and municipal electricity loads[J]. Energy Conversion and Management, 39(3/4): 343-347.
He J X, Liu Y, Lin B Q. 2018. Should China support the development of biomass power generation?[J]. Energy, 163: 416-425.
Huang Z, Zhu L, Li A, et al. 2022. Renewable synthetic fuel: turning carbon dioxide back into fuel[J]. Frontiers in Energy, 16: 145-149.
Jeroslow R G. 1985. The polynomial hierarchy and a simple model for competitive analysis[J]. Mathematical Programming, 32: 146-164.
Jiang Y H, Kang L X, Liu Y Z. 2019. A unified model to optimize configuration of battery energy storage systems with multiple types of batteries[J]. Energy, 176: 552-560.
Kyriakopoulos G L, Arabatzis G. 2016. Electrical energy storage systems in electricity generation: energy policies, innovative technologies, and regulatory regimes[J]. Renewable and Sustainable Energy Reviews, 56: 1044-1067.
LeBlanc L J, Boyce D E. 1986. A bilevel programming algorithm for exact solution of the network design problem with user-optimal flows[J]. Transportation Research Part B: Methodological, 20(3): 259-265.
Li J L, Ho M S, Xie C P, et al. 2022. China's flexibility challenge in achieving carbon neutrality by 2060[J]. Renewable and Sustainable Energy Reviews, 158: 112112.
Liu G S, Han J Y, Zhang J Z. 2001. Exact penalty functions for convex bilevel programming problems[J]. Journal of Optimization Theory and Applications, 110: 621-643.
Liu Y S, Liu Q Q, Guan H M, et al. 2022. Optimization strategy of configuration and scheduling for user-side energy storage[J]. Electronics, 11(1): 120.
Marcotte P, Zhu D L. 1996. Exact and inexact penalty methods for the generalized bilevel programming problem[J]. Mathematical Programming, 74: 141-157.
Nicholls M G. 1995. Aluminum production modeling: a nonlinear bilevel programming approach[J]. Operations Research, 43(2): 208-218.

Rahman M M, Oni A O, Gemechu E, et al. 2020. Assessment of energy storage technologies: a review[J]. Energy Conversion and Management, 223: 113295.

Vicente L, Savard G, Júdice J. 1994. Descent approaches for quadratic bilevel programming[J]. Journal of Optimization Theory and Applications, 81: 379-399.

Wang B, Zhang C, Dong Z Y. 2020. Interval optimization based coordination of demand response and battery energy storage system considering SOC management in a microgrid[J]. IEEE Transactions on Sustainable Energy, 11(4): 2922-2931.

Wu Y N, Zhang T, Gao R, et al. 2021. Portfolio planning of renewable energy with energy storage technologies for different applications from electricity grid[J]. Applied Energy, 287: 116562.

Yu S W, Gui H Z, Yang J. 2023a. China's provincial wind power potential assessment and its potential contributions to the "dual carbon" targets[J]. Environmental Science and Pollution Research, 30: 13094-13117.

Yu S W, Han R L, Zhang J J. 2023b. Reassessment of the potential for centralized and distributed photovoltaic power generation in China: on a prefecture-level city scale[J]. Energy, 262: 125436.

Yu S W, Zhou S S, Qin J P. 2022. Layout optimization of China's power transmission lines for renewable power integration considering flexible resources and grid stability[J]. International Journal of Electrical Power & Energy Systems, 135: 107507.

Yu S W, Zhou S S, Zheng S H, et al. 2019. Developing an optimal renewable electricity generation mix for China using a fuzzy multi-objective approach[J]. Renewable Energy, 139: 1086-1098.

Zhang Z Y, Ding T, Zhou Q, et al. 2021. A review of technologies and applications on versatile energy storage systems[J]. Renewable and Sustainable Energy Reviews, 148: 1112[illegible].

Zhou S S, Yang J, Yu S W. 2022. A stochastic multi-objective model for China's provincial generation-mix planning: considering variable renewable and transmission capacity[J]. Energies, 15(8): 2797.

第 6 章　结构分解分析与能源利用的驱动因素

6.1　分解分析简介

分解分析的基本思想是测度每一自变量变动对因变量变动的贡献水平，主要包括指数分解分析（index decomposition analysis，IDA）和结构分解分析（structural decomposition analysis，SDA）（Su and Ang，2012）。近年来，该方法已经被广泛应用于能源消费的关键驱动因素分析，这为有效提升能源利用效率提供了重要决策依据。其中，IDA 往往用于测度生产端能源消费总量与强度变化的驱动因素，适用于经济体、区域和经济部门等层面，能够实现逐年链式分解（闫俊娜等，2020；Wang et al.，2020），关于 IDA 在能源环境领域的详细应用可参考 Ang（2015）。SDA 框架主要基于投入产出分析，从消费端测度隐含在终端需求中能源消费总量与强度变化的驱动因素（Su and Ang，2012）。由于 IDA 计算方式简单易懂，本章将重点介绍 SDA 及其在能效提升领域的应用。

SDA 最早可追溯至 20 世纪四五十年代里昂惕夫的研究工作（Leontief，1941；Leontief et al.，1953），我国的 SDA 研究和应用起源于 21 世纪初陈锡康和郭菊娥的研究工作（Chen and Guo，2000）。近年来，SDA 基于多种明显的模型优势，已成为投入产出领域的一种主流能源经济分析工具。例如，它克服了经典投入产出技术的静态特征，具备了变系数甚至动态投入产出技术的特点，可以检验长期的技术进步和结构变动；它对数据的要求比计量经济学估计方法更低，只需要两个年度以上的投入产出表，避免了计量经济模型对长时间序列数据的严格需求；SDA 与投入产出技术相结合，可以测度经济系统变量构成因素之间的关联关系（陈锡康和杨翠红，2011）。

6.2　基 本 模 型

基于投入产出技术的 SDA 框架，是把经济变量按照一定的经济联系和数学规则将分解因素再细化，计算得到经济系统内各自变量因素的变动对因变量变动的贡献水平，从而使经济数学模型可以更好地反映经济的本质联系，适用于分析经济系统中的总量、结构变动和能源利用等问题（王爱民和宋辉，2005）。SDA 框架包括加性 SDA 和乘性 SDA，加性 SDA 适用于研究总量变化的驱动因素，乘性 SDA 适用于研究强度变化的驱动因素（Wang et al.，2017）。就能源利用而言，SDA 可以用来测度能源强度、生产结构及终端需求等因素对能源消费总量和能源强度变化的贡献水平，有助于为制定有效的节能方案提供理论支撑。

6.2.1　加性 SDA

加性 SDA 侧重于测度某一指标总量变化的驱动因素。为了便于读者对加性 SDA 形成初步了解，本节首先假定某一经济指标变量（y）由两个因素（即 $y^t = x_1^t x_2^t$）或三因素（即 $y^t = x_1^t x_2^t x_3^t$）构成。在此基础上，进一步将两因素或三因素的特定情形扩展到适用于一般情形的多因素加性 SDA 模型。

在两因素情景下，经济指标变量在两个时期之间的变动（Δy）可由式（6-1）表示：

$$\Delta y = x_1^1 x_2^1 - x_1^0 x_2^0 \tag{6-1}$$

为了计算两种因素变动（$\Delta x_1 = x_1^1 - x_1^0$ 和 $\Delta x_2 = x_2^1 - x_2^0$）对经济指标变量变动（$\Delta y$）的贡献，我们将式（6-1）进行展开和整理，分别如式（6-2）和式（6-3）所示：

$$\Delta y = \left(x_1^0 + \Delta x_1\right) x_2^1 - x_1^0 x_2^0 = x_1^0 \Delta x_2 + \Delta x_1 x_2^1 \tag{6-2}$$

$$\Delta y = x_1^1 \left(x_2^0 + \Delta x_2\right) - x_1^0 x_2^0 = \Delta x_1 x_2^0 + x_1^1 \Delta x_2 \tag{6-3}$$

根据普通平均方法，将式（6-2）和式（6-3）相加并取平均值，可以分别得到两因素变动对 Δy 的贡献，如式（6-4）所示：

$$\Delta y = \frac{1}{2} \Delta x_1 \left(x_2^0 + x_2^1\right) + \frac{1}{2}\left(x_1^0 + x_1^1\right) \Delta x_2 \tag{6-4}$$

同样地，在三因素情景下，经济指标变量在两个时期之间的变动（Δy）可由式（6-5）表示：

$$\Delta y = x_1^1 x_2^1 x_3^1 - x_1^0 x_2^0 x_3^0 \tag{6-5}$$

同理，将 $x_1^1 = x_1^0 + \Delta x_1$，$x_2^1 = x_2^0 + \Delta x_2$ 和 $x_3^1 = x_3^0 + \Delta x_3$，代入式（6-5），经过一系列的展开、整理以及求平均，可分别得到三因素变动对 Δy 的贡献，如式（6-6）所示：

$$\begin{aligned}\Delta y = &\frac{1}{2} \Delta x_1 \left(x_2^0 x_3^0 + x_2^1 x_3^1\right) + \frac{1}{2} \Delta x_2 \left(x_1^0 x_3^1 + x_1^1 x_3^0\right) \\ &+ \frac{1}{2} \Delta x_3 \left(x_1^0 x_2^0 + x_1^1 x_2^1\right)\end{aligned} \tag{6-6}$$

基于上述两因素和三因素的分解原理，我们将特例扩展到一般化的分解方法。

当某一经济指标变量由 n 种因素决定时（即 $y = x_1 x_2 \cdots x_n$ ），每种因素的变化对 Δy 的贡献可由式（6-7）表示：

$$
\begin{aligned}
\Delta y = & \frac{1}{2}(\Delta x_1)\left[\left(x_2^0 \cdots x_n^0\right)+\left(x_2^1 \cdots x_n^1\right)\right]+\frac{1}{2}\left[x_1^0(\Delta x_2)\left(x_3^1 \cdots x_n^1\right)+x_1^1(\Delta x_2)\left(x_3^0 \cdots x_n^0\right)\right] \\
& +\cdots+\frac{1}{2}\left[x_1^0 \cdots x_{n-2}^0(\Delta x_{n-1}) x_n^1+x_1^1 \cdots x_{n-2}^1(\Delta x_{n-1}) x_n^0\right] \\
& +\frac{1}{2}\left[\left(x_1^0 \cdots x_{n-1}^0\right)+\left(x_1^1 \cdots x_{n-1}^1\right)\right](\Delta x_n)
\end{aligned} \tag{6-7}
$$

6.2.2 乘性 SDA

乘性 SDA 适用于研究某一强度指标相对变化的驱动因素。强度指标一般由两因素相除构成，如 $V = V_x / V_y$ 。例如，如果 V 表示完全隐含能源强度（单位完全隐含增加值所需的完全隐含能源消费量），那么 V_y 表示完全隐含增加值，V_x 表示创造完全隐含增加值 V_y 产生的完全隐含能源消费。

为了构建一般化的乘性 SDA 框架，本节假定 V_x 和 V_y 分别由 p 和 q 个因素决定，即 $V_x = f\left(x_1, x_2, \cdots, x_p\right)$ 和 $V_y = f\left(y_1, y_2, \cdots, y_q\right)$。其中，这两个函数的表达式可分别表示为 $f\left(x_1, x_2, \cdots, x_p\right) = x_1 x_2 \cdots x_p$ 和 $f\left(y_1, y_2, \cdots, y_q\right) = y_1 y_2 \cdots y_q$ 。0 时刻和 1 时刻的强度指标可分别表示为 $V^0 = V_x^0 / V_y^0$ 和 $V^1 = V_x^1 / V_y^1$ 。参考 Su 和 Ang（2015），在乘性 SDA 框架下，强度指标从 0 时刻到 1 时刻的相对变化（ $\Delta V = V^1 / V^0$ ），可以通过式（6-8）分解，从而量化不同因素对 ΔV 的贡献。

$$
\Delta V = \frac{V^1}{V^0} = \frac{V_x^1 / V_y^1}{V_x^0 / V_y^0} = \left(\frac{V_x^1}{V_x^0}\right) \Big/ \left(\frac{V_y^1}{V_y^0}\right) = \frac{\Delta V_x}{\Delta V_y} = \frac{\prod_{j=1}^{p} \Delta V_{x,j}}{\prod_{j=1}^{q} \Delta V_{y,j}} \tag{6-8}
$$

6.3 加性 SDA 与能源利用总量变化的驱动因素研究

中国的节能行动对于全球气候治理发挥着关键作用。作为全球最大的能源消费国，中国 2021 年的能源消费量占全球总量的 26.5%，碳排放量占全球总量的 31.1%（BP，2022）。可见，识别中国能源消费的关键驱动因素、制定有效的节能政策，对减缓全球气候变暖具有重要意义。

近年来，中国的进口依存度发生了显著变化。例如，2007～2020 年，中国的进口依存度由 27.1%下降至 14.1%（NBS，2022）。作为连接国内与国际循环的关键纽带，进口与国内的生产活动和消费活动之间存在替代关系，这将通过投入进口效应和需求进口效应影响国内的生产结构与消费结构，从而改变中国的能源消费格局（Su et al.，2022）。然而，投入进口效应和需求进口效应如何改变中国的能源消费，现有研究尚未解决，这不利于在进口政策背景下准确评估中国能源消费的增长潜力。

综上，本节将从进口效应的视角，将生产结构效应细分为投入进口效应和投入技术效应，将终端需求效应扩展为需求进口效应和需求活动效应，构建加性 SDA 模型，重点考察投入进口效应和需求进口效应如何影响中国隐含在不同终端需求中的能源消费。研究旨在从进口效应的视角为政策制定者提供决策依据，助力制定更加精准的节能政策。

6.3.1　加性 SDA 模型构建

根据中国非竞争型投入产出表的基本形式，中国投入产出平衡表可由式（6-9）表示：

$$x = Z^d \times 1 + y^d = A^d \times x + y^d = \left(I - A^d\right)^{-1} \times y^d = L^d \times \sum_{\bullet=1}^{4} y_{\bullet}^d \qquad (6\text{-}9)$$

其中，$x = (x_i)_{n\times1}$ 表示总产出列向量；$Z^d = \left(Z_{ij}^d\right)_{n\times n}$ 表示国内中间消费矩阵；$1 = (1)_{n\times1}$ 表示值为 1 的列向量；$y^d = \sum_{\bullet=1}^{4} y_{\bullet}^d$ 表示国内终端需求列向量，且 $\bullet = 1,2,3,4$ 分别表示居民消费、政府消费、投资和出口；$A^d = Z^d \times (\hat{x})^{-1} = \left(A_{ij}^d\right)_{n\times n}$ 表示国内生产系数矩阵；$L^d = (I - A^d)^{-1} = \left(L_{ij}^d\right)_{n\times n}$ 表示国内里昂惕夫逆矩阵。

如果进口产品占中间消费和第 $\bullet$ 种终端需求的比重向量分别为 $m^Z = \left(m_{ij}^Z\right)_{n\times n}$ 和 $m^{y_\bullet} = \left(m_j^{y_\bullet}\right)_{n\times1}$，那么式（6-9）可转换为式（6-10）。

$$x = \left[I - \left((1)_{n\times n} - \left(m_{ij}^Z\right)_{n\times n}\right) \times A\right]^{-1} \times \sum_{\bullet=1}^{4} \left[(1)_{n\times1} - \left(m_j^{y_\bullet}\right)_{n\times1}\right] \times y_{\bullet} \qquad (6\text{-}10)$$

其中，$(1)_{n\times n}$ 表示值为 1 的 $n \times n$ 矩阵；$(1)_{n\times1}$ 表示值为 1 的 $n \times 1$ 矩阵。

然后，中国隐含在 $\bullet$ 种国内终端需求中的能源消费向量（$E_\bullet$）可由式（6-11）表示：

$$E_\bullet = f \times \left[I - \left((1)_{n\times n} - \left(m_{ij}^Z\right)_{n\times n}\right) \times A\right]^{-1} \times \mathrm{diag}\left[\left((1)_{n\times1} - \left(m_j^{y_\bullet}\right)_{n\times1}\right) \times y_\bullet\right] \qquad (6\text{-}11)$$

其中，$E_{\bullet}=\left(E_{\bullet,i}\right)_{1\times n}$ 表示 n 个部门隐含在•种国内终端需求中的能源消费向量；$f=\left(f_i\right)_{1\times n}$ 表示 n 个部门的能源效率向量；$\text{diag}\left[\left((1)_{n\times1}-\left(m_j^{y_{\bullet}}\right)_{n\times1}\right)\times y_{\bullet}\right]$ 表示第•种国内终端需求的对角矩阵。

根据式（6-11），$E_{\bullet}$ 在 t_1 和 t_2 时刻的绝对变化量可以表示为 $\Delta E_{\bullet}=E_{\bullet}^{t_1}-E_{\bullet}^{t_2}$。参考 Su 和 Ang（2012），$\Delta E_{\bullet}$ 可分解为能源强度效应、生产结构效应和终端需求效应，如式（6-12）所示：

$$\begin{aligned}\Delta E_{\bullet}&=E_{\bullet}^{t_1}-E_{\bullet}^{t_2}\\&=f^{t_2}\times L^{d,t_2}\times y_{\bullet}^{d,t_2}-f^{t_1}\times L^{d,t_1}\times y_{\bullet}^{d,t_1}\\&=\Delta E_{\bullet,\text{int}}+\Delta E_{\bullet,\text{str}}+\Delta E_{\bullet,\text{fdm}}\end{aligned}\tag{6-12}$$

其中，$\Delta E_{\bullet,\text{int}}$ 表示能源强度效应向量；$\Delta E_{\bullet,\text{str}}$ 表示生产结构效应向量；$\Delta E_{\bullet,\text{fdm}}$ 表示终端需求效应向量。

参考 Su 和 Ang（2012）、Su 等（2017），生产结构效应和终端需求效应可以进一步分解为如下子效应，分别如式（6-13）和式（6-14）所示。

$$\Delta E_{\bullet,\text{str}}=\Delta E_{\bullet,\text{str,im}}+\Delta E_{\bullet,\text{str,it}}\tag{6-13}$$

$$\Delta E_{\bullet,\text{fdm}}=\Delta E_{\bullet,\text{fdm,im}}+\Delta E_{\bullet,\text{fdm,at}}\tag{6-14}$$

其中，$\Delta E_{\bullet,\text{str,im}}$ 和 $\Delta E_{\bullet,\text{str,it}}$ 分别表示投入进口效应和投入技术效应；$\Delta E_{\bullet,\text{fdm,im}}$ 和 $\Delta E_{\bullet,\text{fdm,at}}$ 分别表示需求进口效应和需求活动效应。

6.3.2　数据说明

本节采用亚洲开发银行（Asian Development Bank，ADB）数据库发布的 2007～2019 年中国非竞争型投入产出表，每张表中包含 35 个经济部门的数据。能源消费数据源自中国碳核算数据库（China Emission Accounts and Datasets，CEADs），包含 45 个部门。本节将 CEADs 的 45 个部门与 ADB 投入产出表中的部门进行匹配，合并成 35 个部门。为了消除通货膨胀带来的影响，本节采用 2019 年人民币不变价。

6.3.3　结果分析与讨论

1. 中国隐含能源消费的驱动因素分析

根据式（6-9）～式（6-11），本节得到中国隐含在居民消费、政府消费、投资和出口中的能源消费变化趋势，如图 6-1 所示。结果发现：2007～2019 年，中国隐含能源消费的增长正从投资驱动转向消费驱动。2007～2014 年，中国隐含能源消费的增加主要是由投资驱动的。这一结果反映了中国经济刺激政策的显著成效，如一揽子计划等。正如 Yuan 等（2010）和 Jiang 等（2022）所讲的，这些政策拉动了房地产的繁荣发展和基础设施的快速建设，从而带动了钢铁和水泥等能源密集型行业的发展。然而，2014～2019 年，消费成为驱动中国隐含能源消费增长的主要因素。这可能是由于自 2014 年以来，中国经济进入新常态发展阶段，从传统的投资驱动型增长阶段向高质量发展阶段转型。正如 Mi 等（2018）所述，中国政府日益重视生态文明建设和民生改善。特别是在新发展格局背景下，扩大国内消费被视为国内国际“双循环”战略的重要基础（Lin and Wang，2022）。可见，中国隐含在消费中的能源消费预计将在未来继续增长。

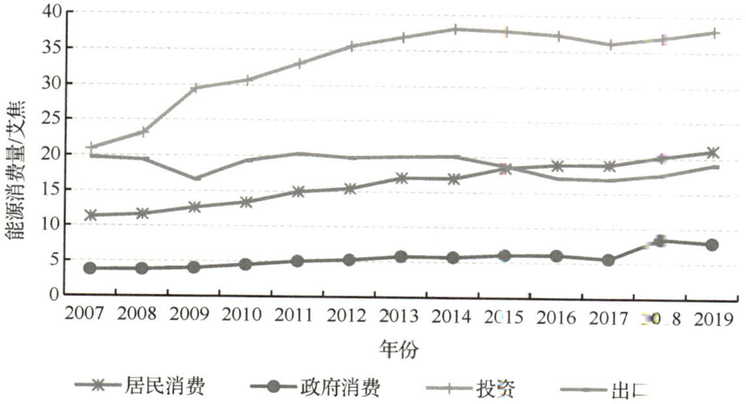

图 6-1　2007～2019 年中国隐含在不同终端需求中的能源消费

根据式（6-12）～式（6-14），本节得到能源强度效应、生产结构效应和终端需求效应对中国隐含在不同终端需求中能源消费的动态驱动作用，如图 6-2 和表 6-1 所示。我们发现，终端需求效应是驱动中国隐含能源消费增长的主要因素，而能源强度效应则是抵消中国隐含能源消费增长的关键因素。2007～2019 年，终端需求效应分别驱动中国隐含在居民消费、政府消费、投资和出口中的能源消费增长了 141.3%、117.2%、162.9%和 30.3%。说明优化终端需求结构具有显著的节能潜力，政策制定者需要加强需求侧节能措施的制定与实施。同时，样本区间内，生产结构效应对中国隐含能源消费的影响由推动上升到逐步下降的转变，说明中国的生产结构在持续优化升级，初步体现了 2015 年中国政府提出的供给侧结构性改革所取得的成效。此外，能源强度效应显著驱动了中国隐含能源消费的下降，这可能得益于近年来中国能源效率的显著提升（Liu et al.，2019；Wang et al.，2021）。可见，能源强度的改善对中国的节能效果起到了关键作用。

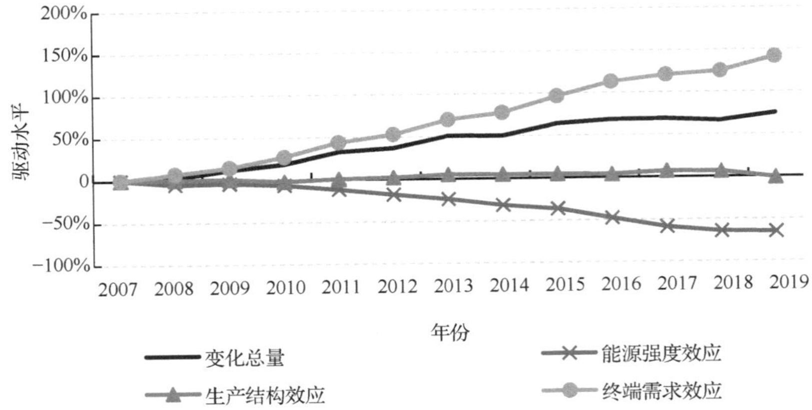

(a) 隐含在居民消费中的能源消费变化的驱动因素

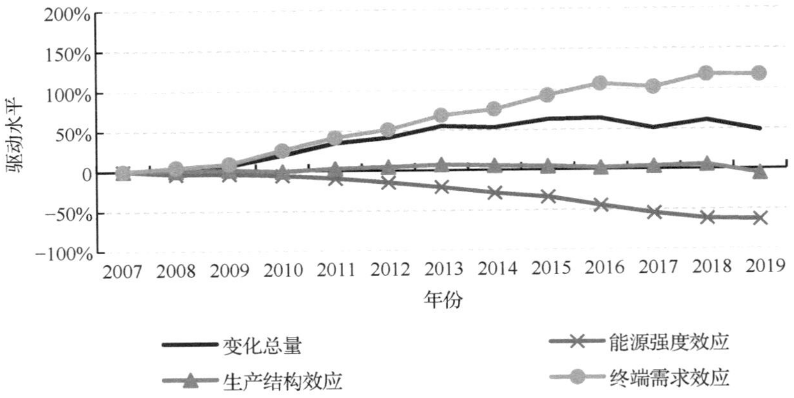

(b) 隐含在政府消费中的能源消费变化的驱动因素

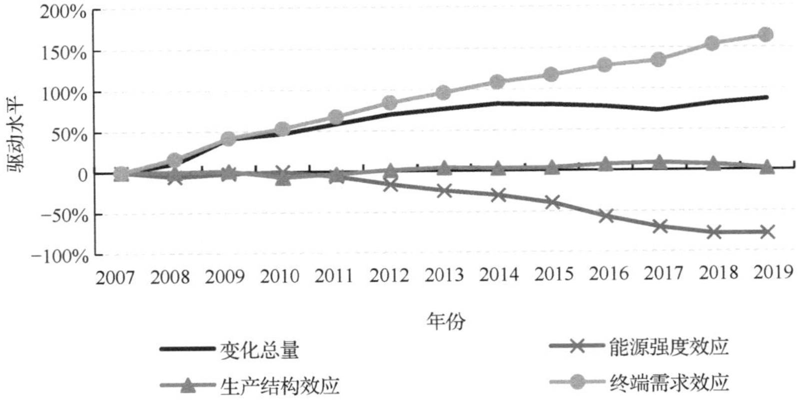

(c) 隐含在投资中的能源消费变化的驱动因素

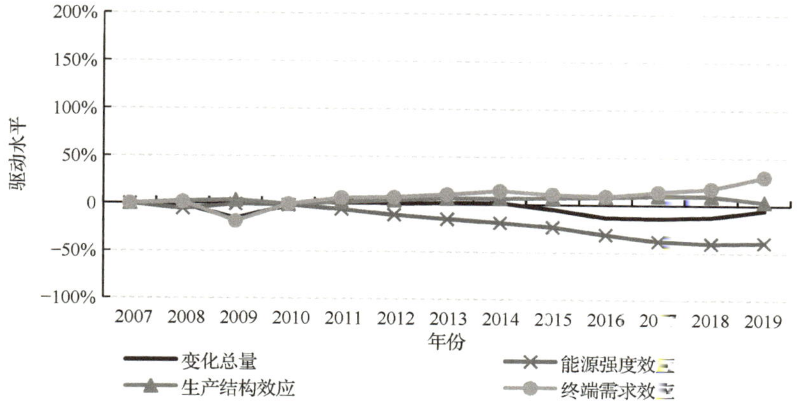

(d) 隐含在出口中的能源消费变化的驱动因素

图 6-2　中国隐含在不同终端需求中的能源消费的驱动因素

2. 进口效应对中国隐含能源消费的驱动作用分析

根据式（6-13）和式（6-14），我们得到投入进口效应和需求进口效应对中国隐含能源消费的驱动作用，结果如图 6-3 所示。我们发现：生产结构效应对中国隐含能源消费的驱动作用主要由投入进口效应主导，而终端需求效应主要由需求活动效应主导。一方面，如表 6-1 所示，2007～2019 年，投入技术效应显著驱动了中国隐含能源消费的下降。这一结果反映了近年来中国技术进步的显著成就，这与 Cao 和 Wang（2017）的研究发现一致。然而，这并不能抵消投入进口效应对中国隐含能源消费增长的推动。如图 6-3 所示，2007～2019 年，投入进口效应导致中国隐含能源消费增长了 15%左右，表明中间投入（即半成品）进口的下降在很大程度上造成了中国隐含能源消费的反弹。这一现象可能受到中国经济转型的影响，如经济新常态和供给侧结构性改革等（Green and Stern，2017；Jiang et al.，2021）导致钢铁等传统原材料的进口有所下降。然而，这也意味着政府在制定节能措施时，不能忽视投入进口效应可能导致的能源消费反弹。

另一方面，就终端需求效应而言，需求进口效应对中国隐含能源消费增长的贡献不足 5%，显著低于需求活动效应的驱动作用。这反映了中国经济转型驱动了中国本地优质终端产品供应的增加。例如，Xing（2020）和 Sun 等（2022）提到，新能源汽车的快速发展促进了国内相应生产活动以及相关能源消费的增加。此外，2022 年 10 月，党的二十大报告明确指出，中国将“着力提升产业链供应链韧性和安全水平”①，这表明我国的进口依存度将可能会进一步降低。因此，中国政府在制定节能措施时应加强重视投入进口效应和需求进口效应对中国能源消费反弹的潜在影响，以避免低估能源消费的增长潜力。

① 《习近平：高举中国特色社会主义伟大旗帜 为全面建设社会主义现代化国家团结奋斗——在中国共产党第二十次全国代表大会上的报告》，https://www.gov.cn/xinwen/2022-10/25/content_5721685.htm，2022 年 10 月 25 日。

表 6-1　中国隐含能源消费的驱动因素（单位：帕焦）

类别	2007～2008 年	2008～2009 年	2009～2010 年	2010～2011 年	2011～2012 年	2012～2013 年	2013～2014 年	2014～2015 年	2015～2016 年	2016～2017 年	2017～2018 年	2018～2019 年
面板 A：隐含在居民消费中的能源消费												
变化总量	324.85	1011.94	759.68	1568.41	478.87	1573.70	−47.19	1526.56	509.51	22.99	−270.30	952.30
能源强度效应	−561.15	121.97	−288.65	−601.58	−713.60	−671.74	−864.80	−551.16	−1296.80	−1235.51	−619.53	−107.22
生产结构效应	38.23	70.33	−335.47	282.64	170.59	332.40	−41.53	−36.09	−73.92	376.22	−103.03	−827.68
投入进口效应	184.73	384.06	−182.40	62.86	197.08	165.07	236.96	268.83	111.03	65.72	−101.26	−5.87
投入技术效应	−146.50	−313.73	−153.07	219.78	−26.50	167.32	−278.49	−304.92	−184.95	310.50	−1.77	−821.81
终端需求效应	847.77	819.64	1383.79	1887.35	1021.89	1913.05	859.13	2113.82	1880.22	882.28	452.27	1887.20
需求进口效应	−60.68	94.02	−5.92	32.77	−26.91	180.82	−58.30	118.54	82.19	27.84	−194.75	147.28
需求活动效应	908.45	725.62	1389.71	1854.59	1048.80	1732.22	917.43	1995.28	1798.03	854.45	647.02	1739.92
面板 B：隐含在政府消费中的能源消费												
变化总量	60.28	197.05	481.07	542.62	247.78	530.51	−74.61	375.12	43.04	−489.38	370.30	−478.93
能源强度效应	−139.02	3.50	−71.57	−155.48	−195.44	−215.92	−292.91	−197.47	−405.25	−371.79	−270.33	−47.99
生产结构效应	24.37	31.11	−70.81	117.04	68.06	87.08	−55.52	−43.95	−78.49	54.80	63.01	−406.87
投入进口效应	60.48	135.74	−62.25	16.71	72.89	59.82	78.22	99.22	45.96	17.60	−28.58	3.07
投入技术效应	−36.11	−104.62	−8.56	100.34	−4.82	27.26	−133.73	−143.17	−124.45	37.21	91.58	−409.94
终端需求效应	174.92	162.44	623.46	581.06	375.15	659.34	273.82	616.53	526.78	−172.40	577.62	−24.07
需求进口效应	−4.42	8.14	10.36	3.45	−2.66	4.00	−1.30	7.70	−0.71	−8.70	−13.61	−63.77
需求活动效应	179.34	154.29	613.10	577.61	377.81	655.34	275.12	608.84	527.49	−163.70	591.23	39.70

续表

类别	2007～2008 年	2008～2009 年	2009～2010 年	2010～2011 年	2011～2012 年	2012～2013 年	2013～2014 年	2014～2015 年	2015～2016 年	2016～2017 年	2017～2018 年	2018～2019 年
面板 C：隐含在投资中的能源消费												
变化总量	2211.14	6388.04	1164.84	2410.73	2452.11	1318.07	1243.47	–275.50	–516.41	–1109.05	1745.75	1065.31
能源强度效应	–1194.31	773.35	444.93	–1279.23	–2082.86	–1689.80	–1204.41	–2030.85	–3620.61	–2800.14	–1653.59	–8.95
生产结构效应	15.75	258.60	–1674.53	757.71	973.83	566.92	–194.94	56.45	791.75	392.20	–523.71	–1008.04
投入进口效应	417.31	762.89	–512.06	94.22	405.56	259.15	772.07	679.18	218.26	159.41	–208.24	87.79
投入技术效应	–401.57	–504.29	–1162.47	663.49	568.27	307.78	–967.00	–622.74	573.49	232.79	–315.47	–1095.82
终端需求效应	3389.71	5356.09	2394.44	2932.24	3561.14	2440.94	2642.82	1698.90	2312.44	1298.89	3923.05	2082.29
需求进口效应	359.33	111.73	–400.76	10.89	420.63	181.68	28.52	236.54	–20.83	12.21	–18.22	–926.53
需求活动效应	3030.38	5244.35	2795.19	2921.36	3140.51	2259.27	2614.30	1462.36	2333.27	1286.68	3941.27	3008.82
面板 D：隐含在出口中的能源消费												
变化总量	–312.17	–2745.20	2658.89	1009.90	–518.83	216.35	86.48	–1323.32	–1621.58	–150.16	280.94	1453.49
能源强度效应	–1089.90	971.47	–134.81	–830.11	–1111.60	–839.78	729.37	822.46	–1531.11	–1342.83	–408.39	164.49
生产结构效应	443.63	281.96	–821.75	472.21	453.53	443.87	38.04	134.88	268.21	266.62	–46.01	–1150.60
投入进口效应	489.37	718.96	–223.56	150.58	297.01	188.06	416.13	399.44	128.79	91.76	–67.26	–40.06
投入技术效应	15.75	137.00	598.19	221.63	156.57	255.81	–378.09	–264.56	139.42	174.87	21.24	–1110.55
终端需求效应	334.11	–3998.63	3615.44	1367.80	139.24	612.26	777.82	–635.74	–358.68	926.04	735.34	2439.61
需求进口效应	0.00	0.00	0.00	0.00	0.00	0.00	0.00	0.00	0.00	0.00	7.22	0.00
需求活动效应	334.11	–3998.63	3615.44	1367.80	139.24	612.26	777.82	–635.74	–358.68	926.04	728.12	2439.61

注：表中总量数据由各分项数据的原始数据计算所得

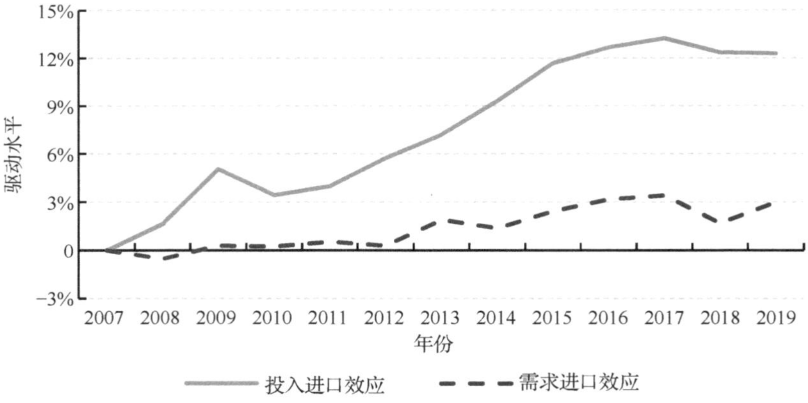

(a) 进口效应对隐含在居民消费中的能源消费的驱动作用

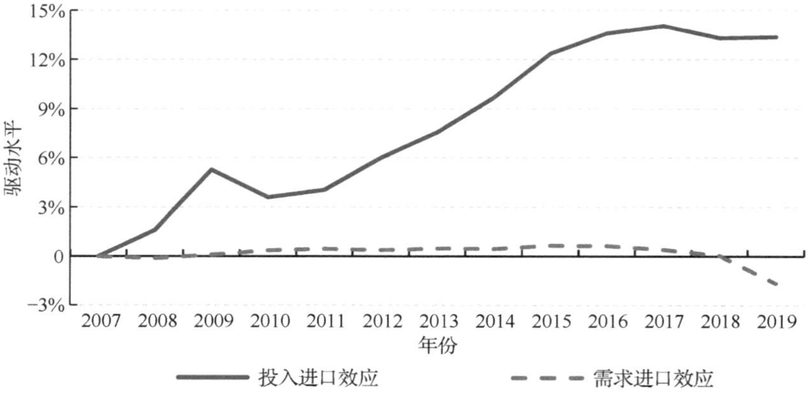

(b) 进口效应对隐含在政府消费中的能源消费的驱动作用

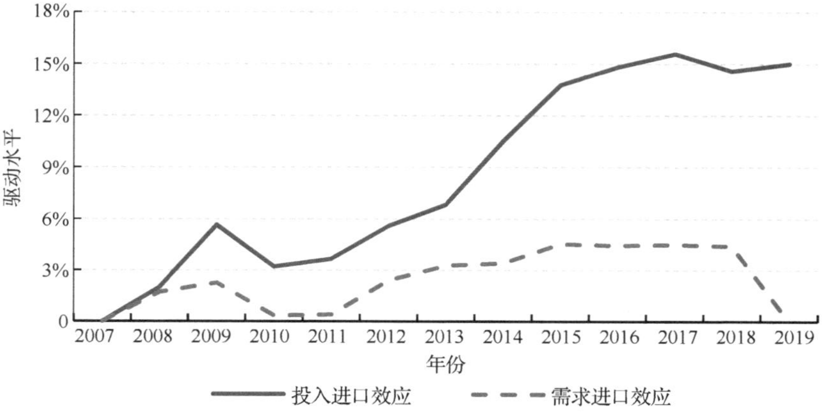

(c) 进口效应对隐含在投资中的能源消费的驱动作用

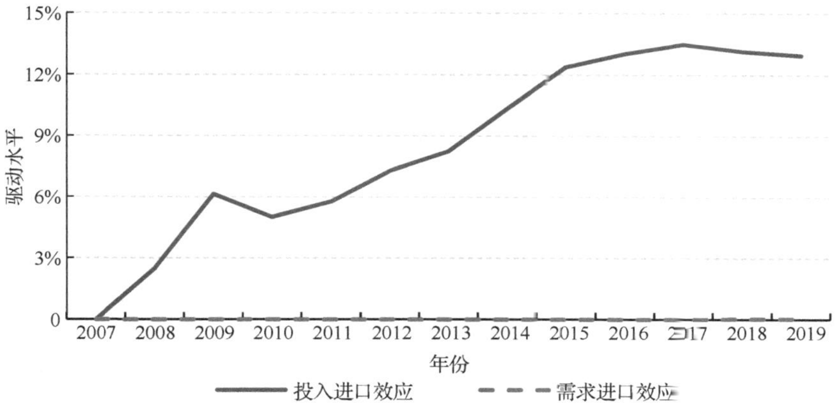

(d) 进口效应对隐含在出口中的能源消费的驱动作用

图 6-3　进口效应对中国隐含在不同终端需求中的能源消费的驱动作用

6.4　乘性 SDA 与共建“一带一路”国家能源利用强度变化的驱动因素研究

随着共建“一带一路”国家的经济社会迅速发展，相应的能源消费也与日俱增，由此带来的环境问题不容忽视（BP，2022；Rauf et al.，2020）。2013 年，中国国家主席习近平先后提出共建“丝绸之路经济带”和“21 世纪海上丝绸之路”的重大倡议①，为世界经济注入了巨大增长潜力（Chen et al.，2019；Wang et al.，2020），并对全球经济社会产生了深远影响（Aung et al.，2020；Anwar et al.，2021）。然而，共建“一带一路”国家以新兴经济体和发展中国家为主，其经济增速快、增长潜力大，但同时具有较高的能源强度和碳强度特征。如果缺乏有效的节能减排措施，这些国家可能成为未来全球能源消费和温室气体排放的主要增长来源。

现有研究主要从生产端的视角，探讨了共建“一带一路”国家的能源效率与节能潜力。例如，Zhang 等（2020）发现，1995～2015 年 56 个共建“一带一路”国家的平均能源绩效约 0.69，大约可以节省 99.5 亿吨油当量的能源，其中欧洲和中亚、东亚和太平洋、中东和北非的节能贡献相对较大。此外，部分学者分别从收入不平等、金融发展、贸易一体化和区域合作等视角，探讨了共建“一带一路”国家的能源效率与节能潜力（Han et al.，2018；Liu et al.，2020；Mills et al.，2021）。然而，对于如何从消费端的视角探讨共建“一带一路”国家能源消费变化的驱动力，现有研究尚未探讨。

① 《“一带一路”建设海上合作设想》，https://www.gov.cn/xinwen/2017-11/17/5240325/files/13f35a0e00a845a2b8c5655eb0e95df5.pdf，2017 年 11 月 17 日。

因此，有必要进一步从消费端的视角揭示共建“一带一路”国家能源消费的关键驱动因素。这是由于生产活动最终目标是满足终端需求，而消费行为可能颠覆生产端的努力，如典型的能源回弹效应或者碳排放回弹效应（Zhang et al.，2017；Zha et al.，2022）。同时，近年来共建“一带一路”国家间的双边贸易流动显著增加（Liu et al.，2020），进出口总额由 2013 年的 10.1 万亿元攀升至 2023 年的 19.5 万亿元，年均增长 6.7%[①]。然而，对于这些国家隐含在消费、投资以及出口等终端需求中的完全能源消费强度（aggregate embodied energy intensity，AEI）的关键驱动因素，现有研究尚未探讨，这不利于从兼顾经济发展与节能减排的视角，充分释放消费端的节能潜力。

基于上述背景，本节从能源强度效应、生产结构效应和终端需求效应的视角，测度共建“一带一路”国家 AEI 相对变化的驱动因素，并将四种终端需求项（居民消费、政府消费、投资和出口）和经济部门纳入 SDA 框架，揭示驱动共建“一带一路”国家 AEI 变化的关键终端需求项与经济部门。研究结果为共建“一带一路”国家从能源强度效应、生产结构效应、终端需求效应以及关键终端需求项和经济部门的多维角度提升节能绩效，提供决策支持。

6.4.1　乘性 SDA 模型构建

首先，根据世界投入产出表的基本形式，参考 Su 和 Ang（2014），投入产出的平衡表如式（6-15）所示：

$$x = Z \times 1 + y = A \times x + y \tag{6-15}$$

其中，x 表示总产出列向量；Z 表示中间消费矩阵；$A = Z \times (\hat{x})^{-1}$ 表示生产系数矩阵；$\hat{x}$ 表示 x 的对角矩阵；y 表示终端需求列向量；1 表示值为 1 的列向量。

然后，参考 Leontief（1936）、Wood 和 Lenzen（2003），本节将式（6-15）通过里昂惕夫逆矩阵转换为式（6-16）：

$$x = (I - A)^{-1} \times y = L \times y = L \times \sum_{\bullet} y_{\bullet} \tag{6-16}$$

其中，$\bullet = 1,2,3,4$ 分别表示居民消费、政府消费、投资和出口；$y_{\bullet}$ 表示第 $\bullet$ 类终端需求。

参考 Su 和 Ang（2017），隐含在终端需求中的能源消费量可由式（6-17）表示：

$$E = f^{\mathrm{T}} \times H \times y = f^{\mathrm{T}} \times H \times \sum_{\bullet} y_{\bullet} = \sum_{\bullet} E_{\bullet} \tag{6-17}$$

---

① 《对外开放取得瞩目成就 经贸合作迈向更高水平——新中国 75 年经济社会发展成就系列报告之十一》，https://www.stats.gov.cn/sj/sjjd/202409/t20240918_1956552.html，2024 年 9 月 18 日。

其中，能源强度列向量 f 表示单位增加值的能源消费量；f^{T} 表示向量 f 的转置；$H=\hat{k}\times L$ 表示增加值需求系数矩阵；$k=(\hat{x})^{-1}\times v$ 表示初始投入系数向量；v 表示增加值列向量；y 表示终端需求；$E_{\bullet}$ 表示隐含在第•类终端需求中的能源消费量。

同理，隐含在终端需求中的增加值可由式（6-18）表示：

$$\mathrm{GDP}=1^{\mathrm{T}}\times H\times y=1^{\mathrm{T}}\times H\times\sum_{\bullet}y_{\bullet}=\sum_{\bullet}\mathrm{GDP}_{\bullet} \tag{6-18}$$

其中，$\mathrm{GDP}_{\bullet}$ 表示隐含在第•类终端需求中的增加值。

然后，参考 Su 等（2019），AEI 可由式（6-19）表示：

$$\mathrm{AEI}=\frac{E}{\mathrm{GDP}}=\frac{\sum_{\bullet}E_{\bullet}}{\sum_{\bullet}\mathrm{GDP}_{\bullet}}=\sum_{\bullet}\left(\frac{\mathrm{GDP}_{\bullet}}{\mathrm{GDP}}\right)\left(\frac{E_{\bullet}}{\mathrm{GDP}}\right)=\sum_{\bullet}\omega_{\bullet}\mathrm{AEI}_{\bullet} \tag{6-19}$$

其中，$\omega_{\bullet}$ 表示隐含在第•类终端需求中的增加值占隐含在所有终端需求增加值的比重。

共建“一带一路”国家区域 r 部门 j 的 AEI（AEI_j^r）可由式（6-20）表示：

$$\mathrm{AEI}_j^r=\frac{E_j^r}{\mathrm{GDP}_j^r}=\frac{\sum_{\bullet}E_{\bullet,j}^r}{\sum_{\bullet}\mathrm{GDP}_{\bullet,j}^r}=\sum_{\bullet}\left(\frac{\mathrm{GDP}_{\bullet,j}^r}{\mathrm{GDP}_j^r}\right)\left(\frac{E_{\bullet,j}^r}{\mathrm{GDP}_{\bullet,j}^r}\right)=\sum_{\bullet}\omega_{\bullet,j}^r\mathrm{AEI}_{\bullet,j}^r \tag{6-20}$$

其中，$E_j^r=f_v^{\mathrm{T}}\times H\times\hat{y}_{r,j}$ 表示区域 r 部门 j 隐含在终端需求中的能源消费量；$\mathrm{GDP}_j^r=1^{\mathrm{T}}\times H\times\hat{y}_{r,j}$ 表示区域 r 部门 j 隐含在终端需求中的增加值；$\omega_{\bullet,j}^r$ 表示区域 r 部门 j 隐含在第•类终端需求增加值的占比；$\mathrm{AEI}_{\bullet,j}^r$ 表示区域 r 部门 j 隐含在第•类终端需求的能源强度。

本节基于乘性 SDA 模型，探讨共建“一带一路”国家不同区域 AEI 相对变化的驱动因素。参考 Su 和 Ang（2015），共建“一带一路”国家 AEI 从 0 时刻到 T 时刻的相对变化量（D_{tot}）如式（6-21）所示：

$$\begin{aligned}D_{\mathrm{tot}}&=\frac{\mathrm{AEI}^T}{\mathrm{AEI}^0}=\frac{E^T/E^0}{\mathrm{GDP}^T/\mathrm{GDP}^0}=\frac{D_E}{D_{\mathrm{GDP}}}=\frac{D_{E,f}D_{E,H}D_{E,y}}{D_{\mathrm{GDP},H}D_{\mathrm{GDP},y}}\\&=D_{E,f}\times\left(\frac{D_{E,H}}{D_{\mathrm{GDP},H}}\right)\times\left(\frac{D_{E,y}}{D_{\mathrm{GDP},y}}\right)=D_f\times D_H\times D_y\end{aligned} \tag{6-21}$$

其中，当 $D_{\mathrm{tot}}>1$ 时，D_{tot} 越大，表示 AEI 从 0 时刻到 T 时刻的增长速度越快；当 $D_{\mathrm{tot}}<1$ 时，D_{tot} 越小，表示 AEI 从 0 时刻到 T 时刻的下降速度越快；当 $D_{\mathrm{tot}}=1$ 时，表示 AEI 从 0 时刻到 T 时刻保持不变；D_f、D_H 和 D_y 分别表示能源强度效应、生

产结构效应和终端需求效应对 AEI 相对变化的驱动作用。

参考 Su 和 Ang（2017），根据区域r的 AEI（AEI^r）之间的关系，AEI 从 0 时刻到T时刻的相对变化可以分解为式（6-22）的形式。

$$\begin{aligned}D_{\mathrm{tot}} &= \left(\prod_r \left(D_f^{\mathrm{AEI},r}\right)^{\frac{L\left(\mathrm{AEI}^{r,T},\mathrm{AEI}^{r,0}\right)\left(\omega^{r,T}+\omega^{r,0}\right)/2}{L\left(\mathrm{AEI}^T,\mathrm{AEI}^0\right)}}\right)\\ &\times\left(\prod_r \left(D_H^{\omega,r}\right)^{\frac{L\left(\omega^{r,T},\omega^{r,0}\right)\left(\mathrm{AEI}^{r,T}+\mathrm{AEI}^{r,0}\right)/2}{L\left(\mathrm{AEI}^T,\mathrm{AEI}^0\right)}}\left(D_H^{\mathrm{AEI},r}\right)^{\frac{L\left(\mathrm{AEI}^{r,T},\mathrm{AEI}^{r,0}\right)\left(\omega^{r,T}+\omega^{r,0}\right)/2}{L\left(\mathrm{AEI}^T,\mathrm{AEI}^0\right)}}\right)\\ &\times\left(\prod_r \left(D_y^{\omega,r}\right)^{\frac{L\left(\omega^{r,T},\omega^{r,0}\right)\left(\mathrm{AEI}^{r,T}+\mathrm{AEI}^{r,0}\right)/2}{L\left(\mathrm{AEI}^T,\mathrm{AEI}^0\right)}}\left(D_y^{\mathrm{AEI},r}\right)^{\frac{L\left(\mathrm{AEI}^{r,T},\mathrm{AEI}^{r,0}\right)\left(\omega^{r,T}+\omega^{r,0}\right)/2}{L\left(\mathrm{AEI}^T,\mathrm{AEI}^0\right)}}\right)\\ &= \tilde{D}_f \times \tilde{D}_H \times \tilde{D}_y\end{aligned} \tag{6-22}$$

其中，$\tilde{D}_f$、$\tilde{D}_H$和$\tilde{D}_y$分别表示能源强度效应、生产结构效应和终端需求效应对 AEI 相对变化的驱动作用；$\omega^{r,T}$和$\omega^{r,0}$分别表示在 0 时刻和T时刻，区域r的隐含增加值占共建“一带一路”国家隐含增加值的比重；$\mathrm{AEI}^{r,T}$和$\mathrm{AEI}^{r,0}$分别表示区域r在 0 时刻和T时刻的总的隐含能源强度；$L(a,b)=(a-b)/(\ln a-\ln b)$表示对数平均函数。

类似地，根据AEI^r与区域r隐含在第•类终端需求中的能源强度（$\mathrm{AEI}^r_\bullet$）之间的关系，不同终端需求对AEI^r相对变化的驱动作用可以分解为式（6-23）的形式：

$$\begin{aligned}D^{\mathrm{AEI},r} &= \frac{\mathrm{AEI}^{r,T}}{\mathrm{AEI}^{r,0}} = \frac{\sum_\bullet \omega_\bullet^{r,T}\,\mathrm{AEI}_\bullet^{r,T}}{\sum_\bullet \omega_\bullet^{r,0}\,\mathrm{AEI}_\bullet^{r,0}}\\ &= \prod_\bullet\left(D_\bullet^{w,r}\right)^{\frac{L\left(\omega_\bullet^{r,T},\omega_\bullet^{r,0}\right)\left(\mathrm{AEI}_\bullet^{r,T}+\mathrm{AEI}_\bullet^{r,0}\right)/2}{L\left(\mathrm{AEI}^{r,T},\mathrm{AEI}^{r,0}\right)}}\left(D_\bullet^{\mathrm{AEI},r}\right)^{\frac{L\left(\mathrm{AEI}_\bullet^{r,T},\mathrm{AEI}_\bullet^{r,0}\right)\left(\omega_\bullet^{r,T}+\omega_\bullet^{r,0}\right)/2}{L\left(\mathrm{AEI}^{r,T},\mathrm{AEI}^{r,0}\right)}}\\ &= \tilde{D}_\bullet^{w,r}\times\tilde{D}_\bullet^{\mathrm{AEI},r}\end{aligned} \tag{6-23}$$

其中，$\omega_\bullet^{r,0}$和$\omega_\bullet^{r,T}$分别表示在 0 时刻和T时刻，区域r隐含在第•类终端需求中的增加值占区域r隐含增加值的比重；$\mathrm{AEI}_\bullet^{r,0}$和$\mathrm{AEI}_\bullet^{r,T}$分别表示在 0 时刻和$T$时刻，区域$r$隐含在第•类终端需求中的能源强度。

同时，根据AEI^r与区域r部门j的 AEI（AEI_j^r）之间的关系，不同部门对AEI^r相对变化的驱动作用可以分解为式（6-24）的形式：

$$D^{\text{AEI},r}=\frac{\text{AEI}^{r,T}}{\text{AEI}^{r,0}}$$
$$=\frac{\sum_{j}^{26}\omega_j^{r,T}\,\text{AEI}_j^{r,T}}{\sum_{j}^{26}\omega_j^{r,0}\,\text{AEI}_j^{r,0}}$$
$$=\prod_j\left(D_j^{w,r}\right)^{\frac{L\left(\omega_j^{r,T},\omega_j^{r,0}\right)\left(\text{AEI}_j^{r,T}+\text{AEI}_j^{r,0}\right)/2}{L\left(\text{AEI}^{r,T},\text{AEI}^{r,0}\right)}}\left(D_j^{\text{AEI},r}\right)^{\frac{L\left(\text{AEI}_j^{r,T},\text{AEI}_j^{r,0}\right)\left(\omega_j^{r,T}+\omega_j^{r,0}\right)/2}{L\left(\text{AEI}^{r,T},\text{AEI}^{r,0}\right)}}$$
$$=\tilde{D}_j^{w,r}\times\tilde{D}_j^{\text{AEI},r} \tag{6-24}$$

其中，$\omega_j^{r,0}$ 和 $\omega_j^{r,T}$ 分别表示在0时刻和 T 时刻，区域 r 部门 j 隐含在终端需求中的增加值占区域 r 隐含增加值的比重；$\text{AEI}_j^{r,0}$ 和 $\text{AEI}_j^{r,T}$ 分别表示在0时刻和 T 时刻，区域 r 部门 j 隐含在终端需求中的能源强度；$D_j^{w,r}=\frac{\omega_j^{r,T}}{\omega_j^{r,0}}$ 表示区域 r 部门 j 增加值占比从0时刻到 T 时刻的相对变化；$D_j^{\text{AEI},r}=\frac{\text{AEI}_j^{r,T}}{\text{AEI}_j^{r,0}}$ 区域 r 部门 j 的 AEI_j^r 从0时刻到 T 时刻的相对变化。

6.4.2　数据说明

首先，本节采用 Eora 数据库（https://worldmrio.com/）发布的 1995～2015 年 190 个区域 26 部门的多区域投入产出表，其中包含共建“一带一路”国家中的 65 个国家。参考 Fang 等（2021），本节根据地理位置将共建“一带一路”国家划分为六个区域，即中亚、东亚、欧洲、南亚、东南亚以及西亚和非洲。

其次，Eora 发布的多区域投入产出表包含六个终端需求项，本节将其合并为三个终端需求项，即居民消费、政府消费和投资。由于该投入产出表的终端需求项没有区分出口项，本节进一步将用于本区域以外的终端需求作为出口。因此，本节的终端需求项包括居民消费、政府消费、投资和出口。为了消除通货膨胀带来的影响，我们采用 2015 年美元不变价。

最后，本节采用的能源消费数据来自 Eora 发布的卫星账户，包含天然气、煤炭、石油、核电、水电、地热电力、风电、太阳能、潮汐能和波浪能电力，以及生物质和废弃物发电，能源消费单位为万亿焦耳。

6.4.3　结果分析与讨论

1. 能源强度效应、生产结构效应和终端需求效应对共建"一带一路"国家各区域 AEI 的驱动作用分析

根据式（6-21）～式（6-22），本节可以得到能源强度效应、生产结构效应和终端需求效应对共建"一带一路"国家不同区域 AEI 相对变化的驱动作用，结果如图 6-4 所示。我们发现：1995～2015 年，能源强度效应对共建"一带一路"国家 AEI 的影响经历了从促进上升到推动下降的转变，但其下降效应的幅度低于终端需求效应的影响，而生产结构效应则是驱动共建"一带一路"国家 AEI 上升的重要因素。一方面，1995～2005 年，能源强度效应驱动了共建"一带一路"国家所在区域 AEI 的上升，且对西亚和非洲区域以及东南亚区域的驱动水平最为显著。然而，2006～2015 年，能源强度效应对共建"一带一路"国家所在的六个区域 AEI 下降的驱动作用整体呈逐步增强的趋势。这可能是由于随着气候变暖日益严峻，国际社会通过碳排放权交易、碳税等政策工具推动全球碳减排，如 2005 年欧盟建立了全球最大的碳排放总量控制与交易体系，即欧盟碳排放权交易体系（Zhang and Sun，2016）。共建"一带一路"国家多为碳排放的高增长区，但在全球环境与气候政策的推动下，共建"一带一路"国家的能源强度效应实现了显著提高。另一方面，1995～2015 年，终端需求效应一直是降低共建"一带一路"国家 AEI 的主要驱动因素，然而其对中亚 AEI 下降的

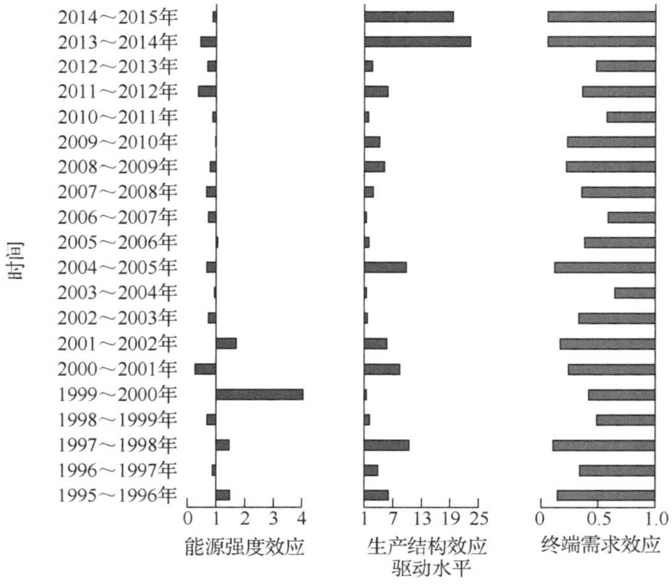

(a) 中亚

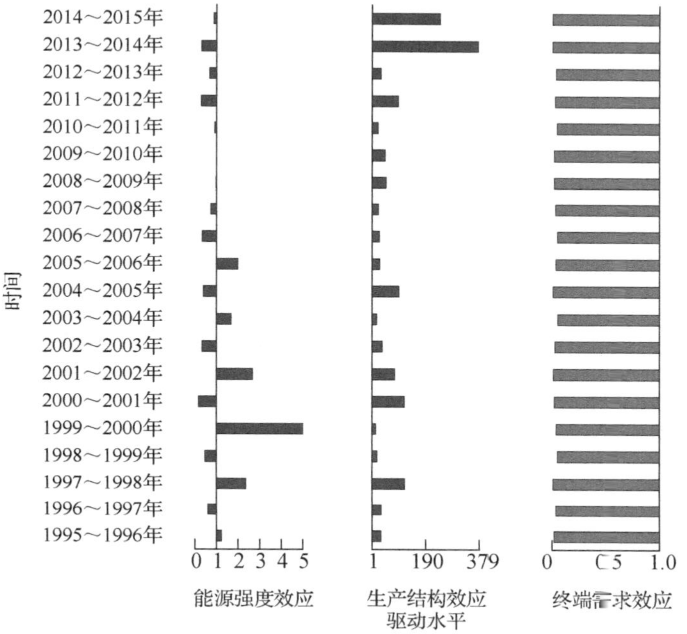
时间
2014～2015年
2013～2014年
2012～2013年
2011～2012年
2010～2011年
2009～2010年
2008～2009年
2007～2008年
2006～2007年
2005～2006年
2004～2005年
2003～2004年
2002～2003年
2001～2002年
2000～2001年
1999～2000年
1998～1999年
1997～1998年
1996～1997年
1995～1996年
0 1 2 3 4 5
1 190 379
0 0.5 1.0
能源强度效应
生产结构效应驱动水平
终端需求效应

(b) 东亚

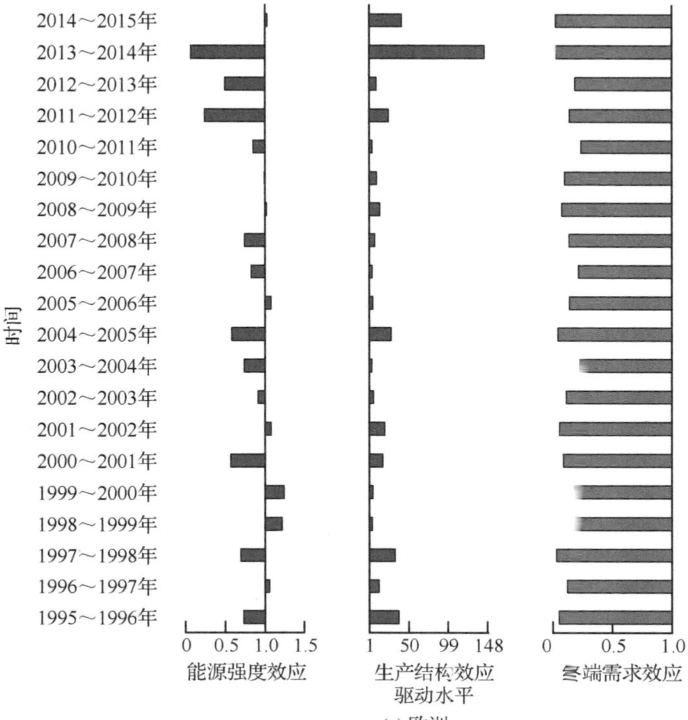
时间
2014～2015年
2013～2014年
2012～2013年
2011～2012年
2010～2011年
2009～2010年
2008～2009年
2007～2008年
2006～2007年
2005～2006年
2004～2005年
2003～2004年
2002～2003年
2001～2002年
2000～2001年
1999～2000年
1998～1999年
1997～1998年
1996～1997年
1995～1996年
0 0.5 1.0 1.5
1 50 99 148
0 0.5 1.0
能源强度效应
生产结构效应驱动水平
终端需求效应

(c) 欧洲

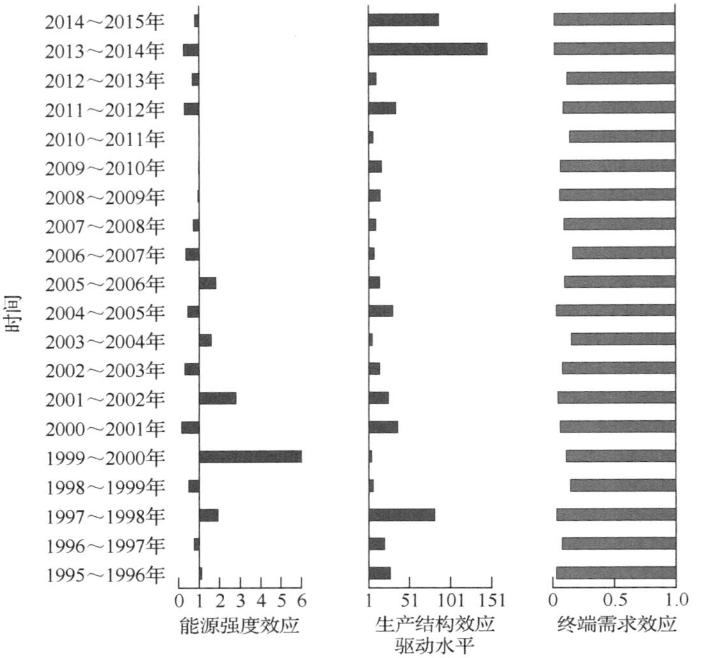
2014～2015年
2013～2014年
2012～2013年
2011～2012年
2010～2011年
2009～2010年
2008～2009年
2007～2008年
2006～2007年
2005～2006年
2004～2005年
2003～2004年
2002～2003年
2001～2002年
2000～2001年
1999～2000年
1998～1999年
1997～1998年
1996～1997年
1995～1996年
时间
0 1 2 3 4 5 6
能源强度效应
1 51 101 151
生产结构效应
驱动水平
0 0.5 1.0
终端需求效应

(d) 南亚

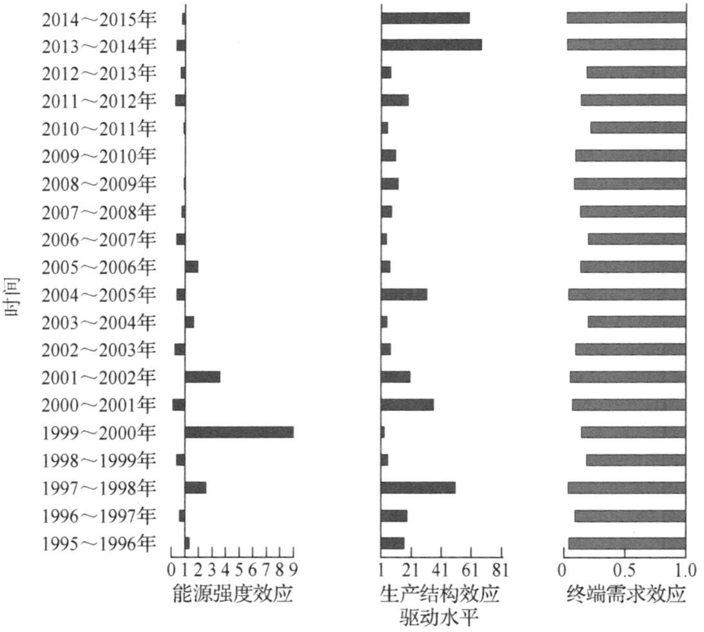
2014～2015年
2013～2014年
2012～2013年
2011～2012年
2010～2011年
2009～2010年
2008～2009年
2007～2008年
2006～2007年
2005～2006年
2004～2005年
2003～2004年
2002～2003年
2001～2002年
2000～2001年
1999～2000年
1998～1999年
1997～1998年
1996～1997年
1995～1996年
时间
0 1 2 3 4 5 6 7 8 9
能源强度效应
1 21 41 61 81
生产结构效应
驱动水平
0 0.5 1.0
终端需求效应

(e) 东南亚

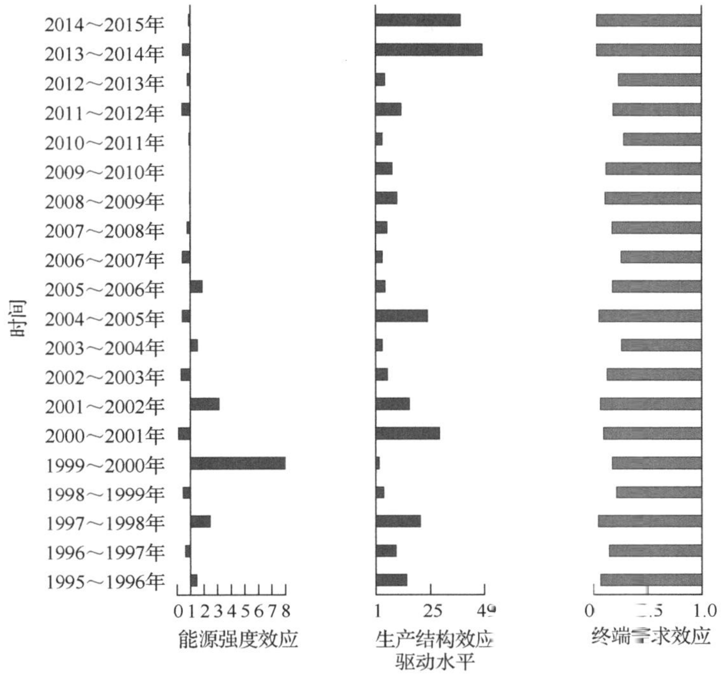

(f) 西亚和非洲

图 6-4　能源强度效应、生产结构效应和终端需求效应对共建“一带一路”国家各区域 AEI 相对变化的驱动作用

驱动作用最低，反映了中亚终端需求效应的改善仍具有较大的节能空间。此外，样本区间内，生产结构效应对东亚 AEI 上升的驱动作用显著高于其他区域，反映了东亚的经济增长依赖于高能源消费型生产结构，亟须逐步转向以高附加值、低资源强度型为目标的高质量经济增长方式（Mi et al.，2017），从而通过优化生产结构释放巨大节能潜力。

2. 终端需求项对共建“一带一路”国家各区域 AEI 的驱动作用分析

根据式（6-23），本节得到不同终端需求项对共建“一带一路”国家不同区域 AEI 变化的驱动作用，结果如图 6-5 所示。

首先，中亚和南亚 AEI 的相对变化主要由居民消费驱动，其次是投资，而政府消费和出口的驱动作用则相对较弱。如图 6-5（a）和图 6-5（d）所示，1995～2000 年，居民消费分别驱动中亚和南亚的 AEI 上升为原来的 2.38 倍和 4.30 倍。2000～2005 年、2005～2010 年和 2010～2015 年，居民消费分别驱动中亚的 AEI 降低为原来的 42%、47%和 61%，驱动南亚的 AEI 降为原来的 32%、75%和 63%。不难发现，居民消费对中亚和南亚 AEI 相对变化的驱动作用显著高于其他终端需求项。这说明倡导居民低碳消费行为是降低他们 AEI 的重要途径。

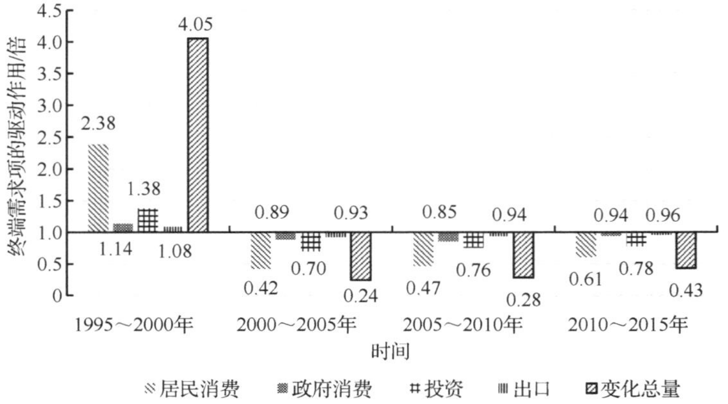

(a) 中亚

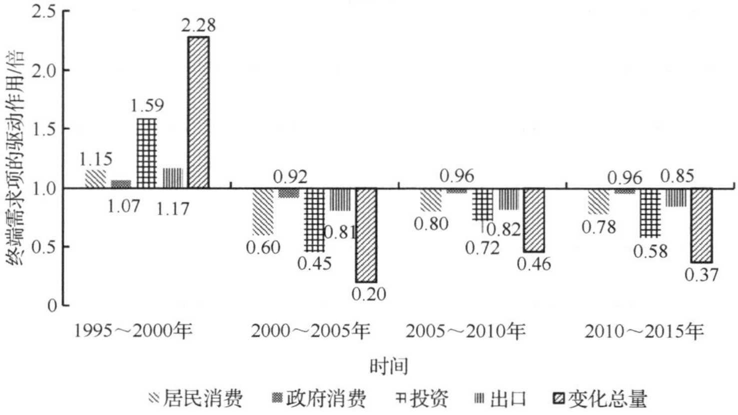

(b) 东亚

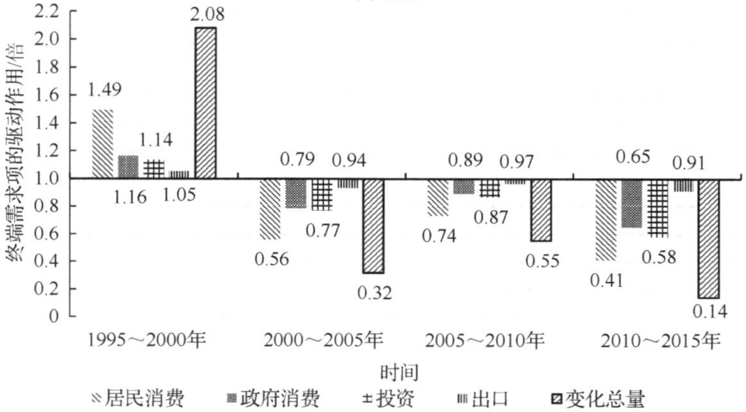

(c) 欧洲

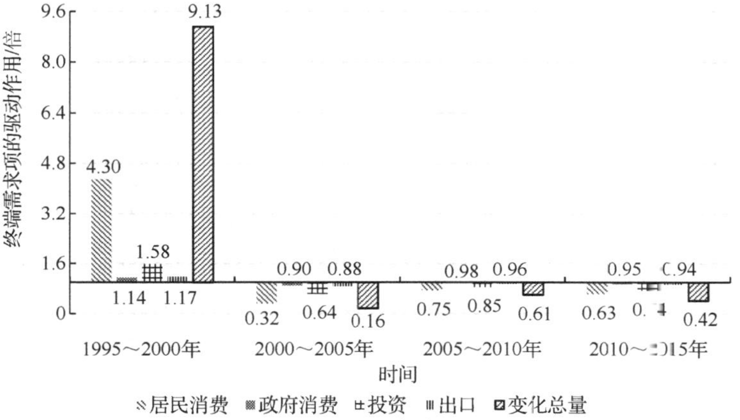

(d) 南亚

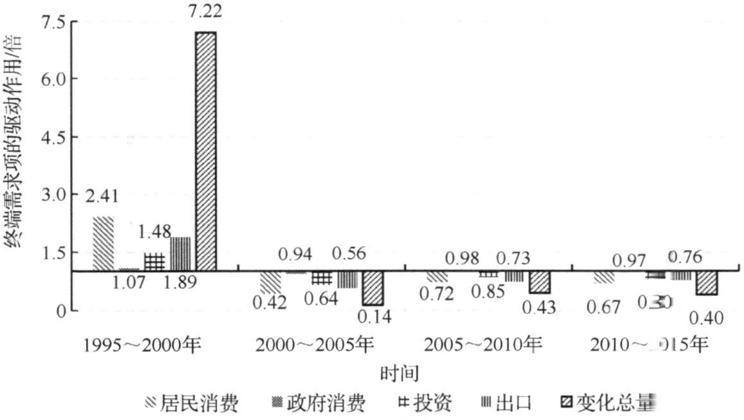

(e) 东南亚

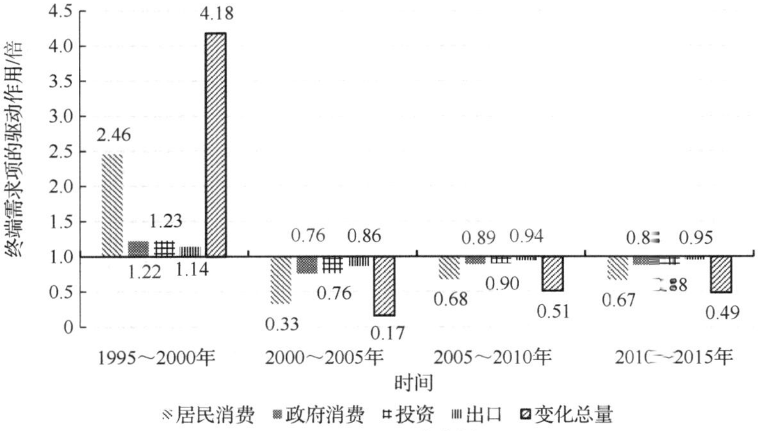

(f) 西亚和非洲

图 6-5　终端需求项对共建“一带一路”国家各区域 AEI 相对变化的驱动作用

其次，东亚 AEI 的相对变化主要由投资驱动，而东南亚 AEI 的相对变化以居民消费为首要驱动因素，其次是出口和投资。具体而言，如图 6-5（b）所示，1995～2015 年，投资对东亚 AEI 变化的驱动作用显著高于其他终端需求项，这可能是由于作为经济增长速度最快的发展中国家（Zheng and Walsh，2019），中国的快速城镇化拉动了交通基础设施建设、房地产等方面的大量投资（Wang，2010；Cai et al.，2020）。同时，如图 6-5（e）所示，1995～2015 年，居民消费是驱动东南亚 AEI 变化的最主要因素，而出口的驱动作用则高于投资。这可能是由于东南亚经济体的工业化很大程度上是由出口市场驱动的（Rasiah and Yun，2009）。因此，除了倡导居民践行绿色消费行为，推动绿色出口也是降低东南亚 AEI 的重要方式。

最后，欧洲以及西亚和非洲 AEI 的相对变化主要由居民消费驱动，其次是政府消费和投资，而出口的驱动作用相对较小。如图 6-5（c）和图 6-5（f）所示，1995～2015 年，欧洲、西亚和非洲 AEI 的变化主要由居民消费主导，政府消费和投资对他们 AEI 变化的驱动作用基本一致。可见，除了居民消费和投资外，政府消费也是驱动欧洲、西亚和非洲 AEI 变化的重要因素。这可能是由于政府在这些区域的消费占比相对较高（Fiorito and Kollintzas，2004；Dawood and Francois，2018），说明欧洲、西亚和非洲需要同时着力倡导居民与政府践行节能消费行为，以进一步促进 AEI 的有效改善。

3. 经济部门对共建“一带一路”国家各区域 AEI 相对变化的驱动作用

根据式（6-24），本节可以得到不同经济部门对共建“一带一路”国家各区域 AEI 相对变化的驱动作用，结果如图 6-6 所示。

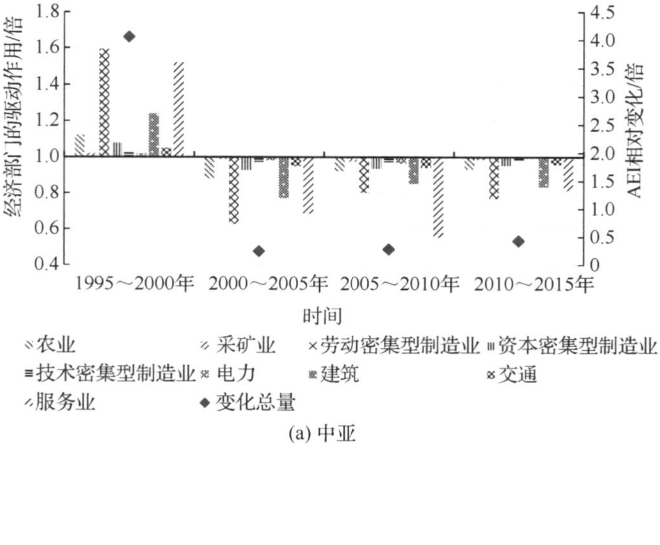

(a) 中亚

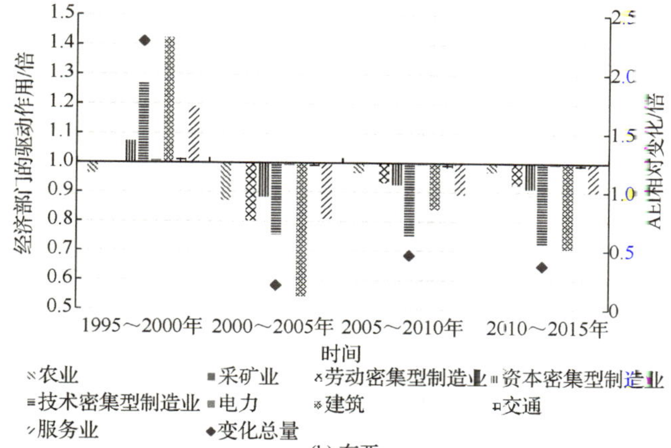
经济部门的驱动作用/倍
AEI相对变化/倍
1995～2000年 2000～2005年 2005～2010年 2010～2015年
时间
农业
采矿业
劳动密集型制造业
资本密集型制造业
技术密集型制造业
电力
建筑
交通
服务业
变化总量

(b) 东亚

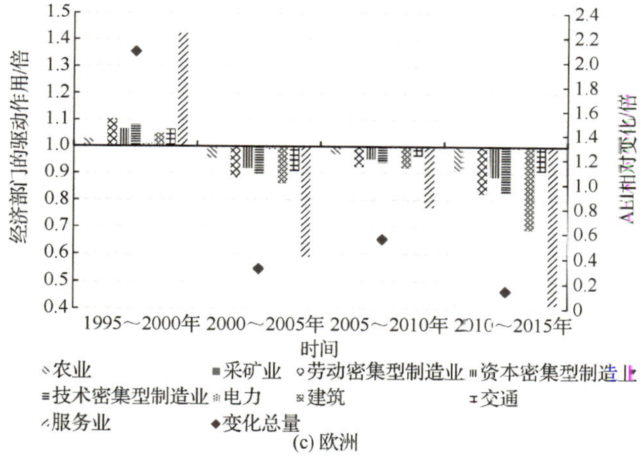
经济部门的驱动作用/倍
AEI相对变化/倍
1995～2000年 2000～2005年 2005～2010年 2010～2015年
时间
农业
采矿业
劳动密集型制造业
资本密集型制造业
技术密集型制造业
电力
建筑
交通
服务业
变化总量

(c) 欧洲

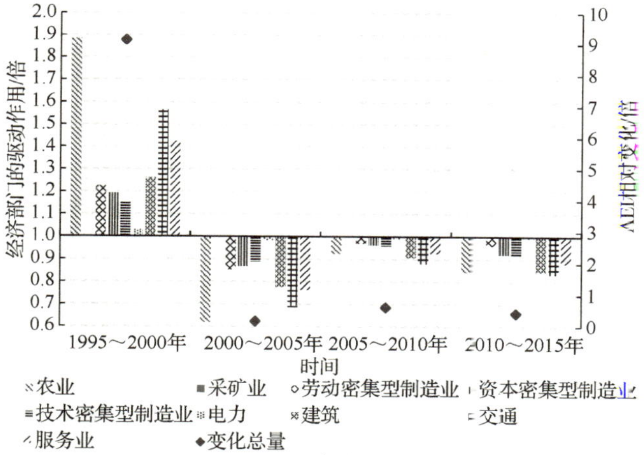
经济部门的驱动作用/倍
AEI相对变化/倍
1995～2000年 2000～2005年 2005～2010年 2010～2015年
时间
农业
采矿业
劳动密集型制造业
资本密集型制造业
技术密集型制造业
电力
建筑
交通
服务业
变化总量

(d) 南亚

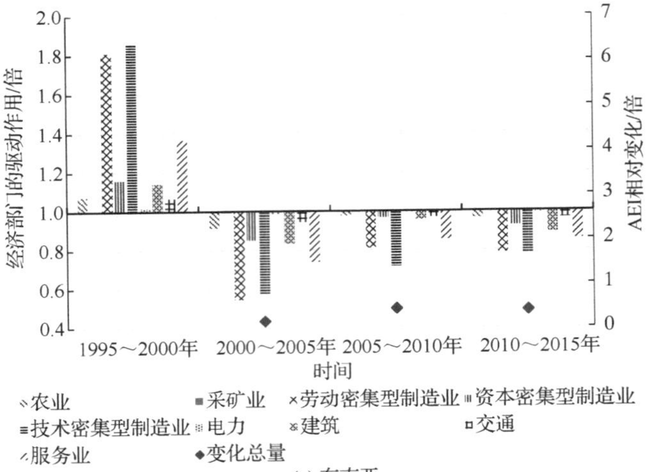

(e) 东南亚

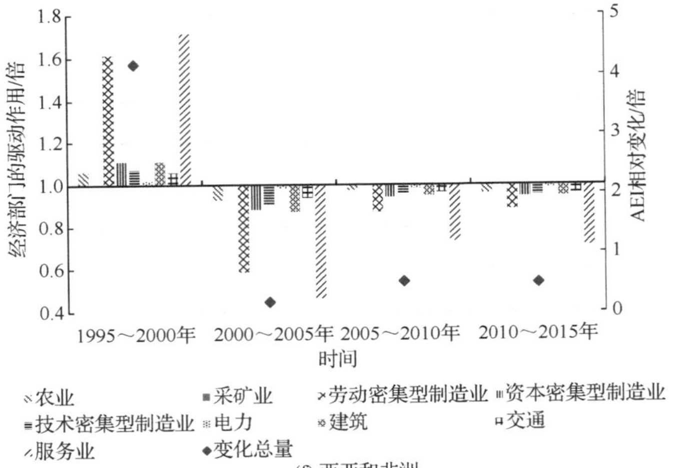

(f) 西亚和非洲

图 6-6　经济部门对共建“一带一路”国家各区域 AEI 变化的驱动作用

首先，1995～2015 年，劳动密集型制造业和服务业是驱动中亚 AEI 变化的重要因素[图 6-6（a）]，而建筑和技术密集型制造业是驱动东亚 AEI 变化的关键因素[图 6-6（b）]。这说明中亚的生产结构仍然主要由劳动密集型制造业和服务业构成，提高这些行业的节能技术是降低中亚 AEI 的重要途径。同时，样本区间内，建筑是主导东亚 AEI 变化的关键经济部门，这可能是受中国快速城镇化发展的影响，导致建筑部门发展迅速。同时，技术密集型制造业对东亚 AEI 变化的驱动作用日益突出，这可能与中国的生产结构逐渐向技术密集型制造业转型密切相关（Brondino，2019）。

其次，1995～2015 年，欧洲 AEI 的相对变化主要由服务业主导，而建筑、技术密集型和劳动密集型制造业的驱动作用有所增强[图 6-6（c）]；相比之下，南亚 AEI 的相对变化主要由农业、交通、服务业及建筑等部门驱动[图 6-6（d）]。说明提升服务业的节能水平仍是降低欧洲 AEI 最重要的途径。同时，尽管农业是驱动南亚 AEI 变化的主要经济部门，但是其驱动作用呈现下降趋势，而交通、建筑和服务业对南亚 AEI 相对变化的驱动作用日益重要。说明南亚需要着力加强这些行业节能技术的部署，以进一步优化其 AEI 水平。

最后，1995～2015 年，东南亚 AEI 的相对变化主要由技术密集型和劳动密集型制造业主导[图 6-6（e）]，而西亚和非洲 AEI 的相对变化逐渐由服务业和劳动密集型制造业共同主导转变为仅由服务业主导[图 6-6（f）]。对于东南亚，得益于劳动成本低和良好的基础设施发展环境等优势，其成为全球技术密集型和劳动密集型制造业转移的重要承接地。同时，1995～2015 年，服务业始终是驱动西亚和非洲 AEI 变化的主要部门，而劳动密集型制造业的驱动作用则逐渐减弱。这可能与非洲地区有效劳动力的性别差距相关，该问题不仅导致女性劳动力得不到充分利用，还造成巨额经济损失，削弱了非洲劳动力的增长潜力（Bandara，2015）。此外，基础设施建设滞后也进一步制约了劳动密集型制造业向非洲的转移。

6.5　本 章 小 结

为了从总量控制和强度控制的视角精准提升能源利用效率，本章系统研究了能源利用总量与强度变化的驱动因素，明确了能源利用的关键影响因素。在总量控制方面，本章将生产结构效应扩展为投入进口效应和投入技术效应，将终端需求效应扩展为需求进口效应和需求活动效应，构建了可以测度进口效应的加性 SDA 模型，量化分析了投入进口效应和需求进口效应对中国隐含能源消费总量变化的驱动作用。结果发现，中国隐含能源消费增长正由投资驱动转向消费驱动；如果忽视进口效应，2007～2019 年，中国的隐含能源消费的潜力可能被低估约 20%，其中约 15%归因于投入进口效应，约 5%源于需求进口效应。此外，生产结构效应对中国隐含能源消费的驱动作用主要由投入进口效应主导，而终端需求效应对中国隐含能源消费增长的驱动作用则主要由需求活动效应决定。

在强度控制方面，本章以共建“一带一路”国家 AEI 作为研究对象，从需求端的视角，将乘性 SDA 模型扩展应用于能源强度效应、生产结构效应、终端需求效应、终端需求项和经济部门对 AEI 变化的驱动作用。结果发现，1995～2015 年，终端需求效应对共建“一带一路”国家中亚、东亚、欧洲、南亚、东南亚以及西亚和非洲六个区域 AEI 下降的驱动作用明显高于能源强度效应。然而，生产结构效应在此期间驱动了这些区域 AEI 的上升。从终端需求项来看，东亚 AEI 主要由投资驱动，而其他五个区域则以消费驱动为主。从经济部门来看，各区域 AEI 变化的关键驱动部门存在显著差异。

参 考 文 献

陈锡康, 杨翠红. 2011. 投入产出技术[M]. 北京: 科学出版社.

王爱民, 宋辉. 2005. 用结构分解技术(SDA)提高投入产出模型的分析功能[J]. 河北大学学报(自然科学版), 25(4): 361-364.

闫俊娜, Su Bin, 李莹珠. 2020. 能源与碳排放强度研究综述: 基于乘性结构分解分析框[J]. 中国石油大学学报(社会科学版), 36(5): 1-10.

Ang B W. 2015. LMDI decomposition approach: a guide for implementation[J]. Energy Policy, 86: 233-238.

Anwar M A, Nasreen S, Tiwari A K. 2021. Forestation, renewable energy and environmental quality: empirical evidence from Belt and Road initiative economies[J]. Journal of Environmental Management, 291: 112684.

Ascensão F, Fahrig L, Clevenger A P, et al. 2018. Environmental challenges for the Belt and Road initiative[J]. Nature Sustainability, 1: 206-209.

Aung T S, Fischer T B, Luan S J. 2020. Evaluating environmental impact assessment (EIA) in the countries along the Belt and Road initiatives: system effectiveness and the compatibility with the Chinese EIA[J]. Environmental Impact Assessment Review, 81: 106361.

Bandara A. 2015. The economic cost of gender gaps in effective labor: Africa's missing growth reserve[J]. Feminist Economics, 21: 162-186.

BP. 2022. Statistical review of world energy[R]. London: BP.

Brondino G. 2019. Productivity growth and structural change in China (1995-2009): a subsystems analysis[J]. Structural Change and Economic Dynamics, 49: 183-191.

Cai Z Y, Liu Q, Cao S X. 2020. Real estate supports rapid development of China's urbanization[J]. Land Use Policy, 95: 104582.

Cao B R, Wang S H. 2017. Opening up, international trade, and green technology progress[J]. Journal of Cleaner Production, 142: 1002-1012.

Chen X K, Guo J. 2000. Chinese economic structure and SDA model[J]. Journal of Systems Science and Systems Engineering, (2): 142-148.

Chen Y W, Fan Z J, Zhang J, et al. 2019. Does the connectivity of the Belt and Road initiative contribute to the economic growth of the Belt and Road countries?[J]. Emerging Markets Finance and Trade, 55(14): 3227-3240.

Dawood T C, Francois J N. 2018. Substitution between private and government consumption in African economies[J]. Economic Modelling, 73: 129-139.

Fang K, Wang S Q, He J J, et al. 2021. Mapping the environmental footprints of nations partnering the Belt and Road Initiative[J]. Resources, Conservation and Recycling, 164: 105068.

Fiorito R, Kollintzas T. 2004. Public goods, merit goods, and the relation between private and government consumption[J]. European Economic Review, 48(6): 1367-1398.

Green F, Stern N. 2017. China's changing economy: implications for its carbon dioxide emissions[J]. Climate Policy, 17(4): 423-442.

Han L, Han B T, Shi X P, et al. 2018. Energy efficiency convergence across countries in the context of China's Belt and Road Initiative[J]. Applied Energy, 213: 112-122.

Jiang M, Behrens P, Yang Y H, et al. 2022. Different material footprint trends between China and the world in 2007-2012 explained by construction and manufacturing-associated investment[J]. One Earth, 5(1): 109-119.

Jiang X C, Shen J H, Lee C C, et al. 2021. Supply-side structural reform and dynamic capital structure adjustment: evidence from Chinese-listed firms[J]. Pacific-Basin Finance Journal, 65: 101482.

Klinger J M. 2019. Environment, development, and security politics in the production of Belt and Road spaces[J]. Territory, Politics, Governance, 8(5): 657-675.

Leontief W W. 1936. Quantitative input and output relations in the economic systems of the United States[J]. The Review of Economics and Statistics, 18(3): 105-125.

Leontief W W. 1941. Structure of the American Economy[M]. New York: Oxford University Press.

Leontief W, Chenery H B, Clark P G, et al. 1953. Studies in the Structure of the American Economy. Theoretical and Empirical Explorations in Input-Output Analysis[M]. New York: Oxford University Press.

Lin Y F, Wang X B. 2022. Dual circulation: A new structural economics view of development[J]. Journal of Chinese Economic and Business Studies, 20(4): 303-322.

Liu B Q, Shi J X, Wang H, et al. 2019. Driving factors of carbon emissions in China: a joint decomposition approach based on meta-frontier[J]. Applied Energy, 256: 113986.

Liu Q L, Fang K, Heijungs R, et al. 2020. Imbalance and drivers of carbon emissions embodied in trade along the Belt and Road Initiative[J]. Applied Energy, 280: 115934.

Liu Z, Zhang H, Zhang Y J, et al. 2020. How does income inequality affect energy efficiency? Empirical evidence from 33 Belt and Road initiative countries[J]. Journal of Cleaner Production, 269: 122421.

Mi Z F, Meng J, Guan D B, et al. 2017. Chinese CO_2 emission flows have reversed since the global financial crisis[J]. Nature Communications, 8(1): 1712.

Mi Z F, Zheng J L, Meng J, et al. 2018. China's energy consumption in the new normal[J]. Earth's Future, 6(7): 1007-1016.

Mills E F E A, Dong J, Liu Y L, et al. 2021. Towards sustainable competitiveness: how does financial development affect dynamic energy efficiency in Belt & Road economies?[J]. Sustainable Production and Consumption, 27: 587-601.

NBS. 2022. China Energy Statistical Yearbook 2022[M]. Beijing: China Statistics Press.

Rasiah R, Yun H A. 2009. Industrializing southeast Asia[J]. Journal of the Asia Pacific Economy, 14(2): 107-115.

Rauf A, Liu X X, Amin W, et al. 2020. Does sustainable growth, energy consumption and environment challenges matter for Belt and Road Initiative feat? A novel empirical investigation[J]. Journal of Cleaner Production, 262: 121344.

Su B, Ang B W. 2012. Structural decomposition analysis applied to energy and emissions: some methodological developments[J]. Energy Economics, 34(1): 177-188.

Su B, Ang B W. 2012. Structural decomposition analysis applied to energy and emissions: aggregation issues[J]. Economic Systems Research, 24(3): 299-317.

Su B, Ang B W. 2014. Input-output analysis of CO_2 emissions embodied in trade: a multi-region model for China[J]. Applied Energy, 114: 377-384.

Su B, Ang B W. 2015. Multiplicative decomposition of aggregate carbon intensity change using input-output analysis[J]. Applied Energy, 154: 13-20.

Su B, Ang B W. 2017. Multiplicative structural decomposition analysis of aggregate embodied energy and emission intensities[J]. Energy Economics, 65: 137-147.

Su B, Ang B W, Li Y Z. 2017. Input-output and structural decomposition analysis of Singapore's carbon emissions[J]. Energy Policy, 105: 484-492.

Su B, Ang B W, Li Y Z. 2019. Structural path and decomposition analysis of aggregate embodied energy and emission intensities[J]. Energy Economics, 83: 345-360.

Su B, Ang B W, Sun Y F. 2022. Input-output analysis of embodied emissions: impacts of imports data treatment on emission drivers[J]. Energy Economics, 107: 105875.

Sun Y F, Zhang Y J, Su B. 2022. Impact of government subsidy on the optimal R&D and advertising investment in the cooperative supply chain of new energy vehicles[J]. Energy Policy, 164: 112885.

Wang C, Lim M K, Zhang X Y, et al. 2020. Railway and road infrastructure in the Belt and Road initiative countries: estimating the impact of transport infrastructure on economic growth[J]. Transportation Research Part A: Policy and Practice, 134: 288-307.

Wang H, Ang B W, Su B. 2017. Assessing drivers of economy-wide energy use and emissions: IDA versus SDA[J]. Energy Policy, 107: 585-599.

Wang K F, Zhao X K, Peng B Y, et al. 2021. Can energy efficiency progress reduce $PM_{2.5}$ concentration in China's cities? Evidence from 105 key environmental protection cities in China, 2004-2015[J]. Journal of Cleaner Production, 288: 125684.

Wang Q, Jiang X T, Yang X, et al. 2020. Comparative analysis of drivers of energy consumption in China, the USA and India-a perspective from stratified heterogeneity[J]. Science of the Total Environment, 698: 134117.

Wang R. 2010. Shaping urban transport policies in China: will copying foreign policies work?[J]. Transport Policy, 17(3): 147-152.

Wang Z G, Su B, Xie R, et al. 2020. China's aggregate embodied CO_2 emission intensity from 2007 to 2012: a multi-region multiplicative structural decomposition analysis[J]. Energy Economics, 85: 104568.

Wood R, Lenzen M. 2003. An application of a modified ecological footprint method and structural path analysis in a comparative institutional study[J]. Local Environment, 8(4): 365-386.

Xing Y Q. 2020. Global value chains and the innovation of the Chinese mobile phone industry[J]. East Asian Policy, 12(1): 95-109.

Yang Y F, Wang H, Löschel A, et al. 2022. Patterns and determinants of carbon emission flows along the Belt and Road from 2005 to 2030[J]. Ecological Economics, 192: 107260.

Yifu L J, Wang X B. 2021. Dual circulation: a new structural economics view of development[J]. Journal of Chinese Economic and Business Studies, 20(4): 303-322.

Yuan C Q, Liu S F, Xie N M. 2010. The impact on Chinese economic growth and energy consumption of the global financial crisis: an input-output analysis[J]. Energy, 35(4): 1805-1812.

Zha D L, Chen Q, Wang L J. 2022. Exploring carbon rebound effects in Chinese households' consumption: a simulation analysis based on a multi-regional input-output framework[J]. Applied Energy, 313: 118847.

Zhang C, Su B, Zhou K L, et al. 2019. Decomposition analysis of China's CO_2 emissions (2000-2016) and scenario analysis of its carbon intensity targets in 2020 and 2030[J]. Science of the Total Environment, 668: 432-442.

Zhang Y J, Jin Y L, Shen B. 2020. Measuring the energy saving and CO_2 emissions reduction potential under China's Belt and Road initiative[J]. Computational Economics, 55: 1095-1116.

Zhang Y J, Peng H R, Su B. 2017. Energy rebound effect in China's industry: an aggregate and disaggregate analysis[J]. Energy Economics, 61: 199-208.

Zhang Y J, Sun Y F. 2016. The dynamic volatility spillover between European carbon trading market and fossil energy market[J]. Journal of Cleaner Production, 112: 2654-2663.

Zheng W, Walsh P P. 2019. Economic growth, urbanization and energy consumption-a provincial level analysis of China[J]. Energy Economics, 80: 153-162.

第 7 章　环境投入产出模型与碳排放影响

7.1　投入产出模型简介

7.1.1　投入产出模型背景

投入产出分析是华西里·里昂惕夫在 20 世纪 30 年代开发的一种分析框架。该框架的目的是分析整个经济体各部门之间的相互依存关系。投入产出分析的基础是投入产出表。投入产出表以矩阵形式显示了经济中商品和服务的流动，它描述了一个经济体中生产部门的活动：它们的生产和消费；它们互相买卖什么；它们向消费者或政府等其他人出售什么；以及对生产过程的投入，即劳动力和资本。

1936 年，里昂惕夫首次开发了投入产出表（Leontief，1936）。1941 年，里昂惕夫制作了美国经济 1919 年和 1929 年投入产出表。投入产出表的编制最初是由大学和研究机构进行的，仅用于投入产出分析。现在，在许多国家，投入产出表已经发展成为国民账户体系（system of national accounts，SNA）的重要组成部分。在里昂惕夫工作的启发下，越来越多的经济学家和专业人士继续致力于投入产出分析，将其发展成为定量经济研究的有力技术。

里昂惕夫在 20 世纪初为美国构建了第一个投入产出表后，日本、加拿大、欧盟等主要工业化国家和地区开始制定国家投入产出表。例如，1961 年，日本编制了第一个官方（1955 年）投入产出表（Kuribayashi，1987）。1968 年，加拿大制定了 1961 年投入产出表（Lal，2001）。1961 年，英国编制了第一个官方（1954 年）投入产出表（Millard，1995）。除工业化国家以外，大多数发展中国家已经开始制定并使用了投入产出表。例如，拉丁美洲的投入产出研究始于 1954 年的哥伦比亚，到 1961 年扩展到阿根廷、玻利维亚、巴西、厄瓜多尔、墨西哥和秘鲁（Barna et al.，1964）。

就中国而言，在钱学森和华罗庚等科学家的积极努力下，中国科学院数学研究所于 1959 年成立了经济研究小组，开始研究投入产出技术。与此同时，中国科学院经济研究所也成立了一个投入产出技术研究小组。这两个研究小组的成员包括李炳泉、陈锡康、吴家培、张守义等。他们被认为是最早将投入产出分析引入中国的学者（Liu and Xia，2015）。

世界上大多数国家都编制了价值型投入产出表，但中国是少数几个编制了实物型投入产出表的国家之一。实物型投入产出表的优点在于其对价格变化的敏感性，反映污染物排放、能源生产与利用的准确性，以及真实反映经济和技术关系、结构关系及其变化。1974 年，在全国人大、国家统计局和国家信息局的支持下，陈锡康等构建了 1973 年中国国民经济第一个试验性投入产出表。由于在 1978 年之前，年度计划和五年规划的大多数目标都是以实物单位给出的，如钢铁、煤炭、石油、电力、粮食、棉花等，1973 年的投入产出表以实物单位表示。此外，1981 年和 1992 年中国投入产出表同时包含价值表与实物表。1981 年中国实物型投入产出表涉及 146 个实物产品，1992 年中国实物型投入产出表涉及 151 个实物产品（Zhang and Zhao，2009）。

1987 年，国务院决定，国家每五年（逢二、逢七年份）进行一次投入产出专项调查，编制国家和地区投入产出表。由于编制时间跨度长达五年，不利于数据的实时分析，在投入产出表之后的第三年（逢零、逢五年份），国家还会在原投入产出表的基础上编制一次投入产出延长表。

7.1.2　模型基本概念

投入产出表将经济系统划分为多个部门，并考虑商品和服务在每个部门的流入与流出。每个部门都可以有流向和来自任何其他部门的商品与服务流，所以这种模型所包含的信息量随着系统中部门数量的增加而迅速增加。实际的投入产出表可以包括 50 个到 200 个行业，这取决于所需的聚合程度。显然，数据收集的处理也将更加困难，成本也更加高昂。

从本质上讲，投入产出表的基本布局是行和列。行表示部门的产出，列表示部门的投入。因此，矩阵代表了一个双向记录的经济体系，即任何部门的总投入和总产出都是相等的。在研究实践中，特别是在能源环境研究中，通常采用简化的投入产出矩阵，其中包含关于每对部门之间相互作用的信息和数据。

表 7-1 展示了按行业划分的竞争型投入产出表的基本结构。该表包含四个象限。象限一显示了被称为行业间交易的国内行业之间的商品与服务流动。列向表示来自其他行业的商品和服务的中间投入，而行向表示一个行业对其他行业的产出销售。这是投入产出表中最重要的象限，它展示了一个经济体中的生产关系。象限二显示了一个行业的产出对最终需求类别的配置，如家庭消费、政府消费、投资和出口等。象限三显示了初始投入矩阵，如劳动者报酬、营业盈余和各种类型的税收与补贴以及固定资产折旧。象限四显示了非市场交易等最终需求的主要投入，如转让和税收。

表 7-1　竞争型投入产出表的基本结构

<table>
<tr><th colspan="2" rowspan="2">投入</th><th colspan="5">中间使用</th><th rowspan="2">中间使用合计</th><th colspan="5">最终使用</th><th rowspan="2">最终使用合计</th><th rowspan="2">进口</th><th rowspan="2">总产出</th></tr>
<tr><th>农业</th><th>采掘业</th><th>制造业</th><th>建筑业</th><th>服务业</th><th>家庭消费</th><th>政府消费</th><th>固定资本形成</th><th>存货变动</th><th>出口</th></tr>
<tr><td rowspan="5">中间投入</td><td>农业</td><td colspan="5" rowspan="5">象限一
中间使用</td><td></td><td colspan="5" rowspan="5">象限二
最终使用</td><td></td><td></td><td></td></tr>
<tr><td>采掘业</td><td></td><td></td><td></td><td></td></tr>
<tr><td>制造业</td><td></td><td></td><td></td><td></td></tr>
<tr><td>建筑业</td><td></td><td></td><td></td><td></td></tr>
<tr><td>服务业</td><td></td><td></td><td></td><td></td></tr>
<tr><td colspan="2">中间投入合计</td><td></td><td></td><td></td><td></td><td></td><td></td><td></td><td></td><td></td><td></td><td></td><td></td><td></td><td></td></tr>
<tr><td rowspan="4">初始投入</td><td>劳动者报酬</td><td colspan="5" rowspan="4">象限三
初始投入</td><td></td><td colspan="5" rowspan="4">象限四</td><td></td><td></td><td></td></tr>
<tr><td>生产税净额</td><td></td><td></td><td></td><td></td></tr>
<tr><td>营业盈余</td><td></td><td></td><td></td><td></td></tr>
<tr><td>固定资产折旧</td><td></td><td></td><td></td><td></td></tr>
<tr><td colspan="2">总投入</td><td></td><td></td><td></td><td></td><td></td><td></td><td></td><td></td><td></td><td></td><td></td><td></td><td></td><td></td></tr>
</table>

7.2　投入产出基本模型

7.2.1　投入产出基本模型形式

采用一个简单的投入产出表来表示投入产出分析的基本模型。

如表 7-2 所示，一个经济系统包括 n 个部门。z_{ij} 表示部门 i 到部门 j 的产品或服务流。y_i 表示部门 i 的最终需求，即消费者最终消费部门的产品。v_i 表示部门 i 的增加值。总产出 x_i 等于所有中间产品与最终需求之和。相应地，总投入 x_j 等于所有中间投入和增加值之和。在投入产出表中，就每个部门而言，存在投入产出平衡，即部门的总产出等于其总投入（$x_i = x_j$）。

表 7-2　简化的投入产出表

投入			中间使用 部门				最终使用	总产出
			1	2	…	n	Y	X
中间投入	部门	1	z_{11}	z_{12}	…	z_{1n}	y_1	x_1
		2	z_{21}	z_{22}	…	z_{2n}	y_2	x_2
		⋮	⋮	⋮		⋮	⋮	⋮
		n	z_{n1}	z_{n2}	…	z_{nn}	y_n	x_n
增加值		V	v_1	v_2	…	v_n		
总投入		X	x_1	x_2	…	x_n		

根据投入产出表的行向关系，即总产出等于中间使用与最终使用之和，有

$$\sum_{j=1}^{n} z_{ij} + y_i = x_i \text{ ，} \quad i=1,2,\cdots,n \tag{7-1}$$

基于投入产出表，可以得到直接消耗系数矩阵，国外常称之为直接投入系数或直接需求系数、技术系数。直接消耗系数指的是部门生产一个产出所需各个部门的投入份额，即

$$a_{ij} = \frac{z_{ij}}{x_j} \tag{7-2}$$

通过引入直接消耗系数，就可以建立投入产出分析模型。引入直接消耗系数，得到

$$\sum_{j=1}^{n} a_{ij} x_j + y_i = x_i \quad \text{，} \quad i=1,2,\cdots,n \tag{7-3}$$

用矩阵形式表示，可以得到

$$AX + Y = X \tag{7-4}$$

其中，A 表示直接消耗系数矩阵；Y 和 X 分别表示最终使用和总产出列向量，即

$$A = \begin{bmatrix} a_{11} & \cdots & a_{1n} \\ \vdots & & \vdots \\ a_{n1} & \cdots & a_{nn} \end{bmatrix}, \quad Y = \begin{bmatrix} y_1 \\ \vdots \\ y_n \end{bmatrix}, \quad X = \begin{bmatrix} x_1 \\ \vdots \\ x_n \end{bmatrix} \tag{7-5}$$

通过模型变换和推导，式（7-4）可以求解得到

$$X=(I-A)^{-1}Y \tag{7-6}$$

其中，I 表示单位矩阵，即主对角线元素为 1 而其他所有元素为 0 的矩阵。$(I-A)^{-1}$ 表示著名的里昂惕夫逆矩阵。

公式（7-6）即投入产出模型的基本形式，反映了总产出与最终使用之间的关系。投入产出模型有两个数学约束。首先，直接消耗系数矩阵 A 的列和不能大于 1，并且 A 矩阵至少一个列的和必须小于 1。其次，在里昂惕夫逆矩阵 $(I-A)^{-1}$ 中不存在负元素。后者是霍金斯–西蒙（Hawkins-Simon）条件的主要内容（Hawkins，1948）。在里昂惕夫逆矩阵中，一个负元素意味着，保持其他因素不变，随着一个部门扩大其产出，它将需要越来越少的投入。因此，如果违反上述两个条件中的任何一个，便可能导致方程设定错误，或在求解方程时出现计算失误。

7.2.2　Ghosh 模型形式

高希（Ghosh）模型，又称为供应驱动的投入产出模型，是由 Ghosh（1958）提出的，用于描述中央计划经济的某些方面，如资源短缺。Augustinovics（1970）首先将其应用于经济结构的比较研究。我们通过将 Ghosh 模型与经典的基本投入产出模型进行比较来对其进行讨论。

为了通用性说明，假设一个经济体包括中间部门、最终部门（最终需求类别）和初级部门（增值类别）。现在，以下两个恒等式分别适用于部门总产出和部门总投入（括号中是其矩阵表示法）：

$$\sum_{j=1}^{n}z_{ij}+\sum_{q=1}^{Q}y_{iq}=x_i \qquad (X=Zs+Ys) \tag{7-7a}$$

$$\sum_{i=1}^{n}z_{ij}+\sum_{p=1}^{P}v_{pj}=x_j \qquad (X^{\mathrm{T}}=s^{\mathrm{T}}Z+s^{\mathrm{T}}V) \tag{7-7b}$$

其中，s 表示元素为 1 的矢量，即求和矢量；q 和 p 分别表示最终需求细分类别和增值细分类别。

投入产出基本模型起源于产出恒等式（7-7a），并添加了固定投入系数

$$z_{ij}=a_{ij}x_j \qquad (Z=A\hat{X}) \tag{7-8a}$$

$$v_{pj}=c_{pj}x_j \qquad (V=C\hat{X}) \tag{7-8b}$$

其中，$\hat{X}$ 表示对角线元素，是总产出的对角矩阵；A 表示固定投入系数矩阵；C 表示固定产出系数矩阵。需要注意的是，由式（7-8b）可知，所有投入系数之和

等于 1，即 $s^{\mathrm{T}}A+s^{\mathrm{T}}C=s^{\mathrm{T}}$。

Ghosh 模型恰恰相反。它从投入恒等式（7-7b）开始，并以固定产出系数（也称为分配系数）的假设对其进行补充：

$$z_{ij}=x_i b_{ij} \qquad (Z=\hat{X}B) \tag{7-9a}$$

$$y_{iq}=x_i d_{iq} \qquad (Y=\hat{X}D) \tag{7-9b}$$

其中，B 表示固定产出系数矩阵。需要注意的是，由式（7-9b）可知，所有产出系数之和等于 1，即 $Bs+Ds=s$。

Ghosh（1958）假设，当市场垄断（卖方市场）和资源普遍短缺时，产出系数比投入系数更稳定。这种情况主要出现在中央计划经济中，在普遍需求过剩的情况下，根据分配函数进行配给。对于市场经济，Giarratani（1976）指出了生产突然中断的情况。在这种情况下，企业可能试图根据历史销售模式分配产品来维持其现有市场。我们可以进一步补充说，由于客户之间的配置公平性，所有类型经济体中的政府都有稳定自身服务产出模式的趋势（Oosterhaven，1988）。

式（7-6）给出了基本模型的解，即 $X=(I-A)^{-1}Y$。外生最终需求（Y）完全驱动了该模型。它决定了总产出（X），以及中间投入（Z）和初始投入（V）。Z 和 V 可以通过将式（7-8a）和式（7-8b）的对角化解代入而得到。

根据投入产出表的列向关系，即总投入等于中间投入与初始投入之和，有

$$\sum_{i=1}^{n} z_{ij}+v_j=x_j, \quad j=1,2,\cdots,n \tag{7-10}$$

类似地，Ghosh 模型的解可以表示为

$$X^{\mathrm{T}}=V^{\mathrm{T}}(I-B)^{-1} \tag{7-11}$$

其中，B 表示直接产出系数矩阵；V^{T} 和 X^{T} 分别表示初始投入和总投入行向量，即

$$B=\begin{bmatrix} b_{11} & \cdots & b_{1n} \\ \vdots & & \vdots \\ b_{n1} & \cdots & b_{nn} \end{bmatrix},\quad V^{\mathrm{T}}=\begin{bmatrix} v_1 & \cdots & v_n \end{bmatrix},\quad X^{\mathrm{T}}=\begin{bmatrix} x_1 & \cdots & x_n \end{bmatrix} \tag{7-12}$$

由式（7-11）可知，初始投入（V^{T}）是外生驱动力，不仅决定总投入（X^{T}），还决定中间产出（Z）和最终产出（Y）。

7.3 环境扩展投入产出模型

7.3.1 环境扩展投入产出模型概述

能源在经济发展中发挥着至关重要的作用，它与不可再生自然资源的使用和温室气体的排放密切相关。自工业革命以来，经济迅速发展，引起大量能源消耗，导致二氧化碳等温室气体浓度显著增加。温室气体水平升高对自然环境和人类社会产生了有害影响。例如，温室气体排放增加，导致气候变暖和气候不稳定，后者易造成极端天气事件增多、水资源短缺、海平面上升、海洋酸化、生物多样性受损等，严重破坏生态环境和影响人类生存。世界各国已经开始实施许多旨在减少二氧化碳等温室气体排放的措施。因此，剖析经济中的能源消耗模式以及二氧化碳、二氧化硫和氮氧化物等温室气体排放，对于应对能源与环境问题极其重要。利用投入产出模型框架可以系统地分析经济、生态系统和大气环境之间的相互依存关系。

经济–环境投入产出分析有着悠久的发展历史。20 世纪 30 年代在里昂惕夫提出投入产出模型以后，其被广泛用于解决经济、劳工、社会、贸易、能源、生态、资源利用、工业生态学和环境科学等问题（Wiedmann，2009）。20 世纪 60 年代后期以来，许多学者开发了包含投入产出模型的国家和地区环境分析模型，如 Daly（1968）、Isard 等（1968）、Ayres 和 Kneese（1969）、Leontief（1970）、Cumberland 和 Korbach（1973）等。1970 年，里昂惕夫发表了一篇文章，建议使用环境扩展投入产出分析（environmentally extended input-output analysis，EEIOA）方法来评估与特定生产和/或消费水平相关的污染量（Leontief，1970）。

投入产出分析可以通过将实物核算相关信息，如关于能源或物质使用、温室气体或污染物排放等信息，整合进投入产出分析，实现“环境扩展”，变投入产出分析为环境扩展投入产出分析。该模型的基础在于投入产出表和自然资源或环境压力系数（如温室气体或污染物、土地或水的使用等）（Leontief and Ford，1972）。其中，第一个参数，即投入产出表，将经济结构描述为一个相互关联的网络，其中每个行业向其他行业提供中间产品，向最终需求部门（家庭、政府、私人投资和净出口）提供最终产品，并产生附加值（如利润、工资和税收）。第二个参数，即自然资源或环境压力系数，反映了各部门在提供一单位产出时如何使用自然资源投入并产生各种类型的污染物。环境扩展的投入产出模型已成为分析经济活动的环境影响与支持相关经济和环境政策的重要方法（Sun et al.，2020）。

环境扩展投入产出模型能够捕捉上下游生产（无论是国内还是国外）造成的间接环境影响，这使得其适用于估计生态足迹、隐含排放量、虚拟用水量和其他指标，以及从资源消耗的角度识别重要经济部门（Gajos and Prandecki，2016；

Wiedmann et al.，2007）。环境扩展投入产出分析有一个重要的优势，即其为货币和环境数据的结合。这些数据可以通过不同的方式进行分析，如宏观经济规模（部门视角）或微观经济规模（产品视角）。因此，环境扩展投入产出分析可以确定经济对环境影响的后果，并有助于厘清资源的生产和消费与有害物质排放至环境之间的关系。

自 1978 年改革开放以来，中国表现出了近代同期任何其他国家都无法比拟的经济增长。由于中国的投入产出数据早在 1974 年就有，环境扩展投入产出分析几乎从这个扩张时期开始就被用来衡量经济增长及与其相关的环境影响（Hawkins et al.，2015）。现有研究已经使用环境扩展投入产出分析对中国的各种环境问题进行了分析（Liang et al.，2017），包括水资源（Fan et al.，2019；Zhang et al.，2019）、能源消耗（Tian et al.，2019；Wang et al.，2020）、CO_2 排放（Cai et al.，2020；Yu et al.，2020）、大气汞排放（Chen et al.，2018；Zhang et al.，2018）和物质流动（Jiang et al.，2019；Xu et al.，2008）。

7.3.2　环境投入产出模型基本概念

总体来说，环境–经济投入产出模型有两种形式。1970 年，里昂惕夫提出，在传统的投入产出模型中将污染物的排放和治理包括进来，研究环境问题（Leontief，1970）。在第一种环境–经济投入产出表中，环境污染和环境治理作为环境的对应部门，用以体现生产活动和最终需求造成的污染，以及污染治理带来的产品价格体系调整、居民收入和福利结构的改变。在该投入产出模型中，整个系统分为两大类部门，即生产部门和环境部门。其中，环境部门的列为清理污染部门，环境部门的行为产生污染部门。生产部门用价值单位衡量，而环境部门用实物单位衡量。环境部门的细分部门可以依据污染物进行划分，如废气、废水等。第一种环境–经济投入产出表的简单形式如表 7-3 所示。

表 7-3　第一种环境–经济投入产出表

投入		中间使用		最终使用	总产出
		生产部门	清理污染部门		
中间投入	生产部门	M^{11}（A^{11}）	M^{12}（A^{12}）	Y	X
	清理污染部门	M^{21}（A^{21}）	M^{22}（A^{22}）	Y^p	X^P
初始投入		V^1	V^2		
总投入		X	X^G		

表 7-3 中，M^{11} 为生产部门间中间流量矩阵；M^{12} 为生产部门产品投入清理污

染部门的中间流量矩阵；M^{21} 为生产部门各产品的污染物排放矩阵；M^{22} 为清理污染部门的污染物排放矩阵；A^{11} 为生产部门对生产部门的直接消耗系数矩阵；A^{12} 为清理污染部门对生产部门的直接消耗系数矩阵；A^{21} 为生产部门的污染物排放系数矩阵；A^{22} 为清理污染部门的污染物排放系数矩阵；Y 为生产部门的最终产品向量；Y^p 为最终需求领域的污染物排放向量；X 为生产部门的总产出（总投入）向量；X^G 为清理污染部门的污染物清理总量向量；X^P 为各种污染物的排放总量向量；V^1 为生产部门的初始投入向量；V^2 为清理污染部门的初始投入向量。

各系数的定义如下。

生产部门对生产部门的直接消耗系数，即 A^{11} 中各元素 a_{ij}^{11} 表示的是生产部门 j 生产一单位产品需要消耗的第 i 部门产品的数量。

$$a_{ij}^{11} = \frac{m_{ij}^{11}}{x_j} \tag{7-13}$$

清理污染部门对生产部门的直接消耗系数，即 A^{12} 中各元素 a_{ij}^{12} 表示的是清理一单位的第 j 种污染物需要消耗的第 i 个部门产品的数量。

$$a_{ij}^{12} = \frac{m_{ij}^{12}}{x_j^g} \tag{7-14}$$

生产部门污染物的排放系数，即 A^{21} 中各元素 a_{ij}^{21} 表示的是第 j 个生产部门生产一单位产品所排放的第 i 种污染物的数量。

$$a_{ij}^{21} = \frac{m_{ij}^{21}}{x_j} \tag{7-15}$$

清理污染部门的污染物排放系数，即 A^{22} 中各元素 a_{ij}^{22} 表示的是清理一单位的第 j 种污染物所排放的第 i 种污染物的数量。

$$a_{ij}^{22} = \frac{m_{ij}^{22}}{x_j^g} \tag{7-16}$$

根据行向的平衡关系，可以得到行向的数学模型。

生产部门：

$$A^{11}X + A^{12}X^G + Y = X \tag{7-17}$$

清理污染部门：

$$A^{21}X + A^{22}X^G + Y^p = X^P \tag{7-18}$$

另外，还可以在投入产出表的下方加上污染物排放象限，即没有区分环境部门与其他部门。同时，还可以用于考虑生产领域的污染物及其清理情况，此时环境部门的行向和列向是一致的，都是清理污染部门，而清理污染部门对应的最终产品部分为污染物的净产生量，这就是第二种环境-经济投入产出模型。

表 7-4 中，M^{11} 为生产部门间中间流量矩阵；M^{12} 为生产部门产品投入清理污染部门的中间流量矩阵；M^{21} 为生产部门各产品的污染物排放矩阵；M^{22} 为清理污染部门的污染物排放矩阵；A^{11} 为生产部门对生产部门的直接消耗系数矩阵；A^{12} 为清理污染部门对生产部门的直接消耗系数矩阵；A^{21} 为生产部门的污染物排放系数矩阵；A^{22} 为清理污染部门的污染物排放系数矩阵；Y 为生产部门的最终产品向量；Y^p 为污染物的净排放量向量，即污染物排放量扣除污染物清理量后的排放量；X 为生产部门的总产出（总投入）向量；X^G 为清理污染部门的污染物清理总量向量；V^1 为生产部门的初始投入向量；V^2 为清理污染部门的初始投入向量。

表 7-4　第二种环境-经济投入产出表

投入		中间使用		最终使用	总产出
		生产部门	清理污染部门		
中间投入	生产部门	M^{11}（A^{11}）	M^{12}（A^{12}）	Y	X
	清理污染部门	M^{21}（A^{21}）	M^{22}（A^{22}）	$-Y^p$	X^G
初始投入		V^1	V^2		
总投入		X	X^G		

在该模型中，生产部门的平衡关系为

$$A^{11}X + A^{12}X^G + Y = X \tag{7-19}$$

清理污染部门的平衡关系为

$$A^{21}X + A^{22}X^G - Y^p = X^G \tag{7-20}$$

7.4　中国家庭收入变化对碳排放的影响

7.4.1　家庭收入与碳排放关系概述

作为世界上重要的碳排放国，中国一直在努力控制碳排放（Cong, 2013；Cong and Wei，2010）。2021 年，中国燃料燃烧产生的碳排放量为 106 485 亿吨（IEA，2023）。近几十年来，中国家庭部门的能源消耗和二氧化碳排放持续增加。2021

年，家庭部门的最终能源消耗高达 15 933 498 万亿焦耳，占终端能源消耗总量的 16.4%（IEA，2024）。家庭消费的增加很大程度上导致了能源消耗和碳排放的增长（Liang et al.，2007）。进一步来说，研究表明不同收入水平的家庭拥有不同的消费模式（Wang and Shi，2009），这种异质性可能导致家庭消费对能源消耗和碳排放影响的不平等性。如果忽视这种不平等的影响，政策制定者可能会不清楚甚至犯错误。例如，对所有人征收相同的能源税或碳税可能会增加生活困难家庭的负担，而对富裕家庭的消费模式影响较小，因而可能违背社会平等的原则。从这个意义上说，应该特别注意研究不同收入水平家庭的家庭消费与碳排放之间的关系，以及如何估计不同收入水平家庭对碳排放量的影响。回答这些问题可以从消费角度为实施减排政策提供证据（Duarte et al.，2010；Wiedenhofer et al.，2016），如中国的低碳消费政策（Wang J M and Wang J H，2011）。

家庭收入的增加对家庭商品和服务的消费产生积极影响，不同收入水平的家庭之间可能存在能源需求和碳排放的不平等性。许多现有文献已经阐明了不同收入家庭的碳排放。例如，Lyons 等（2012）使用传统的投入产出模型发现，在爱尔兰，随着家庭收入的增加，家庭间接碳排放量急剧增加。Duarte 等（2010）基于传统的投入产出模型和社会核算矩阵，确定了西班牙平均碳排放量与家庭收入之间的正相关关系。Chancel（2014）发现，法国和美国最富有的 10%人口的直接碳排放量是最贫穷的 10%人口的三倍。在中国的城市和农村，最高收入家庭的人均间接碳排放量分别是最低收入家庭的 6.7 倍和 3.8 倍（Liu et al.，2011）。这个问题已经讨论了很多，且投入产出模型是估计消费隐含的能源和排放的主要工具。然而，这些文献忽略了一个重要的事实，即在传统的投入产出模型中，家庭消费属于最终用途，只能考虑单向效应，即消费对生产部门的影响。本质上，家庭消费与生产部门排放之间存在双向反馈关系，这意味着尽管家庭通过消费影响生产部门的排放，但生产部门也可以通过对员工的补偿影响家庭消费。为了解决这个问题，半封闭投入产出模型可以作为一种替代方案，在相应的背景下考虑到产业–家庭联系（Chen et al.，2015）。半封闭投入产出模型还可以揭示家庭消费对生产部门排放的乘数效应。通过这种方式，可以捕捉到家庭消费对排放的更综合的影响，这可能进一步有助于降低低碳政策真实效果的不确定性。

Perobelli 等（2015）采用半封闭投入产出模型和假设抽取法，分析了巴西家庭收入的结构性变化如何影响生产部门和不同收入水平家庭的能源消耗与碳排放。结果表明，最高收入和最低收入家庭群体的消费分别导致总排放量的 63%和 0.3%，不同收入家庭群体的消费对生产部门排放的影响存在严重的不平等。与巴西类似，中国也面临着严重的家庭收入分配不平等问题，如 2012 年中国的基尼系数为 0.474。因此，在中国背景下，综合考虑不同收入水平家庭对碳排放的影响也是必要的。

基于 Perobelli 等（2015）来丰富中国背景下的现有证据，即本节致力于评估中国不同收入水平家庭的家庭消费对总碳排放量和生产部门碳排放量的综合贡献。本节采用半封闭投入产出模型将收入–消费关系纳入投入产出模型（Chen et al., 2016），并采用假设抽取法（hypothetical extraction method，HEM）来计算从半封闭投入产出模型中抽取某一特定家庭群体的消费时，生产部门和家庭群体的总产出减少量。结合生产部门和家庭群体的碳排放强度（单位总产出的碳排放量），可以得到不同收入家庭的消费对总二氧化碳排放量的贡献。

7.4.2　假设抽取法与半封闭投入产出模型

投入产出模型综合反映了经济系统中各部门直接和间接二氧化碳排放之间的关系，在二氧化碳排放核算中得到了广泛应用（Pang et al., 2022）。在传统的投入产出模型中，家庭部门被视为其消费不受生产部门影响的外生部门，忽略了生产部门提供的工资、商品和服务会影响家庭部门的消费。在现实中，家庭部门通过收入–消费关系与生产部门密切相关。家庭从生产部门获得收入，并将其用于购买生产部门生产的产品。基于传统的投入产出模型计算的里昂惕夫逆矩阵中，仅考虑了生产部门之间的所有联系，但没有考虑收入和消费的联系。

为了将收入–消费关系纳入投入产出模型中，许多学者研究了半封闭投入产出模型（Chen et al., 2016）。在这个模型中，家庭部门被转移到中间投入（或产出）矩阵中，并被视为内生部门。该部门的投入是消费品，产出是劳动力。根据 Miyazawa（2012）的公式，半封闭投入产出模型的基本结构为

$$\begin{bmatrix} A & \alpha \\ w & 0 \end{bmatrix}\begin{bmatrix} X \\ x_{n+1} \end{bmatrix}+\begin{bmatrix} F+e \\ h \end{bmatrix}=\begin{bmatrix} X \\ x_{n+1} \end{bmatrix} \tag{7-21}$$

其中，A 表示直接消耗系数矩阵；X 表示生产部门的总产出向量；F 表示除家庭消费外的最终需求向量；e 表示出口向量；家庭部门以第 n+1 个部门的形式纳入半封闭模型，x_{n+1} 表示总家庭收入；h 表示家庭部门的外生收入；α 表示消费系数向量；w 表示劳动投入系数向量。其中，消费系数定义为 $\alpha_i = c_i / x_{n+1}$（其中，c_i 表示家庭部门从第 i 个生产部门购买产品的消费支出）。劳动投入系数定义为 $w_j = h_j / x_j$（其中，h_j 表示第 j 个生产部门支付的劳动者报酬）。

假设抽取法用于分析如果从经济中抽取特定部门，该部门将如何改变经济系统的总产出（Ali，2015；Cai and Leung，2004；Guerra and Sancho，2010）。根据 Miller 和 Blair（2009）的说法，假设抽取法的目的是量化一个具有 n 个部门的经济体的总产出在第 j 个特定行业或部门从经济中去除后可能会发生的变化。这种抽取可以通过三种方式进行：①行业的总抽取——列和行；②投入结构的抽取（后向链接）——列的抽取；③产出结构的抽取——行的抽取。Miller 和 Blair（2009）认为假设抽取法包含三种抽取方式，这里只关注消费结构的抽取，即家庭消费支

出一栏的抽取。

考虑 n 个生产部门和 m 个家庭的半封闭投入产出模型的一般情况。在这个具有内生家庭的模型中，矩阵具有 $(n+m)\times(n+m)$ 维度。

模型给定为

$$X = A^{*}X + F^{*} \tag{7-22}$$

其中，X 表示包含 $n+m$ 个元素的产出列向量；A^{*} 表示 $(n+m)\times(n+m)$ 的直接消耗系数矩阵；F^{*} 表示包含 $n+m$ 个元素且不包含家庭消费的最终需求列向量。

公式可以求解为

$$X = (I - A^{*})^{-1}F^{*} \tag{7-23}$$

其中，$(I - A^{*})^{-1}$ 表示里昂惕夫逆矩阵。

新矩阵 A^{*} 由 $\overline{A}_{cj}^{*}$ 表示，指的是假设从矩阵 A 中抽取第 j 列。

结合式（7-22）和式（7-23），可以计算后向链接 $i'x^{*} - i'\overline{x}_{cj}^{*}$ 的抽取的影响。也就是说，部门 j 的总后向链接的衡量。结果也可以按部门分解，其中，每个元素表示部门 j 相对于部门 i 的后向依赖性。

假设抽取法提供了抽取家庭消费结构对生产的影响。该方法的结果可以解释为由抽取导致的经济产出的变化。因此，为了验证对排放的影响，有必要从排放的角度来解释产量的下降。为此，可以使用排放强度矢量（e）来分析产量下降对排放的影响：

$$e = \frac{E}{X} \tag{7-24}$$

其中，E 表示包含 $n+m$ 个元素的碳排放，包括生产部门和家庭排放；X 表示包含 $n+m$ 个元素的总产出。

每个家庭组的抽取对排放的影响为

$$\text{Emissions}_i^I = \text{diag}(e_i)\times\left(x_i^I - \overline{x}_{(cj)i}^{*I}\right) \tag{7-25}$$

其中，Emissions_i^I 表示每个抽取的家庭组 I 对部门 i 的总排放；$\text{diag}(e_i)$ 表示 e_i 的对角矩阵；$x_i^I - \overline{x}_{(cj)i}^{*I}$ 表示部门 j 相对于部门 i 的后向依赖性。

部门直接碳排放量为

$$E_j = \sum_n \left(A_{j,n,t}\times h_n \times c_n \times o_n \times \frac{44}{12}\right) \tag{7-26}$$

其中，E_j 表示第 j 部门的直接碳排放量；$A_{j,n,t}$ 表示第 j 部门第 n 种燃料在 t 年的实际消耗量；h_n 表示第 n 种燃料的净热值；c_n 表示第 n 种燃料的含碳量；o_n 表示第 n 种燃料的碳氧化率。各指标可见于 Yu 等（2016）。

相较于现有文献主要侧重于计算和比较消费支出引起的家庭间接排放量，如 Wei 等（2007）和 Liu 等（2011），这里将半封闭投入产出模型与假设抽取法相结合有一个最显著的优点，即假设抽取法可以全面考虑家庭组与生产部门之间以及家庭组之间的后向和前向联系，而现有文献只关注家庭群体与生产部门之间通过家庭消费和商品服务的关系（Temurshoev，2009）。同时，值得一提的是，在半封闭投入产出模型中，假设抽取法应用于家庭消费的消费端，部门增加值仍然是内生的。

7.4.3　数据

采用中国 2007 年和 2012 年的投入产出表。半封闭投入产出表的详细调整过程可见 Zhang 等（2017）。家庭消费支出数据来源于 2008 年和 2013 年的《中国统计年鉴》，分为食品、衣着、居住、家庭设备及用品、交通通信、文教娱乐、医疗保健以及其他用品与服务等 8 个类别（NBSC，2013）。如表 7-5 所示，根据国家统计局的分类，城市家庭根据家庭人均可支配收入分为 8 组，农村家庭根据家庭人均纯收入分为 5 组。因此，在本节中，我们将家庭划分为 13 个收入组（8 个城市家庭收入组和 5 个农村家庭收入组）。直接能耗数据来源于 2008 年和 2013 年的《中国能源统计年鉴》。

表 7-5　按收入水平划分的家庭群组[单位：美元/（人·年）]

家庭组		家庭类别	2007 年	2012 年
城市 [a]	极度贫困	极度贫困家庭	442	1 033
	非常贫困	非常贫困家庭	554	1 302
	贫困	贫困家庭	856	1 979
	中低	中低收入家庭	1 171	2 656
	中等	中等收入家庭	1 584	3 553
	中高	中高收入家庭	2 156	4 725
	富裕	富裕家庭	2 926	6 277
	非常富裕	非常富裕家庭	4 840	10 115
农村 [b]	极度贫困	极度贫困家庭	177	367
	贫困	贫困家庭	340	762
	中等	中等收入家庭	481	1 116
	中高	中高收入家庭	675	1 607
	最高	最高收入家庭	1 288	3 013

a 按家庭人均可支配收入分组；b 按家庭人均纯收入分组

表 7-6 给出了 2007 年至 2012 年城乡家庭组的收入增长率①。在城市地区，高收入家庭的增长率低于低收入家庭，如城市极度贫困家庭的收入增长率为 94.17%，而城市非常富裕家庭的收入增长率仅为 73.51%。相反，农村高收入家庭的收入增长率高于低收入家庭，如农村极度贫困家庭的收入增长率为 71.97%，农村最高收入家庭的收入增长率为 94.15%。由于中国取消农业税和实施农业补贴等惠农政策，农村家庭收入已经实现了快速增长。

表 7-6　2007～2012 年中国家庭收入增长率

家庭组		增长率
城市	极度贫困	94.17%
	非常贫困	95.13%
	贫困	92.00%
	中低	88.32%
	中等	86.17%
	中高	81.95%
	富裕	78.13%
	非常富裕	73.51%
农村	极度贫困	71.97%
	贫困	86.21%
	中等	92.44%
	中高	97.71%
	最高	94.15%

图 7-1 和图 7-2 分别描绘了 2007 年和 2012 年城乡家庭的消费结构。从这些数据可以看出，城市家庭的消费结构差异很大，而农村家庭的消费结构差异相对较小。在城市地区，随着收入的增加，家庭将增加对衣着、家庭设备及用品、交通通信、文教娱乐、医疗保健的消费，而不是食品和居住等基本需求。在农村地区，家庭在食品、衣着和医疗保健方面的消费会随着收入的增加有所减少，但在居住、家庭设备及用品、交通通信和文教娱乐方面的消费会随着收入的增加而增加。

① 这里的收入增长率只是名义增长率。

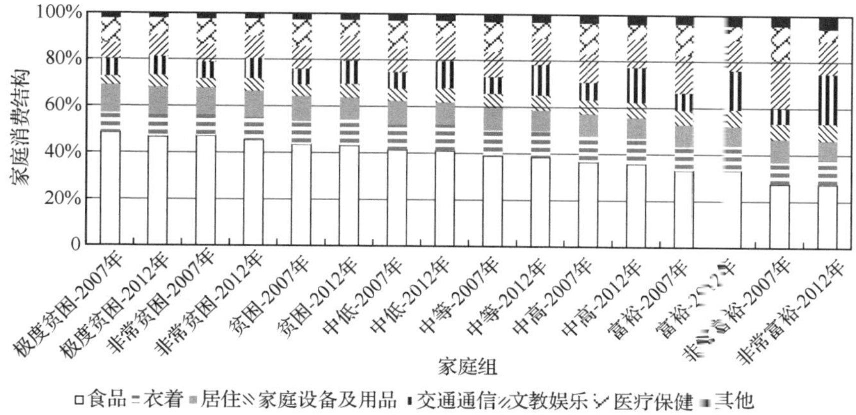

图 7-1　2007 年与 2012 年城市地区家庭消费结构

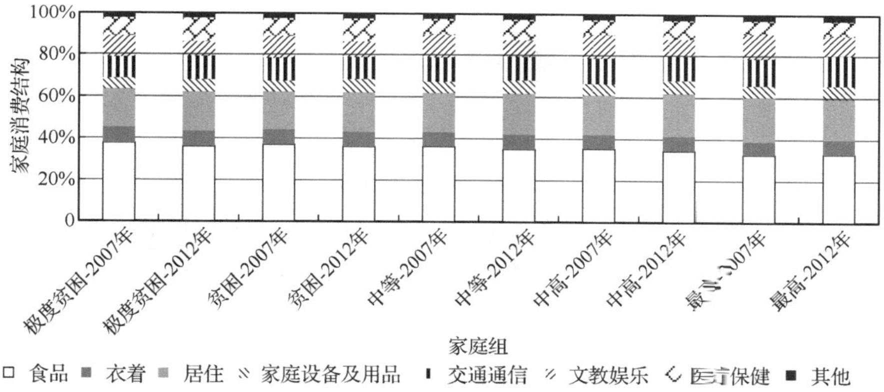

图 7-2　2007 年与 2012 年农村地区家庭消费结构

2007 年到 2012 年，随着收入的增加，城市家庭的食品、居住和医疗保健的消费均呈下降趋势，而衣着、家庭设备及用品、交通通信和文教娱乐等消费呈上升趋势。农村家庭的食品、衣着、居住和文教娱乐的消费均有所减少，并转向消费更多的家庭设备及用品、交通通信和医疗保健。

7.4.4　结果分析与讨论

1. 家庭和生产部门直接碳排放量和碳排放强度

如上所述，这里首先计算了家庭和生产部门的直接碳排放量和碳排放强度。然后，碳排放强度将用于计算总排放量中的部门碳减排量。

2008 年和 2013 年的《中国能源统计年鉴》提供了 2007 年和 2012 年城乡居民能源消费总量。然后，我们利用式（7-26）计算相应的与能源消费相关的碳排放量。城市和农村与能源消费相关的碳直接排放量分别从 2007 年的 3.5 亿吨和

2.4 亿吨增加到 2012 年的 5.4 亿吨和 3.9 亿吨。同期，生产部门（M1～M8）与能源消费相关的碳直接排放量分别为 2007 年 53.1 亿吨和 2012 年 75.1 亿吨，约占这两年碳排放总量的 90%。尽管城乡居民的碳排放量仅占碳排放总量的 10%左右,但家庭可以通过消费商品和服务的类别和数量影响生产部门的碳排放量。2007 年至 2012 年，家庭直接碳排放量增长 57.63%，生产部门碳排放量增长 41.43%。这些数字表明，家庭消费在产生碳排放方面发挥了重要作用。

假设家庭消费导致的碳排放遵循相同的模式，我们将家庭群体的消费支出比例乘以上述城乡直接碳排放总量，可以得到每个家庭组的直接碳排放量，如图 7-3 所示。

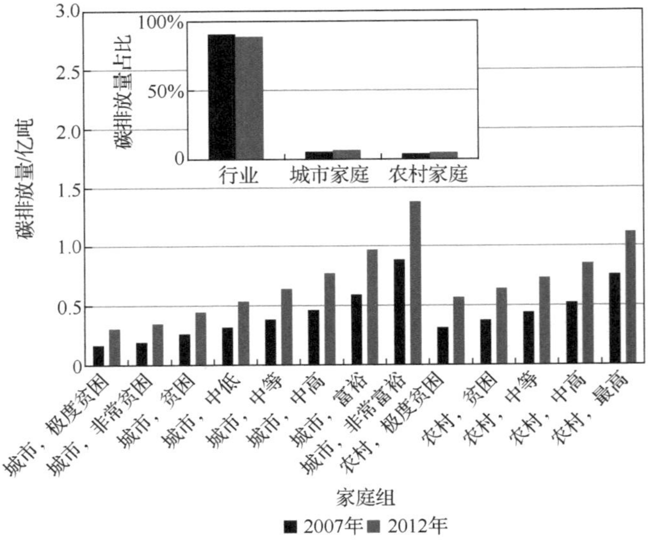

图 7-3　2007 年与 2012 年家庭的直接碳排放量

城市家庭的碳排放量高于农村家庭，高收入家庭的碳排放量高于低收入家庭。从图 7-3 中可以看出，在城市地区，非常富裕家庭 2007 年的碳排放量为 0.884 亿吨，2012 年达到 1.382 亿吨，而极度贫困家庭 2007 年的碳排放量仅为 0.167 亿吨，2012 年为 0.309 亿吨。在农村地区，最高收入家庭 2007 年和 2012 年的碳排放量分别为 0.759 亿吨和 1.117 亿吨，而极度贫困家庭 2007 年和 2012 年的碳排放量分别为 0.315 亿吨和 0.567 亿吨。2007～2012 年，城乡家庭碳排放增幅较大，且低收入家庭的碳排放增速快于高收入家庭，如城市极度贫困家庭和非常富裕家庭的碳排放增速分别为 85.0%和 56.3%，农村极度贫困家庭和最高收入家庭的碳排放增速分别为 80.0%和 47.2%。

不同的家庭消费模式表明,家庭和生产部门之间的碳排放强度可能存在差异。因此，这里进一步计算家庭组和生产部门的碳排放强度，如图 7-4 所示。

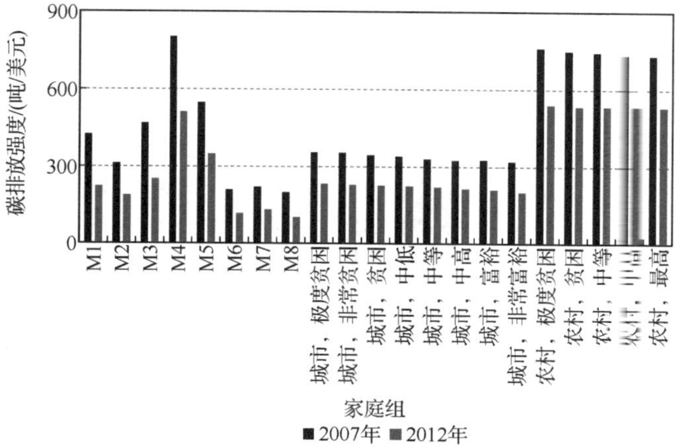

图 7-4　2007 年与 2012 年生产部门和家庭的碳排放强度

不同生产部门的碳排放强度差异很大。在图 7-4 中，M4（供应家庭设备及用品部门）的碳排放强度最高，其次是 M5（供应交通通信部门）、M3（供应居住部门）和 M1（供应食品部门）。与此同时，2007 年至 2012 年，生产部门的碳排放强度出现下降。与其他部门相比，M1、M3 和 M6 的碳排放强度下降的比例更多。同期，城乡家庭的碳排放强度也有所下降。我们还可以观察到，城市家庭的碳排放强度低于农村家庭，并且碳排放强度随着收入的增加而降低。这可以归因于低收入家庭消耗了大量的煤炭，而煤炭是碳排放强度较高的能源。但较富裕的家庭已经转向使用天然气，如用于空间取暖、烹饪等。该结果与 Golley 和 Meng（2012）的研究结果一致。

2. 家庭收入对碳排放总量的影响

基于图 7-4 中的数据，可以计算出 2007 年和 2012 年城乡居民家庭消费对碳排放总量的影响。因为我们通过从半封闭投入产出表中抽取家庭组的消费量来估算家庭群体对碳排放的负面影响，因此，负面影响也意味着在抽取目标家庭组的消费量后，碳排放量相对于碳排放总量的减少率。如图 7-5 所示，我们可以观察到，将城市家庭的消费排除在整个经济体系之外，减少的碳排放量远大于排除农村家庭，约是农村家庭的 1.8 倍，这表明城市家庭对碳排放量的负面影响要大于农村家庭。高收入家庭对碳排放的负面影响大于低收入家庭。在城市地区，当非常富裕家庭的消费从经济中抽取出来时，对碳排放量的负面影响最大，2007 年约为−12.2%，2012 年约为−13.8%；而极度贫困家庭的负面影响最小，2007 年为−2.6%，2012 年为−3.6%。换句话说，从分析中抽取出城市非常富裕家庭，2007 年和 2012 年的碳排放总量将分别下降 12.2%和 13.8%，即非常富裕家庭的负面影响分别是极度贫困家庭的 4.7 倍（2007 年）和 3.8 倍（2012 年）。在农村地区，农村最高收入家庭的负面影响也最大，2007 年为–5.07%，2012 年为–5.09%；而农村极度贫困家庭的负面影响最小，2007 年为–2.3%，2012 年为–2.8%，即收入最高家庭的负面影响是极度贫困家庭的 2.2 倍（2007 年）和 1.8 倍（2012 年）。这主要是因为高收入家庭消费的食品、居住、交通通信以及文教娱乐的碳排放强度更高（图 7-4）。因此，当抽取高收入家庭时，食品、居住、交通通信和文教娱乐的消费将会减少，同时减少了更多的碳排放量，因此他们对碳排放总量的负面影响更大。

同时，从图 7-5 中也可以看到，当抽取消费后，2012 年各家庭组的负面影响与 2007 年相比有所增强。这主要是因为 2007 年到 2012 年，尽管碳排放强度略有下降，但家庭消费支出却有较大的增长，即城市和农村家庭最终消费支出的名义增长率分别为 112%和 86%。家庭转向消费更多的家庭设备及用品和交通通信，这些消费碳排放强度更高。因此，与 2007 年相比，2012 年抽取相同收入家庭可以减少更多的碳排放量。

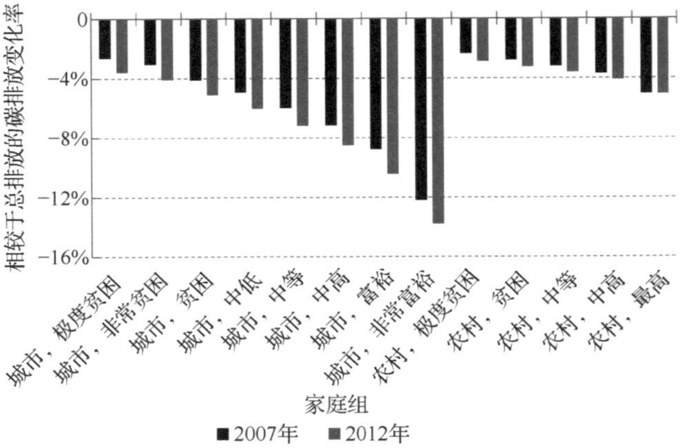

图 7-5　家庭收入对碳排放的直接和间接影响

7.5　本 章 小 结

本章主要介绍了投入产出模型的基本概念及其在环境领域的应用。除被广泛应用的环境扩展投入产出模型外，半封闭投入产出模型是一个重要的发展方向。本章以中国家庭为例，应用半封闭投入产出模型分析家庭收入变化对碳排放的影响，以此介绍如何应用投入产出模型分析环境问题。结果发现，从经济体系中抽取消费时，城市家庭对碳排放的负面影响大于农村家庭，高收入家庭对碳排放的负面影响大于低收入家庭。我们的研究结果表明，城市家庭对碳排放的负面影响是农村家庭的 1.8 倍。在城市地区，非常富裕家庭的负面影响是极度贫困家庭的

4.7 倍（2007 年）和 3.8 倍（2012 年）。在农村地区，收入最高家庭的负面影响是极度贫困家庭的 2.2 倍（2007 年）和 1.8 倍（2012 年）。可见，控制高收入家庭的消费对减少碳排放总量具有重要意义。

参考文献

Ali Y. 2015. Measuring CO_2 emission linkages with the hypothetical extraction method (HEM)[J]. Ecological Indicators, 54: 171-183.

Ang B W, Zhang F Q. 2000. A survey of index decomposition analysis in energy and environmental studies[J]. Energy, 25(12): 1149-1176.

Augustinovics M. 1970. Methods of international and intertemporal comparison of structure[M]//Carter A P, Brody A. Contributions to Input-Output Analysis. Amsterdam: North-Holland: 249-269.

Ayres R U, Kneese A V. 1969. Production, consumption, and externalities[J]. The American Economic Review, 59(3): 282-297.

Barna T, Abraham W I, Kenessey Z. 1964. Structural interdependence and economic development[J]. Journal of the Royal Statistical Society, 127(1): 141-143.

Cai H, Qu S J, Wang M. 2020. Changes in China's carbon footprint and driving factors based on newly constructed time series input-output tables from 2009 to 2016[J]. Science of the Total Environment, 711: 134555.

Cai J N, Leung P, 2004. Linkage measures: a revisit and a suggested alternative[J]. Technology Analysis & Strategic Management, 16: 63-83.

Chancel L. 2014. Are younger generations higher carbon emitters than their elders? Inequalities, generations and CO_2 emissions in France and in the USA[J]. Ecological Economics, 100: 195-207.

Chen L, Liang S, Zhang Y X, et al. 2018. Atmospheric mercury outflow from China and interprovincial trade[J]. Environmental Science & Technology, 52(23): 13792-13800.

Chen Q R, Dietzenbacher E, Los B. 2015. Structural decomposition analyses: the differences between applying the semi-closed and the open input-output model[J]. Environment and Planning A: Economy and Space, 47: 1713-1735.

Chen Q R, Dietzenbacher E, Los B, et al. 2016. Modeling the short-run effect of fiscal stimuli on GDP: a new semi-closed input-output model[J]. Economic Modelling, 58: 52-63.

Cong R G, 2013. An optimization model for renewable energy generation and its application in China: a perspective of maximum utilization[J]. Renewable and Sustainable Energy Reviews, 17: 94-103.

Cong R G, Wei Y M, 2010. Potential impact of (CET) carbon emissions trading on China's power sector: a perspective from different allowance allocation options[J]. Energy, 35: 3921-3931.

Cumberland J H, Korbach R J. 1973. A regional interindustry environmental model[J]. Papers in Regional Science, 30(1): 61-75.

Daly H E. 1968. On economics as a life science[J]. Journal of Political Economy, 76(3): 392-406.

Duarte R, Mainar A, Sánchez-Chóliz J. 2010. The impact of household consumption patterns on emissions in Spain[J]. Energy Economics, 32: 176-185.

Fan J L, Wang J D, Zhang X, et al. 2019. Exploring the changes and driving forces of water footprints in China from 2002 to 2012: a perspective of final demand[J]. Science of the Total Environment, 650: 1101-1111.

Feng K S, Davis S J, Sun L X, et al. 2015. Drivers of the US CO_2 emissions 1997-2013[J]. Nature Communications, 6: 7714.

Gajos E, Prandecki K, 2016. National accounting matrix with environmental accounts (NAMEA)-an overview of environmetally extended input-output analysis[J]. Acta Scientiarum Polonorum, Oeconomia, 15, 65-74.

Ghosh A. 1958. Input-output approach in an allocation system[J]. Economica, 25(97): 58-64.

Giarratani F. 1976. Application of an interindustry supply model to energy issues[J]. Environment and Planning A: Economy and Space, 8(4): 447-454.

Golley J, Meng X. 2012. Income inequality and carbon dioxide emissions: the case of Chinese urban households[J]. Energy Economics, 34: 1864-1872.

Guerra A I, Sancho F. 2010. Measuring energy linkages with the hypothetical extraction method: an application to Spain[J]. Energy Economics, 32: 831-837.

Hawkins D. 1948. Some conditions of macroeconomic stability[J]. Econometrica, 16(4): 309-322.

Hawkins J, Ma C B, Schilizzi S, et al. 2015. Promises and pitfalls in environmentally extended input-output analysis for China: a survey of the literature[J]. Energy Economics, 48: 81-88.

IEA. 2023. CO_2 emissions from fuel combustion highlights 2023[R]. Paris: IEA.

IEA. 2024. Energy statistics data browser[EB/OL]. [2024-08-27]. https://www.iea.org/data-and-statistics/data-tools/energy-statistics-data-browser?country=CHINA&fuel=Energy%20consumption&indicator=TFCShareBySector.

Isard W, Bassett K, Choguill C, et al. 1968. On the likage of socio-economic and ecologic systems[J]. Papers of the Regional Science Association, 21: 79-99.

Jiang M, Behrens P, Wang T, et al. 2019. Provincial and sector-level material footprints in China[J]. Proceedings of the National Academy of Sciences of the United States of America, 116(52): 26484-26490.

Kuribayashi S. 1987. Input-output tables and the system of national accounts in Japan[J]. Journal of the Japan Statistical Society, 17(3): 29-47.

Lal K. 2001. Evolution of the Canadian input-output tables 1961 to date[R]. Ottawa: Statistics Canada.

Leontief W W. 1936. Quantitative input and output relations in the economic systems of the United States[J]. The Review of Economics and Statistics, 18(3): 105-125.

Leontief W W. 1941. The Structure of American Economy, 1919-1929: An Empirical Application of Equilibrium Analysis[M]. Cambridge: Harvard University Press.

Leontief W W. 1951. The Structure of American Economy, 1919-1939: An Empirical Application of Equilibrium Analysis[M]. New York: Oxford University Press.

Leontief W W. 1970. Environmental repercussions and the economic structure: an input-output approach[J]. The Review of Economics and Statistics, 52(3): 262-271.

Leontief W W, Ford D. 1972. Air pollution and the economic structure: empirical results of input-output computations[C]//International Conference on Input Output Techniques. Input-output techniques: Proceedings of the Fifth International Conference on Input-Output Techniques. Amsterdam: North-

Holland Publ: 9-30.

Liang Q M, Fan Y, Wei Y M. 2007. Multi-regional input-output model for regional energy requirements and CO_2 emissions in China[J]. Energy Policy, 35: 1685-1700.

Liang S, Feng T T, Qu S, et al. 2017. Developing the Chinese environmentally extended input-output (CEEIO) database[J]. Journal of Industrial Ecology, 21(4): 953-965.

Liu L C, Wu G, Wang J N, et al. 2011. China's carbon emissions from urban and rural households during 1992-2007[J]. Journal of Cleaner Production, 19: 1754-1762.

Liu Q Y, Xia M. 2015. Application and development of input–output analysis in China[M]//Zhang S Y, Wang T S, Ge X Q. Quantitative Economics in China: A Thirty-Year Review. Singapore: World Scientific Publishing Co. Pte. Ltd: 79-95.

Lyons S, Pentecost A, Tol R S. 2012. Socioeconomic distribution of emissions and resource use in Ireland[J]. Journal of Environmental Management, 112: 186-198.

Matthews H S, Weber C, Hendrickson C T. 2008. Estimating carbon footprints with input-output models[C]//IIOMME. Proceedings of the International Input-Output Meeting on Managing the Environment. Seville: IIOMME.

Millard D. 1995. Input-Output Tables for the United Kingdom 1990[M]. London: HMSO.

Miller R E, Blair P D. 2009. Input-Output Analysis: Foundations and Extensions[M]. 2nd ed. New York: Cambridge University Press.

Miyazawa K. 2012. Input-Output Analysis and the Structure of Income Distribution[M]. Springer Science & Business Media.

NBSC. 2013. China Statistical Yearbook[M]. Beijing: China Statistics Press.

Oosterhaven J. 1988. On the plausibility of the supply-driven input-output model[J]. Journal of Regional Science, 28(2): 203-217.

Pang Q H, Dong X W, Peng S, et al. 2022. Sector linkages and driving forces of Chinese household CO_2 emissions based on semi-closed input-output model[J]. Environmental Science and Pollution Research, 29: 35408-35421.

Perobelli F S, Faria W R, de Almeida Vale V. 2015. The increase in Brazilian household income and its impact on CO_2 emissions: evidence for 2003 and 2009 from input-output tables[J]. Energy Economics, 52: 228-239.

Song F, Zheng X Y. 2012. What drives the change in China's energy intensity: combining decomposition analysis and econometric analysis at the provincial level[J]. Energy Policy, 51: 445-453.

Sun Y Y, Cadarso M A, Driml S. 2020. Tourism carbon footprint inventories: a review of the environmentally extended input-output approach[J]. Annals of Tourism Research, 82: 102928.

Temurshoev U. 2009. Hypothetical extraction and fields of influence approaches: integration and policy implications[R]. Working Paper. https://core.ac.uk/download/pdf/11872171.pdf.

Tian X, Chen B, Geng Y, et al. 2019. Energy footprint pathways of China[J]. Energy, 180: 330-340.

Wang J M, Wang J H. 2011. The influencing factor model and government regulation policy of public low carbon consumption patterns: an exploration using grounded theory approach[J]. Management World, 4: 58-68.

Wang X C, Klemeš J J, Wang Y T, et al. 2020. Water-energy-carbon emissions nexus analysis of China: an environmental input-output model-based approach[J]. Applied Energy, 261: 114431.

Wang Y, Shi M. 2009. CO_2 emission induced by urban household consumption in China[J]. Chinese Journal of Population Resources and Environment, 7: 11-19.

Wei Y M, Liu L C, Fan Y, et al. 2007. The impact of lifestyle on energy use and CO_2 emission: an empirical analysis of China's residents[J]. Energy policy, 35: 247-257.

Wiedenhofer D, Guan D, Liu Z, et al. 2016. Unequal household carbon footprints in China[J]. Nature Climate Change, 7: 75-80.

Wiedmann T. 2009. Editorial: carbon footprint and input-output analysis-an introduction[J]. Economic Systems Research, 21(3): 175-186.

Wiedmann T, Lenzen M, Turner K, et al. 2007. Examining the global environmental impact of regional consumption activities: part 2: review of input-output models for the assessment of environmental impacts embodied in trade[J]. Ecological Economics, 61(1): 15-26.

Xu M, Zhang T Z, Allenby B. 2008. How much will China weigh? Perspectives from consumption structure and technology development[J]. Environmental Science & Technology, 42(11): 4022-4028.

Yu S W, Agbemabiese L, Zhang J J. 2016. Estimating the carbon abatement potential of economic sectors in China[J]. Applied Energy, 165: 107-118.

Yu Y, Jiang T Y, Li S Q, et al. 2020. Energy-related CO_2 emissions and structural emissions' reduction in China's agriculture: an input-output perspective[J]. Journal of Cleaner Production, 276: 124169.

Zhang H R, Chen L, Tong Y D, et al. 2018. Impacts of supply and consumption structure on the mercury emission in China: an input-output analysis based assessment[J]. Journal of Cleaner Production, 170: 96-107.

Zhang J J, Yu B Y, Cai J W, et al. 2017. Impacts of household income change on CO_2 emissions: an empirical analysis of China[J]. Journal of Cleaner Production, 157: 190-200.

Zhang S D, Taiebat M, Liu Y, et al. 2019. Regional water footprints and interregional virtual water transfers in China[J]. Journal of Cleaner Production, 228: 1401-1412.

Zhang Y X, Zhao K. 2009. China's input-output table compilation and its extensions[R]. Beijing: State Information Center.

第 8 章　ANP 及可再生能源开发利用绩效评价

8.1　评价方法概述

8.1.1　ANP 法

网络层次分析（analytic network process，ANP）法是 Saaty（2006）基于层次分析（analytic hierarchy process，AHP）法提出的一种适用于非独立阶梯层次结构的决策方法，特别适用于存在内部依存和反馈关系的复杂决策系统（Saaty，2005；Saaty and Vargas，2006）。AHP 法假设同层级之间的元素没有影响，而 ANP 法在 AHP 法基本原理的基础上，同时考虑元素间外部与内部依存性。ANP 法的决策问题的层次结构更类似于网络结构，是由元素及元素集构建的网络图，元素之间相互依存、互相支配。该方法用网络结构替代了层次结构，同时将要素间的相关性考虑进去，还加入了反馈机制，并考虑到低层要素对于高层要素的支配作用。其应用领域扩展到企业管理、经济调控、教学评价、资源配置、方案选择等各个方面（Taufik et al.，2021；da Silva et al.，2020；Dabous et al.，2020；Akpan and Morimoto，2022）。

8.1.2　ANP 法与 AHP 法的特征比较

AHP 法与 ANP 法面对的都是社会经济系统用数学模型无法进行精确描述的复杂性问题。两种决策方法均是将决策的信息按照目标、准则、元素组进行划分，利用标度法衡量了要素之间的关系，进行方案选择评估，做出科学决策。ANP 法的理论支撑是 AHP 法，它是在 AHP 法的基础上发展而形成的一种实用决策方法。与 AHP 法相比较，ANP 法不仅存在递阶式层次结构，还存在具有内部依赖性和反馈性的层次结构（Saaty and Vargas，2006）。在 AHP 法的理念中，系统元素之间呈现阶梯层次模式，只考虑由上而下的纵向影响关系。与 AHP 法相反，ANP 法是一种更一般的决策形式，它不需要假设高层元素与低层元素以及层内元素的独立性，充分考虑了不同层次间元素的影响作用。此外，在实际求解过程中，AHP 法可能会过度简化依赖关系或反馈关系的复杂性，导致评估结果产生偏差。ANP 法允许评价指标之间的相互影响和制约关系，构建多指标非线性的多属性综合评价模型，以相互结合的方式获得所有决策因素的综合影响。ANP 法在解决多准则决策问题上是一种非常流行的方法（Atmaca and Basar，2012；Köne and Büke，2007）。

8.2 基本概念

8.2.1 多属性决策

多属性决策的实质是利用已有的决策信息通过一定的方式对一组（有限个）备选方案进行排序并择优（Keeney and Raiffa，1976）。它主要包括两个部分，即获取决策信息以及通过一定的方式对决策信息进行集结并对方案进行排序和择优。决策信息包括属性权重和属性值两部分，其中，属性权重是确定多属性决策的一个重要研究内容。根据决策者提供信息的环节和充分程度不同，多属性决策分为三类：无偏好信息决策、有属性偏好信息决策和给定方案之间偏好信息决策。在有属性偏好信息决策中，已知属性权重信息的决策应用最为广泛，形成了AHP 法（Saaty，1980）、ANP 法（Saaty，1996）、逼近理想解排序（technique for order preference by similarity to ideal solution，TOPSIS）法（Hwang and Yoon，1981）、消除与选择反映现实（elimination et choix traduisant la realité，elimination and choice expressing reality，ELECTRE）法（Roy，1991）以及偏好排序法（Brans et al.，1986）等经典的决策方法。

一般来说，多属性决策分析中存在三个基本要素：属性、目标和准则。准则是对决策事物或现象有效性进行某种度量的方法，是实物或现象评价的基础（Ishizaka and Nemery，2013）。属性和目标是准则的两种基本表现形式。属性是决策事物或现象的某种特征、性质或效能的具体表现。目标是决策者对决策事物或现象的某种追求。将一个复杂的多属性决策问题分解为其组成部分，包括目标、准则、子准则、方案等元素。按照属性的不同，可以将这些元素分组形成互不相交的层次，包括目标层、准则层和方案层。其中，目标层包含的元素是决策问题预定的目标或理想结果；准则层包含的元素是总目标的分目标或子目标；方案层包含的元素是为实现目标可供选择的各种措施、决策方案等。

8.2.2 层次结构

多属性决策问题中，目标层、准则层和方案层构成不同层次结构，其中，最常用、最简单的形式是内部独立的递阶。比较复杂的层次结构有内部依存的递阶层次结构、反馈层次结构、循环层次结构以及更为复杂的无层次的网络结构。ANP 的主要层次结构包括内部独立的递阶层次结构、内部独立的循环系统结构、内部依存的递阶层次结构以及内部依存的循环系统结构（Saaty，2006）。

8.2.3　优势及优势度

优势度是指两个元素相对于准则而言进行两两比较，元素贡献大或者更多地满足准则，那就称贡献大的或者满足程度高的元素具有优势（Saaty，2005，2006）。优势度分为直接优势度及间接优势度。直接优势度是指给定一个准则，两个元素对于该准则的重要程度进行比较；间接优势度是指给定一个准则，两个元素在准则下对第三个元素的影响程度进行比较。直接优势比较适用于元素间互相独立的情形，间接优势比较适用于元素间相互依存的情形。

8.3　ANP 法的结构特征

ANP 法主要包括两层指标结构，由控制层和网络层两部分组成。它将决策问题描述成准则和备选方案的集群分组网络结构图（Saaty，2006；Saaty and Vargas，2006）。控制层中的每个准则都是相互独立、互不关联的，同时支配着相互依赖和反馈的网络系统。网络可以包含反馈关系和集群内部及集群之间复杂的相互关系（Saaty，1996）。网络层中含有一定数量的元素集合，元素集中的所有元素彼此互不隶属、互相独立，某一个元素可以影响整个网络系统中的任何其他元素，反之亦然，且均受到控制层决策准则的支配。图 8-1 显示了具有相互依赖集群的网络模型。

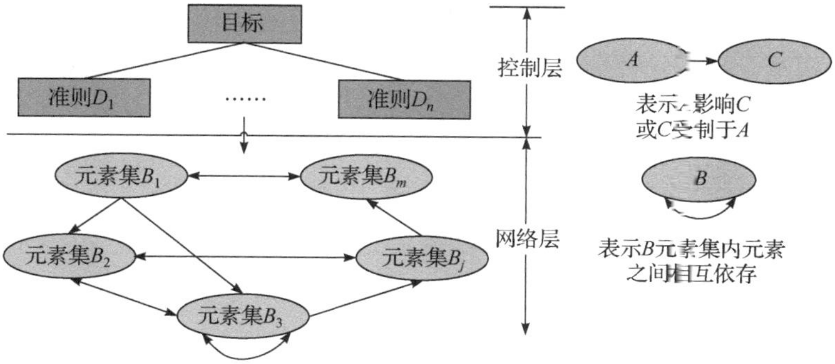

图 8-1　ANP 法的典型结构模型

图中，控制层在网络层次结构中是最高层次。在这一层面中有若干控制准则，如 $D_1,D_2,\cdots,D_n$。控制层的层次结构中每个准则彼此独立，其控制支配着元素集 $B_1,B_2,\cdots,B_m$。网络层由若干元素集 $B_1,B_2,\cdots,B_m$ 构成，彼此互不隶属、互相独立。

8.4　ANP 法评估步骤

8.4.1　分析决策问题

根据决策问题评价指标的层次结构，确定控制层的准则以及网络层的元素与元素组。这一步需要针对决策问题确定总目标，然后从总目标出发，根据元素与元素组之间的相互关系，建立整个问题的阶层并绘制网络结构图。

8.4.2　构造 0-1 因子间优势矩阵

对元素集及元素之间的重要程度进行两两比较，构造判断矩阵，也是 ANP 法最核心的步骤。在比较过程中，首先在控制层的准则下，比较元素组之间的重要程度；其次，在准则下，比较元素之间的重要程度。通常使用 0-1 因子间优势矩阵来反映集群或元素间的相关关系（Saaty，1996，2006），根据一个元素是否对另一个元素存在影响而取值 1 或 0。

8.4.3　建立 ANP 网络结构的超矩阵

超矩阵表达的是在某准则下元素之间的相互关系，即矩阵中行元素对列元素的影响优先级。超矩阵的每一列未被归一化，进而构造一个未加权超矩阵 W 。未加权超矩阵 W 中，每一列都是通过元素间的两两比较得到的以某种元素为准则的排序权重。比较的评分范围从 1 到 9，其中 1 表示两个元素同等重要，9 表示其中一个元素比另一个极端重要。

假设 ANP 的网络结构中控制层有准则 $D_1,D_2,\cdots,D_n$ ，在控制层下的网络层有 n 个元素组，即 $B_1,B_2,\cdots,B_n$ ，其中，B_i 中有元素 $e_{i1},e_{i2},\cdots,e_{in}$ （ $i=1,\cdots,n$ ），B_j 中有元素 e_{jl} （ $l=1,2,\cdots,n$ ）。以控制层元素 D_n 为准则， B_j 中的元素 e_{jl} （ $l=1,2,\cdots,n$ ）的影响通过两两比较的方式获取，即专家组利用 1～9 标度法构造相应的判断矩阵。构造的初始超矩阵 D_n 如表 8-1 所示。

表 8-1　初始超矩阵

e_{jl}	e_{i1}	e_{i2}	$\cdots$	e_{in}	归一化特征向量
e_{i1}					$w_{i1}^{(jl)}$
e_{i2}					$w_{i2}^{(jl)}$
$\vdots$					$\vdots$
e_{in}					$w_{in}^{(jl)}$

根据特征根法得到排序向量$\left(W_{i1}^{(j1)},W_{i2}^{(j2)},\cdots,W_{in}^{(jn)}\right)^{\mathrm{T}}$，记第 i 元素组上所有元素对 j 元素组的影响作用矩阵 W_{ij} 为

$$W_{ij}=\begin{bmatrix} w_{i1}^{j1} & w_{i1}^{j2} & \cdots & w_{i1}^{jn} \\ w_{i2}^{j1} & w_{i2}^{j2} & \cdots & w_{i2}^{jn} \\ \vdots & \vdots & & \vdots \\ w_{in}^{j1} & w_{in}^{j2} & \cdots & w_{in}^{jn} \end{bmatrix} \tag{8-1}$$

其中，W_{ij} 的列向量表示 B_i 中的各元素 $e_{i1},e_{i2},\cdots,e_{in}$ （$i=1,\cdots,n$）对 B_j 中的元素 e_{jl} （$l=1,2,\cdots,n$）的影响程度排序向量。若 B_j 中的元素不受 B_i 中的元素影响，则 $W_{ij}=0$。

基于此，可以获得以 D_n 为准则下的未加权超矩阵 W。

$$W=\begin{bmatrix}
 & & B_1 & & & B_2 & & & & & \cdots & & & & B_n \\
 & & e_{11} & e_{12} & \cdots & e_{1n} & e_{21} & e_{22} & \cdots & e_{2n} & \cdots & e_{n1} & e_{n2} & \cdots & e_{nn} \\
B_1 & e_{11} & W_{11} & & & & & W_{12} & & & \cdots & & & & W_{1n} \\
 & e_{12} & & & & & & & & & & & & & \\
 & \vdots & & & & & & & & & & & & & \\
 & e_{1n} & & & & & & & & & & & & & \\
 & e_{21} & & & & & & & & & & & & & \\
B_2 & e_{22} & W_{21} & & & & & W_{22} & & & \cdots & & & & W_{2n} \\
 & \vdots & & & & & & & & & & & & & \\
 & e_{2n} & & & & & & & & & & & & & \\
 & \vdots & \vdots & & & & & & & & & & & & \vdots \\
 & e_{n1} & & & & & & & & & & & & & \\
 & e_{n2} & & & & & & & & & & & & & \\
 & \vdots & & & & & & & & & & & & & \\
B_n & e_{nn} & W_{n1} & & & & & W_{n2} & & & \cdots & & & & W_{nn}
\end{bmatrix} \tag{8-2}$$

以上所得矩阵为未加权超矩阵，需要进一步对矩阵进行处理得到加权超矩阵。

8.4.4 构造加权超矩阵

未加权超矩阵必须是列随机矩阵才能达到收敛。将未加权当超矩阵乘以集群优势矩阵的权重获得加权超矩阵 $\bar{W}$，如表 8-2 所示。即以 D_n 为准则，在 D_n 下各元素组对准则 $B_j\left(j=1,2,\cdots,n\right)$ 的重要性进行比较。

表 8-2　加权超矩阵

B_j	B_1	B_2	…	B_n	排列向量归一化
B_1					a_{1j}
B_2					a_{2j}
⋮					⋮
B_n					a_{nj}

即可得加权矩阵为

$$A=\begin{bmatrix} a_{11} & \cdots & a_{1n} \\ \vdots & & \vdots \\ a_{n1} & \cdots & a_{nn} \end{bmatrix} \tag{8-3}$$

进一步，可知加权超矩阵 $\bar{W}$ 为

$$\bar{W}_{ij}=a_{ij}W_{ij},\ i=1,2,\cdots,n,\ j=1,2,\cdots,n \tag{8-4}$$

矩阵中的数值大小就是网络层次结构中相应指标元素的权重，其列的总和为 1，也称为列随机矩阵。

8.4.5　建立极限超矩阵

为使最终的权重收敛，通过增加加权超矩阵 $\bar{W}$ 的幂次直到矩阵收敛或保持稳定，计算得到极限超矩阵，从而综合所有集群和元素之间的内部关系。在极限超矩阵中每一行的数值都是一致的，且每一行的权重排序均为最终的排序结果。它代表全局优先向量，反映了网络结构中所有相互依赖的关系。研究中的 ANP 的运算过程是使用软件 Super Decisions（www.superdecisions.com）确定的。

$$W^{\infty}=\lim(1/N)\sum_{k=1}^{n}W^{k} \tag{8-5}$$

如果极限收敛且唯一，则极限权重矩阵 W^{∞} 的第 j 列就是网络层各元素对于元素 j 的极限相对排序。

8.4.6　计算最终评价值

评价指标体系中的指标权重显示了网络层中每个元素的相对重要性，代表专家对各元素给出的重要性判断。权值越高，表示该指标在评价体系中越重要。通常采用线性加权函数法［式（8-6）］计算多属性决策问题的综合评价值：

$$P=\sum_{j=1}^{n}y_{ij}\cdot\bar{w}_{ij}^{\infty} \tag{8-6}$$

其中，P 表示评估指标体系中的最终评价值；$\bar{w}_{ij}^{\infty}$ 表示准则层 i 中第 j 个指标所

占的权重；y_{ij} 表示准则层 i 中第 j 个指标标准化之后的值。通过打分对结果进行最终的评价。

8.5　可再生能源开发利用绩效 ANP 评价

由于资源潜力、经济发展水平、技术水平、能源消费结构等方面的差异，中国各省区市可再生能源发展水平和利用存在显著差异。因此，要提高可再生能源的开发利用水平，有必要对各地可再生能源开发利用绩效进行定量测度，进而识别影响可再生能源开发利用绩效的关键因素。ANP 允许在可再生能源开发利用绩效评价中，考虑各指标之间的相互影响和制约关系，从而构建多指标、非线性的多属性综合绩效评价模型，通过相互关联的方式全面反映所有决策因素的综合作用。因此，本节利用 ANP 来评价可再生能源开发利用绩效。

8.5.1　绩效评估指标体系

可再生能源开发利用绩效是系统全面的。它不仅涉及投入和产出的经济效益，还涉及能源、环境、科学与技术、社会等许多其他方面，如图 8-2 所示。因此，可再生能源开发利用绩效评价是一个多准则决策问题。因此，本节从能源、经济、环境、技术和社会（energy, economy, environment, technology, and society，E^3TS）的视角提出可再生能源开发利用绩效评价模型，并利用 ANP 法对可再生能源开发利用绩效展开评价。

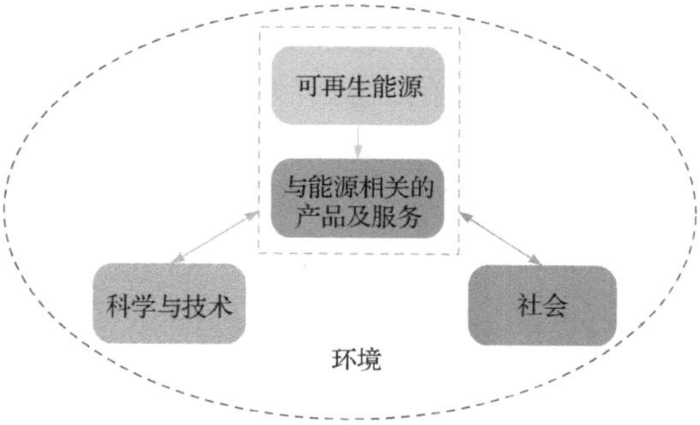

图 8-2　可再生能源开发利用绩效的影响因素

为了建立一个合适的标准，我们咨询了 10 位可再生能源专家。其中，4 位专家分别为清华大学、新加坡国立大学、华北电力大学和中国地质大学的教授；4 位专家为来自华能新能源股份有限公司、明阳新能源投资控股集团有限公司、湘潭集团有限公司等知名可再生能源企业的资深研究人员或管理人员；2 位专家为国家能源局和中国国家可再生能源中心等能源机构的资深研究员。基于 10 位可再生能源专家的判断和对现有文献的梳理，本节基于 E^{3}TS 选取了 12 个一级指标和 22 个子指标，对中国 30 个省区市的可再生能源开发利用综合绩效进行评价。

能源绩效（C1）包括开发效益、开发潜力和利用效益三个方面。开发效益反映了可再生能源的开发利用程度。开发潜力包括资源潜力和可再生能源发电能力增长率，可以通过综合考虑土地利用、开发成本和送出条件等因素评估可再生能源的技术开采程度。它反映了一定时期内可再生能源开发利用的速度和潜力。利用效益主要用于评价能源消费结构的合理性，反映可再生能源的有效利用程度。能源绩效指标具体如表 8-3 所示。

表 8-3　能源绩效指标

序号	指标	公式	单位
C111	可再生能源发电装机容量占全部电源装机容量比例	可再生能源发电装机容量÷地区总发电装机容量	
C121	可再生能源发电装机容量增长速度	（本年可再生能源发电装机容量–上年可再生能源发电装机容量）÷上年可再生能源发电装机容量	
C122	可再生能源资源潜力		万千瓦
C131	可再生能源发电并网率[a]	1–弃风率	
C132	可再生能源占一次电力消费总量比重[b]		

a 可再生能源发电并网率根据各省区市弃风率数据计算得到；b 其中 15 个省区市的可再生能源占一次电力消费总量比重直接由各省区市 2011～2015 年统计年鉴得到；另外 15 个省区市根据如下公式计算得到：第 i 个省区市的可再生能源占一次电力消费比重=中国总的可再生能源消费量×（第 i 个省区市电力消耗/$\sum_{i=1}^{30}$第i个省区市电力消耗）

经济绩效（C2）包括经济支持和经济贡献两个方面。可再生能源经济投资水平的高低刺激着可再生能源产业的发展潜力和市场占有率。可再生能源的利用不仅可以满足清洁能源的供应，还能支持可再生能源产业自身经济的可持续发展。因此，经济支持评估了能源结构相关的经济配置效率。经济贡献反映了可再生能源对区域经济增长的推动作用。经济绩效指标具体如表 8-4 所示。

表 8-4　经济绩效指标

序号	指标	公式	单位
C211	可再生能源行业投资[a]占地区生产总值比重	可再生能源行业投资/地区生产总值	
C212	节能环保支出占公共预算支出比重	节能环保科技技术支出/公共预算支出	
C221	可再生能源相关行业产值[b]占地区生产总值比重		
C222	可再生能源发电企业售电收入占地区生产总值比重	（可再生能源上网电量×平均上网电价[c]÷1.17）÷地区生产总值	

a 可再生能源行业投资由《中国统计年鉴 2015》分地区电力、蒸汽、热水生产和供应业投资数据替代；b 可再生能源相关行业产值根据各省区市 133 家可再生能源相关产业上市公司营业收入汇总得到；c 平均上网电价来自《全国电力价格情况监管通报》

技术绩效（C3）包括技术支持和技术效果。可再生能源是一个资本密集型和技术密集型产业，需要大量的投资和高水平的技术创新。技术绩效与可再生能源研发投资、可再生能源研发人员数量、专利数量、发电技术效率密切相关。考虑到中国数据的可获得性，我们选择了研发投资占地区生产总值的比重、研发人员数量、单位投资可再生能源发电量（间接反映发电技术效率）以及输电线损率（反映传输技术效率）来评价技术效益。技术绩效指标具体如表 8-5 所示。

表 8-5　技术绩效指标

序号	指标	公式	单位
C311	研发人员数量		人
C312	研发投资占地区生产总值比重	研发投资÷地区生产总值	
C321	单位投资可再生能源发电量	可再生能源发电量÷可再生能源投资	
C322	输电线损率		

环境绩效（C4）包括减排效果、空气质量和生态环境三个方面。可再生能源的发电过程更加清洁环保，不仅可以减少温室气体、化学需氧量、粉尘等污染物的排放，还可以减少由煤炭开采导致的水资源消耗和环境破坏，改善空气质量。因此，环境绩效主要是可再生能源开发利用对环境的影响。环境绩效指标具体如表 8-6 所示。

表 8-6　环境绩效指标

序号	指标	公式	单位
C411	单位地区生产总值二氧化碳排放量		亿吨/亿元
C412	单位地区生产总值化学需氧量排放量		亿吨/亿元
C413	单位地区生产总值粉尘排放量		亿吨/亿元
C421	年平均 PM_{10} 浓度		微克/米 ^{3}
C422	空气质量差天数		天
C431	节约用水量		万立方米
C432	燃料节约量	本年燃料利用量–上年燃料利用量	万吨标煤

社会绩效（C5）包括就业和收入两个方面。中国区域可再生能源开发利用为水、电、气行业的社会就业和居民收入提供了巨大的推动作用。可再生能源产业快速发展的同时增加了就业岗位的数量。社会效益解释了区域可再生能源开发

利用对社会可持续发展的推动程度，主要评价了可再生能源对水、电、气行业的就业和居民收入产生的影响。社会绩效指标具体如表 8-7 所示。

表 8-7　社会绩效指标

序号	指标	公式	单位
C511	水、电、气供应行业从业人员比例	各省区市水、电、气供应行业城镇单位从业人员÷城镇单位就业人员	
C521	水、电、气供应行业从业人员收入总额	—	元

可再生能源开发利用绩效评价指标如图 8-3 所示。

图 8-3　可再生能源开发利用绩效评价指标

8.5.2 绩效评价过程

为了构造网络层次结构，确定可再生能源开发利用准则间的相关关系，我们咨询了 10 位可再生能源专家和可再生能源公司的管理人员，对不同集群和元素进行两两比较，构造判断矩阵，如图 8-4 所示。

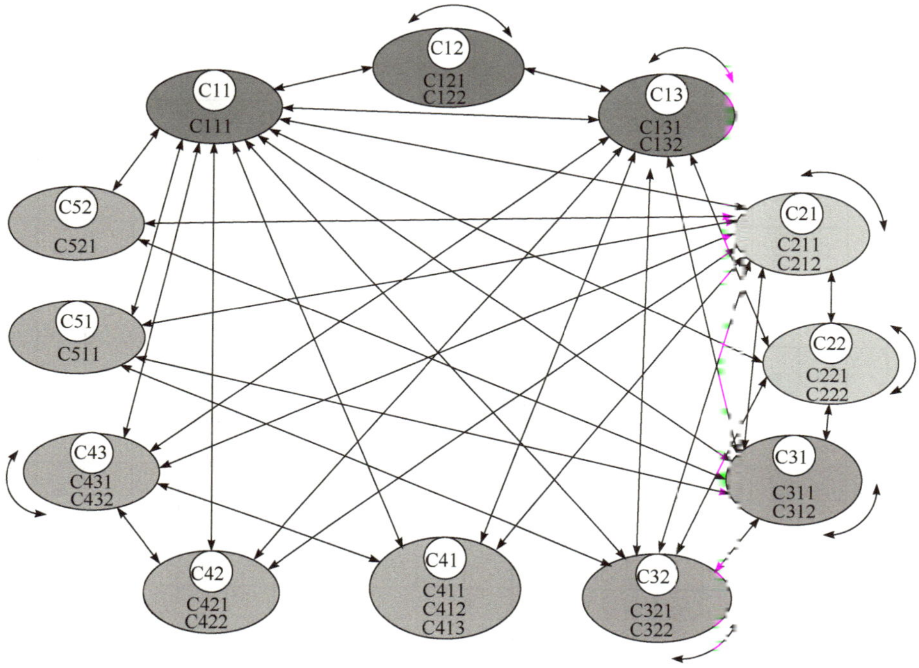

图 8-4 可再生能源开发利用绩效评价体系网络层次结构

基于判断矩阵，采用专家打分法对可再生能源开发利用绩效评价指标体系的元素之间的重要程度进行比较判断，计算加权超矩阵，如表 8-3 所示。随后，在加权超矩阵的基础上，确定极限超矩阵，如表 8-9 所示。

最终，确定指标体系中各元素的权重。可再生能源利用绩效指标体系中三级指标权重显示了网络层中每个元素的相对重要性，代表专家对各元素给出的重要性判断权值越高，表示该指标在绩效评价体系中越重要。可再生能源绩效评价指标权重如表 8-10 所示。

表 8-8 加权超矩阵($\bar{W}$)

指标	C1					C2				C3				C4							C5	
C111	0	0.64	0.64	0.32	0.28	0.31	0.33	0.48	0.48	0.42	0.26	0.36	0	0.53	0.53	0.53	0.58	0.58	0.47	0.42	0.59	0
C121	0.21	0	0.26	0.21	0.19	0	0	0	0	0	0	0	0	0	0	0	0	0	0	0	0	0
C122	0.04	0.26	0	0.05	0.04	0	0	0	0	0	0	0	0	0	0	0	0	0	0	0	0	0
C131	0.03	0.03	0.03	0	0.18	0	0	0.05	0.05	0	0.07	0.19	0	0	0	0	0	0	0	0	0	0
C132	0.16	0.08	0.08	0.21	0	0	0	0.23	0.22	0	0.22	0.05	0	0.27	0.27	0.27	0.26	0.26	0.29	0.25	0	0
C211	0.14	0	0	0	0	0	0.24	0.16	0.16	0.08	0.05	0.03	0	0.02	0.02	0.02	0.02	0.02	0.03	0.03	0.11	0.50
C212	0.03	0	0	0	0	0.22	0	0	0	0.02	0.01	0.12	0	0.11	0.11	0.11	0.1	0.1	0.14	0.13	0.02	0
C221	0.01	0	0	0.02	0.01	0.06	0	0	0.09	0	0.07	0.01	0	0	0	0	0	0	0	0	0	0
C222	0.05	0	0	0.06	0.05	0.01	0	0.09	0	0	0.01	0.05	0	0	0	0	0	0	0	0	0	0
C311	0.02	0	0	0	0	0.02	0.03	0	0	0	0.10	0.02	0.17	0	0	0	0	0	0	0	0.05	0.10
C312	0.10	0	0	0	0	0.08	0.08	0	0	0.17	0	0.08	0.83	0	0	0	0	0	0	0	0.01	0.40
C321	0.09	0	0	0.12	0.11	0.14	0.15	0	0	0.04	0.03	0	0	0	0	0	0	0	0	0	0.03	0
C322	0	0	0	0	0	0	0	0	0	0.20	0.13	0.08	0	0	0	0	0	0	0	0	0.17	0
C411	0.02	0	0	0	0.03	0.03	0.04	0	0	0	0	0	0	0	0	0	0	0	0	0.04	0	0
C412	0	0	0	0	0.01	0.01	0.01	0	0	0	0	0	0	0	0	0	0	0	0	0.01	0	0
C413	0	0	0	0	0	0	0	0	0	0	0	0	0	0	0	0	0	0	0	0.01	0	0
C421	0.01	0	0	0	0.01	0.01	0.01	0	0	0	0	0	0	0	0	0	0	0	0	0.01	0	0
C422	0.02	0	0	0	0.03	0.03	0.03	0	0	0	0	0	0	0	0	0	0	0	0	0.05	0	0

续表

指标	C1					C2				C3				C4							C5	
C431	0.01	0	0	0	0.01	0.01	0.01	0	0	0	0	0	0	0	0	0	0	0	0	0.06	0	0
C432	0.02	0	0	0	0.03	0.03	0.03	0	0	0	0	0	0	0.07	0.07	0.07	0.05	0.05	0.07	0	0	0
C511	0.02	0	0	0	0	0.04	0.04	0	0	0.06	0.04	0	0	0	0	0	0	0	0	0	0	0
C521	0.02	0	0	0	0	0	0	0	0	0	0	0	0	0	0	0	0	0	0	0	0	0

表 8-9 极限超矩阵($\bar{W}^{\infty}$)

指标	C1					C2				C3				C4							C5	
C111	0.28	0.28	0.28	0.28	0.28	0.28	0.28	0.28	0.28	0.28	0.28	0.28	0.28	0.28	0.28	0.28	0.28	0.28	0.28	0.28	0.28	0.28
C121	0.10	0.10	0.10	0.10	0.10	0.10	0.10	0.10	0.10	0.10	0.10	0.10	0.10	0.10	0.10	0.10	0.10	0.10	0.10	0.10	0.10	0.10
C122	0.04	0.04	0.04	0.04	0.04	0.04	0.04	0.04	0.04	0.04	0.04	0.04	0.04	0.04	0.04	0.04	0.04	0.04	0.04	0.04	0.04	0.04
C131	0.05	0.05	0.05	0.05	0.05	0.05	0.05	0.05	0.05	0.05	0.05	0.05	0.05	0.05	0.05	0.05	0.05	0.05	0.05	0.05	0.05	0.05
C132	0.11	0.11	0.11	0.11	0.11	0.11	0.11	0.11	0.11	0.11	0.11	0.11	0.11	0.11	0.11	0.11	0.11	0.11	0.11	0.11	0.11	0.11
C211	0.07	0.07	0.07	0.07	0.07	0.07	0.07	0.07	0.07	0.07	0.07	0.07	0.07	0.07	0.07	0.07	0.07	0.07	0.07	0.07	0.07	0.07
C212	0.04	0.04	0.04	0.04	0.04	0.04	0.04	0.04	0.04	0.04	0.04	0.04	0.04	0.04	0.04	0.04	0.04	0.04	0.04	0.04	0.04	0.04
C221	0.02	0.02	0.02	0.02	0.02	0.02	0.02	0.02	0.02	0.02	0.02	0.02	0.02	0.02	0.02	0.02	0.02	0.02	0.02	0.02	0.02	0.02
C222	0.03	0.03	0.03	0.03	0.03	0.03	0.03	0.03	0.03	0.03	0.03	0.03	0.03	0.03	0.03	0.03	0.03	0.03	0.03	0.03	0.03	0.03
C311	0.02	0.02	0.02	0.02	0.02	0.02	0.02	0.02	0.02	0.02	0.02	0.02	0.02	0.02	0.02	0.02	0.02	0.02	0.02	0.02	0.02	0.02
C312	0.07	0.07	0.07	0.07	0.07	0.07	0.07	0.07	0.07	0.07	0.07	0.07	0.07	0.07	0.07	0.07	0.07	0.07	0.07	0.07	0.07	0.07

续表

指标	C1					C2				C3				C4							C5	
C321	0.06	0.06	0.06	0.06	0.06	0.06	0.06	0.06	0.06	0.06	0.06	0.06	0.06	0.06	0.06	0.06	0.06	0.06	0.06	0.06	0.06	0.06
C322	0.02	0.02	0.02	0.02	0.02	0.02	0.02	0.02	0.02	0.02	0.02	0.02	0.02	0.02	0.02	0.02	0.02	0.02	0.02	0.02	0.02	0.02
C411	0.01	0.01	0.01	0.01	0.01	0.01	0.01	0.01	0.01	0.01	0.01	0.01	0.01	0.01	0.01	0.01	0.01	0.01	0.01	0.01	0.01	0.01
C412	0.01	0.01	0.01	0.01	0.01	0.01	0.01	0.01	0.01	0.01	0.01	0.01	0.01	0.01	0.01	0.01	0.01	0.01	0.01	0.01	0.01	0.01
C413	0.00	0.00	0.00	0.00	0.00	0.00	0.00	0.00	0.00	0.00	0.00	0.00	0.00	0.00	0.00	0.00	0.00	0.00	0.00	0.00	0.00	0.00
C421	0.01	0.01	0.01	0.01	0.01	0.01	0.01	0.01	0.01	0.01	0.01	0.01	0.01	0.01	0.01	0.01	0.01	0.01	0.01	0.01	0.01	0.00
C422	0.01	0.01	0.01	0.01	0.01	0.01	0.01	0.01	0.01	0.01	0.01	0.01	0.01	0.01	0.01	0.01	0.01	0.01	0.01	0.01	0.01	0.01
C431	0.00	0.00	0.00	0.00	0.00	0.00	0.00	0.00	0.00	0.00	0.00	0.00	0.00	0.00	0.00	0.00	0.00	0.00	0.00	0.00	0.00	0.00
C432	0.02	0.02	0.02	0.02	0.02	0.02	0.02	0.02	0.02	0.02	0.02	0.02	0.02	0.02	0.02	0.02	0.02	0.02	0.02	0.02	0.02	0.02
C511	0.02	0.02	0.02	0.02	0.02	0.02	0.02	0.02	0.02	0.02	0.02	0.02	0.02	0.02	0.02	0.02	0.02	0.02	0.02	0.02	0.02	0.02
C521	0.01	0.01	0.01	0.01	0.01	0.01	0.01	0.01	0.01	0.01	0.01	0.01	0.01	0.01	0.01	0.01	0.01	0.01	0.01	0.01	0.01	0.01

表 8-10　一级准则及二级指标、三级指标的权重

<table>
<tr><th>一级准则</th><th>权重</th><th>二级指标</th><th>权重</th><th>三级指标</th><th>权重</th></tr>
<tr><td rowspan="5">C1：能源绩效</td><td rowspan="5">0.584</td><td>C11</td><td>0.280</td><td>C111</td><td>0.280</td></tr>
<tr><td rowspan="2">C12</td><td rowspan="2">0.140</td><td>C121</td><td>0.100</td></tr>
<tr><td>C122</td><td>0.040</td></tr>
<tr><td rowspan="2">C13</td><td rowspan="2">0.164</td><td>C131</td><td>0.053</td></tr>
<tr><td>C132</td><td>0.111</td></tr>
<tr><td rowspan="4">C2：经济绩效</td><td rowspan="4">0.160</td><td rowspan="2">C21</td><td rowspan="2">0.110</td><td>C211</td><td>0.071</td></tr>
<tr><td>C212</td><td>0.039</td></tr>
<tr><td rowspan="2">C22</td><td rowspan="2">0.050</td><td>C221</td><td>0.019</td></tr>
<tr><td>C222</td><td>0.031</td></tr>
<tr><td rowspan="4">C3：技术绩效</td><td rowspan="4">0.169</td><td rowspan="2">C31</td><td rowspan="2">0.087</td><td>C311</td><td>0.021</td></tr>
<tr><td>C312</td><td>0.066</td></tr>
<tr><td rowspan="2">C32</td><td rowspan="2">0.082</td><td>C321</td><td>0.062</td></tr>
<tr><td>C322</td><td>0.020</td></tr>
<tr><td rowspan="7">C4：环境绩效</td><td rowspan="7">0.065</td><td rowspan="3">C41</td><td rowspan="3">0.019</td><td>C411</td><td>0.013</td></tr>
<tr><td>C412</td><td>0.004</td></tr>
<tr><td>C413</td><td>0.002</td></tr>
<tr><td rowspan="2">C42</td><td rowspan="2">0.026</td><td>C421</td><td>0.013</td></tr>
<tr><td>C422</td><td>0.013</td></tr>
<tr><td rowspan="2">C43</td><td rowspan="2">0.020</td><td>C431</td><td>0.005</td></tr>
<tr><td>C432</td><td>0.015</td></tr>
<tr><td rowspan="2">C5：社会绩效</td><td rowspan="2">0.022</td><td>C51</td><td>0.015</td><td>C511</td><td>0.015</td></tr>
<tr><td>C52</td><td>0.007</td><td>C521</td><td>0.007</td></tr>
</table>

8.5.3　数据管理

能源绩效指标数据来源于《中国统计年鉴》（2012～2019 年）、《中国电力统计年鉴》（2012～2019 年）、《中国能源统计年鉴》（2012～2019 年）、《中国可再生能源展望》（2017 年）。经济绩效指标数据来源于在上海和深圳证券交易所上市的风能、光伏和生物质能概念板块的年报以及《国家电价管理通报》。环境绩效指标数据主要来源于《中国环境统计年鉴》（2012～2019 年）。其他指标数据来自中国和省级统计年鉴。为了方便起见，所有的货币指标（如地区生产总值和电力销售收入）都转化为 2011 年不变价格。

指标可以是正向指标（效益类型、产出类型），也可以是负向指标（成本类型、投资类型）。由于各指标值统计单位和量纲不同，本节采用最大差异归一化方法使指标无量纲化。式（8-2）和式（8-3）分别用于正向指标和负向指标数据的无量纲化。

$$y_{ij}=\frac{x_{ij}-x_j^{\min}}{x_j^{\max}-x_j^{\min}} \tag{8-7}$$

$$y_{ij}=\frac{x_j^{\max}-x_{ij}}{x_j^{\max}-x_j^{\min}} \tag{8-8}$$

其中，x_{ij} 表示第 i 集群的第 j 个指标的原始值；y_{ij} 表示标准化后的指标值。其中 $x_j^{\min}$ 和 $x_j^{\max}$ 分别表示第 j 个指标的最小值和最大值。

8.5.4　绩效评价结果与分析

根据式（8-2）和式（8-3），本节对 30 个省区市 2011～2018 年的每个指标数据（150 个）统一无量纲化。对每个指标赋予相应的权重后，将每年 30 个省区市的绩效值求和得到 2011～2018 年 30 个省区市的总体绩效，如图 8-5 所示。30 个省区市的综合绩效由 2011 年的 8.71 提高到 2018 年的 10.52，增长 20.8%。能源绩效（C1）的增长速度最快，从 2011 年的 5.74 上升为 2018 年的 7.35，上升了 28.0%。

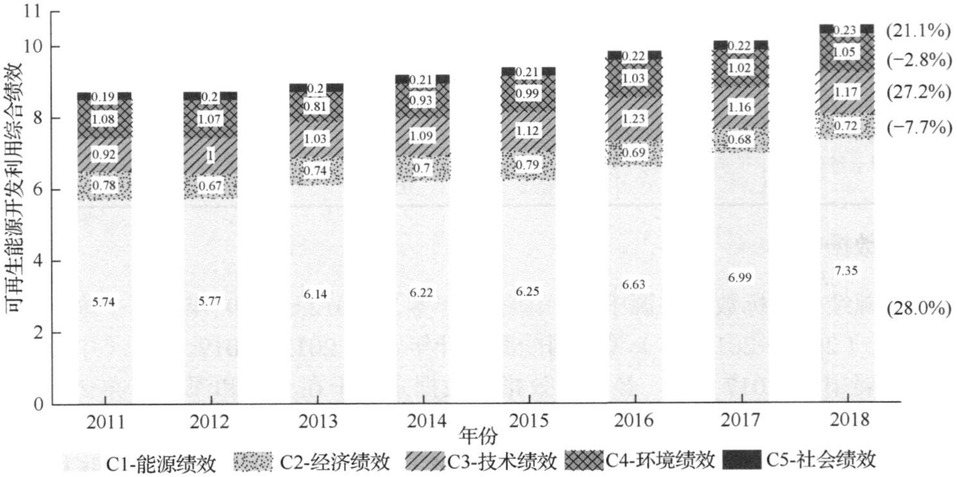

图 8-5　全国 30 个省区市 2011 年至 2018 年整体可再生能源开发利用综合绩效变化

如图 8-6 所示，2018 年，青海、云南、四川的可再生能源开发利用综合绩效位居全国前三，北京、辽宁、陕西的可再生能源开发利用综合绩效较低。

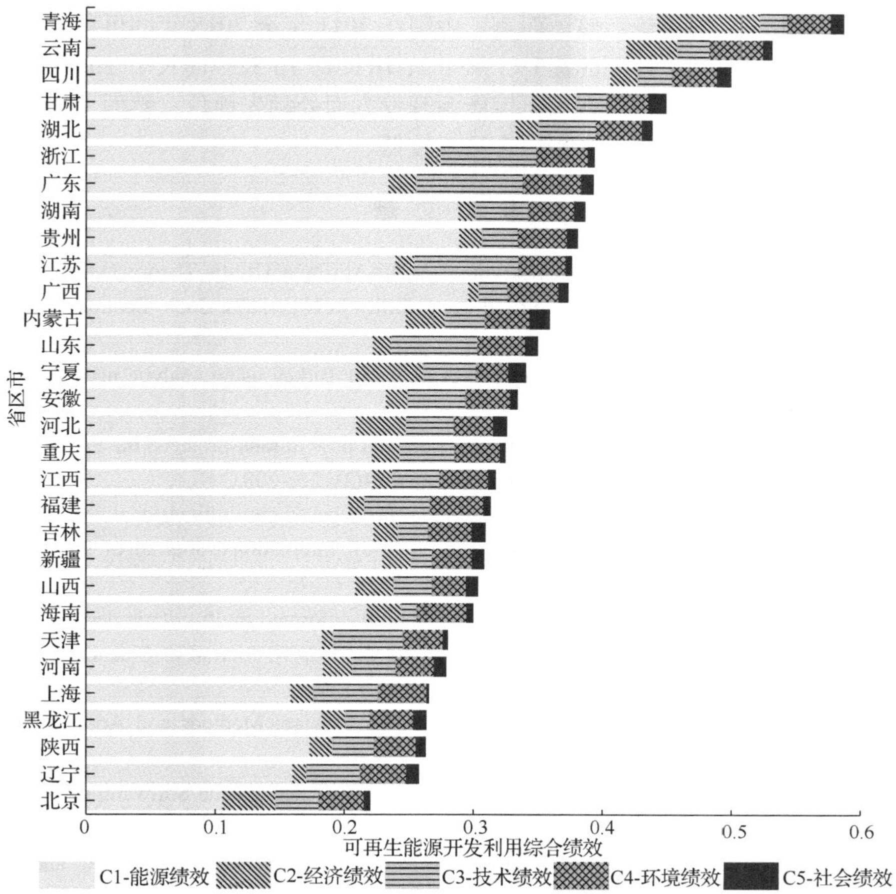

图 8-6　中国 30 个省区市可再生能源开发利用综合绩效（2018 年）

8.6　本 章 小 结

本章采用 ANP 法对中国 30 个省区市的可再生能源开发利用绩效进行了评价。ANP 法的独特之处在于其能够深入研究不同因素之间的复杂关联，包括政策支持、技术创新、投资水平等因素之间的相互影响。这为决策者提供了更为全面的信息，有助于更有效地制定战略和政策。通过运用 ANP 法，我们能够更全面地理解不同因素之间的相互作用，为理解可再生能源绩效的提升提供了更深层次的见解。这不仅使得我们对中国各省区市的可再生能源开发利用绩效有了更为全面和准确的认识，还能够为未来制定更加有效和有针对性的政策提供科学支持。

我们得出了以下结论：整体而言，中国在 2011 年至 2018 年的可再生能源开发利用综合绩效取得了显著的提升，从 8.71 增长到 10.52，增长了 20.8%。地区差异上，青海、云南、四川在可再生能源开发方面处领先地位；然而，北京、辽宁、陕西的可再生能源开发利用综合绩效较低。

参 考 文 献

Akpan U, Morimoto R. 2022. An application of Multi-Attribute Utility Theory (MAUT) to the prioritization of rural roads to improve rural accessibility in Nigeria[J]. Socio-Economic Planning Sciences, 82: 101256.

Atmaca E, Basar H B. 2012. Evaluation of power plants in Turkey using analytic network process (ANP)[J]. Energy, 44(1): 555-563.

Brans J P, Vincke P, Mareschal B. 1986. How to select and how to rank projects: the PROMETHEE method[J]. European Journal of Operational Research, 24(2): 228-238.

da Silva L B L, Humberto J S, Alencar M H, et al. 2020. GIS-based multidimensional decision model for enhancing flood risk prioritization in urban areas[J]. International Journal of Disaster Risk Reduction, 48: 101582.

Dabous S A, Zeiada W, Zayed T, et al. 2020. Sustainability-informed multi-criteria decision support framework for ranking and prioritization of pavement sections[J]. Journal of Cleaner Production, 244: 118755.

Hwang C L, Yoon K. 1981. Multiple Attribute Decision Making: Methods and Applications[M]. Berlin: Springer.

Ishizaka A, Nemery P. 2013. Multi-Criteria Decision Analysis: Methods and Software[M]. Hoboken: John Wiley & Sons.

Keeney R L, Raiffa H. 1976. Decisions with Multiple Objectives: Preferences and Value Tradeoffs[M]. Cambridge: Cambridge University Press.

Köne A Ç, Büke T. 2007. An analytical network process (ANP) evaluation of alternative fuels for electricity generation in Turkey[J]. Energy Policy, 35(10): 5220-5228.

Roy B. 1991. The outranking approach and the foundations of electre methods[J]. Theory and Decision, 31: 49-73.

Saaty T L. 1980. The Analytic Hierarchy Process: Planning, Priority Setting, Resource Allocation[M]. New York: McGraw-Hill.

Saaty T L. 1996. Decision Making with Dependence and Feedback: The Analytic Network Process[M]. Pittsburgh: RWS Publications.

Saaty T L. 2005. Theory and Applications of the Analytic Network Process: Decision Making with Benefits, Opportunities, Costs, and Risks[M]. 3rd ed. Pittsburgh: RWS Publications.

Saaty T L. 2006. The analytic network process-dependence and feedback in decision-making: theory and validation examples[M]//Voges K, Pope N. Business applications and computational Intelligence. Hershey: IGI Global: 360-387.

Saaty T L, Vargas L G. 2006. Decision Making with the Analytic Network Process[M]. New York:

Springer.

Taufik I, Alam C N, Mustofa Z, et al. 2021. Implementation of Multi-Attribute Utility Theory (MAUT) method for selecting diplomats[J]. IOP Conference Series: Materials Science and Engineering, 1098: 032055.

第 9 章　博弈模型及可再生能源开发利用政策研究

9.1　博弈论概述

9.1.1　博弈的定义

博弈论是系统研究决策主体的行为发生直接相互作用情况下的决策以及这种决策均衡的理论，即当一个决策主体的选择受到其他决策主体选择的影响，并且他的决策也影响其他主体的决策时的合理选择问题（肖条军，2004）。博弈论涉及至少两个参与主体。只有一个参与人的博弈称为决策问题。博弈论可以在几个行为者的行动相互依赖时使用。

在经济学文献中，最早对博弈论进行研究的是古诺（Cournot）、伯川德（Bertrand）和埃奇沃斯（Edgeworth）关于垄断和生产的论文，但这些研究工作当时都被视为特例，未引起经济学家的重视。20 世纪初，越来越多的人开始关注并研究博弈论，其中多数是数学家，如泽梅罗（Zemelo）、波雷尔（Borel）、波塞尔（Possel）等。1944 年，冯·诺依曼（von Neuman）和奥斯卡·摩根斯特恩（Oskar Mogenster）发表了对博弈论具有里程碑意义的标志著作《博弈论与经济行为》（*Theory of Game and Economic Behavior*）。在这部巨著中，他们提出了传统博弈论的两个经典框架：非合作博弈和合作博弈。随后，在生物进化思想的启发下，梅纳德·史密斯（Maynard Smith）和乔治·普瑞斯（George Price）将生物理论中的进化思想引入了博弈论，并于 1973 年发表了创造性的论文《动物冲突的逻辑》，提出了演化博弈（evolutionary game theory，EGT）的思想和演化稳定策略（evolutionarily stable stragegy，ESS）的概念。

在非合作博弈中，参与人基于各自可察觉的环境和自身利益做出决策（罗支峰，2007）。参与人效用不仅取决于自己的行为选择，而且受到其他参与人行为的影响。在合作博弈中，假定参与人有一个可实施的共同行动的协议，即合作是外生的。在非合作博弈中，由各参与人之间的均衡而产生的结果是竞争的产物，一般来说，这并不令人满意。因此他们可能表现出一种合作的意向。这种合作意向是内生的，但没有严格的执行协议。在合作博弈中（Bernheim et al.，1987），参与人之间已有一个外生的合作协议，这构成了两类博弈的根本区别，以及两类博弈各自研究的重点。在演化博弈中，有限理性的假设是其最独特的一点，有限理性被表述成个体在对博弈局势的认识与学习中确定动态演化行为的选择规则

（或称为决策机制）。

9.1.2　博弈的基本假设

博弈论的基本假设：参与人是理性的；他们有这些理性的公共知识。在非合作博弈中，个人行动是理性的。理性的个人对每一件事都有偏好。说他们是理性的，是因为他们选择能够最好地满足自己偏好的行动。对于这样的简单模型，我们很少需要假设偏好序。但是，在实际生活中，当面临多种选择时，我们需要设置一个偏好序。当对偏好排序后，我们将能够判断不同行动满足参与人的程度。

1. 理性

理性是指参与者总会选择能够给他们带来最高期望效用或最低支付成本的策略。理性与收益函数密切相关，并且在很大程度上会影响博弈的结果。若博弈的参与者仅具有个体理性，则一般属于非合作博弈；若博弈参与者还具有整体理性，则一般构成合作博弈；在一定条件下，如参与者间存在有效协议，非合作博弈可以转化为合作博弈。

2. 公共知识

公共知识是指“所有参与者知道，所有参与者知道所有参与者知道，所有参与者知道所有参与者知道所有参与者知道……”的知识。公共知识是博弈论中一个非常强的假定，它意味着赋予了每个参与者获取知识和进行逻辑推理的完美能力。与之相近的概念是“共有知识”，但二者有本质的不同。在现实的许多博弈中，即使参与者“共同”享有某种知识，但每个参与者也许并不知道其他参与者知道这些知识，或者并不知道其他人知道自己拥有这些知识，这只能称为共有知识，而非公共知识。

古典博弈论经常假设参与人是理性的，并且理性是公共知识。但这些假设经常不合理。演化博弈论则弥补了这些缺陷，它引进了一个更加适度的假设，参与人根据试错对产生最高支付（效用）的行动调整自己的行为。演化博弈可以解决均衡的选择问题。当有多个均衡时，一个主体可能通过采取适当的行动引导均衡结果演化到一个均衡而不是另一个均衡（Smith，1979）。

9.2　非合作博弈与合作博弈

9.2.1　非合作博弈基本理论及分类

非合作博弈，顾名思义，是参加博弈的局中人之间相互不合作，既不允许在博弈过程中互相传递信息、订立攻守同盟，也不允许博弈后对结果进行交换，还不允许相互之间有强制性的约定（Nash，1996a）。每个局中人在考虑其他局中人的策略及策略的可能性后，独立地选择策略，争取对自己最好的结果。

博弈的基本要素主要包括参与者、策略、支付或收益和信息（梅生伟等，2016）。

1. 参与者

博弈论中，参与者（也称决策主体）是能够在博弈中做出决策的实体。称由n位参与者组成的博弈格局为n人博弈。若给每位参与者编号，并记为$N=\{1,2,\cdots,n\}$，其中的每个编号都代表一位参与者，则可用$i\in N$代表博弈中的任意一位参与者。

除了一般的参与者，博弈中还可以有虚拟参与者——大自然。尽管大自然本身并不存在收益的问题，但大自然的行为会影响决策者的收益。另外，大自然的行为充满不确定性，而人们总是会力图避免大自然给自身的收益带来最坏的影响，这等价于假定大自然总会给决策者带来最坏影响。从这一观点看，大自然被赋予了理性从而成为博弈者，但这种理性的赋予并非来自大自然本身，而是来自大自然行为的不确定性及人们趋利避害的行为模式。这种“避免最坏情况”的思想常常用来处理含有不确定因素的工程控制与决策问题。例如，考虑不确定因素的电力系统调度问题是人与大自然博弈的一种典型形式。

2. 策略

策略是参与者如何进行博弈的一个完整描述。在策略型博弈中有两种策略类型，纯策略（简称策略）和混合策略。策略是指每个参与者在博弈中可以采取的行动方案，每个参与者都有可供其选择的多种策略。设S_i为参与者i的纯策略集合或纯策略空间，s_i（$s_i\in S_i$）为参与者i的策略。n个参与者选择各自的策略，它们共同形成一个策略向量$s=(s_1,s_2,\cdots,s_n)$，该策略向量称为策略组合。策略组合的集合S定义为各参与者自身策略集合的乘积空间，即$S=S_1\times\cdots\times S_n=\prod_{i\in N}S_i$。

若S_i对所有的i均为有限集，则称S为有限策略空间，相应的博弈为有限博弈。若记参与者i之外的其他参与者所采取的策略组合为$s_{-i}=\{s_j\}_{j\neq i}$，则策略组合可记为$(s_i,s_{-i})\in S$。进一步，若存在某个参与者i，其策略集合S_i为无限集，则称该博弈为无限策略型博弈，如某参与者的策略空间为$S_i=[0,1]$。

除纯策略外，还存在另一种策略概念——混合策略，它是在纯策略基础上形成的。参与者i的混合策略σ_i是其纯策略空间S_i上的一种概率分布，表示参与者实际博弈时依照该概率分布在纯策略空间中随机选择加以实施，一般用$\sigma_i(s_i)$表示分配给纯策略s_i的概率。如此，将参与者i的混合策略空间记为Σ_i，则有相应地，混合策略组合空间可记为 $\Sigma = \prod_{i \in N} \Sigma_i$ 。

3. 支付或收益

支付或收益是指每个参与者在博弈中追求的目标（若该目标需要极小化则称为支付，反之称为收益，收益有时也称为效用），是参与者选择行动的依据。在博弈分析中，直接用效用来分析结果的方法称为基数法，用偏好的排序比较结果的方法称为序数法。用序数法分析时，数值越小越应优先选择；用基数法分析时，数值越大越应优先选择。

4. 信息

信息是关于博弈结构的知识，包括其他参与人的特征、策略、博弈的支付或收益等。信息集是博弈论中描述参与人信息特征的重要概念，指参与人在某一时刻有关对方特征或行动的集合。

在非合作博弈研究中，有较为丰富和突出的成果。1950 年，纳什（Nash）提出了纳什均衡（Nash equilibrium，NE）的概念，奠定了非合作博弈研究的基石（Nash，1996b）。1965 年，泽尔腾（Selten）证明了博弈中不是所有纳什均衡都是合理的，进一步将非合作博弈从静态博弈发展到动态博弈以及子博弈完美均衡（Selten，1965）。1967 年，海萨尼（Harsanyi）针对非合作博弈中不完全信息提出了海萨尼转换，将不完全信息的非合作博弈转化成不完美信息博弈，从而奠定了完全信息博弈和不完全信息博弈研究的基础（Harsanyi，1967）。纳什、泽尔腾、海萨尼三人也因此共同获得 1994 年诺贝尔经济学奖。他们三人的工作奠定了现在对非合作博弈研究的习惯性分类（表 9-1）：完全信息静态博弈、不完全信息静态博弈、完全信息动态博弈和不完全信息动态博弈。这四种分类是对纳什均衡多重性的精炼和扩展。

表 9-1 非合作博弈的分类

类别	静态	动态
完全信息	完全信息静态博弈	完全信息动态博弈
不完全信息	不完全信息静态博弈	不完全信息动态博弈

在非合作博弈中，若每个局中人对其他局中人的策略集和支付函数都是知道的，且每个局中人也知道其他局中人知道自己对其他局中人策略集和支付函数都是知道的，即与博弈相关的一些信息是众所周知的，相关信息是公共知识，这样的博弈称为完全信息下的博弈。若每个局中人同时独立地采取自己的策略，或行

动时间有先后顺序与同时行动的结果是相同的，并且只进行一次，这样的博弈称为静态博弈。

在完全信息静态博弈中，一个局中人的策略、行动和选择是同一个量。用策略型表示一个博弈是较为简单的方法，仅需指明博弈中局中人集合，每个局中人可选择的集合以及局中人的收益。在研究策略型博弈时，通常假设，所有的局中人都同时地选择其策略，则策略型博弈不存在时间元素，即策略型是一个静态模型。所以用策略型可以表示完全信息静态博弈。策略型博弈又称为标准型博弈，其基本定义如下。

定义 9.1 标准型博弈：一个标准型博弈 $\varGamma=(N,S,u)$ 具备以下三个要素。

（1）博弈参与者的集合 $N=\{1,2,\cdots,n\}$。

（2）每个参与者的策略 s_i 和策略空间 S_i，其中 $s_i\in S_i, i=1,2,\cdots,n$。

（3）每个参与者的支付函数（也称收益函数或效用函数）$u_i:S\to R$，$i=1,2,\cdots,n$，$u=[u_1,u_2,\cdots,u_n]$。

标准型博弈一般可用矩阵描述。当博弈者采用混合策略时，标准型博弈被称为混合策略博弈，其定义如下。

定义 9.2 混合策略博弈：标准型博弈 $\varGamma=(N,S,u)$ 的混合策略博弈记为 $\varGamma^m=\left(N,S,u^m\right)$，其中 $\sigma_i\in\varSigma_i$ 为参与者 i 的一个混合策略，σ_i 通过纯策略 s_i 的概率分布来定义；$\sigma\in\varSigma=\prod\limits_{i\in N}\varSigma_i$ 为混合策略组合。对所有的 $i\in N$，期望效用函数为

$$u_i\left(\sigma_i,\sigma_{-i}\right)=\sum_{s_{-i}\in S_{-i}}\sum_{s_i\in S_i}u_i\left(s_i,s_{-i}\right)\sigma_i\left(s_i\right)\sigma_i\left(s_{-i}\right) \tag{9-1}$$

9.2.2 非合作博弈的纳什均衡

均衡，是对博弈达成结果的预测，或者说是解，每种均衡都与一种博弈类型相对应。例如，非合作博弈分为完全信息静态博弈、完全信息动态博弈、不完全信息静态博弈、不完全信息动态博弈。那么，与之对应的有四种均衡：纳什均衡、子博弈精炼纳什均衡、贝叶斯纳什均衡、精炼贝叶斯纳什均衡。纳什均衡用来解决静态完全信息博弈问题。本节着重对纳什均衡进行介绍，以下为其定义。

定义 9.3 纳什均衡：称混合策略组合 σ_i^* 为纳什均衡，若下述不等式成立

$$u_i\left(\sigma_i^*,\sigma_{-i}^*\right)\geqslant u_i\left(s_i,\sigma_{-i}^*\right),\forall s_i\in S_i,\forall i \tag{9-2}$$

当上述策略是纯策略时，称为纯策略纳什均衡 s^*。显然，混合策略纳什均衡是更为一般性的定义，因为纯策略可看成是特殊形式的混合策略。纳什均衡具有“策略稳定性”和“自我强制性”。事实上，根据纳什均衡的定义，若各参与者达到纳什均衡，则任意一个参与者都没有动机偏离此均衡，因为此时单方面选择纳

什均衡以外的任何策略都无法使其获得额外的收益。另外，纳什均衡也意味着不需要外力的协助就可自动实现。纳什均衡这些重要特性表明，它是关于博弈结局的一致性预测。若所有参与者预测一个特定的纳什均衡会出现，则该纳什均衡就必定会出现，且各参与者的预测不会出现矛盾。另外，只有纳什均衡才能使每个参与者都认可这种结局且没有动力偏离这一结局，并且所有参与者都知道其他参与者也认可这种结局。值得注意的是，一个博弈的纳什均衡可能并不唯一，当存在多个纳什均衡时，究竟哪一个会在现实中出现是一个难以预测的问题。

当式（9-2）中的不等式严格成立时，该纳什均衡称为强纳什均衡。强纳什均衡意味着每个参与者对对手的策略有且仅有唯一的最佳反应。强纳什均衡是比纳什均衡更强的均衡概念，它具有自稳定性，即使支付中出现较小的扰动，强纳什均衡仍能保持不变。此外，由于参与者改变策略一定会使其利益受损，所以参与者具有维持均衡策略的动力。在纳什均衡中，可能出现最佳反应策略不唯一的情况，此时不能保证纳什均衡的唯一性。需要指出的是，强纳什均衡必定是唯一的，但一般不能保证其存在性，很多博弈问题中并不存在强纳什均衡。

9.2.3　合作博弈基本理论

在 n 人合作博弈中，允许局中人相互交流信息，也可以制定各种形式的契约，或寻求各自感兴趣的伙伴共同参与博弈，因此，局中人之间可以形成不同形式的联盟。联盟的定义如下。

定义 9.4　设 $N=\{1,2,\cdots,n\}$ 表示为 n 个局中人形成的集合，N 的任意一个非空子集 S 称为一个联盟。将空集 $\varnothing$ 称为一个特殊联盟，那么 n 个局中人能形成 2^N 个联盟。

在一个博弈中，局中人之间的合作有程度问题，即是所有的局中人一起进行合作，还是部分局中人之间在合作。当所有的局中人一起合作，就称为组成了全联盟。因此在合作博弈中，一个局中人首先要考虑他和哪些局中人联合在一起。不少合作博弈暗含一个假设：所有的局中人总能够组成全联盟。但是，当一些局中人之间能够组成联盟的行为对其他局中人的收益产生外部影响时，全联盟不一定能够组成。

一旦某个联盟形成以后，该联盟的成员都齐心协力，以保证该联盟获得最大的利益。局中人本身无关紧要，关键是该联盟要获得最大利益。一旦博弈完毕，可以根据某种事先商定好的契约，以及各个局中人本身的“力量”，重新分配得到的利益。合作博弈，也称联盟博弈，是局中人通过合作共同取得尽可能大利益的竞争决策分析理论（谭春桥和张强，2011）。

冯·诺伊曼提出的特征函数是研究合作博弈理论的基础，其定义如下。

定义 9.5　给定 $N=\{1,2,\cdots,n\}$，n 人合作博弈的特征函数为 $v:P_0(N)\to R$，

且满足 $v(\varnothing)=0$ 。其中，$P_0(N)$ 表示编号集合 N 的所有子集构成的集合，当包含全集和空集两个特殊子集时，$P_0(N)$ 共有 2^N 个元素。对于 N 的任一子集 $S\subseteq N$ ，$v(S)$ 表示联盟 S 中各局中人通过合作所能得到的最大收益。

用特征函数讨论博弈问题时，含有两个假设：局中人衡量收益的尺度相同，并且收益 $v(S)$ 可以以任何方式分配给 S 中的局中人。这两个假设称为支付可转移假设。合作博弈分为支付可转移的博弈和支付不可转移的博弈。根据联盟收益影响因素的不同,支付可转移博弈又可以进一步分为拆分函数博弈和特征函数博弈。前者是指当博弈的所有参与者形成若干联盟后，每个联盟的收益除了依赖于自身行动外，还依赖于其他联盟的行动，这也是支付可转移博弈中最一般的情形。而后者则较为特殊，此种博弈中，联盟的收益仅依赖于联盟自身的行动，而与其他联盟的行动无关。因此，在特征函数博弈中，每个联盟能够通过其自身最佳行动所确定的收益来辨识，而特征函数即该联盟的收益。

下面简述特征函数的几个性质。

（1）如 $\forall A\in 2^N,\forall B\in 2^N,且A\cap B=\varnothing,有v(A)+v(B)\leqslant v(A\cup B)$ ，则称此合作博弈 $G=<N,v>$ 是超可加的。超可加的博弈表示“整体大于部分之和”的状况，即 A 与 B 中所有的局中人一起组成一个新联盟的总收益大于等于原来两个联盟的收益之和。一个企业，如能源企业要达到一定的规模才可能有比较高的利润，两个较小的能源企业的联盟就具有超可加性。当然实际中，许多博弈不具有超可加性。

（2）如 $\forall A\in 2^N,\forall B\in 2^N,且A\cap B=\varnothing,有v(A)+v(B)\geqslant v(A\cup B)$ ，则称此合作博弈 $G=<N,v>$ 是次可加的。次可加的博弈表示“整体小于部分之和”的状况，即 A 与 B 中所有的局中人一起组成一个新联盟的总收益小于等于原来两个联盟的收益之和。

（3）如 $\forall A\in 2^N,\forall B\in 2^N,且A\cap B=\varnothing,有v(A)+v(B)=v(A\cup B)$ ，则称此合作博弈 $G=<N,v>$ 是可加的。在可加的博弈中，A 与 B 所有局中人一起组成一个新联盟的总收益等于原来两个联盟的收益之和。

（4）如 $\forall A\in 2^N,\forall B\in 2^N,有v(A)+v(B)\leqslant v(A\cup B)+v(A\cap B)$ ，则称此合作博弈 $G=<N,v>$ 是凸博弈。对于凸博弈来说，局中人对某个联盟的贡献随联盟规模的扩大而增加，或者说合作是规模报酬递增的。

作为合作博弈，与非合作博弈相区分的两个主要假设如下。

（1）合作博弈中允许局中人在博弈前进行谈判。如果不允许博弈前的谈判，则是非合作博弈。

（2）合作博弈中一旦达成协议，就形成一个联盟，则协议有了强制约束力，因而联盟的一系列行动被局中人所承认。在非合作博弈中也有一定的博弈前沟通，如“相关均衡”，但它不具有强制约束力，只能用利益进行诱导或激励。

在这两个假设下的合作博弈中，联盟成为博弈问题的焦点，如联盟的形成、联盟的收益和联盟的稳定性（Nash，1953）。

9.2.4　合作博弈的解概念

合作博弈中主要的讨论对象是联盟，这个联盟作为一个局中人和其他局中人博弈，得到一笔收益，这笔收益如何在这个联盟中的局中人之间分配，这就面临公平和效率的问题。公平和效率之间常存在此消彼长的关系。非合作博弈强调的是个体理性，其博弈的结果可能不一定符合集体理性，也就是说，它的结果可能既没有公平，也没有效率。合作博弈强调的是集体理性，强调的是公平和效率，当公平和效率存在冲突时，合作博弈的不同解概念会强调公平和效率的不同侧面。

对联盟所得进行分配，博弈论专家、学者提出了很多方法，也称为各种“解概念”。继冯 ·诺依曼提出稳定集的概念后（他称之为合作博弈的解），1959 年，吉里斯（Gillies）提出了核心（core）的概念（Gillies，1959）；1953 年，沙普利（Shapley）提出了公理化体系的分配方案，即著名的 Shapley 值；1965 年，达维斯（Davis）和马斯克莱（Maschler）提出了内核（kernel）的概念（Davis and Maschler，1965）；1969 年，施麦德勒（Schmeidler）提出了核仁（nucleolus）的概念（Schmeidler，1969）；1965 年，班契夫（Banzhaf）提出了班契夫势指标（Banzhaf index of power）的概念（Banzhaf，1965）。这些概念一直沿用至今，各种方法即各种解概念代表着不同的观点。

合作博弈的各种解概念归纳为两大类：“占优”方法和“估值”方法（Mas-Colell，1987）。本节仅对其进行简要介绍。

第一种方法以“占优”和“异议”为主要准则，体现了联盟的稳定性和联盟的信息。核心和稳定集是“占优”准则的主要代表，它们使联盟及个体的合理分配处于一种“占优”状态，以致联盟和个体无法偏离该分配，达到合作博弈的稳定性。内核和核仁是“异议”准则的主要代表，它们使联盟或个体从分配的“异议”出发，将“异议”看作一种“可置信的威胁”，以保障分配的合理性。

第二种方法是估值法，它通过规范道德要求的公理化体系，赋予一种“合理”的分配值，并且这种估值是唯一的。Shapley 值和班契夫势指标是该方法的主要代表，它们又被称为合作博弈的势指标（index of power）。

9.3　演化博弈

9.3.1　演化博弈概述

演化博弈是对生物进化过程中所涉及的策略和行为进行研究的一种方法。它是指个体在生存与繁殖的过程中，通过与其他个体的互动和竞争，进化出一些最优的策略或行为（Smith and Price，1973）。在演化博弈中，每个个体都有一定的策略或行为，这些策略或行为会影响它们自身在竞争中的表现和生存率，还会影响其他个体的生存与繁殖。因此，个体的策略或行为会受到自身利益、竞争对手的利益以及环境的影响。

演化博弈包含两个基本元素：演化和博弈（Weibull，1997）。演化指的是个体在生存与繁殖过程中，通过与其他个体的互动和竞争，进化出一些最优的策略或行为。博弈指的是个体之间的交互，它们的策略或行为会相互影响，从而影响它们的生存与繁殖。因此，演化博弈的核心问题是在竞争和合作的情况下什么样的策略或行为对于个体来说是最优的。

演化博弈与传统博弈理论有一些相似之处，它们都涉及决策者之间的互动和策略选择（Lu et al.，2014）。但是，演化博弈理论考虑的是长期进化过程中的策略选择，而不是短期的决策问题。传统博弈理论主要关注短期的决策问题，如两个决策者在某个具体的场景下如何选择最优策略（von Neumann and Morgenstern，2007），而演化博弈理论则更加注重策略的长期演化过程，它更加关注策略的生存和繁殖效果（Cheng and Yu，2018）。

9.3.2　演化博弈基本架构与核心概念

1. 演化博弈的基本架构

演化博弈适用于解决多群体策略式动态交互行为决策问题。一个典型的多群体策略演化博弈格局 G 的基本架构一般可分为物理结构和知识结构（Mei et al.，2016），其中物理结构为

$$G = < N, S, P, U, \Phi > \tag{9-3}$$

其中，$N = \{N_1, N_2, \cdots, N_i, \cdots\}$ 表示种群空间，即参与者集合。与经典博弈论不同的是，这里的 N 可以表示种群的数量，每个种群包含一定数量的参与者个体，N_i 表示种群 i 所含个体数；S 表示决策空间，即策略集合，演化博弈中的策略包括纯策略或混合策略，这与经典博弈论一致，$S = \{S_1, S_2, \cdots, S_i, \cdots\}$，$S_i$ 表示种群 i 的策略集合；P 表示 G 的概率空间（各策略被选择概率集合），$P = \{P_1, P_2, \cdots, P_i, \cdots\}$，$P_i$ 表示种群 i 的概率空间，P_i 内各策略被选择的概率（或个体比例）之和等于 1；U 表示支付空间，即支付集合，演化博弈中的支付为适应度函数，其从经典博弈论中的收益转化而来，并借鉴了生物进化论中的相关概念，$U = \{U_1, U_2, \cdots, U_i, \cdots\}$，$U_i$ 表示种群 i 的支付集合；Φ 表示状态空间，代表 G 在不同种群策略组合下的所有博弈状态的集合。此外，演化博弈的物理结构还应包括一个元素——均衡，其指的是演化稳定策略和演化均衡，强调的是演化过程中的动态性与稳定性，这与经典博弈论有很大不同。

知识结构指的是参与者对物理结构的认知（Mei et al.，2016）。与经典博弈论显著不同的是，这种认知是基于有限理性和有限信息的。换言之，参与者的知识十分有限，在博弈前远不能拥有博弈结构和博弈规则的全部知识，这是演化博弈区别于经典博弈论的很重要的一点。此外，在演化博弈过程中，参与者通过某种传递机制（如模仿、学习、复制、遗传、变异等操作）来进行策略选择。这种策略选择方式并非完全基于逻辑推理和数学计算，而是更多地受到个体经验、社会环境和历史因素的影响。因此，相对于经典博弈论中的理性选择策略，演化博弈中的策略选择可以被视为一种“非理性”或“有限理性”的选择。由此可见，演化博弈的假设条件更加贴近于现实的博弈情形。

2. 演化博弈的核心概念

1）复制者动态

复制者动态（replicator dynamic，RD）是演化博弈中的基本动力学演化机制，由 Taylor 和 Jonker（1978）首次提出，用于模拟策略的动态调整过程，以表征种群通过模仿和学习使自身规模调整的反应速度。复制者动态方程揭示了种群数目或比例的演化规律，可用某一特定纯策略在一个种群中被采用的概率或频次的动态微分方程即复制者动态系统方程来描述。其值与选择该策略群体的比例 x_i 成正比，与其期望收益 $E(X_i)$ 超过群体均值收益 $E_{av}(X_i)$ 的幅度成正比。因此，复制者动态能很好地描述有限理性个体的群体行为的变化趋势。复制者动态方程的内部均衡点的渐进稳定性对应于演化策略的稳定性。演化博弈中的复制者动态模型定义如下：假设 $s_i \in S$ 是个体 i 的一个纯策略，$i \in \{1,2,\cdots,n\}$，$S=\{s_1,s_2,\cdots,s_n\}$，且 $x_i(t)$ 表示在时刻 t 处选择策略 s_i 的个体数，$x_i=\{x_1,x_2,\cdots,x_n\}$。因此，该种群中的个体总数可表示为 $N_{\text{sum}}=x_1+x_2+\cdots+x_n$。此外，假设 p_i 和 $f_i(s,x_i)$ 分别为在时刻 t 处选择策略 s_i 的个体比例和相应的适应度函数（支付函数），则有 $p_i = x_i / N_{\text{sum}}$，且 $p_1+p_2+\cdots+p_n=1$。相应地，该种群时刻 t 处平均适应度 $f_{\text{aw},t}$ 可表示为

$$f_{\text{aw},t}=\sum_{i=1}^{n} p_i f_i(s,x_i) \tag{9-4}$$

由此，可得到离散和连续复制者动态方程的两种表达形式：

$$\begin{cases} x_i(t+1)=x_i(t)+f_i(s,x_i)x_i(t), \forall t & \text{离散形式} \\ \overline{x_i}(t)=[f_i(s,x_i)-f_{\text{ave},t}]x_i(t), \quad \forall t & \text{连续形式} \end{cases} \tag{9-5}$$

$$\begin{cases} p_i(t+1)=\dfrac{1+f_i(s,x_i)}{1+f_{\text{ave},t}}p_i(t), \quad \forall t & \text{离散形式} \\ \dot{p}_i(t)=[f_i(s,x_i)-f_{\text{ave},t}]p_i(t), \forall t & \text{连续形式} \end{cases} \tag{9-6}$$

上述复制者动态方程揭示了种群内选择某个策略的个体数量或比例的演化规律。具体而言，如果个体选择某个纯策略 s_i 的收益或支付（ $f_i(s,x_i)$ ）小于种群的平均收益或支付（ $f_{\text{ave},t}$ ），则相应地选择该策略的个体数量或比例的变化率则为负数，反之则为正数。此外，如果 $f_i(s,x_i)$ 恒等于 $f_{\text{ave},t}$ 与时间 t 无关，则表明此时选择纯策略 s_i 的个体数量或比例在整个种群中将保持不变，这也就意味着该策略成为种群的演化稳定策略。

2）演化稳定策略

演化稳定策略是梅纳德·史密斯（Maynard Smith）在演化博弈中所提出的基本概念，其与前面介绍的复制者动态一起构成了演化博弈的一对核心要素（Smith and Price，1973）。演化稳定策略表征了演化博弈的稳定状态，用于描述演化博弈过程中的一种策略，即当种群中的绝大多数个体选择该策略时，选择变异策略的数量较小的群体将无法入侵该群体。因此，演化稳定策略在已定义的策略集 S 中具有更高的稳定性，可以抵御其他任意突变策略小群体的入侵。基于此，其数学定义描述如下。假设纯策略 S ， $s'\in S$ ，对于任意的 s' ，有 $s'\neq s$ ，且总存在一个正数 $\varepsilon'\in(0,1)$ ，使得不等式（9-7）条件满足时，则纯策略 S 为演化稳定策略。

$$f(s,\varepsilon s'+(1-\varepsilon)s)>f(s',\varepsilon s'+(1-\varepsilon)s),\forall\varepsilon\in(0,\varepsilon') \quad (9\text{-}7)$$

其中， $f(\cdot)$ 表示适应度函数； $\varepsilon s'+(1-\varepsilon)s$ 为选择演化稳定策略的群体与选择突变策略的群体所组成的混合种群的策略。由于 $s'\neq s$ ，所以 $\varepsilon s'+(1-\varepsilon)s$ 既不等于 s ，也不等于 s' 。当种群中的几乎所有个体采取了策略 s ，则 $(1-\varepsilon)$ 接近于 1（即 ε 趋于 0），此时式（9-7）接近于 $f(s,s)>f(s',s)$ 。可以看出，若策略 s 是演化稳定策略，则其必是纳什均衡。事实上，弗里德曼（Friedman）在研究演化稳定策略与纳什均衡的关系中得出结论：演化稳定策略必定是纳什均衡且是精炼的纳什均衡，反之则不一定。由此可见，演化稳定策略描述了一个种群抵抗任意变异策略侵入的一种稳定状态。

此外，也可定义多群体演化稳定策略（multi-group evolutionary stable strategy，MESS）这一概念。假设群体数为 n ，策略组合 $X=\{X_1,X_2,\cdots,X_n\}\in\psi$ 为演化稳定的策略组合（即多群体演化稳定策略），其中 ψ 为策略空间。若对于任意的变异策略 $Y=\{Y_1,Y_2,\cdots,Y_n\}\in\psi$ ，当 $Y\neq X$ ， $\exists 0<\omega<1$ ，对于 $\forall 0<\varpi<\omega$ 和 $\forall Y'<\varpi Y+(1-\varpi)X$ （其中， $\forall Y'\neq X$ ， $\forall Y'\neq Y$ ）， $\exists i=1,2,\cdots,n$ ，使得第 i 个群体在分别采用策略 X_i 和 Y_i 时，其余群体采用策略组合 $X_{-i}(X_{-i}\in Y',\forall X_{-i}\notin X)$ 时的期望收益满足

$$E(X_i,X_{-i})>E(Y_i,X_{-i}),\ \ i=1,2,\cdots,n \quad (9\text{-}8)$$

其中，如果策略 X 表示多群体演化稳定策略，则其一定是纳什均衡策略，其长期演化稳定均衡（evolutionary stable equilibrium，ESE）则必定是纳什均衡，所以演

化稳定均衡是纳什均衡的精炼，但弱劣的纳什均衡策略并不一定是多群体演化稳定策略。因此，多群体演化稳定策略是一个能描述演化博弈一般特征的均衡概念，其比纳什均衡复杂得多（Smith and Price，1973）。

3）演化稳定均衡

演化稳定均衡必定是严格且精炼的纳什均衡（Cheng and Yu，2018），且是纯策略均衡。因此，在非对称的 N 群体多策略演化博弈中，任意的混合策略均衡一定不是演化稳定均衡，因而其策略的均衡稳定性只在纯策略均衡处取得（Selten，1980）。基于此，渐进稳定均衡点（asymptotically stable equilibrium point，ASEP）定义如下：设 $\vartheta,\vartheta^*\in\Omega$ 是演化博弈的混合策略，其中 ϑ^* 是多群体演化稳定策略，且 ϑ^* 满足“a）平衡条件”和“b）稳定条件”，则群体状态 $p^*=\vartheta^*$ 是式（9-4）和式（9-5）所示复制者动态模型的渐进稳定均衡点，其中，由“b）稳定条件”也可进一步说明：弱劣的纳什均衡策略并不一定是多群体演化稳定策略。

$$\begin{cases}\text{a}):E(\vartheta,\vartheta^*)\leqslant E(\vartheta^*,\vartheta^*),\forall:\vartheta\in\Omega\\ \text{b}):E(\vartheta,\vartheta)<E(\vartheta^*,\vartheta),\quad 若(\vartheta,\vartheta^*)=E(\vartheta^*,\vartheta^*),\quad \forall\,\vartheta\neq\vartheta^*\end{cases}\tag{9-9}$$

9.3.3　演化博弈理论分析方法——以两方博弈为例

一般情形下的确定性两群体两策略演化博弈长期演化稳定均衡特性（即长期行为决策的演化动力学特性）的理论分析与动态仿真研究方法，研究对象包括一般情形下的两群体两策略的对称演化博弈（two-population two-strategy symmetric evolutionary game，2P2S-SEG）。

1. 模型建立

在研究前，先构造一般情形下的 2P2S-SEG 模型。此时，该模型包含两个种群，分别用种群 A 和种群 B 表示。此外，每个种群的策略集中均只有两个纯策略。具体而言，种群 A 的策略集设定为 $S_{\text{A}}=\{S_{\text{A1}},S_{\text{A2}}\}$，种群 B 的策略集设定为 $S_{\text{B}}=\{S_{\text{B1}},S_{\text{B2}}\}$。此处的策略 S_{A1} 和 S_{A2} 为一对相反策略，其中策略 S_{A1} 表示种群 A 中个体在行为决策过程中做出某一决定，而策略 S_{A2} 表示种群 A 中个体做出这一决定的相反决定。同理，策略 S_{B1} 和 S_{B2} 也设定为一对相反策略。举例说明，如在供应商与零售商之间的演化博弈系统中，供应商（可理解为种群 A）的策略集为“策略 S_{A1}：检查”和“策略 S_{A2}：不检查”，而零售商（可理解为种群 B）的策略集则为“策略 S_{B1}：促销”和“策略 S_{B2}：不促销”，两策略集均包含一对相反策略。此时，在每轮次重复博弈（即动态交互）过程中，假设种群 A 中选择策略 S_{A1} 和 S_{A2} 的个体比例（或称为策略选择概率）分别为 x 和 $1-x$，种群 B 中选择策略 S_{B1} 和 S_{B2} 的个体比例分别为 y 和 $1-y$，其中 $x,y\in[0,1]$。因此，由种群 A

和种群 B 构成的通用 2P2S-SEG 的决策空间可表示为 $\Phi_{2P2SEG}=[0,1]\times[0,1]a=b$ 。基于此，该类一般情形下的演化博弈模型的支付矩阵可表示为

$$\begin{array}{c} \\ \\ \mathrm{A}\left\{\begin{array}{cc} x & S_{A1} \\ 1-x & S_{A2} \end{array}\right. \end{array} \begin{array}{c} \overbrace{\begin{array}{cc} y & 1-y \end{array}}^{\mathrm{B}} \\ \begin{array}{cc} S_{B1} & S_{B2} \end{array} \\ \begin{bmatrix} (a,b) & (c,d) \\ (e,f) & (g,h) \end{bmatrix} \end{array} \tag{9-10}$$

其中，a、b、c、d、e、f、g 和 h 用于表示种群 A 和种群 B 在不同策略组合（即博弈态势）下的支付（或收益）参数。

根据式（9-10），当满足，$a=b$，$c=f$，$d=e$，$g=h$，该通用 2P2S-SEG 的支付矩阵是对称的，即一般情形下的 2P2S-SEG。相应地，上述四个等式条件至少有一个不满足时，则为一般情形下的两群体两策略的不对称支付博弈（two-population two-strategy asymmetric evolutionary game，2P2S-AEG）。因此，对于一般情形下的 2P2S-SEG，其支付参数将满足 $a=b$，$c=f$，$d=e$，$g=h$，对应的支付矩阵可进一步表示为

$$\begin{array}{c} \\ \\ \mathrm{A}\left\{\begin{array}{cc} x & S_{A1} \\ 1-x & S_{A2} \end{array}\right. \end{array} \begin{array}{c} \overbrace{\begin{array}{cc} y & 1-y \end{array}}^{\mathrm{B}} \\ \begin{array}{cc} S_{B1} & S_{B2} \end{array} \\ \begin{bmatrix} (a,b) & (c,d) \\ (d,c) & (g,g) \end{bmatrix} \end{array} \tag{9-11}$$

基于式（9-11），进一步假设种群 A 中个体选择策略 S_{A1} 和 S_{A2} 时的期望支付以及种群 A 的平均期望支付分别为 f_{A1}、f_{A2} 和 f_{A12}；种群 B 中个体选择策略 S_{B1} 和 S_{B2} 时的期望支付以及种群 B 的平均期望支付分别为 f_{B1}、f_{B2} 和 f_{B12}。其中：$f_{A1}=(a-c)y+c$，$f_{A2}=(d-g)y+g$，$f_{A12}=xf_{A1}+(1-x)f_{A2}$，$f_{B1}=(a-c)x+c$，$f_{B2}=(d-g)x+g$，$f_{B12}=yf_{B1}+(1-y)f_{B2}$。因此，可得一般情形下的 2P2S-SEG 模型的复制者动态系统方程为

$$\begin{cases} \overline{x}=\dfrac{\mathrm{d}x}{\mathrm{d}t}=x\left(f_{A1}-f_{A12}\right)=x(1-x)\left(\gamma_1 y+\gamma_2\right) \\ y=\dfrac{\mathrm{d}y}{\mathrm{d}t}=y\left(f_{B1}-f_{B12}\right)=y(1-y)\left(\gamma_1 x+\gamma_2\right) \end{cases} \tag{9-12}$$

其中，$\gamma_1=(a-d)-(c-g)$，$\gamma_2=c-g$，且 $x,y\in[0,1]$。

2. 演化稳定策略分析

根据式（9-12）所示系统复制者动态方程，假设其雅克比矩阵为 J_1，其行列式和迹分别为 $\det(J_1)$ 和 $\mathrm{tr}(J_1)$，则有

$$J_1 = \begin{bmatrix} (1-2x)\gamma_9(y) & x(1-x)\gamma_1 \\ y(1-y)\gamma_1 & (1-zy)\gamma_4(x) \end{bmatrix} \tag{9-13}$$

$$\begin{cases} \det(J_1) = (1-2x)(1-2y)\gamma_4(x)\gamma_3(y) - xy(1-x)(1-y)\gamma_1^2 \\ \text{tr}(J_1) = (1-2x)\gamma_3(y) - (1-2y)\gamma_4(x) \end{cases} \tag{9-14}$$

其中，$\gamma_3(y) = \gamma_1 y + \gamma_2$，$\gamma_4(y) = \gamma_1 x + \gamma_2$。经计算，式（9-12）所示 2P2S-SEG 的系统复制者动态方程共有五个内部均衡点，即 $(x,y) = \{(0,0),(0,1),(1,0),(1,1),(x^*,y^*)\}$，其中 $x^* = y^* = -\gamma_2/\gamma_1$。基于此，将它们依次代入式（9-14）中，得到的统计结果如表 9-2 所示。

表 9-2　一般情形下的 2P2S-SEG 的 det(J_1) 和 tr(J_1) 在其各内部均衡点处的计算结果

(x,y)	$\det(J_1)$	$\text{tr}(J_1)$	相应互斥均衡点
(0,0)	$(g-c)^2$	$-2(g-c)$	(0,1),(1,0)
(0,1)	$(a-d)(g-c)$	$(a-d)+(g-c)$	(0,0),(1,1)
(1,0)	$(a-d)(g-c)$	$(a-d)+(g-c)$	(0,0),(1,1)
(1,1)	$(a-d)^2$	$-2(a-d)$	(0,1),(1,0)
(x^*,y^*)	$-(a-d)^2(g-c)^2/(a-d+g-c)$	0	—

当 $\det(J_1)>0$ 且 $\text{tr}(J_1)<0$ 时，根据李雅普诺夫稳定性理论，其对应的系统复制者动态方程的内部均衡点是渐进稳定的，即该点为 2P2S-SEG 的演化稳定策略使得系统最终可取得长期演化稳定均衡状态。否则，该点为演化不稳定均衡点或鞍点。此外，由表 9-2 可知：$\det(J_1)$ 和 $\text{tr}(J_1)$ 的正负仅取决于两组参数，即 $a-d$ 和 $g-c$。因此，通过对 $a-d$ 和 $g-c$ 的符号进行组合，可知该 2P2S-SEG 系统完整的演化动力学行为决策特性总共包含 9 种博弈场景，可分别记为 Case1 至 Case9，如表 9-3 所示，其中“×”、“♥”和“○”分别表示对应的内部均衡点为 2P2S-SEG 系统的演化不稳定均衡点、演化稳定均衡点（即演化稳定策略）和鞍点（或临界均衡）。

表 9-3　一般情形下的 2P2S-SEG 完整的长期演化稳定均衡特性统计

场景	参数取值	复制者动态方程的内部均衡点					演化博弈状态/个		
		(0,0)	(0,1)	(1,0)	(1,1)	(x^*,y^*)	不稳定均衡	稳定均衡	临界均衡
Case1	$c<g,d<a$	♥	×	×	♥	○	2	2	1
Case2	$c<g,d=a$	♥	×	×	×	×	4	1	0
Case3	$c<g,d>a$	♥	○	○	×	○	1	1	3
Case4	$c=g,d<a$	×	×	×	♥	×	4	1	0

续表

场景	参数取值	复制者动态方程的内部均衡点					演化博弈状态/个		
		(0,0)	(0,1)	(1,0)	(1,1)	(x^*,y^*)	不稳定均衡	稳定均衡	临界均衡
Case5	$c=g,d=a$	×	×	×	×	×	5	0	0
Case6	$c=g,d>a$	×	×	×	×	×	5	0	0
Case7	$c>g,d<a$	×	○	○	♥	○	1	1	3
Case8	$c>g,d=a$	×	×	×	×	×	5	0	0
Case9	$c>g,d>a$	×	♥	♥	×	○	2	2	1
统计	—	—	—	—	—	—	29	8	8

9.3.4 演化博弈求解方法

1. 动态系统方法

动态系统方法是一种比较基础的求解演化博弈模型的方法，它基于微分方程的形式，描述了不同策略在时间上的演化过程。这种方法假设每个策略的演化速度是一个连续的函数，通过求解微分方程可以得到系统的稳定状态，即达到纳什均衡的策略组合。

2. 仿真模拟方法

仿真模拟方法是一种基于计算机模拟的求解演化博弈模型的方法，它通过模拟一定数量的个体，对不同策略在种群中的频率进行迭代更新，直到达到均衡状态。在每一轮迭代中，研究者可以随机选择一些个体进行策略的更新，以模拟真实世界中随机性和变异性的影响。通过多次迭代，可以得到系统的稳定状态。

9.4 绿证交易中三方演化博弈模型

9.4.1 绿证交易概述

发展可再生能源是实现社会低碳转型和可持续发展的重要举措。中国更是将其作为改善能源结构，实现碳达峰和碳中和的主要战略。中国于 2017 年开始启动绿色电力证书，简称绿证）交易（国家能源局，2017a），但可再生能源发电配额制（Renewable Portfolio Standard，RPS）政策于 2019 年才开始试行（国家发展和改革委员会和国家能源局，2019）。作为 RPS 政策背景下应运而生的绿证交易，其整体交易机制与交易的各环节都涉及多个利益相关者（Li et al.，2019）。然而，面对复杂的多主体策略行为问题，博弈论逐渐成为非常实用的数学工具。

本节借助演化博弈的方法探究 RPS 实施背景下绿证交易各市场参与主体的行为策略。以省域为研究对象，建立以能源局为代表的能源主管部门（以下简称能源局）、发电企业、终端售电公司之间的三方演化博弈模型，分析各利益相关者之间的行为策略及其演化过程。具体 RPS 的实施与考核过程涉及电力生产、发电上网、用户消费、配额交易等多层面的交互环节（Huang and Shang，2020），从而牵涉多个参与主体，如能源局、发电企业、终端售电公司、实际电力用户等。其中，能源局主要负责配额分配、考核以及监管工作，发电企业承担实际电力供应和绿证认购交易的职责，终端售电公司则通过实际可再生能源电力消纳与绿证及超额消纳量交易等方式完成消纳权重目标。这些主体从不同层面推动着绿证市场乃至 RPS 的发展，也在政策的施行过程中相互影响，各战略行为也随之发生变化。实际电力用户等其他参与主体个体差异性较大，因此仅讨论包括能源局、发电企业、终端售电公司在内的三方参与主体，其具体运行机制如图 9-1 所示。

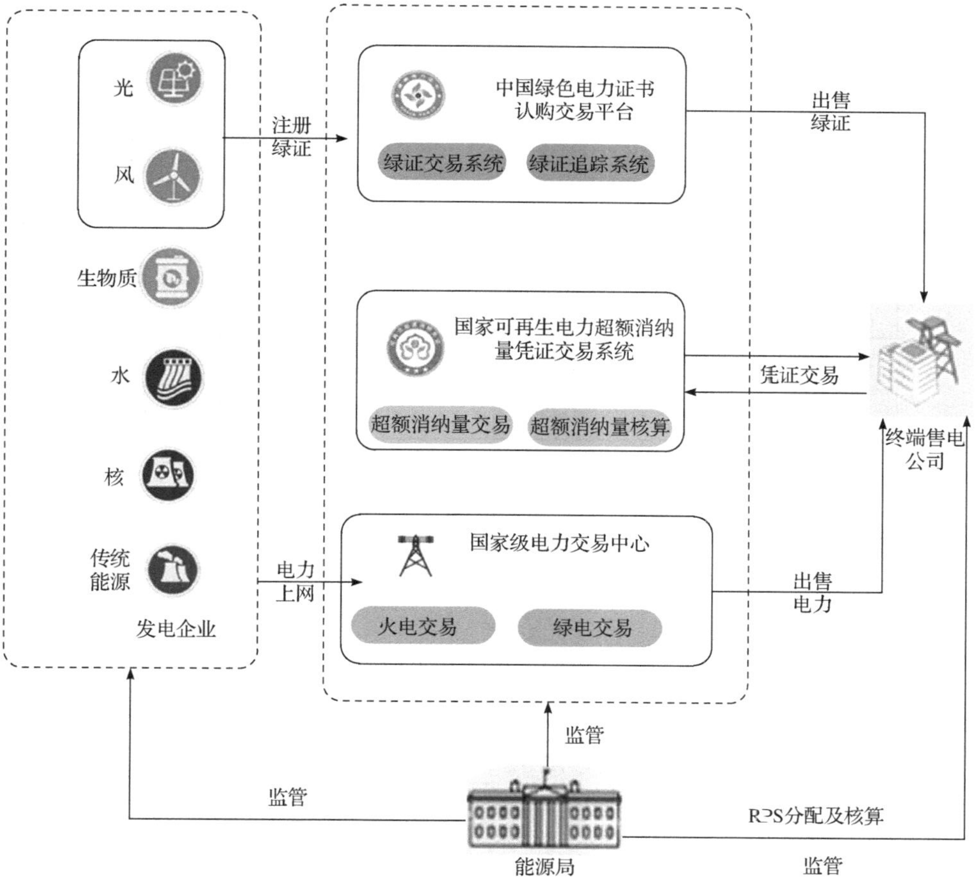

图 9-1　可再生能源配额制下电力市场运行机制

9.4.2　演化博弈模型构建

1. 符号和变量的定义

基于中国现行 RPS 政策下绿证交易市场，构建了演化博弈模型。分别选取能源局、发电企业、终端售电公司为绿证交易的三方博弈研究对象，根据“经济人”假设以追求各自利益最大化为目标构建各参与主体的支付方程，并分析不同策略组合下博弈系统的稳定状态。模型中涉及的变量及参数见表 9-4。

表 9-4　变量及参数定义表

变量及参数		定义
变量	x	能源局选择监管策略的概率
	y	发电企业选择出售绿证策略的概率
	z	终端售电公司选择购买绿证策略的概率
	U	能源局的平均收益
	V	发电企业的平均收益
	W	终端售电公司的平均收益
参数	i	发电技术种类（$i=1,2,3,4,5,6$ 分别代表风电、光伏发电、生物质发电、水电、核电、火电）
	j	省域（$j=1,2$ 分别代表可再生能源电力消纳能力充足的省域如辽宁及消纳能力有限的省域如湖南）
	$\mu_{i,j}$	风光发电企业向省域内终端售电公司出售的绿证占总发电量的比例（$i=1,2$）
	$\varphi_{i,j}$	风光发电企业向外省域终端售电公司出售的绿证占总发电量的比例（$i=1,2$）
	$\phi_{i,j}$	终端售电公司向外省域发电企业购买的绿证占总电力销售量的比例（$i=1,2$）
	ε_j	终端售电公司购买可再生能源电力超额消纳量占总电力销售量的比例（$j=1,2$）
	τ_j	可再生能源电力消纳责任权重
	Q_j	总电力销售量（千瓦时）
	$\mathrm{pr}_{i,j}$	平均上网电价/（元/千瓦时）
	pc_j	平均销售电价/（元/千瓦时）
	g_i	平均发电成本/（元/千瓦时）
	$\alpha_{i,j}$	总电力销售量中来自本省域自发自用电力的比例
	$\beta_{i,j}$	总电力销售量中来自外省域传入电力的比例
	$q_{i,j}$	发电企业总发电量/千瓦时

续表

变量及参数		定义
参数	cr	能源局监管成本/元
	rt	能源局给予发电企业出售绿证部分的税收优惠/（元/千瓦时）
	pt_i	绿证价格（$i=1,2$）/（元/千瓦时）
	ct	绿证交易成本/（元/千瓦时）
	f	罚金/（元/千瓦时）
	rs	终端售电公司超额消纳可再生能源电力的奖励系数/（元/千瓦时）
	tp_j	终端售电公司向外省域购买电力的平均输电价格/（元/千瓦时）
	pe	终端售电公司向外省域购买可再生能源电力超额消纳量的价格/（元/千瓦时）

2. 模型假设

为了定量分析绿证各参与主体不同策略组合下的收益，对博弈系统做出如下假设。

假设 1：绿证交易过程中产生的交易成本 ct 由购买方承担，即由终端售电公司承担。

假设 2：绿证与超额消纳量交易数量与其对应的策略选择概率 x, y, z 之间存在一定的线性关系。

假设 3：基于“经济人”假设，终端售电公司在超额完成配额下，为了自身利润最大化则一定会选择出售其超额消纳量，且默认交易成功，交易量为卖方出售的超额消纳量。

假设 4：3 个参与主体存在两种替代策略，能源局为严格监管策略（R）与放松监管策略（DR）、发电企业为出售绿证策略（S）与不出售绿证策略（NS），而终端售电公司为购买绿证策略（P）与不购买绿证策略（NP）。此外，终端售电公司若选择超额购买绿证策略（P），但超出配额要求部分的绿证不允许再次进行市场交易；若选择不购买绿证策略（NP），则还可通过购入超额消纳量的方式满足配额要求。

3. 各主体行为策略

基于以上四个假设，能源局、发电企业、终端售电公司三方参与主体不同策略组合的决策树如图 9-2 所示。八种不同的策略组合构成了三方博弈的支付矩阵，如表 9-5 所示。

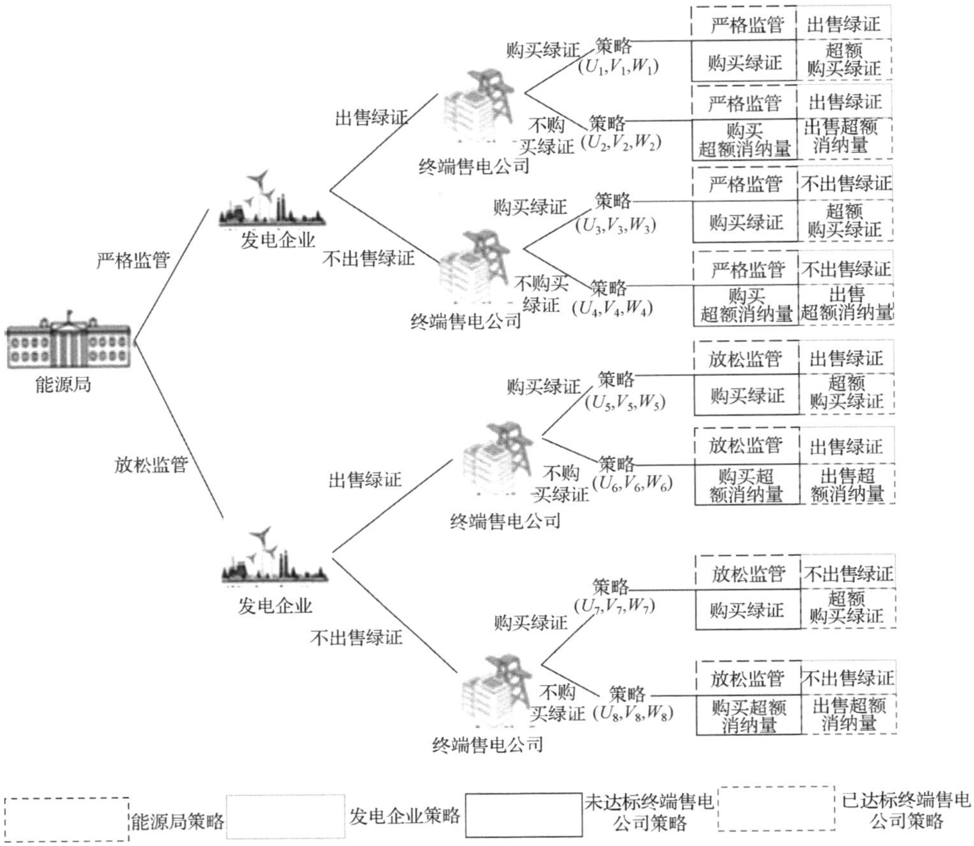

图 9-2　三方博弈参与主体不同策略组合的决策树示意图

表 9-5　三方博弈的支付矩阵

博弈主体	策略选择	发电企业	终端售电公司	
			购买绿证（z）	不购买绿证（$1-z$）
能源局	严格监管（x）	出售绿证（y）	(U_1,V_1,W_1)	(U_2,V_2,W_2)
		不出售绿证（$1-y$）	(U_3,V_3,W_3)	(U_4,V_4,W_4)
	放松监管（$1-x$）	出售绿证（y）	(U_5,V_5,W_5)	(U_6,V_6,W_6)
		不出售绿证（$1-y$）	(U_7,V_7,W_7)	(U_8,V_8,W_8)

4. 支付方程的构建

1）策略组合 (U_1,V_1,W_1)

这种策略组合下，三方参与主体均采取积极的态度参与到绿证交易市场中。

能源局以一定的补贴形式作为税收优惠 rs 发放给自愿认购绿证的发电企业。同时给予超额完成配额目标的终端售电公司一定奖励 rs 。反之则以罚金 f 的方式从未完成配额要求的终端售电公司处回收一部分由采取监管措施导致的成本支出。三方参与主体具体的支付方程分别为

$$U_1=\begin{cases}-\mathrm{cr}+f\left[\tau_1 Q_1-\sum_{i=1}^{4}(\alpha_{i,1}+\beta_{i,1})Q_1-\sum_{i=1}^{2}(\mu_{i,1}q_{i,1}+\phi_{i,1}Q_1)\right] \\ -\mathrm{rt}\sum_{i=1}^{2}(\varphi_{i,1}+\mu_{i,1})q_{i,1}, \quad \sum_{i=1}^{4}(\alpha_{i,1}+\beta_{i,1})<\tau_1 \\ \\ -\mathrm{cr}-\mathrm{rs}\sum_{i=1}^{2}(\mu_{i,2}q_{i,2}+\phi_{i,2}Q_2)-\mathrm{rs}\left[\sum_{i=1}^{4}(\alpha_{i,2}+\beta_{i,2})-\tau_2\right]Q_2 \\ -\mathrm{rt}\sum_{i=1}^{2}(\varphi_{i,2}+\mu_{i,2})q_{i,2}, \quad \sum_{i=1}^{4}(\alpha_{i,2}+\beta_{i,2})\geqslant\tau_2\end{cases} \tag{9-15}$$

$$\begin{aligned}V_1=&\sum_{i=1}^{6}\alpha_{i,j}(\mathrm{pr}_{i,j}-g_i)Q_j+\sum_{i=1}^{6}\left[(q_{i,j}-\alpha_{i,j}Q_j)(\mathrm{pr}_{i,j}-g_i)\right]\\&+\sum_{i=1}^{2}\left[(\mu_{i,j}+\varphi_{i,j})q_{i,j}(\mathrm{pt}_i+\mathrm{rt}+\mathrm{pr}_{6,j}-\mathrm{pr}_{i,j})\right]\end{aligned} \tag{9-16}$$

$$W_1=\begin{cases}R_1+O_1-\sum_{i=1}^{2}\left[(\mu_{i,1}q_{i,1}+\phi_{i,1}Q_1)\cdot(\mathrm{pt}_i+\mathrm{ct})\right]-f\left[\tau_1 Q_1-\sum_{i=1}^{4}(\alpha_{i,1}+\beta_{i,1})Q_1\right. \\ \left.-\sum_{i=1}^{2}(\mu_{i,1}q_{i,1}+\phi_{i,1}Q_1)\right], \quad \sum_{i=1}^{4}(\alpha_{i,1}+\beta_{i,1})<\tau_1 \\ \\ R_2+O_2+(\mathrm{rs}+\mathrm{pe})\left[\sum_{i=1}^{4}(\alpha_{i,2}+\beta_{i,2})-\tau_2 Q_2+\mathrm{rs}\sum_{i=1}^{2}(\mu_{i,2}q_{i,2}+\phi_{i,2}Q_2)\right. \\ \left.-\sum_{i=1}^{2}\left[(\mu_{i,2}q_{i,2}+\phi_{i,2}Q_2)\cdot(\mathrm{pt}_i+\mathrm{ct})\right]\right], \quad \sum_{i=1}^{4}(\alpha_{i,2}+\beta_{i,2})\geqslant\tau_2\end{cases} \tag{9-17}$$

式（9-17）中，$R_j=\sum_{i=1}^{6}\alpha_{i,j}(\mathrm{pc}_j-\mathrm{pr}_{i,j})Q_j$（$j=1,2$），表示终端售电公司出售来自本省域自发自用电力部分的收益。$O_j=\sum_{i=1}^{6}\beta_{i,j}(\mathrm{pc}_j-\mathrm{pr}_{i,j}-\mathrm{tp}_j)Q_j$（$j=1,2$），表示终端售电公司出售来自外省域购入电力部分的收益。且

$\sum_{i=1}^{6}\left(\alpha_{i,j}+\beta_{i,j}\right)=1$。另外，根据假设 2，令 $\mu_{i,j}\cdot q_{i,j}=k_1(1-y)(1-z)\cdot\mu_{0,j}\cdot q_{i,j}$（$i=1,2$），$\varphi_{i,j}\cdot q_{i,j}=k_2(1-y)(1-z)\cdot\varphi_{0,j}\cdot q_{i,j}$（$i=1,2$），$\phi_{i,j}\cdot Q_j=k_3(1-y)(1-z)\cdot\phi_{0,j}\cdot Q_j$（$i=1,2$）。$\mu_{0,j},\varphi_{0,j},\phi_{0,j}$ 分别为根据历史可再生能源电力消纳数据测算得到的可出售给本省域、外省域的绿证交易数量以及需向外省域购买的绿证数量，$\mu_{i,j},\varphi_{i,j},\phi_{i,j}$ 则为乘以对应策略选择概率后得到的各绿证交易数量。一般假设 $k_1=k_2=k_3=0.5$（Zhu et al.，2020）。式中 rt 参考国家针对光伏发电产品的做法，取上网电价本应征收税款的 50%作为优惠（国家能源局，2017b），即这里 $\mathrm{rt}=0.5\times0.17\times\sum_{i=1}^{2}\left(\mu_{i,j}q_{i,j}+\varphi_{i,j}q_{i,j}\right)\cdot\mathrm{pr}_{i,j}$。

2）策略组合 (U_2,V_2,W_2)

终端售电公司此时选择不购买绿证策略，只能通过超额消纳量交易的方式来满足配额要求。因此，三者的支付方程分别为

$$U_2=\begin{cases}-\mathrm{cr}+f\left[\tau_1-\varepsilon_1-\sum_{i=1}^{4}\left(\alpha_{i,1}+\beta_{i,1}\right)\right]Q_1-\mathrm{rt}\sum_{i=1}^{2}\varphi_{i,1}q_{i,1}, & \sum_{i=1}^{4}\left(\alpha_{i,1}+\beta_{i,1}\right)<\tau_1\\ -\mathrm{cr}-\mathrm{rs}\left[\sum_{i=1}^{4}\left(\alpha_{i,2}+\beta_{i,2}\right)-\tau_2\right]Q_2-\mathrm{rt}\sum_{i=1}^{2}\varphi_{i,2}q_{i,2}, & \sum_{i=1}^{4}\left(\alpha_{i,2}+\beta_{i,2}\right)\geqslant\tau_2\end{cases}\tag{9-18}$$

$$\begin{aligned}V_2=&\sum_{i=1}^{6}\alpha_{i,j}\left(\mathrm{pr}_{i,j}-g_i\right)Q_j+\sum_{i=1}^{6}\left[\left(q_{i,j}-\alpha_{i,j}Q_j\right)\left(\mathrm{pr}_{i,j}-g_i\right)\right]\\&+\sum_{i=1}^{2}\left[\varphi_{i,j}q_{i,j}\left(\mathrm{pt}_i+\mathrm{rt}+\mathrm{pr}_{6,j}-\mathrm{pr}_{i,j}\right)\right]\end{aligned}\tag{9-19}$$

$$W_2=\begin{cases}R_1+O_1-\varepsilon_1Q_1\cdot\mathrm{pe}-f\left[\tau_1-\varepsilon_1-\sum_{i=1}^{4}\left(\alpha_{i,1}+\beta_{i,1}\right)\right]Q_1, & \sum_{i=1}^{4}\left(\alpha_{i,1}+\beta_{i,1}\right)<\tau_1\\ R_2+O_2+(\mathrm{rs}+\mathrm{pe})\left[\sum_{i=1}^{4}\left(\alpha_{i,2}+\beta_{i,2}\right)-\tau_2\right]Q_2, & \sum_{i=1}^{4}\left(\alpha_{i,2}+\beta_{i,2}\right)\geqslant\tau_2\end{cases}\tag{9-20}$$

其中，$\varepsilon_j\cdot Q_j=k_4(1-y)(1-z)\cdot\varepsilon_{0,j}\cdot Q_j$。$\varepsilon_{0,j}$ 表示根据历史可再生能源电力消纳数据测算得到的需向外省域购买的超额消纳量数量，ε_j 则表示乘以对应策略选择概率后得到的超额消纳量交易数量。同上假设，$k_4=0.5$。这里 $\mathrm{rt}=0.5\times0.17\times\sum_{i=1}^{2}\varphi_{i,j}q_{i,j}\cdot\mathrm{pr}_{i,j}$。

3）策略组合 (U_3,V_3,W_3)

发电企业无法获得能源局针对绿证自愿认购举措的补贴。相应地，能源局节

省掉这部分支出。此时，本省域内部的绿证交易虽不成立，但未完成消纳任务的终端售电公司还可向外省域发电企业购买绿证。具体支付方程分别为

$$U_3=\begin{cases}-\mathrm{cr}+f[\tau_1-\sum_{i=1}^{4}\left(\alpha_{i,1}+\beta_{i,1}\right)-\sum_{i=1}^{2}\phi_{i,1}]Q_1, & \sum_{i=1}^{4}\left(\alpha_{i,1}+\beta_{i,1}\right)<\tau_1\\ -\mathrm{cr}-\mathrm{rs}\left[\sum_{i=1}^{4}\left(\alpha_{i,2}+\beta_{i,2}\right)-\tau_2+\sum_{i=1}^{2}\phi_{i,2}\right]Q_2, & \sum_{i=1}^{4}\left(\alpha_{i,2}+\beta_{i,2}\right)\geqslant\tau_2\end{cases}\tag{9-21}$$

$$V_3=\sum_{i=1}^{6}\alpha_{i,j}\left(\mathrm{pr}_{i,j}-g_i\right)Q_j+\sum_{i=1}^{6}\left[\left(q_{i,j}-\alpha_{i,j}Q_j\right)\left(\mathrm{pr}_{i,j}-g_i\right)\right]\tag{9-22}$$

$$W_3=\begin{cases}R_1+O_1-\sum_{i=1}^{2}\left[\phi_{i,1}Q_1\left(\mathrm{pt}_i+\mathrm{ct}\right)\right]-f\left[\tau_1-\sum_{i=1}^{4}\left(\alpha_{i,1}+\beta_{i,1}\right)-\sum_{i=1}^{2}\phi_{i,1}\right]Q_1,\\ \sum_{i=1}^{4}(\alpha_{i,1}+\beta_{i,1})<\tau_1\\ \\ R_2+O_2+\sum_{i=1}^{2}\left[\phi_{i,2}Q_2\left(\mathrm{rs}-\mathrm{pt}_i-\mathrm{ct}\right)\right]+(\mathrm{rs}+\mathrm{pe})\left[\sum_{i=1}^{4}\left(\alpha_{i,2}+\beta_{i,2}\right)-\tau_2\right]Q_2,\\ \sum_{i=1}^{4}\left(\alpha_{i,2}+\beta_{i,2}\right)\geqslant\tau_2\end{cases}\tag{9-23}$$

4）策略组合 (U_4,V_4,W_4)

在此策略组合下本省域内部不存在绿证交易，因此能源局无须给予发电企业税收奖励，但需要对超额完成配额目标的终端售电公司给予一定的奖励。另外，能源局还能利用未完成既定消纳目标的终端售电公司缴纳的罚金，补偿部分监管支出，三者对应的支付方程为

$$U_4=\begin{cases}-\mathrm{cr}+f\left[\tau_1-\varepsilon-\sum_{i=1}^{4}\left(\alpha_{i,1}+\beta_{i,1}\right)\right]Q_1, & \sum_{i=1}^{4}\left(\alpha_{i,1}+\beta_{i,1}\right)<\tau_1\\ -\mathrm{cr}-\mathrm{rs}\left[\sum_{i=1}^{4}\left(\alpha_{i,2}+\beta_{i,2}\right)-\tau_2\right]Q_2, & \sum_{i=1}^{4}\left(\alpha_{i,2}+\beta_{i,2}\right)\geqslant\tau_2\end{cases}\tag{9-24}$$

发电企业与终端售电公司的支付方程分别与策略组合 3）和策略组合 2）中相同，即 $V_4=V_3,W_4=W_2$。

5）策略组合 (U_5,V_5,W_5)

在这种策略组合中，能源局除了省去相关监管成本以及奖励支出外，还会损失由放松监管而导致的机会收益，即未达标的终端售电公司本应上缴的罚金。此时，发电企业认购绿证后不再获得税收优惠（国家能源局，2017a）。达标终端售

电公司也不再享受超额消纳奖励，未达标者亦无须缴纳罚金。三方参与主体的支付方程分别为

$$U_5=\begin{cases}-f\left[\tau_1 Q_1-\sum_{i=1}^{4}\left(\alpha_{i,1}+\beta_{i,1}\right)Q_1-\sum_{i=1}^{2}\left(\mu_{i,1}q_{i,1}+\phi_{i,1}Q_1\right)\right], & \sum_{i=1}^{4}\left(\alpha_{i,1}+\beta_{i,1}\right)<\tau_1\\ 0, & \sum_{i=1}^{4}\left(\alpha_{i,2}+\beta_{i,2}\right)\geqslant\tau_2\end{cases} \tag{9-25}$$

$$\begin{aligned}V_5=&\sum_{i=1}^{6}\alpha_{i,j}\left(\mathrm{pr}_{i,j}-g_i\right)Q_j+\sum_{i=1}^{6}\left[\left(q_{i,j}-\alpha_{i,j}Q_j\right)\left(\mathrm{pr}_{i,j}-g_i\right)\right]\\&+\sum_{i=1}^{2}\left[\left(\mu_{i,j}+\varphi_{i,j}\right)q_{i,j}\left(\mathrm{pt}_i+\mathrm{pr}_{6,j}-\mathrm{pr}_{i,j}\right)\right]\end{aligned} \tag{9-26}$$

$$W_5=\begin{cases}R_1+O_1-\sum_{i=1}^{2}\left[\left(\mu_{i,1}q_{i,1}+\phi_{i,1}Q_1\right)\cdot\left(\mathrm{pt}_i+\mathrm{ct}\right)\right], \sum_{i=1}^{4}\left(\alpha_{i,1}+\beta_{i,1}\right)<\tau_1\\ R_2+O_2-\sum_{i=1}^{2}\left[\left(\mu_{i,2}q_{i,2}+\phi_{i,2}Q_2\right)\cdot\left(\mathrm{pt}_i+\mathrm{ct}\right)\right]\\ +\mathrm{pe}\left[\sum_{i=1}^{4}\left(\alpha_{i,2}+\beta_{i,2}\right)-\tau_2\right]Q_2, \sum_{i=1}^{4}\left(\alpha_{i,2}+\beta_{i,2}\right)\geqslant\tau_2\end{cases} \tag{9-27}$$

6）策略组合 (U_6,V_6,W_6)

省域内绿证交易虽不成立，但发电企业仍可出售绿证给外省域消纳主体。但由于放松监管，这部分绿证无法获得来自能源局的税收优惠 rt 。此时，终端售电公司选择不购买绿证，且超额消纳的可再生电力部分无其他任何形式的奖励。因此，三方具体的支付方程分别为

$$U_6=\begin{cases}-f\left[\tau_1-\varepsilon_1-\sum_{i=1}^{4}(\alpha_{i,1}+\beta_{i,1})\right]Q_1, \sum_{i=1}^{4}(\alpha_{i,1}+\beta_{i,1})<\tau_1\\ 0, \quad \sum_{i=1}^{4}(\alpha_{i,2}+\beta_{i,2})\geqslant\tau_2\end{cases} \tag{9-28}$$

$$\begin{aligned}V_6=&\sum_{i=1}^{6}\alpha_{i,j}\left(\mathrm{pr}_{i,j}-g_i\right)Q_j+\sum_{i=1}^{6}\left[\left(q_{i,j}-\alpha_{i,j}Q_j\right)\left(\mathrm{pr}_{i,j}-g_i\right)\right]\\&+\sum_{i=1}^{2}\left[q_{i,j}q_{i,j}\left(\mathrm{pt}_i+p_{6,j}-\mathrm{pr}_{i,j}\right)\right]\end{aligned} \tag{9-29}$$

$$W_6=\begin{cases}R_1+O_1-\varepsilon_1 Q_1\cdot \mathrm{pe}, & \sum_{i=1}^{4}\left(\alpha_{i,1}+\beta_{i,1}\right)<\tau_1\\ R_2+O_2+\mathrm{pe}\left[\sum_{i=1}^{4}\left(\alpha_{i,2}+\beta_{i,2}\right)-\tau_2\right]Q_2, & \sum_{i=1}^{4}\left(\alpha_{i,2}+\beta_{i,2}\right)\geqslant\tau_2\end{cases}\tag{9-30}$$

7）策略组合 (U_7,V_7,W_7)

终端售电公司只能依靠外省域绿证交易来完成消纳任务。能源局除省去监管成本以及超额完成配额目标的奖励外，还会损失一部分由缺乏监管导致的机会收益。博弈系统三方参与主体的支付方程分别为

$$U_7=\begin{cases}-f\left[\tau_1-\sum_{i=1}^{4}\left(\alpha_{i,1}+\beta_{i,1}\right)-\sum_{i=1}^{2}\phi_{i,1}Q_1, \right. & \sum_{i=1}^{4}\left(\alpha_{i,1}+\beta_{i,1}\right)<\tau_1\\ 0, & \sum_{i=1}^{4}\left(\alpha_{i,2}+\beta_{i,2}\right)\geqslant\tau_2\end{cases}\tag{9-31}$$

$$W_7=\begin{cases}R_1+O_1-\sum_{i=1}^{2}\left[\phi_{i,1}Q_1\left(\mathrm{pt}_i+\mathrm{ct}\right)\right], & \sum_{i=1}^{4}\left(\alpha_{i,1}+\beta_{i,1}\right)<\tau_1\\ R_2+O_2-\sum_{i=1}^{2}\left[\phi_{i,2}Q_2\left(\mathrm{pt}_i+\mathrm{ct}\right)\right]+\mathrm{pe}\left[\sum_{i=1}^{4}\left(\alpha_{i,2}+\beta_{i,2}\right)-\tau_2\right]Q_2, & \sum_{i=1}^{4}\left(\alpha_{i,2}+\beta_{i,2}\right)\geqslant\tau_2\end{cases}$$

（9-32）

发电企业支付方程与策略组合 3）中相同，即 $V_7=V_3$。

8）策略组合 (U_8,V_8,W_8)

在这种策略组合下，能源局、发电企业、终端售电公司的支付方程分别与策略组合 6）、策略组合 3）、策略组合 2）中相同，即 $U_8=U_6$，$V_8=V_3$，$W_8=W_2$。

9.4.3　稳定性分析

博弈系统的演变实质上就是选择不同策略的群体在反复博弈的过程中不断学习、模仿其他成员的行为并进行试错，从而逐步优化自己的策略选择的过程（Xie, 2007）。系统的演变是否达到稳定状态则是通过博弈群体的复制者动态方程来判断。在绿证交易中，其演变是指各能源局、发电企业及终端售电公司群体中的单个个体在反复博弈的过程中做出各自对应的严格监管策略（R）[或放松监管策略（DR）]、出售绿证策略（S）[或不出售绿证策略（NS）]、购买绿证策略（P）[或不购买绿证策略（NP）]的策略选择，并通过试错的方式找到能够实现利益最大化的策略行为，群体中的其他个体进而对这种成功的策略行为不断学习与模仿，且形成行为惯性，从而实现某一博弈均衡。

绿证交易的博弈过程中，各参与主体的平均收益如式（9-33）所示，复制者动态方程如式（9-34）、式（9-38）、式（9-41）所示。

能源局、发电企业、终端售电公司的平均收益分别为

$$
\begin{aligned}
\bar{U} &= x\left[yzU_1 + y(1-z)U_2 + z(1-y)U_3 + (1-y)(1-z)U_4\right] \\
&\quad + (1-x)\left[yzU_5 + y(1-z)U_6 + z(1-y)U_7 + (1-y)(1-z)U_8\right] \\
\bar{V} &= y\left[xzV_1 + x(1-z)V_2 + z(1-x)V_5 + (1-x)(1-z)V_6\right] \\
&\quad + (1-y)\left[xzV_3 + x(1-z)V_4 + z(1-x)V_7 + (1-x)(1-z)V_8\right] \\
\bar{W} &= z\left[xzW_1 + x(1-y)W_3 + y(1-x)W_5 + (1-x)(1-y)W_7\right] \\
&\quad + (1-z)\left[xzW_2 + x(1-y)W_4 + y(1-x)W_6 + (1-x)(1-y)W_8\right]
\end{aligned}
\tag{9-33}
$$

能源局的博弈群体复制者动态方程为

$$
F(x) = \frac{\mathrm{d}x}{\mathrm{d}t} = x\left[yzU_1 + y(1-z)U_2 + z(1-y)U_3 + (1-y)(1-z)U_4 - \bar{U}\right]
$$

$$
= \begin{cases}
x(1-x)\left\{2z\left(f\cdot\varepsilon_1 - \sum_{i=1}^{2}\phi_1\right)Q_1 + 2f\left[\tau_1 - \varepsilon_1 - \sum_{i=1}^{4}\left(\alpha_{i,1}+\beta_{i,1}\right)\right]Q_1 - \mathrm{cr} \right. \\
\left. -yz(\mathrm{rt}+2f)\sum_{i=1}^{2}\mu_{i,1}q_{i,1} - y\cdot\mathrm{rt}\sum_{i=1}^{2}\varphi_{i,1}q_{i,1}\right\}, \quad \sum_{i=1}^{4}\left(\alpha_{i,1}+\beta_{i,1}\right) < \tau_1 \\
\\
x(1-x)\left\{-yz(\mathrm{rs}+\mathrm{rt})\sum_{i=1}^{2}\mu_{i,2}q_{i,2} - y\cdot\mathrm{rt}\sum_{i=1}^{2}\varphi_{i,2}q_{i,2} - z\cdot\mathrm{rs}\sum_{i=1}^{2}\phi_{i,2}Q_2 - \mathrm{cr} \right. \\
\left. -\mathrm{rs}\left[\sum_{i=1}^{4}\left(\alpha_{i,2}+\beta_{i,2}\right) - \tau_2\right]Q_2\right\}, \qquad \sum_{i=1}^{4}\left(\alpha_{i,2}+\beta_{i,2}\right) \geqslant \tau_2
\end{cases}
\tag{9-34}
$$

博弈系统中的终端售电公司依据完成配额目标的能力，划分为实际消纳的可再生能源电力已达标和未达标两类，复制者动态方程的稳定性分析也进行如下的分类讨论。

引理 9.1 对于形如 $\dot{x}(t) = f(x)$ 的一阶自治微分方程，称代数方程 $f(x)=0$ 的实根 $x = x_0$ 为微分方程的平衡点。从 x_0 某邻域的任意值出发，使方程中的解 $x(t)$ 满足 $\lim\limits_{x\to\infty} x(t) = x_0$，则称 x_0 是渐进稳定的，否则是不稳定的。

将 $f(x)$ 在 x_0 处作泰勒展开，只取一次项，则 $\dot{x}(t) = f(x)$ 可近似为 $\dot{x}(t) = f'(x_0)(x - x_0)$，亦即 $\dot{x}(t) = f(x)$ 的近似线性方程。此时 x_0 也是 $\dot{x}(t) = f'(x_0)(x - x_0)$ 的平衡点，其解为 $x(t) = x_0 + C\mathrm{e}^{f(x_1)t}$。因为 $\lim\limits_{t\to\infty} x(t) = \begin{cases} x_0, f'(x_0) < 0 \\ +\infty, f'(x_0) > 0 \end{cases}$，所以关于 x_0 的稳定性有如下结论。

(1)若 $f'(x_0) < 0$，则 x_0 对于方程式 $\dot{x}(t) = f(x)$ 和 $\dot{x}(t) = f'(x_0)(x - x_0)$ 都是稳定的。

(2) 若 $f'(x_0) > 0$，则 x_0 对于方程式 $\dot{x}(t) = f(x)$ 和 $\dot{x}(t) = f'(x_0)(x - x_0)$ 都是不

稳定的。

定理 9.1　针对能源局的博弈群体复制者动态方程[式（9-33）]，令

$$A = 2z\left(f \cdot \varepsilon_1 - \sum_{i=1}^{2}\phi_1\right)Q_1 + 2f\left[\tau_1 - \varepsilon_1 - \sum_{i=1}^{4}\left(\alpha_{i,1} + \beta_{i,1}\right)\right]Q_1 - \mathrm{cr} - yz(\mathrm{rt} + 2f)\sum_{i=1}^{2}\mu_{i,1}q_{i,1} - y \cdot \mathrm{rt}\sum_{i=1}^{2}\varphi_{i,1}q_{i,1} \tag{9-35}$$

$$B = yz(\mathrm{rs} + \mathrm{rt})\sum_{i=1}^{2}\mu_{i,2}q_{i,2} + y \cdot \mathrm{rt}\sum_{i=1}^{2}\varphi_{i,2}q_{i,2} + z \cdot \mathrm{rs}\sum_{i=1}^{2}\phi_{i,2}Q_2 + \mathrm{cr} + \mathrm{rs}\left[\sum_{i=1}^{4}\left(\alpha_{i,2} + \beta_{i,2}\right) - \tau_2\right]Q_2 \tag{9-36}$$

（1）当 $\sum_{i=1}^{4}(\alpha_{i,1} + \beta_{i,1}) < \tau_1$ 时，若满足 $A < 0$，则 $x = 0$ 是演化稳定策略点，即能源局最终都会趋向于选择放松监管的策略；若满足 $A > 0$，则 $x = 1$ 是演化稳定策略点，意味着能源局都会朝着选择严格监管策略的方向演化；若满足 $A = 0$，则任意 x 均为演化稳定策略点。

（2）当 $\sum_{i=1}^{4}(\alpha_{i,2} + \beta_{i,2}) \geqslant \tau_2$ 时，若满足 $B > 0$，则 $x = 0$ 是演化稳定策略点，即能源局最终都会趋向于选择放松监管的策略；若满足 $B = 0$，则任意 x 均为演化稳定策略点。

证明：博弈群体复制者动态方程描述了参与者在演化过程中选择策略的变化规律。当某一种策略的收益大于（小于）种群的平均收益时，此策略的个体比例增大（减小）（Liu et al.，2015）。只有当复制者动态方程等于零时，博弈系统才会达到相对稳定的平衡状态。因此，令 $F(x) = 0$。

（1）当 $\sum_{i=1}^{4}(\alpha_{i,1} + \beta_{i,1}) < \tau_1$ 时，若 $A = 0$，则 $F(x) \equiv 0$。若 $A \neq 0$，则 $x = 0$ 与 $x = 1$ 为 x 的两个平衡点。为判定 x 在 $x = 0$ 与 $x = 1$ 处的稳定性，对 x 进一步求导可得到

$$F'(x) = \frac{\mathrm{d}F(x)}{\mathrm{d}x} = (1 - 2x)\left\{2z\left(f \cdot \varepsilon_1 - \sum_{i=1}^{2}\phi_{i,1}\right)Q_1 + 2f\left[\tau_1 - \varepsilon_1 - \sum_{i=1}^{4}(\alpha_{i,1} + \beta_{i,1})\right]Q_1 - \mathrm{cr} - yz(\mathrm{rt} + 2f)\sum_{i=1}^{2}\mu_{i,1}q_{i,1} - y \cdot \mathrm{rt}\sum_{i=1}^{2}\varphi_{i,1}q_{i,1}\right\} \tag{9-37}$$

即 $F'(x) = (1 - 2x) \cdot A$。因此当 $A = 0$ 时，$F(x) \equiv 0$；当 $A < 0$ 时，$F'(x)|_{x=0} < 0$，$F'(x)|_{x=1} > 0$，此时 $x = 0$ 是演化稳定策略点；当 $A > 0$ 时，$F'(x)|_{x=1} < 0$，$F'(x)|_{x=0} > 0$，此时 $x = 1$ 是演化稳定策略点。

（2）当$\sum_{i=1}^{4}(\alpha_{i,2}+\beta_{i,2})\geqslant\tau_2$时，若$B=0$，则$F(x)\equiv 0$。当$B\neq 0$时，$x=0$和$x=1$为$x$的两个平衡点。对$x$进一步求导可得到：

$$\begin{aligned}F'(x)=\frac{\mathrm{d}F(x)}{\mathrm{d}x}&=(1-2x)\Bigg\{-yz(\mathrm{rs}+\mathrm{rt})\sum_{i=1}^{2}\mu_{i,2}q_{i,2}-y\cdot\mathrm{rt}\sum_{i=1}^{2}\varphi_{i,2}q_{i,2}-\mathrm{cr}\\&-z\cdot\mathrm{rs}\sum_{i=1}^{2}\phi_{i,2}Q-\mathrm{rs}\left[\sum_{i=1}^{4}(\alpha_{i,2}+\beta_{i,2})-\tau_2\right]Q_2\Bigg\}\end{aligned}\tag{9-38}$$

即$F'(x)=(1-2x)\cdot B$。分析式（9-36）可知$B\geqslant 0$恒成立，当$B=0$时，$F'(x)\equiv 0$；当$B>0$时，$F'(x)|_{x=0}<0$，$F'(x)|_{x=1}>0$，此时$x=0$是演化稳定策略点。

同理分析发电企业的演化稳定性。发电企业的博弈群体复制者动态方程为

$$\begin{aligned}F(y)=\frac{\mathrm{d}y}{\mathrm{d}t}&=y\left[xzV_1+x(1-z)V_2+z(1-x)V_5+(1-x)(1-z)V_6-\bar{V}\right]\\&=y(1-y)\Bigg[x\cdot\mathrm{rt}\left(z\sum_{i=1}^{2}\mu_{i,j}q_{i,j}+\sum_{i=1}^{2}\varphi_{i,j}q_{i,j}\right)+z\sum_{i=1}^{2}\mu_{i,j}q_{i,j}\left(\mathrm{pt}_i+\mathrm{pr}_{6,j}-\mathrm{pr}_{i,j}\right)\\&+\sum_{i=1}^{2}\varphi_{i,j}q_{i,j}\left(\mathrm{pt}_i+\mathrm{pr}_{6,j}-\mathrm{pr}_{i,j}\right)\Bigg]\end{aligned}\tag{9-39}$$

定理 9.2 针对发电企业的博弈群体复制者动态方程[式（9-39）]，令

$$\begin{aligned}C=&\Bigg[x\cdot\mathrm{rt}\left(z\sum_{i=1}^{2}\mu_{i,j}q_{i,j}+\sum_{i=1}^{2}\varphi_{i,j}q_{i,j}\right)+z\sum_{i=1}^{2}\mu_{i,j}q_{i,j}\left(\mathrm{pt}_i+\mathrm{pr}_{6,j}-\mathrm{pr}_{i,j}\right)\\&+\sum_{i=1}^{2}\varphi_{i,j}q_{i,j}\left(\mathrm{pt}_i+\mathrm{pr}_{6,j}-\mathrm{pr}_{i,j}\right)\Bigg]\end{aligned}\tag{9-40}$$

有：若满足$C<0$，则$y=0$是演化稳定策略点，即发电企业最终会选择不出售绿证的策略；若满足$C>0$，则$y=1$是演化稳定策略点，代表发电企业群体会逐步趋向于选择出售绿证策略；若满足$C=0$，则任意y均为演化稳定策略点。

证明：同理，令$F(y)=0$。当$C=0$时，$F'(y)=0$。当$C\neq 0$时，$y=0$和$y=1$为y的两个平衡点。对y进一步求导可得到

$$\begin{aligned}F'(y)=\frac{\mathrm{d}F(y)}{\mathrm{d}y}&=(1-2y)\Bigg[x\cdot\mathrm{rt}\left(z\sum_{i=1}^{2}\mu_{i,j}q_{i,j}+\sum_{i=1}^{2}\varphi_{i,j}q_{i,j}\right)\\&+z\sum_{i=1}^{2}\mu_{i,j}q_{i,j}\left(\mathrm{pt}_i+\mathrm{pr}_{6,j}-\mathrm{pr}_{i,j}\right)+\sum_{i=1}^{2}\varphi_{i,j}q_{i,j}\left(\mathrm{pt}_i+\mathrm{pr}_{6,j}-\mathrm{pr}_{i,j}\right)\Bigg]\end{aligned}\tag{9-41}$$

即$F'(y)=(1-2y)\cdot C$。当$C=0$时，$F'(y)=0$；当$C<0$时，$F'(y)|_{y=0}<0$，$F'(y)|_{y=1}>0$，因此$y=0$是演化稳定策略点；当$C>0$时，$F'(y)|_{y=0}>0$，

$F'(y)\big|_{y=1}<0$，因此 $y=1$ 是演化稳定策略点。

同理分析终端售电公司的演化稳定性。终端售电公司的博弈群体复制者动态方程为

$$F(z)=\frac{\mathrm{d}z}{\mathrm{d}t}=z\left[xyW_1+x(1-y)W_3+y(1-x)W_5+(1-x)(1-y)W_7-\bar{W}\right]$$

$$=\begin{cases} z(1-z)\left[xy\cdot f\sum_{i=1}^{2}\mu_{i,1}q_{i,1}+x\cdot f\cdot\left(\sum_{i=1}^{2}\phi_{i,1}-\varepsilon_1\right)\cdot Q_1-y\sum_{i=1}^{2}\mu_{i,1}q_{i,1}\left(\mathrm{pt}_i+\mathrm{ct}\right)\right. \\ \left.-\sum_{i=1}^{2}\phi_{i,1}Q_1\left(\mathrm{pt}_i+\mathrm{ct}\right)+\varepsilon_1Q_1\cdot\mathrm{pe}\right],\sum_{i=1}^{4}\left(\alpha_{i,1}+\beta_{i,1}\right)<\tau_1 \\ z(1-z)\left[x\cdot\mathrm{rs}\left(y\sum_{i=1}^{2}\mu_{i,2}q_{i,2}+\sum_{i=1}^{2}\phi_{i,2}Q_2\right)-y\sum_{i=1}^{2}\mu_{i,2}q_{i,2}\left(\mathrm{pt}_i+\mathrm{ct}\right)\right. \\ \left.-\sum_{i=1}^{2}\phi_{i,2}Q_2\left(\mathrm{pt}_i+\mathrm{ct}\right)\right],\qquad \sum_{i=1}^{4}\left(\alpha_{i,2}+\beta_{i,2}\right)\geqslant\tau_2 \end{cases}\tag{9-42}$$

定理 9.3　针对终端售电公司的博弈群体复制者动态方程[式（9-42）]，令

$$\begin{aligned}D=&x\cdot y\cdot f\sum_{i=1}^{2}\mu_{i,1}q_{i,1}+x\cdot f\cdot\left(\sum_{i=1}^{2}\phi_{i,1}-\varepsilon_1\right)\cdot Q_1+\varepsilon_1Q_1\cdot\mathrm{pe}\\&-\sum_{i=1}^{2}\phi_{i,1}Q_1\left(\mathrm{pt}_i+\mathrm{ct}\right)-y\sum_{i=1}^{2}\mu_{i,2}q_{i,2}\left(\mathrm{pt}_i+\mathrm{ct}\right)\end{aligned}\tag{9-43}$$

$$E=y\sum_{i=1}^{2}\mu_{i,2}q_{i,2}\left(\mathrm{pt}_i+\mathrm{ct}\right)+\sum_{i=1}^{2}\phi_{i,2}Q_2\left(\mathrm{pt}_i+\mathrm{ct}\right)-x\cdot\mathrm{rs}\left(y\sum_{i=1}^{2}\mu_{i,2}q_{i,2}+\sum_{i=1}^{2}\phi_{i,2}Q_2\right)\tag{9-44}$$

有：

（1）当 $\sum_{i=1}^{4}(\alpha_{i,1}+\beta_{i,1})<\tau_1$ 时，若满足 $D<0$，则 $z=0$ 是演化稳定策略点，即终端售电公司最终会选择不购买绿证策略；若满足 $D>0$，则 $z=1$ 是演化稳定策略点，终端售电公司群体都逐步倾向于购买绿证策略；若满足 $D=0$，则任意 z 均为演化稳定策略点。

（2）当 $\sum_{i=1}^{4}(\alpha_{i,2}+\beta_{i,2})\geqslant\tau_2$ 时，若满足 $E<0$，则 $z=1$ 是演化稳定策略点，即终端售电公司最终会选择购买绿证策略；若满足 $E>0$，则 $z=0$ 是演化稳定策略点，终端售电公司群体都逐步倾向于不购买绿证策略；若满足 $E=0$，则任意 z 均为演化稳定策略点。

证明：同理，令 $F(z)=0$。

（1）当 $\sum_{i=1}^{4}(\alpha_{i,1}+\beta_{i,1})<\tau_1$ 时，若 $D=0$，则 $F(z)\equiv 0$。若 $D\neq 0$，则 $z=0$ 和 $z=1$ 为 z 的两个平衡点。对 z 进一步求导可得到

$$F'(z)=\frac{\mathrm{d}F(z)}{\mathrm{d}z}=(1-2z)\left[x\cdot y\cdot f\sum_{i=1}^{2}\mu_{i,1}q_{i,1}+x\cdot f\cdot\left(\sum_{i=1}^{2}\phi_{i,1}-\varepsilon_1\right)\cdot Q_1+\varepsilon_1 Q_1\cdot \mathrm{pe}\right.$$
$$\left.-y\sum_{j=1}^{2}\mu_{i,1}q_{i,1}\left(\mathrm{pt}_i+\mathrm{ct}\right)-\sum_{i=1}^{2}\phi_{i,1}Q_1\left(\mathrm{pt}_i+\mathrm{ct}\right)\right] \tag{9-45}$$

因此 $F'(z)=(1-2z)\cdot D$。当 $D=0$ 时，$F'(z)\equiv 0$；当 $D<0$ 时，$F'(z)\big|_{z=0}<0$，$F'(z)\big|_{z=1}<0$，此时 $z=0$ 是演化稳定策略点；当 $D>0$ 时，$F'(z)\big|_{z=0}>0$，$F'(z)\big|_{z=1}<0$，此时 $z=1$ 是演化稳定策略点。

（2）当 $\sum_{i=1}^{4}(\alpha_{i,2}+\beta_{i,2})\geqslant\tau_2$ 时，若 $E=0$，则 $F'(z)\equiv 0$。若 $E\neq 0$，则 $z=0$ 和 $z=1$ 为 z 的两个平衡点。对 z 进一步求导可得到

$$F'(z)=\frac{\mathrm{d}F(z)}{\mathrm{d}z}=(1-2z)\left[x\cdot \mathrm{rs}\left(y\sum_{i=1}^{2}\mu_{i,2}q_{i,2}+\sum_{i=1}^{2}\phi_{i,2}Q_2\right)\right.$$
$$\left.-y\sum_{i=1}^{2}\mu_{i,2}q_{i,2}\left(\mathrm{pt}_i+\mathrm{ct}\right)-\sum_{i=1}^{2}\phi_{i,2}Q_2\left(\mathrm{pt}_i+\mathrm{ct}\right)\right] \tag{9-46}$$

因此 $F'(z)=-(1-2z)\cdot E$。当 $E=0$ 时，$F'(z)\equiv 0$；当 $E<0$ 时，$F'(z)\big|_{z=0}>0$，$F'(z)\big|_{z=1}<0$，此时 $z=1$ 是演化稳定策略点；当 $E>0$ 时，$F'(z)\big|_{z=1}>0$，$F'(z)\big|_{z=0}<0$，此时 $z=0$ 是演化稳定策略点。

由上述定理 9.1～定理 9.3 可得到此演化博弈系统存在的八个纯策略均衡点，即 $o_1(1,1,1), o_2(1,1,0), o_3(1,0,1), o_4(1,0,0), o_5(0,1,1), o_6(0,1,0), o_7(0,0,1), o_8(0,0,0)$。

由于系统雅克比矩阵过于复杂，难以通过其特征值判断各均衡点的稳定性，因此本节将借助 MATLAB 软件分析此博弈系统的稳定性。

9.4.4 仿真结果与分析

1. 数据与参数

为了对博弈模型的稳定性分析结论进行直观验证，我们采取实证仿真的方式来加强研究结果的可信度和说服力（Zhao et al.，2018）。同时，通过仿真还可以得到三方参与主体的策略演变过程，进一步研究关键政策参数对利益相关者策略行为的影响。由于我国尚未对未完成消纳权重目标的责任主体采取强制罚款措施，且超额消纳奖励也未投入实施。因此，可以对罚金、超额消纳奖励等政策因素进行模拟仿真分析，为政策的实施与完善提供科学依据与有益的参考。

按照博弈系统中对两种异质性终端售电公司的分类选取湖南省和辽宁省，分别作为实际可再生电力消纳不足省份和消纳富余省份的典型代表。其中，湖南省 2018 年和 2019 年的可再生能源电力消纳比重 $\sum_{i=1}^{4}\left(\alpha_{i,1}+\beta_{i,1}\right)$ 分别低于国家颁布的相应年份可再生能源电力总量消纳责任权重（τ_1）3.9%、2.6%（国家能源局，2019a，2020）。辽宁省 2018 年和 2019 年的可再生能源电力消纳比重 $\sum_{i=1}^{4}\left(\alpha_{i,2}+\beta_{i,2}\right)$ 分别超过国家颁布的相应年份可再生能源电力总量消纳责任权重（τ_2）2.2%、3.4%（国家能源局，2019a，2020）。因此湖南和辽宁两个省份满足上述博弈系统针对终端售电公司可再生电力消纳能力的分类条件。

依据中国当前可再生电力消纳的实际情况，以 2019 年为仿真基准年份，参考各类年鉴、报告或已发表文献设置模型参数，部分难以直接获取的参数取值根据其特征分别采用趋势拟合、插值法和文献参考法来进行设置。

2. 三方演化博弈模型的仿真结果

图 9-3 分别展示了辽宁与湖南两省的三方参与主体动态博弈的策略演变。

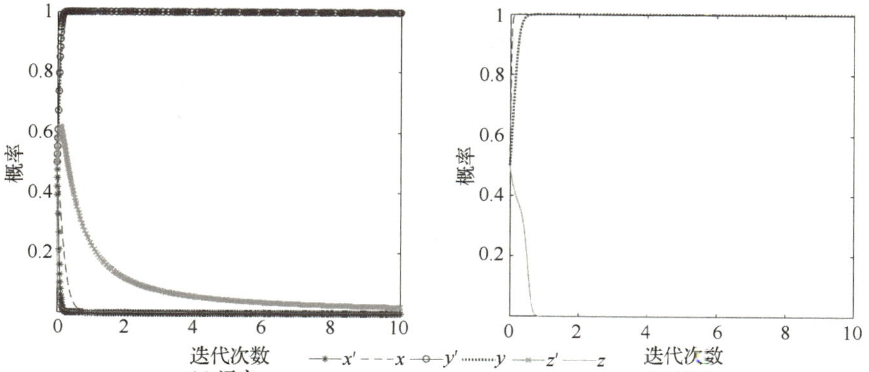

图 9-3　辽宁省与湖南省三方博弈动态演化示意图

x'、y' 和 z' 表示在考虑绿证进行二次销售的情景下，三方参与者的策略行为概率

根据图 9-3 可知，辽宁省三方参与主体策略选择概率 x, y, z 最终都逐渐趋向于（0,1,0）[图 9-3（a）]。即策略组合 6）（放松监管，出售绿证，不购买绿证）[分别对应式（9-28）～式（9-30）]成为可再生能源电力消纳能力富余省份博弈系统的最终稳定策略。这意味着辽宁省消纳责任主体推动绿证交易的积极性不高。在不考虑绿证二次销售情景下，超额购买绿证更多的是一种绿色消费意识的单纯体现。终端售电公司群体出于自身利益的考虑会一致选择不购买绿证策略（NP），

其趋于稳定的速率(x)最快。

对于可再生能源电力消纳能力不足的湖南省，博弈模型的演化稳定策略点为 $o_2(1,1,0)$，即策略组合 2)(严格监管，出售绿证，不购买绿证)[分别对应式(9-18)~式（9-20）]将成为最终稳定策略，如图 9-3（b）所示。对于可再生能源电力消纳能力不足的省份，有效的监管措施是必不可少的。能源局及终端售电公司都会以较快的速度分别稳定在选择严格监管策略（R）与不购买绿证策略（NP）。无论从政策执行的力度还是收缴罚金 f 带来的利润层面来看，严格监管策略（R）都是能源局的必然选择。而对于终端售电公司来说，超额消纳量交易以较低于绿证价格 pt 的优势更容易被采纳。此外，由于绿证“电证分离”的属性，认购并出售绿证带来的额外收益会促使发电企业以较快的速度稳定在选择出售绿证策略（S）。

3. 政策因素对各主体行为策略的影响

为了探究博弈系统中各参与主体的策略选择受到政策因素的影响，选取了绿证价格 pt 、超额消纳量交易价格 pe 、超额消纳奖励系数 rs 、罚金 f 作为敏感性因素。讨论上述与绿证交易相关的政策因素改变时，三方参与主体对应的策略选择变化。

1）绿证价格对各主体行为策略的影响

合理的绿证价格具有降低可再生能源电力成本的潜力，可以有效诱导绿证交易主体间的互利合作，从而确保可再生能源配额制的成功实施（Aune et al.，2012；Zuo et al.，2020）。在绿证价格设定为 pt = 0.40 元/千瓦时的基础上，探究价格变动对博弈三方策略的影响。为此，将基本价格减少或增加一半，进一步设置为绿证低价格（ pt = 0.20 ）和高价格（ pt = 0.60 ），观察辽宁及湖南两省各参与主体策略选择 x, y, z 的变化，具体如图 9-4 和图 9-5 所示。

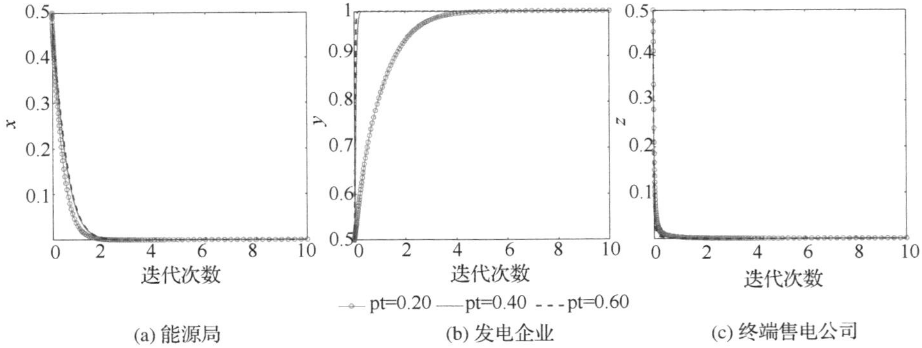

图 9-4　绿证价格 pt 对三方参与主体策略选择的影响（辽宁省）

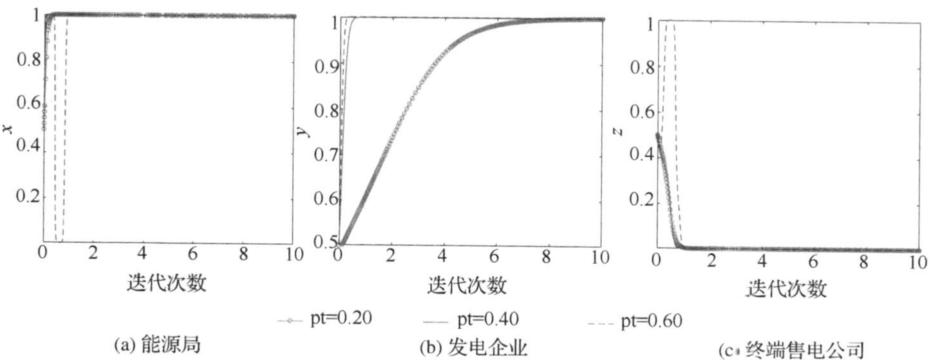

图 9-5　绿证价格 pt 对三方参与主体策略选择的影响（湖南省）

对于可再生能源电力消纳能力富余的省份辽宁而言，出于自身利益最大化考虑，发电企业选择出售绿证的意愿 y 会随着绿证价格的增加而增强[图 9-4（b）]。这主要是与绿证交易的收益大小有关。无论绿证价格高低，终端售电公司最终都会选择不购买绿证策略（NP）[图 9-4（c）]。无论绿证价格高低，能源局总体上选择放松监管策略（DR）。且能源局趋于选择放松监管策略（DR）的速率随绿证价格 pt 的上升而有所加快[图 9-4（a）]。

对于可再生能源电力消纳能力有限的省份如湖南，发电企业选择出售绿证策略（S）的速率会随着绿证价格的降低而延缓[图 9-5（b）]。这说明较高的绿证价格更利于提升发电企业认购并交易绿证的积极性。终端售电公司在 pt = 0.60 的博弈初期会选择购买绿证策略（P），随着博弈次数的增加转而选择不购买绿证策略（NP）[图 9-5（c）]。这是因为罚金会随着绿证价格的升高而升高，终端售电公司在高额罚金的压力下会首先选择较为成熟的绿证交易来补充完成消纳任务。而后在市场的滞后作用下更倾向于较低价格的超额消纳量交易，因此会转而选择不购买绿证策略（NP）。同时在博弈主体间的相互作用影响下，能源局会在博弈初期选择严格监管策略（R），当终端售电公司选择购买绿证策略时放松监管，而后稳定在选择严格监管策略（R）处[图 9-5（a）]。

2）超额消纳量交易价格对各主体行为策略的影响

超额消纳量交易，是指承担可再生能源电力消纳责任权重的市场主体为完成消纳量要求，向超额完成年度可再生能源电力消纳量的市场主体购买其超额消纳量的交易。其通过可再生能源电力消纳凭证交易系统开展，交易标的物为超额消纳凭证。超额消纳量交易不仅能够提高消纳责任主体履约方式的灵活性，还可以促进绿证与消纳量之间的转换，从而提升自愿认购绿证市场活跃度（Zhang et al., 2020）。为探讨超额消纳量凭证价格对参与主体策略选择的影响，我们在超额消纳量价格 pe = 0.06 元/千瓦时的基础上，将凭证价格减少（pe = 0.03）或增加一半

（ pe = 0.09 ），分别设置低价格和高价格。同时为了对比观察绿证市场的变化，取绿证基本价格 pt = 0.40 作为超额消纳量交易的极高价格。由分析可知，超额消纳量交易价格 pe 对可再生能源电力消纳能力有限的省份影响较为明显，而对消纳富余的省份如辽宁影响有限。为此，图 9-6 仅展示超额消纳量凭证价格变动对消纳能力有限省份（湖南）各参与主体策略选择的影响。

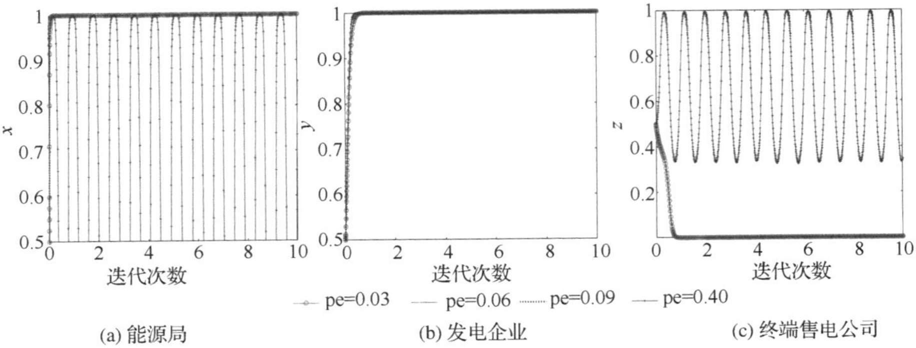

图 9-6　超额消纳量交易价格 pe 对三方参与主体策略选择的影响（湖南省）

由图 9-6 可知，在可再生能源消纳能力有限的省份中，超额消纳量交易价格 pe 的高低对发电企业选择出售绿证策略（S）的影响不大[图 9-6（b）]。当超额消纳量交易价格在较高价格 pe = 0.09 及较低价格 pe = 0.03 时，终端售电公司选择不购买绿证策略（NP）的速率随 pe 的上升而延缓[图 9-6（c）]。当 pe 高到与绿证基准价格相等（ pt = pe =0.40 ）时，终端售电公司选择购买绿证策略（P）的概率会在 0.33 至 1 之间来回波动。此时超额消纳量交易失去其价格优势，加之绿证市场较超额消纳量交易市场稍成熟，终端售电公司会在选择绿证交易与否之间徘徊。同时，能源局策略选择也出现大幅极值波动并陷入“极值陷阱”，当终端售电公司选择购买绿证策略（P）时选择放松监管策略（DR），反之选择严格监管策略（R）。“极值陷阱”不仅受到博弈系统相互作用的影响，还与群体无法通过复制来改变策略，出现极值时其他参数对策略选择的调节失效有关（Zhang et al., 2021）。因此，绿证及超额消纳量交易价格相当只能导致能源局的策略选择出现周期性的波动，并不能长期有效地促进 RPS 政策的发展（Qiao and Yin，2021）。

3）超额消纳奖励系数对各主体行为策略的影响

超额消纳奖励通过扮演激励信号传递媒介的角色，发挥激励效应的作用，指引消纳责任主体积极参与超额消纳，提高其应对的积极性及动机（Parker et al., 2017）。超额消纳奖励 rs 仅对拥有充足可再生能源电力消纳能力的省份如辽宁存在影响。所以，我们在超额消纳奖励设定的 rs = 0.04 元/千瓦时的基础上，将基本价格减少或增加一半，进一步设置为超额消纳奖励低价格（ rs = 0.02 ）和高价格

（ rs = 0.06 ），观察辽宁省各参与主体策略选择 x, y, z 的变化，具体如图 9-7 所示。

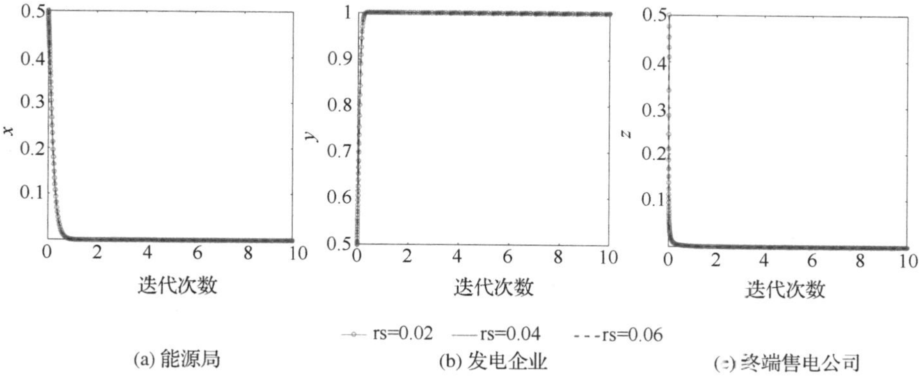

图 9-7　超额消纳奖励 rs 对三方参与主体策略选择的影响（辽宁省）

由图 9-7 可知，对于可再生能源电力消纳能力富余的辽宁省而言，超额消纳奖励 rs 的变化不会导致三方主体的最终稳定策略发生变化。

4）罚金对各主体行为策略的影响

罚金的设定是从法经济学的威慑理论入手，通过有效的激励与威慑将企业产生的外部成本内部化（Cooter and Ulen，2010；Mankiw，2012）。旨在鞭策未能达到政策要求的消纳责任主体缴纳罚金增加其违规成本，以真正落实并敦促 RPS 政策的施行。罚金 f 仅对自身可再生能源电力消纳能力有限的省份存在显著影响。所以，我们在罚金设定的 $f = 0.80$ 元/千瓦时的基础上，将基本价格减少或增加一半，进一步设置为低罚金（ $f = 0.40$ ）和高罚金（ $f = 1.20$ ），观察湖南省各参与主体策略选择 x, y, z 的变化，具体如图 9-8 所示。

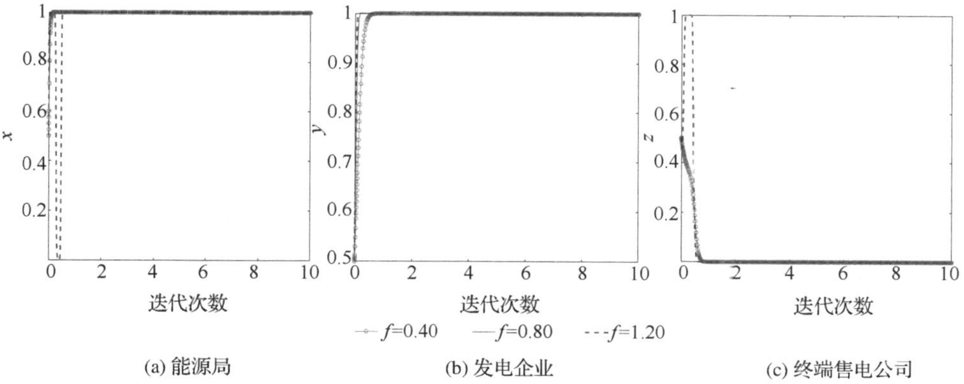

图 9-8　罚金 f 对三方参与主体策略选择的影响（湖南省）

由图 9-8 可知，在可再生能源电力消纳能力有限的省份，三方参与主体的最终稳定策略不会由于罚金 f 的高低而发生改变。但终端售电公司会在 $f=1.20$ 的博弈初期会选择购买绿证策略（P），随着博弈的进行转而选择不购买绿证策略（NP）[图 9-8（c）]。这是因为严厉的惩戒手段会对终端售电公司施压，从而鞭策其积极主动采取措施，因此会首先选择较为成熟的绿证交易来补充完成消纳任务。而后在市场的滞后作用下会逐渐倾向于较低价格的超额消纳量交易，因此会转而选择不购买绿证策略（NP）。同时在博弈主体间的相互作用影响下，能源局会在博弈初期选择严格监管策略（R），当终端售电公司选择购买绿证策略时放松监管，而后稳定在选择严格监管策略（R）处[图 9-8（a）]。这种波动也可能与严格的监管会在一定程度上限制经济活动有关（Lin et al., 2021）。此外，发电企业选择出售绿证策略（S）的速率随罚金 f 的升高稍有加快[图 9-8（b）]。

9.5 本章小结

博弈论是矛盾和合作的规范研究，是系统研究决策主体的行为发生直接相互作用情况下的决策以及这种决策均衡的理论。本章依次介绍非合作博弈、合作博弈及演化博弈，从理论角度、实践角度对博弈论在能源环境领域的应用进行介绍。

博弈论包含多种不同类型的博弈模型，每种类型都有其独特的作用和应用场景。在能源环境领域的应用中，可以结合不同类型的博弈模型来更全面地分析和解决相关问题。例如，非合作博弈模型通常用于分析竞争型市场中的决策者之间的竞争和合作关系；合作博弈模型可以分析不同利益相关方之间的合作机制；演化博弈模型则可以模拟和预测不同决策者在长期演化过程中的策略变化与市场结果，为未来决策提供参考和指导。综合运用这些博弈论模型，可以更好地指导和解决现实生活中的复杂问题。

结合博弈论的基础理论，通过对实际案例进行分析，本章借助演化博弈的方法探究 RPS 实施背景下绿证交易各市场参与主体的行为策略。以省域为研究对象，建立了能源局、发电企业、终端售电公司之间的三方演化博弈模型。根据本章模型的测算结果，能源局、发电企业、终端售电公司在不同的政策环境下分别给出了其相应的措施。结果能够综合反映三方之间的互动关系，提供全面的市场参与主体行为策略和市场演化过程的分析。并通过具体数据和模型参数进行定量分析，量化了不同策略对市场效率和可再生能源发展的影响。对绿证市场的发展以及 RPS 的有效实施与推进具有重要指导意义，为决策者提供未来发展方向和政策调整建议，推动国家可再生能源的发展。

参考文献

国家发展和改革委员会, 国家能源局. 2019. 国家发展改革委 国家能源局联合印发《关于建立健全可再生能源电力消纳保障机制的通知》[EB/OL]. [2019-05-15]. https://www.nea.gov.cn/2019-05/15/c_138060649.htm.

国家能源局. 2017a. 关于试行可再生能源绿色电力证书核发及自愿认购交易制度的通知(发改能源〔2017〕132 号)[EB/OL]. [2017-02-03]. https://www.ndrc.gov.cn/xxgk/zcfb/tz/201702/t20170203_962895.html.

国家能源局. 2017b. 政策 | 国家能源局综合司下发关于征求对《关于减轻可再生能源领域涉企税费负担的通知》意见的函[EB/OL]. [2017-09-08]. https://www.sohu.com/a/190581743_804251.

国家能源局. 2017c. 国家能源局关于 2016 年度全国可再生能源电力发展监测评价的通报[EB/OL]. [2017-04-10]. https://zfxxgk.nea.gov.cn/auto87/201704/t20170418_2773.htm.

国家能源局. 2019a. 国家能源局关于 2018 年度全国可再生能源电力发展监测评价的通报[EB/OL]. [2019-06-04]. http://zfxxgk.nea.gov.cn/auto87/201906/t20190610_3673.htm.

国家能源局. 2019b. 国家能源局 2019 年度部门预算[EB/OL]. [2019-03-29]. http://zfxxgk.nea.gov.cn/auto79/201904/t20190402_3640.htm.

国家能源局. 2019c. 2018 年度全国电力价格情况监管通报[EB/OL]. [2019-11-05]. http://www.nea.gov.cn/2019-11/05/c_138530255.htm.

国家能源局. 2020. 国家能源局关于 2019 年度全国可再生能源电力发展监测评价的通报[EB/OL]. [2020-05-06]. http://zfxxgk.nea.gov.cn/2020-05/06/c_139059627.htm.

国家能源局. 2021. 国家能源局 2021 年一季度网上新闻发布会文字实录[EB/OL]. [2021-01-30]. http://prpq.nea.gov.cn/jnyw/5212.html#.

罗支峰. 2007. 博弈论教程[M]. 北京：清华大学出版社.

梅生伟, 刘锋, 魏韡. 2016. 工程博弈论基础及电力系统应用[M]. 北京：科学出版社.

谭春桥, 张强. 2011. 合作对策理论及应用[M]. 北京：科学出版社.

肖条军. 2004. 博弈论及其应用[M]. 上海: 上海三联书店.

Aune F R, Dalen H M, Hagem C. 2012. Implementing the EU renewable target through green certificate markets[J]. Energy Economics, 34(4): 992-1000.

Banzhaf J F. 1965. Weighted voting doesn't work: a mathematical analysis[J]. Rutgers Law Review, 19: 317-343.

Bernheim B D, Peleg B, Whinston M D. 1987. Coalition-proof Nash equilibria I. concepts[J]. Journal of Economic Theory, 42(1): 1-12.

Cheng L F, Yu T. 2018. Nash equilibrium-based asymptotic stability analysis of multi-group asymmetric evolutionary games in typical scenario of electricity market[J]. IEEE Access, 6: 32064-32086.

Cooter R, Ulen T. 2010. Law and Economics[M]. Los Angeles: Truth & Wisdom Press.

Davis M, Maschler M. 1965. The kernel of a cooperative game[J]. Naval Research Logistics Quarterly, 12(3): 223-259.

Friedman J W. 1971. A non-cooperative equilibrium for supergames[J]. The Review of Economic Studies, 38(1): 1-12.

Gillies D B. 1959. Solutions to general non-zero-sum games[M]//Tucker A W, Luce R D. Contributions to the Theory of Games, Volume IV. Princeton: Princeton University Press: 47-86.

Harsanyi J C. 1967. Games with incomplete information played by "Bayesian" players, I-III Part I. The basic model[J]. Management Science, 50: 1804-1817.

Huang T Z, Shang B. 2020. Assessment and supervision of renewable portfolio standards and strategic selection of stakeholders[J]. Resources Science, 42(12): 2393-2405.

Li Y, Zhang F, Yuan J H. 2019. Research on China's renewable portfolio standards from the perspective of policy networks[J]. Journal of Cleaner Production, 222: 986-997.

Lin J, Ma X, Talluri S, et al. 2021. Retail channel management decisions under collusion[J]. European Journal of Operational Research, 294(2): 700-710.

Liu D H, Xiao X Z, Li H Y, et al. 2015. Historical evolution and benefit-cost explanation of periodical fluctuation in coal mine safety supervision: an evolutionary game analysis framework[J]. European Journal of Operational Research, 243(3): 974-984.

Lu Q, Chen L J, Mei S W. 2014. Typical applications and prospects of game theory in power system[J]. Proceedings of the CSEE, 34(29): 5009-5017.

Mankiw N G. 2012. Principles of Economics[M]. Beijing: Peking University Press.

Mas-Colell A. 1987. Cooperative equilibrium[M]//Durlauf S, Blume L. The New Palgrave Dictionary of Economics. London: Palgrave Macmillan: 1-6.

Mei S, Liu F, Wei W. 2016. A Primer in Engineering Game Theory and its Application in Power Systems[M]. Beijing: Science Press.

Nash J. 1953. Two-Person cooperative games[J]. Econometrica, 21(1): 128.

Nash J. 1996a. Essays on Game Theory[M]. Gloucester: Edward Elgar Publishing.

Nash J. 1996b. Non-Cooperative Games[M]. Gloucester: Edward Elgar Publishing.

Parker S L, Jimmieson N L, Techakesari P. 2017. Using stress and resource theories to examine the incentive effects of a performance-based extrinsic reward[J]. Human Performance, 30(4): 169-192.

Qiao W, Yin X B. 2021. Understanding the impact on energy transition of consumer behavior and enterprise decisions through evolutionary game analysis[J]. Sustainable Production and Consumption, 28: 231-240.

Schmeidler D. 1969. The nucleolus of a characteristic function game[J]. SIAM Journal on Applied Mathematics, 17(6): 1163-1170.

Selten R. 1965. Spieltheoretische behandlung eines oligopolmodells mit nachfrageträgheit: Teil I: Bestimmung des dynamischen preisgleichgewichts[J]. Journal of Institutional and Theoretical Economics, 121(2): 301-324.

Selten R. 1980. A note on evolutionarily stable strategies in asymmetric animal conflicts[J]. Journal of Theoretical Biology, 84(1): 93-101.

Smith J M. 1979. Game theory and the evolution of behaviour[J]. Proceedings of the Royal Society of London. Series B. Biological Sciences, 205(1161): 475-488.

Smith J M, Price G R. 1973. The logic of animal conflict[J]. Nature, 246: 15-18.

Taylor P D, Jonker L B. 1978. Evolutionary stable strategies and game dynamics[J]. Mathematical Biosciences, 40(1/2): 145-156.

von Neumann J, Morgenstern O. 1947. Theory of Games and Economic Behavior[M]. 2nd ed. Princeton: Princeton University Press.

von Neumann J, Morgenstern O. 2007. Theory of Games and Economic Behavior[M]. 60th ed. Princeton: Princeton University Press

Weibull J W. 1997. Evolutionary Game Theory[M]. Cambridge: MIT Press.

Xie S. 2007. Economic Game Theory[M]. 3rd. Shanghai: Fudan University Press.

Zhang X, Xie K, Zhang S N, et al. 2020. Excessive consumption trading system for the accommodation of renewable energies based on blockchain[J]. Electric Power, 53(9): 60-70.

Zhang Y, Du Q, Liu H Y, et al. 2021. Research on the volatility effect and mechanism optimization in the evolution of the dual supervision game in engineering safety[J]. Science & Technology for Development, 17(7): 1350-1358.

Zhao X G, Ren L Z, Zhang Y Z, et al. 2018. Evolutionary game analysis on the behavior strategies of power producers in renewable portfolio standard[J]. Energy, 162: 505-516.

Zhu C P, Fan R G, Lin J C. 2020. The impact of renewable portfolio standard on retail electricity market: a system dynamics model of tripartite evolutionary game[J]. Energy Policy, 136: 111072.

Zuo Y, Zhao X G, Meng X, et al. 2020. Research on tradable green certificate benchmark price and technical conversion coefficient: bargaining-based cooperative trading[J]. Energy, 208: 118376.

第 10 章　复杂系统仿真模型及能源价格政策改革模拟评估研究

10.1　复杂系统仿真模型概述

10.1.1　系统仿真概念及其分类

1. 概念

随着复杂性科学的兴起，越来越多的社会科学研究者逐渐发现计算机仿真是理解复杂系统动态过程的绝佳手段。以计算机系统、物理效应设备及仿真器为工具，根据研究目标建立复杂系统仿真，是对研究对象进行认识与预测的一门综合性、交叉性学科。

仿真（simulation）是对客观世界实际过程或系统在一段时间内运行的模仿。它包括数字与逻辑模型的某些模式，通过模型来模拟现实系统。这些模型用于描述某一事件或经济系统（或者它们的某些部分）在若干周期内的特征，可以帮助我们了解现实系统，对现实系统进行改进，对新系统进行开发设计和规划。它与高性能计算一起，正成为继理论研究和试验研究之后的“第三种认识和改造客观世界的重要手段”。

系统仿真（system simulation）是以相似原理、系统技术、信息技术及其应用领域有关专业技术为基础，以计算机和各种专用物理效应设备为工具，来评价或预测系统的行为效果，为决策者提供必要的参考信息，利用系统模型对真实的或设想的系统进行动态研究的一门多学科的综合性技术（康凤举等，2006）。

系统仿真需要建立在系统模型的基础上（Xu et al.，2008）。系统建模是通过对实际系统的分析，进行必要的简化与抽象，建立能描述或模拟系统结构或行为过程，且具有一定逻辑关系或数量关系的系统模型。对一个结构复杂的系统，要建立一个数学模型来描述它是十分困难的。即使能够构造出数学模型，用常规的数学方法分析它也是很困难的，而且有些系统构造可能并不复杂，但其内部的机理尚不清楚，致使无法构建它的数学模型。因此系统仿真是解决这类问题的一个有效的途径。

2. 分类

依据不同的分类标准，可将系统仿真进行分类。

（1）根据被研究系统的特征可分为连续系统仿真及离散事件系统仿真。连续系统仿真是指对那些系统状态量随时间连续变化的系统的仿真研究，包括数据采集与处理系统的仿真。这类系统的数学模型包括连续模型（微分方程等）、离散时间模型（差分方程等）以及连续–离散混合模型。离散事件系统仿真则是指对那些系统状态只在一些时间点上由于某种随机事件的驱动而发生变化的系统进行仿真试验。这类系统的状态量是由事件的驱动而发生变化的，在两个事件之间状态量保持不变，因而是离散变化的，这类系统称为离散事件系统。这类系统的数学模型通常用流程图或网络图来描述。

（2）按仿真试验中所取的时间标尺τ（模型）与自然时间（原型时间）标尺T之间的比例关系可将仿真分为实时仿真和非实时仿真两大类。若$\tau / T = 1$，则该仿真称为实时仿真，否则称为非实时仿真。非实时仿真又分为超实时（$\tau / T < 1$）和亚（欠）实时（$\tau / T > 1$）两种。

（3）按照参与仿真的模型种类可分为物理仿真、数学仿真及物理–数学仿真（又称为半物理仿真或半实物仿真）。

物理仿真又称为物理效应仿真，是指按照实际系统的物理性质构建系统的物理模型，并在物理模型上进行试验研究。物理仿真直观形象，逼真度高，但不如数学仿真方便；尽管不必用昂贵的原型系统，但在某些情况下构造一套物理模型也需花费较大的投资，且周期也较长。此外，在物理模型上作试验不易修改系统的结构和参数（刘瑞叶等，2011）。

数学仿真是指首先建立系统的数学模型，并将数学模型转化成仿真计算模型，通过仿真模型的运行达到对系统的模拟。现代数学仿真由仿真系统的软件/硬件环境以及动画与图形显示、输入/输出等设备组成。数学仿真在系统分析与设计阶段是十分重要的，通过它可以检验理论设计的正确性与合理性。数学仿真具有经济性、灵活性和仿真模型通用性等特点，今后随着并行处理技术、集成化软件技术、图形技术、人工智能技术和先进的交互式建模/仿真软硬件技术的发展，数学仿真必将获得飞速发展。

物理–数学仿真，又称为半实物仿真，准确名称是硬件（实物）在回路中的仿真。这种仿真将系统的一部分以数学模型描述，并把它转化为仿真计算模型；另一部分以实物（或物理模型）方式引入仿真回路。半实物仿真有以下几个特点。

（1）原系统中的若干子系统或部件很难建立准确的数学模型，再加上各种难以实现的非线性因素和随机因素的影响，使得进行纯数学仿真十分困难或难以取得理想效果。在半实物仿真中，可将不易建模的部分以实物代之参与仿真试验，可以避免建模的困难。

（2）利用半实物仿真可以进一步检验系统数学模型的正确性和数学仿真结果的准确性。

（3）利用半实物仿真可以检验构成真实系统的某些实物部件乃至整个系统的性能指标及可靠性，准确调整系统参数和控制规律。在航空航天、武器系统等研究领域，半实物仿真是不可缺少的重要手段（梁向阳，2011；刘藻珍和魏华梁，1998）。

10.1.2　系统仿真的基本步骤

系统仿真实际上是对系统抽象的过程，随着抽象的不断深入，系统模型的描述将更加细致。系统仿真主要步骤如图 10-1 所示。

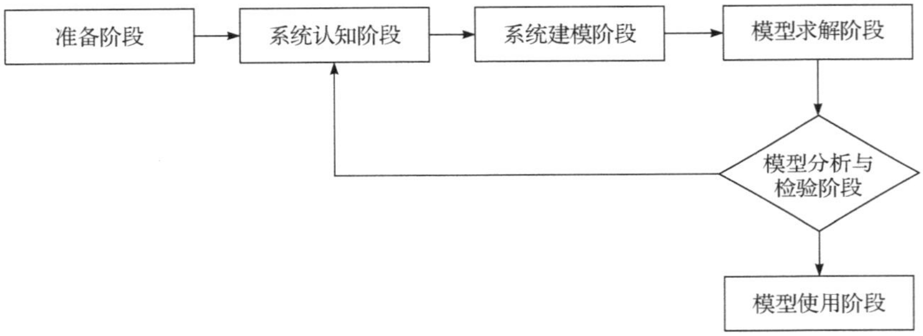

图 10-1　系统仿真主要步骤

1. 准备阶段

在仿真的准备阶段需要明确仿真的对象、仿真的目的、仿真用来解决哪些问题，以及如何运用模型来解决问题等。首先，要熟悉模型的所属领域，要清楚仿真的对象是属于自然科学、社会科学等领域，还是工程技术科学等领域。不同领域的模型都具有各自领域的特点与规律，应当根据具体的问题来寻求仿真的方法与技巧。其次，要明确仿真是为了解决问题，还是为了预测、决策和设计一个新的系统，或者是兼而有之。最后，还需要确定模型的实现是用来模拟还是仿真，是用定性还是定量等方式来解决问题。

2. 系统认知阶段

（1）确定系统仿真的目标。对优化或决策问题，大都需要建立仿真模型的目标，如质量最好、产量最高、能耗最少、成本最低、经济效益最好、进度最快等，同时要考虑是建立单目标模型还是建立多目标模型。目标确定之后，要将目标表述为适于仿真的形式，通常表示为模型中目标的最大化或最小化。

（2）确定系统仿真的规范。根据模型问题要求和模型的目标，拟定模型的规范，使模型问题规范化。规范化工作包括：对问题有效范围的限定，解决问题的方式和工具要求，最终结果的精度要求，以及结果形式和使用方面的要求。

（3）确定系统仿真的要素。根据模型目标和模型规范确定系统涵盖的各种要素。在要素确定过程中须注意选择真正起作用的要素，筛去那些对目标无显著影响的要素。对选定因素应注意它们是确定性的还是不确定性的，能否进行定量分析等。

（4）确定系统仿真的关系及其限制。模型中的关系要求仿真者从模型和模型规范出发，对模型要素之间的各种影响、因果联系进行深入分析，并作适当的筛选，找出那些对模型真正起作用的重要关系。这些关系将把目标与所有要素联系为一个整体，形成模型分析的基础，这时通常可以表示为一个结构模型。在确定了关系后，模型的建立必须在一定的环境、一定的范围、一定的要求下进行，这个环境、范围和要求必然要对模型起限制作用。此外，要素本身的变化有一定限度，要素的相互影响作用也只能在一定的限度内保持有效。因此，模型制约化工作要求仿真者找出对模型目标、模型要素和模型关系起限制作用的各种局部性和整体性约束条件。

3. 系统建模阶段

（1）要素变量的确定。利用要素变量来表示系统的要素原型，同时准确描述要素变量之间的关系，要素变量与模型目标之间的关系，约束条件，以及各个部分的整体性，特别是进行定量化描述，这些都是模型形式化的核心问题。

（2）模型形式的简化。仿真是为了解决实际问题，模型的形式只能恰当适中，并非越复杂越好，而是要便于使用、便于有效地解决问题，因此，需要开展模型的简洁化工作。对于复杂的系统，仿真的过程必须对原型进行抽象、简化，把那些反映问题本质属性的形态、量纲及其关系抽象出来，简化非本质因素，使模型摆脱原型的具体复杂形态。对于有若干子系统的系统，通常确定子系统，明确它们之间的联系，并描述各个子系统的输入和输出关系。

（3）进行必要的假设。进一步分析仿真假设的各个条件．首先，区分常量和变量、已知量和未知量，然后查明各种量所处的地位、作用和它们之间的关系，选择恰当的数学工具和仿真方法，建立刻画实际问题的数学模型。一般来说，在能够达到预期目的的前提下，所用的数学工具越简单越好，仿真时究竟采用什么方法构造模型则要根据实际问题的性质和模型假设所给出的信息而定。

4. 模型求解阶段

模型表示形式的完成不是仿真工作的结束，如何利用模型进行计算求解成为最重要的问题。构造数学模型之后，模型求解常常会用到传统的和现代的数学方法，对于复杂系统，常常无法用一般的数学方法求解，计算机模拟仿真是模型求解中最有力的工具之一。其方法是根据已知条件和数据，分析模型的特征和模型的结构特点，设计或选择求解模型的数学方法和算法，然后编写计算机程序或运行与算法相适应的软件包，并借助计算机完成对模型的求解。

5. 模型分析与检验阶段

依据仿真的目的要求，对模型求解的数字结果进行稳定性分析、系统参数的灵敏度分析和误差分析等。通过分析，如果不符合要求，就修正或增减仿真假设条件，重新仿真，直到符合要求。如果通过分析符合要求，还可以对模型进行评价、预测、优化等方面的分析和探讨。

数学模型的建立是为系统分析服务的，因此，模型应当能解释系统的客观实际。在模型分析符合要求之后，还必须回到客观实际中去对模型进行检验，看其是否符合客观实际。若模型不合格，则必须修正模型或增减模型假设条件重新仿真，并不断完善，直到获得满意结果（陈树新等，2017）。

6. 模型使用阶段

在仿真模型得到检验后，进一步将模型应用到实际的业务场景或决策过程中，对模型的输出结果进行解释和解读，以支持业务发展和决策制定，使其具有实际应用意义和价值。

10.1.3 系统仿真的意义和作用

仿真技术在复杂工程系统的分析和设计的研究中已成为不可缺少的工具。不管系统多么复杂，只要能正确地建立起系统的模型，就可利用仿真技术对系统进行充分的研究。仿真模型一旦建立，可以重复使用，而且改变灵活，便于更新。经过仿真逐步修正，从而深化对其内在规律和外部联系及相互作用的了解，以采用相应的控制和决策，使系统处于科学化的控制与管理之下。仿真技术对国防建设、工农业生产乃至科学研究均具有极大的应用价值。归纳起来，系统仿真的作用有如下几点。

（1）现行系统的性能评价。对于现有的实际运行的系统，为了对其进行深入了解、改进，而在实际系统中进行试验，往往要花费大量的人力、物力、财力和时间，有时甚至是不可能实现的，而通过计算机仿真可以使系统正常工作不受干扰，经过分析仿真结果，对现有系统在拟定工作条件下的性能做出正确分析与评价，并预测其未来发展，提出改进方案。

（2）新建系统的性能预测。对于所设计的新系统，在未能确定它的优劣的情况下，可以不必花费大量投资去建立它，而是采用计算机仿真对新系统的可能性和经济效益做出正确的评价，帮助人们选择最优或较优的设计方案。

（3）决策方案评价与优化。在管理的宏观、微观决策中，通过收集、处理和分析有关信息，可能拟定多个不同的决策方案，它们具有不同的决策变量和参数组合。针对这些不同的决策方案，进行计算机仿真的多次运行，按照既定的目标函数对不同的决策方案进行分析比较，从中选择最优方案，辅助最优管理决策。

综合而言，仿真模型的作用是作为解释手段去说明一个系统或问题，作为分析工具去确定系统的关键组成部分或项目，作为设计准绳去综合分析和评价所建议的决策措施，作为预测方法去预报和辅助计划系统的未来发展（隽志才，2010）。

10.1.4　系统仿真技术的发展

系统仿真技术是一项应用技术，它的发展离不开应用需求的推动。当前各应用领域对系统仿真提出了许多新的要求，其中主要有：①提高仿真的逼真性、可靠性和精确性；②提高建模与仿真的效率；③改进仿真系统的体系结构。为了满足这些要求，专家相继提出了一系列新的技术方案，这些新技术代表了仿真技术发展的主要方向。

1. 分布交互仿真

分布交互仿真（distributed interactive simulation，DIS）是一种基于计算机及高速通信网络的仿真技术。它采用协调一致的结构、标准、协议和数据库，通过局域网、广域网将分布在各地的仿真设备互联为整体，形成一个交互作用的综合环境，并在此环境下实现平台与环境、平台与平台、环境与环境之间的交互作用。分布交互仿真应具有的主要功能包括分布仿真功能、交互仿真功能、实时并发功能、信息功能、界面功能。这些功能的实现涉及广泛的支撑技术，如网络技术、信息集成平台、面向对象的建模工具、动态场景实时生成与显示、虚拟技术的应用、指挥控制的建模、模型的可信性研究及分布交互仿真的组织与管理。分布交互仿真在工程开发、武器系统研制等方面有着广泛的应用前景。分布交互仿真可以为系统在真正制造之前提供一个逼真的虚拟试验、验证环境。使基于分布交互仿真的虚拟试飞、虚拟打靶等一系列新的试验技术手段逐步成为现实。在非军事领域，分布交互仿真同样也有着十分广泛的应用，如在民用航空系统中的空中交通管制、城市交通管理仿真、多参与者交互式娱乐、灾难救援仿真训练、教育等方面。

2. 视觉仿真、多媒体仿真与虚拟现实

面向对象的仿真方法，提供了更为自然、直观的系统仿真框架，实施框架则要进一步探讨创建高逼真感觉的信息环境，使真实化环境、模型化的物理环境与

用户融为一体，使研究主体——人产生身临其境的感觉，这种人机和谐的仿真环境的探索已广泛展开，诸如，视觉仿真（visual simulation，VS）、多媒体仿真（multimedia simulation，MS）、虚拟现实（virtual reality，VR）等。

1）视觉仿真

视觉仿真是将数据及其他信息通过可视化处理创建仿真分析环境或仿真虚拟环境，可使参试人员通过系统发现变量之间、变量与参数之间、变量与外部作用之间的变化关系和动态特性。深化对系统模型概念化和形象化的理解，发现数据信息不能展示的现象。

2）多媒体仿真

多媒体仿真是对传统意义上数字仿真概念内涵的扩展，它利用系统分析的原理和信息技术,以更加接近自然的多媒体形式建立描述系统内在变化规律的模型，并在计算机上以多媒体的形式再现系统动态演变过程，从而获取有关系统的感性和理性认识。

3）虚拟现实

虚拟现实是一种由计算机全部或部分生成的多维感觉环境，向参与者传递各种感官信号，如视觉、听觉、触觉等，使参与者有身临其境的感觉，能体验、接受和认识客观世界中的客观事物。同时人与虚拟环境之间可以进行多维信息的交互，参与者从定性和定量综合集成的虚拟环境中可以获得对客观世界中客观事物的感性和理性的认识，从而深化概念和建造新的构想与创意。人的参与分为两种情况：一种是人根据虚拟环境做出实时的操纵和控制决策响应，一种是人对虚拟系统仿真结果进行观察分析和调试修改。

3. 面向对象仿真

面向对象仿真（object-oriented simulation）在理论上突破了传统仿真方法的观念。它根据组成系统的对象及其相互作用关系来构造仿真模型，模型的对象通常表示实际系统中相应的实体，从而弥补了模型与实际系统之间的差距，而且它分析、设计和实现系统的观点与人们认识客观世界的自然思维方式极为一致，因而增强了仿真研究的直观性和易理解性。面向对象的仿真具有内在的可扩充性和可重用性，因而为仿真大规模的复杂系统提供了极为方便的手段。面向对象的仿真容易实现与计算机图形学、人工智能/专家系统和管理决策科学的结合，从而可以形成新一代的面向对象的仿真建模环境，更便于在决策支持和辅助管理中推广和普及仿真决策技术。

4. 建模和仿真的 VVA 技术

仿真置信度评估是将仿真系统全生命周期中的校核、验证和确认（verification,

validation, accreditation，VVA）工作、测试与评估工作、软件测试工作有效地统一到一个框架中。目的是提高仿真系统的仿真结果的正确性、精度、可靠性和可用性，从而有利于对仿真对象的深入分析，降低仿真系统的总投资，扩大仿真系统的应用范围，促进仿真系统质量管理。建模和仿真的 VVA 技术是提高仿真精度和仿真置信度的有效途径。美国计算机仿真学会（Society for Computer Simulation，SCS）于 20 世纪 70 年代中期成立了模型可信性技术委员会（Technical Committee on Model Credibility，TCMC），其任务是建立与模型可信性相关的概念、术语和规范。20 世纪 80 年代以来，许多重要学术会议中出现了关于模型可信性和模型 VVA 的专题讨论。20 世纪 90 年代以来，许多政府民间部门和学术机构都成立了相应的组织，以制定各自的建模和仿真及其对模型检验的规范。

模型和仿真评估过程的一般形式如图 10-2 所示。

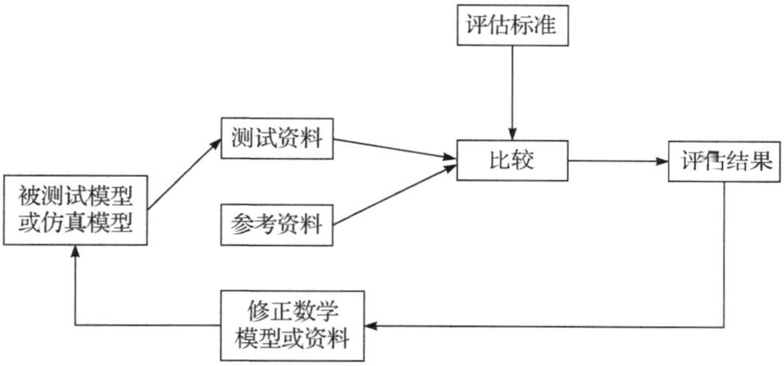

图 10-2　模型和仿真评估过程的一般形式

5. 引入专家系统的仿真

专家系统是计算机将领域里的专家知识收集起来，代替专家解决这些决策问题。将专家系统引入仿真系统中，所形成的多种智能化软件，有助于仿真软件的应用和推广。

1）专家系统作为建模的智能辅助工具

从仿真的步骤来看，建模专家系统又可分为数学建模专家系统和仿真建模专家系统。数学建模包括确定框架、结构特征化、参数估计和模型检验几个阶段。这几个阶段不仅需要数值计算，而且需要领域专家根据各领域的先验知识以及带试探性的测试来解决问题。所以利用人工智能技术，研制具有智能的数学建模专家系统是非常有必要的。

仿真建模专家系统支持用户用他们比较熟悉的方式描述仿真模型，如图形用户接口、使用交互式监视界面和使用类自然语言处理器等。一旦用户确定了被仿真的系统数学模型，仿真建模专家系统就可使用应用程序生成器快速产生仿真模型。还可以对用户建立的仿真模型进行检验，如仿真模型的语法、词法和一致性检验等。

2）智能前端

如何使仿真软件具有更好的用户友好性，是仿真软件开发者关心的主要问题之一。为了解决人机交互中的接口问题，在人与机之间插入一个负责人机交互的专家系统，就构成了智能前端。智能前端的作用是接受规范化的自然语言形式的输入，将语句转化成内部表达形式，然后通过理解器做出必要的理解，完成语义理解，由仿真模型书写器将其转化为仿真语言，自然语言理解接口构成了人向计算机传递信息的“中间人”（康凤举等，2006）。

3）仿真的智能输出分析

对仿真的输出结果进行分析、解释，既需要仿真语言的知识，又需要统计学和应用领域的知识，这就给用户增加了很多负担，进而影响了仿真技术的广泛应用。因此，有必要研制输出结果分析专家系统，对结果进行分析解释并帮助用户决策。此外，输出结果分析专家系统也是具有“反馈”功能的专家仿真系统的关键部分。输出结果分析专家系统通过与仿真试验者的交互式对话，提供可以用于解决特定问题的统计学方面的建议，并完成以下统计计算：给出变量的分布形式、比较仿真和实际系统输出差异分布、确定估计值的置信区间、设计试验资料等。

10.2 多智能体建模与仿真

10.2.1 概念

具有自主性、反应性、能动性和社会性的实体称为智能体或主体（agent）（Wooldridge，2009）。这些主体有自己的行为准则，并能通过自动学习功能实现行为的演变，类似于一种有智慧的个体。任何可以被看作通过传感器感知环境并且通过执行器作用于环境的实体都称为智能体。智能体是一个物理的或抽象的实体，它能作用于自身和环境，并能对环境做出反应。这里强调的是其代理能力，即指智能体能通过传感器感知其周围环境，并根据自己所具有的知识自动地做出反应，通过执行器对其进行操作。它将在感知、思考和行动的周期中往返运行。

多智能体系统（multi-agent system，MAS）是分布式人工智能（distributed artificial intelligence，DAI）的一个重要分支（Hadzic and Chang，2008）。智能体和多智能体技术起源于分布式人工智能研究。自 20 世纪 80 年代末以来，该方向成为人工智能领域活跃的研究分支，与数学、控制、经济学、社会学等多个领域相互借鉴和融合，逐渐成为国际上备受重视的研究领域之一。多智能体系统是由多个智能体组成的集合，它的目标是将大而复杂的系统建模成小的、彼此互相通信和协调的、易于管理的系统。同时，人们也意识到，人类智能的本质是群体智能或系统智能，人类绝大部分活动都涉及多个人构成的社会团体，大型复杂问题的求解需要多个专业人员或组织协调完成。多智能体系统是由一定数量的智能个体通过相互合作和自组织，在集体层面上呈现出有序的协同运动和行为（赵春晓和魏楚元，2021）。多智能体系统通过引导这些智能体的行为，使系统完成特定的任务或达到特定的目标（Decker，1995；Malone and Crowston，1994；Martial，1992）。

多智能体系统的优点是，通过构建大量具有自学习、自适应、自进化功能的主体，替代复杂系统的组成单元，交互作用而自发形成涌现现象，透视复杂系统的本质属性。在一个多智能体系统中，主体是自主的，并且存在交互作用关系。它们可以是不同的个人或组织，采用不同的设计方法和计算机语言开发而成。系统中的主体共同协作，协调它们的能力和目标，以求解单个主体无法解决的问题。现实世界中存在的事物，可以将其个体或组织视作多智能体，每个智能体按照其本质属性赋予其行为规则。在一个主体活动空间中，其按照各自的规则来行动，最后随着时间的变化，系统会形成不同的场景。这些场景可以用来辅助人们判断、分析现实世界中人们无法直接观察到的复杂现象。事实证明该方法很好地解释了诸如经济、社会、自然生态环境等客观现象（张永安和李晨光，2010）。随着计算机技术的发展和不同交叉学科专家的参与，多主体系统与复杂性科学、认知科学等学科交叉融合，被广泛应用于决策支持、复杂系统模拟仿真等领域（Bui and Lee，1999）。

在多智能体系统中，主体所具备的特性主要包括以下几个方面（Yang et al.，2013）。

（1）每个智能体都具有宏观和微观、整体和局部两个层次的判断行动规范。整体的判断对局部的行动具有役使性。

（2）每个智能体的行动都通过效用来进行指导。这里所说的效用并不简单指可以量化为货币的经济效用，还包括各种环境、社会、心理等各个层面的综合效用。此外，不同的智能体可以拥有不同的效用，从而能够根据不同的效用模型来指导不同的行为方式。它们各自得到的效用值具有传递性和随机性。即若 A 优于 B，而 B 优于 C，则 A 优于 C；若 A 与 B 相等，则他们的选择是随机的。每个智能体的行动选择就是要将自身的效用最大化。

（3）每个智能体都有相应的适应性和学习能力。他们能够通过与环境以及其他智能体之间的交互，来不断更新自己对于效用的判断，进而影响自身行为的演化。其主要特点是基于智能体行为历史以及相互信息交流，实现学习功能，从而产生复杂的经济规律和新的制度安排。

10.2.2　多智能体建模与仿真步骤

基于多智能体的建模是一种自下而上的建模方法，把智能体作为系统的独立单元，首先是建立每个智能体的内部体系，然后将不同属性的独立智能体按照某种架构组合形成整个系统模型（Fan et al.，2021）。其是以多智能体的影响关系和行为准则的构建为核心，通过仿真的方式来模拟系统演化发展的路径和结果。多智能体建模与仿真（multi-agent modeling and simulation，MAMS）方法主要应用在传统计量难以发挥作用的领域，尤其是对动态变化的复杂系统问题研究非常有效，成为理解复杂经济及社会系统动态发展过程的最有效手段，其应用领域不断拓展。多智能体仿真步骤如图 10-3 所示。

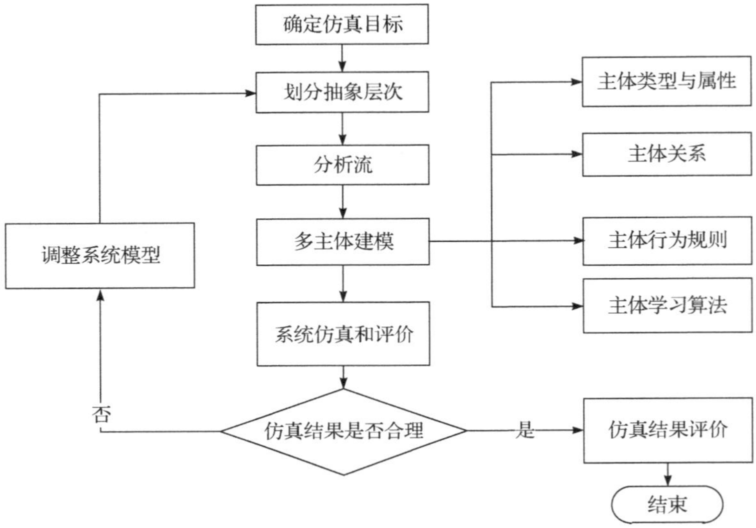

图 10-3　多智能体仿真步骤

1. 确定仿真目标

确定仿真系统边界，明确模拟系统主要特征。制定仿真结果的表达形式，确定数据的最终表现形式。明确研究宏观或微观层面系统的输入、目标的输出。

2. 划分抽象层次

选择合理的抽象层次，确定主体粒度。在建立抽象模型时，要根据复杂系统固有的层次结构、仿真目标、系统信息等来确定合理的抽象层次。明确每个智能体具备的特征、划分智能体的结构层次、为智能体的目标和意图做出计划，明确实现功能与计划的方法。

3. 分析流

流是仿真平台中多主体之间交互的方法，因此必须对多主体之间的流进行划分，并对传递方式和路径进行定义。多主体复杂系统中包含了多种物质流、资金流、信息流等各类流，必须对不同层次需求主体、供给主体、调控主体之间流的组成情况、流动方式和流动路径等进行设定。

4. 多主体建模

在复杂系统中存在着很多不同属性的主体，多主体之间存在着不同的联系以及不同的行为交互。因此建模过程中要制定不同的主体种类、属性以及它们的网络连接关系、行为规则库和它们之间的学习算法等。

5. 系统仿真和评价

对复杂系统的演化过程进行仿真和结果进行评价。若模拟结果并不能很好地反映实际情况，则根据结果对模拟的参数进行修改，直到最终得到符合研究需求的复杂系统演化仿真模型。

10.2.3　多智能体建模与仿真软件

基于多智能体的模型通常用编程语言实现，并使用计算机模拟进行探索。目前应用得比较多的基于多智能体的模拟平台有 NetLogo、Swarm、Repast、MASON、AnyLogic 等（赵春晓和魏楚元，2021）。本节主要介绍 NetLogo 仿真软件。

1. NetLogo 平台特点

NetLogo 是一个用来对自然和社会现象进行仿真的可编程建模环境。它是由乌里·威伦斯基（Uri Wilensky）在 1999 年发起的，由连接学习和计算机建模中心负责持续开发。NetLogo 特别适合对随时间演化的复杂系统进行建模。建模人员能够向成百上千的独立运行的主体发出指令。这就使得探究微观层面上的个体行为与宏观模式之间的联系成为可能，这些宏观模式是由许多个体之间的交互涌现出来的。

NetLogo 仿真建模平台主要特点如下。

（1）NetLogo 能够很好地模拟复杂系统在时间上的演化过程。作为进行各种自然和社会复杂系统仿真的工具，NetLogo 通过赋予不同的主体行为模式和学习交互过程，寻找微观层面不同主体之间的行为联系以及宏观层面的行为涌现，从而模拟复杂系统的演化过程。

（2）NetLogo 的演化直观性。NetLogo 采用升级版的 StarLogo 和 StarLogoT 语

言，能够基于 Java 的虚拟机来进行运行，因此在 Mac、Windows、Linux 系统中均能够使用，具有较好的兼容性。其最大特点在于，能够通过三维或者二维的方式，将整个系统演化过程展示出来，并通过监视器对需要分析的数据进行监视和输出，从而帮助研究者直观地判断不同主体之间的交互过程以及整个系统的演化路径。

2. NetLogo 界面及构成

一个完整的 NetLogo 界面如图 10-4 所示，包括基本工具栏、界面、信息、代码页面以及各种控制按钮和显示窗口。

图 10-4　NetLogo 完整界面

NetLogo 中包含了三个主要的部分：海龟（Turtles）、瓦片（Patches）和观察者（Observer）。

（1）海龟是智能体的代表，能够通过程序为海龟赋予不同的颜色、形状、连接关系以及交互行为过程。海龟可被设计为人、行为、车辆等多种个体。

（2）瓦片是组成空间系统的小方格，海龟能够在不同的瓦片上移动。因此瓦片可以看作海龟的行动空间，作为海龟的基本坐标位置来体现；同时瓦片也可以看作不可移动的海龟，是二维网格系统的构成要素。

（3）观察者通过设定海龟的属性及其联系和行动方式，以及设定瓦片的属性，来观察多主体之间的交互行为和整个系统的演化过程。

10.3　系统动力学仿真

10.3.1　系统动力学概念及特点

1. 概念

系统动力学（system dynamics）是将系统科学理论和计算机仿真紧密结合，研究系统反馈结构和行为的一门交叉、综合性的科学。它的研究对象主要是复杂的社会经济系统和生态系统，以及某些可以用一阶微分方程组描述的系统。其任务在于揭示这些系统的信息反馈特性，以显示组织结构、放大作用和延迟效应是怎样互相作用而影响到系统的行为模式的（隽志才，2010）。

系统动力学着重强调了系统、整体、联系、发展、运动的观点。系统动力学指出，由于系统内部非线性因素的作用和存在复杂的反馈因果关系，高阶次复杂时变系统常常表现出反直观、千奇百态的动力学特性，而且在一定条件下还可能产生混沌现象。系统动力学在处理复杂系统问题时采用的是定性与定量相结合的方法，以及整体思考与分析、综合与推理的方法。

系统动力学可以有效地把因果关系的逻辑分析和信息反馈的控制原理相结合，在处理复杂的实际问题时，首先从系统的内部着手，然后建立系统的仿真模型，接着对系统模型进行不同政策方案的模拟，通过计算机仿真展示系统的宏观行为，寻找解决问题的有效途径。系统动力学的建模过程是一个学习、调查、研究的过程，模型的主要功能在于为人们提供一种进行学习和政策分析的工具，使决策人或组织逐步成为一个学习型与创造型的组织（马歆和王文彬，2019）。

2. 特点

系统动力学是一门用于研究和处理社会、经济、环境等这一类高度非线性、高层次、多重反馈、多变量、复杂时变大系统问题的学科，它能够在微观和宏观层次上对复杂、多层次、非线性的大规模系统进行综合研究。

系统动力学研究的主要对象是开发系统，它主要强调系统、联系、发展与运动的观点，认为系统的行为模式与特性主要在于其内部的反馈机制与动态结构。它是一种定性与定量相结合的方法，是系统思考、系统分析、综合与推理的方法，其模型模拟过程是功能模拟过程（马歆和王文彬，2019）。

系统动力学具有以下特点。

（1）应用系统动力学研究社会系统，能够容纳大量变量，一般可以达到数十个，而这正好符合社会系统研究的需要。

（2）系统动力学模型既有描述系统各个要素之间因果关系的结构模型，又有专门形式表现的数学模型，由此进行仿真试验和计算，以掌握系统的未来动态行为。因此，系统动力学是一种定性分析和定量分析相结合的技术。

（3）系统动力学的仿真试验能起到实际政策实验室的作用。它通过人和计算机的结合，既能发挥人对社会系统的了解、分析、推理、评价、创造等能力的优势，又能利用计算机高速计算和迅速跟踪的功能，以此试验和剖析实际系统，从而获得丰富而深化的信息，为选择最优或者满意的决策提供有力的依据。

（4）系统动力学通过模型进行试验结果的仿真，可以仿真未来一定时期内各种变量随时间变化的数据和曲线。因此，系统动力学能处理高阶次、非线性、多种反馈的复杂时变社会系统的相关问题（贾伟强和贾仁安，2020）。

10.3.2 系统动力学建模原理

1. 分析过程

系统动力学是一种以定性分析为先导，以定量分析为支撑，两者相辅相成，螺旋上升并逐步深化解决问题的方法论。系统动力学建模涉及多方面的内容，建模时需要考虑到系统自身特性以及系统与环境、系统结构与功能的关系等问题。首先应该明确建模的目标和任务，其次在面向要解决的问题和矛盾时，必须重视模型的应用和所得出政策实施的可行性。根据系统的层次性、整体性、等级性等，在建立模型的过程中，正确地运用分解与综合的原理。实际上，系统动力学建立的模型只是对真实系统显著本质、简化的描述，只能反映出一部分真实世界的本质，建模不应该是对实际系统的简单复制，应根据系统的类似性找出系统的主导结构，并加以提炼。客观实践是检验模型有效性的最终标准，可运用历史数据、专家群体、模型使用人员对模型进行有效性评估，系统动力学所建立的模型不是完美的，它只能阶段性地满足预定要求和达到预定目标的相对有效。

2. 构建基本原则

系统动力学的建模原则如下。

（1）整体化原则。系统动力学模型根据系统分析的原则，不是独立地研究一个或几个因素，而是详细地研究系统中各个组成部分以及相互作用关系和环境对系统的影响，把系统中的各个因素作为一个整体来进行分析研究。

（2）相关性原则。系统模型中的各个变量之间必须存在一定的相关性，保证模型具有科学性和说服力。

（3）重点性原则。模型的设计应该尽量简洁，对于复杂大系统而言，影响的因素很多，这时须选择具有代表性、相关度高的变量来表示系统的功能和结构，对于那些与系统相关性不大的变量应忽略。

（4）层次性原则。系统动力学研究的对象多是复杂、多因素的系统，因此应使用结构层次分析的方法进行系统结构的研究。

（5）一致性原则。模型中使用的变量和常量应该与实际系统中的因素在概念和数量上保持统一，且模型中变量的表达形式和度量单位也应统一。

（6）通用性原则。已建立的系统动力学模型，应该保有一定的适用范围和较好的适用性（马歆和王文彬，2019）。

3. 系统动力学建模步骤

（1）确定建模目的。在进行系统动力学建模之前，需要明确研究目标。这一步至关重要，它将直接影响后续模型的构建和应用。研究目标应具体、明确，能够指导整个建模过程。

（2）确定系统边界。构建系统动力学模型，要根据研究目标，界定系统的边界，明确哪些因素应被纳入模型，哪些因素可以忽略。研究的目标不同，系统所拥有的边界也就不同。

（3）确定系统结构。通过定性的方法分析系统整体与局部、主体与主体之间的关系，划分系统内部的阶层。

（4）确定所需变量。对所需变量进行定义，为下一部因果回路图的绘制奠定基础（陈文淑乐等，2021）。

（5）绘制因果回路图和存量流量图。绘制因果回路图，并以此为基础构建系统的存量流量图（王震等，2023）。

（6）检验模型。运行模型，观察输出结果，对比实际数据，检验模型的有效性。如果存在较大偏差，需调整模型结构和参数。如果模型有效，则可以进一步对结果进行分析，提取有价值的信息辅助决策（陈文淑乐等，2021）。

具体建模步骤如图 10-5 所示。

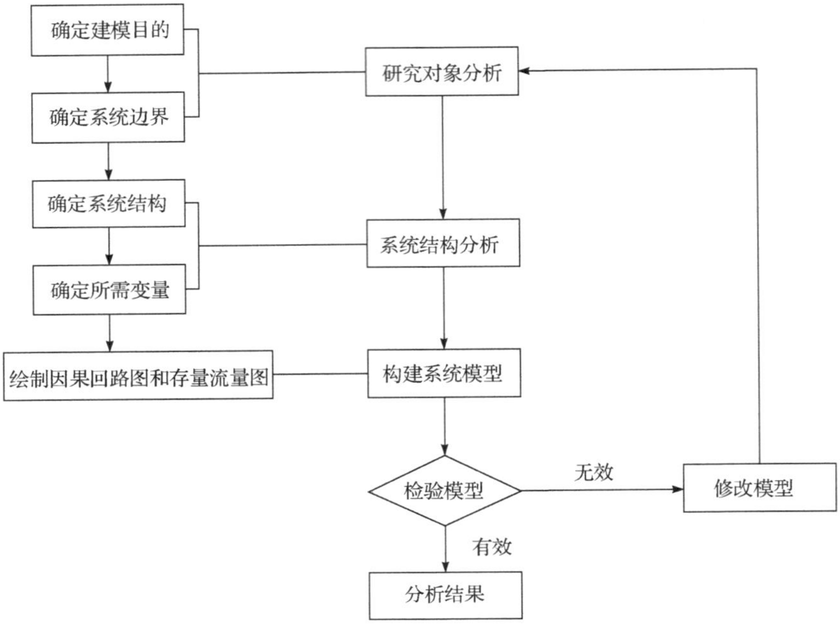

图 10-5　系统动力学建模步骤

10.3.3　系统动力学建模方法

1. 系统框图

系统框图就是用矩形框简明地描述系统的主要子块以及它们之间的物质与信息流的交互关系。它是系统动力学方法工具中最简单的一种，在系统分析的初步阶段很有用，它的简洁性有助于人们确定系统边界，主要分析系统中各子块之间的反馈关系和主要回路。

2. 因果回路图

一般来说，系统动力学的建模过程是一个因果关系图—存量流量图—数学模型的过程。因果关系图具有直观、概括和清晰的特点，它是在问题的定性分析阶段常用的一种辅助分析工具。它也是最后撰写仿真分析报告或论文时常用来说明系统结构的一种表达方式。因果关系图在建立系统模型过程中的作用是：①确定系统的边界，即系统中包含的主要变量；②指明变量间的因果关系、作用方向（利用因果链）；③说明系统的基本结构，即主要的反馈回路（隽志才，2010）。下面介绍因果链及其极性、反馈回路及其基本概念。

1）因果链

如果变量 A 与变量 B 存在因果关系，而其中变量 A 是产生变化的原因，变量 B 是变化可能引起的结果，则可以用箭线表示两者之间的因果关系，这样的箭线称为因果链。由一个事件通向另一个事件的因果链连接，包含正反馈和负反馈。如果变量 A 的增加使得变量 B 也增加，则将此时的因果链标示为正极性，如图 10-6 所示。如果变量 A 的增加引起变量 B 的减少，则因果链为负极性，如图 10-7 所示。

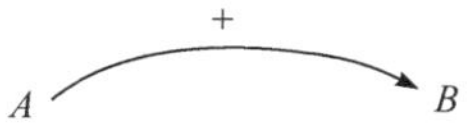

图 10-6　正极性

图 10-7　负极性

带极性的因果链完整地描述了一个变量的改变引起其他变量相关变化的趋势。

在确定因果关系的同时，因果链所连接的事物必须是有因果关系而不能单单只具有相关关系，因果链连接的事件也可以不完全是定量的事物，也可以是定性的。例如，系统动力学运用在心理学上时，就是一个定性的因果关系（贾清萍等，2013）。

2）反馈回路

反馈回路是指由两个或两个以上变量和因果关系链共同构成的因果关系闭环回路。反馈回路中无法确定变量作用的起点和终点，因为回路中的原因和结果是相互转化的（高大成等，2015）。

在反馈回路上因果链极性的累积效应产生了回路的极性。反馈回路的极性可以按表 10-1 中给出的原则加以确定。当一个反馈回路中包含偶数个负因果链时，极性为正，包含奇数个负因果链时，极性为负。在正反馈回路中，由于变量不断起到正向作用，因此回路效果不断强化；而在负反馈回路中，变量的负向发展使得回路发展受到抑制。通俗来讲，正反馈链后方事件随着前方事件的增加而增加，负反馈链后方事件随前方事件增加而减小。正反馈回路与负反馈回路如图 10-8 所示。

表 10-1　反馈回路极性的判别

回路中负极性因果链个数	回路极性	名称	特性
偶数	正（+）	正反馈回路	自增长性
奇数	负（−）	负反馈回路	自调整性

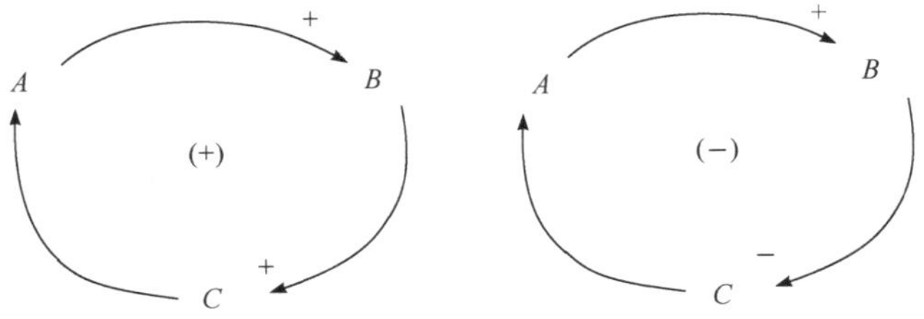

图 10-8　正反馈回路与负反馈回路

在系统动力学模型中，若干个反馈回路结合在一起形成的复杂图形即因果回路图。

3. 存量流量图

因果关系图为系统的分析提供了很好的帮助，但是它也存在一些明显的不足之处。比如，它不能区别不同性质的变量。另外，系统中的状态变量的变化是一种积累效应，也受到速率的影响。因果关系图中系统的状态变量只有增加或减少的变化，而不能表示其按比例的变化。要更精确地表示系统中变量的这些变化情况，就要采用存量流量图来表达。

存量流量图，简称流图，其作用是在因果回路图的基础上，描述变量性质并且反映系统运行过程。存量流量图能够描述随着时间的变化，变量之间的因果反馈。其中存量是累积量，能够表征系统的状态。流量使存量发生变化，是速率量，表征存量变化的速率。在存量流量图中，除了存量流量外还有一些辅助变量和常量，辅助变量是用来描述决策过程中状态变量和速率变量之间信息传递与转换过程的中间变量，研究期间保持不变或者变化很小的量称为常量。

存量流量图相关概念及其定义如下。

（1）水平变量，即存量，表示系统中随着时间变化物质累积的状态，在存量流量图中用矩形表示。箭头指向存量表示流入量，箭头指向离存量表示流出量。水平变量的变化由且仅由速率变量引起，其数学含义是积分，定义式如式（10-1）所示：

$$\mathrm{Stock}(t)=\int_{t_0}^{t}[\mathrm{Inflows}(s)-\mathrm{Outflows}(s)]\,\mathrm{d}s+\mathrm{Stock}(t_0) \tag{10-1}$$

（2）速率变量，即流量，表示系统中水平变量变化的速率，在存量流量图中用一个阀门符号表示。按照系统动力学的理论，系统中任一时刻的流率值取决于信息反馈决策。速率变量的基本特性是其瞬时性。这也意味着速率变量不能被测量，也不能被保留。其数学含义是导数，定义式如式（10-2）所示：

$$\frac{\mathrm{d(stock)}}{\mathrm{d}t}=\mathrm{Inflows}(t)-\mathrm{Outflows}(t) \tag{10-2}$$

（3）辅助变量是在速率变量和状态变量之间传递相关信息的中间变量，用于表示系统的决策过程。辅助变量的标记是一个圆圈，在此圆圈内标注变量名称。

（4）常量表示系统运行过程中保持不变或相对不变的量。常量是不随时间变化而变化的量。常量的标记是一个小圆圈加上一条短横杠，而在此圆圈旁边标注变量名称（图 10-10）。

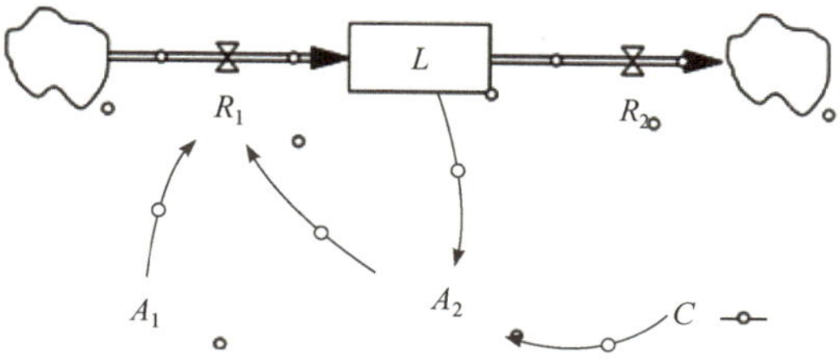

图 10-9　存量流量图举例

一个完整的存量流量图如图 10-9 所示，图中 L 为存量，R_1、R_2 为流量，A_1、A_2 为辅助变量，C 为常量。

反馈回路是以上所述的元件结构要素按一定的次序排列和组合而成的闭合回路。一条最简单的反馈回路可由一个状态变量、一个决策变量、一个常数加上物质链和信息链组成。当系统中只存在一条反馈回路时，称其为简单系统；而当系统中存在多条（相互耦合的）反馈回路时，称其为复杂系统。此时系统的行为是多个反馈回路相互作用、相互耦合的整体效应。确定存量流量图后，需要运用数学或者运筹学、计量学上的知识对输入函数等进行方程公式的确定，使模型能够在输入参数后进行仿真和运算。

10.3.4　模型检验

1. 可靠性检验

通过量化模型仿真值和真实值之间的误差，采用平均绝对百分比误差 MAPE 来检验模型可靠性，公式如式（10-3）所示：

$$\text{MAPE} = \frac{1}{n}\sum_{i=1}^{n}\frac{|x_i - y_i|}{x_i} \tag{10-3}$$

其中，n 表示仿真值和真实值的数目；x_i 和 y_i 分别表示变量的真实值和仿真值。当 MAPE < 10% 时，判断模型是高精度的；当 10% ⩽ MAPE < 20% 时，判断模型是良好的；当 20% ⩽ MAPE < 50% 时，判断模型是可行的；当 MAPE ⩾ 50% 时，判断模型是错误的。

2. 灵敏度检验

模型变化主要分为三种形式：模型参数变化、模型结构变化以及二者同时发生变化。本节主要通过调整模型参数的形式检验模型灵敏度，此时灵敏度可以定义为式（10-4）：

$$灵敏度=\frac{\lceil 行为的变化量 \rceil}{\lceil 参数的变化量 \rceil} \tag{10-4}$$

一个合理的系统动力学模型应该表现出对参数变化的相对不敏感。考虑模型中存在多种量纲，引入百分比变化的形式反映参数和变量的变化效应。将 t 时刻的灵敏度表达为式（10-5）：

$$S_t=\left|\frac{\Delta Y(t)/Y(t)}{\Delta X(t)/X(t)}\right| \tag{10-5}$$

其中，S_t 表示变量 Y 对参数 X 变动的灵敏度；$X(t)$ 和 $Y(t)$ 分别表示参数和对应的变量在 t 时刻的真实值，$\Delta X(t)$ 和 $\Delta Y(t)$ 则分别表示二者的变化量。

3. 有效性检验

有效性检验主要包括以下两个部分：一是直观检验，即检验各子系统之间及各要素之间的因果关系，消除模型中的逻辑错误，保证参数客观合理；二是运行检验，即运行 Vensim 自带的方程式检验工具来检验方程式的准确性，以及运行量纲检验工具来验证变量的量纲一致性（程云鹤等，2019）。

（1）直观检验：检验调整后各模型子系统及各要素之间的因果关系，若模型无逻辑错误、参数客观合理，则模型通过直观检验。

（2）运行检验：通过观测运行结果来判断模型的合理性。包括以下检验内容：模型行为是否明显难以相信；模型中每一个方程式在其变量可能变化的极端情况下运行仍然有意义；模型变量的量纲是否一致。

4. 历史性检验

历史性检验是指在本节研究的时间界限内，将模型的模拟仿真结果和相应数据的历史值进行对比并计算差值，通过一段时间的对比，当各变量的误差值都在系统动力学模型可接受的范围内时，则认为模型通过检验，其模拟仿真的结果可靠合理，对后续时间的预测结果能够基本反映客观实际。一般认为，系统动力学模型的误差值在±10%以内是可接受的。

10.3.5 系统动力学仿真软件

当前市面上系统动力学仿真软件有很多，包括 Stella、Vensim、Simile、Anylogic、Ventity、Powersim 等软件。本节着重介绍当前应用较为广泛，操作较为简便的 Vensim 软件。Vensim 是由美国文坦纳系统公司（Ventana Systems, Inc.）所开发，为可视化的建模软件系统。Vensim 可提供一种简易而具有弹性的方式，以建立包括因果循环、流程图等相关模型。

其用户界面包括一个工作区以及一系列工具。具体界面如图 10-10 所示，包括标题栏、菜单栏、工具栏、绘图工具以及模型展示窗口。

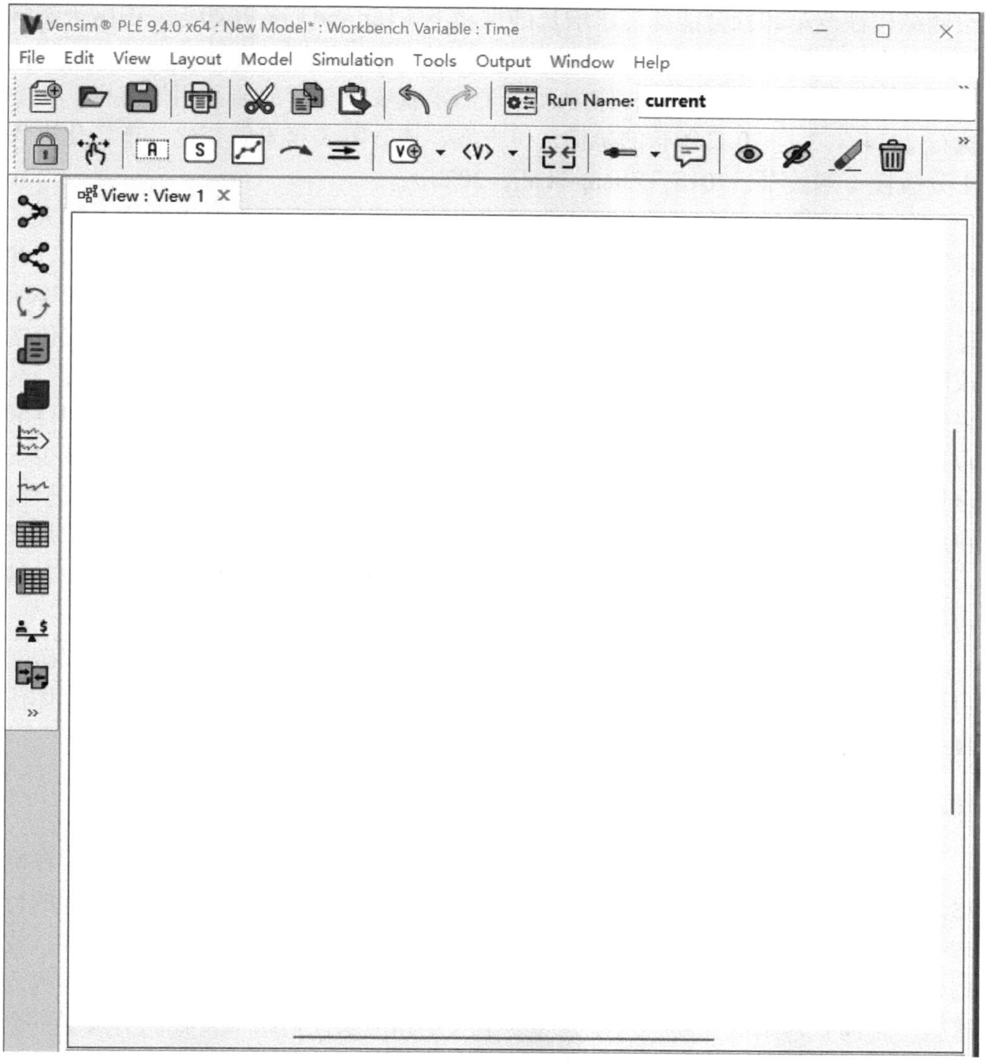

图 10-10　Vensim 主窗口界面

10.4　天然气阶梯定价政策改革模拟与评估研究

过去，中国已采取多项措施推动天然气市场化改革。在这些措施的推动下，天然气在国内一次能源消费结构中的比重呈上升趋势。可以预见，在煤改气、供给侧结构性改革和社会能源需求增长的推动下（Lin and Li，2020），中国天然气消费仍有巨大的增长潜力（IEA，2021）。当前，非居民用气和液化天然气市场目前已高度市场化。相比之下，作为天然气需求重要贡献者的居民用气市场，主要执行 2014 年 3 月 20 日颁布的阶梯气价方案，该方案多年未做变化，市场化进程十分缓慢（刘毅军，2018；Zhang et al.，2020）。

在“双碳”目标驱动下，清洁能源的快速采用导致天然气需求激增，扩大了供需之间的差异，加剧了天然气行业供应端的结构性、时间性和区域性失衡。此外，上游天然气价格的市场化程度逐步提高，导致成本价格波动的幅度和频率明显加快，与此同时，下游改革并未同步进行。终端价格仍是政府主导的固定价格或限价，定价机制缺乏灵活性，城市门站价格无法及时反映市场竞争和成本差异。另外，大范围的气价倒挂将导致终端气价矛盾，多地已出现由城市燃气公司巨额亏损而引发的限气、停气、断供等事件。这也将导致燃气企业降低成本，减少安全投入，最终损害燃气安全和能源系统稳定，不利于天然气行业市场化改革进程。在此背景下，逐步探索新的气价方案有利于我国天然气市场摆脱价格困境，加强上下游价格联动机制建设，疏导终端气价矛盾，保障城市燃气安全稳定供应和城市燃气公司合理收益。

为了探索民用天然气行业需要做出哪些改变以支持市场导向改革和“双碳”目标，本节将采用多主体建模与仿真理论与仿真，构建天然气居民用气多主体仿真系统，模拟评估天然气阶梯气价改革的直接和间接影响。

10.4.1　模型理论框架

本节采用自下而上的 MAMS 系统来模拟评估城市燃气市场的动态，旨在确定几种阶梯气价改革方案的可行性和有效性，研究重点在于捕捉不同主体间的行为和互动，包括居民用户、燃气运营商和政府。为了体现居民用户的异质性，我们根据居民收入水平将其分为五个群体：低收入家庭、中低收入家庭、中等收入家庭、中高收入家庭和高收入家庭。为了收集和记录评估结果，我们引入了一个功能性的监视主体以提高模型的准确性和解释能力。

在这个 MAMS 框架中，三类主体间的行为和互动可定义如下：首先，政府将根据天然气供气成本、内部能源结构和外部能源环境提出政策指令，并设定天然气阶梯价格的上下限。其次，燃气运营商将根据政策指令设计具体的燃气价格。

所有家庭都会对价格方案的变化做出反应，调整消费量。最后，定价政策监管代理将评估市场的运行效果和分析策略的影响，并将结果反馈给燃气运营商及政府。基于主体的城市燃气管网定价机制反应如图 10-11 所示。

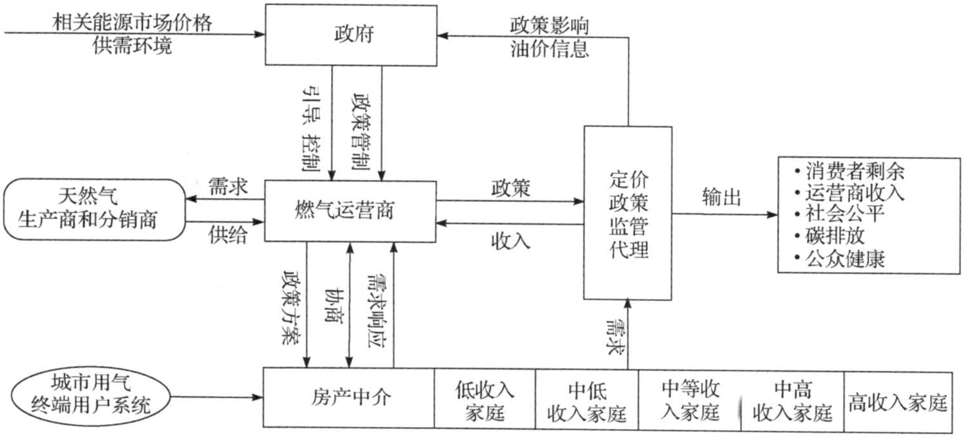

图 10-11　基于主体的城市燃气管网定价机制反应

10.4.2　模型构建

1. 需求响应行为

需求响应行为是指消费者对经济环境变化和价格变动的反应与调整。面对价格变动，消费者的需求响应行为受到多种因素的影响，这些影响主要可以分为个体效应及群体效应两种。首先，每个家庭会根据其需求价格弹性调整其天然气需求，这个调整属于个体效应。此外，研究表明家庭能源行为还会受到同伴效应的影响（Moncada et al.，2021），家庭用户对天然气需求的增加或减少可能会影响与其有关联或相邻的其他家庭的需求响应行为。其次，阶梯天然气定价还涉及天然气的聚集效应。这意味着有部分天然气消耗量略高于分界点的消费者可能会为了规避更高气价宁愿减少消费，从而都聚集在气价分割点。下面我们将从个体效应和群体效应两个角度来解析家庭对气价变动的需求响应行为。

1）个体效应

需求响应行为的个体效应主要是指消费者的需求价格弹性效应。研究表明：消费者对平均价格做出反应，而对市场或预期边际价格没有反应（Borenstein，2009；Ito，2014）。因此我们采用平均价格来分析居民消费者对于价格机制的需求响应行为以及价格弹性效应。令 i 表示第 i 个家庭，$\varepsilon(i)$ 表示每个家庭自身的价格弹性，p_0 表示当前的基准价格，p_a 表示当前的平均阶梯价格，$d_0(i)$ 和 $d(i)$ 分别表示当前递增式阶梯定价（increasing block triffs，IBTs）情景和新价格情景的家庭消费天然气需求。价格弹性的最优需求响应的推导如式（10-6）所示：

$$d(i)=d_0(i)\left(\frac{p_a(i)}{p_0(i)}\right)^{\varepsilon(i)} \tag{10-6}$$

从最优需求响应方程可以看出，在价格改变时，价格弹性 $\varepsilon(i)$ 将对需求响应行为产生关键性影响。

2）群体效应

群体效应是指一个人会受到同一群体中其他人的影响，这种影响可能会影响该人对特定行为的决策（Xiong et al.，2016）。所有研究群体效应的出发点都是证明行为集群的存在（Wolske et al.，2020）。在能源方面，最常见的是根据空间或地理位置上的接近程度来定义同伴群体，这种空间同伴效应也称为邻居效应（Graham，2018）。在天然气管网中，所有家庭都可以连接形成一个社会网络。也就是说，这些家庭可以构成一个行为集群，集群内个体的天然气消费变动会对邻居的需求响应行为产生相互影响（Bohlmann et al.，2010）。为了衡量这种群体效应，通过在家庭之间建立一定数量的无向链接来创建城市燃气社会网络，并且根据社会网络结构，每个家庭可能与零个、一个或多个家庭相链接。设 $\omega_{\text{own}}(i)$、$\omega_{\text{nbs}}(j)$ 分别表示其自身和相邻气体消耗量变化的权重，$\omega_{\text{own}}(i)+\omega_{\text{nbs}}(j)=1$；然后，第 i 个家庭的需求响应行为如式 10-7 所示：

$$d(i)=d_0(i)\left[\omega_{\text{own}}(i)\times\frac{d(i)}{d_0(i)}+\omega_{\text{nbs}}(j)\times\frac{d(j)}{d_0(j)}\right] \tag{10-7}$$

3）端点效应

端点效应是指某一独立变量在取值范围边界处产生的影响或特殊效应。在 IBTs 下，每个分界点的天然气价格都会上涨。这意味着一些消费者由于其天然气消耗量略高于分界点，将不得不支付更高的价格。出于存在规避高价格的心理需求，这些消费者宁愿稍微减少消费，也不愿为少量超额支付更高的价格（Amrhein，1995；Hewitt and Hanemann，1995）。这种行为会影响到其他与之相关或相邻的消费者，并导致在分割点处出现聚集现象。在这种情况下，消费者的需求响应行为主要取决于天然气消耗量和区块分界点之间的差距，通常只有在差距较小时才会发生。令 δ 表示间隙的阈值，$q(n)$ 表示第 n 个块分界点。当 $(d(i)-q(n))/d(i)<\delta$ 时，居民消费用气将集中在区块分界点，即 $d(i)\approx q(n)$。否则，耗气量将保持不变。

根据上述个体效应、群体效应和端点效应的影响，第 i 个家庭关于价格波动综合需求响应行为可以用式（10-8）计算：

$$d(i)=d_0(i)\left[\left(\frac{p_a(i)}{p_0(i)}\right)^{\varepsilon(i)}+\omega_{\text{nbs}}(j)\sum_{j\in\text{nbs}}\left(\frac{p_a(i)}{p_0(i)}\right)^{\varepsilon(j)}\right] \quad (10\text{-}8)$$

类似地，如果$(d(i)-q(n))/d(i)<\delta$，第i个家庭用气量将集中在区块分割点$q(n)$；否则，耗气量稳定在$d(i)$，由于$d_0(i)$到$d(i)$的家庭天然气需求响应，应重新计算平均天然气区块价格$p_a(i)$并用$p'_a(i)$表示。

2. 政策评估目标

新的价格机制实施会对居民福利、运营商收入、天然气需求、社会公平等产生一定影响（Whittington，1992），同时也会对环境以及居民健康产生影响。因此，在评估天然气定价带来的影响时，我们需要关注以下多个指标：消费者剩余、运营商收入、社会公平、碳排放量及公共健康效应。

1）消费者剩余

消费者剩余是衡量消费者福利的最重要指标之一（Freund and Wallich，1997），保护消费者剩余对政策监管至关重要。在上述部分中，我们采用了效益函数$B(d(i))$来衡量需求变化的家庭消费者效益。现在，我们将通过计算家庭消费者公用事业从平面公用事业到独立基础设施的变化来关注家庭消费者剩余。

家庭消费者总剩余变化可以表示为

$$\Delta\text{CS}=\sum\left[\frac{d(i)p_0(i)}{1+\varepsilon(i)^{-1}}\left(\frac{d(i)}{d_0(i)}\right)^{\varepsilon(i)^{-1}}\right]-\frac{d(i)p_0(i)}{1+\varepsilon(i)^{-1}}-d(i)p'_a(i)+d(i)p_0(i) \quad (10\text{-}9)$$

如果$\Delta\text{CS}\geqslant 0$，新方案下的居民消费者剩余至少与当前价格相当。

2）运营商收入

低居民用气价格未能提供足够的对当地天然气运营商的激励，这往往导致天然气短缺（Yu et al.，2014；Paltsev and Zhang，2015）。因此，天然气定价政策的目标之一是确保成本回收，实现天然气运营商的收入中性。基于居民消费者需求响应结果，得出长期边际供应成本；天然气运营商从现行价格到新价格情景的收入变化如式（10-10）所示：

$$\Delta\text{OR}=\sum\left[d(i)(p'_a(i)-c)-d_0(i)(p_0(i)-c)\right] \quad (10\text{-}10)$$

从这个公式中，我们无法直接确定运营商收入是增加了还是减少了，因为响应需求$d(i)$和响应价格$p'_a(i)$相互影响；因此，对运营商收入的影响尚不清楚。

3）社会公平

社会公平是使用阶梯价格政策的一个重要原因（Agthe and Billings，1987；Borenstein，2008）。从历史上看，天然气价格一直受到高度管制，目的是保护居民消费者，低价格可视为政府的补贴。然而，这种非目标补贴机制会导致富人受益更多，而真正需要补贴的低收入居民只会得到很少补贴（Lin et al.，2015）。因此，在这里我们采用低收入居民得到的补贴占总补贴的比例来衡量社会公平。设 θ 表示所有居民消费者集，$\tilde{\theta}$ 表示低收入居民消费者集；因此，社会公平变化可以表示为

$$\Delta \mathrm{SE}=\frac{\sum d(\theta)(p_a'(\theta)-c)}{\sum d(\theta)(p_a'(\tilde{\theta})-c)} \qquad (10\text{-}11)$$

如果 $\Delta \mathrm{SE}>0$，这意味着低收入群体在实施新价格情景后收到的补贴有所增加，也可能意味着新价格情景在识别补贴群体和改善社会公平方面可能比最初的 IBTs 更好。

4）碳排放量

天然气被认为是遏制二氧化碳排放的有效替代燃料（Dong et al.，2018；Chen et al.，2020）。然而，由于电力与天然气在民生领域的强替代性（Zeng et al.，2018；Li et al.，2022），电力会成为居民消费者减少天然气消费时的替代能源。因此，我们将初始天然气消费所导致的碳排放与新情景下天然气碳排放量加上为满足相同热量需求所消耗的替代电力所产生的碳排放量进行对比。进而评估新的价格情景对民生领域能源消费碳排放量的影响。F_{cg}、F_{ce} 分别表示天然气、电力碳排放因子，q_{g}、q_{e} 表示每单位天然气、电力产生的热值。因此碳排放量从 IBTs 到新价格情景下的变化可以表示为

$$\Delta \mathrm{CE}=\sum\left[(d(i)-d_0(i))\times F_{\mathrm{cg}}-(d(i)-d_0(i))\times F_{\mathrm{ce}}\times\frac{q_{\mathrm{g}}}{q_{\mathrm{e}}}\right] \qquad (10\text{-}12)$$

如果 $\Delta \mathrm{CE}<0$，这说明新的价格情景在抑制碳排放方面的表现比 IBTs 更好。

5）公共健康效应

天然气价格上涨可能导致替代能源电力消费增加（Zeng et al.，2018；Li et al. 2022）。然而，目前的发电结构呈现出失衡状态，过度依赖燃煤发电，而燃煤发电是污染物的重要来源，对环境和公众健康构成严重威胁。在这种情况下，我们参考前人的研究，量化了天然气价格变化对公共健康的影响（Chen and He，2014）。因此，在实施新方案下，每种污染物的浓度可表示为

$$C_{m2}=\left(\frac{p_a'(i)-p_0(i)}{p_0(i)}\times e_{\mathrm{ig}}+1\right)\times(C_{m1}-b_m)+b_m \qquad (10\text{-}13)$$

其中，m 表示污染物；e_{ig} 表示居民部门天然气和电力的交叉弹性（Lin and Li，

2020）；C_{m1} 表示污染物的基线浓度；b_m 表示背景浓度。

为了计算污染物对公共健康的影响，我们还需要引入暴露–反应系数 ER_{mj}，该系数表示污染物对相关疾病的影响程度，设 P 表示暴露于污染物的人数，M 表示总体死亡率。污染造成的非致命健康后果的数量和死亡数量可以分别表示为式（10-14）和式（10-15）：

$$\mathrm{Case}_{mj}^{\mathrm{Morbidity}} = \mathrm{ER}_{mj} \times C_{m2} \times P \tag{10-14}$$

$$\mathrm{Case}_{mj}^{\mathrm{AM}} = \mathrm{ER}_{mj} \times C_{m2} \times P \times M \tag{10-15}$$

此外，我们还根据统计寿命价值、支付意愿和疾病成本的分析方法，将健康结果的物理变化货币化。

$$V_{mj}^{\mathrm{Morbidity}} = \mathrm{Case}_{mj}^{\mathrm{Morbidity}} \times C_{mj}^{\mathrm{Morbidity}} \tag{10-16}$$

$$V_{mj}^{\mathrm{AM}} = \mathrm{Case}_{mj}^{\mathrm{AM}} \times C_{mj}^{\mathrm{AM}} \tag{10-17}$$

其中，$C_{mj}^{\mathrm{Morbidity}}$ 和 C_{mj}^{AM} 分别表示污染物导致疾病和死亡的经济价值损失。

10.4.3　情景设定

在“双碳”目标驱动和市场化改革背景下，为保障城市燃气的安全稳定供应和城市燃气公司的合理收益，本节在现有的阶梯气价基础上，设计了几种新的价格改革情景，具体的价格方案如下。

基准情景：现有阶梯定价。2014 年 3 月 20 日，《国家发展改革委关于建立健全居民生活用气阶梯价格制度的指导意见》印发，开始正式施行阶梯气价政策。根据指导意见，阶梯气价政策按照不同用气需求，将居民用气量分为三档，其中：第一档用气量 Q_1，按覆盖区域内 80%居民家庭用户的月均用气量确定；第二档用气量 Q_2，按覆盖区域内 95%居民家庭用户的月均用气量确定；第三档用气量 Q_3，为超出第二档的用气部分。三档价格 p_1、p_2、p_3 比为 1:1.2:1.5。

情景 1：调整阶梯气价，降低第一档价格，同时提高第二档、第三档价格。此情景是在《国家发展改革委关于建立健全居民生活用气阶梯价格制度的指导意见》的基础上试图找到兼顾公平与效率的优化阶梯定价结构（肖建忠等，2019），研究发现更多的区块和更大的区块间气价差距可以优化补贴再分配，提高其公平性和效率。因此将第一个区块价格在基准价格基础上下调 10%，第二个和第三个区块价格需要分别调整为基础价格的 2 倍和 2.5 倍。

情景 2：建立上、下游价格联动机制。理论和实践经验都表明适时启动居民天然气上下游价格联动机制，合理上调居民燃气价格有利于避免上下游价格矛盾的持续积累（Che et al.，2022）。进一步放松价格管制的公式实现了政府管制与市场调节的结合。2021 年 4 月国家允许居民气源企业门站价格调整，天然气气源企业门站价格不区分用户分类（居民和非居民），价格统一上调 5%。联动价格经核算为 0.092 元，因此三个区块的价格都在基准价格基础上上调 0.092 元/米 ^{3}。

情景 3：市场价格。市场化定价能够带来的好处远大于风险，目前世界上通行的天然气定价方法主要是采用与替代能源挂钩、以市场净回值定价为主的方法（Werner et al.，2012）。本节参考 2011 年 12 月国家发展和改革委员会在广东省、广西壮族自治区开展的天然气价格改革机制，选取上海市场作为中心市场，根据可替代能源价格折算，确定市场中心的天然气价格 3.04 元/米 ^{3}。

情景 4：推行季节性差价政策。居民用气量会随季节变化而存在明显的季节性变动规律和峰谷值。现行居民用气价格机制缺乏弹性，不能灵敏地反映市场供求变化特别是冬夏季节性差异，不利于资源优化配置和高效节约使用。针对季节性消费的价格调峰机制能够充分体现天然气价格对市场供求变动的反应，从而刺激消费峰值期间天然气供应商的生产积极性，保证天然气的充足供应。本节将淡季价格设定为第一级阶梯的价格，旺季价格则在淡季基础上上调 10%。另外，对于极端消费群体（消费量大于等于 450 立方米或者小于等于 50 立方米）全年执行旺季价格或淡季价格。

以上四种情景都是根据其他地区的政策建议或在现有价格模式的基础上进行调整而得出的方案，在提出这些政策情景后，我们将在接下来的部分采用基于代理的工具进行建模和模拟，以研究其影响。

10.4.4 数据和变量

根据以往基于 MAMS 框架和居民需求响应行为，价格政策评估需要获得所有个体家庭的完整属性，如可支配收入、天然气消费、自身价格弹性等社会网络关系。然而，这一家庭层面的信息是巨大的，因此难以在任何程度上确保其准确性。为了解决这一困境，我们从某一区域公司获得了天然气消费数据，从实证调查中收集了家庭层面的收入数据，并从统计年鉴中查阅了部分宏观经济数据。基于这些数据，我们使用 NetLogo 平台建立了一个基于 MAMS 的仿真模型，以 10 000 名异质性家庭消费者为代表样本，其中所有个人属性和系统参数都是根据获得的数据特征和一些相关研究从分布函数中生成的。虽然用于该计算模型的 10 000 名个体并没有捕获所有家庭消费者，但计算结果被认为是具有代表性的，家庭消费者的响应行为可能会产生意外的涌现现象，因为总结果不仅仅是各部分的总和。

根据所选择的平台，我们可以使用基于经验调查样本的分布函数生成年度家庭可支配收入和天然气消费量。Kotz 等（2010）学者指出，伽马分布最适用于描述收入分布。因此，所有家庭可支配收入均由伽马分布函数的随机伽马生成。

为了估计消费者需求响应行为并评估政策影响，我们仍然需要获得这些异质住宅消费者的价格弹性和社会网络结构。然而，由于数据的限制，我们无法准确估计不同收入群体的价格弹性。一般来说，弹性会随着收入的增加而增加，但收入越高，其对价格变化的敏感性越弱。因此，中等收入家庭的价格弹性最大（Alberini and Filippini，2011；Li et al.，2022）。Zeng 等（2018）、Trotta 等（2022）分析了住宅燃气部门的价格弹性。因此，我们假设不同收入群体的价格弹性将根据这些参考数据波动。在社会网络中，我们构建了一个随机网络来模拟个体的社会关系，网络结构中的聚类系数为 0.01，表示个体的聚集程度。

我们根据家庭比例和收入水平将居民消费者分为五组。同样，根据某一区域公司的数据以及弹性数据，各组用户的用气量由正态分布函数随机生成。具体参数如表 10-2 所示。

表 10-2　不同收入群体的年天然气消费量和价格弹性

类别	不同收入群体				
	低收入	中低收入	中等收入	中高收入	高收入
家庭比例	20%	20%	20 %	20%	20%
平均家庭收入/元	<70 000	70 000～100 000	100 000～130 000	130 000～180 000	>180 000
每户人数/人	3.24	2.89	2.52	2.54	2.22
人口比例	24.16%	21.55%	18.79%	18.94%	16.55%
天然气年消耗量/米 ^{3}	N（140,80）	N（170,120）	N（180,150）	N（200,180）	N（220,200）
自有价格弹性	−0.67	−0.89	−1.14	−0.73	−0.59
天然气支出与收入之比	0.73%	0.63%	0.46%	0.41%	0.33%

10.4.5　结果和分析

根据已构建的 MAMS 模型，这里模拟了四种新情景下居民家庭的需求响应行为，并与基准情景结果进行比较，分析了平均价格、天然气消费、消费者剩余、运营商收益、社会公平、补贴规模和碳排放量的相对变化，主要结果如表 10-3 所示。

表 10-3　实施关税计划后影响指标变化百分比

政策情景	平均价格	天然气消费	消费者剩余	运营商收益	社会公平	补贴规模	碳排放量
情景 1	−8.98%	3.53%	7.43%	−8.42%	1.08%	0.92%	−6.51%
情景 2	3.89%	−3.43%	−3.70%	3.70%	0.15%	−0.42%	6.32%
情景 3	19.47%	−13.34%	−17.35%	16.42%	−0.50%	−1.85%	24.59%
情景 4	2.67%	−2.43%	−2.64%	2.59%	0.14%	−0.37%	4.48%

尽管平均结果表明没有一种情景能够同时实现最大化消费者剩余、提高运营商收益、保证社会公平，并最小化补贴规模和碳排放量的目标。然而几乎每个情景至少在一个方面都显示出显著效果。例如，情景 1 能够在最大程度上促进天然气消费、实现社会公平、保证消费者剩余以及减少碳排放量。情景 3 则被证明是最能保证运营商收益且降低补贴规模的最佳方案。

根据这些模拟结果，我们可以得出以下结论。首先，消费者剩余和运营商收益是两个相互冲突的目标，不能同时实现，在消费者剩余减少最多的情景中，运营商收益最为显著。其次，天然气平均价格的提高会导致补贴规模的缩小，从而缓解交叉补贴。最后，天然气平均价格降低会促进天然气消费，减少碳排放量。决策者必须平衡不同的利益和政策目标，综合考虑。总体而言，四种政策情景的可行性主要取决于政策监管者的既定目标。

在市场化改革逐步深化的背景下，政策监管者制定政策时最主要且最根本的目标首先是应该理顺价格构成，建立灵活反映供气成本波动以及市场供需的价格机制，确保社会公平及运营商收益。因此，在设定情景时，除了需要确保运营商收益和其他经济效益之外，还应该具备促进社会公平和减少不平等的能力。另外，在当前“双碳”政策背景下，设定情景还应在促进清洁能源消费和减少碳排放量方面发挥积极作用。由于从平均结果上来看没有一种政策情景可以同时实现这所有目标。因此，我们对几种不同情景下的不同收入群体产生的具体影响进行了比较，以便从四个情景中选择一个最合适的情景。为了证明情景效益，我们选取了不同收入群体的天然气价格变动比例、消费量变动比例、补贴分布情景及碳排放量变动比例作为主要指标进行模拟。

表 10-4 显示了几种情景下不同收入群体的价格变化幅度，可以看出不同收入群体的价格存在差异。在情景 2～情景 4 中，不同收入群体的价格变动比例相近，这表明在这三种情景中，价格调整在不同收入水平中的分布是均匀的。但在情景 1 中，价格变动幅度随着收入水平的提高而减小，说明该情景下的价格调整向低收入群体倾斜，有利于实现收入再分配的效果，提高社会公平性，鼓励低收入群体消费清洁能源，促进低碳转型。

表 10-4　不同收入群体感受到的平均价格变化百分比

政策情景	低收入	中低收入	中等收入	中高收入	高收入	总体变化
情景 1	−10.02%	−9.89%	−9.69%	−8.36%	−5.82%	−8.98%
情景 2	4.01%	3.95%	3.89%	3.81%	3.80%	3.89%
情景 3	20.00%	19.86%	19.58%	19.17%	18.62%	19.47%
情景 4	2.76%	2.74%	2.68%	2.62%	2.52%	2.67%

表 10-5 提供了不同政策情景下不同收入群体消费水平（用平均用气量衡量）的变化情况。情景 1 会导致消费水平的正向变化，而其他情景则会导致消费水平的负向变化。此外，这些变化的幅度也因收入群体而异。在情景 2～情景 4 中，中等收入群体的消费变化百分比最高，这反映出中等收入群体的消费弹性最大，对能源价格的波动最为敏感。现阶段，价格改革的实施应尽量促进清洁能源的消费。此外，林伯强和杨芳（2009）的研究表明，能源消费从高收入群体向低收入群体转移对促进社会可持续发展具有积极影响。

表 10-5 不同收入群体平均用气量变化百分比

政策情景	低收入	中低收入	中等收入	中高收入	高收入	总体变化
情景 1	7.18%	7.08%	5.46%	0.89%	2.17%	3.53%
情景 2	−2.61%	−3.54%	−4.53%	−3.24%	−2.67%	−3.43%
情景 3	−11.49%	−14.54%	−17.94%	−11.77%	−8.98%	−13.34%
情景 4	−1.95%	−2.58%	−3.30%	−2.20%	−1.71%	−2.43%

表 10-6 显示了不同收入群体的补贴比例。这些差异意味着四种情景具有不同的公平性和公正性。考虑社会公平，避免或适当平衡对高收入群体的补贴，对政策制定者来说至关重要。一般来说，低收入群体的补贴比例应高于高收入群体。我们可以对不同收入群体的补贴进行重新分配，以提高社会公平性。在情景 1 中，获得补贴比例最高的是中等收入群体，其次是中高收入群体，而在情景 2～情景 4 中，中高收入群体获得的补贴比例最高。情景 1 中，获得补贴比例最低的是高收入群体，情景 2～情景 4 获得补贴比例最低的均为低收入群体。高收入群体获得的补贴比例较低，就低收入群体获得补贴的比例而言，情景 1 的补贴分配相对最优。因此，从社会公平的角度来看，情景 1 更为有效。

表 10-6 不同收入群体的补贴比例

政策情景	低收入	中低收入	中等收入	中高收入	高收入
情景 1	13.61%	24.12%	25.67%	25.24%	11.37%
情景 2	12.51%	21.66%	23.08%	27.93%	14.82%
情景 3	11.81%	20.73%	22.64%	27.58%	17.24%
情景 4	12.95%	23.34%	23.73%	26.30%	13.68%

此外，我们还计算了不同收入群体的碳排放量变化，见表 10-7。碳排放量变化与天然气消耗量之间存在明显的相关性。从减少碳排放量的角度而言，情景 1 的表现最好，效率更高，其次是情景 4、情景 2、情景 3。

表 10-7　不同收入群体的碳排放量变化百分比

政策情景	低收入	中低收入	中等收入	中高收入	高收入	总体变化
情景 1	–13.26%	–13.06%	–10.07%	–1.63%	4.00%	–6.51%
情景 2	4.81%	6.53%	8.35%	5.96%	4.92%	6.32%
情景 3	21.18%	26.80%	33.07%	21.70%	16.55%	24.59%
情景 4	3.60%	4.76%	6.08%	4.06%	3.15%	4.48%

天然气价格上涨可能导致替代能源消费增加，而天然气与电力之间具有很强的替代性，因此天然气价格上涨可能导致电力消费增加。但由于目前发电结构不合理，燃煤发电比例过高。电力消费产生大量污染物，严重危害环境和公众健康，甚至与“双碳”目标背道而驰。在此背景下，我们参考 He 等（2020）的研究，量化了天然气价格变化对电力消费的环境和公共健康影响。

计算结果见表 10-8。结果显示，情景 1 可导致病例数量和公共健康损失的经济价值下降。相比之下，其他几种情景会导致病例数增加，公共健康损失的经济价值增加。

能源系统必须支持三大目标：以环境可持续的方式促进经济增长、提供普遍的能源服务和确保能源安全（Lin and Li，2021）。这就需要在充足的能源供应、环境污染和社会发展之间做出权衡。前面的比较结果揭示了选择适当政策方案的基本逻辑，我们可以对此进行综合分析。回顾表 10-3，在情景 1 下，天然气价格的下降虽然导致了消费者剩余的增加，然而该情景的成本是运营商收益的大幅下降。该种情景无法有效地解决价格困境、疏导终端气价矛盾，还可能会对天然气供应链的持续和可靠性产生负面影响。情景 3 下，天然气价格调整接近 20%，消费者剩余减少了 17.35%，社会公平程度也减小。这说明该情景加重了消费者的生活负担，还加剧了社会不平等情况，甚至可能损害市场秩序和公平竞争。因此，情景 2 上下游价格联动机制以及淡旺季价格政策在解决价格困境上表现最好。相对于情景 2 来说，情景 4 可以通过调整淡旺季不同价格，更好地适应季节性的天然气需求变化，促进资源的合理利用，减少高峰时段的需求压力。将这四种情景与初始递增式阶梯气价进行比较，可以得出结论，情景 4 将是所讨论的四种情景中最合适（或折中）的情景。

表 10-8 公共健康损失变化百分比

政策情景	呼吸道疾病死亡率		心血管疾病死亡率		呼吸道疾病入院人数		心血管疾病入院人数		哮喘就诊		急性支气管炎就诊	
	Δ 案例	Δ 损失	Δ 案例	Δ 损失	Δ 案例	Δ 损失	Δ 案例	Δ 损失	Δ 案例	Δ 损失	Δ 案例	Δ 损失
情景 1	−1176.06%	−1406.03%	−748.44%	−1212.09%	−1459.47%	−21.13%	−920.59%	−24.98%	−1317.27%	−0.26%	−2357.60%	−0.63%
情景 2	509.45%	609.07%	324.22%	525.06%	632.22%	9.15%	398.78%	10.82%	570.62%	0.11%	1021.27%	0.28%
情景 3	2549.87%	3048.48%	1622.74%	2628.00%	3164.35%	45.80%	1995.97%	54.16%	2856.03%	0.56%	5111.64%	1.38%
情景 4	349.32%	417.63%	222.30%	360.01%	433.49%	6.28%	273.43%	7.42%	391.26%	0.08%	700.26%	0.19%

在情景 4 下，我们进一步计算了不同收入群体的天然气支出、消费者剩余以及燃气费用与收入比的变化百分比。如表 10-9 所示，除中等收入群体外，其他不同收入群体的天然气支出都略有增加。这是因为中等收入群体的消费弹性最大，消费减少最多，导致了支出减少。另外，所有五个组别的消费者剩余都会减少。因此，我们可以假设天然气支出的增加是消费者剩余减少的主要原因。此外，虽然大多数收入群体的天然气支出会增加，但新情景下所有不同收入群体的燃气费用与收入比都小于 1.00%，这意味着天然气支出对所有家庭来说都是可以接受的。

表 10-9　最佳政策下不同收入群体的影响

最佳政策	低收入	中低收入	中等收入	中高收入	高收入	总体变化
天然气支出	0.62%	0.08%	–0.47%	0.11%	0.29%	0.06%
消费者剩余	–1.92%	–1.88%	–1.77%	–1.75%	–1.59%	–1.78%
燃气费用与收入比	0.70%	0.55%	0.47%	0.41%	0.32%	0.44%

通过量化分析的结果，我们得到了以下几个结论。

首先，现行的阶梯气价制度存在以下几个问题：第一，当前的 IBTs 政策中不同阶梯价格之间的差距较小，存在“补贴漏洞”，可能会导致高收入水平的家庭享受更高的补贴，还会增加收入水平较低而天然气需求较高的居民用户（如低收入多人口家庭）的支出，不利于社会公平。第二，当前的价格制定倾向于福利价格机制，它与供气成本以及替代燃料价格的联系较弱，顺价联动较为滞后，无法建立真正的市场定价体系。第三，阶梯价格下的交叉补贴机制会导致燃气公司居民业务板块亏损严重，通过工商业用户补贴亏损也不可持续。长期来看会影响各部门之间的资源配置，不利于天然气行业市场化改革。因此进一步优化气价制度有一定的现实意义。

其次，存在一种优化的定价政策有可能取代现有的增量天然气定价制度。评估结果表明，季节性差别定价政策显示出更好的平均结果。现行居民用气价格实行政府指导价，价格联动滞后。季节性差别定价政策引入了市场化机制和差别定价策略，能够适应市场需求的波动。同时，还可以根据上游供气成本来调整终端淡旺季销售价格，缓解城燃公司居民板块的大幅亏损。在情景 4 下，运营商收益能够提升 2.59%。尽管在此情景下碳排放量有所增加，但这并不意味着我们的政策设定是失败的。我们需要认识到成本理顺和交叉补贴问题的解决对于居民和整个社会的长期利益具有重要意义。通过消除交叉补贴，我们可以提高资源配置效率，降低供气成本，为居民提供更加可持续和稳定的天然气供应。

最后，根据情景 3 的结果可以看出，中国现阶段的居民用气定价并不符合完全市场定价的必要条件。目前我国天然气市场的寡头垄断仍然存在于天然气产业链的中上游，并没有发生根本性的变化。这预示着在这样的市场条件下，天然气供应方拥有实质性的价格控制权，尚不具备完全或基本放开天然气价格由市场形成的条件。

10.5 本章小结

本章主要介绍复杂系统仿真模型，包括多智能体系统仿真和系统动力学仿真。并利用多智能体仿真模拟天然气市场系统，评估民用天然气行业中几种定价机制的直接和间接影响。为了探索基于价格弹性的最合适价格机制，模型还考虑了收入水平和复杂的社会环境，模拟了不同情景下的多目标结果，给当前民用天然气行业进行变革以支持市场化改革和“双碳”目标的实现提供了数据参考。

参考文献

陈树新，石磊，吴昊. 2017. 通信系统建模与仿真教程[M]. 3 版. 北京：电子工业出版社.

陈文淑乐，向月，彭光博，等. 2021. “双碳”目标下电力系统供给侧形态发展系统动力学建模与分析[J]. 上海交通大学学报, 55(12): 1567-1576.

程云鹤，王宛昊，周强. 2019. 安徽绿色经济发展系统动力学模型及政策仿真[J]. 华东经济管理, 33(6): 14-23.

高大成，贾仁安，祝琴，等. 2015. 高校专业设置对创新型教师培养的作用：基于组织管理系统动力学流率基本入树建模法和反馈环分析法[J]. 南昌大学学报(理科版), 39(4): 323-337.

贾清萍，贾仁安，王翠霞，等. 2013. 系统受力的因果链出树传递效应分类分析法研究：对中国农村新医改五大对策实施的传递效应的实证分析[J]. 中国管理科学, 21(5): 172-183.

贾伟强，贾仁安. 2020. 组织管理系统动力学反馈理论与应用[M]. 北京：科学出版社.

隽志才. 2010. 管理系统仿真建模及应用[M]. 北京：清华大学出版社.

康凤举，杨惠珍，高立娥，等. 2006. 现代仿真技术与应用[M]. 2 版. 北京：国防工业出版社.

梁向阳. 2011. 系统仿真基础与计算机实现[M]. 西安：西北工业大学出版社.

林伯强，杨芳. 2009. 电力产业对中国经济可持续发展的影响[J]. 世界经济, (7): 3-13.

刘瑞叶，任洪林，李志民. 2011. 计算机仿真技术基础[M]. 2 版. 北京：电子工业出版社.

刘毅军. 2018. 对于完善中国居民用气价格机制的思考[J]. 天然气工业, 38(1): 130-141.

刘藻珍，魏华梁. 1998. 系统仿真[M]. 北京：北京理工大学出版社.

马歆，王文彬. 2019. 系统动力学建模与应用研究[M]. 北京：中国水利水电出版社.

王震，周晓宏，王介石，等. 2023. 长三角地区数字创意产业创新生态系统建模与仿真[J]. 科技管理研究, 43(9): 56-66.

肖建忠，黎明，王小林. 2019. 中国民用天然气价格规制的公共福利效应与阶梯定价优化情景分析[J]. 中国地质大学学报(社会科学版), 19(1): 46-58.

余顺坤，周黎莎，李晨. 2013. 基于可再生能源配额制的绿色证书交易 SD 模型设计[J]. 华东电力, 41(2): 281-285.
岳昊, 李顺昕, 沈卫东. 2019. 关于《建立健全可再生能源电力消纳保障机制的通知》的思考[J]. 华北电业, (7): 60-61.
张婧欣, 赖力, 贾亚梅, 等. 2023. 双碳背景下绿电消费能力提升的路径和对策建议[J]. 能源研究与利用, (1): 44-46.
张永安, 李晨光. 2010. 复杂适应系统应用领域研究展望[J]. 管理评论, 22(5): 121-128.
赵春晓, 魏楚元. 2021. 多智能体技术及应用[M]. 北京: 机械工业出版社.
Agthe D E, Billings R B. 1987. Equity, price elasticity, and household income under increasing block rates for water[J]. American Journal of Economics and Sociology, 46(3): 273-286.
Alberini A, Filippini M. 2011. Response of residential electricity demand to price: the effect of measurement error[J]. Energy Economics, 33(5): 889-895.
Amrhein C G. 1995 Searching for the elusive aggregation effect: evidence from statistical simulations[J]. Environment and Planning A: Economy and Space, 27(1): 105-119.
Bohlmann J D, Calantone R J, Zhao M. 2010. The effects of market network heterogeneity on innovation diffusion: an agent - based modeling approach[J]. Journal of Product Innovation Management, 27(5): 741-760.
Borenstein S. 2008. Equity effects of increasing-block electricity pricing [D]. Working Paper Series CSEM WP 180. University of California Energy Institute.
Borenstein S. 2009. To what electricity price do consumers respond? Residential demand elasticity under increasing-block pricing [D].Working Paper Series CSEM WP 195. University of California Energy Institute.
Bui T, Lee J. 1999. An agent-based framework for building decision support systems[J]. Decision Support Systems, 25(3): 225-237.
Buonocore J J, Choma E, Villavicencio A H, et al. 2019. Metrics for the sustainable development goals: renewable energy and transportation[J]. Palgrave Communications, 5(1): 136.
Che C, Geng X, Zheng H X, et al. 2022. The pricing mechanism analysis of China's natural gas supply chain under the "dual carbon" target based on the perspective of game theory[J]. Sustainability, 14(15): 9510.
Chen S M, He L Y. 2014. Welfare loss of China's air pollution: how to make personal vehicle transportation policy[J]. China Economic Review, 31: 106-118.
Chen X, Shuai C Y, Zhang Y, et al. 2020. Decomposition of energy consumption and its decoupling with economic growth in the global agricultural industry[J]. Environmental Impact Assessment Review, 81: 106364.
Decker K S. 1995. Environment Centered Analysis and Design of Coordination Mechanisms[M]. Amherst: University of Massachusetts Amherst.
Dong K Y, Sun R J, Li H, et al. 2018. Does natural gas consumption mitigate CO_2 emissions: testing the environmental Kuznets curve hypothesis for 14 Asia-Pacific countries[J]. Renewable and Sustainable Energy Reviews, 94: 419-429.
Dong Y L, Shimada K. 2017. Evolution from the renewable portfolio standards to feed-in tariff for the deployment of renewable energy in Japan[J]. Renewable Energy, 107: 590-596.

Fan W H, Chen P Y, Shi D M, et al. 2021. Multi-agent modeling and simulation in the AI age[J]. Tsinghua Science and Technology, 26(5): 608-624.

Ford A, Vogstad K, Flynn H. 2007. Simulating price patterns for tradable green certificates to promote electricity generation from wind[J]. Energy Policy, 35(1): 91-111.

Freund C, Wallich C. 1997. Public-sector price reforms in transition economies: who gains? who loses? The case of household energy prices in Poland[J]. Economic Development and Cultural Change, 46(1): 35-59.

Graham B S. 2018. Identifying and estimating neighborhood effects[J]. Journal of Economic Literature, 56(2): 450-500.

Hadzic M, Chang E. 2008. Onto-agent methodology for design of ontology-based multi-agent systems[J]. International Journal of Computer Systems Science & Engineering, 23(1): 19-30.

He L Y, Liu L, Ouyang Y, et al. 2020. Consumer demand, pollutant emissions and public health under increasing block tariffs and time-of-use pricing policies for household electricity in China[J]. Emerging Markets Finance and Trade, 56(13): 2993-3014.

Hewitt J A, Hanemann W M. 1995. A discrete/continuous choice approach to residential water demand under block rate pricing[J]. Land Economics, 71(2): 173-192.

IEA. 2021. World energy outlook 2021[EB/OL]. [2024-03-20]. https://www.iea.org/reports/world-energy-outlook-2021.

Ito K 2014. Do consumers respond to marginal or average price? Evidence from nonlinear electricity pricing[J]. American Economic Review, 104(2): 537-563.

Kotz S, Leiva V, Sanhueza A. 2010. Two new mixture models related to the inverse Gaussian distribution[J]. Methodology and Computing in Applied Probability, 12: 199-212.

Li A. 2012. Modeling human decisions in coupled human and natural systems: review of agent-based models[J]. Ecological Modelling, (229): 25-33.

Li J M, Dong X C, Jiang Q Z, et al. 2022. Urban natural gas demand and factors analysis in China: perspectives of price and income elasticities[J]. Petroleum Science, 19(1): 429-440.

Lin B Q, Li Z S. 2020. Analysis of the natural gas demand and subsidy in China: a multi-sectoral perspective[J]. Energy, 202: 117786.

Lin B Q, Li Z S. 2021. Does natural gas pricing reform establish an effective mechanism in China: a policy evaluation perspective[J]. Applied Energy, 282: 116205.

Lin B Q, Liu C, Lin L. 2015. The effect of China's natural gas pricing reform[J]. Emerging Markets Finance and Trade, 51(4): 812-825.

Liu G X, Dong X C, Jiang Q Z, et al. 2018. Natural gas consumption of urban households in China and corresponding influencing factors[J]. Energy Policy, 122: 17-26.

Liu J X. 2019. China's renewable energy law and policy: a critical review[J]. Renewable and Sustainable Energy Reviews, 99: 212-219.

Malone T W, Crowston K. 1994. The interdisciplinary study of coordination[J]. ACM Computing Surveys (CSUR), 26(1): 87-119.

Martial F. 1992. Coordinating Plans of Autonomous Agents[M]. Berlin: Springer.

Moncada J A, Tao Z, Valkering P, et al. 2021. Influence of distribution tariff structures and peer effects

on the adoption of distributed energy resources[J]. Applied Energy, 298: 117086.
Paltsev S, Zhang D W. 2015. Natural gas pricing reform in China: getting closer to a market system?[J]. Energy Policy, 86: 43-56.
Pineda S, Bock A. 2016. Renewable-based generation expansion under a green certificate market[J]. Renewable Energy, 91: 53-63.
Rahimiyan M, Mashhadi H R. 2010. Evaluating the efficiency of divestiture policy in promoting competitiveness using an analytical method and agent-based computational economics[J]. Energy Policy, 38(3): 1588-1595.
Rouhani O M, Niemeier D, Gao H O, et al. 2016. Cost-benefit analysis of various California renewable portfolio standard targets: is a 33% RPS optimal?[J]. Renewable and Sustainable Energy Reviews, 62: 1122-1132.
Stokes L C, Warshaw C. 2017. Renewable energy policy design and framing influence public support in the United States[J]. Nature Energy, 2(8): 17107.
Tanaka M, Chen Y. 2013. Market power in renewable portfolio standards[J]. Energy Economics, 39: 187-196.
Trotta G, Hansen A R, Sommer S. 2022. The price elasticity of residential district heating demand: new evidence from a dynamic panel approach[J]. Energy Economics, 112: 106163.
Tu Q, Mo J L, Betz R, et al. 2020. Achieving grid parity of solar PV power in China-the role of tradable green certificate[J]. Energy Policy, 144: 111681.
Werner J, Sucky E, Biethahn N, et al. 2012. Mobility in a Globalised World (Vol. 6)[M]. Bamberg: University of Bamberg Press.
Whittington D. 1992. Possible adverse effects of increasing block water tariffs in developing countries[J]. Economic Development and Cultural Change, 41(1): 75-87.
Wolske K S, Gillingham K T, Schultz P W. 2020. Peer influence on household energy behaviours[J]. Nature Energy, 5(3): 202-212.
Wooldridge M. 2009. An Introduction to Multi-Agent Systems[M]. Hoboken: John Wiley & Sons.
Wooldridge M, Jennings N R. 1995. Intelligent agents: Theory and practice[J]. The Knowledge Engineering Review, 10(2): 115-152.
Xiong H, Payne D, Kinsella S. 2016. Peer effects in the diffusion of innovations: theory and simulation[J]. Journal of Behavioral and Experimental Economics, 63: 1-13.
Xu X Z, Wang J Y, Ma Y L. 2008. An exploration on the simulation system theory of the discipline of simulation science and technology[C]//ICSC. 2008 Asia Simulation Conference-7th International Conference on System Simulation and Scientific Computing. Beijing: ICSC: 375-379.
Yang J D, Wang H, Han X W. 2013. The application of multi-agent technology in multi-motor control system[M]//Liu H C, Sung W P, Yao W L. Information Technology and Computer Application Engineering. New York: CRC Press: 529-532.
Yu S W, Zheng S H, Ba G Z, et al. 2016. Can China realise its energy-savings goal by adjusting its industrial structure?[J]. Economic Systems Research, 28(2): 273-293.
Yu Y H, Zheng X Y, Han Y. 2014. On the demand for natural gas in urban China[J]. Energy Policy, 70: 57-63.

Zeng S P, Chen Z M, Alsaedi A, et al. 2018. Price elasticity, block tariffs, and equity of natural gas demand in China: investigation based on household-level survey data[J]. Journal of Cleaner Production, 179: 441-449.

Zhang J D, Tan Y F, Zhang T T, et al. 2020. Natural gas market and underground gas storage development in China[J]. Journal of Energy Storage, 29: 101338.

Zhang Y Z, Zhao X G, Ren L Z, et al. 2017. The development of China's biomass power industry under feed-in tariff and renewable portfolio standard: a system dynamics analysis[J]. Energy, 139: 947-961.

Zhao X G, Zhou Y, Zuo Y, et al. 2019. Research on optimal benchmark price of tradable green certificate based on system dynamics: a China perspective[J]. Journal of Cleaner Production, 230: 241-252.

Zhong Z Q, He L Y. 2022. Macro-regional economic structural change driven by micro-founded technological innovation diffusion: an agent-based computational economic modeling approach[J]. Computational Economics, 59: 471-525.

Zhou Y, Zhao X G, Wang Z. 2020. Demand side incentive under renewable portfolio standards: a system dynamics analysis[J]. Energy Policy, 144: 111652.

附　　录

附表　不同类型光伏技术发电潜力评估　　　　单位：太瓦时

地区	集中式	平屋顶分布式	坡屋顶分布式	建筑立面分布式
北京市	8.8	86.3	93.4	31.6
天津市	6.8	32.2	21.9	21.7
石家庄市	1.6	31.6	36.8	7.6
唐山市	3.6	39.5	125.1	3.6
秦皇岛市	2.3	8.8	38.9	4.4
邯郸市	0.1	6.9	68.9	1.9
邢台市	1.3	37.6	58.0	1.1
保定市	0.3	31.8	23.3	2.1
张家口市	65.7	11.5	19.3	5.1
承德市	17.0	25.4	11.1	4.6
沧州市	0.7	1.4	101.0	2.2
廊坊市	0.6	14.8	12.4	1.3
衡水市	0.1	7.9	7.1	3.9
太原市	14.7	17.3	2.3	4.4
大同市	40.4	4.1	4.4	2.8
阳泉市	0.0	5.2	4.2	1.0
长治市	23.0	5.8	4.5	2.7
晋城市	5.0	4.4	2.7	2.0
朔州市	37.0	1.9	62.8	2.2
晋中市	17.4	5.4	4.8	3.0
运城市	18.2	12.1	7.4	1.3

续表

地区	集中式	平屋顶分布式	坡屋顶分布式	建筑立面分布式
忻州市	43.0	4.7	4.5	2.8
临汾市	26.6	7.1	6.0	3.7
吕梁市	15.7	42.5	5.3	3.5
呼和浩特市	95.6	9.4	8.0	9.0
包头市	118.8	4.8	5.3	5.7
乌海市	48.1	4.4	0.9	1.2
赤峰市	309.0	12.1	12.1	14.3
通辽市	122.8	22.9	6.1	12.8
鄂尔多斯市	1 300.5	8.1	8.5	13.8
呼伦贝尔市	76.5	1.1	53.4	15.2
巴彦淖尔市	553.8	17.1	22.2	12.0
乌兰察布市	193.6	4.2	12.1	10.0
兴安盟	135.2	7.9	10.0	13.5
锡林郭勒盟	267.0	4.1	13.5	6.7
阿拉善盟	1 283.7	2.0	1.9	2.6
中朝共有	0.0	0.0	0.0	0.0
沈阳市	3.7	25.9	44.4	13.7
大连市	2.9	36.8	73.1	14.0
鞍山市	1.4	13.3	15.7	6.3
抚顺市	0.5	11.2	4.7	2.3
本溪市	0.0	2.9	3.6	6.5
丹东市	0.8	22.2	8.7	4.3
锦州市	8.6	3.6	12.9	20.5
营口市	2.4	22.5	8.5	4.2
阜新市	22.0	9.0	5.2	17.4
辽阳市	0.3	4.4	6.9	10.6
盘锦市	0.1	12.7	5.0	2.4

续表

地区	集中式	平屋顶分布式	坡屋顶分布式	建筑立面分布式
铁岭市	1.2	2.8	4.3	16.0
朝阳市	41.0	7.5	37.2	27.6
葫芦岛市	6.6	20.9	8.6	3.6
长春市	10.2	25.0	45.4	11.8
吉林市	1.0	27.7	13.0	2.9
四平市	13.6	8.7	50.8	19.7
辽源市	1.5	3.0	1.4	4.4
通化市	1.1	8.2	7.4	9.4
白山市	0.2	1.2	3.1	5.4
松原市	88.9	2.3	14.1	17.8
白城市	164.4	6.5	12.0	17.2
延边朝鲜族自治州	3.1	16.0	7.1	1.6
哈尔滨市	2.4	43.4	51.8	12.7
齐齐哈尔市	2.4	33.9	21.0	5.1
鸡西市	0.0	1.3	3.2	8.9
鹤岗市	0.1	0.5	2.4	4.8
双鸭山市	0.0	1.1	4.9	7.1
大庆市	40.1	13.4	23.4	9.6
伊春市	0.3	0.3	0.7	2.5
佳木斯市	0.0	1.4	10.9	10.4
七台河市	0.0	0.8	3.3	3.3
牡丹江市	0.0	0.8	5.9	10.6
黑河市	0.3	0.6	11.1	10.0
绥化市	57.9	22.5	17.9	24.4
大兴安岭地区	0.0	0.0	4.0	2.2
上海市	1.0	53.9	28.2	38.1
南京市	2.5	34.5	11.4	14.7

续表

地区	集中式	平屋顶分布式	坡屋顶分布式	建筑立面分布式
无锡市	0.1	14.9	6.1	9.6
徐州市	1.1	35.4	27.4	6.0
常州市	0.8	12.4	12.9	6.6
苏州市	0.2	69.9	26.8	11.7
南通市	0.0	42.7	19.5	3.7
连云港市	1.8	14.0	14.5	3.6
淮安市	1.0	9.1	7.4	1.9
盐城市	0.4	30.9	5.1	2.3
扬州市	0.3	17.1	31.6	2.7
镇江市	2.5	6.8	3.5	1.0
泰州市	0.0	4.1	3.5	1.2
宿迁市	0.0	11.0	6.3	3.5
杭州市	0.0	23.8	22.8	13.5
宁波市	0.2	36.0	46.7	4.9
温州市	0.0	42.3	6.6	1.5
嘉兴市	0.0	28.3	15.9	2.9
湖州市	0.3	8.2	3.9	2.4
绍兴市	0.1	10.2	15.9	3.1
金华市	0.0	32.5	48.0	1.7
衢州市	0.0	7.8	8.5	0.9
舟山市	0.0	2.8	1.4	0.7
台州市	0.0	10.5	8.4	3.3
丽水市	0.0	7.5	8.2	0.8
合肥市	0.8	6.4	15.3	6.8
芜湖市	0.0	7.1	3.7	1.9
蚌埠市	0.6	2.0	0.4	1.9
淮南市	1.0	4.1	9.4	0.8

续表

地区	集中式	平屋顶分布式	坡屋顶分布式	建筑立面分布式
马鞍山市	0.5	1.3	0.2	0.6
淮北市	1.7	1.0	2.5	1.4
铜陵市	0.3	2.3	4.9	0.5
安庆市	0.3	3.7	0.8	1.3
黄山市	0.0	2.3	4.9	0.5
滁州市	26.0	3.2	0.5	2.7
阜阳市	0.0	14.1	9.8	4.9
宿州市	2.1	4.4	0.7	1.9
六安市	0.4	4.3	0.7	1.5
亳州市	0.0	7.3	17.5	1.6
池州市	0.1	2.8	6.3	0.6
宣城市	0.0	6.7	11.7	1.1
福州市	0.2	30.2	5.4	4.2
厦门市	2.1	14.9	4.6	5.3
莆田市	0.2	2.4	0.3	1.6
三明市	0.0	19.2	3.1	0.9
泉州市	4.0	45.0	8.0	1.6
漳州市	9.9	5.6	0.8	4.2
南平市	0.8	18.0	3.0	0.8
龙岩市	2.8	27.0	4.5	1.3
宁德市	0.0	17.4	7.9	0.9
南昌市	0.0	14.1	10.7	1.2
景德镇市	0.0	2.1	1.9	0.4
萍乡市	0.2	1.5	0.7	0.5
九江市	0.0	18.1	7.0	1.0
新余市	0.0	2.3	2.0	0.3
鹰潭市	0.7	1.2	2.5	0.3

续表

地区	集中式	平屋顶分布式	坡屋顶分布式	建筑立面分布式
赣州市	2.3	17.2	9.9	5.5
吉安市	0.8	9.3	7.6	1.4
宜春市	0.0	9.8	5.5	2.7
抚州市	0.2	6.2	5.4	1.0
上饶市	0.0	4.7	0.8	2.0
济南市	9.6	23.9	6.9	8.7
青岛市	4.5	44.8	22.6	13.2
淄博市	3.6	11.9	14.9	1.8
枣庄市	14.7	6.7	4.6	1.2
东营市	0.0	9.3	4.9	1.2
烟台市	56.1	32.8	24.9	5.2
潍坊市	8.1	25.0	18.4	1.3
济宁市	4.5	28.1	21.5	1.6
泰安市	3.8	16.6	15.2	0.9
威海市	2.0	6.3	4.3	1.4
日照市	1.7	21.0	11.9	1.5
临沂市	23.6	39.1	45.2	3.3
德州市	0.6	10.5	8.0	2.2
聊城市	0.3	12.5	8.8	2.3
滨州市	2.8	13.5	6.8	1.7
菏泽市	0.3	17.0	9.9	1.9
郑州市	5.5	47.5	11.1	13.5
开封市	0.0	15.0	5.0	0.4
洛阳市	3.1	14.9	18.4	3.8
平顶山市	2.1	8.9	0.5	0.4
安阳市	0.3	16.2	8.8	0.4
鹤壁市	3.1	0.6	0.7	13.6

续表

地区	集中式	平屋顶分布式	坡屋顶分布式	建筑立面分布式
新乡市	5.4	22.1	12.2	3.8
焦作市	1.7	14.6	8.5	0.3
濮阳市	0.1	12.9	3.2	0.3
许昌市	0.0	9.7	0.4	0.3
漯河市	0.0	3.6	0.2	0.1
三门峡市	11.9	1.8	5.3	20.6
南阳市	0.8	46.8	28.2	6.6
商丘市	0.1	13.9	20.6	5.9
信阳市	0.3	14.1	17.9	5.1
周口市	0.0	22.6	17.5	5.6
驻马店市	0.0	9.0	12.4	5.5
济源市	6.8	3.8	1.0	8.0
武汉市	0.7	22.1	32.9	15.3
黄石市	0.1	4.7	0.2	0.2
十堰市	0.0	8.7	0.5	0.3
宜昌市	0.1	8.6	9.8	4.2
襄阳市	0.1	6.4	8.0	3.4
鄂州市	0.1	0.3	0.6	6.3
荆门市	0.1	7.4	0.4	0.3
孝感市	0.0	12.3	13.5	0.3
荆州市	0.0	6.7	7.8	3.3
黄冈市	0.0	24.4	20.8	4.5
咸宁市	0.4	6.0	0.3	0.2
随州市	0.0	7.6	3.9	15.7
恩施土家族苗族自治州	1.3	4.4	0.0	0.5
仙桃市	0.0	0.5	0.8	6.5
潜江市	0.0	0.5	0.8	5.5

续表

地区	集中式	平屋顶分布式	坡屋顶分布式	建筑立面分布式
天门市	0.0	0.7	1.2	7.9
神农架林区	0.0	0.0	0.1	1.0
长沙市	0.0	30.6	38.1	2.4
株洲市	0.1	15.8	24.6	2.4
湘潭市	0.0	9.6	0.3	0.2
衡阳市	0.2	29.4	17.2	3.6
邵阳市	0.2	17.4	30.3	0.5
岳阳市	0.0	7.4	8.4	3.5
常德市	0.3	20.3	10.1	0.5
张家界市	0.0	3.2	1.1	23.8
益阳市	0.0	2.6	0.0	0.3
郴州市	0.2	29.5	6.8	0.3
永州市	1.7	12.0	0.5	0.4
怀化市	0.3	9.6	0.4	0.3
娄底市	0.0	11.9	0.5	0.4
湘西土家族苗族自治州	0.7	3.2	0.1	18.7
广州市	0.3	57.6	3.7	11.4
韶关市	0.0	2.6	0.0	74.2
深圳市	0.0	31.9	23.8	14.4
珠海市	0.0	12.2	6.8	3.9
汕头市	3.0	96.0	18.0	3.4
佛山市	0.0	75.9	12.4	8.0
江门市	0.0	6.6	5.6	1.3
湛江市	4.1	6.6	4.0	1.0
茂名市	5.2	6.1	0.0	116.5
肇庆市	0.0	3.3	1.9	1.0
惠州市	1.2	37.9	27.9	3.1

续表

地区	集中式	平屋顶分布式	坡屋顶分布式	建筑立面分布式
梅州市	2.6	57.2	3.9	99.2
汕尾市	19.3	1.6	0.0	33.5
河源市	0.0	39.1	2.6	67.3
阳江市	3.1	2.4	0.0	45.8
清远市	2.0	3.9	2.3	0.6
东莞市	1.1	37.0	2.3	18.7
中山市	0.0	20.0	10.9	6.8
潮州市	1.8	1.8	1.1	0.6
揭阳市	8.9	3.7	2.1	0.5
云浮市	0.8	19.8	1.5	46.5
南宁市	0.2	51.5	34.1	7.7
柳州市	0.5	2.5	1.6	0.9
桂林市	0.8	3.4	2.6	1.1
梧州市	1.0	4.4	2.2	62.7
北海市	2.5	5.5	7.4	47.0
防城港市	0.0	2.8	3.8	29.4
钦州市	2.6	6.1	8.1	101.9
贵港市	0.0	4.0	9.5	109.2
玉林市	0.9	21.3	3.8	151.9
百色市	1.6	8.1	5.7	80.6
贺州市	0.0	6.6	1.2	59.3
河池市	0.2	8.0	11.0	81.7
来宾市	1.0	6.4	1.1	53.6
崇左市	0.0	4.6	6.2	47.5
海口市	4.0	1.8	1.0	3.1
三亚市	2.7	1.4	0.7	1.6
三沙市	0.0	0.0	0.0	0.3

续表

地区	集中式	平屋顶分布式	坡屋顶分布式	建筑立面分布式
儋州市	1.6	0.0	0.0	28.7
五指山市	0.0	0.2	0.1	4.5
琼海市	0.0	2.1	2.5	19.0
文昌市	1.4	0.4	0.0	37.8
万宁市	0.2	0.2	0.0	25.1
东方市	10.0	0.0	0.0	14.7
定安县	0.2	0.6	0.3	12.2
屯昌县	0.9	0.9	1.1	8.5
澄迈县	4.1	0.2	0.0	17.2
临高县	0.7	0.1	0.0	12.2
白沙黎族自治县	0.0	0.0	0.0	6.1
昌江黎族自治县	1.4	0.3	0.2	7.9
乐东黎族自治县	15.3	2.1	2.6	21.4
陵水黎族自治县	2.7	0.2	0.0	20.8
保亭黎族苗族自治县	0.0	1.1	1.4	11.0
琼中黎族苗族自治县	0.5	0.3	0.2	6.9
重庆市	0.4	92.4	0.3	10.8
成都市	0.1	44.9	19.9	7.8
自贡市	0.0	10.7	0.4	0.1
攀枝花市	7.3	6.9	2.8	0.1
泸州市	0.0	23.3	1.0	0.8
德阳市	0.0	42.5	2.1	1.2
绵阳市	0.0	17.6	54.2	0.0
广元市	0.0	13.8	11.6	0.2
遂宁市	0.0	2.5	11.5	0.2
内江市	0.0	22.9	11.7	0.3
乐山市	0.1	23.1	1.0	0.9

续表

地区	集中式	平屋顶分布式	坡屋顶分布式	建筑立面分布式
南充市	0.1	6.9	41.7	0.0
眉山市	0.0	46.1	2.2	1.3
宜宾市	0.0	36.9	1.5	1.3
广安市	0.0	3.1	3.4	0.1
达州市	0.0	27.2	1.2	1.1
雅安市	0.0	0.9	1.3	0.1
巴中市	0.0	1.1	6.2	0.2
资阳市	0.0	6.9	5.6	0.1
阿坝藏族羌族自治州	1.2	2.4	0.2	0.1
甘孜藏族自治州	234.1	7.4	0.8	0.1
凉山彝族自治州	37.3	19.3	14.9	0.4
贵阳市	1.3	14.3	0.9	1.7
六盘水市	0.5	11.8	4.4	0.2
遵义市	0.5	7.7	42.7	0.0
安顺市	0.1	1.3	3.5	0.1
毕节市	0.2	31.8	2.6	0.4
铜仁市	0.7	33.8	1.5	1.3
黔西南布依族苗族自治州	4.2	12.6	0.9	0.2
黔东南苗族侗族自治州	0.3	17.2	3.8	0.1
黔南布依族苗族自治州	0.0	28.4	1.2	1.0
昆明市	79.7	11.6	22.2	6.1
曲靖市	63.4	50.6	2.5	2.4
玉溪市	5.5	1.5	12.5	0.2
保山市	1.9	1.0	7.5	0.3
昭通市	8.2	15.7	12.1	0.3
丽江市	0.0	3.6	27.3	0.2

续表

地区	集中式	平屋顶分布式	坡屋顶分布式	建筑立面分布式
普洱市	5.9	1.9	7.3	0.2
临沧市	5.1	15.0	2.4	0.2
楚雄彝族自治州	82.3	8.6	13.6	0.5
红河哈尼族彝族自治州	51.6	56.9	2.7	1.6
文山壮族苗族自治州	21.1	3.1	12.1	0.2
西双版纳傣族自治州	0.0	6.6	1.7	0.1
大理白族自治州	16.4	44.1	2.2	2.3
德宏傣族景颇族自治州	6.0	0.9	3.9	0.1
怒江傈僳族自治州	0.0	0.7	3.0	0.1
迪庆藏族自治州	0.0	2.0	1.9	0.1
拉萨市	171.7	13.9	0.8	0.5
日喀则市	1 891.6	79.6	4.4	0.7
昌都市	93.1	5.2	0.3	0.0
林芝市	7.2	1.8	1.3	0.1
山南市	233.4	12.3	0.7	0.1
那曲市	12 359.6	4.6	0.3	0.0
阿里地区	9 492.0	0.1	0.3	0.0
西安市	5.2	27.3	12.6	5.5
铜川市	11.4	0.9	1.9	0.0
宝鸡市	5.9	8.1	5.5	2.0
咸阳市	17.6	4.9	19.4	7.7
渭南市	22.5	15.0	1.0	3.2
延安市	28.8	7.1	5.4	2.1
汉中市	1.7	4.4	27.7	0.1
榆林市	70.4	15.2	1.3	4.7
安康市	0.1	2.5	4.9	0.1
商洛市	0.0	3.4	0.5	0.1

续表

地区	集中式	平屋顶分布式	坡屋顶分布式	建筑立面分布式
兰州市	101.4	37.8	7.4	3.7
嘉峪关市	14.5	0.3	1.1	0.0
金昌市	176.7	0.6	1.0	0.1
白银市	137.2	2.2	0.5	0.1
天水市	3.5	20.8	4.1	0.1
武威市	457.4	14.7	4.4	0.2
张掖市	284.3	13.9	3.1	0.1
平凉市	10.2	5.4	31.5	0.2
酒泉市	2 912.0	1.1	2.4	0.2
庆阳市	7.2	3.2	3.4	0.2
定西市	20.7	8.9	5.1	0.2
陇南市	0.7	1.2	1.2	0.1
临夏回族自治州	13.5	12.3	4.5	0.1
甘南藏族自治州	41.8	9.7	0.4	0.1
西宁市	16.1	11.7	5.0	1.8
海东市	12.6	5.8	4.8	0.1
海北藏族自治州	223.2	1.4	1.7	0.0
黄南藏族自治州	29.4	0.8	0.8	0.0
海南藏族自治州	755.9	2.7	2.1	0.1
果洛藏族自治州	138.5	1.0	0.1	0.0
玉树藏族自治州	1 770.0	1.5	1.1	0.0
海西蒙古族藏族自治州	10 208.9	1.8	1.1	0.1
银川市	156.8	2.7	14.3	6.5
石嘴山市	36.2	3.4	0.1	0.1
吴忠市	274.8	9.5	1.9	0.1
固原市	17.2	11.6	7.0	0.1
中卫市	219.0	5.0	8.9	0.1

续表

地区	集中式	平屋顶分布式	坡屋顶分布式	建筑立面分布式
乌鲁木齐市	104.4	23.7	7.5	3.0
克拉玛依市	260.4	5.7	0.0	1.3
吐鲁番市	1 324.9	16.4	6.6	1.7
哈密市	2 605.7	0.5	5.8	2.5
昌吉回族自治州	710.7	28.5	5.0	3.6
博尔塔拉蒙古自治州	7.8	5.5	2.6	1.2
巴音郭楞蒙古自治州	2 720.3	4.7	5.0	2.8
阿克苏地区	1 866.3	24.3	1.5	4.0
克孜勒苏柯尔克孜自治州	320.7	2.4	0.2	1.0
喀什地区	934.3	19.9	13.6	4.9
和田地区	4 532.3	0.2	0.0	0.0
伊犁哈萨克自治州	18.9	27.4	15.4	4.3
塔城地区	712.2	0.6	8.5	3.9
阿勒泰地区	556.3	9.6	2.4	1.8
石河子市	0.4	1.7	0.7	0.3
阿拉尔市	0.7	0.6	0.6	0.3
图木舒克市	9.7	2.2	0.1	0.3
五家渠市	0.1	0.6	0.0	0.2
北屯市	0.1	0.4	0.4	0.2
铁门关市	10.4	0.4	0.0	0.1
双河市	0.0	1.3	0.5	0.1
可克达拉市	1.8	0.0	0.5	0.2
昆玉市	20.5	1.3	0.2	0.1
胡杨河市	5.6	0.8	0.3	0.1
台湾省	0.0	6 788.3	0.0	0.0
香港特别行政区	0.0	0.0	0.0	0.0

彩　图

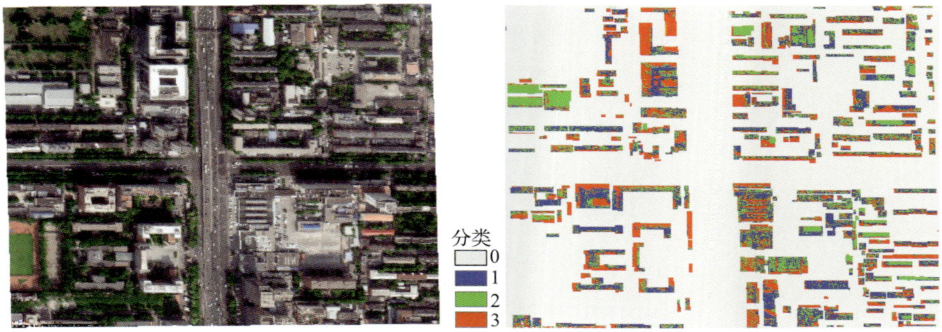

(a) 原始卫星图像　　(b) 分类结果

图 2-3　随机森林分类前后对比图

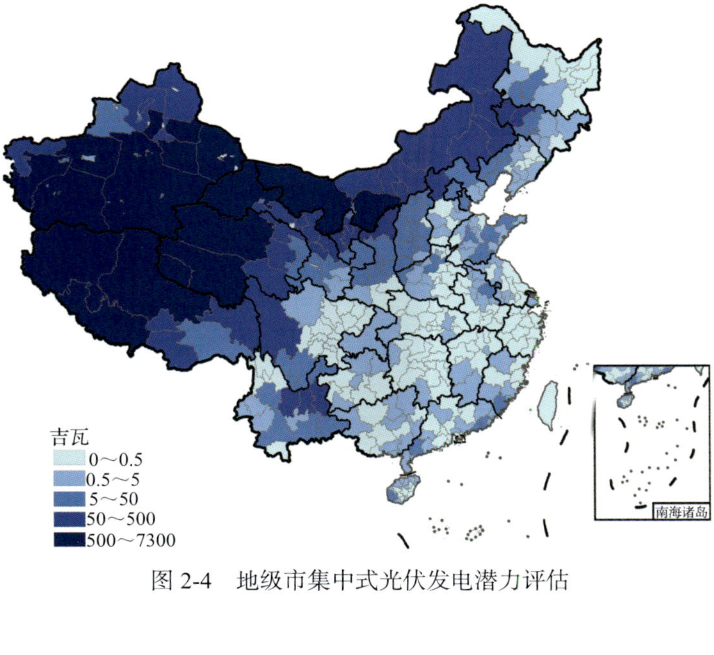

图 2-4　地级市集中式光伏发电潜力评估

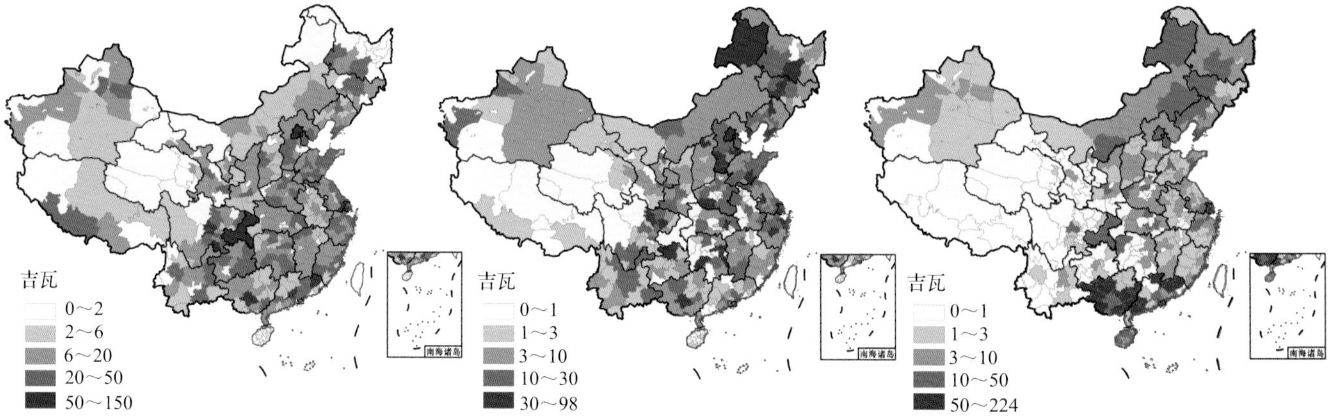

(a) 平屋顶　　(b) 坡屋顶　　(c) 建筑立面

图 2-5　分布式光伏装机潜力评估

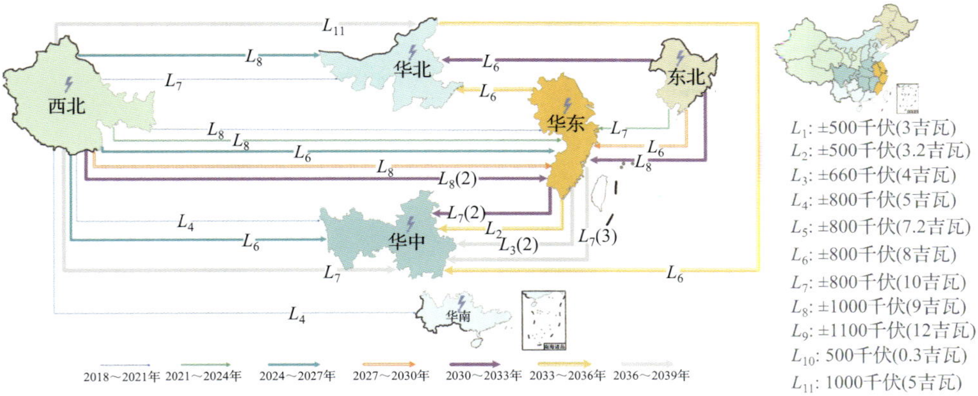

图 4-4　2018～2039 年新建输电线路（BAU）

香港、澳门、台湾资料暂缺，数字下标表示不同输电技术类别，括号中数字表示线路条数